한국어의 한자 및 한문 표기 자료의 목록과 서지 4
―19세기 전반(1801년~1850년)―

한국어의 한자 및 한문 표기 자료의 목록과 서지 4

19세기 전반(1801년~1850년)

박형익

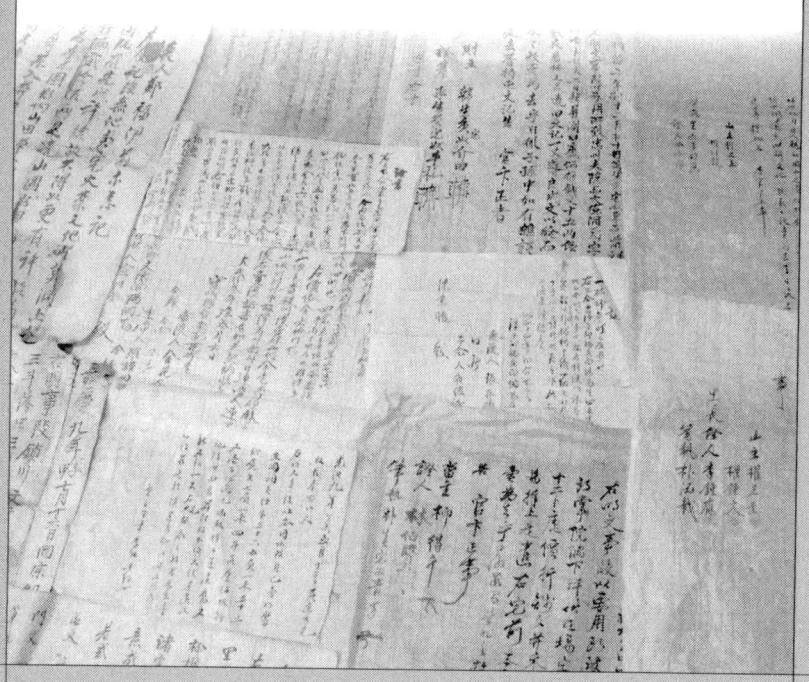

역락

1801년

<신유(辛酉), 순조(純祖) 1년, 가경 6년>

1801-01-01~1801-12-24(辛酉).「전객사일기(**典客司日記**)」48, 예조(禮曹) 전객사(典客司) 편(編). <1책(48/99). 117장. 필사본. 한자+이두. 조선 필사 이두 자료. 서울대학교 규장각 한국학연구원 홈페이지 원문 이미지 보기> <1640-01-22~1641-12-23(1)>

1801-01-09. **용덕손 토지매매명문**(龍德孫土地賣買明文), 이모금(李謨金). <1장. 한자+이두. 조선 필사 이두 자료. 전남 순천 월등 목천 장씨가 구장. 전북대학교 박물관 소장. 호남권 한국학자료센터 홈페이지 원문 이미지와 텍스트 보기. 박병호(1974ㄱ), 최승희(1989), 이재수(2003), 박준호(2004), 전경목 외(2006) 참고>

1801-01-09. **용덕손 헌납문기**(龍德孫獻納文記), 동성 오촌 호갑(同姓五寸好甲). <1장. 한자+이두. 조선 필사 이두 자료. 전북대학교 박물관 소장. 호남권 한국학자료센터 홈페이지 원문 이미지와 텍스트 보기. 박병호(1974ㄱ), 최승희(1989), 이재수(2003), 박준호(2004), 전경목 외(2006) 참고>

1801-01-13~1801-12-30.「결속색등록(**結束色謄錄**)」, 병조(兵曹) 편(編). <1책(14). 67장. 필사본. 한자+이두. 조선 필사 이두 자료. 서울대학교 규장각 한국학연구원 홈페이지 1787년~1891년 낙질본 107책(1792년(건륭 57년), 1811년(가경 16년) 하, 1816년(가경 21년), 1817년(가경 22년), 1824년(도광 4년), 1831(도광 11년), 1871(동치 10년), 1885년(광서 11년) 없음) 원문 이미지 보기>

1801-01-17. **서한성 토지매매명문**(徐漢成土地賣買明文), 이필한(李弼漢). <1장. 한자+이두. 조선 필사 이두 자료. 전남 구례군 토지면 오미리 문화 류씨 운조루 소장. 한국학중앙연구원 장서각 한국고문서자료관 홈페이지 원문 이미지와 텍스트 보기. 한국정신문화연구원 편(1998) 참고>

1801-01-24. **경주부 전령**(慶州府傳令), 경주부. <1장. 한자+이두. 조선 필사 이두 자료. 경북 경주시 내남면 이조리 경주 최씨·용산서원 소장. 한국학중앙연구원 장서각 한국고문서자료관 홈페이지 원문 이미지 보기. 한국정신문화연구원 편

(2000) 참고>

1801-01-29. **유광택 혜민청 약재 공인권 매매명문**(劉光澤惠民署藥材貢人權賣買明文), 이홍규(李弘逵). <1책. 한자+이두. 조선 필사 이두 자료. 일본 경도대학 가와이문고(河合文庫) 소장. 고려대학교 해외한국학자료센터 홈페이지 원문 이미지 보기>

1801-01-29. **향교 통문**(鄕校通文), 향교. <1장. 한자+이두. 조선 필사 이두 자료. 경북 경주시 내남면 이조리 경주 최씨·용산서원 소장. 한국학중앙연구원 장서각 한국고문서자료관 홈페이지 원문 이미지 보기. 한국정신문화연구원 편(2000) 참고>

1801-01-00. **김의태 준호구의 부**(金宜兌準戶口의 部), 대정현(大靜縣). <1장. 한자+이두. 조선 필사 이두 자료. 제주시 삼양 박영일 구장. 제주민속자연사박물관 소장. 호남권 한국학자료센터 홈페이지 원문 이미지와 텍스트 보기. 최승희(1989), 손병규(2007), 문현주(2011) 참고>

1801-01-00. **김인범 입안**(金仁範立案),¹ 해남현(海南縣). <1장. 한자+이두. 조선 필사 이두 자료. 해남 노송 김해 김씨 노송사 소장. 한국학중앙연구원 장서각 한국고문서자료관 홈페이지 & 호남권 한국학자료센터 홈페이지 원문 이미지와 텍스트 보기. 최승희(1989), 한국정신문화연구원 편(1998), 조정곤(2013) 참고>

1801-01-00. **입안**(立案), 부안현(扶安縣). <1장. 한자+이두. 조선 필사 이두 자료. 전북 부안군 우반 부안 김씨 세덕각 소장. 한국학중앙연구원 장서각 한국고문서자료관 홈페이지 원문 이미지와 텍스트 보기. 한국정신문화연구원 편(1983, 1998), 한국학중앙연구원 편((2017) 참고>

1801-02-01. **용산서원 재임 서목**(龍山書院齋任書目) 1, 용산서원. <1장. 한자+이두. 조선 필사 이두 자료. 경북 경주시 내남면 이조리 경주 최씨·용산서원 소장. 한국학중앙연구원 장서각 한국고문서자료관 홈페이지 원문 이미지 보기. 한국정신문화연구원 편(2000) 참고>

1801-02-02. **용산서원 수노 우발 자매 명문**(龍山書院首奴禹發自賣明文), 선암(先岩). <1장. 한자+이두. 조선 필사 이두 자료. 경북 경주시 내남면 이조리 경주 최씨·용

---

1 호남권 한국학자료센터 홈페이지에서는 '해남현(海南縣) 입안(立案)'으로 표시하였다.

산서원 소장. 한국학중앙연구원 장서각 한국고문서자료관 홈페이지 원문 이미지 보기. 한국정신문화연구원 편(2000) 참고>

1801-02-15. **박찬확 토지매매명문**(朴贊確土地賣買明文), 임귀선(林貴先). <1장. 한자 +이두. 조선 필사 이두 자료. 안동 천전 의성 김씨 지촌 종택 소장. 한국학중앙연구원 장서각 한국고문서자료관 홈페이지 원문 이미지 보기. 한국정신문화연구원 편(1990) 참고>

1801-02-22. **김해중 시장문기**(金海中柴場文記), 김치주(金致周). <1장. 한자+이두. 조선 필사 이두 자료. 광주광역시 광산구 용곡동 김해 김씨 소장. 호남권 한국학자료센터 홈페이지 원문 이미지와 텍스트 보기. 이재수(2003), 이수건 외(2004) 참고>

1801-03-17. **유학 이명철 토지매매명문**(幼學李命喆土地賣買明文), 이시백(李時白). <1장. 한자+이두. 조선 필사 이두 자료. 전남 구례군 토지면 오미리 문화 류씨 운조루 소장. 한국학중앙연구원 장서각 한국고문서자료관 홈페이지 원문 이미지와 텍스트 보기. 한국정신문화연구원 편(1998) 참고>

1801-03-19. **경상도 관찰사 겸 순찰사 해유문서**(慶尙道觀察使兼巡察使解由文書), 이조(吏曹). <1장. 한자+이두. 조선 필사 이두 자료. 해남 노송 김해 김씨 노송사 소장. 호남권 한국학자료센터 홈페이지 원문 이미지와 텍스트 보기. 최승희(1989), 정구복 외(1999) 참고>

1801-03-19. **경상도 순찰사 관**(慶尙道巡察使關), 경상도순찰사. <1장. 한자+이두. 조선 필사 이두 자료. 해남 노송 김해 김씨 노송사 소장. 한국학중앙연구원 장서각 한국고문서자료관 홈페이지 원문 이미지와 텍스트 보기. 한국정신문화연구원 편(1998) 참고>

1801-03-22. **김임득 토지매매명문**(金任得土地賣買明文), 김계박(金啓璞). <1장. 한자 +이두. 조선 필사 이두 자료. 경북 안동시 오천 광산 김씨 후조당 소장. 한국학중앙연구원 장서각 한국고문서자료관 홈페이지 원문 이미지와 텍스트 보기. 박병호(1974ㄱ), 한국정신문화연구원 편(1982), 최승희(1989) 참고>

1801-03-30. **이 씨가 노 막석이 자매 명문**(李氏家奴莫石伊自賣明文), 이세석이(李世石伊). <1장. 한자+이두. 조선 필사 이두 자료. 경북 경주시 안강읍 옥산리 여주 이씨 장산서원·치암 종택 구장. 한국학중앙연구원 장서각 소장. 한국학중앙연구

원 장서각 한국고문서자료관 홈페이지 원문 이미지 보기. 한국정신문화연구원 편(2003) 참고>

1801-03-00. **김 좌랑댁 노 일선 자매 명문**(金佐郎宅奴日先自賣明文), 자매주 일동(自賣主一同). <1장. 한자+이두. 조선 필사 이두 자료. 해남 노송 김해 김씨 노송사 소장. 호남권 한국학자료센터 홈페이지 원문 이미지와 텍스트 보기. 최승희(1989), 한국정신문화연구원 편(1998), 조정곤(2013) 참고>

1801-03-00. **김달현 등 소지**(金達鉉等所志), 김달현 등. <1장. 한자+이두. 조선 필사 이두 자료. 전북 고창군 장두 광산 김씨가 소장. 호남권 한국학자료센터 홈페이지 원문 이미지와 텍스트 보기. 최승희(1989), 전경목(1997), 이수건 외(2004) 참고>

1801-03-00. **김진길 등 소지**(金鎭吉等所志), 김진길 등. <1장. 한자+이두. 조선 필사 이두 자료. 전북 고창군 장두 광산 김씨가 소장. 호남권 한국학자료센터 홈페이지 원문 이미지와 텍스트 보기. 최승희(1989), 전경목(1997), 이수건 외(2004) 참고>

1801-03-00. **노 일립 자매 문기**(奴日立自賣文記), 자매주 일동(自賣主一同). <1장. 한자+이두. 조선 필사 이두 자료. 해남 노송 김해 김씨 노송사 소장. 호남권 한국학자료센터 홈페이지 원문 이미지와 텍스트 보기. 한국정신문화연구원 편(1998) 참고>

1801-03-00. **자여 찰방 첩정**(自如察訪牒呈), 자여. <1장. 한자+이두. 조선 필사 이두 자료. 해남 노송 김해 김씨 노송사 소장. 호남권 한국학자료센터 홈페이지 원문 이미지와 텍스트 보기. 한국정신문화연구원 편(1998) 참고>

1801-04-28. **김용손 토지매매명문**(金用孫土地賣買明文),[2] 김삼이(金森伊). <1장. 한자+이두. 조선 필사 이두 자료. 영양 남씨 난고 종택 구장. 한국국학진흥원 소장. 한국국학진흥원 유교넷 홈페이지 원문 이미지 보기>

1801-05-00. **윤동헌 소지**(尹東憲所志),[3] 윤동헌. <1장. 한자+이두. 조선 필사 이두

---

[2] 한국국학진흥원 유교넷 홈페이지에서는 문서명을 '영양남씨 난고종택 가경 6년에 답주 김삼이와 김용손 사이에 작성된 토지매매문기[11051]'로 표시하였다.

[3] 한국국학진흥원 유교넷 홈페이지에서는 문서명을 '1801년(순조 1)에 윤동헌(尹東憲)이 자신의 자부(子婦) 신행시(新行時)에 온 교전비(轎前婢)와 후소생을 자신의 몫으로 입자(立旨)하기 위하여 성주에게 올린 소지(所志)'로 표시하였다.

자료. 파평 윤씨 야성군파 천평 문중 우암 종택 구장. 한국국학진흥원 소장. 한국국학진흥원 유교넷 홈페이지 원문 이미지 보기>

1801-06-00. **김태길 등 소지**(金泰吉等所志) 1, 김태길 등. <1장. 한자+이두. 조선 필사 이두 자료. 전북 고창군 장두 광산 김씨가 소장. 호남권 한국학자료센터 홈페이지 원문 이미지와 텍스트 보기. 최승희(1989), 전경목(1997), 이수건 외(2004) 참고>

1801-07-22. **박남원 차첩**(璞南源差帖), 이조(吏曹). <1장. 한자+이두. 조선 필사 이두 자료. 경기도 의정부 장암 반남 박씨가 소장. 한국학중앙연구원 장서각 한국고문서자료관 홈페이지 원문 이미지 보기>

1801-08-02. **이준철 토지매매명문**(李俊喆土地賣買明文), 기창진(奇昌震). <1장. 점련 문서. 한자+이두. 조선 필사 이두 자료. 전남 장성군 행주 기씨 금강 종가 소장. 호남권 한국학자료센터 홈페이지 원문 이미지와 텍스트 보기. 이재수(2003), 이수건 외(2004) 참고>

1801-08-00. **김태길 등 소지**(金泰吉等所志) 2, 김태길 등. <1장. 한자+이두. 조선 필사 이두 자료. 전북 고창군 장두 광산 김씨가 소장. 호남권 한국학자료센터 홈페이지 원문 이미지와 텍스트 보기. 최승희(1989), 전경목(1997), 이수건 외(2004) 참고>

1801-08-00. **노봉서원 재임 서목**(露峯書院齋任書目), 노봉서원. <1장. 한자+이두. 조선 필사 이두 자료. 남원·구례 삭녕 최씨 구장. 한국학중앙연구원 장서각 한국고문서자료관 홈페이지 원문 이미지 보기. 한국정신문화연구원 편(2004) 참고>

1801-08-00. 「면주전 급대주 가정 등록(綿紬廛給代紬加定謄錄)」, 면주전. <1책. 한자+이두. 조선 필사 이두 자료. 일본 경도대학 가와이문고 소장. 고려대학교 해외한국학자료센터 홈페이지 원문 이미지 보기>

1801-09-08. **이광택 수기**(李光宅手記), 이광택. <1장. 한자+이두. 조선 필사 이두 자료. 전북대학교 박물관 소장. 호남권 한국학자료센터 홈페이지 원문 이미지와 텍스트 보기. 박병호(1974ㄱ), 이재수(2003) 참고>

1801-09-15. **강봉휴 토지 상환 명문**(姜鳳休土地相換明文), 이 조이(李召史). <1장. 한자+이두. 조선 필사 이두 자료. 제주 어도내산 진주 강씨가 구장. 제주 한림 강우

석 소장. 호남권 한국학자료센터 홈페이지 원문 이미지와 텍스트 보기. 오성찬(1994), 이재수(2003), 오창명(2007) 참고>

1801-09-00. **오응진 등 소지**(吳應眞等所志), 오응진 등. <1장. 한자+이두. 조선 필사 이두 자료. 전북대학교 박물관 소장. 호남권 한국학자료센터 홈페이지 원문 이미지와 텍스트 보기. 박병호(1974ㄱ), 이재수(2003) 참고>

1801-10-00. **독락당 수노 시동 소지**(獨樂堂首奴時東所志), 독락당 수노 시동. <1장. 한자+이두. 조선 필사 이두 자료. 경북 경주시 안강읍 옥산리 여주 이씨 독락당 소장. 한국학중앙연구원 장서각 한국고문서자료관 홈페이지 원문 이미지 보기. 한국정신문화연구원 편(2003) 참고>

1801-10-00. **미강서원 통문**(嵋江書院通文), 미강서원. <1장. 한자+이두. 조선 필사 이두 자료. 경북 경주시 내남면 이조리 경주 최씨·용산서원 소장. 한국학중앙연구원 장서각 한국고문서자료관 홈페이지 원문 이미지 보기. 한국정신문화연구원 편(2000) 참고>

1801-11-10. **용산서원 재임 서목**(龍山書院齋任書目) 2, 용산서원. <1장. 한자+이두. 조선 필사 이두 자료. 경북 경주시 내남면 이조리 경주 최씨·용산서원 소장. 한국학중앙연구원 장서각 한국고문서자료관 홈페이지 원문 이미지 보기. 한국정신문화연구원 편(2000) 참고>

1801-11-12. **문중 유사 토지매매명문**(門中有司土地賣買明文), 박대유(璞大有). <1장. 한자+이두. 조선 필사 이두 자료. 경남 합천 용연서원 소장. 한국학중앙연구원 장서각 한국고문서자료관 홈페이지 원문 이미지 보기. 한국정신문화연구원 편(1996) 참고>

1801-11-13. **영감 댁 노 세태 토지매매명문**(令監宅奴世太土地賣買明文), 여차 댁 노 귀세(余次宅奴貴世). <1장. 한자+이두. 조선 필사 이두 자료. 경북 안동시 하회 풍산 류씨 충효당 소장. 한국학중앙연구원 장서각 한국학자료센터 홈페이지 원문 이미지 보기. 한국정신문화연구원 편(1994) 참고>

1801-11-13. **용산서원 사림 서목**(龍山書院士林書目), 용산서원. <1장. 한자+이두. 조선 필사 이두 자료. 경북 경주시 내남면 이조리 경주 최씨·용산서원 소장. 한국학중앙연구원 장서각 한국고문서자료관 홈페이지 원문 이미지 보기. 한국정신문

화연구원 편(2000) 참고>

1801-11-20. **최 생원 댁 노 월백·공 생원 댁 노 영니 토지매매명문**(崔生員宅奴月白孔生員宅奴令尼土地賣買明文),[4] 계 유사 김용석(稧有司金龍碩). <1장. 한자+이두. 조선 필사 이두 자료. 경북 경주시 내남면 이조리 경주 최씨·용산서원 소장. 한국학중앙연구원 장서각 한국고문서자료관 홈페이지 원문 이미지 보기. 박병호(1974ㄱ), 한국정신문화연구원 편(2000), 이재수(2003), 김소은(2004) 참고>

1801-11-00. **화민 신의묵 등 소지**(化民辛誼默等所志) 1, 신의묵 등. <1장. 한자+이두. 조선 필사 이두 자료. 전남 영광군 입석 영월 신씨 소장. 한국학중앙연구원 장서각 한국고문서자료관 홈페이지 원문 이미지와 텍스트 보기. 한국정신문화연구원 편(1996) 참고>

1801-12-09. **진주 강씨 문중 강응손 등 통문**(晋州姜氏門中姜應孫等通文), 강응손 등. <1장. 한자+이두. 조선 필사 이두 자료. 제주 어도내산 진주 강씨가 구장. 제주 한림 강우석 소장. 호남권 한국학자료센터 홈페이지 원문 이미지와 텍스트 보기. 최승희(1989) 참고>

1801-12-15. **이희성 깃급문기**(李希誠衿給文記), 이희성. <1장. 한자+이두. 조선 필사 이두 자료. 경북 경주시 안강읍 옥산리 여주 이씨 독락당 소장. 장서각 한국고문서자료관 홈페이지 원문 이미지 보기. 한국정신문화연구원 편(2003) 참고>

1801-12-17. **여선영 토지매매명문**(呂善韺土地賣買明文), 유학 김영귀(幼學金永龜). <1장. 한자+이두. 조선 필사 이두 자료. 경북 예천군 용문면 대제리 원동 권씨 춘우재 고택 구장. 한국국학진흥원 소장. 한국학자료센터 영남권역센터 홈페이지 원문 이미지와 텍스트 보기. 김성갑(2013)[5] 참고>

1801-12-26. **고득언 토지매매명문**(高得彦土地賣買明文), 유학 박성찬(幼學朴聖贊). <1장. 한자+이두. 조선 필사 이두 자료. 전남 순천시 황전면 경주 정씨가 구장. 광주광역시 이정옥 소장. 호남권 한국학자료센터 홈페이지 원문 이미지와 텍스트

---

[4] 한국학중앙연구원 장서각 한국고문서자료관 홈페이지에서는 '1801년 최생원댁(崔生員宅) 노(奴) 토지매매문(土地賣買明文)'으로 표시하였다.

[5] 한국학자료센터 영남권역센터 홈페이지에서는 '2014'로 잘못 표시하였다.

보기. 최승희(1989) 참고>

1801-12-27. **강응신 토지매매명문**(姜應新土地賣買明文), 고한청(高漢淸). <1장. 한자+이두. 조선 필사 이두 자료. 제주 장전리 진주 강씨 강태복가 소장. 호남권 한국학자료센터 홈페이지 원문 이미지와 텍스트 보기>

1801-12-29. **이원춘 토지매매명문**(李元春土地賣買明文), 승 취규(僧就奎). <1장. 한자+이두. 조선 필사 이두 자료. 대구 칠계 경주 최씨 백불암 종중 구장. 안동대학교 박물관 소장. 한국학자료센터 영남권역센터 홈페이지 원문 이미지와 텍스트 보기. 박병호(1974ㄱ), 최승희(1989), 이재수(2003), 이수건 외(2004) 참고>

1801-12-30. **유학 이동헌 토지매매명문**(幼學李東憲土地賣買明文), 유학 문재도(幼學文載道). <1장. 한자+이두. 조선 필사 이두 자료. 전남 함평군 함평 이씨 이건풍 구장. 목포대학교 도서문화연구원 소장. 호남권 한국학자료센터 홈페이지 원문 이미지와 텍스트 보기. 최승희(1989) 참고>

1801-12-00. 「**유광연 선혜청 공사지 공인권 매매명문**(劉光淵宣惠廳公事紙貢人權賣買明文)」, 천세익(千世翊). <1책. 한자+이두. 조선 필사 이두 자료. 일본 경도대학 가와이문고 소장. 고려대학교 해외한국학자료센터 홈페이지 원문 이미지 보기>

1801-12-00. **이 감사댁 노 돌남 소지**(李監司宅奴乭男所志), 돌남. <1장. 한자+이두. 조선 필사 이두 자료. 경북 칠곡 석전 광주 이씨 구장. 한국학중앙연구원 장서각 한국고문서자료관 홈페이지 원문 이미지 보기. 한국학중앙연구원 편(2009) 참고>

1801-12-00. **화민 신의묵 등 소지**(化民辛詣默等所志) 2, 신의묵 등. <1장. 한자+이두. 조선 필사 이두 자료. 전남 영광군 입석 영월 신씨 소장. 한국학중앙연구원 장서각 한국고문서자료관 홈페이지 원문 이미지와 텍스트 보기. 한국정신문화연구원 편(1996) 참고>

1801-00-00. 「정종대왕태실석난간조배의궤(**正宗大王胎室石欄干造排儀軌**)」,[6] 편찬자 미상. <1책. 12장. 필사본. 표제는 '(嘉慶六年十月 日江原道寧越府)正宗大王胎室

---

[6] 서울대학교 규장각 한국학연구원 의궤 종합정보 홈페이지에서는 서명을 '정조태실석난간조배의궤(正祖胎室石欄干造排儀軌)'로 적었다.

加捧儀軌'. 한자+이두. 조선 필사 이두 자료. 서울대학교 규장각 한국학연구원 의궤 종합정보 홈페이지 '奎13967' 원문 이미지 보기>

1801-00-00. **최봉천 차첩**(崔鳳天差帖), 선원록청(璿源錄廳). <1장. 한자+이두. 조선 필사 이두 자료. 신안 영산 경주 최씨 재유각 소장. 호남권 한국학자료센터 홈페이지 원문 이미지와 텍스트 보기. 최승희(1989), 정구복 외(1999), 송철호(2008) 참고>

1801-00-00. 「화성성역의궤(**華城城役儀軌**)」, 정조(正祖) 명편(命編). <4책(전10권 9책). 금속활자본. 정리자본. 표제는 '時日 座目 圖說 華城儀軌'. 권수제는 '華城城役儀軌'. 한자+이두. 조선 인쇄 이두 자료. 한국학중앙연구원 디지털장서각 홈페이지 낙질본 'K2-3604' 원문 이미지 보기>

1801-00-00. 「화성성역의궤(**華城城役儀軌**)」, 정조(正祖) 명편(命編). <7책/전10권 9책. 금속활자본. 정리자본. 표제와 권수제는 '華城城役儀軌'. 한자+이두. 조선 인쇄 이두 자료. 한국학중앙연구원 디지털장서각 홈페이지 낙질본 'K2-3605' 원문 이미지 보기>

1801-00-00. 「화성성역의궤(**華城城役儀軌**)」 권수(卷首)~권6 & 부편(附編) 3, 성역소(城役所) 편(編). <권수 1책+권지1~권지5 5책+부편 3책. 전9책. 활자본. 정리자본. 정조(正祖) 명편(命編). 권지1의 표제는 '華城城役儀軌一'. 권수제는 '華城城役儀軌卷之一'. 한자+이두. 1794년 1월부터 1796년 8월까지의 화성 성곽 축조에 관한 기록. 조선 인쇄 이두 자료. 서울대학교 규장각 한국학연구원 의궤 종합정보 홈페이지 낙질본 '奎14590' 원문 이미지 보기> <영인본: 「규장각자료총서(의궤편)」(서울대학교 규장각, 1994)>

1801-00-00. 「화성성역의궤부편(**華城城役儀軌附編**)」 1, 정조(正祖) 명편(命編). <1책/전2책. 68장. 금속활자본. 정리자본. 표제는 '華城城役儀軌'. 권수제는 '華城城役儀軌附編'. 한자+이두. 조선 인쇄 이두 자료. 한국학중앙연구원 디지털장서각 홈페이지 낙질본 'K2-3606' 원문 이미지 보기>

1802년

<임술(壬戌), 순조 2년, 가경 7년>

1802-01-01~1802-11-10(壬戌). 「전객사일기(典客司日記)」 49, 예조(禮曹) 전객사(典客司) 편(編). <1책(49/99). 116장. 필사본. 한자+이두. 조선 필사 이두 자료. 서울대학교 규장각 한국학연구원 홈페이지 원문 이미지 보기> <1640-01-22~1641-12-23(1)>

1802-01-02~1802-12-03. 「결속색등록(結束色謄錄)」, 병조(兵曹) 편(編). <1책(15). 112장. 필사본. 필사 시기 미상. 한자+이두. 조선 필사 이두 자료. 서울대학교 규장각 한국학연구원 홈페이지 1787년~1891년 낙질본 107책(1792년(건륭 57년), 1811년(가경 16년) 하, 1816년(가경 21년), 1817년(가경 22년), 1824년(도광 4년), 1831(도광 11년), 1871년(동치 10년), 1885년(광서 11년) 없음) 원문 이미지 보기>

1802-01-03. **강봉휴 토지매매명문**(姜鳳休土地賣買明文), 강희규(姜姬奎). <1장. 한자+이두. 조선 필사 이두 자료. 제주 어도내산 진주 강씨가 구장. 제주 한림 강우석 소장. 호남권 한국학자료센터 홈페이지 원문 이미지와 텍스트 보기. 오성찬(1994), 이재수(2003), 오창명(2007) 참고>

1802-01-05 추정. **옥산서원 사통**(玉山書院私通), 옥산서원. <1장. 한자+이두. 조선 필사 이두 자료. 경북 경주시 내남면 이조리 경주 최씨·옥산서원 소장. 한국학중앙연구원 장서각 한국고문서자료관 홈페이지 원문 이미지 보기>

1802-01-07. **문중 유사 유학 유 토지매매명문**(門中有司幼學劉土地賣買明文),[7] 김응재(金應才). <1장. 한자+이두. 조선 필사 이두 자료. 경북 예천군 감천면 강릉 유씨 벌방 종가 구장. 한국국학진흥원 소장. 한국학자료센터 영남권역센터 홈페이지 원문 이미지와 텍스트 보기. 김성갑(2013) 참고>

1802-01-12. **유학 박종록 토지매매명문**(幼學朴宗祿土地賣買明文), 유학 김지탁(幼學

---

[7] 한국학자료센터 영남권역센터 홈페이지에서는 '문중(門中) 유사(有司) 토지매매명문(土地賣買明文)'으로 표시하였다.

金持鐸). <1장. 한자+이두. 조선 필사 이두 자료. 경북 예천군 용문면 대제리 원동 권씨 춘우재 고택 구장. 한국국학진흥원 소장. 한국학자료센터 영남권역센터 홈페이지 원문 이미지와 텍스트 보기. 김성갑(2013) 참고>

1802-01-14. **고성락 토지매매명문**(高聖樂土地賣買明文), 고성언(高聖彦). <1장. 한자+이두. 조선 필사 이두 자료. 전남 순천시 황전면 경주 정씨가 구장. 광주광역시 이정옥 소장. 호남권 한국학자료센터 홈페이지 원문 이미지와 텍스트 보기. 최승희(1989) 참고>

1802-01-22. **한 조이 토지매매명문**(韓召史土地賣買明文), 이건(以建). <1장. 한자+이두. 조선 필사 이두 자료. 남원·구례 삭녕 최씨 구장. 한국학중앙연구원 장서각 한국고문서자료관 홈페이지 원문 이미지 보기. 한국정신문화연구원 편(2004) 참고>

1802-01-00. **김낙일 분재기 초안**(金洛一分財記草案), 김낙일. <1장. 한자+이두. 조선 필사 이두 자료. 해남 노송 김해 김씨 노송사 소장. 호남권 한국학자료센터 홈페이지 원문 이미지 보기. 최승희(1989), 조정곤(2013) 참고>

1802-01-00. **김낙일 허여명문**(金洛一許與明文), 김낙일. <1장. 한자+이두. 조선 필사 이두 자료. 해남 노송 김해 김씨 노송사 소장. 한국학중앙연구원 장서각 한국고문서자료관 홈페이지 원문 이미지와 텍스트 보기. 한국정신문화연구원 편(1998) 참고>

1802-01-00. **용산서원 사림 서목**(龍山書院士林書目), 용산서원. <1장. 한자+이두. 조선 필사 이두 자료. 경북 경주시 내남면 이조리 경주 최씨·용산서원 소장. 한국학중앙연구원 장서각 한국고문서자료관 홈페이지 원문 이미지 보기. 한국정신문화연구원 편(2000) 참고>

1802-01-00. **최주익 등 소지**(崔柱翼等所志),[8] 최주익 등. <1장. 한자+이두. 조선 필사 이두 자료. 파평 윤씨 야성군파 천평 문중 우암 종택 구장. 한국국학진흥원 소장.

---

[8] 한국국학진흥원 유교넷 홈페이지에서는 문서명을 '1802년(순조 2) 1월에 강원도 울진 현 몽천서원의 유림(儒林) 최주익(崔柱翼) 등 28명이 주효원(朱孝源)의 서적 탈취 문제로 성주에게 올린 소지(所志)'로 표시하였다.

한국국학진흥원 유교넷 홈페이지 원문 이미지 보기>

1802-02-06. **김대우 다짐**(金大佑侤音), 김대우. <1장. 점련문서. 한자+이두. 조선 필사 이두 자료. 전남 영광군 입석 영월 신씨 소장. 한국학중앙연구원 장서각 한국고문서자료관 홈페이지 원문 이미지와 텍스트 보기. 한국정신문화연구원 편(1996) 참고>

1802-02-06. **김대우 수기**(金大佑手記), 김대우. <1장. 점련문서. 한자+이두. 조선 필사 이두 자료. 전남 영광군 입석 영월 신씨 소장. 한국학중앙연구원 장서각 한국고문서자료관 홈페이지 원문 이미지와 텍스트 보기. 한국정신문화연구원 편(1996) 참고>

1802-02-09. **지춘 토지매매명문**(之春土地賣買明文), 우백(友栢). <1장. 한자+이두. 조선 필사 이두 자료. 경북 안동시 주촌 진성 이씨 경류정 구장. 서울역사박물관 소장. 한국학중앙연구원 장서각 한국고문서자료관 홈페이지 원문 이미지와 텍스트 보기. 한국정신문화연구원 편(1999) 참고>

1802-02-20. **이 노 시동 노비 매매 명문**(李奴時同奴婢賣買明文), 박 조이(朴召史). <1장. 한자+이두. 조선 필사 이두 자료. 경북 경주시 안강읍 옥산리 여주 이씨 독락당 소장. 한국학중앙연구원 장서각 한국고문서자료관 홈페이지 원문 이미지 보기. 한국정신문화연구원 편(2003) 참고>

1802-02-29. **문중 유사 토지매매명문**(門中有司土地賣買明文), 유학 유이주(幼學劉履周). <1장. 한자+이두. 조선 필사 이두 자료. 경북 예천군 감천면 강릉 유씨 벌방 종가 구장. 한국국학진흥원 소장. 한국학자료센터 영남권역센터 홈페이지 원문 이미지와 텍스트 보기. 김성갑(2013) 참고>

1802-02-00. **박재원 등 소지**(朴載元等所志), 박재원 등. <1장. 한자+이두. 조선 필사 이두 자료. 부여 은산 함양 박씨 소장. 한국학중앙연구원 고문서자료관 홈페이지 원문 이미지 보기. 한국정신문화연구원 편(2000) 참고>

1802-02-00. **화민 신의묵 등 소지**(化民辛詣默等所志), 신의묵 등. <1장. 한자+이두. 조선 필사 이두 자료. 전남 영광군 입석 영월 신씨 소장. 한국학중앙연구원 장서각 한국고문서자료관 홈페이지 원문 이미지와 텍스트 보기. 한국정신문화연구원 편(1996) 참고>

1802-03-10. **표종질 유학 남유로 토지매매명문**(表從姪幼學南有魯土地賣買明文),[9] 유학 박진암(幼學朴鎭岩). <1장. 한자+이두. 조선 필사 이두 자료. 영양 남씨 난고 종택 구장. 한국국학진흥원 소장. 한국국학진흥원 유교넷 홈페이지 원문 이미지와 텍스트 보기>

1802-03-18. **족숙 강락 토지매매명문**(族叔姜樂土地賣買明文),[10] 강필경(姜必敬). <1장. 한자+이두. 조선 필사 이두 자료. 진주 강씨 기헌 고택 구장. 한국국학진흥원 소장. 한국국학진흥원 유교넷 홈페이지 원문 이미지와 텍스트 보기>

1802-03-28. **김지탁 수표**(金之鐸手標), 김지탁. <1장. 한자+이두. 조선 필사 이두 자료. 경남 밀양 사촌 의령 남씨 침류정 소장. 한국학중앙연구원 장서각 한국고문서자료관 홈페이지 원문 이미지 보기. 한국정신문화연구원 편(2004) 참고>

1802-04-10. **유학 안처집 토지매매명문**(幼學安處鏶土地賣買明文), 유학 안성임(幼學安性任). <1장. 한자+이두. 조선 필사 이두 자료. 전남 보성 옥암 죽산 안씨가 구장. 광주광역시 이정옥 소장. 호남권 한국학자료센터 홈페이지 원문 이미지와 텍스트 보기. 최승희(1989) 참고>

1802-04-19 추정. **경주부 전령**(慶州府傳令), 경주부. <1장. 한자+이두. 조선 필사 이두 자료. 경북 경주시 내남면 이조리 경주 최씨·용산서원 소장. 한국학중앙연구원 장서각 한국고문서자료관 홈페이지 원문 이미지 보기. 한국정신문화연구원 편(2000) 참고>

1802-04-00. **남국신 등장**(南國臣等狀), 남국신. <1장. 한자+이두. 조선 필사 이두 자료. 경남 밀양 사촌 의령 남씨 침류정 소장. 한국학중앙연구원 장서각 한국고문서자료관 홈페이지 원문 이미지 보기. 한국정신문화연구원 편(2004) 참고>

1802-04-00. **말자 김양호 분재기**(末子金養浩分財記), 재주 부(財主父). <1장. 한자+이두. 조선 필사 이두 자료. 경북 안동시 길안면 묵계리 안동 김씨 보백당 종택 구장. 한국국학진흥원 소장. 한국학중앙연구원 장서각 한국고문서자료관 홈페이

---

[9] 한국국학진흥원 유교넷 홈페이지에서는 문서명을 '영양남씨 난고종택 가정 7년에 답주 유학 박진암과 표종질 남유로 사이에 작성된 토지매매문기[11050]'으로 표시하였다.

[10] 한국국학진흥원 유교넷 홈페이지에서는 문서명을 '1802년 강필경이 숙부 강락에게 논을 팔았음을 증명하는 전답매매문기'로 표시하였다.

지 원문 이미지와 텍스트 보기>

1802-04-00. **분깃문기**(分衿文記),[11] 재주 부(財主父). <1장. 한자+이두. 조선 필사 이두 자료. 경북 안동시 길안면 묵계리 안동 김씨 보백당 종택 구장. 한국국학진흥원 소장. 한국학자료센터 영남권역센터 홈페이지 원문 이미지와 텍스트 보기>

1802-04-00. **이상유 등 소지**(李相儒等所志), 이상유 등. <1장. 한자+이두. 조선 필사 이두 자료. 경북 영해 인량 재령 이씨 존재파 면운재 구장. 한국국학진흥원 소장. 한국국학진흥원 유교넷 홈페이지 원문 이미지와 텍스트 보기>

1802-05-28. **자여 유리 구정 고목**(自如由吏具班告目), 구정. <1장. 한자+이두. 조선 필사 이두 자료. 해남 노송 김해 김씨 노송사 소장. 한국학중앙연구원 장서각 한국고문서자료관 홈페이지 & 호남권 한국학자료센터 홈페이지 원문 이미지와 텍스트 보기. 최승희(1989), 한국정신문화연구원 편(1998), 정구복 외(1999), 조정곤(2013) 참고>

1802-05-00. **김시의 소의**(金始義所志) 1, 김시의. <1장. 한자+이두. 조선 필사 이두 자료. 안동 천전 의성 김씨 지촌 종택 소장. 한국학중앙연구원 장서각 한국고문서자료관 홈페이지 원문 이미지 보기. 한국정신문화연구원 편(1989) 참고>

1802-05-00. **문중 완의**(門中完議), 문중. <1책. 6쪽. 한자+이두. 조선 필사 이두 자료. 경북 안동시 갈전 순흥 안씨가 소장. 한국학중앙연구원 장서각 한국고문서자료관 홈페이지 원문 이미지 보기. 한국정신문화연구원 편(1999) 참고>

1802-06-01. **경상도 관찰사 겸 순찰사 해유문서**(慶尙道觀察使兼巡察使解由文書), 경상도 관찰사 겸 순찰사. <1장. 한자+이두. 조선 필사 이두 자료. 해남 노송 김해 김씨 노송사 소장. 호남권 한국학자료센터 홈페이지 원문 이미지와 텍스트 보기. 최승희(1989), 정구복 외(1999) 참고>

1802-06-01. **경상도 순찰사 관**(慶尙道巡察使關), 경상도 순찰사. <1장. 한자+이두. 조선 필사 이두 자료. 해남 노송 김해 김씨 노송사 소장. 호남권 한국학자료센터 홈페이지 원문 이미지와 텍스트 보기. 한국정신문화연구원 편(1998) 참고>

---

11   한국학자료센터 영남권역센터 홈페이지에서는 '김양호(金養浩) 등 7남매 분깃문기(分衿文記)'로 표시하였다.

1802-06-15. **용산서원 재임 서목**(龍山書院齋任書目), 용산서원. <1장. 한자+이두. 조선 필사 이두 자료. 경북 경주시 내남면 이조리 경주 최씨·용산서원 소장. 한국학중앙연구원 장서각 한국고문서자료관 홈페이지 원문 이미지 보기. 한국정신문화연구원 편(2000) 참고>

1802-06-15. **이계원 토지매매명문**(李啓原土地賣買明文), 송규한(宋奎漢). <1장. 한자+이두. 조선 필사 이두 자료. 전남 장흥군 남외리 동학농민기념관 소장. 호남권한국학자료센터 홈페이지 원문 이미지와 텍스트 보기. 박병호(1974ㄱ), 이재수(2003) 참고>

1802-06-18. **문중계 유사 유학 유 토지매매명문**(門中稧有司幼學劉土地賣買明文),[12] 과녀 최성(寡女崔姓). <1장. 한자+이두. 조선 필사 이두 자료. 경북 예천군 감천면 강룡 유씨 벌방 종가 구장. 한국국학진흥원 소장. 한국학자료센터 영남권역센터 홈페이지 원문 이미지와 텍스트 보기. 김성갑(2013) 참고>

1802-06-00~1825-09-03(壬戌~乙酉). 「수교등록(受敎謄錄)」, 편자 미상. <1책. 42장. 필사본. 한자+이두. 조선 필사 이두 자료. 서울대학교 규장각 한국학연구원 홈페이지 원문 이미지 보기>

1802-07-01. **옥산서원 통문**(玉山書院通文), 옥산서원. <1장. 한자+이두. 조선 필사 이두 자료. 경북 경주시 내남면 이조리 경주 최씨·용산서원 소장. 한국학중앙연구원 장서각 한국고문서자료관 홈페이지 원문 이미지 보기. 한국정신문화연구원 편(2000) 참고>

1802-07-00. **김시의 소의**(金始義所志) 2, 김시의. <1장. 한자+이두. 조선 필사 이두 자료. 안동 천전 의성 김씨 지촌 종택 소장. 한국학중앙연구원 장서각 한국고문서자료관 홈페이지 원문 이미지 보기. 한국정신문화연구원 편(1989) 참고>

1802-08-09. **곽진의 등 상서**(郭鎭儀等上書), 곽진의 등. <1장. 한자+이두. 조선 필사 이두 자료. 경남 거창 갈계 은진 임씨 소장. 한국학중앙연구원 장서각 한국고문서자료관 홈페이지 원문 이미지 보기. 한국학중앙연구원 편(2005) 참고>

---

12 한국학자료센터 영남권역센터 홈페이지에서는 '문중계(門中稧) 유사(有司) 토지매매명문(土地賣買明文)'으로 표시하였다.

1802-08-00. **노봉서원 재임 서목**(露峯書院齋任書目) 1, 노봉서원. <1장. 한자+이두. 조선 필사 이두 자료. 남원·구례 삭녕 최씨 구장. 한국학중앙연구원 장서각 소장. 한국학중앙연구원 장서각 한국고문서자료관 홈페이지 원문 이미지 보기. 한국정신문화연구원 편(2004) 참고>

1802-08-00. **신승렬 등 상서**(愼承烈等上書), 신승렬 등. <1장. 한자+이두. 조선 필사 이두 자료. 경남 거창 갈계 은진 임씨 소장. 장서각 한국고문서자료관 홈페이지 원문 이미지 보기. 한국학중앙연구원 편(2005) 참고>

1802-09-20. **유학 양득희 토지매매명문**(幼學楊得熙土地賣買明文), 이댁악지(李宅惡只). <1장. 한자+이두. 조선 필사 이두 자료. 전북 순창 구미 남원 양씨가 소장. 호남권 한국학자료센터 홈페이지 원문 이미지와 텍스트 보기. 최승희(1989), 이재수(2003), 채현경(2011) 참고>

1802-10-10. **황세택 토지매매명문**(黃世宅土地賣買明文), 김덕성(金德星). <1장. 한자+이두. 조선 필사 이두 자료. 전북대학교 박물관 소장. 호남권 한국학자료센터 홈페이지 원문 이미지와 텍스트 보기. 최승희(1989), 정구복 외(1999), 이재수(2003) 참고>

1802-10-16. **이경록 토지매매명문**(李敬祿土地賣買明文), 장자근놈(張者斤者). <1장. 한자+이두. 조선 필사 이두 자료. 전남 보성 박실 제주 양씨가 구장. 원광대학교 박물관 소장. 호남권 한국학자료센터 홈페이지 원문 이미지와 텍스트 보기. 김건우(2008), 정수환·이헌창(2008), 채현경(2011ㄱ, 2011ㄴ) 참고>

1802-10-00. **독락당 수노 세돌 소지**(獨樂堂首奴世乭所志). 세돌. <1장. 한자+이두. 조선 필사 이두 자료. 경북 경주시 안강읍 옥산리 여주 이씨 독락당 소장. 한국학중앙연구원 장서각 한국고문서자료관 홈페이지 원문 이미지 보기. 한국정신문화연구원 편(2003) 참고>

1802-11-08. **김인범 토지매매명문**(金仁範土地賣買明文), 이원성(李元性). <1장. 한자+이두. 조선 필사 이두 자료. 해남 노송 김해 김씨 노송사 소장. 한국학중앙연구원 장서각 한국고문서자료관 홈페이지 & 호남권 한국학자료센터 홈페이지 원문 이미지와 텍스트 보기. 최승희(1989), 한국정신문화연구원 편(1998), 조정곤(2013) 참고>

1802-11-20. **구필강 고목**(具必康告目), 구필강. <1장. 한자+이두. 조선 필사 이두 자료. 해남 노송 김해 김씨 노송사 소장. 호남권 한국학자료센터 홈페이지 원문 이미지와 텍스트 보기. 최승희(1989), 한국정신문화연구원 편(1998), 정구복 외 (1999), 조정곤(2013) 참고>

1802-11-20. **자여 이방 구필강 고목**(自如吏房具必康告目), 구필강. <1장. 한자+이두. 조선 필사 이두 자료. 해남 노송 김해 김씨 노송사 소장. 한국학중앙연구원 장서각 한국고문서자료관 홈페이지 원문 이미지와 텍스트 보기. 한국정신문화연구원 편(1998) 참고>

1802-12-13. **유학 이동헌 토지매매명문**(幼學李東憲土地賣買明文), 유학 이돈필(幼學 李敦㗸). <1장. 한자+이두. 조선 필사 이두 자료. 전남 함평군 함평 이씨 이건풍 구장. 목포대학교 도서문화연구원 소장. 호남권 한국학자료센터 홈페이지 원문 이미지와 텍스트 보기. 최승희(1989) 참고>

1802-12-27. **김인범 가대문기**(金仁範家垈文記),[13] 김달수(金達洙). <1장. 한자+이두. 조선 필사 이두 자료. 해남 노송 김해 김씨 노송사 소장. 한국학중앙연구원 장서각 한국고문서자료관 홈페이지 & 호남권 한국학자료센터 홈페이지 원문 이미지와 텍스트 보기. 한국정신문화연구원 편(1998) 참고>

1802-12-27. **조술겸 노비매매명문**(趙述謙奴婢賣買明文), 한용경(韓用絅). <1장. 한자+이두. 조선 필사 이두 자료. 경북 상주 낙동 풍양 조씨 양진당 소장. 한국학중앙연구원 장서각 한국고문서자료관 홈페이지 원문 이미지 보기>

1802-12-00. **승례 입지**(承禮立旨), 관(官). <1장. 한자+이두. 조선 필사 이두 자료. 대전시 무수동 안동 권씨 유회당 종택 소장. 한국학중앙연구원 장서각 한국고문 서자료관 홈페이지 원문 이미지 보기. 한국학중앙연구원 편(2007) 참고>

1802-■■-■■. **■...■손 토지매매명문**(■...■孫土地賣買明文),[14] 사노 한용(私奴漢 用). <1장. 한자+이두. 조선 필사 이두 자료. 경북 예천군 용문면 대제리 원동

---

13 호남권 한국학자료센터 홈페이지에서는 '김인범(金仁範) 가사매매명문(家舍賣買明文)'으로 표시 하였다.

14 한국학자료센터 영남권역센터 홈페이지에서는 '사노(私奴) 한용(漢用) 방매 토지매매명문'으로 표시하였다.

권씨 춘우재 고택 구장. 한국국학진흥원 소장. 한국학자료센터 영남권역센터 홈페이지 원문 이미지와 텍스트 보기. 김성갑(2013) 참고>

1802-00-00.「가례도감의궤(嘉禮都監儀軌)」[15] 상·하, 가례도감 편. <2책. 263장+168장. 필사본. 상권의 표제는 '嘉慶七年壬戌十月 日 純祖二年嘉禮都監儀軌'. 권수제는 '嘉禮都監儀軌'. 한자+이두. 조선 필사 이두 자료. 한국학중앙연구원 디지털장서각 홈페이지 'K2-2595' 원문 이미지와 텍스트 보기>

1802-00-00.「가례도감의궤(嘉禮都監儀軌)」[16] 상·하, 가례도감 편. <2책. 251장+167장. 필사본. 상권의 표제는 '嘉慶七年壬戌十月 日 太白山城上嘉禮都監儀軌上'. 권수제는 '嘉禮都監儀軌上'. 한자+이두. 조선 필사 이두 자료. 서울대학교 규장각 한국학연구원 의궤 종합정보 홈페이지 '奎13122' 원문 이미지 보기>

1802-00-00.「가례도감의궤(嘉禮都監儀軌)」[17] 상·하, 가례도감 편. <2책. 262장+177장. 필사본. 표지는 결락. 권수제는 '嘉禮都監儀軌上'. 한자+이두. 조선 필사 이두 자료. 국립중앙박물관 외규장각 의궤 홈페이지 '외규222~223' 원문 이미지와 텍스트 보기>

1802-00-00. **김시의 소의**(金始義所志) 3, 김시의. <1장. 한자+이두. 조선 필사 이두 자료. 안동 천전 의성 김씨 지촌 종택 소장. 한국학중앙연구원 장서각 한국고문서자료관 홈페이지 원문 이미지 보기. 한국정신문화연구원 편(1989) 참고>

1802-00-00. **노봉서원 재임 서목**(露峯書院齋任書目) 2, 노봉서원. <1장. 한자+이두. 조선 필사 이두 자료. 남원·구례 삭녕 최씨 구장. 한국학중앙연구원 장서각 한국고문서자료관 홈페이지 원문 이미지 보기. 한국정신문화연구원 편(2004) 참고>

1802-00-00.「대왕대비전 왕대비전 존숭도감의궤(大王大妃殿 王大妃殿 尊崇都監儀軌)」, 존숭도감 편. <1책. 141장. 필사본. 권수제는 '嘉慶七年壬戌六月 日 大王大妃

---

[15] 한국학중앙연구원 디지털장서각 홈페이지에서는 서명을 '[순조순원왕후]가례도감의궤[純祖純元王后]嘉禮都監儀軌]'로 적었다.

[16] 서울대학교 규장각 한국학연구원 의궤 종합정보 홈페이지에서는 서명을 표제나 권수제와는 달리 '순조순원왕후가례도감의궤(純祖純元王后嘉禮都監儀軌)'로 적었다.

[17] 국립중앙박물관 외규장각 의궤 홈페이지에서는 권수제의 앞에 '순조순원왕후(純祖純元王后)'를 자의적으로 덧붙여 '순조순원왕후가례도감의궤(純祖純元王后嘉禮都監儀軌)'를 서명으로 적었다.

殿 王大妃殿 尊崇都監儀軌'. 한자+이두. 조선 필사 이두 자료. 한국학중앙연구원 디지털장서각 홈페이지 'K2-2843' 원문 이미지 보기>

1802-00-00.「대왕대비전 왕대비전 존숭도감의궤(**大王大妃殿 王大妃殿 尊崇都監儀軌**)」,[18] 존숭도감 편. <1책. 140장. 필사본. 표제는 '(嘉慶七年壬戌八月 日 太白山城上)尊崇都監儀軌全'. 권수제는 '(嘉慶七年壬戌六月 日)大王大妃殿 王大妃殿 尊崇都監儀軌'. 한자+이두. 조선 필사 이두 자료. 서울대학교 규장각 한국학연구원 의궤 종합정보 홈페이지 '奎13319' 원문 이미지와 텍스트 보기>

1802-00-00.「부묘도감의궤(**祔廟都監儀軌**)」,[19] 부묘도감 편. <1책. 91장. 필사본. 낙장본. 개장한 표지의 표제는 '祔廟都監謄錄'으로 적었다. 한자+이두. 조선 필사 이두 자료. 한국학중앙연구원 디지털장서각 홈페이지 'K2-4770' 원문 이미지 보기>

1802-00-00. **이건 배지**(**以建牌旨**), 상전 박(上典朴). <1장. 한자+이두. 조선 필사 이두 자료. 남원·구례 삭녕 최씨 구장. 한국학중앙연구원 장서각 한국고문서자료관 홈페이지 원문 이미지 보기. 한국정신문화연구원 편(2004) 참고>

1802-00-00.「정종대왕국휼등록(**正宗大王國恤謄錄**)」, 예조 계제사(禮曹稽制司). <1책. 171장. 필사본. 표제는 '正宗大王國恤草日記'. 한국학중앙연구원 장서각 한국학자료센터 홈페이지 원문 이미지 보기>

1802-00-00.「정종대왕국휼등록(**正宗大王國恤謄錄**)」, 예조 전향사(禮曹典享司). <1책. 74장. 필사본. 표제는 '正宗大王國恤謄錄'. 한국학중앙연구원 장서각 한국학자료센터 홈페이지 원문 이미지와 텍스트 보기>

1802-00-00.「정종대왕부묘도감의궤(**正宗大王祔 廟都監儀軌**)」,[20] 부묘도감 편. <1책. 21장. 필사본. 낙장본. 개장한 표지의 표제는 '祔 廟都監儀軌 全(正宗大王)'. 권수

---

18 서울대학교 규장각 한국학연구원 의궤 종합정보 홈페이지에서는 서명을 표제나 권수제와는 달리 '정순왕후효의왕후존숭도감의궤(貞純王后孝懿王后尊崇都監儀軌)'로 적었다.

19 한국학중앙연구원 디지털장서각 홈페이지에서는 서명을 '[정조]부묘도감의궤([正祖]祔廟都監儀軌)'로 적었다.

20 한국학중앙연구원 디지털장서각 홈페이지에서는 서명을 '[정종대왕]부묘도감의궤[正宗大王]祔廟都監儀軌)'로 붙여 썼다.

제는 '(嘉慶七年壬戌六月 日)正宗大王祔 廟都監儀軌'. 조선 필사 어휘 표기 자료. 한국학중앙연구원 디지털장서각 홈페이지 'K2-2260' 원문 이미지 보기>

1802-00-00.「정종대왕부묘도감의궤(正宗大王祔 廟都監儀軌)」,[21] 부묘도감 편. <1책. 192장. 필사본. 개장한 표지의 표제는 '(嘉慶七年壬戌八月 日 宗廟譽)祔 廟都監儀軌 全'. 권수제는 '(嘉慶七年壬戌六月 日)正宗大王祔 廟都監儀軌'. 한자+이두. 조선 필사 이두 자료. 한국학중앙연구원 디지털장서각 홈페이지 'K2-2261' 원문 이미지와 텍스트 보기>

1802-00-00.「정종대왕부묘도감의궤(正宗大王祔 廟都監儀軌)」,[22] 부묘도감 편. <1책. 191장. 필사본. 표제는 '(嘉慶七年壬戌八月 日 太白山城上)祔 廟都監儀軌全'. 권수제는 '(嘉慶七年壬戌六月 日)正宗大王祔 廟都監儀軌'. 한자+이두. 조선 필사 이두 자료. 서울대학교 규장각 한국학연구원 의궤 종합정보 홈페이지 '奎13643' 원문 이미지 보기>

1802-00-00.「정종문성무열성인장효대왕국휼등록(正宗文成武烈聖仁莊孝大王國恤謄錄)」, 예조(禮曹). <2책. 필사본. 표제는 '正宗大王國恤謄錄'. 한국학중앙연구원 장서각 한국학자료센터 홈페이지 & 한국학중앙연구원 한국학 디지털 아카이브 홈페이지 원문 이미지와 텍스트 보기>

1802-00-00.「증정교린지(增正交隣志)」乾·坤, 김건서(金健瑞) 편. <6권 2책. 한자+이두. 조선 인쇄 이두 자료. 서울대학교 규장각 한국학연구원 홈페이지 '奎貴94' 원문 이미지 보기>

1803년

<계해(癸亥), 순조 3년, 가경 8년>

---

21 한국학중앙연구원 디지털장서각 홈페이지에서는 서명을 '[정종대왕부묘도감의궤[正宗大王]祔廟都監儀軌)'로 붙여 썼다.

22 서울대학교 규장각 한국학연구원 의궤 종합정보 홈페이지에서는 서명을 표제나 권수제와는 달리 '정조부묘도감의궤(正祖祔廟都監儀軌)'로 적었다.

1803-01-01~1803-11-10(癸亥).「전객사일기(典客司日記)」50, 예조(禮曹) 전객사(典客司) 편(編). <1책(50/99). 78장. 필사본. 한자+이두. 조선 필사 이두 자료. 서울대학교 규장각 한국학연구원 홈페이지 원문 이미지 보기> <1640-01-22~1641-12-23(1)>

1803-01-01~1803-12-29.「결속색등록(結束色謄錄)」, 병조(兵曹) 편(編). <1책/16책. 135장. 필사본. 한자+이두. 조선 필사 이두 자료. 서울대학교 규장각 한국학연구원 홈페이지 1787년~1891년 낙질본 107책(1792년(건륭 57년), 1811년(가경 16년) 하, 1816년(가경 21년), 1817년(가경 22년), 1824년(도광 4년), 1831년(도광 11년), 1871년(동치 10년), 1885년(광서 11년) 없음) 원문 이미지 보기>

1803-01-05. **용산서원 당중 토지매매명문**(龍山書院堂中土地賣買明文), 최제일(崔濟一). <1장. 한자+이두. 조선 필사 이두 자료. 경북 경주시 내남면 이조리 경주 최씨·용산서원 소장. 한국학중앙연구원 장서각 한국고문서자료관 홈페이지 원문 이미지 보기. 박병호(1974ㄱ), 한국정신문화연구원 편(2000), 이재수(2003), 김소은(2004) 참고>

1803-01-06. **승 봉세 토지매매명문**(僧奉世土地賣買明文), 유학 이학림(幼學李學林). <1장. 한자+이두. 조선 필사 이두 자료. 경북 경주시 내남면 이조리 경주 최씨·용산서원 소장. 한국학중앙연구원 장서각 한국고문서자료관 홈페이지 원문 이미지 보기. 박병호(1974ㄱ), 한국정신문화연구원 편(2000), 이재수(2003), 김소은(2004) 참고>

1803-01-06. **조영원 토지매매명문**(曺榮元土地賣買明文), 종제 조영도(從弟曺榮燾). <1장. 한자+이두. 조선 필사 이두 자료. 영암 미암 창녕 조씨 태호 후손가 소장. 호남권 한국학자료센터 홈페이지 원문 이미지 보기. 최승희(1989) 참고>

1803-01-18. **승 봉혜 토지매매명문**(僧奉惠土地賣買明文) 1, 승 유심(僧有心). <1장. 한자+이두. 조선 필사 이두 자료. 경북 경주시 내남면 이조리 경주 최씨·용산서원 소장. 한국학중앙연구원 장서각 한국고문서자료관 홈페이지 원문 이미지 보기. 박병호(1974ㄱ), 한국정신문화연구원 편(2000), 이재수(2003), 김소은(2004) 참고>

1803-02-09. **안후 토지매매명문**(安珝土地賣買明文), 안사근(安思謹). <1장. 한자+이

두. 조선 필사 이두 자료. 전북 남원 안터 순흥 안씨 사제당 종가 구장. 한국학중앙연구원 장서각 한국고문서자료관 홈페이지 원문 이미지 보기. 한국학중앙연구원 편(2010) 참고>

1803-02-00. **이 노 득례 토지매매명문**(李奴得禮土地賣買明文), 장 노 매향(張奴每香). <1장. 한자+이두. 조선 필사 이두 자료. 제천 한수 연안 이씨 소장. 한국학중앙연구원 장서각 한국고문서자료관 홈페이지 원문 이미지 보기. 한국정신문화연구원 편(2001) 참고>

1803-02-00. **화민 신수묵 등 소지**(化民辛修默等所志), 신수묵 등. <1장. 한자+이두. 조선 필사 이두 자료. 전남 영광군 입석 영월 신씨 소장. 한국학중앙연구원 장서각 한국고문서자료관 홈페이지 원문 이미지와 텍스트 보기. 한국정신문화연구원 편(1996) 참고>

1803-02-00. **화민 신행묵 등 소지**(化民辛行默等所志), 신행묵 등. <1장. 한자+이두. 조선 필사 이두 자료. 전남 영광군 입석 영월 신씨 소장. 한국학중앙연구원 장서각 한국고문서자료관 홈페이지 원문 이미지와 텍스트 보기. 한국정신문화연구원 편(1996) 참고>

1803-03-02. **황몽택 수기**(黃夢澤手記), 황몽택. <1장. 점련문서. 한자+이두. 조선 필사 이두 자료. 전남 영광군 입석 영월 신씨 소장. 한국학중앙연구원 장서각 한국고문서자료관 홈페이지 원문 이미지와 텍스트 보기. 한국정신문화연구원 편(1996) 참고>

1803-03-14. **유학 김인범 토지매매명문**(幼學金仁範土地賣買明文), 유학 민화석(幼學閔華錫). <1장. 한자+이두. 조선 필사 이두 자료. 해남 노송 김해 김씨 노송사 소장. 한국학중앙연구원 장서각 한국고문서자료관 홈페이지 & 호남권 한국학자료센터 홈페이지 원문 이미지와 텍스트 보기. 최승희(1989), 한국정신문화연구원 편(1998), 조정곤(2013) 참고>

1803-04-00. **김찬규·정기락 등 상서**(金瓚圭鄭基洛等上書), 김찬규·정기락 등. <1장. 한자+이두. 조선 필사 이두 자료. 경북 안동시 주촌 진성 이씨 경류정 구장. 서울역사박물관 소장. 한국학중앙연구원 장서각 한국고문서자료관 홈페이지 원문 이미지와 텍스트 보기. 한국정신문화연구원 편(1999) 참고>

1803-06-26. **김근 공인권 매매명문**(金根貢人權賣買明文),[23] 재주 안상현(財主安象玄). <1장. 한자+이두. 조선 필사 이두 자료. 일본 경도대학 가와이문고 소장. 고려대학교 해외한국학자료센터 홈페이지 원문 이미지 보기>

1803-07-06. **이수민 공인권 매매명문**(李秀民貢人權賣買明文), 김근(金根). <1장. 한자+이두. 조선 필사 이두 자료. 일본 경도대학 가와이문고 소장. 고려대학교 해외한국학자료센터 홈페이지 원문 이미지 보기>

1803-07-18. **조 과부 토지매매명문**(趙寡婦土地賣買明文), 승 혜학(僧惠學). <1장. 한자+이두. 조선 필사 이두 자료. 경북 경주시 안강읍 옥산리 여주 이씨 독락당 소장. 한국학중앙연구원 장서각 한국고문서자료관 홈페이지 원문 이미지 보기. 한국정신문화연구원 편(2003) 참고>

1803-08-25. **경주군 완문**(慶州郡完文), 장산서원 사림(章山書院士林). <1장. 점련문서. 한자+이두. 조선 필사 이두 자료. 경북 경주시 안강읍 옥산리 여주 이씨 독락당 소장. 한국학중앙연구원 장서각 한국고문서자료관 홈페이지 원문 이미지 보기. 한국정신문화연구원 편(2003) 참고>

1803-09-17. **백파 안 상제주 토지상환문서**(白派安喪制主土地相換文書),[24] 김득성 등(金得成等). <1장. 한자+이두. 조선 필사 이두 자료. 전북대학교 박물관 소장. 호남권 한국학자료센터 홈페이지 원문 이미지와 텍스트 보기. 최승희(1989), 정구복 외(1999), 이재수(2003) 참고>

1803-09-00. **용산서원 완문**(龍山書院完文), 당상(堂上). <1장. 한자+이두. 조선 필사 이두 자료. 경북 경주시 내남면 이조리 경주 최씨·용산서원 소장. 한국학중앙연구원 장서각 한국고문서자료관 홈페이지 원문 이미지 보기. 한국정신문화연구원 편(2000) 참고>

1803-10-08. **각읍 공형 노문**(各邑公兄路文), 김(金). <1장. 한자+이두. 조선 필사 이두 자료. 전남 함평 함평 모씨 모정원 소장. 호남권 한국학자료센터 홈페이지 원문

---

[23] 고려대학교 해외한국학자료센터 홈페이지에서는 '1803년 김근(金根) 명문(明文)'으로 표시하였다.

[24] 호남권 한국학자료센터 홈페이지에서는 '김득성(金得成) 등 방매 토지매매명문(土地賣買明文)'으로 표시하였다.

이미지와 텍스트 보기. 최승희(1989) 참고>

1803-10-22. **권 생원 댁 노 철이 시장문기**(權生員宅奴喆伊柴場文記), 산주 이공치(山主李孔致). <1장. 한자+이두. 조선 필사 이두 자료. 전북 고창 읍내 안동 권씨가 소장. 호남권 한국학자료센터 홈페이지 원문 이미지와 텍스트 보기. 최승희(1989), 전북향토문화연구회 편(1993), 정구복 외(1999) 참고>

1803-10-00. **승 봉혜 토지매매명문**(僧奉惠土地賣買明文) 2, 유학 박상인(幼學朴尙仁). <1장. 한자+이두. 조선 필사 이두 자료. 경북 경주시 내남면 이조리 경주 최씨·용산서원 소장. 한국학중앙연구원 장서각 한국고문서자료관 홈페이지 원문 이미지 보기. 박병호(1974ㄱ), 한국정신문화연구원 편(2000), 이재수(2003), 김소은(2004) 참고>

1803-11-06. **진사 댁 노 김말부리 토지매매명문**(進士宅奴金末夫里土地賣買明文),[25] 답주 박성만(畓主朴聖萬). <1장. 한자+이두. 조선 필사 이두 자료. 풍산 김씨 영감댁 구장. 한국국학진흥원 소장. 한국국학진흥원 유교넷 홈페이지 원문 이미지와 텍스트 보기>

1803-11-00. **노봉서원 재임 서목**(露峯書院齋任書目) 1~5, 노봉서원. <5장. 한자+이두. 조선 필사 이두 자료. 남원·구례 삭녕 최씨 구장. 한국학중앙연구원 장서각 한국고문서자료관 홈페이지 원문 이미지 보기. 한국정신문화연구원 편(2004) 참고>

1803-11-00. **조중눌·이효맹 등 등장**(趙增訥李效孟等等狀), 조중눌·이효맹 등. <1장. 한자+이두. 조선 필사 이두 자료. 함안 두릉 순흥 안씨 소장. 한국학중앙연구원 장서각 한국고문서자료관 홈페이지 원문 이미지 보기. 한국학중앙연구원 편(2006) 참고>

1803-11-00~1804-05-00. 「**사직악기조성청의궤**(社稷樂器造成廳儀軌)」, 악기조성청. <1책. 60장. 필사본. 표제는 '(嘉慶九年甲子五月 日禮曹上)社稷樂器造成廳儀軌'. 권수제는 '社稷樂器造成廳儀軌'. 한자+이두. 조선 필사 이두 자료. 서울대학교 규장

---

[25] 한국국학진흥원 유교넷 홈페이지에서는 문서명을 '풍산김씨 영감댁 계축년 11월에 답주 박성만과 진사댁 노 김말부리 사이에 작성된 명문(明文)[10395]'로 표시하였다.

각 한국학연구원 의궤 종합정보 홈페이지 '奎14266' 원문 이미지 보기>

1803-12-03. **유학 김인범 가사매매명문**(幼學金仁範家舍賣買明文),[26] 유학 김시욱(幼學金時郁). <1장. 한자+이두. 조선 필사 이두 자료. 해남 노송 김해 김씨 노송사 소장. 한국학중앙연구원 장서각 한국고문서자료관 홈페이지 & 호남권 한국학자료센터 홈페이지 원문 이미지와 텍스트 보기. 최승희(1989), 한국정신문화연구원 편(1998), 조정곤(2013) 참고>

1803-12-07. **김 생원 토지매매명문**(金生員土地賣買明文), 권성득(權性得). <1장. 한자+이두. 조선 필사 이두 자료. 경북 안동시 오천 광산 김씨 후조당 소장. 한국학중앙연구원 장서각 한국고문서자료관 홈페이지 원문 이미지와 텍스트 보기. 박병호(1974ㄱ), 한국정신문화연구원 편(1982), 최승희(1989) 참고>

1803-12-08. **권유실 토지매매명문**(權有實土地賣買明文), 정운복(鄭雲福). <1장. 한자+이두. 조선 필사 이두 자료. 경북 안동시 법흥동 고성 이씨 탑동 종가 구장. 한국국학진흥원 소장. 한국학자료센터 영남권역센터 홈페이지 원문 이미지와 텍스트 보기. 박병호(1974ㄱ), 최승희(1989), 이재수(2003), 김성갑(2013) 참고>

1803-12-10. **첩정**(牒呈),[27] 무산 도호부사(茂山都護府使). <1장. 한자+이두. 조선 필사 이두 자료. 풍산 류씨 하회 화경당(북촌댁) 구장. 한국국학진흥원 소장. 한국국학진흥원 유교넷 홈페이지 원문 이미지와 텍스트 보기>

1803-12-14. **첩정**(牒呈),[28] 회녕 도호부사(會寧都護府使). <1장. 한자+이두. 조선 필사 이두 자료. 풍산 류씨 하회 화경당(북촌댁) 구장. 한국국학진흥원 소장. 한국국학진흥원 유교넷 홈페이지 원문 이미지와 텍스트 보기>

1803-12-15. **묵계 유사 장치주 토지매매명문**(墨稧有司張致周土地賣買明文), 유학 조윤귀(幼學曺允龜). <1장. 한자+이두. 조선 필사 이두 자료. 전남 순천 월등 목천

---

[26] 한국학중앙연구원 장서각 한국고문서자료관 홈페이지에서는 '김인범(金仁範) 가대문기(家垈文記)'로 표시하였고, 호남권 한국학자료센터 홈페이지에서는 '김인범(金仁範) 가사매매명문(家舍賣買明文)'으로 표시하였다.

[27] 한국국학진흥원 유교넷 홈페이지에서는 문서명을 '풍산류씨 하회마을 화경당(북촌댁) 1803년에 무산도호부사가 북평사에게 보낸 첩정(牒呈)(上道)[11286]'으로 표시하였다.

[28] 한국국학진흥원 유교넷 홈페이지에서는 문서명을 '풍산류씨 하회마을 화경당(북촌댁) 1803년에 회녕도호부사가 감시어사에게 보낸 첩정(牒呈)(上道)[11288]'로 표시하였다.

장씨가 구장. 전북대학교 박물관 소장. 호남권 한국학자료센터 홈페이지 원문 이미지와 텍스트 보기. 최승희(1989), 정구복 외(1999), 이재수(2003) 참고>

1803-12-25. **첩정**(牒呈),[29] 경원 도호부사(慶源都護府使). <1장. 한자+이두. 조선 필사 이두 자료. 풍산 류씨 하회 화경당(북촌댁) 구장. 한국국학진흥원 소장. 한국국학진흥원 유교넷 홈페이지 원문 이미지와 텍스트 보기>

1803-12-25. **첩정**(牒呈),[30] 고령진 병마첨절제사(高嶺鎭兵馬僉節制使). <1장. 한자+이두. 조선 필사 이두 자료. 풍산 류씨 하회 화경당(북촌댁) 구장. 한국국학진흥원 소장. 한국국학진흥원 유교넷 홈페이지 원문 이미지와 텍스트 보기>

1803-12-27. **첩정**(牒呈),[31] 종성부 삼공형(鍾城府三公兄). <1장. 한자+이두. 조선 필사 이두 자료. 풍산 류씨 하회 화경당(북촌댁) 구장. 한국국학진흥원 소장. 한국국학진흥원 유교넷 홈페이지 원문 이미지와 텍스트 보기>

1803-12-28. **첩정**(牒呈),[32] 종성부 삼공형(鍾城府三公兄). <1장. 한자+이두. 조선 필사 이두 자료. 풍산 류씨 하회 화경당(북촌댁) 구장. 한국국학진흥원 소장. 한국국학진흥원 유교넷 홈페이지 원문 이미지와 텍스트 보기>

1803-12-29. **첩정**(牒呈),[33] 회녕 도호부사(會寧都護府使). <1장. 한자+이두. 조선 필사 이두 자료. 풍산 류씨 하회 화경당(북촌댁) 구장. 한국국학진흥원 소장. 한국국학진흥원 유교넷 홈페이지 원문 이미지와 텍스트 보기>

1803-12-29. **첩정**(牒呈),[34] 회녕 도호부사(會寧都護府使). <1장. 한자+이두. 조선 필

---

[29] 한국국학진흥원 유교넷 홈페이지에서는 문서명을 '풍산류씨 하회마을 화경당(북촌댁) 1803년에 경원도호부사가 북평사에게 보낸 첩정(牒呈)(上道)[11290]'으로 표시하였다.

[30] 한국국학진흥원 유교넷 홈페이지에서는 문서명을 '풍산류씨 하회마을 화경당(북촌댁) 1803년에 고령진병마첨절제사가 북평사에게 보낸 첩정(牒呈)(上道)[11287]'로 표시하였다.

[31] 한국국학진흥원 유교넷 홈페이지에서는 문서명을 '풍산류씨 하회마을 화경당(북촌댁) 1803년에 종성부 삼공형이 감시어사에게 보낸 첩정(牒呈)(上道)[11285]'로 표시하였다.

[32] 한국국학진흥원 유교넷 홈페이지에서는 문서명을 '풍산류씨 하회마을 화경당(북촌댁) 1803년에 종성부 삼공형이 감시어사에게 보낸 첩정(牒呈)(上道)[11284]'로 표시하였다.

[33] 한국국학진흥원 유교넷 홈페이지에서는 문서명을 '풍산류씨 하회마을 화경당(북촌댁) 1803년에 회녕도호부사가 감시어사에게 보낸 첩정(牒呈)(上道)[11282]'로 표시하였다.

[34] 한국국학진흥원 유교넷 홈페이지에서는 문서명을 '풍산류씨 하회마을 화경당(북촌댁) 1803년에 회녕도호부사가 감시어사에게 보낸 첩정(牒呈)(上道)[11291]'로 표시하였다.

사 이두 자료. 풍산 류씨 하회 화경당(북촌댁) 구장. 한국국학진흥원 소장. 한국국학진흥원 유교넷 홈페이지 원문 이미지와 텍스트 보기>

1803-12-29. **첩정**(牒呈),[35] 회녕 도호부사(會寧都護府使). <1장. 한자+이두. 조선 필사 이두 자료. 풍산 류씨 하회 화경당(북촌댁) 구장. 한국국학진흥원 소장. 한국국학진흥원 유교넷 홈페이지 원문 이미지와 텍스트 보기>

1803-12-00. **노봉서원 재임 서목**(露峯書院齋任書目) 6, 노봉서원. <1장. 한자+이두. 조선 필사 이두 자료. 남원·구례 삭녕 최씨 구장. 한국학중앙연구원 장서각 한국고문서자료관 홈페이지 원문 이미지 보기. 한국정신문화연구원 편(2004) 참고>

1803-12-00. **용산서원 사림 서목**(龍山書院士林書目), 용산서원. <1장. 한자+이두. 조선 필사 이두 자료. 경북 경주시 내남면 이조리 경주 최씨·용산서원 소장. 한국학중앙연구원 장서각 한국고문서자료관 홈페이지 원문 이미지 보기. 한국정신문화연구원 편(2000) 참고>

1803-00-00. **강화부 유수 관**(江華府留守關), 강화부. <1장. 한자+이두. 조선 필사 이두 자료. 전북 부안군 우반 부안 김씨 세덕각 소장. 한국학중앙연구원 장서각 한국고문서자료관 홈페이지 원문 이미지와 텍스트 보기. 한국정신문화연구원 편(1983, 1998), 한국학중앙연구원 편(2017) 참고>

1803-00-00. **노봉서원 재임 서목**(露峯書院齋任書目) 7, 노봉서원. <1장. 한자+이두. 조선 필사 이두 자료. 남원·구례 삭녕 최씨 구장. 한국학중앙연구원 장서각 한국고문서자료관 홈페이지 원문 이미지 보기. 한국정신문화연구원 편(2004) 참고>

1803-00-00. 「왕세자관례책저등록(王世子冠禮冊儲謄錄)」, 예조(禮曹). <1책. 104장. 필사본. 한국학중앙연구원 장서각 한국학자료센터 홈페이지 & 한국학중앙연구원 한국학 디지털 아카이브 홈페이지 원문 이미지와 텍스트 보기>

1803-00-00. **호조 관**(戶曹關), 호조. <1장. 한자+이두. 조선 필사 이두 자료. 해남 노송 김해 김씨 노송사 소장. 한국학중앙연구원 장서각 한국고문서자료관 홈페이지 원문 이미지와 텍스트 보기. 한국정신문화연구원 편(1998) 참고>

---

[35] 한국국학진흥원 유교넷 홈페이지에서는 문서명을 '풍산류씨 하회마을 화경당(북촌댁) 1803년에 회녕도호부사가 감시어사에게 보낸 첩정(牒呈)(上道)[11292]'로 표시하였다.

1803-00-00. **호조 해유문서**(戶曹解由文書),³⁶ 호조. <1장. 한자+이두. 조선 필사 이두 자료. 해남 노송 김해 김씨 노송사 소장. 한국학중앙연구원 장서각 한국고문서자료관 홈페이지 & 호남권 한국학자료센터 홈페이지 원문 이미지와 텍스트 보기. 최승희(1989), 한국정신문화연구원 편(1998), 정구복 외(1999) 참고>

1804년

<갑자(甲子). 순조 4년. 가경 9년. 숭정(崇禎) 177년>

1804-01-01~1804-12-29. 「결속색등록(結束色謄錄)」, 병조(兵曹) 편(編). <1책(17). 164장. 필사본. 한자+이두. 이두 자료. 서울대학교 규장각 한국학연구원 홈페이지 1787년~1891년 낙질본 107책(1792년(건륭 57년), 1811년(가경 16년) 하, 1816년(가경 21년), 1817년(가경 22년), 1824년(도광 4년), 1831년(도광 11년), 1871년(동치 10년), 1885년(광서 11년) 없음) 원문 이미지 보기>

1804-01-01~1804-12-29(甲子). 「전객사일기(典客司日記)」 51, 예조(禮曹) 전객사(典客司) 편(編). <1책(51/99). 79장. 필사본. 한자+이두. 이두 자료. 서울대학교 규장각 한국학연구원 홈페이지 원문 이미지 보기> <1640-01-22~1641-12-23(1)>

1804-01-01~1805-12-15(甲子~乙丑). 「제등록(祭謄錄)」, 편자 미상. <1책(3/7). 118장. 필사본. 한자+이두. 이두 자료. 서울대학교 규장각 한국학연구원 홈페이지 원문 이미지 보기> <1786-01-01~1787-12-24(1/7)>

1804-01-06. **용원도색 김명구 토지매매명문**(龍院都色金命九土地賣買明文) 1, 최성옥(崔成玉). <1장. 한자+이두. 조선 필사 이두 자료. 경북 경주시 내남면 이조리 경주 최씨·용산서원 소장. 한국학중앙연구원 장서각 한국고문서자료관 홈페이지 원문 이미지 보기. 한국정신문화연구원 편(2000) 참고>

1804-01-06. **첩정**(牒呈),³⁷ 회녕 도호부사(會寧都護府使). <1장. 한자+이두. 조선 필

---

36 한국학중앙연구원 장서각 한국고문서자료관 홈페이지에서는 '호조(戶曹) 관(關)'으로 표시하였다.

사 이두 자료. 풍산 류씨 하회 화경당(북촌댁) 구장. 한국국학진흥원 소장. 한국국학진흥원 유교넷 홈페이지 원문 이미지와 텍스트 보기>

1804-01-07. **용원도색 김명구 토지매매명문**(龍院都色金命九土地賣買明文) 2, 이명룡(李命龍). <1장. 한자+이두. 조선 필사 이두 자료. 경북 경주시 내남면 이조리 경주 최씨·용산서원 소장. 한국학중앙연구원 장서각 한국고문서자료관 홈페이지 원문 이미지 보기. 한국정신문화연구원 편(2000) 참고>

1804-01-16. **유학 권승언 토지매매명문**(幼學權昇彦土地賣買明文), 계중 유학 여광필(禊中幼學呂光弼). <1장. 한자+이두. 조선 필사 이두 자료. 경북 예천군 용문면 대제리 원동 권씨 춘우재 고택 구장. 한국국학진흥원 소장. 한국학자료센터 영남권역센터 홈페이지 원문 이미지와 텍스트 보기. 김성갑(2013) 참고>

1804-01-18. **유학 이희창 부탁문**(幼學李希昌付托文), 이희창. <1장. 한자+이두. 조선 필사 이두 자료. 경주 양동 경주 손씨 송첨 종택 소장. 한국학중앙연구원 장서각 한국고문서자료관 홈페이지 원문 이미지 보기. 한국정신문화연구원 편(1997) 참고>

1804-01-00. **노봉서원 재임 서목**(露峯書院齋任書目) 1, 노봉서원. <1장. 한자+이두. 조선 필사 이두 자료. 남원·구례 삭녕 최씨 구장. 한국학중앙연구원 장서각 한국고문서자료관 홈페이지 원문 이미지 보기. 한국정신문화연구원 편(2004) 참고>

1804-01-00. **신학천 등 상서**(愼學天等上書), 신학천 등. <1장. 한자+이두. 조선 필사 이두 자료. 경남 거창 갈계 은진 임씨 소장. 한국학중앙연구원 장서각 한국고문서자료관 홈페이지 원문 이미지 보기. 한국학중앙연구원 편(2005) 참고>

1804-02-07. **탁계근 토지매매명문**(卓繼根土地賣買明文),[38] 김선응(金善應). <1장. 한자+이두. 조선 필사 이두 자료. 경주 양동 경주 손씨 송첨 종택 소장. 한국학중앙연구원 장서각 한국고문서자료관 홈페이지 원문 이미지 보기>

1804-02-10. **노 귀금 배지**(奴貴金牌旨), 상전 안 씨(上典安氏). <1장. 한자+이두. 조선

---

37 한국국학진흥원 유교넷 홈페이지에서는 문서명을 '풍산류씨 하회마을 화경당(북촌댁) 1804년에 회녕도호부사가 감시어사에게 보낸 첩정(牒呈)(牒報)[1289]'로 표시하였다.
38 한국학중앙연구원 장서각 한국고문서자료관 홈페이지에서는 '김선응(金善應) 토지매매명문(土地賣買明文)'으로 표시하였다.

필사 이두 자료. 전남 보성 박실 제주 양씨가 구장. 원광대학교 박물관 소장. 호남권 한국학자료센터 홈페이지 원문 이미지와 텍스트 보기. 최승희(1989), 정구복 외(1999), 이재수(2003) 참고>

1804-02-11. **한종산 토지매매명문**(韓宗山土地賣買明文), 답주 한 조이(畓主韓召史). <1장. 한자+이두. 조선 필사 이두 자료. 해남 노송 김해 김씨 노송사 소장. 한국학중앙연구원 장서각 한국고문서자료관 홈페이지 & 호남권 한국학자료센터 홈페이지 원문 이미지와 텍스트 보기. 최승희(1989), 한국정신문화연구원 편(1998), 조정곤(2013) 참고>

1804-02-14. **유학 정■■ 토지매매명문**(幼學鄭■■土地賣買明文),[39] 김진호(金震昊). <1장. 점련문서. 한자+이두. 조선 필사 이두 자료. 전남 장성군 행주 기씨 금강종가 소장. 호남권 한국학자료센터 홈페이지 원문 이미지와 텍스트 보기. 김개문(1986), 이수건 외(2004) 참고>

1804-02-14. **향교 수노 득생 고목**(鄉校首奴得生告目), 득생. <1장. 한자+이두. 조선 필사 이두 자료. 남원·구례 삭녕 최씨 구장. 한국학중앙연구원 장서각 한국고문서자료관 홈페이지 원문 이미지 보기. 한국정신문화연구원 편(2004) 참고>

1804-02-25. **이 생원 댁 노 ■■ 토지매매명문**(李生員宅奴■■土地賣買明文),[40] 안 생원 댁 노 귀금(安生員宅奴貴金). <1장. 한자+이두. 조선 필사 이두 자료. 전남 보성 박실 제주 양씨가 구장. 원광대학교 박물관 소장. 호남권 한국학자료센터 홈페이지 원문 이미지와 텍스트 보기. 최승희(1989), 정구복 외(1999), 이재수(2003) 참고>

1804-02-00. **토지매매명문**(土地賣買明文), 김종윤(金宗潤). < 1장. 한자+이두. 조선 필사 이두 자료. 경북 경주시 내남면 이조리 경주 최씨·용산서원 소장. 한국학중앙연구원 장서각 한국고문서자료관 홈페이지 원문 이미지 보기. 박병호(1974ㄱ), 한국정신문화연구원 편(2000), 이재수(2003), 김소은(2004) 참고>

---

[39] 호남권 한국학자료센터 홈페이지에서는 '김진호(金震昊) 방매(放賣) 토지매매명문(土地賣買明文)'으로 표시하였다.

[40] 호남권 한국학자료센터 홈페이지에서는 '안생원댁노(安生員宅奴) 귀금(貴金) 방매(放賣) 토지매매명문(土地賣買明文)'으로 표시하였다.

1804-02-00. **노봉서원 재임 서목**(露峯書院齋任書目) 2~6, 노봉서원. <5장. 한자+이두. 조선 필사 이두 자료. 남원·구례 삭녕 최씨 구장. 한국학중앙연구원 장서각 한국고문서자료관 홈페이지 원문 이미지 보기. 한국정신문화연구원 편(2004) 참고>

1804-03-02. **김천 이방 한유신 고목**(金泉吏房韓裕臣告目), 한유신. <1장. 한자+이두. 조선 필사 이두 자료. 해남 노송 김해 김씨 노송사 소장. 한국학중앙연구원 장서각 한국고문서자료관 홈페이지 & 호남권 한국학자료센터 홈페이지 원문 이미지와 텍스트 보기. 한국정신문화연구원 편(1998) 참고>

1804-03-04. **시장문기**(柴場文記), 이동신(李東信). <1장. 한자+이두. 조선 필사 이두 자료. 전남 영광군 입석 영월 신씨 소장. 한국학중앙연구원 장서각 한국고문서자료관 홈페이지 원문 이미지와 텍스트 보기. 한국정신문화연구원 편(1996) 참고>

1804-03-06. **최유중 토지매매명문**(崔有中土地賣買明文), 임봉기(林奉起). <1장. 한자+이두. 조선 필사 이두 자료. 전북 부안 석동 류절재 소장. 호남권 한국학자료센터 홈페이지 원문 이미지와 텍스트 보기. 박병호(1974ㄱ), 최승희(1989), 이재수(2003) 참고>

1804-03-11. **최응택 토지매매명문**(崔應澤土地賣買明文), 최석삼(崔錫三). <1장. 한자+이두. 조선 필사 이두 자료. 남원·구례 삭녕 최씨 구장. 한국학중앙연구원 장서각 한국고문서자료관 홈페이지 원문 이미지 보기. 한국정신문화연구원 편(2004) 참고>

1804-03-00. **곽용 등 상서**(郭鎔等上書) 1, 곽용 등. <1장. 한자+이두. 조선 필사 이두 자료. 경남 거창 갈계 은진 임씨 소장. 한국학중앙연구원 장서각 한국고문서자료관 홈페이지 원문 이미지 보기. 한국학중앙연구원 편(2005) 참고>

1804-03-00. **김낙일 소지**(金洛一所志), 김낙일. <1장. 한자+이두. 조선 필사 이두 자료. 해남 노송 김해 김씨 노송사 소장. 한국학중앙연구원 장서각 한국고문서자료관 홈페이지 & 호남권 한국학자료센터 홈페이지 원문 이미지와 텍스트 보기. 최승희(1989), 한국정신문화연구원 편(1998) 참고>

1804-03-00. **남원부사 전령**(南原府使傳令), 남원부사. <1장. 한자+이두. 조선 필사 이두 자료. 남원·구례 삭녕 최씨 구장. 한국학중앙연구원 장서각 한국고문서자료

관 홈페이지 원문 이미지 보기. 한국정신문화연구원 편(2004) 참고>

1804-03-00. **노봉서원 재임 서목**(露峯書院齋任書目) 7~10, 노봉서원. <1장. 한자+이두. 조선 필사 이두 자료. 남원·구례 삭녕 최씨 구장. 한국학중앙연구원 장서각 한국고문서자료관 홈페이지 원문 이미지 보기. 한국정신문화연구원 편(2004) 참고>

1804-03-00. **윤동야 등 상서**(尹東野等上書), 윤동야 등. <1장. 한자+이두. 조선 필사 이두 자료. 경남 거창 갈계 은진 임씨 소장. 한국학중앙연구원 장서각 한국고문서자료관 홈페이지 원문 이미지 보기. 한국학중앙연구원 편(2005) 참고>

1804-03-00. **찰방 김낙일 소지**(察訪金洛一所志), 김낙일. <1장. 한자+이두. 조선 필사 이두 자료. 해남 노송 김해 김씨 노송사 소장. 한국학중앙연구원 장서각 한국고문서자료관 홈페이지 원문 이미지와 텍스트 보기. 한국정신문화연구원 편(1998) 참고>

1804-04-16. **외종제 김종수 노비매매명문**(外宗弟金宗壽奴婢賣買明文), 비주 상전 유학 권정(婢主上典幼學權鼎). <1장. 한자+이두. 조선 필사 이두 자료. 안동 금계 의성 김씨 학봉 종가 소장. 한국학중앙연구원 장서각 한국고문서자료관 홈페이지 원문 이미지와 텍스트 보기. 한국정신문화연구원 편(1990) 참고>

1804-04-20. **매형 김■■ 노비매매명문**(妹兄金■■奴婢賣買明文),[41] 비주 유학 윤동격(婢主幼學尹東格). <1장. 한자+이두. 조선 필사 이두 자료. 해남 노송 김해 김씨 노송사 소장. 한국학중앙연구원 장서각 한국고문서자료관 홈페이지 & 호남권 한국학자료센터 홈페이지 원문 이미지와 텍스트 보기. 최승희(1989), 한국정신문화연구원 편(1998), 조정곤(2013) 참고>

1804-04-25. **김해중 송추문기**(金海中松楸文記), 송지흥(宋之興). <1장. 한자+이두. 조선 필사 이두 자료. 광주광역시 광산구 용곡동 김해 김씨 소장. 호남권 한국학자료센터 홈페이지 참고>

1804-05-02. **강형진 처 김 씨 별급기**(姜衡鎭妻金氏別給記) 1, 재주 증조부 강봉서(財主

---

[41] 한국학중앙연구원 장서각 한국고문서자료관 홈페이지에서는 '김낙일(金洛一) 노비매매명문(奴婢賣買明文)'으로 표시하였다.

曾祖父姜鳳瑞). <1장. 한자+이두. 조선 필사 이두 자료. 제주 어도내산 진주 강씨 가 구장. 제주 한림 강우석 소장. 호남권 한국학자료센터 홈페이지 원문 이미지와 텍스트 보기. 최승희(1989), 고창석(2002) 참고>

1804-05-02. **강형진 처 김 씨 별급기**(姜衡鎭妻金氏別給記) 2, 재주 증조부 강봉서(財主曾祖父姜鳳瑞). <1장. 한자+이두. 조선 필사 이두 자료. 제주 어도내산 진주 강씨 가 구장. 제주 한림 강우석 소장. 호남권 한국학자료센터 홈페이지 원문 이미지와 텍스트 보기. 최승희(1989), 고창석(2002) 참고>

1804-05-06. **부인동 도회 통문**(夫仁洞都會通文), 부인동 도회. <1장. 한자+이두. 조선 필사 이두 자료. 경북 경주시 내남면 이조리 경주 최씨·용산서원 소장. 한국학중앙연구원 장서각 한국고문서자료관 홈페이지 원문 이미지 보기. 한국정신문화연구원 편(2000) 참고>

1804-05-00. **입안**(立案), 예조(禮曹). <1장. 한자+이두. 조선 필사 이두 자료. 안동 송파 진주 하씨 하위지 후손가 소장. 한국학중앙연구원 장서각 한국고문서자료관 홈페이지 원문 이미지 보기. 한국정신문화연구원 편(2002) 참고>

1804-06-00. **조 노 일손 소지**(趙奴一孫所志), 일손. <1장. 한자+이두. 조선 필사 이두 자료. 경북 상주 낙동 풍양 조씨 양진당 소장. 한국학중앙연구원 장서각 한국고문서자료관 홈페이지 원문 이미지 보기>

1804-07-27. **전라도 관찰사 겸 순찰사 해유 이관**(全羅道觀察使兼巡察使解由移關), 전라도 관찰사 겸 순찰사. <1장. 한자+이두. 조선 필사 이두 자료. 전남 함평 함평 모씨 모정원 소장. 호남권 한국학자료센터 홈페이지 원문 이미지와 텍스트 보기. 최승희(1989) 참고>

1804-08-04. **김 생원 댁 노 말돌 가사매매명문**(金生員宅奴唜乭家舍賣買明文),[42] 한성귀(韓聖貴). <1장. 한자+이두. 조선 필사 이두 자료. 풍산 김씨 영감 댁 구장. 한국국학진흥원 소장. 한국국학진흥원 유교넷 홈페이지 원문 이미지와 텍스트 보기>

---

42 한국국학진흥원 유교넷 홈페이지에서는 문서명을 '풍산김씨 영감댁 가경 9년에 가벌주 한성귀와 김생원댁 노 말돌 사이에 작성된 명문(明文)[10383]'으로 표시하였다.

1804-08-07. **노봉서원 재임 장현극·오한익 토지매매명문**(露峯書院齋任張顯極吳漢翼土地賣買明文), 최익효(崔瀷孝). <1장. 한자+이두. 조선 필사 이두 자료. 남원·구례 삭녕 최씨 구장. 한국학중앙연구원 장서각 한국고문서자료관 홈페이지 원문 이미지 보기. 한국정신문화연구원 편(2004) 참고>

1804-08-00. **김성탁 소지**(金性濯所志), 김성탁. <1장. 한자+이두. 조선 필사 이두 자료. 전북 고창·고부 광산 김씨 소장. 한국학중앙연구원 고문서자료관 홈페이지 원문 이미지 보기. 한국학중앙연구원 편(2009) 참고>

1804-08-00. **상언**(上言), 생원 권이복 등(生員權以復等). <1장. 한자+이두. 조선 필사 이두 자료. 경북 안동시 갈전 순흥 안씨가 소장. 한국학중앙연구원 한국학 디지털 아카이브 홈페이지 원문 이미지와 텍스트 보기>

1804-08-00. **손 생원 노 봉석 소지**(孫生員奴奉石所志),[43] 봉석. <1장. 한자+이두. 조선 필사 이두 자료. 경주 양동 경주 손씨 송첨 종택 소장. 한국학중앙연구원 한국학 디지털 아카이브 홈페이지 원문 이미지와 텍스트 보기>

1804-08-00. **손 생원 댁 노 봉석 소지**(孫生員宅奴奉石所志), 봉석. <1장. 한자+이두. 조선 필사 이두 자료. 경주 양동 경주 손씨 송첨 종택 소장. 한국학중앙연구원 장서각 한국고문서자료관 홈페이지 원문 이미지 보기. 한국정신문화연구원 편(1997) 참고>

1804-08-00. **이희형 등 상서**(李希詗等上書), 이희형 등. <1장. 한자+이두. 조선 필사 이두 자료. 경북 경주시 안강읍 옥산리 여주 이씨 독락당 소장. 한국학중앙연구원 장서각 한국고문서자료관 홈페이지 원문 이미지 보기. 한국정신문화연구원 편(2003) 참고>

1804-08-00 추정. **노봉서원 완문**(露峯書院完文), 노봉서원. <1장. 한자+이두. 조선 필사 이두 자료. 남원·구례 삭녕 최씨 구장. 한국학중앙연구원 장서각 한국고문서자료관 홈페이지 원문 이미지 보기. 한국정신문화연구원 편(2004) 참고>

1804-09-00. **곽용 등 상서**(郭鎔等上書) 2, 곽용 등. <1장. 한자+이두. 조선 필사 이두 자료. 경남 거창 갈계 은진 임씨 소장. 한국학중앙연구원 장서각 한국고문서자료

---

[43] 한국학중앙연구원 한국학 디지털 아카이브 홈페이지에서는 '소지[所志21]'로 표시하였다.

관 홈페이지 원문 이미지 보기. 한국학중앙연구원 편(2005) 참고>

1804-09-00. **화민 유학 황현 등 상서**(化民幼學黃鉉等上書), 황현 등. <1장. 한자+이두. 조선 필사 이두 자료. 남원 대곡 장수 황씨 문중 소장. 호남권 한국학자료센터 홈페이지 원문 이미지와 텍스트 보기. 최승희(1989), 김경숙(2002) 참고>

1804-10-16. **동종 유학 양?경 토지매매명문**(同宗幼學梁?堈土地賣買明文), 전주 자필 동종 유학 양한기(出主自筆同宗幼學梁漢起). <1장. 한자+이두. 조선 필사 이두 자료. 개인 소장>

1804-10-00. **남원부사 완문**(南原府使完文), 남원부사. <1장. 한자+이두. 조선 필사 이두 자료. 전북 임실 관곡서원 소장. 호남권 한국학자료센터 홈페이지 원문 이미지와 텍스트 보기. 박병호(1974ㄱ), 정구복(2002) 참고>

1804-11-07. **동강서원 유사 유학 손성목 토지매매명문**(東江書院有司幼學孫星穆土地賣買明文),[44] 답주 유학 장일민(畓主幼學蔣逸民). <1장. 한자+이두. 조선 필사 이두 자료. 경주 양동 경주 손씨 송첨 종택 소장. 한국학중앙연구원 장서각 한국고문서자료관 홈페이지 원문 이미지 보기>

1804-11-20. **토지매매명문**(土地賣買明文), 최 생원 댁 노 일삼(崔生員宅奴日三). <1장. 한자+이두. 조선 필사 이두 자료. 경북 경주시 내남면 이조리 경주 최씨·용산서원 소장. 한국학중앙연구원 장서각 한국고문서자료관 홈페이지 원문 이미지 보기. 한국정신문화연구원 편(2000) 참고>

1804-11-21. **기재효 토지매매명문**(奇在孝土地賣買明文), 정지묵(鄭之默). <1장. 한자+이두. 조선 필사 이두 자료. 전남 장성군 행주 기씨 금강 종가 소장. 호남권 한국학자료센터 홈페이지 원문 이미지와 텍스트 보기. 김재문(1986), 이수건 외(2004) 참고>

1804-11-00. **박명유 등 소지**(朴命有等所志), 박명유 등. <1장. 한자+이두. 조선 필사 이두 자료. 경남 합천 용연서원 소장. 한국학중앙연구원 장서각 한국고문서자료관 홈페이지 원문 이미지 보기. 한국정신문화연구원 편(1996) 참고>

---

[44] 한국학중앙연구원 장서각 한국고문서자료관 홈페이지에서는 '장일민(蔣逸民) 토지매매명문(土地賣買明文)'으로 표시하였다.

1804-12-04. **이만손 토지매매명문**(李萬孫土地賣買明文), 박경춘(朴慶春). <1장. 한자+이두. 조선 필사 이두 자료. 일본 경도대학 가와이문고 소장. 고려대학교 해외한국학자료센터 홈페이지 원문 이미지 보기>

1804-12-15. **용산서원 재임 서목**(龍山書院齋任書目), 용산서원. <1장. 한자+이두. 조선 필사 이두 자료. 경북 경주시 내남면 이조리 경주 최씨·용산서원 소장. 한국학중앙연구원 장서각 한국고문서자료관 홈페이지 원문 이미지 보기. 한국정신문화연구원 편(2000) 참고>

1804-12-20. **이득규 토지매매명문**(李得圭土地賣買明文), 강재옥(姜再玉). <1장. 한자+이두. 조선 필사 이두 자료. 전남 보성 박실 제주 양씨가 구장. 원광대학교 박물관 소장. 호남권 한국학자료센터 홈페이지 원문 이미지와 텍스트 보기. 박병호(1974ㄱ), 최승희(1989), 이재수(2003) 참고>

1804-12-20. **정득조 토지매매명문**(丁得祖土地賣買明文), 답주 서성옥(畓主徐聖玉). <1장. 한자+이두. 조선 필사 이두 자료. 전남 나주시 나주 정씨 정문찬 소장. 호남권 한국학자료센터 홈페이지 원문 이미지와 텍스트 보기. 최승희(1989), 국립민속박물관 편(1991) 참고>

1804-12-26. **유학 문주택 토지매매명문**(幼學文胄澤土地賣買明文), 문정택(文鼎澤). <1장. 한자+이두. 조선 필사 이두 자료. 영암 장암 남평 문씨 소장. 한국학중앙연구원 장서각 한국고문서자료관 홈페이지 원문 이미지와 텍스트 보기. 한국정신문화연구원 편(1995) 참고>

1804-12-26. **유학 장찬 토지매매명문**(幼學張攢土地賣買明文), ■■■. <1장. 한자+이두. 조선 필사 이두 자료. 전남 화순 내서 흥성 장씨가 구장. 광주광역시 이정옥 소장. 호남권 한국학자료센터 홈페이지 원문 이미지와 텍스트 보기. 최승희(1989), 정구복 외(1999) 참고>

1804-■■-22. **김이권 토지매매명문**(金利勸土地賣買明文), 답주 유학 이상도(畓主幼學李相搗). <1장. 한자+이두. 조선 필사 이두 자료. 전남 보성 박실 제주 양씨가 구장. 원광대학교 박물관 소장. 호남권 한국학자료센터 홈페이지 원문 이미지와 텍스트 보기. 박병호(1974ㄱ), 최승희(1989), 이재수(2003) 참고>

1804-00-00. 「개수도감의궤(**改修都監儀軌**)」,[45] 개수도감 편. <1책. 48장. 필사본. 표

제는 '(江華史庫上 嘉慶九年甲子九月 日)健陵改修都監儀軌'. 권수제는 '(嘉慶九年甲子八月 日)改修都監儀軌'. 한자+이두. 조선 필사 이두 자료. 서울대학교 규장각 한국학연구원 의궤 종합정보 홈페이지 '奎13666' 원문 이미지 보기>

1804-00-00.「대왕대비전가상 존호도감의궤(大王大妃殿加上 尊號都監儀軌)」,[46] 존호도감 편. <1책. 134장. 필사본. 표제는 '(嘉慶九年甲子二月 日 純祖四年)加上尊號都監儀軌'. 권수제는 '大王大妃殿加上 尊號都監儀軌'. 한자+이두. 조선 필사 이두 자료. 한국학중앙연구원 디지털장서각 홈페이지 'K2-2797' 원문 이미지와 텍스트 보기>

1804-00-00.「대왕대비전가상 존호도감의궤(大王大妃殿加上 尊號都監儀軌)」,[47] 존호도감 편. <1책. 132장. 필사본. 표제는 '(嘉慶九年甲子二月 日 太白山上)大王大妃殿加上尊號都監儀軌全'. 권수제는 '大王大妃殿加上 尊號都監儀軌'. 한자+이두. 조선 필사 이두 자료. 서울대학교 규장각 한국학연구원 의궤 종합정보 홈페이지 '奎13322' 원문 이미지 보기>

1804-00-00.「사직서의궤(社稷署儀軌)」 1~3, 사직서 편. <3책. 92장+68장+90장. 필사본. 권1의 표제는 '社稷署儀軌', 목록제는 '社稷署儀軌目錄'. 한자+이두. 조선 필사 이두 자료. 서울대학교 규장각 한국학연구원 의궤 종합정보 홈페이지 '奎14229' 원문 이미지 보기>

1804-00-00.「숙선옹주가례등록(淑善翁主嘉禮謄錄)」, 가례청(嘉禮廳). <1책. 96장. 필사본. 한자+이두. 조선 필사 이두 자료. 한국학중앙연구원 장서각 소장. 한국학중앙연구원 한국학 디지털 아카이브 홈페이지 원문 이미지와 텍스트 보기>

1804-00-00~1866-00-00.「어영청습진탈등록(御營廳習陣頉謄錄)」, 어영청. <1책. 85장. 필사본. 한자+이두. 조선 필사 이두 자료. 한국학중앙연구원 장서각 소장.

---

45 서울대학교 규장각 한국학연구원 의궤 종합정보 홈페이지에서는 서명을 표제나 권수제와는 달리 '정조건릉개수도감의궤(正祖健陵改修都監儀軌)'로 적었다.

46 한국학중앙연구원 디지털장서각 홈페이지에서는 서명을 원문과는 달리 '대왕대비전가상존호감의궤(大王大妃殿加上尊號都監儀軌)'로 붙여 썼다.

47 서울대학교 규장각 한국학연구원 의궤 종합정보 홈페이지에서는 서명을 표제나 권수제와는 달리 '정순왕후가상존호도감의궤(貞純王后加上尊號都監儀軌)'로 적었다.

1805년

<을축(乙丑), 순조 5년, 가경 10년>

1805-01-01~1805-12-18(乙丑). 「전객사일기(**典客司日記**)」 52, 예조(禮曹) 전객사(典客司) 편(編). <1책(52/99). 92장. 필사본. 한자+이두. 조선 필사 이두 자료. 서울대학교 규장각 한국학연구원 홈페이지 원문 이미지 보기> <1640-01-22~1641-12-23(1)>

1805-01-01~1805-12-29. 「결속색등록(**結束色謄錄**)」, 병조(兵曹) 편(編). <1책(18). 166장. 필사본. 한자+이두. 이두 자료. 서울대학교 규장각 한국학연구원 홈페이지 1787년~1891년 낙질본 107책(1792년(건륭 57년), 1811년(가경 16년) 하, 1816년(가경 21년), 1817년(가경 22년), 1824년(도광 4년), 1831(도광 11년), 1871(동치 10년), 1885년(광서 11년) 없음) 원문 이미지 보기>

1805-01-05. **진은광 토지매매명문**(陳銀光土地賣買明文), 답주 박백금(畓主朴白金). <1장. 한자+이두. 조선 필사 이두 자료. 해남 노송 김해 김씨 노송사 소장. 한국학중앙연구원 장서각 한국고문서자료관 홈페이지 & 호남권 한국학자료센터 홈페이지 원문 이미지와 텍스트 보기. 최승희(1989), 한국정신문화연구원 편(1998), 조정곤(2013) 참고>

1805-01-07. **이덕삼 토지매매명문**(李德三土地賣買明文),[48] 답주 황선이(畓主黃先伊). <1장. 한자+이두. 조선 필사 이두 자료. 풍산 류씨 하회 화경당(북촌댁) 구장. 한국국학진흥원 소장. 한국국학진흥원 유교넷 홈페이지 원문 이미지와 텍스트 보기>

---

[48] 한국국학진흥원 유교넷 홈페이지에서는 문서명을 '풍산류씨 하회마을 화경당(북촌댁) 1805년 11월에 답주 **황선**과 이덕삼 **사이에 작성된** 명문(明文(田畓賣買文記)[11203]'으로 표시하였다.

1805-01-12~1849-06-02(가경 10년 乙丑~도광 29년 己酉). 「국휼등록(國恤謄錄)」 1, 편자 미상. <1책(1/4). 58장. 필사본. 한자+이두. 조선 필사 이두 자료. 서울대학교 규장각 한국학연구원 홈페이지 원문 이미지 보기> <1857-08-04~1857-12-05 (2/4), 1863-12-08~1864-03-03(3/4), 1878-05-12~1879-04-10(4/4)>

1805-01-17. **용산서원 사림 서목**(龍山書院士林書目), 용산서원. <1장. 한자+이두. 조선 필사 이두 자료. 경북 경주시 내남면 이조리 경주 최씨·용산서원 소장. 한국학중앙연구원 장서각 한국고문서자료관 홈페이지 원문 이미지 보기. 한국정신문화연구원 편(2000) 참고>

1805-01-19. **구계종 고목**(具繼宗告目), 구계종. <1장. 한자+이두. 조선 필사 이두 자료. 해남 노송 김해 김씨 노송사 소장. 호남권 한국학자료센터 홈페이지 원문 이미지와 텍스트 보기. 최승희(1989), 한국정신문화연구원 편(1998), 조정곤(2013) 참고>

1805-01-19. **자여 하리 구계종 고목**(自如下吏具繼宗告目), 구계종. <1장. 한자+이두. 조선 필사 이두 자료. 해남 노송 김해 김씨 노송사 소장. 한국학중앙연구원 장서각 한국고문서자료관 홈페이지 원문 이미지와 텍스트 보기. 한국정신문화연구원 편(1998) 참고>

1805-01-20. **구필강 고목**(具必康告目), 구필강. <1장. 한자+이두. 조선 필사 이두 자료. 해남 노송 김해 김씨 노송사 소장. 호남권 한국학자료센터 홈페이지 원문 이미지와 텍스트 보기. 최승희(1989), 한국정신문화연구원 편(1998), 조정곤(2013) 참고>

1805-01-20. **김우추·김광해 등 고목**(金遇秋金光海等告目), 김우추·김광해 등. <1장. 한자+이두. 조선 필사 이두 자료. 해남 노송 김해 김씨 노송사 소장. 호남권 한국학자료센터 홈페이지 원문 이미지와 텍스트 보기. 최승희(1989), 국립민속박물관 편(1991), 한국정신문화연구원 편(1998), 정구복 외(1999), 조정곤(2013) 참고>

1805-01-20. **자여 상동 김우추 고목**(自如上洞金遇秋告目), 김우추. <1장. 한자+이두. 조선 필사 이두 자료. 해남 노송 김해 김씨 노송사 소장. 한국학중앙연구원 장서각 한국고문서자료관 홈페이지 원문 이미지와 텍스트 보기. 한국정신문화연구원 편(1998) 참고>

1805-01-20. **자역 하인 구필강 고목**(自如下人具必康告目), 구필강. <1장. 한자+이두. 조선 필사 이두 자료. 해남 노송 김해 김씨 노송사 소장. 한국학중앙연구원 장서각 한국고문서자료관 홈페이지 원문 이미지와 텍스트 보기. 한국정신문화연구원 편(1998) 참고>

1805-01-20. **족제 유학 조영원 토지매매명문**(族弟幼學曺榮元土地賣買明文), 답주 조영엽(畓主曺榮曄). <1장. 한자+이두. 조선 필사 이두 자료. 영암 미암 창녕 조씨 태호 후손가 소장. 호남권 한국학자료센터 홈페이지 원문 이미지 보기. 최승희(1989) 참고>

1805-02-02. **이 생원 노 갑생 토지매매명문**(李生員奴甲生土地賣買明文), 답주 승 유화 상좌 진한(畓主僧有化上佐珎閑). <1장. 한자+이두. 조선 필사 이두 자료. 전남 보성 박실 제주 양씨가 구장. 원광대학교 박물관 소장. 호남권 한국학자료센터 홈페이지 원문 이미지와 텍스트 보기. 박병호(1974ㄱ), 이재수(2003) 참고>

1805-02-04. **완문**(完文), 행목관(行牧官). <1장. 한자+이두. 필사 이두 자료. 제주교육박물관 소장. 사이버 제주교육박물관 홈페이지 원문 이미지와 텍스트 보기>

1805-02-06. **계중 첨안 암자 목재매매명문**(楔中僉案庵子木材賣買明文),[49] 권지도 등(權之度等) . <1장. 한자+이두. 조선 필사 이두 자료. 경북 예천군 용문면 대제리 원동 권씨 춘우재 고택 구장. 한국국학진흥원 소장. 한국학자료센터 영남권역센터 홈페이지 원문 이미지와 텍스트 보기. 김성갑(2013) 참고>

1805-02-07. **김치성 토지매매명문**(金致成土地賣買明文),[50] 전주 황수영(田主黃守永). <1장. 한자+이두. 조선 필사 이두 자료. 경북 영양군 영양읍 삼지리 한양 조씨 하담 고택 구장. 한국국학진흥원 소장. 한국학자료센터 영남권역센터 홈페이지 원문 이미지와 텍스트 보기. 박병호(1974ㄱ), 최승희(1989), 이재수(2003) 참고>

1805-02-08. **황창손 토지매매명문**(黃昌孫土地賣買明文), 답주 권 노 늦복[51](畓主權奴

---

49 한국학자료센터 영남권역센터 홈페이지에서는 '상여수리도청(喪擧修理都廳) 암자 매매명문'으로 표시하였다.

50 한국학자료센터 영남권역센터 홈페이지에서는 '황수영(黃守永) 토지매매명문(土地賣買明文)'으로 표시하였다.

51 한국학자료센터 영남권역센터 홈페이지에서는 '납'으로 잘못 적었다.

蕊福). <1장. 한자+이두. 조선 필사 이두 자료. 경북 예천군 용문면 대제리 원동 권씨 춘우재 고택 구장. 한국국학진흥원 소장. 한국학자료센터 영남권역센터 홈페이지 원문 이미지와 텍스트 보기. 김성갑(2013) 참고>

1805-02-13. **노 ■■ 어장매매명문**(奴■■漁場賣買明文),⁵² 노 봉산(奴奉山). <1장. 한자+이두. 조선 필사 이두 자료. 해남 노송 김해 김씨 노송사 소장. 한국학중앙연구원 장서각 한국고문서자료관 홈페이지 & 호남권 한국학자료센터 홈페이지 원문 이미지와 텍스트 보기. 최승희(1989), 한국정신문화연구원 편(1998), 조정곤(2013) 참고>

1805-02-16. **김 노 은창 토지매매명문**(金奴銀昌土地賣買明文), 방성훈(方成勳). <1장. 한자+이두. 조선 필사 이두 자료. 해남 노송 김해 김씨 노송사 소장. 한국학중앙연구원 장서각 한국고문서자료관 홈페이지 & 호남권 한국학자료센터 홈페이지 원문 이미지와 텍스트 보기. 최승희(1989), 한국정신문화연구원 편(1998), 조정곤(2013) 참고>

1805-02-16. **별고 유사 유학 오현복 토지매매명문**(別庫有司幼學吳顯福土地賣買明文), 최일효(崔一孝). <1장. 한자+이두. 조선 필사 이두 자료. 남원·구례 삭녕 최씨 구장. 한국학중앙연구원 장서각 한국고문서자료관 홈페이지 원문 이미지 보기. 한국정신문화연구원 편(2004) 참고>

1805-02-16. **용원도색 김명구 토지매매명문**(龍院都色金命九土地賣買明文), 이용재(李龍才). <1장. 한자+이두. 조선 필사 이두 자료. 경북 경주시 내남면 이조리 경주 최씨·용산서원 소장. 한국학중앙연구원 장서각 한국고문서자료관 홈페이지 원문 이미지 보기. 한국정신문화연구원 편(2000) 참고>

1805-02-16. **토지매매명문**(土地賣買明文),⁵³ 답주 박순갑(畓主朴順甲). <1장. 한자+이두. 조선 필사 이두 자료. 해남 노송 김해 김씨 노송사 소장. 호남권 한국학자료

---

52 한국학중앙연구원 장서각 한국고문서자료관 홈페이지에서는 '어장문기(漁場文記)'로 표시하였고, 호남권 한국학자료센터 홈페이지 에서는 '노(奴) 봉산(奉山) 방매(放賣) 어장문기(漁場文記)'로 표시하였다.

53 호남권 한국학자료센터 홈페이지에서는 '박순갑(朴順甲) 방매(放賣) 토지매매명문(土地賣買明文)'으로 표시하였다.

센터 홈페이지 원문 이미지와 텍스트 보기. 최승희(1989), 한국정신문화연구원 편(1998), 조정곤(2013) 참고>

1805-02-18~1807-07-24(乙丑~丁卯).「건릉개수등록(健陵改修謄錄)」, 예조(禮曹) 편(編). <1책. 58장. 필사본. 한자+이두. 조선 필사 이두 자료. 서울대학교 규장각 한국학연구원 홈페이지 원문 이미지 보기>

1805-02-23. **박태유 초사**(朴泰有招辭), 박태유. <1장. 한자+이두. 조선 필사 이두 자료. 경남 합천 용연서원 소장. 한국학중앙연구원 장서각 한국고문서자료관 홈페이지 원문 이미지 보기. 한국정신문화연구원 편(1996) 참고>

1805-02-24. **계 유사 권택모 토지매매명문**(稧有司權宅模土地賣買明文), 김일하(金一河). <1장. 한자+이두. 조선 필사 이두 자료. 경북 예천군 용문면 대제리 원동 권씨 춘우재 고택 구장. 한국국학진흥원 소장. 한국학자료센터 영남권역센터 홈페이지 원문 이미지와 텍스트 보기. 김성갑(2013) 참고>

1805-02-29. **강성문 토지매매명문**(姜成文土地賣買明文), 답주 강명득(畓主姜明得). <1장. 한자+이두. 조선 필사 이두 자료. 전남 영광 마산 경주 이씨가 구장. 진안 용담호미술관 소장. 호남권 한국학자료센터 홈페이지 원문 이미지와 텍스트 보기. 박병호(1974ㄱ), 최승희(1989), 이재수(2003) 참고>

1805-02-00. **화민 문익래 등 소지**(化民文益來等所志) 1, 문익래 등. <1장. 한자+이두. 조선 필사 이두 자료. 영암 장암 남평 문씨 소장. 한국학중앙연구원 장서각 한국고문서자료관 홈페이지 원문 이미지와 텍스트 보기. 한국정신문화연구원 편(1995) 참고>

1805-02-00. **화민 문익래 등 소지**(化民文益來等所志) 2, 문익래 등. <1장. 한자+이두. 조선 필사 이두 자료. 영암 장암 남평 문씨 소장. 한국학중앙연구원 장서각 한국고문서자료관 홈페이지 원문 이미지와 텍스트 보기. 한국정신문화연구원 편(1995) 참고>

1805-03-11. **김종수 토지매매명문**(金宗壽土地賣買明文) 1, 김강수(金岡壽). <1장. 한자+이두. 조선 필사 이두 자료. 안동 금계 의성 김씨 학봉 종가 소장. 한국학중앙연구원 장서각 한국고문서자료관 홈페이지 원문 이미지와 텍스트 보기. 한국정신문화연구원 편(1990) 참고>

1805-03-13. **유루 유사 삼종제 권승언 토지매매명문**(遺漏有司三從弟權昇彥土地賣買明文), 답주 삼종형 권하언(畓主三從兄權河彥). <1장. 한자+이두. 조선 필사 이두 자료. 경북 예천군 용문면 대제리 원동 권씨 춘우재 고택 구장. 한국국학진흥원 소장. 한국학자료센터 영남권역센터 홈페이지 원문 이미지와 텍스트 보기. 김성갑(2013) 참고>

1805-03-16. **김종수 토지매매명문**(金宗壽土地賣買明文) 2, 김진악(金鎭岳). <1장. 한자+이두. 조선 필사 이두 자료. 안동 금계 의성 김씨 학봉 종가 소장. 한국학중앙연구원 장서각 한국고문서자료관 홈페이지 원문 이미지와 텍스트 보기. 한국정신문화연구원 편(1990) 참고>

1805-03-16. **노 손남 토지매매명문**(奴孫男土地賣買明文),[54] 답주 김종원(畓主金宗元). <1장. 한자+이두. 조선 필사 이두 자료. 경주 양동 경주 손씨 송첨 종택 소장. 한국학중앙연구원 장서각 한국고문서자료관 홈페이지 원문 이미지 보기>

1805-03-19. **이 노 순이 토지매매명문**(李奴順已土地賣買明文), 전주 김득수(田主金得守). <1장. 한자+이두. 조선 필사 이두 자료. 경북 경주시 안강읍 옥산리 여주 이씨 장산서원·치암 종택 구장. 한국학중앙연구원 장서각 한국고문서자료관 홈페이지 원문 이미지 보기. 한국정신문화연구원 편(2003) 참고>

1805-03-27. **숙모 과녀 조이 분재기**(叔母寡女召史分財記), 별급 전주 숙모 과녀 조이(別給田主叔母寡女召史). <1장. 한자+이두. 조선 필사 이두 자료. 경주 양동 경주 손씨 송첨 종택 소장. 장서각 한국고문서자료관 홈페이지 원문 이미지 보기>

1805-03-00. **화민 문익래 등 소지**(化民文益來等所志) 3, 문익래 등. <1장. 한자+이두. 조선 필사 이두 자료. 영암 장암 남평 문씨 소장. 한국학중앙연구원 장서각 한국고문서자료관 홈페이지 원문 이미지와 텍스트 보기. 한국정신문화연구원 편(1995) 참고>

1805-03-00. **화민 문익래 등 소지**(化民文益來等所志) 4, 문익래 등. <1장. 한자+이두. 조선 필사 이두 자료. 영암 장암 남평 문씨 소장. 한국학중앙연구원 장서각 한국고

---

54 한국학중앙연구원 장서각 한국고문서자료관 홈페이지에서는 '김종원(金宗元) 토지매매명문(土地賣買明文)'으로 표시하였다.

문서자료관 홈페이지 원문 이미지와 텍스트 보기. 한국정신문화연구원 편(1995) 참고>

1805-04-00. **손성덕 등 소지**(孫星德等所志) 1, 손성덕 등. <1장. 한자+이두. 조선 필사 이두 자료. 경주 양동 경주 손씨 송첨 종택 소장. 한국학중앙연구원 장서각 한국고문서자료관 홈페이지 원문 이미지 보기>

1805-04-00. **손성덕 등 소지**(孫星德等所志) 2, 손성덕 등. <1장. 한자+이두. 조선 필사 이두 자료. 경주 양동 경주 손씨 송첨 종택 소장. 한국학중앙연구원 장서각 한국고문서자료관 홈페이지 원문 이미지 보기>

1805-04-00. **하제범 소지**(河濟範所志), 하제범. <1장. 한자+이두. 조선 필사 이두 자료. 경남 진주시 단목 진양 하씨 창주 후손가 소장. 한국학중앙연구원 장서각 한국고문서자료관 홈페이지 원문 이미지 보기. 한국정신문화연구원 편(2000) 참고>

1805-04-00~1807-07-00(가경 10년 을축~정묘). 「건릉개수등록(**健陵改修謄錄**)」, 예조(禮曹) 편(編). <1책. 56장. 필사본. 한자+이두. 조선 필사 이두 자료. 서울대학교 규장각 한국학연구원 홈페이지 원문 이미지 보기>

1805-04-00 이후 기입 추정. 「맹자집주대전(**孟子集註大全**)」 권5-6, 영영(嶺營): 영영(嶺營) 중간(重刊). <2권 1책. 목판본. 후쇄본. 한문본인데 생획토 두주. 유교 서적. 조선 묵서 구결 자료. 국립중앙도서관 홈페이지 원문 이미지 보기>

1805-05-00. **김창수·권병연 등 상서**(金昌銖權秉淵等上書), 김창수·권병연 등. <1장. 한자+이두. 조선 필사 이두 자료. 경북 안동시 주촌 진성 이씨 경류정 구장. 서울역사박물관 소장. 한국학중앙연구원 장서각 한국고문서자료관 홈페이지 원문 이미지와 텍스트 보기. 한국정신문화연구원 편(1999) 참고>

1805-05-00. **서원 도색 박오작 소지**(書院都色朴五作所志), 박오작. <1장. 한자+이두. 조선 필사 이두 자료. 경북 경주시 내남면 이조리 경주 최씨·용산서원 소장. 한국학중앙연구원 장서각 한국고문서자료관 홈페이지 원문 이미지 보기. 한국정신문화연구원 편(2000) 참고>

1805-05-00. **손성덕 의송**(孫星德議送), 손성덕. <1장. 한자+이두. 조선 필사 이두 자료. 경주 양동 경주 손씨 송첨 종택 소장. 한국학중앙연구원 장서각 한국고문서

자료관 홈페이지 원문 이미지 보기>

1805-05-00. **손채구 등 소지**(孫采九等所志), 손채구 등. <1장. 한자+이두. 조선 필사 이두 자료. 경주 양동 경주 손씨 송첨 종택 소장. 한국학중앙연구원 장서각 한국고 문서자료관 홈페이지 원문 이미지 보기>

1805-05-00. **이명전 소지**(李眀銓所志), 이명전. <1장. 한자+이두. 조선 필사 이두 자료. 전북 남원 둔덕 전주 이씨가 구장. 전북대학교 박물관 소장. 호남권 한국학 자료센터 홈페이지 원문 이미지와 텍스트 보기. 최승희(1989), 전북대학교 박물관 편(1990) 참고>

1805-윤5-15. **용산서원 재임 첩정**(龍山書院齋任牒呈), 용산서원. <1장. 한자+이두. 조선 필사 이두 자료. 경북 경주시 내남면 이조리 경주 최씨·용산서원 소장. 한국 학중앙연구원 장서각 한국고문서자료관 홈페이지 원문 이미지 보기. 한국정신문 화연구원 편(2000) 참고>

1805-06-00. **손성덕 등 소지**(孫星德等所志) 3, 손성덕 등. <1장. 한자+이두. 조선 필사 이두 자료. 경주 양동 경주 손씨 송첨 종택 소장. 한국학중앙연구원 장서각 한국고문서자료관 홈페이지 원문 이미지 보기>

1805-06-00 추정.[55] **진흥보 소지**(陳興普所志), 진흥보. <1장. 한자+이두. 조선 필사 이두 자료. 해남 노송 김해 김씨 노송사 소장. 호남권 한국학자료센터 홈페이지 원문 이미지와 텍스트 보기. 최승희(1989), 한국정신문화연구원 편(1998), 조정곤 (2013) 참고>

1805-윤6-00. **손성섭 등 소지**(孫星攝等所志), 손성섭 등. <1장. 한자+이두. 조선 필사 이두 자료. 경주 양동 경주 손씨 송첨 종택 소장. 한국학중앙연구원 장서각 한국고 문서자료관 홈페이지 원문 이미지 보기>

1805-윤6-00. **화민 손형구 등장**(化民孫衡九等狀), 손형구. <1장. 한자+이두. 조선 필사 이두 자료. 경주 양동 경주 손씨 송첨 종택 소장. 한국학중앙연구원 장서각 한국고문서자료관 홈페이지 원문 이미지 보기. 한국정신문화연구원 편(1997) 참

---

55 호남권 한국학자료센터 홈페이지에서는 문서명을 '1865년 진흥보(陳興普) 소지(所志)'로 표시하 였는데, '기본 정보'에서는 '1805년 순조 5년'으로 적었다.

고>

1805-07-22.⁵⁶ **토지매매명문**(土地賣買明文), 답주 유학 이상해(畓主幼學李象海). <1장. 한자+이두. 조선 필사 이두 자료. 전남 보성 박실 제주 양씨가 구장. 원광대학교 박물관 소장. 호남권 한국학자료센터 홈페이지 원문 이미지와 텍스트 보기. 김건우(2008), 정수환(2008), 채현경(2011ㄱ, 2011ㄴ) 참고>

1805-07-00. **노봉서원 재임 서목**(露峯書院齋任書目) 1, 노봉서원. <1장. 한자+이두. 조선 필사 이두 자료. 남원·구례 삭녕 최씨 구장. 한국학중앙연구원 장서각 한국고문서자료관 홈페이지 원문 이미지 보기. 한국정신문화연구원 편(2004) 참고>

1805-07-00. **노봉서원 재임 서목**(露峯書院齋任書目) 2, 노봉서원. <1장. 한자+이두. 조선 필사 이두 자료. 남원·구례 삭녕 최씨 구장. 한국학중앙연구원 장서각 한국고문서자료관 홈페이지 원문 이미지 보기. 한국정신문화연구원 편(2004) 참고>

1805-08-00. **노봉서원 재임 서목**(露峯書院齋任書目) 3, 노봉서원. <1장. 한자+이두. 조선 필사 이두 자료. 남원·구례 삭녕 최씨 구장. 한국학중앙연구원 장서각 한국고문서자료관 홈페이지 원문 이미지 보기. 한국정신문화연구원 편(2004) 참고>

1805-09-00. **박의순 등 소지**(朴懿淳等所志), 박의순 등. <1장. 한자+이두. 조선 필사 이두 자료. 전남 장성군 행주 기씨 금강 종가 소장. 호남권 한국학자료센터 홈페이지 원문 이미지와 텍스트 보기>

1805-09-00. **호조 해유 이관**(戶曹解由移關), 호조. <1장. 한자+이두. 조선 필사 이두 자료. 전남 함평 함평 모씨 모정원 소장. 호남권 한국학자료센터 홈페이지 원문 이미지와 텍스트 보기. 최승희(1989) 참고>

1805-10-27. **토지매매명문**(土地賣買明文), 답주 장점동(畓主張占同). <1장. 한자+이두. 조선 필사 이두 자료. 해남 노송 김해 김씨 노송사 소장. 호남권 한국학자료센터 홈페이지 원문 이미지와 텍스트 보기. 최승희(1989), 한국정신문화연구원 편(1998), 조정곤(2013) 참고>

1805-11-10. **유학 김약찬 등 토지매매명문**(幼學金若瓚等土地賣買明文), 유학 김지인(幼學金志仁). <1장. 한자+이두. 조선 필사 이두 자료. 전남 보성군 능묵리 장흥

---

56 호남권 한국학자료센터 홈페이지 '안내 정보'에서는 5월로 잘못 적었다.

임씨가 구장. 전북대학교 박물관 소장. 호남권 한국학자료센터 홈페이지 원문 이미지와 텍스트 보기. 최승희(1989), 이재수(2003) 참고>

1805-11-15. **질자 유학 진효일 토지매매명문**(姪子幼學陳孝一土地賣買明文), 답주 삼촌숙(畓主三寸叔). <1장. 한자+이두. 조선 필사 이두 자료. 전북대학교 박물관 소장. 호남권 한국학자료센터 홈페이지 원문 이미지와 텍스트 보기. 박병호(1974ㄱ), 이재수(2003) 참고>

1805-11-21. **호계서원 통문**(虎溪書院通文), 호계서원. <1장. 한자+이두. 조선 필사 이두 자료. 경북 경주시 내남면 이조리 경주 최씨·용산서원 소장. 한국학중앙연구원 장서각 한국고문서자료관 홈페이지 원문 이미지 보기. 한국정신문화연구원 편(2000) 참고>

1805-11-00. **공주 유학 송지수 등 상서**(公主幼學宋智修等上書), 송지수 등. <1장. 한자+이두. 조선 필사 이두 자료. 경북 상주시 모동면 수봉리 옥동서원 소장. 한국학자료센터 영남권역센터 홈페이지 원문 이미지와 텍스트 보기. 이수환(2001) 참고>

1805-11-00. **화민 유학 양득희 소지**(化民幼學楊得熙所志), 양득희. <1장. 한자+이두. 조선 필사 이두 자료. 전북 순창 구미 남원 양씨가 소장. 호남권 한국학자료센터 홈페이지 원문 이미지와 텍스트 보기. 박병호(1974ㄱ), 최승희(1989), 정구복 외(1999) 참고>

1805-12-20. **토지매매명문**(土地賣買明文),[57] 답주 이호천(畓主李戶天). <1장. 한자+이두. 조선 필사 이두 자료. 전북 무장현 원송 진주 강씨가 구장. 전북대학교 박물관 소장. 호남권 한국학자료센터 홈페이지 원문 이미지와 텍스트 보기. 박병호(1974ㄱ), 최승희(1989), 이재수(2003) 참고>

1805-12-25. **장흥고 공상지 공인권 매매 명문**(長興庫供上紙貢人權賣買明文),[58] 박창겸(朴昌謙). <1장. 한자+이두. 조선 필사 이두 자료. 일본 경도대학 가와이문고 소장.

---

[57] 호남권 한국학자료센터 홈페이지에서는 '이호천(李戶天) 방매(放賣) 토지매매명문(土地賣買明文)'으로 표시하였다.

[58] 고려대학교 해외한국학자료센터 홈페이지에서는 '박창겸(朴昌謙) 방매 장흥고(長興庫) 공상지(供上紙) 공인권(貢人權) 매매문(賣買明文)'으로 표시하였다.

고려대학교 해외한국학자료센터 홈페이지 원문 이미지 보기>

1805-12-26. **용산서원 재임 서목**(龍山書院齋任書目), 용산서원. <1장. 한자+이두. 조선 필사 이두 자료. 경북 경주시 내남면 이조리 경주 최씨·용산서원 소장. 한국학중앙연구원 장서각 한국고문서자료관 홈페이지 원문 이미지 보기. 한국정신문화연구원 편(2000) 참고>

1805-00-00. 「국장도감의궤(**國葬都監儀軌**)」[59] 1~4, 국장도감 편. <4책. 필사본. 권1의 표제는 '(嘉慶十年乙丑正月 日 五臺山上)貞純王后 國葬都監儀軌 一'. 권수제는 '(嘉慶十年乙丑正月 日)國葬都監儀軌'. 한자+이두. 조선 필사 이두 자료. 서울대학교 규장각 한국학연구원 의궤 종합정보 홈페이지 '奎13592' 원문 이미지 보기>

1805-00-00. **노봉서원 재임 서목**(露峯書院齋任書目) 4, 노봉서원. <1장. 한자+이두. 조선 필사 이두 자료. 남원·구례 삭녕 최씨 구장. 한국학중앙연구원 장서각 한국고문서자료관 홈페이지 원문 이미지 보기. 한국정신문화연구원 편(2004) 참고>

1805-00-00. 「대행대왕대비빈전가상 존호도감의궤(**大行大王大妃殯殿加上 尊號都監儀軌**)」,[60] 존호도감 편. <1책. 113장. 필사본. 표제는 '(嘉慶十年乙丑三月 日 五臺山上)上 號都監儀軌全'. 권수제는 '大行大王大妃殯殿加上 尊號都監儀軌'. 한자+이두. 조선 필사 이두 자료. 서울대학교 규장각 한국학연구원 의궤 종합정보 홈페이지 '奎13325' 원문 이미지 보기>

1805-00-00. 「대행대왕대비빈전가상 존호도감의궤(**大行大王大妃殯殿加上 尊號都監儀軌**)」,[61] 존호도감(尊號都監) 편(編). <1책. 113장. 필사본. 표제는 '(嘉慶十年乙丑三月 日 純祖五年)上 號都監儀軌'. 권수제는 '大行大王大妃殯殿加上 尊號都監儀軌'. 한자+이두. 조선 필사 이두 자료. 한국학중앙연구원 디지털장서각 홈페이지 'K2-2813' 원문 이미지와 텍스트 보기>

---

[59] 서울대학교 규장각 한국학연구원 의궤 종합정보 홈페이지에서는 서명을 '정순왕후국장도감의궤(貞純王后國葬都監儀軌)'로 적었다.

[60] 서울대학교 규장각 한국학연구원 의궤 종합정보 홈페이지에서는 서명을 표제나 권수제와는 달리 '정순왕후빈전가상존호도감의궤(貞純王后殯殿加上尊號都監儀軌)'로 적었다.

[61] 한국학중앙연구원 디지털장서각 홈페이지에서는 서명을 '상호도감의궤(上號都監儀軌)'로 적었다.

1805-00-00. 「선원보략수정의궤(璿源譜略修正儀軌)」, 종부시(宗簿寺) 편(編). <1책. 22장. 필사본. 표제는 '(乙丑 純祖朝五年)璿源譜略修正儀軌'. 권수제는 '(嘉慶十年乙丑閏六月 日)璿源譜略修正儀軌'. 한자+이두. 조선 필사 이두 자료. 서울대학교 규장각 한국학연구원 의궤 종합정보 홈페이지 奎14095' 원문 이미지 보기>

1805-00-00. 「원릉산릉도감의궤(元陵山陵都監儀軌)」[62] 상·하, 산릉도감 편. <2책. 125장+170장. 필사본. 상권의 표제는 '(嘉慶十年乙丑正月 日 鼎足山城上)貞純王后元陵山陵都監儀軌上'. 권수제는 '元陵山陵都監儀軌上'. 한자+이두. 조선 필사 이두 자료. 서울대학교 규장각 한국학연구원 의궤 종합정보 홈페이지 '奎13596' 원문 이미지 보기>

1805-00-00. 「인정전영건도감의궤(仁政殿營建都監儀軌)」, 영건도감 편. <1책. 156장. 필사본. 표제는 '(嘉慶十年乙丑四月 日 太白山上)仁政殿營建都監儀軌'. 권수제는 '仁政殿營建都監儀軌'. 한자+이두. 조선 필사 이두 자료. 서울대학교 규장각 한국학연구원 의궤 종합정보 홈페이지 '奎14334' 원문 이미지 보기>

1805-00-00. 「정순왕후국휼등록(貞純王后國恤謄錄)」, 예조(禮曹). <1책. 25장. 필사본. 한자+이두. 조선 필사 이두 자료. 한국학중앙연구원 장서각 한국학자료센터 홈페이지 원문 이미지 보기>

1805-00-00. 「정순왕후빈전혼전도감의궤(貞純王后殯殿魂殿都監儀軌)」 1~4, 빈전혼전도감 편. <4책. 필사본. 권1의 표제는 '(嘉慶十年乙丑正月 日 鼎足山城上)貞純王后殯殿魂殿都監儀軌一'. 목록제는 '貞純王后殯殿魂殿都監儀軌目錄'. 한자+이두. 조선 필사 이두 자료. 서울대학교 규장각 한국학연구원 의궤 종합정보 홈페이지 '奎13594' 원문 이미지 보기>

1805-00-00. 「정조대왕실록산절청의궤(正祖大王實錄刪節廳儀軌)」,[63] 실록청(實錄廳) 편. <1책. 136장. 필사본. 표제는 '(正宗大王 太白山)實錄廳儀軌'. 권수제는 '正宗大王實錄刪節廳儀軌'. 한자+이두. 조선 필사 이두 자료. 서울대학교 규장각 한국학

---

[62] 서울대학교 규장각 한국학연구원 의궤 종합정보 홈페이지에서는 서명을 '정순왕후원릉산릉도감의궤(貞純王后元陵山陵都監儀軌)'로 적었다.

[63] 서울대학교 규장각 한국학연구원 의궤 종합정보 홈페이지에서는 서명을 '정조실록산절청의궤(正祖大王實錄刪節廳儀軌)'로 적었다.

연구원 의궤 종합정보 홈페이지 '奎14174' 원문 이미지 보기>

1805-00-00. 「정조실록(正祖實錄)」 <54권 56책. 어휘 표기 자료. 1997년에 유네스코 세계기록유산으로 등록. 정족산, 태백산 소장. 조선왕조실록 홈페이지 원문 이미지와 텍스트 보기>

1805-00-00. 「충훈부위등급사절(忠勳府爲膽給事節)」,[64] 충훈부(忠勳府) 편(編). <1책. 8장. 필사본. 표제는 '啓下事目'. 권수제는 '忠勳府爲膽給事節'. 한자+이두. 이두 자료. 서울대학교 규장각 한국학연구원 홈페이지 '古 4256-5' 원문 이미지 보기>

1805-00-00~1807-00-00. 「정순왕후국휼등록(貞純王后國恤謄錄)」, 계제사(稽制司). <1책. 71장. 필사본. 권수제는 '嘉慶十年乙丑正月十二日 貞純王后國恤謄錄'. 한자+이두. 조선 필사 이두 자료. 한국학중앙연구원 장서각 한국학자료센터 홈페이지 원문 이미지 보기>

1806년

<병인(丙寅), 순조 6년, 가경 11년>

1806-01-01~1806-12-28(丙寅). 「전객사일기(典客司日記)」 53, 예조(禮曹) 전객사(典客司) 편(編). <1책(53/99). 110장. 필사본. 한자+이두. 조선 필사 이두 자료. 서울대학교 규장각 한국학연구원 홈페이지 원문 이미지 보기> <1640-01-22~1641-12-23(1)>

1806-01-01~1806-12-29. 「결속색등록(結束色謄錄)」, 병조(兵曹) 편(編). <1책(19). 115장. 필사본. 한자+이두. 이두 자료. 서울대학교 규장각 한국학연구원 홈페이지 1787년~1891년 낙질본 107책(1792년(건륭 57년), 1811년(가경 16년) 하, 1816년(가경 21년), 1817년(가경 22년), 1824년(도광 4년), 1831(도광 11년), 1871(동치 10년), 1885년(광서 11년) 없음) 원문 이미지 보기>

---

[64] 표제는 '啓下事目' 또는 '勳府事目'이다. 서울대학교 규장각 한국학연구원 홈페이지에서는 책명을 '忠勳府謄給 충훈부등급'으로 적었다.

1806-01-06. **김 노 금삼 토지매매명문**(金奴金山土地賣買明文), 답주 권윤(畓主權尹). <1장. 한자+이두. 조선 필사 이두 자료. 경북 안동시 오천 광산 김씨 후조당 소장. 한국학중앙연구원 장서각 한국고문서자료관 홈페이지 원문 이미지와 텍스트 보기. 박병호(1974ㄱ), 한국정신문화연구원 편(1982), 최승희(1989) 참고>

1806-01-13. **용원도색 손명득 토지매매명문**(龍院都色孫命得土地賣買明文), 조달문(趙達文). <1장. 한자+이두. 조선 필사 이두 자료. 경북 경주시 내남면 이조리 경주 최씨·용산서원 소장. 한국학중앙연구원 장서각 한국고문서자료관 홈페이지 원문 이미지 보기. 박병호(1974ㄱ), 한국정신문화연구원 편(2000), 이재수(2003), 김소은(2004) 참고>

1806-01-15. **용산서원 토지매매명문**(龍山書院土地賣買明文) 1, 답주 최제횡(畓主崔濟宖). <1장. 한자+이두. 조선 필사 이두 자료. 경북 경주시 내남면 이조리 경주 최씨·용산서원 소장. 한국학중앙연구원 장서각 한국고문서자료관 홈페이지 원문 이미지 보기. 박병호(1974ㄱ), 한국정신문화연구원 편(2000), 이재수(2003), 김소은(2004) 참고>

1806-01-00. **손성덕 등 소지**(孫星德等所志), 손성덕 등. <1장. 한자+이두. 조선 필사 이두 자료. 경주 양동 경주 손씨 송첨 종택 소장. 한국학중앙연구원 장서각 한국고문서자료관 홈페이지 원문 이미지 보기>

1806-01-00. **용산서원 사림 서목**(龍山書院士林書目), 용산서원. <1장. 한자+이두. 조선 필사 이두 자료. 경북 경주시 내남면 이조리 경주 최씨·용산서원 소장. 한국학중앙연구원 장서각 한국고문서자료관 홈페이지 원문 이미지 보기. 한국정신문화연구원 편(2000) 참고>

1806-01-00. **유복삼 원정**(柳復三原情), 유복삼. <1장. 한자+이두. 조선 필사 이두 자료. 곡성 선산 유씨 연운당 소장. 호남권 한국학자료센터 홈페이지 원문 이미지와 텍스트 보기>

1806-02-06. **용산서원 토지매매명문**(龍山書院土地賣買明文) 2, 답주 최제횡(畓主崔濟宖). <1장. 한자+이두. 조선 필사 이두 자료. 경북 경주시 내남면 이조리 경주 최씨·용산서원 소장. 한국학중앙연구원 장서각 한국고문서자료관 홈페이지 원문 이미지 보기. 박병호(1974ㄱ), 한국정신문화연구원 편(2000), 이재수(2003), 김

소은(2004) 참고>

1806-02-15. **김 생원 토지매매명문**(金生員土地賣買明文), 답주 안련(畓主安鍊). <1장. 한자+이두. 조선 필사 이두 자료. 해남 노송 김해 김씨 노송사 소장. 한국학중앙연구원 장서각 한국고문서자료관 홈페이지 & 호남권 한국학자료센터 홈페이지 원문 이미지와 텍스트 보기. 최승희(1989), 한국정신문화연구원 편(1998), 조정곤(2013) 참고>

1806-02-15. **족질 김혁운 토지매매명문**(族侄金赫運土地賣買明文), 답주 유학 김시회(畓主幼學金始晦). <1장. 한자+이두. 조선 필사 이두 자료. 안동 천전 의성 김씨 지촌 종택 소장. 한국학중앙연구원 장서각 한국고문서자료관 홈페이지 & 한국국학진흥원 유교넷 홈페이지 원문 이미지와 텍스트 보기. 한국정신문화연구원 편(1990) 참고>

1806-02-19. **이형백 토지매매명문**(李亨栢土地賣買明文), 답주 유학 권상범(畓主幼學權相範). <1장. 한자+이두. 조선 필사 이두 자료. 경북 안동시 주촌 진성 이씨 경류정 소장. 한국학중앙연구원 장서각 한국고문서자료관 홈페이지 원문 이미지와 텍스트 보기. 한국정신문화연구원 편(1999) 참고>

1806-02-29. **김행교 등 상서**(金行敎等上書), 김행교 등. <1장. 한자+이두. 조선 필사 이두 자료. 경북 안동시 오천 광산 김씨 후조당 소장. 한국학중앙연구원 장서각 한국고문서자료관 홈페이지 원문 이미지와 텍스트 보기. 한국정신문화연구원 편(1982) 참고>

1806-03-13. **김천도찰방 해유문서**(金泉道察訪解由文書), 김천 도찰방. <1장. 한자+이두. 조선 필사 이두 자료. 해남 노송 김해 김씨 노송사 소장. 호남권 한국학자료센터 홈페이지 원문 이미지와 텍스트 보기. 최승희(1989), 한국정신문화연구원 편(1998), 정구복 외(1999) 참고>

1806-03-19. **김광득 토지매매명문**(金光得土地賣買明文), 남 생원 노 악선(南生員奴惡先). <1장. 한자+이두. 조선 필사 이두 자료. 김포 의령 남씨 서윤공 남두장 후손가 소장. 한국학중앙연구원 장서각 한국고문서자료관 홈페이지 원문 이미지 보기>

1806-03-19. **김천 찰방 첩정**(金泉察訪牒呈), 김천도(金泉道). <1장. 한자+이두. 조선

필사 이두 자료. 해남 노송 김해 김씨 노송사 소장. 한국학중앙연구원 장서각 한국고문서자료관 홈페이지 원문 이미지와 텍스트 보기. 한국정신문화연구원 편(1998) 참고>

1806-03-20. **경상도 관찰사 겸 순찰사 해유문서**(慶尙道觀察使兼巡察使解由文書),[65] 경상도 관찰사 겸 순찰사. <1장. 한자+이두. 조선 필사 이두 자료. 해남 노송 김해 김씨 노송사 소장. 한국학중앙연구원 장서각 한국고문서자료관 홈페이지 & 호남권 한국학자료센터 홈페이지 원문 이미지와 텍스트 보기. 최승희(1989), 한국정신문화연구원 편(1998), 정구복 외(1999) 참고>

1806-03-20. **유학 손종원 토지매매명문**(幼學孫鍾遠土地賣買明文), 유학 안여석(幼學安如石). <1장. 한자+이두. 조선 필사 이두 자료. 경주 양동 경주 손씨 송첨 종택 소장. 한국학중앙연구원 장서각 한국고문서자료관 홈페이지 원문 이미지 보기. 한국정신문화연구원 편(1997) 참고>

1806-03-27. **손용봉 토지매매명문**(孫龍鳳土地賣買明文), 이복재(李福才). <1장. 한자+이두. 조선 필사 이두 자료. 경북 고령군 대가야읍 본관 1리 홍와 고택 구장. 한국국학진흥원 소장. 한국학자료센터 영남권역센터 홈페이지 원문 이미지와 텍스트 보기. 김성갑(2013) 참고>

1806-03-28. **유학 박시채 토지매매명문**(幼學朴時采土地賣買明文), 산주 김일순(山主金一順). <1장. 한자+이두. 조선 필사 이두 자료. 전북 임실군 청웅 밀양 박씨가 소장. 호남권 한국학자료센터 홈페이지 원문 이미지와 텍스트 보기. 최승희(1989), 이재수(2003), 채현경(2011) 참고>

1806-03-00. **김행교 등 소지**(金行敎等所志), 김행교 등. <1장. 한자+이두. 조선 필사 이두 자료. 경북 안동시 오천 광산 김씨 후조당 소장. 한국학중앙연구원 장서각 한국고문서자료관 홈페이지 원문 이미지와 텍스트 보기. 한국정신문화연구원 편(1982) 참고>

1806-03-00. 「농가집성(**農家集成**)」, 신속(申洬) 저(著), 태인: 무성서원(武城書院) 전이

---

[65] 한국학중앙연구원 장서각 한국고문서자료관 홈페이지에서는 '순찰사(巡察使) 관(關)'으로 표시하고, '발급'은 '전라도(全羅道)'로 적어 놓았다.

채(田以采)·박치유(朴致維) 근재(謹梓)). <중간본. 1책. 51장. 목판본. 崇禎紀元後丙寅春三月上澣武城田以采朴致維謹捿.[66] 한자+이두 향명+한글 어휘 인쇄. 농서. 조선 인쇄 이두 자료. 국립중앙도서관 홈페이지 원문 보기. 농촌진흥청 역(1972), 김영진(1982) 참고> <이본: 1655-00-00(초간본. 서울대학교 규장각 한국학연구원 등 소장) 참고>

1806-03-00. **독락당 수노 소지**(獨樂堂首奴所志), 독락당 수노. <1장. 한자+이두. 조선 필사 이두 자료. 경북 경주시 안강읍 옥산리 여주 이씨 독락당 소장. 한국학중앙연구원 장서각 한국고문서자료관 홈페이지 원문 이미지 보기. 한국정신문화연구원 편(2003) 참고>

1806-03-00. **배선만·이해일 등 상서**(裵善萬李海一等上書), 배선만·이해일 등. <1장. 한자+이두. 조선 필사 이두 자료. 경북 안동시 주촌 진성 이씨 경류정 구장. 서울역사박물관 소장. 한국학중앙연구원 장서각 한국고문서자료관 홈페이지 원문 이미지와 텍스트 보기. 한국정신문화연구원 편(1999) 참고>

1806-03-00. **안의 유생 김병묵 등 상서**(安義儒生金秉默等上書),[67] 김병묵 등. <1장. 한자+이두. 조선 필사 이두 자료. 경남 거창 갈계 은진 임씨 소장. 한국학중앙연구원 장서각 한국고문서자료관 홈페이지 원문 이미지 보기. 한국학중앙연구원 편(2005) 참고>

1806-04-16. **진사 김상성 시장문기**(進士金相誠柴場文記), 유학 유명규(幼學劉明奎). <1장. 한자+이두. 조선 필사 이두 자료. 전북 부안군 우반 부안 김씨 세덕각 소장. 한국학중앙연구원 장서각 한국고문서자료관 홈페이지 원문 이미지와 텍스트 보기. 한국정신문화연구원 편(1983, 1998), 한국학중앙연구원 편(2017) 참고>

1806-04-22. **유학 안명혁 산지매매명문**(幼學安命爀山地賣買明文), 산지주 한량 박백손(山地主閑良朴白孫). <1장. 한자+이두. 조선 필사 이두 자료. 전남 보성 용문 낭주 최씨가 구장. 광주광역시 이정옥 소장. 호남권 한국학자료센터 홈페이지 원문 이미지와 텍스트 보기. 최승희(1989), 정구복 외(1999) 참고>

---

66 국립중앙도서관 홈페이지에서는 1686년에 전이채가 저술한 책으로 잘못 설명하고 있다.
67 장서각 한국고문서자료관 홈페이지에서는 '김승묵 等 상서(上書)'로 잘못 적었다.

1806-04-00. 「구황보유방(**救荒補遺方**)」, 신속(申洬) 저(著), 태인: 무성서원(武城書院) 전이채(田以采), 박치유(朴致維) 근재(謹梓). <중간본. 1책. 22장. 목판본. 崇禎紀元後丙寅夏四月下澣武城田以采朴致維謹梓.[68] 표제는 '구황촬요(救荒撮要)'. '신간구황촬요(新刊救荒撮要序)'라고도 한다. '신간구황촬요서(新刊救荒撮要序)' 2장+'구황보유방(救荒補遺方)' 13장+'구황촬요(救荒撮要)' 6장+'신간구황촬요발(新刊救荒撮要跋)' 1장으로 이루어져 있다. 한문+언해문. 향약명. 국립중앙도서관 홈페이지 원문 이미지 보기. 김두종(1966) 참고> <이본: ① 1660-00-00(초간본) ② 1676-00-00(중간본) ③ 1686-00-00(국립중앙도서관 홈페이지 원문 이미지 보기)>

1806-04-00. **최박 등 소지**(崔璞等所志) 1, 최박 등. <1장. 한자+이두. 조선 필사 이두 자료. 경북 경주시 내남면 이조리 경주 최씨·용산서원 소장. 한국학중앙연구원 장서각 한국고문서자료관 홈페이지 원문 이미지 보기. 한국정신문화연구원 편(2000) 참고>

1806-04-00. **최박 등 소지**(崔璞等所志) 2, 최박 등. <1장. 한자+이두. 조선 필사 이두 자료. 경북 경주시 내남면 이조리 경주 최씨·용산서원 소장. 한국학중앙연구원 장서각 한국고문서자료관 홈페이지 원문 이미지 보기. 한국정신문화연구원 편(2000) 참고>

1806-05-00. **김낙일 도문기 초**(金洛一都文記草),[69] 김낙일. <1장. 한자+이두. 조선 필사 이두 자료. 해남 노송 김해 김씨 노송사 소장. 한국학중앙연구원 장서각 한국고문서자료관 홈페이지 & 호남권 한국학자료센터 홈페이지 원문 이미지와 텍스트 보기. 최승희(1989), 한국정신문화연구원 편(1998), 조정곤(2013) 참고>

1806-06-00. **박수운 등 의송**(朴守運等議送), 박수운 등. <1장. 한자+이두. 조선 필사 이두 자료. 전남 영암군 군서면 죽정서원 소장. 호남권 한국학자료센터 홈페이지 원문 이미지보기. 최승희(1989) 참고>

1806-07-13. **안의현감 관**(安義縣監關), 안의현. <1장. 한자+이두. 조선 필사 이두

---

[68] 국립중앙도서관 홈페이지에서는 1686년에 전이채가 저술한 책으로 잘못 설명하고 있다.
[69] 호남권 한국학자료센터 홈페이지에서는 '1806년 김낙일(金洛一) 분재기(分財記) 초안(草案)'으로 표시하였다.

자료. 경남 거창 장기 거창 신씨가 소장. 한국학중앙연구원 장서각 한국고문서자료관 홈페이지, 한국학중앙연구원 편(2005) 참고>

1806-07-17. **용산서원 재임 서목**(龍山書院齋任書目) 1, 용산서원. <1장. 한자+이두. 조선 필사 이두 자료. 경북 경주시 내남면 이조리 경주 최씨·용산서원 소장. 한국학중앙연구원 장서각 한국고문서자료관 홈페이지 원문 이미지 보기. 한국정신문화연구원 편(2000) 참고>

1806-07-27. **승 보근 토지매매명문**(僧補謹土地賣買明文), 답주 김치백(畓主金致伯). <1장. 한자+이두. 조선 필사 이두 자료. 경북 영주시 문수면 수도리 반남 박씨 오헌 고택 구장. 한국국학진흥원 소장. 한국학자료센터 영남권역센터 홈페이지 원문 이미지와 텍스트 보기. 김성갑(2013) 참고>

1806-07-00. **신 승지댁 노 일운 소지**(愼承旨宅奴一云所志), 일운. <1장. 한자+이두. 조선 필사 이두 자료. 경남 거창 장기 거창 신씨가 소장. 한국학중앙연구원 장서각 한국고문서자료관 홈페이지, 한국학중앙연구원 편(2005) 참고>

1806-08-00. **김상 등 소지**(金瑺等所志), 김상 등. <1장. 한자+이두. 조선 필사 이두 자료. 경북 안동시 오천 광산 김씨 후조당 소장. 한국학중앙연구원 장서각 한국고문서자료관 홈페이지 원문 이미지와 텍스트 보기. 한국정신문화연구원 편(1982) 참고>

1806-08-00. **김종수 정사**(金宗壽呈辭), 김종수. <1장. 한자+이두. 조선 필사 이두 자료. 안동 금계 의성 김씨 학봉 종가 소장. 한국학중앙연구원 장서각 한국고문서자료관 홈페이지 원문 이미지와 텍스트 보기. 한국정신문화연구원 편(1989) 참고>

1806-08-00. **김홍운 소지**(金洪運所志), 김홍운. <1장. 한자+이두. 조선 필사 이두 자료. 안동 천전 의성 김씨 지촌 종택 소장. 한국학중앙연구원 장서각 한국고문서자료관 홈페이지 원문 이미지 보기. 한국정신문화연구원 편(1989) 참고>

1806-09-12. **최치현·최보현 통문**(崔致賢崔輔賢通文), 최치현·최보현. <1장. 한자+이두. 조선 필사 이두 자료. 남원·구례 삭녕 최씨 구장. 한국학중앙연구원 장서각 한국고문서자료관 홈페이지 원문 이미지 보기. 한국정신문화연구원 편(2004) 참고>

1806-09-00. **박수운 등 원정**(朴守運等原情), 박수운 등. <1장. 한자+이두. 조선 필사 이두 자료. 전남 영암군 군서면 죽정서원 소장. 호남권 한국학자료센터 홈페이지 원문 이미지보기. 최승희(1989) 참고>

1806-10-18. **유학 권취인 토지매매명문**(幼學權就仁土地賣買明文),[70] 답주 유학 황윤원(畓主幼學黃潤源). <1장. 한자+이두. 조선 필사 이두 자료. 경북 안동시 안동 권씨 이우당 종택 구장. 한국국학진흥원 소장. 한국국학진흥원 유교넷 홈페이지 원문 이미지와 텍스트 보기>

1806-11-03. **용산서원 재임 서목**(龍山書院齋任書目) 2, 용산서원. <1장. 한자+이두. 조선 필사 이두 자료. 경북 경주시 내남면 이조리 경주 최씨·용산서원 소장. 한국학중앙연구원 장서각 한국고문서자료관 홈페이지 원문 이미지 보기. 한국정신문화연구원 편(2000) 참고>

1806-11-17. **이 노 순이 토지매매명문**(李奴順已土地賣買明文), 대주 김득수(垈主金得守). <1장. 한자+이두. 조선 필사 이두 자료. 경북 경주시 안강읍 옥산리 여주 이씨 장산서원·치암 종택 구장. 한국학중앙연구원 장서각 한국고문서자료관 홈페이지 원문 이미지 보기. 한국정신문화연구원 편(2003) 참고>

1806-11-27. **제 득만 토지매매명문**(弟得萬土地賣買明文), 답주 장형(畓主長兄). <1장. 한자+이두. 조선 필사 이두 자료. 전남 영광군 입석 영월 신씨 소장. 한국학중앙연구원 장서각 한국고문서자료관 홈페이지 원문 이미지와 텍스트 보기. 한국정신문화연구원 편(1996) 참고>

1806-11-00. **곽용 등 상서**(郭鎔等上書), 곽용 등. <1장. 한자+이두. 조선 필사 이두 자료. 경남 거창 갈계 은진 임씨 소장. 장서각 한국고문서자료관 홈페이지 원문 이미지 보기. 한국학중앙연구원 편(2005) 참고>

1806-11-00. **김 생원 댁 노 석산 소지**(金生員宅奴石山所志), 석산. <1장. 한자+이두. 조선 필사 이두 자료. 전북 부안군 우반 부안 김씨 세덕각 소장. 호남권 한국학자료센터 홈페이지 원문 이미지와 텍스트 보기. 한국정신문화연구원 편(1998), 전경

---

[70] 한국국학진흥원 유교넷 홈페이지에서는 문서명을 '1806년 황윤원**가** 권취인에게 논을 팔았음을 증명하는 매매계약서'로 표시하였다.

목(2001), 전경목 외(2006) 참고>

1806-11-00. **노 석산 소지**(奴石山所志), 석산. <1장. 한자+이두. 조선 필사 이두 자료. 전북 부안군 우반 부안 김씨 세덕각 소장. 한국학중앙연구원 장서각 한국고문서자료관 홈페이지 원문 이미지와 텍스트 보기. 한국정신문화연구원 편(1983, 1998), 한국학중앙연구원 편(2017) 참고>

1806-12-02. **우한구 토지매매명문**(禹漢九土地賣買明文), 답주 정화손(畓主丁化孫). <1장. 한자+이두. 조선 필사 이두 자료. 전북대학교 박물관 소장. 호남권 한국학자료센터 홈페이지 원문 이미지와 텍스트 보기. 박병호(1974ㄱ), 최승희(1989), 정구복 외(1999) 참고>

1806-12-04. **희암재 호노 막봉 토지매매명문**(喜庵齋戶奴莫奉土地賣買明文), 이성삼(李聖三). <1장. 한자+이두. 조선 필사 이두 자료. 영해 도곡 무안 박씨 무의공 종택 소장. 한국학중앙연구원 장서각 한국고문서자료관 홈페이지 원문 이미지 보기. 한국학중앙연구원 편(2008) 참고>

1806-12-06. **재종형 남치두 토지매매명문**(再從兄南致斗土地賣買明文), 재종제 유학 남치량(再從弟幼學南致良). <1장. 한자+이두. 조선 필사 이두 자료. 김포 의령 남씨 서윤공 남두장 후손가 소장. 한국학중앙연구원 장서각 한국고문서자료관 홈페이지 원문 이미지 보기>

1806-12-13. **계 유사 권승언 토지매매명문**(稧有司權昇彦土地賣買明文), 문중 회원 권계언·권경모(門中會員權啓彦權景模). <1장. 한자+이두. 조선 필사 이두 자료. 경북 예천군 용문면 대제리 원동 권씨 춘우재 고택 구장. 한국국학진흥원 소장. 한국학자료센터 영남권역센터 홈페이지 원문 이미지와 텍스트 보기. 김성갑(2013) 참고>

1806-12-21. **조달문 토지매매명문**(趙達文土地賣買明文), 답주 조인재(畓主趙仁才). <1장. 한자+이두. 조선 필사 이두 자료. 경북 경주시 내남면 이조리 경주 최씨·용산서원 소장. 한국학중앙연구원 장서각 한국고문서자료관 홈페이지 원문 이미지 보기. 박병호(1974ㄱ), 한국정신문화연구원 편(2000), 이재수(2003), 김소은(2004) 참고>

1806-12-00. **김노익 등 소지**(金魯翼等所志), 김노익 등. <1장. 한자+이두. 조선 필사

이두 자료. 경북 안동시 오천 광산 김씨 후조당 소장. 한국학중앙연구원 장서각 한국고문서자료관 홈페이지 원문 이미지와 텍스트 보기. 한국정신문화연구원 편(1982) 참고>

1806-12-00. **유학 노상갑 토지매매명문**(幼學盧祥甲土地賣買明文), 답주 한량 김중손(畓主閑良金仲孫). <1장. 한자+이두. 조선 필사 이두 자료. 전남 구례군 토지면 오미리 문화 류씨 운조루 소장. 한국학중앙연구원 장서각 한국고문서자료관 홈페이지 원문 이미지와 텍스트 보기. 한국정신문화연구원 편(1998) 참고>

1806-00-00. **김천역 해유문서**(金泉驛解由文書),[71] 김천 도찰방(金泉道察訪). <1장. 한자+이두. 조선 필사 이두 자료. 해남 노송 김해 김씨 노송사 소장. 한국학중앙연구원 장서각 한국고문서자료관 홈페이지 & 호남권 한국학자료센터 홈페이지 원문 이미지와 텍스트 보기. 최승희(1989), 한국정신문화연구원 편(1998), 정구복 외(1999) 참고>

1806-00-00.「대행대왕대비국휼등록(大行大王大妃國恤謄錄)」, 예조 전향사(禮曹典享司). <1책. 121장. 필사본. 표제는 '典享司 乙丑年日記'. 한자+이두. 조선 필사 이두 자료. 한국학중앙연구원 장서각 한국학자료센터 홈페이지 원문 이미지 보기>

1806-00-00.「성상태실석난간조배의궤(聖上胎室石欄干造排儀軌)」,[72] 편자 미상. <1책. 10장. 필사본. 권수제는 '嘉慶十一年丙寅十月 日公忠道報恩地 聖上胎室石欄干造排儀軌'. 한자+이두. 조선 필사 이두 자료. 서울대학교 규장각 한국학연구원 의궤 종합정보 홈페이지 '奎13968' 원문 이미지 보기>

1806-00-00.「정종대왕실록산절청의궤(正宗大王實錄刪節廳儀軌)」, 실록청(實錄廳) 편(編). <1책. 136장. 필사본. 표제는 '(正宗朝)實錄廳儀軌'. 권수제는 '正宗大王實錄刪節廳儀軌'. 한자+이두. 조선 필사 이두 자료. 한국학중앙연구원 디지털장서각 홈페이지 'K2-3787' 원문 이미지와 텍스트 보기>

---

[71] 한국학중앙연구원 장서각 한국고문서자료관 홈페이지에서는 '김천찰방(金泉察訪) 해유중기(解由重記)'로 표시하였다.

[72] 서울대학교 규장각 한국학연구원 의궤 종합정보 홈페이지에서는 서명을 권수제와는 달리 '순조태실석난간조배의궤(純祖胎室石欄干造排儀軌)'로 적었다.

1806-00-00. **호조 관**(戶曹關),[73] 호조 <1장. 한자+이두. 조선 필사 이두 자료. 해남 노송 김해 김씨 노송사 소장. 한국학중앙연구원 장서각 한국고문서자료관 홈페이지 & 호남권 한국학자료센터 홈페이지 원문 이미지와 텍스트 보기. 최승희(1989), 한국정신문화연구원 편(1998), 정구복 외(1999) 참고>

1807년

<정유(丁酉), 순조 7년, 가경 12년>

1807-01-01~1807-06-30. 「결속색등록(結束色謄錄)」, 병조(兵曹) 편(編). <1책(20). 124장. 필사본. 한자+이두. 조선 필사 이두 자료. 서울대학교 규장각 한국학연구원 홈페이지 1787년~1891년 낙질본 107책(1792년(건륭 57년), 1811년(가경 16년) 하, 1816년(가경 21년), 1817년(가경 22년), 1824년(도광 4년), 1831년(도광 11년), 1871년(동치 10년), 1885년(광서 11년) 없음) 원문 이미지 보기>

1807-01-01~1807-12-22(丁卯). 「전객사일기(典客司日記)」 54, 예조(禮曹) 전객사(典客司) 편(編). <1책(54/99). 74장. 필사본. 한자+이두. 조선 필사 이두 자료. 서울대학교 규장각 한국학연구원 홈페이지 원문 이미지 보기> <1640-01-22~1641-12-23(1)>

1807-01-05. **용산서원 당중 토지매매명문**(龍山書院堂中土地賣買明文), 최제일(崔濟一). <1장. 한자+이두. 조선 필사 이두 자료. 경북 경주시 내남면 이조리 경주 최씨·용산서원 소장. 한국학중앙연구원 장서각 한국고문서자료관 홈페이지 원문 이미지 보기. 박병호(1974ㄱ), 한국정신문화연구원 편(2000), 이재수(2003), 김소은(2004) 참고>

1807-01-05. **용산서원 재임 서목**(龍山書院齋任書目) 1, 용산서원. <장. 한자+이두. 조선 필사 이두 자료. 경북 경주시 내남면 이조리 경주 최씨·용산서원 소장. 한국학중앙연구원 장서각 한국고문서자료관 홈페이지 원문 이미지 보기>

---

[73] 호남권 한국학자료센터 홈페이지에서는 '호조(戶曹) 해유문서(解由文書)'로 표시하였다.

1807-01-05~1807-12-27(丁卯). 「금영등록(**禁營謄錄**)」, 금위영(禁衛營) 편(編). <1책 (11/15. 낙질본). 75장. 필사본. 한자+이두. 조선 필사 이두 자료. 서울대학교 규장 각 한국학연구원 홈페이지 원문 이미지 보기> <1682-02-29~1682-10-09(1/15)>

1807-01-06. **용산서원 도색 손명득 토지매매명문**(龍山書院都色孫命得土地賣買明文), 최명삼(崔命三). <1장. 한자+이두. 조선 필사 이두 자료. 경북 경주시 내남면 이조 리 경주 최씨·용산서원 소장. 한국학중앙연구원 장서각 한국고문서자료관 홈페 이지 원문 이미지 보기. 박병호(1974ㄱ), 한국정신문화연구원 편(2000), 이재수 (2003), 김소은(2004) 참고>

1807-01-10. **노일성 시장문기**(魯日成柴場文記), 노재련(魯再連). <1장. 한자+이두. 조 선 필사 이두 자료. 전남 영광 마산 경주 이씨가 구장. 진안 용담호미술관 소장. 호남권 한국학자료센터 홈페이지 원문 이미지와 텍스트 보기. 박병호(1974ㄱ), 최승희(1989), 채현경(2011) 참고>

1807-01-11. **용산서원 토지매매명문**(龍山書院土地賣買明文), 답주 정주목(畓主鄭周 穆). <1장. 한자+이두. 조선 필사 이두 자료. 경북 경주시 내남면 이조리 경주 최씨·용산서원 소장. 한국학중앙연구원 장서각 한국고문서자료관 홈페이지 원 문 이미지 보기. 박병호(1974ㄱ), 한국정신문화연구원 편(2000), 이재수(2003), 김 소은(2004) 참고>

1807-01-13~1808-03-06(丁卯~戊辰). 「좌포청등록(**左捕廳謄錄**)」, 포도청(捕盜廳) 편 (編). <1책(2/18). 67장. 필사본. 한자+이두. 조선 필사 이두 자료. 서울대학교 규장 각 한국학연구원 홈페이지 낙질본 원문 이미지 보기> <1775-06-14~1775-윤 10-29(1/18)>

1807-01-13~1808-06-12(丁卯~戊辰). 「우포청등록(**右捕廳謄錄**)」, 포도청(捕盜廳) 편 (編). <1책(1/30). 71장. 필사본. 표제는 '右捕廳謄錄'. 한자+이두. 조선 필사 이두 자료. 서울대학교 규장각 한국학연구원 홈페이지 원문 이미지 보기> <1839-12- 21~1843-01-28(2/30), 1843-03-16-1844-04-21(3/30), 1844-04-25~1845-06-00(4/30), 1845-06-27~1847-03-13(5/30), 1851-02-02~1853-05-06(6/30), 1851-09-23~1851- 09-29(7/30), 1851-19-09~1851-10-15(8/30), 1853-10-17~1854-09-25(9/30), 1853- 05-00~1856-02-22(10/30), 1856-03-21~1858-06-01(11/30), 1858-05-15~1859-05-

11(12/30), 1859-02-20~1860-윤3-25(13/30), 1860-05-09~1860-10-21(14/ 30), 1860-10-21~1861-12-11(15/30), 1861-12-14~1862-08-22(16/30), 1862-08-25~1863-09-23(17/30), 1863-09-21~1864-06-00(18/30), 1864-06-01~1864-11-21(19/30), 1864-11-00~1865-09-08(20/30), 1865-09-07~1866-04-08(21/30), 1866-04-21~1867-03-08(22/30), 1867-03-14~1868-윤4-23(23/30), 1868-06-00~1869-08-28(24/30), 1871-07-12~1874-03-11(25/30), 1872-11-10~1875-07-28(26/30), 1877-12-26~1879-05-19(27/30), 1878-12-17~1879-05-25(28/30), 1879-07-21~1880-10-13(29/30), 1880-12-01~1881-12-01(30/30)>

1807-01-15. **조 과부 손녀 토지매매명문**(趙寡婦孫女土地賣買明文), 답주 유학 최경조(畓主幼學崔景祖). <1장. 한자+이두. 조선 필사 이두 자료. 경북 경주시 안강읍 옥산리 여주 이씨 독락당 소장. 한국학중앙연구원 장서각 한국고문서자료관 홈페이지 원문 이미지 보기. 한국정신문화연구원 편(2003) 참고>

1807-01-16. **강재명 표문**(姜在明表文), 고종원(高宗元). <1장. 한자+이두. 조선 필사 이두 자료. 제주 어도내산 진주 강씨가 구장. 제주 한림 강우석 소장. 호남권 한국학자료센터 홈페이지 원문 이미지와 텍스트 보기. 김재문(1986) 참고>

1807-01-20. **남 생원 비 괴례 토지매매명문**(南生員婢怪禮土地賣買明文), 김광득(金光得). <1장. 한자+이두. 조선 필사 이두 자료. 김포 의령 남씨 서윤공 남두장 후손가 소장. 한국학중앙연구원 장서각 한국고문서자료관 홈페이지 원문 이미지 보기>

1807-01-26. **김 생원 댁 노 유삼 토지매매명문**(金生員宅奴有三土地賣買明文),[74] 답주 자필 신중열(畓主自筆申仲烈). <1장. 한자+이두. 조선 필사 이두 자료. 안동 천전 의성 김씨 지촌 종택 구장. 한국국학진흥원 소장. 한국국학진흥원 유교넷 홈페이지 원문 이미지 보기>

1807-01-27. **족제 김이운 토지매매명문**(族弟金利運土地賣買明文),[75] 족형 김진운(族

---

[74] 한국국학진흥원 유교넷 홈페이지에서는 문서명을 '의성김씨 지촌종택 1807년에 답 자필 신중열과 김생원댁노 유삼 사이에 작성된 명문(明文)(田畓賣買文書)[06546]'으로 표시하였다.

[75] 한국국학진흥원 유교넷 홈페이지에서는 문서명을 '의성김씨 지촌종택 1807년에 족형 김진운과 족제 이운 사이에 작성된 명문(明文)(田畓賣買文書)[06643]'으로 표시하였다.

兄金晉運). <1장. 한자+이두. 조선 필사 이두 자료. 안동 천전 의성 김씨 지촌 종택 소장. 한국학중앙연구원 장서각 한국고문서자료관 홈페이지 & 한국국학진흥원 유교넷 홈페이지 원문 이미지 보기. 한국정신문화연구원 편(1990) 참고>

1807-01-27. **족제 이상환 토지매매명문**(族弟伊象瓛土地賣買明文), 답주 유학 이상열(畓主幼學李象烈). <1장. 한자+이두. 조선 필사 이두 자료. 전남 보성 박실 제주 양씨가 구장. 원광대학교 박물관 소장. 호남권 한국학자료센터 홈페이지 원문 이미지와 텍스트 보기. 박병호(1974ㄱ), 이재수(2003) 참고>

1807-02-01~1823-08-01(丁卯~癸未).「행행등록(**行幸謄錄**)」, 어영청(御營廳) 편(編). <1책. 248장.[76] 필사본. 필사 시기 미상. 한자+이두. 조선 필사 이두 자료. 서울대학교 규장각 한국학연구원 홈페이지 원문 이미지 보기>

1807-02-00. **김성유 등 소지**(金星儒等所志), 김성유 등. <1장. 한자+이두. 조선 필사 이두 자료. 경북 안동시 오천 광산 김씨 후조당 소장. 한국학중앙연구원 장서각 한국고문서자료관 홈페이지 원문 이미지와 텍스트 보기. 한국정신문화연구원 편(1982) 참고>

1807-03-03. **유학 박수번 토지매매명문**(璞守蕃土地賣買明文), 답주 유학 김인걸(畓主幼學金仁杰). <1장. 한자+이두. 조선 필사 이두 자료. 전남 보성 박실 제주 양씨가 구장. 원광대학교 박물관 소장. 호남권 한국학자료센터 홈페이지 원문 이미지와 텍스트 보기. 박병호(1974ㄱ), 최승희(1989), 이재수(2003) 참고>

1807-03-25. **내종질 유학 남유로 토지매매명문**(內從姪幼學南有魯土地賣買明文),[77] 표종숙 유학 박진암(表從叔幼學朴鎭嵒). <1장. 한자+이두. 조선 필사 이두 자료. 영양 남씨 난고 종택 구장. 한국국학진흥원 소장. 한국국학진흥원 유교넷 홈페이지 원문 이미지와 텍스트 보기>

1807-03-00. **강봉휴 준호구**(姜鳳休準戶口), 제주목(濟州牧). <1장. 한자+이두. 조선 필사 이두 자료. 제주 어도내산 진주 강씨가 구장. 제주 한림 강우석 소장. 호남권

---

76 서울대학교 규장각 한국학연구원 홈페이지에는 225장으로 잘못 표시했다.
77 한국국학진흥원 유교넷 홈페이지에서는 문서명을 '영양남씨 난고종택 가정 12년에 진주 표종숙 박진암과 남유로 사이에 작성된 토지매매문기[11059]'로 표시하였다.

한국학자료센터 홈페이지 원문 이미지와 텍스트 보기. 최승희(1989), 고창석 (2002), 문현주(2011) 참고>

1807-04-01. **향교 통문**(鄕校通文), 향교. <1장. 한자+이두. 조선 필사 이두 자료. 경북 경주시 내남면 이조리 경주 최씨·용산서원 소장. 한국학중앙연구원 장서각 한국고문서자료관 홈페이지 원문 이미지 보기. 한국정신문화연구원 편(2000) 참고>

1807-04-00. **손성덕 등 소지**(孫星德等所志), 손성덕 등. <1장. 한자+이두. 조선 필사 이두 자료. 경주 양동 경주 손씨 송첨 종택 소장. 한국학중앙연구원 장서각 한국고문서자료관 홈페이지 원문 이미지 보기>

1807-05-00. **영암군수 귀암사 우제역촌 절목**(靈巖郡守龜岩祠宇除役村節目), 영암군. <1장. 한자+이두. 조선 필사 이두 자료. 영암 장암 남평 문씨 소장. 한국학중앙연구원 장서각 한국고문서자료관 홈페이지 원문 이미지와 텍스트 보기. 한국정신문화연구원 편(1995) 참고>

1807-07-01~1807-12-27. 「(가경 12년 정묘 하)결속색등록(嘉慶十二年丁卯下 結束色謄錄)」, 병조(兵曹) 편(編). <1책(21). 107장. 필사본. 한자+이두. 조선 필사 이두 자료. 서울대학교 규장각 한국학연구원 홈페이지 1787년~1891년 낙질본 107책(1792년(건륭 57년), 1811년(가경 16년) 하, 1816년(가경 21년), 1817년(가경 22년), 1824년(도광 4년), 1831년(도광 11년), 1871년(동치 10년), 1885년(광서 11년) 없음) 원문 이미지 보기>

1807-07-02. **유학 이희모 토지매매명문**(幼學李希謨土地賣買明文), 유학 이희대(幼學李希大). <1장. 한자+이두. 조선 필사 이두 자료. 경북 경주시 안강읍 옥산리 여주 이씨 장산서원·치암 종택 구장. 한국학중앙연구원 장서각 한국고문서자료관 홈페이지 원문 이미지 보기. 한국정신문화연구원 편(2003) 참고>

1807-08-00. **용산서원 재임 서목**(龍山書院齋任書目) 2, 용산서원. <1장. 한자+이두. 조선 필사 이두 자료. 경북 경주시 내남면 이조리 경주 최씨·용산서원 소장. 한국학중앙연구원 장서각 한국고문서자료관 홈페이지 원문 이미지 보기>

1807-09-09. **용산서원 통문**(龍山書院通文), 용산서원. <1장. 한자+이두. 조선 필사 이두 자료. 경북 경주시 내남면 이조리 경주 최씨·용산서원 소장. 한국학중앙연구

원 장서각 한국고문서자료관 홈페이지 원문 이미지 보기. 한국정신문화연구원 편(2000) 참고>

1807-09-00. **독락당 수노 소지**(獨樂堂首奴所志), 독락당 수노. <1장. 한자+이두. 조선 필사 이두 자료. 경북 경주시 안강읍 옥산리 여주 이씨 독락당 소장. 한국학중앙연구원 장서각 한국고문서자료관 홈페이지 원문 이미지 보기. 한국정신문화연구원 편(2003) 참고>

1807-10-08. **이산서원 통문**(伊山書院通文), 이산서원. <1장. 한자+이두. 조선 필사 이두 자료. 경북 경주시 내남면 이조리 경주 최씨·용산서원 소장. 한국학중앙연구원 장서각 한국고문서자료관 홈페이지 원문 이미지 보기. 한국정신문화연구원 편(2000) 참고>

1807-10-27. **안동향교 통문**(安東鄉校通文), 안동향교. <1장. 한자+이두. 조선 필사 이두 자료. 경북 경주시 내남면 이조리 경주 최씨·용산서원 소장. 한국학중앙연구원 장서각 한국고문서자료관 홈페이지 원문 이미지 보기. 한국정신문화연구원 편(2000) 참고>

1807-11-07. **계중 유학 송계익 등 토지매매명문**(契中幼學宋啓益土地賣買明文), 답주 유학 박치도(畓主幼學璞致道). <1장. 한자+이두. 조선 필사 이두 자료. 전북대학교 박물관 소장. 호남권 한국학자료센터 홈페이지 원문 이미지와 텍스트 보기>

1807-11-09. **최치현·최구현 통문**(崔致賢崔球賢通文), 최치현·최구현. <1장. 한자+이두. 조선 필사 이두 자료. 남원·구례 삭녕 최씨 구장. 한국학중앙연구원 장서각 한국고문서자료관 홈페이지 원문 이미지 보기. 한국정신문화연구원 편(2004) 참고>

1807-11-29. **박석량 토지매매명문**(璞碩良土地賣買明文), 답주 유학 신기익(畓主幼學辛基翊). <1장. 한자+이두. 조선 필사 이두 자료. 전남 영광군 입석 영월 신씨 소장. 한국학중앙연구원 장서각 한국고문서자료관 홈페이지 원문 이미지와 텍스트 보기. 한국정신문화연구원 편(1996) 참고>

1807-11-00. **김 생원 댁 노 석산 소지**(金生員宅奴石山所志), 석산. <1장. 한자+이두. 조선 필사 이두 자료. 전북 부안군 우반 부안 김씨 세덕각 소장. 호남권 한국학자료센터 홈페이지 원문 이미지와 텍스트 보기. 한국정신문화연구원 편(1998), 전경

목(2001), 전경목 외(2006) 참고>

1807-11-00. **김 ■■ 댁 노 석산 소지**(金■■宅奴石山所志), 석산. <1장. 한자+이두. 조선 필사 이두 자료. 전북 부안군 우반 부안 김씨 세덕각 소장. 한국학중앙연구원 장서각 한국고문서자료관 홈페이지 원문 이미지와 텍스트 보기. 한국정신문화연구원 편(1983, 1998), 한국학중앙연구원 편(2017) 참고>

1807-12-07. **박만주 토지매매명문**(朴萬珠土地賣買明文),[78] 답주 김선암(畓主金先岩). <1장. 한자+이두. 조선 필사 이두 자료. 풍산 류씨 하회 화경당(북촌댁) 구장. 한국국학진흥원 소장. 한국국학진흥원 유교넷 홈페이지 원문 이미지와 텍스트 보기>

1807-12-18. **계중 토지매매명문**(稧中土地賣買明文), 전산주 유학 정동상(田山主幼學鄭東相). <1장. 한자+이두. 조선 필사 이두 자료. 경북 안동시 법흥동 고성 이씨 임청각 구장. 한국학중앙연구원 장서각 한국고문서자료관 홈페이지 원문 이미지 보기. 한국정신문화연구원 편(2000) 참고>

1807-12-19. **유학 장철 토지매매명문**(幼學張澈土地賣買明文), 답주 유학 윤재흠(畓主幼學尹載欽). <1장. 한자+이두. 조선 필사 이두 자료. 전남 순천 월등 목천 장씨가 구장. 전북대학교 박물관 소장. 호남권 한국학자료센터 홈페이지 원문 이미지와 텍스트 보기. 최승희(1989), 정구복 외(1999), 이재수(2003) 참고>

1807-12-00. **양도강 차첩**(梁道綱差帖), 수군절도사(水軍節度使). <1장. 한자+이두. 조선 필사 이두 자료. 전남 신안 제주 양씨 양만석 소장. 호남권 한국학자료센터 홈페이지 원문 이미지와 텍스트 보기. 최승희(1989) 참고>

1807-00-00. 「개수도감의궤(**改修都監儀軌**)」,[79] 개수도감 편. <1책. 48장. 필사본. 표제는 '(嘉慶十二年丁卯五月 日 江華史庫上)康陵改修都監儀軌'. 권수제는 '(嘉慶十二年丁卯四月 日)改修都監儀軌'. 한자+이두. 조선 필사 이두 자료. 서울대학교 규장각 한국학연구원 의궤 종합정보 홈페이지 '奎13509' 원문 이미지 보기>

---

[78] 한국국학진흥원 유교넷 홈페이지에서는 문서명을 '풍산류씨 하회마을 화경당(북촌댁) 1807년 12월에 답주 김선암과 박만주 사이에 작성된 명문(明文)(田畓賣買文記)[11199]'로 표시하였다.

[79] 서울대학교 규장각 한국학연구원 의궤 종합정보 홈페이지에서는 서명을 표제나 권수제와는 달리 '명종인순왕후강릉개수도감의궤(明宗仁順王后康陵改修都監儀軌)'로 적었다.

1807-00-00.「숙선옹주가례등록(淑善翁主嘉禮謄錄)」, 예조(禮曹). <1책. 96장. 필사본. 한자+이두. 조선 필사 이두 자료. 한국학중앙연구원 장서각 한국학자료센터 홈페이지 원문 이미지와 텍스트 보기>

1807-00-00.「숙선옹주가례등록(淑善翁主嘉禮謄錄)」, 예조(禮曹). <1책. 101장. 필사본. 한자+이두. 조선 필사 이두 자료. 한국학중앙연구원 장서각 한국학자료센터 홈페이지 참고>

1807-00-00.「정순왕후국휼등록(貞純王后國恤謄錄)」, 예조 계제사(禮曹稽制司). <1책. 71장. 필사본. 한자+이두. 조선 필사 이두 자료. 한국학중앙연구원 장서각 한국학자료센터 원문 이미지 보기>

1807-00-00.「정순왕후국휼등록(貞純王后國恤謄錄)」 <1책. 60장. 필사본. 한자+이두. 조선 필사 이두 자료. 한국학중앙연구원 장서각 한국학자료센터 홈페이지 원문 이미지 보기>

1807-00-00.「정순왕후국휼의주등록(貞純王后國恤儀註謄錄)」 <1책. 25장. 필사본. 한자+이두. 조선 필사 이두 자료. 한국학중앙연구원 장서각 한국학자료센터 홈페이지 원문 이미지 보기>

1807-00-00.「정순왕후부묘도감의궤(貞純王后祔 廟都監儀軌)」,[80] 부묘도감 편. <1책. 170장. 필사본. 개장한 표지의 표제는 '嘉慶 丁卯貞王祔廟都軌'. 권수제 앞부분 결락. 한자+이두. 조선 필사 이두 자료. 한국학중앙연구원 디지털장서각 홈페이지 'K2-2257' 원문 이미지 보기>

1807-00-00.「정순왕후부묘도감의궤(貞純王后祔 廟都監儀軌)」,[81] 부묘도감 편. <1책. 170장. 필사본. 표제는 '(嘉慶十二年丁卯四月 日 純祖七年)貞純王后祔 太廟都監儀軌 全'. 권수제는 '(嘉慶十二年丁卯四月 日)貞純王后祔 廟都監儀軌'. 한자+이두. 조선 필사 이두 자료. 한국학중앙연구원 디지털장서각 홈페이지 'K2-2258' 원문 이미지와 텍스트 보기>

---

80 한국학중앙연구원 디지털장서각 홈페이지에서는 서명을 '정순왕후부묘도감의궤(貞純王后祔廟都監儀軌)'로 적었다.
81 한국학중앙연구원 디지털장서각 홈페이지에서는 서명을 '정순왕후부묘도감의궤(貞純王后祔廟都監儀軌)'로 적었다.

1807-00-00. 「정순왕후부묘도감의궤(貞純王后祔 廟都監儀軌)」,[82] 부묘도감 편. <1 책. 170장. 필사본. 표제는 '(嘉慶十二年丁卯四月 日 太白山上)貞純王后祔太廟都監儀軌全'. 권수제는 '(嘉慶十二年丁卯四月 日)貞純王后祔 廟都監儀軌'. 한자+이두. 조선 필사 이두 자료. 서울대학교 규장각 한국학연구원 의궤 종합정보 홈페이지 '奎 13598' 원문 이미지와 텍스트 보기>

1808년

<무진(戊辰), 순조 8년, 가경 13년>

1808-01-01~1808-12-21(戊辰). 「전객사일기(典客司日記)」 55, 예조(禮曹) 전객사(典客司) 편(編). <1책(55/99). 66장. 필사본. 한자+이두. 조선 필사 이두 자료. 서울대학교 규장각 한국학연구원 홈페이지 원문 이미지 보기> <1640-01-22~1641-12-23(1)>

1808-01-01~1808-12-28. 「결속색등록(結束色謄錄)」, 병조(兵曹) 편(編). <1책(22). 157장. 필사본. 한자+이두. 이두 자료. 서울대학교 규장각 한국학연구원 홈페이지 1787년~1891년 낙질본 107책[83] 원문 이미지 보기>

1808-01-10. **상주향교 통문**(尙州鄕校通文), 상주향교. <1장. 한자+이두. 조선 필사 이두 자료. 경북 경주시 내남면 이조리 경주 최씨·용산서원 소장. 한국학중앙연구원 장서각 한국고문서자료관 홈페이지 원문 이미지 보기. 한국정신문화연구원 편(2000) 참고>

1808-01-20. **유학 장철 토지매매명문**(幼學張澈土地賣買明文), 답주 계 유사 유학 장치주(畓主稧有司幼學張致周). <1장. 한자+이두. 조선 필사 이두 자료. 전남 순천 월등 목천 장씨가 구장. 전북대학교 박물관 소장. 호남권 한국학자료센터 홈페이

---

[82] 서울대학교 규장각 한국학연구원 의궤 종합정보 홈페이지에서는 서명을 '정순왕후부묘도감의궤(貞純王后祔廟都監儀軌)'로 붙여 썼다.

[83] 1792년(건륭 57년), 1811년(가경 16년) 하, 1816년(가경 21년), 1817년(가경 22년), 1824년(도광 4년), 1831년(도광 11년), 1871년(동치 10년), 1885년(광서 11년) 없음.

지 원문 이미지와 텍스트 보기. 최승희(1989), 정구복 외(1999), 이재수(2003) 참고>

1808-01-25. **유학 조 생원 댁 토지매매명문**(幼學趙生員宅土地賣買明文),[84] 전답주 유학 이양서(田畓主幼學李陽瑞). <1장. 한자+이두. 조선 필사 이두 자료. 경북 영양군 영양읍 삼지리 한양 조씨 하담 고택 구장. 한국국학진흥원 소장. 한국학자료센터 영남권역센터 홈페이지 원문 이미지와 텍스트 보기. 박병호(1974ㄱ), 최승희(1989), 이재수(2003), 이수건 외(2004) 참고>

1808-02-04. **도유사[85] 최명익 통문**(都有司崔溟翼通文), 최명익. <1장. 한자+이두. 조선 필사 이두 자료. 남원·구례 삭녕 최씨 구장. 한국학중앙연구원 장서각 한국고문서자료관 홈페이지 원문 이미지 보기. 한국정신문화연구원 편(2004) 참고>

1808-02-06. **권문중 토지매매명문**(權門中土地賣買明文), 전주 동몽 박재문(田主童蒙朴載文). <1장. 한자+이두. 조선 필사 이두 자료. 경북 예천군 용문면 대제리 원동 권씨 춘우재 고택 구장. 한국국학진흥원 소장. 한국학자료센터 영남권역센터 홈페이지 원문 이미지와 텍스트 보기. 김성갑(2013) 참고>

1808-02-10. **계 유사 권승언 토지매매명문**(稧有司權昇彦土地賣買明文), 답주 유학 김일하(畓主幼學金一河). <1장. 한자+이두. 조선 필사 이두 자료. 경북 예천군 용문면 대제리 원동 권씨 춘우재 고택 구장. 한국국학진흥원 소장. 한국학자료센터 영남권역센터 홈페이지 원문 이미지와 텍스트 보기. 김성갑(2013) 참고>

1808-02-12. **별고 유사 유학 오현복 토지매매명문**(別庫有司幼學吳顯福土地賣買明文), 답주 자필 유학 최일효(畓主自筆幼學崔一孝).[86] <1장. 한자+이두. 조선 필사 이두 자료. 남원·구례 삭녕 최씨 구장. 한국학중앙연구원 장서각 한국고문서자료관 홈페이지 원문 이미지 보기. 한국정신문화연구원 편(2004) 참고>

1808-02-18. **신 생원 노 만열 토지매매명문**(辛生員奴萬烈土地賣買明文), 답주 오 생원 노 행금(畓主吳生員奴幸金). <1장. 한자+이두. 조선 필사 이두 자료. 전남 영광군

---

[84] 한국학자료센터 영남권역센터 홈페이지에서는 '1808년 이양서(李陽瑞) 토지매매명문(土地賣買明文)'으로 표시하였다.

[85] 도유사(都有司)는 향교, 서원, 종중, 계중에 관한 사무를 맡아보던 우두머리이다「표준국어대사전」).

[86] 한국학중앙연구원 장서각 한국고문서자료관 홈페이지에서는 '최익효(崔翊孝)'로 잘못 적었다.

입석 영월 신씨 소장. 한국학중앙연구원 장서각 한국고문서자료관 홈페이지 원문 이미지와 텍스트 보기. 한국정신문화연구원 편(1996) 참고>

1808-02-26~1811-01-00(戊辰~辛未). 「가경 14년 공충 수영 관첩 수사 이길배(**嘉慶十四年公忠水營關牒水使李吉培**)」, 비변사(備邊司) 편(編). <1책(1/3). 25장. 필사본. 표제는 '忠淸水營關牒'. 권수제는 '嘉慶十四年公忠水營關牒水使李吉培'. 한자+이두. 조선 필사 이두 자료. 서울대학교 규장각 한국학연구원 홈페이지 '奎15122' 원문 이미지와 텍스트 보기> <영인본:「각사등록」 8(충청도편 3)(국사편찬위원회, 1983)> <1862-06-00~1866-05-19(2/3), 1869-05-07~1878-06-11(3/3)>

1808-03-11. **노 막상 토지매매명문**(奴莫上土地賣買明文), 전주 노 초봉(田主奴初奉). <1장. 한자+이두. 조선 필사 이두 자료. 대구 칠계 경주 최씨 백불암 종중 구장. 안동대학교 박물관 소장. 한국학자료센터 영남권역센터 홈페이지 원문 이미지와 텍스트 보기. 박병호(1974ㄱ), 최승희(1989), 이재수(2003), 이수건 외(2004) 참고>

1808-03-11. **이후종 토지매매명문**(李厚宗土地賣買明文), 답주 김덕명(畓主金德鳴). <1장. 한자+이두. 조선 필사 이두 자료. 전남 장성군 행주 기씨 금강 종가 소장. 호남권 한국학자료센터 홈페이지 원문 이미지와 텍스트 보기. 김재문(1986), 이재수(2003) 참고>

1808-03-16. **노 행금 배지**(奴幸金牌旨) 1, 상전 오(上典吳). <1장. 점련문서. 한자+이두. 조선 필사 이두 자료. 전남 영광군 입석 영월 신씨 소장. 한국학중앙연구원 장서각 한국고문서자료관 홈페이지 원문 이미지와 텍스트 보기. 한국정신문화연구원 편(1996) 참고>

1808-03-18. **노 행금 배지**(奴幸金牌旨) 2, 상전 오(上典吳). <1장. 점련문서. 한자+이두. 조선 필사 이두 자료. 전남 영광군 입석 영월 신씨 소장. 한국학중앙연구원 장서각 한국고문서자료관 홈페이지 원문 이미지와 텍스트 보기. 한국정신문화연구원 편(1996) 참고>

1808-03-00. **박 생원 댁 노 종복 소지**(朴生員宅奴種福所志),[87] 종복. <1장. 한자+이두.

---

[87] 한국학중앙연구원 고문서자료관 홈페이지에서는 '박생원댁(朴生員宅) 노(奴) 소지(所志)'로 표시하였다.

조선 필사 이두 자료. 부여 은산 함양 박씨 소장. 한국학중앙연구원 고문서자료관 홈페이지 원문 이미지 보기. 한국정신문화연구원 편(2000) 참고>

1808-03-00. **박재원 등 소지**(朴載元等所志), 박재원 등. <1장. 한자+이두. 조선 필사 이두 자료. 부여 은산 함양 박씨 소장. 한국학중앙연구원 고문서자료관 홈페이지 원문 이미지 보기. 한국정신문화연구원 편(2000) 참고>

1808-03-00. **유봉채 등 상서**(柳鳳采等上書) 1, 유봉채 등. <1장. 한자+이두. 조선 필사 이두 자료. 전북 완주군 비봉 반곡서원 소장. 호남권 한국학자료센터 홈페이지 원문 이미지와 텍스트 보기. 박병호(1974ㄱ), 최승희(1989) 참고>

1808-04-01. **유봉채 등 상서**(柳鳳采等上書) 2, 유봉채 등. <1장. 한자+이두. 조선 필사 이두 자료. 전북 완주군 비봉 반곡서원 소장. 호남권 한국학자료센터 홈페이지 원문 이미지와 텍스트 보기. 박병호(1974ㄱ), 최승희(1989) 참고>

1808-04-21. **다질방 풍헌[88] 서목**(茶叱坊風憲書目), 다질방 풍헌. <1장. 한자+이두. 조선 필사 이두 자료. 경북 칠곡 석전 광주 이씨 구장. 한국학중앙연구원 장서각 한국고문서자료관 홈페이지 원문 이미지 보기. 한국학중앙연구원 편(2009) 참고>

1808-04-00. **이심운·이이풍 등 발괄**(李心運李以豊等白活), 이심운·이이풍 등. <1장. 한자+이두. 조선 필사 이두 자료. 경북 칠곡 석전 광주 이씨 구장. 한국학중앙연구원 장서각 한국고문서자료관 홈페이지 원문 이미지 보기. 한국학중앙연구원 편(2009) 참고>

1808-05-02. **옴천면 삼집강 서목**(唵川面三執綱書目), 삼집강. <1장. 한자+이두. 조선 필사 이두 자료. 전남 강진 한양 조씨 조경철 소장. 호남권 한국학자료센터 홈페이지 원문 이미지 보기. 최승희(1989) 참고>

1808-05-04. **대문 토지매매명문**(大門土地賣買明文), 신유현(辛有鉉). <1장. 한자+이두. 조선 필사 이두 자료. 전남 영광군 입석 영월 신씨 소장. 한국학중앙연구원 장서각 한국고문서자료관 홈페이지 원문 이미지와 텍스트 보기. 한국정신문화연구원 편(1996) 참고>

---

[88] 풍헌(風憲)은 풍기를 바로잡고 관리의 정사청탁을 감찰하여 규탄하는 일을 맡은 사람이다.

1808-05-09. **경주 옥산서원 재임 서목**(慶州玉山書院齋任書目), 옥산서원 재임 홍이준(洪履俊). <1장. 한자+이두. 조선 필사 이두 자료. 경북 경주시 안강읍 옥산서원 소장. 한국학자료센터 영남권역센터 홈페이지 원문 이미지와 텍스트 보기. 이수환(2001) 참고>

1808-05-00. **유봉채 등 상서**(柳鳳采等上書) 3, 유봉채 등. <1장. 한자+이두. 조선 필사 이두 자료. 전북 완주군 비봉 반곡서원 소장. 호남권 한국학자료센터 홈페이지 원문 이미지와 텍스트 보기. 박병호(1974ㄱ), 최승희(1989) 참고>

1808-윤5-00. **김홍운 소지**(金洪運所志), 김홍운. <1장. 한자+이두. 조선 필사 이두 자료. 안동 천전 의성 김씨 지촌 종택 소장. 한국학중앙연구원 장서각 한국고문서자료관 홈페이지 원문 이미지 보기. 한국정신문화연구원 편(1989) 참고>

1808-06-12. **유학 서종대 토지매매명문**(幼學徐宗大土地賣買明文), 가대주 강성우(家垈主姜成右). <1장. 한자+이두. 조선 필사 이두 자료. 전남 구례군 토지면 오미리 문화 류씨 운조루 소장. 한국학중앙연구원 장서각 한국고문서자료관 홈페이지 원문 이미지와 텍스트 보기. 한국정신문화연구원 편(1998) 참고>

1808-06-13. **김흥교 토지매매명문**(金興敎土地賣買明文), 김시관(金是瓘). <1장. 한자+이두. 조선 필사 이두 자료. 경북 안동시 오천 광산 김씨 후조당 소장. 한국학중앙연구원 장서각 한국고문서자료관 홈페이지 원문 이미지와 텍스트 보기. 한국정신문화연구원 편(1982) 참고>

1808-06-00. **유정화 등 상서**(柳珽和等上書), 유정화 등. <1장. 한자+이두. 조선 필사 이두 자료. 경남 거창 갈계 은진 임씨 소장. 한국학중앙연구원 장서각 한국고문서자료관 홈페이지 원문 이미지 보기. 한국학중앙연구원 편(2005) 참고>

1808-06-00. **진사 최연중 등 상서**(進士崔演重等上書), 최연중 등. <1장. 한자+이두. 조선 필사 이두 자료. 경남 거창 갈계 은진 임씨 소장. 한국학중앙연구원 장서각 한국고문서자료관 홈페이지 원문 이미지 보기. 한국학중앙연구원 편(2005) 참고>

1808-07-00. **김시의 소지**(金始義所志), 김시의. <1장. 한자+이두. 조선 필사 이두 자료. 안동 천전 의성 김씨 지촌 종택 소장. 한국학중앙연구원 장서각 한국고문서자료관 홈페이지 원문 이미지 보기. 한국정신문화연구원 편(1989) 참고>

1808-07-00. **이동연·이이풍 등 발괄**(李東淵李以豊等白活), 이동연·이이풍 등. <1장. 한자+이두. 조선 필사 이두 자료. 경북 칠곡 석전 광주 이씨 구장. 한국학중앙연구원 장서각 한국고문서자료관 홈페이지 원문 이미지 보기. 한국학중앙연구원 편(2009) 참고>

1808-07-00. **이동형·이이풍 등 발괄**(李東亨李以豊等白活), 이동형·이이풍 등. <1장. 한자+이두. 조선 필사 이두 자료. 경북 칠곡 석전 광주 이씨 구장. 한국학중앙연구원 장서각 한국고문서자료관 홈페이지 원문 이미지 보기. 한국학중앙연구원 편(2009) 참고>

1808-07-00. **이인운 등 발괄**(李寅運等白活), 이인운 등. <1장. 한자+이두. 조선 필사 이두 자료. 경북 칠곡 석전 광주 이씨 구장. 한국학중앙연구원 장서각 한국고문서자료관 홈페이지 원문 이미지 보기. 한국학중앙연구원 편(2009) 참고>

1808-08-20. **경상도 관찰사 완문**(慶尙道觀察使完文), 경상도 관찰사. <1장. 한자+이두. 조선 필사 이두 자료. 경북 경주시 안강읍 옥산서원 소장. 한국학자료센터 영남권역센터 홈페이지 원문 이미지와 텍스트 보기. 이수환(2001) 참고>

1808-09-10. **강봉휴 토지상환명문**(姜鳳休土地相換明文), 박근수(朴根秀). <1장. 한자+이두. 조선 필사 이두 자료. 제주 어도내산 진주 강씨가 구장. 제주 한림 강우석 소장. 호남권 한국학자료센터 홈페이지 원문 이미지와 텍스트 보기. 최승희(1989), 고창석(2002), 문현주(2011) 참고>

1808-09-16. **최명익 통문**(崔溟翼通文), 최명익. <1장. 한자+이두. 조선 필사 이두 자료. 남원·구례 삭녕 최씨 구장. 한국학중앙연구원 장서각 한국고문서자료관 홈페이지 원문 이미지 보기. 한국정신문화연구원 편(2004) 참고>

1808-09-00. **이동유·이이풍 등 발괄**(李東裕李以豊等白活), 이동유·이이풍 등. <1장. 한자+이두. 조선 필사 이두 자료. 경북 칠곡 석전 광주 이씨 구장. 한국학중앙연구원 장서각 한국고문서자료관 홈페이지 원문 이미지 보기. 한국학중앙연구원 편(2009) 참고>

1808-09-00. **이징조 등 소지**(李徵祚等所志), 이징조 등. <1장. 한자+이두. 조선 필사 이두 자료. 영광 함안 이씨 이기태 구장. 영광농업기술센터 소장. 호남권 한국학자료센터 홈페이지 원문 이미지와 텍스트 보기. 최승희(1989), 전경목 외(2006) 참

고>

1808-10-13. **유학 박시채 토지매매명문**(幼學朴時采土地賣買明文), 산주 김일손(山主金一孫). <1장. 한자+이두. 조선 필사 이두 자료. 전북 임실군 청웅 밀양 박씨가 소장. 호남권 한국학자료센터 홈페이지 원문 이미지와 텍스트 보기. 최승희(1989), 이재수(2003), 채현경(2011) 참고>

1808-10-22. **종손 박세우 토지매매명문**(宗孫朴世宇土地賣買明文), 박정수(朴鼎洙). <1장. 한자+이두. 조선 필사 이두 자료. 경남 밀양 신호 밀성 박씨·덕남서원 소장. 한국학중앙연구원 장서각 한국고문서자료관 홈페이지 원문 이미지 보기. 한국정신문화연구원 편(2004) 참고>

1808-10-24. **유학 조준신 가사매매명문**(幼學趙駿臣家舍賣買明文),[89] 가주 자필 유학 백동우(家主自筆幼學白東佑). <1장. 한자+이두. 조선 필사 이두 자료. 경북 영양군 영양읍 삼지리 한양 조씨 하담 고택 구장. 한국국학진흥원 소장. 한국학자료센터 영남권역센터 홈페이지 원문 이미지와 텍스트 보기. 박병호(1974ㄱ), 최승희(1989), 이재수(2003), 이수건 외(2004) 참고>

1808-10-00. **손성덕 소지**(孫星德所志), 손성덕. <1장. 한자+이두. 조선 필사 이두 자료. 경주 양동 경주 손씨 송첨 종택 소장. 한국학중앙연구원 장서각 한국고문서자료관 홈페이지 원문 이미지 보기>

1808-11-09. **강사공 차첩**(姜師孔差帖), 현감(縣監). <1장. 한자+이두. 조선 필사 이두 자료. 제주시 제주교육박물관 소장. 사이버 제주교육박물관 홈페이지 원문 이미지와 텍스트 보기>

1808-11-09. **권덕추 완약 불망기**(權德樞完約不忘記), 권덕추. <1장. 한자+이두. 조선 필사 이두 자료. 전남 장성군 행주 기씨 금강 종가 소장. 호남권 한국학자료센터 홈페이지 원문 이미지와 텍스트 보기. 김재문(1986), 이수건 외(2004) 참고>

1808-11-10. **노 덕단 토지매매명문**(奴德丹土地賣買明文), 김갑복(金甲卜). <1장. 한자+이두. 조선 필사 이두 자료. 대전·청양 안동 김씨 삼당 후손가 소장. 한국학중앙

---

[89] 한국학자료센터 영남권역센터 홈페이지에서는 '백동우(白東佑) 가옥(家屋) 및 토지매매명문(土地賣買明文)'으로 표시하였다.

연구원 장서각 한국고문서자료관 홈페이지 원문 이미지 보기. 한국정신문화연구원 편(2003) 참고>

1808-11-15. **양석규 수표**(梁錫圭手標), 양석규. <1장. 한자+이두. 조선 필사 이두 자료. 전남 장성군 행주 기씨 금강 종가 소장. 호남권 한국학자료센터 홈페이지 원문 이미지와 텍스트 보기. 이재수(2003), 이수건 외(2004) 참고>

1808-11-15. **용산서원 사림 서목**(龍山書院士林書目), 용산서원. <1장. 한자+이두. 조선 필사 이두 자료. 경북 경주시 내남면 이조리 경주 최씨·용산서원 소장. 한국학중앙연구원 장서각 한국고문서자료관 홈페이지 원문 이미지 보기. 한국정신문화연구원 편(2000) 참고>

1808-11-22. **남치두 토지매매명문**(南致斗土地賣買明文), 남치량(南致良). <1장. 한자+이두. 조선 필사 이두 자료. 김포 의령 남씨 서윤공 남두장 후손가 소장. 한국학중앙연구원 장서각 한국고문서자료관 홈페이지 원문 이미지 보기>

1808-11-00. **이동항·이이풍 등 발괄**(李東恒李以豊等白活) 1, 이동항·이이풍 등. <1장. 한자+이두. 조선 필사 이두 자료. 경북 칠곡 석전 광주 이씨 구장. 한국학중앙연구원 장서각 한국고문서자료관 홈페이지 원문 이미지 보기. 한국학중앙연구원 편(2009) 참고>

1808-12-07. **안흥빈 토지매매명문**(安興彬土地賣買明文), 답주 이태삼(畓主李太三). <1장. 한자+이두. 조선 필사 이두 자료. 경북 예천군 감천면 강릉 유씨 벌방 종가 구장. 한국국학진흥원 소장. 한국학자료센터 영남권역센터 홈페이지 원문 이미지와 텍스트 보기. 김성갑(2013) 참고>

1808-12-09. **진단강 토지매매명문**(陳段江土地賣買明文), 답주 강충금(畓主姜聰金). <1장. 한자+이두. 조선 필사 이두 자료. 해남 노송 김해 김씨 노송사 소장. 한국학중앙연구원 장서각 한국고문서자료관 홈페이지 & 호남권 한국학자료센터 홈페이지 원문 이미지와 텍스트 보기. 최승희(1989), 한국정신문화연구원 편(1998), 조정곤(2013) 참고>

1808-12-17. **유학 한익록 토지매매명문**(幼學韓益祿土地賣買明文), 자필 답주 유학 이증태(自筆畓主幼學李增泰). <1장. 한자+이두. 조선 필사 이두 자료. 전남 구례군 토지면 오미리 문화 류씨 운조루 소장. 한국학중앙연구원 장서각 한국고문서자료

관 홈페이지 원문 이미지와 텍스트 보기. 한국정신문화연구원 편(1998) 참고>

1808-12-25. **이 생원 댁 호노 경술 토지매매명문**(履生員宅戶奴庚戌土地賣買明文),[90] 비 김월섬(婢金月暹). <1장. 점련문서. 한자+이두. 조선 필사 이두 자료. 경북 영해 인량 재령 이씨 충효당 소장. 한국학중앙연구원 장서각 한국고문서자료관 홈페이지 원문 이미지와 텍스트 보기. 한국정신문화연구원 편(1997) 참고>

1808-12-25. **족손 김인범 토지매매명문**(族孫金仁範土地賣買明文), 답주 유학 임형근 (畓主幼學林亨根). <1장. 한자+이두. 조선 필사 이두 자료. 해남 노송 김해 김씨 노송사 소장. 한국학중앙연구원 장서각 한국고문서자료관 홈페이지 & 호남권 한국학자료센터 홈페이지 원문 이미지와 텍스트 보기. 최승희(1989), 한국정신문화연구원 편(1998), 조정곤(2013) 참고>

1808-12-26. **종질 김종수 토지매매명문**(宗姪金宗壽土地賣買明文), 답주 자필 족숙 김 갑찬(畓主自筆族叔金甲燦). <1장. 한자+이두. 조선 필사 이두 자료. 안동 금계 의성 김씨 학봉 종가 소장. 한국학중앙연구원 장서각 한국고문서자료관 홈페이지 원문 이미지와 텍스트 보기. 한국정신문화연구원 편(1989) 참고>

1808-12-00. **기태온 등 소지**(奇泰溫等所志), 기태온 등. <1장. 한자+이두. 조선 필사 이두 자료. 전남 장성군 행주 기씨 금강 종가 소장. 호남권 한국학자료센터 홈페이지 원문 이미지와 텍스트 보기>

1808-12-00. **월섬 소지**(月暹所志), 월섬. <1장. 점련문서. 한자+이두. 조선 필사 이두 자료. 경북 영해 인량 재령 이씨 충효당 소장. 한국학중앙연구원 장서각 한국고문 서자료관 홈페이지 원문 이미지와 텍스트 보기. 한국정신문화연구원 편(1997) 참고>

1808-12-00. **이동항·이이풍 등 발괄**(李東恒李以豊等白活) 2, 이동항·이이풍 등. <1장. 한자+이두. 조선 필사 이두 자료. 경북 칠곡 석전 광주 이씨 구장. 한국학중앙연 구원 장서각 한국고문서자료관 홈페이지 원문 이미지 보기. 한국학중앙연구원 편(2009) 참고>

---

[90] 한국학중앙연구원 장서각 한국고문서자료관 홈페이지에서는 '김월섬(金月暹) 자매명문(自賣明 文)'으로 표시하였다.

1808-00-00. 「만기요람(萬機要覽)」, 심상규(沈象奎)·서영보(徐榮輔) 외 공편. <필사본. 집옥재본(集玉齋本), 이왕직본(李王職本) 등 10여 종류의 필사본이 있다. 18세기 후반부터 19세기 초반까지의 조선 왕조의 재정과 군정에 관한 내용을 수록. 서울대학교 규장각 한국학연구원 홈페이지 집옥재본 11권 11책 원문 이미지 보기> <활자본: ① 조선총독부 중추원(1938) ② 민족문화추진회 편(1971) 한국어 번역본>

1809년

<기사(己巳), 순조 9년, 가경 14년>

1809-01-01~1809-12-27(己巳). 「전객사일기(典客司日記)」 56, 예조(禮曹) 전객사(典客司) 편(編). <1책(56/99). 94장. 필사본. 한자+이두. 조선 필사 이두 자료. 서울대학교 규장각 한국학연구원 홈페이지 원문 이미지 보기> <1640-01-22~1641-12-23(1/99)>

1809-01-01~1809-12-29. 「결속색등록(結束色謄錄)」, 병조(兵曹) 편(編). <1책. 155장. 필사본. 한자+이두. 필사 이두 자료. 서울대학교 규장각 한국학연구원 홈페이지 1787년~1891년 낙질본 107책[91] 원문 이미지 보기>

1809-01-03. **장 조이 토지매매명문**(張召史土地賣買明文),[92] 답주 자필 박서인(畓主自筆朴瑞仁). <1장. 한자+이두. 조선 필사 이두 자료. 영해 인량 재령 이씨 우계 종택 구장. 한국국학진흥원 소장. 한국학자료센터 영남권역센터 홈페이지 & 한국국학진흥원 유교넷 홈페이지 원문 이미지와 텍스트 보기>

1809-01-03~1809-12-28(가경 14년). 「예방소등록(禮房所謄錄)」,[93] 광주부(廣州府) 예

---

[91] 1792년(건륭 57년), 1811년(가경 16년) 하, 1816년(가경 21년), 1817년(가경 22년), 1824년(도광 4년), 1831년(도광 11년), 1871년(동치 10년), 1885년(광서 11년) 없음.

[92] 한국국학진흥원 유교넷 홈페이지에서는 문서명을 '1809년 박서인**가** 장소사에게 토지(논)를 팔았음을 증명하는 매매명문'으로 표시하였다.

[93] 개장한 표지의 표제는 '嘉慶十四年 禮房謄錄'이다. 서울대학교 규장각 한국학연구원 홈페이지에

방소(禮房所) 편(編). <1책. 68장. 필사본. 한자+이두. 필사 이두 자료. 서울대학교 규장각 한국학연구원 홈페이지 '奎21462'의 원문 이미지 보기>

1809-01-05. **용산서원 재임 토지매매명문**(龍山書院齋任土地賣買明文), 답주 자필 최규(畓主自筆崔珪). <1장. 한자+이두. 조선 필사 이두 자료. 경북 경주시 내남면 이조리 경주 최씨·용산서원 소장. 한국학중앙연구원 장서각 한국고문서자료관 홈페이지 원문 이미지 보기. 박병호(1974ㄱ), 한국정신문화연구원 편(2000), 이재수(2003), 김소은(2004) 참고>

1809-01-10. **조 생원 댁 노 황수영 토지매매명문**(趙生員宅奴黃守永土地賣買明文), 전주 강재성(田主姜再聖). <1장. 한자+이두. 조선 필사 이두 자료. 경북 영양군 영양읍 삼지리 한양 조씨 하담 고택 구장. 한국국학진흥원 소장. 한국학자료센터 영남권역센터 홈페이지 원문 이미지와 텍스트 보기. 박병호(1974ㄱ), 최승희(1989), 이재수(2003), 이수건 외(2004) 참고>

1809-01-20. **최종기 입안**(崔宗岐立案), 언양현(彦陽縣). <1장. 한자+이두. 조선 필사 이두 자료. 경북 경주시 내남면 이조리 경주 최씨·용산서원 소장. 한국학중앙연구원 장서각 한국고문서자료관 홈페이지 원문 이미지 보기. 박병호(1974ㄱ), 한국정신문화연구원 편(2000), 최연숙(2004) 참고>

1809-01-22~1811-11-07(己巳~辛未). 「통신사등록(**通信使謄錄**)」, 第14, 예조(禮曹) 전객사(典客司) 편(編). <1책/전14책. 58장. 필사본. 한자+이두. 이두 자료. 조선에서 일본에 보낸 통신사에 관한 기록. 서울대학교 규장각 한국학연구원 홈페이지 원문 이미지 보기>

1809-01-29. **유학 임두필 토지매매명문**(幼學任斗弼土地賣買明文), 답주 유학 김예범(畓主幼學金禮範). <1장. 한자+이두. 조선 필사 이두 자료. 해남 노송 김해 김씨 노송사 소장. 한국학중앙연구원 장서각 한국고문서자료관 홈페이지 & 호남권 한국학자료센터 홈페이지 원문 이미지와 텍스트 보기. 최승희(1989), 한국정신문화연구원 편(1998), 조정곤(2013) 참고>

1809-01-00. **문광욱 등 상서**(門光郁等上書), 문광욱 등. <1장. 한자+이두. 조선 필사

서는 책명을 '禮房謄錄 예방등록'으로 표시하였다.

이두 자료. 전남 강진 한양 조씨 조경철 소장. 호남권 한국학자료센터 홈페이지 원문 이미지 보기. 최승희(1989) 참고>

1809-01-00. **안처일 소지**(安處馹所志), 안처일. <1장. 한자+이두. 조선 필사 이두 자료. 전남 보성군 택촌 죽산 안씨 은봉 종가 소장. 호남권 한국학자료센터 홈페이지 원문 이미지와 텍스트 보기. 박병호(1974ㄱ), 정구복 외(1997), 김경숙(2008) 참고>

1809-02-08. **박응대 초사**(朴應大招辭), 박응대. <1장. 점련문서. 한자+이두. 조선 필사 이두 자료. 경북 영해 인량 재령 이씨 충효당 소장. 한국학중앙연구원 장서각 한국고문서자료관 홈페이지 원문 이미지와 텍스트 보기. 한국정신문화연구원 편(1997) 참고>

1809-02-08. **비 월섬 초사**(婢月暹招辭), 월섬. <1장. 점련문서. 한자+이두. 조선 필사 이두 자료. 경북 영해 인량 재령 이씨 충효당 소장. 한국학중앙연구원 장서각 한국고문서자료관 홈페이지 원문 이미지와 텍스트 보기. 한국정신문화연구원 편(1997) 참고>

1809-02-08. **이수일 입안**(李壽一立案), 영해부(寧海府). <1장. 점련문서. 한자+이두. 조선 필사 이두 자료. 경북 영해 인량 재령 이씨 충효당 소장. 한국학중앙연구원 장서각 한국고문서자료관 홈페이지 원문 이미지와 텍스트 보기. 한국정신문화연구원 편(1997) 참고>

1809-02-09. **손원채 토지매매명문**(孫元采土地賣買明文), 답주 김 씨(畓主金氏). <1장. 한자+이두. 조선 필사 이두 자료. 전남 보성 박실 제주 양씨가 구장. 원광대학교 박물관 소장. 호남권 한국학자료센터 홈페이지 원문 이미지와 텍스트 보기. 박병호(1974ㄱ), 이재수(2003) 참고>

1809-02-27. **용산서원고 유사 주 토지매매명문**(龍山書院庫有司主土地賣買明文),[94] 답주 최 생원 노 순백(畓主崔生員奴順白). <1장. 한자+이두. 조선 필사 이두 자료. 경북 경주시 내남면 이조리 경주 최씨·용산서원 소장. 한국학중앙연구원 장서각

---

[94] 한국학중앙연구원 장서각 한국고문서자료관 홈페이지에서는 '용원고(龍院庫) 유사(有司) 토지매매명문(土地賣買明文)'으로 표시하였다.

한국고문서자료관 홈페이지 원문 이미지 보기. 박병호(1974ㄱ), 한국정신문화연구원 편(2000), 이재수(2003), 김소은(2004) 참고>

1809-02-00. **박양한 등 의송**(朴良漢等議送), 박양한 등. <1장. 한자+이두. 조선 필사 이두 자료. 전남 영암군 군서면 죽정서원 소장. 호남권 한국학자료센터 홈페이지 원문 이미지보기. 최승희(1989) 참고>

1809-02-00. **이 생원 댁 호노 경술 소지**(李生員宅戶奴庚戌所志), 경술. <1장. 점련문서. 한자+이두. 조선 필사 이두 자료. 경북 영해 인량 재령 이씨 충효당 소장. 한국학중앙연구원 장서각 한국고문서자료관 홈페이지 원문 이미지와 텍스트 보기. 한국정신문화연구원 편(1997) 참고>

1809-02-00. **화민 유응탁 소지**(化民劉應鐸所志), 유응탁. <1장. 한자+이두. 조선 필사 이두 자료. 경북 예천군 감천면 강릉 유씨 벌방 종가 구장. 한국국학진흥원 소장. 한국학자료센터 영남권역센터 홈페이지 원문 이미지와 텍스트 보기>

1809-03-16. **노 분금 토지매매명문**(奴分金土地賣買明文),[95] 답주 유학 한익록(畓主幼學韓翼祿). <1장. 한자+이두. 조선 필사 이두 자료. 전남 구례군 토지면 오미리 문화 류씨 운조루 소장. 한국학중앙연구원 장서각 한국고문서자료관 홈페이지 원문 이미지와 텍스트 보기. 한국정신문화연구원 편(1998) 참고>

1809-03-16. **유학 김진택 토지매매명문**(幼學金振澤土地賣買明文), 답주 유학 고덕제(畓主幼學高德霽). <1장. 한자+이두. 조선 필사 이두 자료. 전남 순천 황전 경주 정씨가 구장. 광주광역시 이정옥 소장. 호남권 한국학자료센터 홈페이지 원문 이미지와 텍스트 보기. 최승희(1989) 참고>

1809-03-23. **한 조이 토지매매명문**(漢召史土地賣買明文),[96] 전주 자필집 강성복(出主自筆執康成覆). <1장. 한자+이두. 조선 필사 이두 자료. 제주민속자연사박물관 소장. 호남권 한국학자료센터 홈페이지 원문 이미지와 텍스트 보기. 최승희(1989), 고창석(2002) 참고>

---

95   한국학중앙연구원 장서각 한국고문서자료관 홈페이지에서는 '노(奴) 분무(分無) 토지매매명문(土地賣買明文)'으로 표시하였다.

96   호남권 한국학자료센터 홈페이지에서는 '한소사(漢召史) 토지매매명문(土地賣買明文)'으로 표시하였다.

1809-03-28. **상방동 별소 유사 족숙 이광목 토지매매명문**(上芳洞別所有司族叔李光穆土地賣買明文),[97] 답주 이상도(畓主李相度). <1장. 한자+이두. 조선 필사 이두 자료. 영해 인량 재령 이씨 우계 종택 구장. 한국국학진흥원 소장. 한국학자료센터 영남권역센터 홈페이지 & 한국국학진흥원 유교넷 홈페이지 원문 이미지와 텍스트 보기>

1809-03-00. **유광석 등 상서**(柳光錫等上書), 유광석 등. <1장. 한자+이두. 조선 필사 이두 자료. 전북 부안 청호 효충사 소장. 호남권 한국학자료센터 홈페이지 원문 이미지와 텍스트 보기. 박병호(1974ㄱ), 최승희(1989), 정구복 외(1999) 참고>

1809-04-02. **연충흠 장흥고 공상지 공인권 매매명문**(延忠欽長興庫供上紙貢人權賣買明文), 재주 최한호(財主崔漢皓). <1장. 한자+이두. 조선 필사 이두 자료. 일본 경도대학 가와이문고 소장. 고려대학교 해외한국학자료센터 홈페이지 원문 이미지 보기>

1809-04-04. **유덕호 깃급문기**(柳德浩衿給文記), 재주 처부 통덕랑(財主妻父通德郎) 유덕호. <1장. 한자+이두. 조선 필사 이두 자료. 전남 구례군 토지면 오미리 문화 류씨 운조루 소장. 한국학중앙연구원 장서각 한국고문서자료관 홈페이지 원문 이미지와 텍스트 보기. 한국정신문화연구원 편(1998) 참고>

1809-04-08. **이정원 토지매매명문**(李正元土地賣買明文), 답주 노독운노미(畓主魯禿云老未). <1장. 한자+이두. 조선 필사 이두 자료. 전남 영광 마산 경주 이씨가 구장. 진안 용담호미술관 소장. 호남권 한국학자료센터 홈페이지 원문 이미지와 텍스트 보기. 박병호(1974ㄱ), 최승희(1989), 이재수(2003) 참고>

1809-04-18. **재종수 토지매매명문**(再從嫂土地賣買明文), 전주 자필 남치대(田主自筆南致大). <1장. 한자+이두. 조선 필사 이두 자료. 김포 의령 남씨 서윤공 남두장 후손가 소장. 한국학중앙연구원 장서각 한국고문서자료관 홈페이지 원문 이미지 보기>

1809-04-28. **금창 전령**(禁倉傳令), 금창. <1장. 한자+이두. 조선 필사 이두 자료.

---

[97] 한국국학진흥원 유교넷 홈페이지에서는 문서명을 '1809년 이상도가 이광목에게 토지(논)를 팔았음을 증명하는 매매명문'으로 표시하였다.

서산 대교 경주 김씨 소장. 한국학중앙연구원 장서각 한국고문서자료관 홈페이지 원문 이미지 보기. 한국학중앙연구원 편(2007) 참고>

1809-04-00. **김보현 소지**(金輔鉉所志), 김보현. <1장. 한자+이두. 조선 필사 이두 자료. 전북 고창군 장두 광산 김씨가 소장. 호남권 한국학자료센터 홈페이지 원문 이미지와 텍스트 보기. 최승희(1989), 전경목(1997), 이수건 외(2004) 참고>

1809-04-00. **이동계·이이풍 등 발괄**(李東啓李以豊等白活), 이동계·이이풍 등. <1장. 한자+이두. 조선 필사 이두 자료. 경북 칠곡 석전 광주 이씨 구장. 한국학중앙연구원 장서각 한국고문서자료관 홈페이지 원문 이미지 보기. 한국학중앙연구원 편(2009) 참고>

1809-04-00. **화민 문인택 소지**(化民文寅澤所志), 문인택. <1장. 한자+이두. 조선 필사 이두 자료. 영암 장암 남평 문씨 소장. 한국학중앙연구원 장서각 한국고문서자료관 홈페이지 원문 이미지와 텍스트 보기. 한국정신문화연구원 편(1995) 참고>

1809-05-12. **장산서원 토지매매명문**(章山書院土地賣買明文), 박두추(朴斗秋). <1장. 한자+이두. 조선 필사 이두 자료. 경북 경주시 안강읍 옥산리 여주 이씨 독락당 소장. 한국학중앙연구원 장서각 한국고문서자료관 홈페이지 원문 이미지 보기. 한국정신문화연구원 편(2003) 참고>

1809-05-00. **기태온 등 소지**(奇泰溫等所志) 1, 기태온 등. <1장. 한자+이두. 조선 필사 이두 자료. 전남 장성군 행주 기씨 금강 종가 소장. 호남권 한국학자료센터 홈페이지 원문 이미지와 텍스트 보기>

1809-05-00. **김득수 토지매매명문**(金得秀土地賣買明文),[98] 재주 한 노 유대(財主韓奴有大). <1장. 한자+이두. 조선 필사 이두 자료. 풍산 류씨 하회 화경당(북촌댁) 구장. 한국국학진흥원 소장. 한국국학진흥원 유교넷 홈페이지 원문 이미지와 텍스트 보기>

1809-06-12~1809-12-27(己巳), 「호남진기록(湖南賑飢錄)」, 비변사(備邊司) 편(編). <1책. 105장. 필사본. 한자+이두. 조선 필사 이두 자료. 서울대학교 규장각 한국학연

---

[98] 한국국학진흥원 유교넷 홈페이지에서는 문서명을 '가경 14년(1809) 5월에 김득수(金得秀)가 쓴 명문'으로 잘못 적었다.

구원 홈페이지 원문 이미지 보기> <영인본:「각사등록」19(전라도편 2)(국사편찬위원회 편, 1986)>

1809-06-13. **김동보 다짐**(金東輔侤音), 김동보. <1장. 한자+이두. 조선 필사 이두 자료. 전남 장성군 행주 기씨 금강 종가 소장. 호남권 한국학자료센터 홈페이지 원문 이미지와 텍스트 보기>

1809-06-16. **함경도 관찰사 관문**(咸鏡道觀察使關文),[99] 함경도 관찰사. <1장. 한자+이두. 조선 필사 이두 자료. 풍산 류씨 하회 화경당(북촌댁) 구장. 한국국학진흥원 소장. 한국국학진흥원 유교넷 홈페이지 원문 이미지와 텍스트 보기>

1809-06-00. **기태온 등 소지**(奇泰溫等所志) 2, 기태온 등. <1장. 한자+이두. 조선 필사 이두 자료. 전남 장성군 행주 기씨 금강 종가 소장. 호남권 한국학자료센터 홈페이지 원문 이미지와 텍스트 보기>

1809-06-00. **기태온 등 소지**(奇泰溫等所志) 3, 기태온 등. <1장. 한자+이두. 조선 필사 이두 자료. 전남 장성군 행주 기씨 금강 종가 소장. 호남권 한국학자료센터 홈페이지 원문 이미지와 텍스트 보기>

1809-07-00. **송규희 차첩**(宋奎熙差帖), 이조(吏曹). <1장. 한자+이두. 조선 필사 이두 자료. 대전 회덕 은진 송씨 동춘당 후손가 구장. 대전시립박물관 소장. 한국학중앙연구원 장서각 한국고문서자료관 홈페이지 원문 이미지 보기. 한국학중앙연구원 편(2006) 참고>

1809-08-02. **역천 재임 첩정**(嶧川齋任牒呈), 역천 재임. <1장. 한자+이두. 조선 필사 이두 자료. 경남 거창 갈계 은진 임씨 소장. 한국학중앙연구원 장서각 한국고문서자료관 홈페이지 원문 이미지 보기. 한국학중앙연구원 편(2005) 참고>

1809-08-00. **김 좌랑댁 노 은창 소지**(金佐郞宅奴銀昌所志), 은창. <1장. 한자+이두. 조선 필사 이두 자료. 해남 노송 김해 김씨 노송사 소장. 한국학중앙연구원 장서각 한국고문서자료관 홈페이지 & 호남권 한국학자료센터 홈페이지 원문 이미지와 텍스트 보기. 최승희(1989), 한국정신문화연구원 편(1998), 조정곤(2013) 참고>

---

[99] 한국국학진흥원 유교넷 홈페이지에서는 문서명을 '풍산류씨 하회마을 화경당(북촌댁) 1809년에 함경도관찰사가 호조에 보낸 관문(關文)[11541]'로 표시하였다.

1809-08-00. **박이춘 등 상서**(朴以春等上書), 박이춘 등. <1장. 한자+이두. 조선 필사 이두 자료. 경남 거창 갈계 은진 임씨 소장. 한국학중앙연구원 장서각 한국고문서 자료관 홈페이지 원문 이미지 보기. 한국학중앙연구원 편(2005) 참고>

1809-08-00. **이동급·이이풍 등 소지**(李東汲李以豊等所志), 이동급·이이풍 등. <1장. 한자+이두. 조선 필사 이두 자료. 경북 칠곡 석전 광주 이씨 구장. 한국학중앙연구원 장서각 한국고문서자료관 홈페이지 원문 이미지 보기. 한국학중앙연구원 편(2009) 참고>

1809-08-00. **정양학 등 상서**(鄭陽學等上書), 정양학 등. <1장. 한자+이두. 조선 필사 이두 자료. 경남 거창 갈계 은진 임씨 소장. 한국학중앙연구원 장서각 한국고문서 자료관 홈페이지 원문 이미지 보기. 한국학중앙연구원 편(2005) 참고>

1809-09-04. **이성용 토지매매명문**(李成龍土地賣買明文), 전주 자필 상인 이재춘(田主自筆喪人李再春). <1장. 한자+이두. 조선 필사 이두 자료. 전북 진안 개화 전주 이씨가 소장. 호남권 한국학자료센터 홈페이지 원문 이미지와 텍스트 보기. 최승희(1989), 이재수(2003), 채현경(2011) 참고>

1809-09-17. **공충도 관**(公忠道關), 공충도. <1장. 한자+이두. 조선 필사 이두 자료. 안동 금계 의성 김씨 학봉 종가 소장. 한국학중앙연구원 장서각 한국고문서자료관 홈페이지 원문 이미지와 텍스트 보기. 한국정신문화연구원 편(1989) 참고>

1809-09-00. **연풍현감 첩정**(延豊縣監牒보), 연풍현감. <1장. 한자+이두. 조선 필사 이두 자료. 안동 금계 의성 김씨 학봉 종가 소장. 한국학중앙연구원 장서각 한국고문서자료관 홈페이지 원문 이미지와 텍스트 보기. 한국정신문화연구원 편(1989) 참고>

1809-09-00. **이동연 등 발괄**(李東淵等白活), 이동연 등. <1장. 한자+이두. 조선 필사 이두 자료. 경북 칠곡 석전 광주 이씨 구장. 한국학중앙연구원 장서각 한국고문서 자료관 홈페이지 원문 이미지 보기. 한국학중앙연구원 편(2009) 참고>

1809-09-00. **이형중 상언 초본**(李馨重上言草本), 이형중. <1장. 한자+이두. 조선 필사 이두 자료. 충남 공주시 전주 이씨 숭선군파 종가 소장. 한국학중앙연구원 장서각 한국고문서자료관 홈페이지 원문 이미지 보기>

1809-10-16. **구암면 면임 서목**(龜岩面面任書目), 구암면 면임. <1장. 한자+이두. 조선

필사 이두 자료. 전북 순창 구미 남원 양씨가 소장. 호남권 한국학자료센터 홈페이지 원문 이미지와 텍스트 보기. 최승희(1989), 김경숙(2002) 참고>

1809-10-16. **김마흘노미 수기**(金馬屹老未手記) 1, 김마흘노미. <1장. 한자+이두. 조선 필사 이두 자료. 전북 순창 구미 남원 양씨가 소장. 호남권 한국학자료센터 홈페이지 원문 이미지와 텍스트 보기. 박병호(1974ㄱ), 최승희(1989), 전북향토문화연구회 편(1993), 정구복 외(1999) 참고>

1809-10-00. **양태희 소지**(楊泰熙所志) 1, 양태희. <1장. 한자+이두. 조선 필사 이두 자료. 전북 순창 구미 남원 양씨가 소장. 호남권 한국학자료센터 홈페이지 원문 이미지와 텍스트 보기. 최승희(1989), 김경숙(2002) 참고>

1809-11-18. **권일원 표문**(權一源表文),[100] 권일원. <1장. 한자+이두. 조선 필사 이두 자료. 경북 안동시 법흥동 고성 이씨 탑동 종가 구장. 한국국학진흥원 소장. 한국학자료센터 영남권역센터 홈페이지 원문 이미지와 텍스트 보기>

1809-11-29. **유학 오재호 토지매매명문**(幼學吳載浩土地賣買明文), 답주 유학 진성옥(畓主幼學陳成鈺). <1장. 한자+이두. 조선 필사 이두 자료. 전북대학교 박물관 소장. 호남권 한국학자료센터 홈페이지 원문 이미지와 텍스트 보기. 박병호(1974ㄱ), 이재수(2003) 참고>

1809-11-00. **양태희 소지**(楊泰熙所志) 2, 양태희. <1장. 한자+이두. 조선 필사 이두 자료. 전북 순창 구미 남원 양씨가 소장. 호남권 한국학자료센터 홈페이지 원문 이미지와 텍스트 보기. 최승희(1989), 김경숙(2002) 참고>

1809-11-00. **이동급·이이풍 등 발괄**(李東汲李以豊等白活), 이동급·이이풍 등. <1장. 한자+이두. 조선 필사 이두 자료. 경북 칠곡 석전 광주 이씨 구장. 한국학중앙연구원 장서각 한국고문서자료관 홈페이지 원문 이미지 보기. 한국학중앙연구원 편(2009) 참고>

1809-11-00. **이주정·이주면 소지**(李周禎李周冕所志), 이주정·이주면. <1장. 한자+이두. 조선 필사 이두 자료. 경북 안동시 법흥동 고성 이씨 탑동 종가 구장. 한국국학진흥원 소장. 한국학자료센터 영남권역센터 홈페이지 원문 이미지와 텍스트

---

[100] 권일원이 결성현감 이주정과 진사 이주면에게 발급해 준 표문이다.

보기>

1809-12-04. **박정윤 등 수표**(朴鼎允等手標), 박정윤. <1장. 한자+이두. 조선 필사 이두 자료. 경남 밀양 신호 밀성 박씨·덕남서원 소장. 한국학중앙연구원 장서각 한국고문서자료관 홈페이지 원문 이미지 보기. 한국정신문화연구원 편(2004) 참고>

1809-12-04. **이 노 억이 노비매매명문**(李奴億伊奴婢賣買明文) 정복삼(鄭福三). <1장. 한자+이두. 조선 필사 이두 자료. 경북 경주시 안강읍 옥산리 여주 이씨 독락당 소장. 한국학중앙연구원 장서각 한국고문서자료관 홈페이지 원문 이미지 보기. 한국정신문화연구원 편(2003) 참고>

1809-12-13. **계 유사 권택모 토지매매명문**(稧有司權宅模土地賣買明文), 답주 유학 이여화(畓主幼學李汝華). <1장. 한자+이두. 조선 필사 이두 자료. 경북 예천군 용문면 대제리 원동 권씨 춘우재 고택 구장. 한국국학진흥원 소장. 한국학자료센터 영남권역센터 홈페이지 원문 이미지와 텍스트 보기. 김성갑(2013) 참고>

1809-12-13. **수동재사 고직 주성대 토지매매명문**(壽洞齋舍庫直朱性大土地賣買明文), 전답주 김인득(田畓主金仁得). <1장. 한자+이두. 조선 필사 이두 자료. 경북 안동시 하회 풍산 류씨 충효당 소장. 한국학중앙연구원 장서각 한국학자료센터 홈페이지 원문 이미지 와 텍스트 보기. 한국정신문화연구원 편(1994) 참고>

1809-12-14. **손 정계량 토지매매명문**(孫鄭啓良土地賣買明文), 답주 최 조이(畓主崔召史). <1장. 한자+이두. 조선 필사 이두 자료. 남원·구례 삭녕 최씨 구장. 한국학중앙연구원 장서각 한국고문서자료관 홈페이지 원문 이미지 보기. 한국정신문화연구원 편(2004) 참고>

1809-12-21. **김마흘노미 수기**(金馬屹老未手記) 2, 김마흘노미. <1장. 한자+이두. 조선 필사 이두 자료. 전북 순창 구미 남원 양씨가 소장. 호남권 한국학자료센터 홈페이지 원문 이미지와 텍스트 보기. 박병호(1974ㄱ), 최승희(1989), 전북향토문화연구회 편(1993), 정구복 외(1999) 참고>

1809-12-29. **정 생원 댁 노 용대 토지매매명문**(鄭生員宅奴用大土地賣買明文), 전답주 사노 신명손(田畓主私奴申命孫). <1장. 한자+이두. 조선 필사 이두 자료. 전북대학교 박물관 소장. 호남권 한국학자료센터 홈페이지 원문 이미지와 텍스트 보기.

최승희(1989), 정구복 외(1999), 이재수(2003) 참고>

1809-12-00. **신승렬 등 상서**(愼承烈等上書), 신승렬 등. <1장. 한자+이두. 조선 필사 이두 자료. 경남 거창 갈계 은진 임씨 소장. 한국학중앙연구원 장서각 한국고문서 자료관 홈페이지 원문 이미지 보기. 한국학중앙연구원 편(2005) 참고>

1809-12-00. **화민 유학 문윤택 등 상서**(化民幼學文潤澤等上書), 문윤택 등. <1장. 한자+이두. 조선 필사 이두 자료. 영암 장암 남평 문씨 소장. 한국학중앙연구원 장서각 한국고문서자료관 홈페이지 원문 이미지와 텍스트 보기. 한국정신문화연구원 편(1995) 참고>

1809-00-00.「공충도각읍민막성책(**公忠道各邑民瘼成冊**)」, 공충감영(公忠監營) 편(編). <1책. 15장. 필사본. 한자+이두. 조선 필사 이두 자료. 서울대학교 규장각 한국학연구원 홈페이지 원문 이미지 보기> <영인본:「각사등록」48(충청도 보유편)(국사편찬위원회 편, 1991)>

1809-00-00. **김석철 차첩**(金錫喆差帖), 강화군(江華郡). <1장. 한자+이두. 조선 필사 이두 자료. 전북 무주 초리 김해 김씨가 소장. 호남권 한국학자료센터 홈페이지 원문 이미지와 텍스트 보기. 박병호(1974ㄱ), 최승희(1989), 정구복 외(1999) 참고>

1809-00-00. **김팽손 차첩**(金彭孫差帖), 강화군(江華郡). <1장. 한자+이두. 조선 필사 이두 자료. 전북 무주 초리 김해 김씨가 소장. 호남권 한국학자료센터 홈페이지 원문 이미지와 텍스트 보기. 박병호(1974ㄱ), 최승희(1989), 정구복 외(1999) 참고>

1809-00-00.「선원보략수정의궤(**璿源譜略修正儀軌**)」, 종부시(宗簿寺) 편(編). <1책. 22장. 필사본. 표제는 '(己巳本寺 純宗朝)璿源譜略修正儀軌'. 권수제는 '(嘉慶十四年己巳十一月二十一日)璿源譜略修正儀軌'. 한자+이두. 조선 필사 이두 자료. 서울대학교 규장각 한국학연구원 의궤 종합정보 홈페이지 '奎14096' 원문 이미지 보기>

1809-00-00.「원자아기씨안태의궤(**元子阿只氏安 胎儀軌**)」,[101] 편자 미상. <1책. 7장. 필사본. 표제는 '(禮曹 己巳 嘉慶十四年十二月二十一日永平縣)元子阿只氏藏 胎儀軌'. 권수제는 '(嘉慶十四年己巳十二月二十一日京畿永平縣上里面古鄕校洞酉坐卯向

---

[101] 서울대학교 규장각 한국학연구원 의궤 종합정보 홈페이지에서는 서명을 '원자아기씨장태의궤(元子阿只氏藏胎儀軌)'로 적었다.

地)元子阿只氏安 胎儀軌'. 한자+이두. 조선 필사 이두 자료. 서울대학교 규장각 한국학연구원 의궤 종합정보 홈페이지 '奎13969' 원문 이미지 보기>

1809-00-00. 「혜경궁진찬소의궤(惠慶宮進饌所儀軌)」, 예조(禮曹). <1책. 63장. 필사본. 표제는 '惠慶宮進饌所儀軌 全'. 권수제는 '惠慶宮進饌所儀軌'. 한자+이두. 조선 필사 이두 자료. 한국학중앙연구원 디지털장서각 홈페이지 'K2-2882' 원문 이미지와 텍스트 보기>

1810년

<경오(庚午), 순조 10년, 가경 15년>

1810-01-01~1810-11-26(庚午). 「전객사일기(典客司日記)」 57, 예조(禮曹) 전객사(典客司) 편(編). <1책(57/99). 78장. 필사본. 한자+이두. 조선 필사 이두 자료. 서울대학교 규장각 한국학연구원 홈페이지 원문 이미지 보기> <1640-01-22~1641-12-23(1)>

1810-01-01~1810-12-29. 「결속색등록(結束色謄錄)」, 병조(兵曹) 편(編). <1책(24). 151장. 필사본. 필사 시기 미상. 한자+이두. 조선 필사 이두 자료. 서울대학교 규장각 한국학연구원 홈페이지 1787년~1891년 낙질본 107책(1792년(건륭 57년), 1811년(가경 16년) 하, 1816년(가경 21년), 1817년(가경 22년), 1824년(도광 4년), 1831(도광 11년), 1871(동치 10년), 1885년(광서 11년) 없음) 원문 이미지 보기>

1810-01-03. **양 생원 토지매매명문**(楊生員土地賣買明文), 김마흘노미(金馬吃老未). <1장. 한자+이두. 조선 필사 이두 자료. 전북 순창 구미 남원 양씨가 소장. 호남권 한국학자료센터 홈페이지 원문 이미지와 텍스트 보기. 최승희(1989), 이재수(2003), 채현경(2011) 참고>

1810-01-20. **최호범 토지매매명문**(崔虎範土地賣買明文), 답주 이준철(畓主李俊喆). <1장. 한자+이두. 조선 필사 이두 자료. 전남 장성군 행주 기씨 금강 종가 소장. 호남권 한국학자료센터 홈페이지 원문 이미지와 텍스트 보기. 이재수(2003), 이수건 외(2004) 참고>

1810-01-29. **원중 ■■■ 토지매매명문**(院中■■■土地賣買明文), 이명룡(李鳴龍). <1장. 한자+이두. 조선 필사 이두 자료. 경북 경주시 내남면 이조리 경주 최씨·용산서원 소장. 한국학중앙연구원 장서각 한국고문서자료관 홈페이지 원문 이미지 보기. 박병호(1974ㄱ), 한국정신문화연구원 편(2000), 이재수(2003), 김소은(2004) 참고>

1810-01-00. **박맹조 등 상서**(朴孟朝等上書), 박맹조 등. <1장. 한자+이두. 조선 필사 이두 자료. 경남 거창 갈계 은진 임씨 소장. 한국학중앙연구원 장서각 한국고문서자료관 홈페이지 원문 이미지 보기. 한국학중앙연구원 편(2005) 참고>

1810-01-00. **호조 관**(戶曹關) 호조 <1장. 첩련문서. 한자+이두. 조선 필사 이두 자료. 안동 금계 의성 김씨 학봉 종가 소장. 한국학중앙연구원 장서각 한국고문서자료관 홈페이지 원문 이미지와 텍스트 보기. 한국정신문화연구원 편(1989) 참고>

1810-02-04. **박 노 진태 토지매매명문**(朴奴辰太土地賣買明文), 답주 승 보근(畓主僧補謹). <1장. 한자+이두. 조선 필사 이두 자료. 경북 영주시 문수면 수도리 반남 박씨 오헌 고택 구장. 한국국학진흥원 소장. 한국학자료센터 영남권역센터 홈페이지 원문 이미지와 텍스트 보기. 김성갑(2013) 참고>

1810-02-04. **유학 유덕호 노비매매명문**(幼學柳德浩奴婢賣買明文), 노비 주 유학 이기대(奴婢主幼學李基大). <1장. 첩련문서. 한자+이두. 조선 필사 이두 자료. 전남 구례군 토지면 오미리 문화 류씨 운조루 소장. 한국학중앙연구원 장서각 한국고문서자료관 홈페이지 원문 이미지와 텍스트 보기. 한국정신문화연구원 편(1998) 참고>

1810-02-08. **유학 토지매매명문**(幼學土地賣買明文),[102] 답주 자필 유학 노재열(畓主自筆幼學魯在烈). <1장. 한자+이두. 조선 필사 이두 자료. 전남 함평군 함평 이씨 이건풍 구장. 목포대학교 도서문화연구원 소장. 호남권 한국학자료센터 홈페이지 원문 이미지와 텍스트 보기. 최승희(1989) 참고>

1810-02-08. **유학 토지매매명문**(幼學土地賣買明文),[103] 답주 유학 노재형(畓主幼學魯

---

[102] 호남권 한국학자료센터 홈페이지에서는 '노재형(魯在衡) 방매(放賣) 토지매매명문(土地賣買明文)'으로 표시하였다.

在衡). <1장. 한자+이두. 조선 필사 이두 자료. 전남 함평군 함평 이씨 이건풍 구장. 목포대학교 도서문화연구원 소장. 호남권 한국학자료센터 홈페이지 원문 이미지와 텍스트 보기. 최승희(1989) 참고>

1801-02-10. **유학 장철 토지매매명문**(幼學張澈土地賣買明文), 답주 유학 정원삼(畓主 幼學鄭元三). <1장. 한자+이두. 조선 필사 이두 자료. 전남 순천 월등 목천 장씨가 구장. 전북대학교 박물관 소장. 호남권 한국학자료센터 홈페이지 원문 이미지와 텍스트 보기. 최승희(1989), 정구복 외(1999), 이재수(2003) 참고>

1810-02-15. **김재운 토지매매명문**(金再雲土地賣買明文), 답주 자필 유학 김형언(畓主 自筆幼學金亨彦). <1장. 한자+이두. 조선 필사 이두 자료. 경북 예천군 용문면 대제리 원동 권씨 춘우재 고택 구장. 한국국학진흥원 소장. 한국학자료센터 영남권역센터 홈페이지 원문 이미지와 텍스트 보기. 김성갑(2013) 참고>

1810-02-19. **유학 이원 토지매매명문**(幼學李愿土地賣買明文), 답주 자필 유학 김응중 (畓主自筆幼學金應中). <1장. 한자+이두. 조선 필사 이두 자료. 경북 고령군 대가 야읍 본관 1리 홍와 고택 구장. 한국국학진흥원 소장. 한국학자료센터 영남권역센 터 홈페이지 원문 이미지와 텍스트 보기. 김성갑(2013) 참고>

1810-02-20. **족숙 유소휴 토지매매명문**(族叔柳韶休土地賣買明文),[104] 전주 족질 자필 유현문(田主族姪自筆柳玄文). <1장. 한자+이두. 조선 필사 이두 자료. 전주 유씨 근암 고택 구장. 한국국학진흥원 소장. 한국국학진흥원 유교넷 홈페이지 원문 이미지 보기>

1810-02-00. **한홍덕 등 상서**(韓弘德等上書), 한홍덕 등. <1장. 한자+이두. 조선 필사 이두 자료. 전북 고창·고부 광산 김씨 소장. 한국학중앙연구원 고문서자료관 홈페 이지 원문 이미지 보기. 한국학중앙연구원 편(2009) 참고>

1810-03-21. **족질 토지매매명문**(族侄土地賣買明文), 전주 자필 족숙 신중덕(田主自筆 族叔辛重德). <1장. 한자+이두. 조선 필사 이두 자료. 전남 영광군 입석 영월

---

103 호남권 한국학자료센터 홈페이지에서는 '노재열(魯在烈) 방매(放賣) 토지매매명문(土地賣買明文)' 으로 표시하였다.

104 한국국학진흥원 유교넷 홈페이지에서는 문서명을 '1810년 유현문이 논을 족숙 유소휴에게 판다 는 진답명문(田畓明文)'으로 표시하였다.

신씨 소장. 한국학중앙연구원 장서각 한국고문서자료관 홈페이지 원문 이미지와 텍스트 보기. 한국정신문화연구원 편(1996) 참고>

1810-03-00. **안처일 등 소지**(安處馹等所志), 안처일 등. <1장. 한자+이두. 조선 필사 이두 자료. 전남 보성군 택촌 죽산 안씨 은봉 종가 소장. 호남권 한국학자료센터 홈페이지 원문 이미지와 텍스트 보기. 최승희(1989), 이수건 외(2004), 김경숙(2012) 참고>

1810-04-11. **유학 박시채 토지매매명문**(幼學朴時采土地賣買明文), 답주 김덕공[105](畓主金德恐). <1장. 한자+이두. 조선 필사 이두 자료. 전북 임실군 청웅 밀양 박씨가 소장. 호남권 한국학자료센터 홈페이지 원문 이미지와 텍스트 보기. 박병호(1974ㄱ), 최승희(1989), 전경목 외(2006), 채현경(2011) 참고>

1810-04-19. **윤 생원 댁 노 무재 노비매매명문**(尹生員宅奴茂才奴婢賣買明文),[106] 비주 사노 순돌(婢主私奴順乭). <1장. 한자+이두. 조선 필사 이두 자료. 풍산 류씨 하회 화경당(북촌댁) 구장. 한국국학진흥원 소장. 한국국학진흥원 유교넷 홈페이지 원문 이미지와 텍스트 보기>

1810-04-27. **김 좌랑 댁 노 은창 자매 명문**(金佐郎宅奴銀昌自賣明文), 소생 모 양인 정 조이(所生母良人鄭召史). <1장. 한자+이두. 조선 필사 이두 자료. 해남 노송 김해 김씨 노송사 소장. 한국학중앙연구원 장서각 한국고문서자료관 홈페이지 & 호남권 한국학자료센터 홈페이지 원문 이미지와 텍스트 보기. 최승희(1989), 한국정신문화연구원 편(1998), 조정곤(2013) 참고>

1810-05-12. **유학 토지매매명문**(幼學土地賣買明文), 전주 자필 유학 고수권(出主自筆幼學高守權). <1장. 한자+이두. 조선 필사 이두 자료. 전남 구례군 토지면 오미리 문화 류씨 운조루 소장. 한국학중앙연구원 장서각 한국고문서자료관 홈페이지 원문 이미지와 텍스트 보기. 한국정신문화연구원 편(1998) 참고>

1810-05-14. **유학 김달호 토지매매명문**(幼學金達護土地賣買明文), 답주 자필 유학 김

---

105 호남권 한국학자료센터 홈페이지에서는 '김덕교(金德{丂/心})'로 표시하였다.
106 한국국학진흥원 유교넷 홈페이지에서는 문서명을 '풍산류씨 하회마을 화경당(북촌댁) 경오년 4월에 사노 순돌과 윤생원댁노 무재 사이에 작성된 명문(明文)(노婢賣買文記)[11242]'로 표시하였다.

기정(畓主自筆幼學金基正). <1장. 한자+이두. 조선 필사 이두 자료. 전북 부안군 우반 부안 김씨 세덕각 소장. 한국학중앙연구원 장서각 한국고문서자료관 홈페이지 & 호남권 한국학자료센터 홈페이지 원문 이미지와 텍스트 보기. 박병호(1974ㄱ), 한국정신문화연구원 편(1983, 1998), 이재수(2003), 한국학중앙연구원 편(2017) 참고>

1810-05-17. **이 생원 댁 노 득성 토지매매명문**(李生員宅奴得成土地賣買明文), 답주 여덕봉(畓主呂德鳳). <1장. 한자+이두. 조선 필사 이두 자료. 전남 보성 박실 제주 양씨가 구장. 원광대학교 박물관 소장. 호남권 한국학자료센터 홈페이지 원문 이미지와 텍스트 보기. 박병호(1974ㄱ), 이재수(2003) 참고>

1810-05-19. **용산서원 별고 유사 최온 토지매매명문**(龍山書院別庫有司崔瑥土地賣買明文),[107] 계 유사 최감(契有司崔瑊). <1장. 한자+이두. 조선 필사 이두 자료. 경북 경주시 내남면 이조리 경주 최씨·용산서원 소장. 한국학중앙연구원 장서각 한국고문서자료관 홈페이지 원문 이미지 보기. 박병호(1974ㄱ), 한국정신문화연구원 편(2000), 이재수(2003), 김소은(2004) 참고>

1810-05-00. **권태언 등 상서**(權泰彦等上書), 권태언 등. <1장. 한자+이두. 조선 필사 이두 자료. 경북 예천군 용문면 대제리 원동 권씨 춘우재 고택 구장. 한국국학진흥원 소장. 한국학자료센터 영남권역센터 홈페이지 원문 이미지와 텍스트 보기>

1810-05-00. **윤효관 댁 노 득이 소지**(尹孝寬宅奴得伊所志), 득이. <1장. 한자+이두. 조선 필사 이두 자료. 전남 강진 해남 윤씨 윤동기 구장. 목포대학교 도서문화연구원 소장. 호남권 한국학자료센터 홈페이지 원문 이미지 보기. 최승희(1989) 참고>

1810-06-04. **권태언 전답적간기**(權泰彦田畓摘奸記), 예천군(醴泉郡). <1장. 한자+이두. 조선 필사 이두 자료. 경북 예천군 용문면 대제리 원동 권씨 춘우재 고택 구장. 한국국학진흥원 소장. 한국학자료센터 영남권역센터 홈페이지 원문 이미지와 텍스트 보기>

1810-07-00. **권태언 등 소지**(權泰彦等所志), 권태언 등. <1장. 한자+이두. 조선 필사

---

107 한국학중앙연구원 장서각 한국고문서자료관 홈페이지에서는 '용원고(龍院庫) 유사(有司) 최온(崔瑥) 토지매매명문(土地賣買明文)'으로 표시하였다.

이두 자료. 경북 예천군 용문면 대제리 원동 권씨 춘우재 고택 구장. 한국국학진흥원 소장. 한국학자료센터 영남권역센터 홈페이지 원문 이미지와 텍스트 보기>

1810-07-00. **이동배·이동혁 등 발괄**(李東培李東爀等白活) 1, 이동배·이동혁 등. <1장. 한자+이두. 조선 필사 이두 자료. 경북 칠곡 석전 광주 이씨 구장. 한국학중앙연구원 장서각 한국고문서자료관 홈페이지 원문 이미지 보기. 한국학중앙연구원 편(2009) 참고>

1810-07-00. **이동배·이동혁 등 발괄**(李東培李東爀等白活) 2, 이동배·이동혁 등. <1장. 한자+이두. 조선 필사 이두 자료. 경북 칠곡 석전 광주 이씨 구장. 한국학중앙연구원 장서각 한국고문서자료관 홈페이지 원문 이미지 보기. 한국학중앙연구원 편(2009) 참고>

1810-08-10. **관 전령**(官傳令), 관. <1장. 한자+이두. 조선 필사 이두 자료. 경북 칠곡 석전 광주 이씨 구장. 한국학중앙연구원 장서각 한국고문서자료관 홈페이지 원문 이미지 보기. 한국학중앙연구원 편(2009) 참고>

1810-08-26. **이 생원 내동 댁 노 시동 토지매매명문**(李生員內洞宅奴時東土地賣買明文), 답주 장녀 서 신용학(畓主長女婿申龍學). <1장. 한자+이두. 조선 필사 이두 자료. 경북 경주시 안강읍 옥산리 여주 이씨 장산서원·치암 종택 구장. 한국학중앙연구원 장서각 한국고문서자료관 홈페이지 원문 이미지 보기. 한국정신문화연구원 편(2003) 참고>

1810-10-28. **나치규 토지매매명문**(羅致圭土地賣買明文), 답주 김의득(畓主金衣得). <1장. 한자+이두. 조선 필사 이두 자료. 전북대학교 박물관 소장. 호남권 한국학자료센터 홈페이지 원문 이미지와 텍스트 보기. 박병호(1974ㄱ), 이재수(2003) 참고>

1810-10-00. **유학 유덕호 생원 토지매매명문**(幼學柳德浩生員土地賣買明文),[108] 금양주 유학 김경호(禁養主幼學金慶浩). <1장. 한자+이두. 조선 필사 이두 자료. 전남 구례군 토지면 오미리 문화 류씨 운조루 소장. 한국학중앙연구원 장서각 한국고

---

[108] 한국학중앙연구원 장서각 한국고문서자료관 홈페이지에서는 '생원(生員) 유덕호(柳德浩) 토지매매명문(土地賣買明文)'으로 표시하였다.

문서자료관 홈페이지 원문 이미지와 텍스트 보기. 한국정신문화연구원 편(1998) 참고>

1810-10-00. **이동배·이이풍 등 발괄**(李東培李以豊等白活) 1, 이동배·이이풍 등. <1장. 한자+이두. 조선 필사 이두 자료. 경북 칠곡 석전 광주 이씨 구장. 한국학중앙연구원 장서각 한국고문서자료관 홈페이지 원문 이미지 보기. 한국학중앙연구원 편(2009) 참고>

1810-10-00. **임지근 상서**(林之根上書), 임지근. <1장. 한자+이두. 조선 필사 이두 자료. 경남 거창 갈계 은진 임씨 소장. 한국학중앙연구원 장서각 한국고문서자료관 홈페이지 원문 이미지 보기. 한국학중앙연구원 편(2005) 참고>

1810-11-06. **이 생원 호노 봉일 토지매매명문**(李生員戶奴奉日土地賣買明文), 답주 자필 남(畓主自筆南). <1장. 한자+이두. 조선 필사 이두 자료. 경북 영해 인량 재령 이씨 충효당 소장. 한국학중앙연구원 장서각 한국고문서자료관 홈페이지 원문 이미지와 텍스트 보기. 한국정신문화연구원 편(1997) 참고>

1810-11-00. **강봉서 등 등장**(姜鳳瑞等等狀), 강봉서 등. <1장. 한자+이두. 조선 필사 이두 자료. 제주 어도내산 진주 강씨가 구장. 제주 한림 강우석 소장. 호남권 한국학자료센터 홈페이지 원문 이미지와 텍스트 보기. 최승희(1989), 조정곤(2015) 참고>

1810-11-00. **김성은 등 소지**(金性溵等所志), 김성은. <1장. 한자+이두. 조선 필사 이두 자료. 전북 고창·고부 광산 김씨 소장. 한국학중앙연구원 고문서자료관 홈페이지 원문 이미지 보기. 한국학중앙연구원 편(2009) 참고>

1810-12-18. **유학 정영복 토지매매명문**(幼學鄭永福土地賣買明文), 자필 답주 유학 지덕규(自筆畓主幼學池德奎). <1장. 한자+이두. 조선 필사 이두 자료. 전남 여수 좌수영박물관 소장. 호남권 한국학자료센터 홈페이지 원문 이미지와 텍스트 보기. 최승희(1989) 참고>

1810-12-24. **유학 여두성 토지매매명문**(幼學呂斗星土地賣買明文), 답주 자필 유학 정윤채(畓主自筆幼學鄭潤彩). <1장. 한자+이두. 조선 필사 이두 자료. 전남 순천 황전 경주 정씨가 구장. 광주광역시 이정옥 소장. 호남권 한국학자료센터 홈페이지 원문 이미지와 텍스트 보기. 최승희(1989) 참고>

1810-12-00. **송계흠 등 상서**(宋啓欽等上書), 송계흠 등. <1장. 한자+이두. 조선 필사 이두 자료. 전북 완주군 비봉 반곡서원 소장. 호남권 한국학자료센터 홈페이지 원문 이미지와 텍스트 보기. 박병호(1974ㄱ), 최승희(1989) 참고>

1810-12-00. **이동배·이이풍 등 발괄**(李東培李以豊等白活) 2, 이동배·이이풍 등. <1장. 한자+이두. 조선 필사 이두 자료. 경북 칠곡 석전 광주 이씨 구장. 한국학중앙연구원 장서각 한국고문서자료관 홈페이지 원문 이미지 보기. 한국학중앙연구원 편(2009) 참고>

1810-12-00. **첩정 등급**(牒呈謄給) <1장. 한자+이두. 조선 필사 이두 자료. 안동 천전 의성 김씨 지촌 종택 소장. 한국학중앙연구원 장서각 한국고문서자료관 홈페이지 원문 이미지 보기. 한국정신문화연구원 편(1989) 참고>

1810-00-00. 「개수도감의궤(**改修都監儀軌**)」,[109] 개수도감 편. <1책. 42장. 필사본. 표제는 '春秋館上 嘉慶十五年庚午八月 日)元陵改修都監儀軌'. 권수제는 '(嘉慶十五年庚午八月 日)改修都監儀軌'. 한자+이두. 조선 필사 이두 자료. 서울대학교 규장각 한국학연구원 의궤 종합정보 홈페이지 '奎13603' 원문 이미지 보기>

1810-00-00. 「무과총요(**武科總要**)」, 임인묵(林仁黙). <3권 3책. 국립중앙도서관 등 소장. 한국학중앙연구원 한국학도서관 홈페이지 병조무선사(兵曹武選使) 편 원문 이미지 보기>

1810-00-00. **유학 신롱 토지매매명문**(幼學辛檂土地賣買明文), 자필 답주 유학 정흔(自筆畓主幼學丁昕). <1장. 한자+이두. 조선 필사 이두 자료. 전남 영광군 입석 영월 신씨 소장. 한국학중앙연구원 장서각 한국고문서자료관 홈페이지 원문 이미지와 텍스트 보기. 한국정신문화연구원 편(1996) 참고>

1811년

<신미(辛未), 순조 11년, 가경 16년>

---

[109] 서울대학교 규장각 한국학연구원 의궤 종합정보 홈페이지에서는 서명을 표제나 권수제와는 달리 '영조정순왕후원릉개수도감의궤(英祖貞純王后元陵改修都監儀軌)'로 적었다.

1811-01-01~1811-05-29. 「결속색등록(結束色謄錄)」, 병조(兵曹) 편(編). <1책(25). 151장. 필사본. 한자+이두. 조선 필사 이두 자료. 서울대학교 규장각 한국학연구원 홈페이지 1787년~1891년 낙질본 107책(1792년(건륭 57년), 1811년(가경 16년) 하, 1816년(가경 21년), 1817년(가경 22년), 1824년(도광 4년), 1831(도광 11년), 1871(동치 10년), 1885년(광서 11년) 없음) 원문 이미지 보기>

1811-01-01~1811-12-27(辛未). 「전객사일기(典客司日記)」 58, 예조(禮曹) 전객사(典客司) 편(編). <1책(58/99). 84장. 필사본. 한자+이두. 조선 필사 이두 자료. 서울대학교 규장각 한국학연구원 홈페이지 원문 이미지 보기> <1640-01-22~1641-12-23(1)>

1811-01-01~1817-12-29(辛未~丁丑). 「진상등록(進上謄錄)」 제25, 예조(禮曹) 편(編). <1책(6/6). 106장. 필사본. 필사 시기 미상. 한자+이두. 조선 필사 이두 자료. 서울대학교 규장각 한국학연구원 홈페이지 낙질본(第17-20, 第24-25) 원문 이미지 보기> <1767-09-11~1772-12-27(제17)>

1811-01-15. **강재명 토지상환명문**(姜在明土地相換明文) 1, 전주 김 씨(田主金氏). <1장. 한자+이두. 조선 필사 이두 자료. 제주 어도내산 진주 강씨가 구장. 제주 한림 강우석 소장. 호남권 한국학자료센터 홈페이지 원문 이미지와 텍스트 보기. 이재수(2003), 오창명(2007) 참고>

1811-01-15. **강재명 토지상환명문**(姜在明土地相換明文) 2, 전주 김 씨(田主金氏). <1장. 한자+이두. 조선 필사 이두 자료. 제주 어도내산 진주 강씨가 구장. 제주 한림 강우석 소장. 호남권 한국학자료센터 홈페이지 원문 이미지와 텍스트 보기. 이재수(2003), 오창명(2007) 참고>

1811-01-15. **강재명 토지상환명문**(姜在明土地相換明文) 3, 전주 김 씨(田主金氏). <1장. 한자+이두. 조선 필사 이두 자료. 제주 어도내산 진주 강씨가 구장. 제주 한림 강우석 소장. 호남권 한국학자료센터 홈페이지 원문 이미지와 텍스트 보기. 이재수(2003), 오창명(2007) 참고>

1811-01-20~1830-09-00. 「완문총록(完文總錄)」, 용천정사(龍泉精舍). <1책. 42장. 필사본. 한자+이두. 조선 필사 이두 자료. 경남 거창 강동 초계 정씨 동계 종가 구장. 한국학중앙연구원 장서각 한국고문서자료관 홈페이지 원문 이미지와 텍스

트 보기. 한국정신문화연구원 편(1995), 한국학중앙연구원 편(2005) 참고>

1811-01-21. **이험부 토지매매명문**(李險不土地賣買明文), 전주 이성 육촌 유천손(田主二姓六寸柳千孫). <1장. 한자+이두. 조선 필사 이두 자료. 서산 대교 경주 김씨 소장. 한국학중앙연구원 장서각 한국고문서자료관 홈페이지 원문 이미지 보기. 한국학중앙연구원 편(2007) 참고>

1811-01-26. **김 생원 댁 노 유삼 토지매매명문**(金生員宅奴有三土地賣買明文), 전주 자필 신중렬(田主自筆申仲烈). <1장. 한자+이두. 조선 필사 이두 자료. 안동 천전 의성 김씨 지촌 종택 소장. 한국학중앙연구원 장서각 한국고문서자료관 홈페이지 원문 이미지와 텍스트 보기. 한국정신문화연구원 편(1990) 참고>

1811-02-07. **강사공 차첩**(姜師孔差帖), 현감(縣監). <1장. 한자+이두. 조선 필사 이두 자료. 제주시 제주교육박물관 소장. 사이버 제주교육박물관 홈페이지 원문 이미지와 텍스트 보기>

1811-02-11. **족종제 김한수 토지매매명문**(族從弟金漢壽土地賣買明文), 답주 종형 김종수(畓主從兄金宗壽). <1장. 한자+이두. 조선 필사 이두 자료. 안동 금계 의성 김씨 학봉 종가 소장. 한국학중앙연구원 장서각 한국고문서자료관 홈페이지 원문 이미지와 텍스트 보기. 한국정신문화연구원 편(1990) 참고>

1811-02-15. **매형 이상희 노비매매명문**(妹兄李相曦奴婢賣買明文), 부제 김진관(婦弟金鎭觀). <1장. 한자+이두. 조선 필사 이두 자료. 경북 영해 인량 재령 이씨 충효당 소장. 한국학중앙연구원 장서각 한국고문서자료관 홈페이지 원문 이미지 보기. 한국정신문화연구원 편(2004) 참고>

1811-02-15. **조 생원 노 부귀 토지매매명문**(趙生員奴富貴土地賣買明文),[110] 가전주 김명돌(家田主金命乭). <1장. 한자+이두. 조선 필사 이두 자료. 경북 영양군 영양읍 삼지리 한양 조씨 하담 고택 구장. 한국국학진흥원 소장. 한국학자료센터 영남권역센터 홈페이지 원문 이미지와 텍스트 보기. 박병호(1974ㄱ), 최승희(1989), 이재수(2003) 참고>

---

110 한국학자료센터 영남권역센터 홈페이지에서는 '1811년 김명돌(金命乭) 토지매매명문(土地賣買明文)'으로 표시하였다.

1811-02-22. **최계봉 수기**(崔啓鳳手記)[111] 1, 산주 박백손(山主朴白孫). <1장. 한자+이두. 조선 필사 이두 자료. 전남 보성 용문 낭주 최씨가 구장. 광주광역시 이정옥 소장. 호남권 한국학자료센터 홈페이지 원문 이미지와 텍스트 보기. 최승희(1989), 정구복 외(1999) 참고>

1811-02-28. **족제 박영환 시장매매명문**(族弟朴英煥柴場賣買明文),[112] 시장 주 자필 유학 족형 박용환(柴場主自筆幼學族兄朴龍煥). <1장. 한자+이두. 조선 필사 이두 자료. 전북대학교 박물관 소장. 호남권 한국학자료센터 홈페이지 원문 이미지와 텍스트 보기. 최승희(1989), 정구복 외(1999), 이재수(2003) 참고>

1811-02-00. **이 감사댁 노 순봉 소지**(李監司宅奴順奉所志), 순봉. <1장. 한자+이두. 조선 필사 이두 자료. 경북 칠곡 석전 광주 이씨 구장. 한국학중앙연구원 장서각 한국고문서자료관 홈페이지 원문 이미지 보기. 한국학중앙연구원 편(2009) 참고>

1811-02-00. **이동배·이이풍 등 발괄**(李東培李以豊等白活), 이동배·이이풍 등. <1장. 한자+이두. 조선 필사 이두 자료. 경북 칠곡 석전 광주 이씨 구장. 한국학중앙연구원 장서각 한국고문서자료관 홈페이지 원문 이미지 보기. 한국학중앙연구원 편(2009) 참고>

1811-03-03. **유학 신행온 토지매매명문**(幼學辛行溫土地賣買明文), 답주 김준득(畓主金俊得). <1장. 한자+이두. 조선 필사 이두 자료. 전남 영광군 입석 영월 신씨 소장. 한국학중앙연구원 장서각 한국고문서자료관 홈페이지 원문 이미지와 텍스트 보기. 한국정신문화연구원 편(1996) 참고>

1811-03-15. **유 생원 댁 노 옥금 토지매매명문**(柳生員宅奴玉金土地賣買明文), 답주 이명득(畓主李命得). <1장. 한자+이두. 조선 필사 이두 자료. 춘천 김현식 소장. 한국학자료센터 강원권역센터 홈페이지 원문 이미지 보기. 최승희(1989), 전경목(2010), 김성갑(2013), 박준호(2016) 참고>

1811-03-22. **전재용 토지매매명문**(田在龍土地賣買明文), 답주 자필 나 생원 주 학윤

---

[111] 호남권 한국학자료센터 홈페이지에서는 '박백손(朴白孫) 수기(手記)'로 표시하였다.
[112] 호남권 한국학자료센터 홈페이지에서는 '박영환(朴英煥) 시장문기(柴場文記)'로 표시하였다.

(畓主自筆羅生員主學胤). <1장. 한자+이두. 조선 필사 이두 자료. 전북 무장현 원송 진주 강씨가 구장. 전북대학교 박물관 소장. 호남권 한국학자료센터 홈페이지 원문 이미지와 텍스트 보기. 최승희(1989), 김소은(2004) 참고>

1811-03-00. **강락 등 상서**(姜樂等上書), 강락 등. <1장. 한자+이두. 조선 필사 이두 자료. 경북 경주시 안강읍 옥산리 여주 이씨 독락당 소장. 한국학중앙연구원 장서각 한국고문서자료관 홈페이지 원문 이미지 보기. 한국정신문화연구원 편(2003) 참고>

1811-윤3-00. **한성부 관**(漢城府關), 한성부. <2장. 첩련문서. 한자+이두. 조선 필사 이두 자료. 한국학중앙연구원 장서각 한국고문서자료관 홈페이지 원문 이미지 보기. 한국정신문화연구원 편(1992) 참고>

1811-윤3-00. **화민 유덕호 소지**(化民柳德浩所志) 1, 유덕호. <1장. 한자+이두. 조선 필사 이두 자료. 전남 구례군 토지면 오미리 문화 류씨 운조루 소장. 한국학중앙연구원 장서각 한국고문서자료관 홈페이지 원문 이미지와 텍스트 보기. 한국정신문화연구원 편(1998) 참고>

1811-윤3-00. **화민 유덕호 소지**(化民柳德浩所志) 2, 유덕호. <1장. 한자+이두. 조선 필사 이두 자료. 전남 구례군 토지면 오미리 문화 류씨 운조루 소장. 한국학중앙연구원 장서각 한국고문서자료관 홈페이지 원문 이미지와 텍스트 보기. 한국정신문화연구원 편(1998) 참고>

1811-04-00. **장산원장 등 상서**(章山院長等上書), 장산원장 등. <1장. 한자+이두. 조선 필사 이두 자료. 경북 경주시 안강읍 옥산리 여주 이씨 독락당 소장. 한국학중앙연구원 장서각 한국고문서자료관 홈페이지 원문 이미지 보기. 한국정신문화연구원 편(2003) 참고>

1811-04-00. **최계봉 수기**(崔啓鳳手記)[113] 2, 수기 주 한량 박백손(手記主閑良朴白孫). <1장. 한자+이두. 조선 필사 이두 자료. 전남 보성 용문 낭주 최씨가 구장. 광주광역시 이정옥 소장. 호남권 한국학자료센터 홈페이지 원문 이미지와 텍스트 보기. 최승희(1989), 정구복 외(1999) 참고>

---

[113] 호남권 한국학자료센터 홈페이지에서는 '박백손(朴白孫) 수기(手記)'로 표시하였다.

1811-05-10. **최맹담 토지매매명문**(崔孟談土地賣買明文), 답주 승 웅환(畓主僧雄還). <1장. 한자+이두. 조선 필사 이두 자료. 전남 보성 용문 낭주 최씨가 구장. 광주광역시 이정옥 소장. 호남권 한국학자료센터 홈페이지 원문 이미지와 텍스트 보기. 최승희(1989), 정구복 외(1999) 참고>

1811-05-18(嘉慶 16년). 「옥안(獄案)」, 전라남도 관찰사 겸 순찰사 이■■(全羅南道觀察使兼巡察使李■■) 등사. <1책. 28장. 필사본. 한자+이두. 조선 필사 이두 자료. 서울대학교 규장각 한국학연구원 홈페이지 '古5125-101'의 원문 이미지 보기>

1811-05-29~1811-08-29. 「가경 16년 신미 중 결속색등록(**嘉慶十六年辛未中 結束色謄錄**)」, 병조(兵曹) 편(編). <1책(26). 181장. 필사본. 필사 시기 미상. 한자+이두. 조선 필사 이두 자료. 서울대학교 규장각 한국학연구원 홈페이지 1787년~1891년 낙질본 107책(1792년(건륭 57년), 1811년(가경 16년) 하, 1816년(가경 21년), 1817년(가경 22년), 1824년(도광 4년), 1871년(동치 10년) 없음), 1885년(광서 11년) 원문 이미지 보기>

1811-07-25~1813-03-05. 「호위청등록(**扈衛廳謄錄**)」, 호위청 편(編). <1책. 필사본. 한자+이두. 조선 필사 이두 자료. 한국학중앙연구원 디지털장서각 홈페이지 'K2-3394' 원문 이미지와 텍스트 보기>

1811-07-00. **박진화·박진겸·박조영 등 소지**(朴鎭華朴鎭謙朴祚永等所志), 박진화·박진겸·박조영 등. <1장. 한자+이두. 조선 필사 이두 자료. 영해 도곡 무안 박씨 무의공 종택 소장. 한국학중앙연구원 장서각 한국고문서자료관 홈페이지 원문 이미지 보기. 한국학중앙연구원 편(2008) 참고>

1811-08-00. **남원부 사동방 수면임 이 모 서목**(南原府巳洞坊首面任李某書目) 1, 수면임. <1장. 한자+이두. 조선 필사 이두 자료. 전북 남원 둔덕 전주 이씨가 구장. 전북대학교 박물관 소장. 호남권 한국학자료센터 홈페이지 원문 이미지와 텍스트 보기. 박병호(1974ㄱ), 최승희(1989), 정구복 외(1999) 참고>

1811-08-00. **이유환 등 등장**(李攸煥等等狀), 이유환 등. <1장. 한자+이두. 조선 필사 이두 자료. 전북 남원 둔덕 전주 이씨가 구장. 전북대학교 박물관 소장. 호남권 한국학자료센터 홈페이지 원문 이미지와 텍스트 보기. 박병호(1974ㄱ), 최승희(1989), 정구복 외(1999) 참고>

1811-09-00. **강종흔 등 상서**(姜宗忻等上書), 강종흔 등. <1장. 한자+이두. 조선 필사 이두 자료. 경남 거창 갈계 은진 임씨 소장. 한국학중앙연구원 장서각 한국고문서 자료관 홈페이지 원문 이미지 보기. 한국학중앙연구원 편(2005) 참고>

1811-09-00. **남원부 사동방 수면임 이 모 서목**(南原府巳洞坊首面任李某書目) 2, 수면임. <1장. 한자+이두. 조선 필사 이두 자료. 전북 남원 둔덕 전주 이씨가 구장. 전북대학교 박물관 소장. 호남권 한국학자료센터 홈페이지 원문 이미지와 텍스트 보기. 박병호(1974ㄱ), 최승희(1989), 정구복 외(1999) 참고>

1811-10-10. **유학 박세우 토지매매명문**(幼學朴世宇土地賣買明文), 산주 자필 유학 이국정(山主自筆幼學李國禎). <1장. 한자+이두. 조선 필사 이두 자료. 경남 밀양 신호 밀성 박씨·덕남서원 소장. 한국학중앙연구원 장서각 한국고문서자료관 홈페이지 원문 이미지 보기. 한국정신문화연구원 편(2004) 참고>

1811-10-29. **한량 정평권 토지매매명문**(閑良鄭平權土地賣買明文), 답주 김용택(畓主金龍宅). <1장. 한자+이두. 조선 필사 이두 자료. 전남 보성 박실 제주 양씨가 구장. 원광대학교 박물관 소장. 호남권 한국학자료센터 홈페이지 원문 이미지와 텍스트 보기. 박병호(1974ㄱ), 이재수(2003) 참고>

1811-11-04. **계중 공원 김복세 토지매매명문**(契中公員金福世土地賣買明文), 답주 송일욱(畓主宋一郁). <1장. 한자+이두. 조선 필사 이두 자료. 전북대학교 박물관 소장. 호남권 한국학자료센터 홈페이지 원문 이미지와 텍스트 보기>

1811-11-10. **유학 김우규 토지매매명문**(幼學金禹圭土地賣買明文), 답주 자필 유학 이윤석(畓主自筆幼學李鼎錫). <1장. 한자+이두. 조선 필사 이두 자료. 경북 안동시 오천 광산 김씨 후조당 소장. 한국학중앙연구원 장서각 한국고문서자료관 홈페이지 원문 이미지와 텍스트 보기. 박병호(1974ㄱ), 한국정신문화연구원 편(1982), 최승희(1989) 참고>

1811-11-20. **재종형 강재명 토지매매명문**(再從兄姜在明土地賣買明文), 전주 자필 강재집(田主自筆姜在輯). <1장. 한자+이두. 조선 필사 이두 자료. 제주 어도내산 진주 강씨가 구장. 제주 한림 강우석 소장. 호남권 한국학자료센터 홈페이지 원문 이미지와 텍스트 보기. 오성찬(1994), 이재수(2003), 오창명(2007) 참고>

1811-12-11. **■원 수노 손남 토지매매명문**(■院首奴孫男土地賣買明文), 답주 이 노

유복(畓主李奴有福). <1장. 한자+이두. 조선 필사 이두 자료. 경주 양동 경주 손씨 송첨 종택 소장. 한국학중앙연구원 장서각 한국고문서자료관 홈페이지 원문 이미지 보기>

1811-12-12. **송인 토지매매명문**(宋人土地賣買明文),[114] 답주 유학 신용(畓主幼學辛槦). <1장. 한자+이두. 조선 필사 이두 자료. 전남 영광군 입석 영월 신씨 소장. 한국학중앙연구원 장서각 한국고문서자료관 홈페이지 원문 이미지와 텍스트 보기. 한국정신문화연구원 편(1996) 참고>

1811-12-21~1812-04-26(辛未~壬申). 「순무영등록(巡撫營謄錄)」 1~5, 순무영(巡撫營) 편(編). <5권 5책. 필사본. 한자+이두. 조선 필사 이두 자료. 서울대학교 규장각 한국학연구원 홈페이지 원문 이미지 보기>

1811-12-22~1812-05-06. 「서정일기(西征日記)」, 방우정(方禹鼎) 저(著). <2책. 필사본. 한자+이두. 조선 필사 이두 자료. 공무일기. 홍경래의 난에 관한 사료. 국사편찬위원회 한국사데이터베이스 한국사료총서 홈페이지 원문 이미지와 텍스트 보기>

1811-12-24. **재종손 조영 토지매매명문**(再從孫祖榮土地賣買明文), 답주 재종조(畓主再從祖). <1장. 한자+이두. 조선 필사 이두 자료. 경북 예천군 감천면 강릉 유씨 벌방 종가 구장. 한국국학진흥원 소장. 한국학자료센터 영남권역센터 홈페이지 원문 이미지와 텍스트 보기. 김성갑(2013) 참고>

1811-12-00. **손종원 등 소지**(孫鍾遠等所志), 손종원 등. <1장. 한자+이두. 조선 필사 이두 자료. 경주 양동 경주 손씨 송첨 종택 소장. 한국학중앙연구원 장서각 한국고문서자료관 홈페이지 원문 이미지 보기>

1811-12-00. **유학 권연 토지매매명문**(幼學權延土地賣買明文), 답주 유학 김도정(畓主幼學金道靖). <1장. 한자+이두. 조선 필사 이두 자료. 경북 안동시 주촌 진성 이씨 경류정 소장. 한국학중앙연구원 장서각 한국고문서자료관 홈페이지 원문 이미지와 텍스트 보기. 한국정신문화연구원 편(1999) 참고>

---

114 한국학중앙연구원 장서각 한국고문서자료관 홈페이지에서는 '유복(有福) 토지매매명문(土地賣買明文)'으로 표시하였다.

1811-00-00. 「백담 선생 속집(**栢潭先生續集**)」, 구봉령(具鳳齡, 1526년~1586년). <4권 2책. '백담집(栢潭集)'이라고도 한다. 구봉령의 시문집. 16세기 인쇄 이두 자료. 한국고전종합DB 홈페이지 원문과 번역문 보기. 서울대학교 규장각 한국학연구원, 한국학중앙연구원 장서각 소장> <이본: ① 1670-00-00(초간본. 10권 4책. 목판본. 서울대학교 규장각 한국학연구원 소장) ② 1934-00-00(국립중앙도서관 소장)>

1811-00-00. **양왕호 등 상서**(楊枉昊等上書), 양왕호 등. <1장. 한자+이두. 조선 필사 이두 자료. 경남 거창 갈계 은진 임씨 소장. 한국학중앙연구원 장서각 한국고문서자료관 홈페이지 원문 이미지 보기. 한국학중앙연구원 편(2005) 참고>

1811-00-00. 「통신사왕회시광주부판교참거행등록(**通信使往回時廣州府板橋站擧行謄錄**)」, 광주부(廣州府) 편(編). <1책. 36장. 필사본. 한자+이두. 조선 필사 이두 자료. 서울대학교 규장각 한국학연구원 홈페이지 원문 이미지 보기>

1811-00-00 추정. **성억주 등 상서**(成億柱等上書), 성억주 등. <1장. 한자+이두. 조선 필사 이두 자료. 경북 경주시 안강읍 옥산리 여주 이씨 독락당 소장. 한국학중앙연구원 장서각 한국고문서자료관 홈페이지 원문 이미지 보기. 한국정신문화연구원 편(2003) 참고>

1812년

<임신(壬申), 순조12년, 가경 17년>

1812-01-01~1812-12-27(壬申). 「전객사일기(**典客司日記**)」 59, 예조(禮曹) 전객사(典客司) 편(編). <1책(59/99). 148장. 필사본. 한자+이두. 조선 필사 이두 자료. 서울대학교 규장각 한국학연구원 홈페이지 원문 이미지 보기> <1640-01-22~1641-12-23(1)>

1812-01-01~1812-12-28. 「결속색등록(**結束色謄錄**)」, 병조(兵曹) 편(編). <1책(27). 118장. 필사본. 한자+이두. 조선 필사 이두 자료. 서울대학교 규장각 한국학연구원 홈페이지 1787년~1891년 낙질본 107책(1792년(건륭 57년), 1811년(가경 16년)

하, 1816년(가경 21년), 1817년(가경 22년), 1824년(도광 4년), 1831(도광 11년), 1871(동치 10년), 1885년(광서 11년) 없음) 원문 이미지 보기>

1812-01-06. **임덕채 토지매매명문**(林德采土地賣買明文), 답주 박신검(畓主朴臣儉). <1장. 한자+이두. 조선 필사 이두 자료. 경북 예천군 감천면 강릉 유씨 벌방 종가 구장. 한국국학진흥원 소장. 한국학자료센터 영남권역센터 홈페이지 원문 이미지와 텍스트 보기. 김성갑(2013) 참고>

1812-01-14. **유학 김성련 토지매매명문**(幼學金星鍊土地賣買明文), 답주 유학 김동익(畓主幼學金東翼). <1장. 한자+이두. 조선 필사 이두 자료. 경북 안동시 오천 광산 김씨 후조당 소장. 한국학중앙연구원 장서각 한국고문서자료관 홈페이지 원문 이미지와 텍스트 보기. 박병호(1974ㄱ), 한국정신문화연구원 편(1982), 최승희(1989) 참고>

1812-01-16. **박 노 진태 토지매매명문**(朴奴辰太土地賣買明文), 답주 유학 박성소(畓主幼學朴成韶). <1장. 한자+이두. 조선 필사 이두 자료. 경북 영주시 문수면 수도리 반남 박씨 오헌고택 구장. 한국국학진흥원 소장. 한국학자료센터 영남권역센터 홈페이지 원문 이미지와 텍스트 보기. 김성갑(2013) 참고>

1812-01-00. **화민 유덕호 소지**(化民柳德浩所志) 1, 유덕호. <1장. 한자+이두. 조선 필사 이두 자료. 전남 구례군 토지면 오미리 문화 류씨 운조루 소장. 한국학중앙연구원 장서각 한국고문서자료관 홈페이지 원문 이미지와 텍스트 보기. 한국정신문화연구원 편(1998) 참고>

1812-02-02. **작산고직 성운 토지매매명문**(鵲山庫直性云土地賣買明文), 필 답주 노 일돌(筆畓主奴日乭). <1장. 한자+이두. 조선 필사 이두 자료. 경북 안동시 주촌 진성 이씨 경류정 구장. 서울역사박물관 소장. 한국학중앙연구원 장서각 한국고문서자료관 홈페이지 원문 이미지와 텍스트 보기. 한국정신문화연구원 편(1999) 참고>

1812-02-06. **작산고직 신성만 토지매매명문**(鵲山庫直申性萬土地賣買明文), 답주 강원암회(畓主姜元岩回). <1장. 한자+이두. 조선 필사 이두 자료. 경북 안동시 주촌 진성 이씨 경류정 구장. 서울역사박물관 소장. 한국학중앙연구원 장서각 한국고문서자료관 홈페이지 원문 이미지와 텍스트 보기. 한국정신문화연구원 편(1999) 참고>

1812-02-10. **이후종 토지매매명문**(李厚宗土地賣買明文), 답주 유학 김진명(畓主幼學金振鳴). <1장. 한자+이두. 조선 필사 이두 자료. 전남 장성군 행주 기씨 금강 종가 소장. 호남권 한국학자료센터 홈페이지 원문 이미지와 텍스트 보기. 이재수(2003), 이수건 외(2004) 참고>

1812-02-12. **유학 강진룡 동생 토지매매명문**(幼學姜鎭龍同生土地賣買明文),[115] 자필 답주 장형 유학 강경룡(自筆畓主長兄幼學姜璟龍). <1장. 한자+이두. 조선 필사 이두 자료. 전북대학교 박물관 소장. 호남권 한국학자료센터 홈페이지 원문 이미지와 텍스트 보기. 박병호(1974ㄱ), 최승희(1989), 이재수(2003), 박준호(2004), 전경목 외(2006) 참고>

1812-02-27~1897-00-00(순조 12년~광무 1년).「위안제문등록(慰安祭文謄錄)」, <1책. 28장. 필사본. 한자+이두. 조선 필사 이두 자료. 한국학중앙연구원 장서각 한국학자료센터 홈페이지 원문 이미지 보기>

1812-02-28. **유학 박진형 토지매매명문**(幼學朴鎭衡土地賣買明文), 답주 자필 유학 김낙성(畓主自筆幼學金洛成). <1장. 한자+이두. 조선 필사 이두 자료. 전남 구례군 토지면 오미리 문화 류씨 운조루 소장. 한국학중앙연구원 장서각 한국고문서자료관 홈페이지 원문 이미지와 텍스트 보기. 한국정신문화연구원 편(1998) 참고>

1812-02-00. **이징조 등 소지**(李徵祚等所志), 이징조 등. <1장. 한자+이두. 조선 필사 이두 자료. 영광 함안 이씨 이기태 구장. 영광농업기술센터 영인본 소장. 호남권 한국학자료센터 홈페이지 원문 이미지와 텍스트 보기. 최승희(1989), 전경목 외(2006) 참고>

1812-03-24. **최호범 토지매매명문**(崔虎範土地賣買明文), 답주 기영록(畓主奇永祿). <1장. 한자+이두. 조선 필사 이두 자료. 전남 장성군 행주 기씨 금강 종가 소장. 호남권 한국학자료센터 홈페이지 원문 이미지와 텍스트 보기. 이재수(2003), 이수건 외(2004) 참고>

1812-04-09~1829-03-06(壬申~己丑).「각릉봉심수개등록(各陵奉審修改謄錄)」, 예조

---

[115] 호남권 한국학자료센터 홈페이지에서는 '강진룡(姜鎭龍) 토지매매명문(土地賣買明文)'으로 표시하였다.

(禮曹) 전향사(典享司) 편(編). <1책. 73장. 필사본. 한자+이두. 조선 필사 이두 자료. 서울대학교 규장각 한국학연구원 홈페이지 원문 이미지 보기>

1812-04-16. **경주부윤 전령**(慶州府尹傳令), 경주부(慶州府). <1장. 한자+이두. 조선 필사 이두 자료. 경주 양동 경주 손씨 송첨 종택 소장. 한국학중앙연구원 장서각 한국고문서자료관 홈페이지 원문 이미지 보기. 한국정신문화연구원 편(1997) 참고>

1812-04-28 이후 필사 추정.「순조신미별등록(純祖辛未別謄錄)」, 비변사(備邊司) 편(編). <필사본. 한자+이두. 조선 필사 이두 자료. 서울대학교 규장각 한국학연구원 홈페이지 낙질본 2책(2, 3) 원문 이미지 보기> <영인본:「각사등록」 69. 비변사편(국사편찬위원회, 1993)>

1812-04-00. **화민 유덕호 소지**(化民柳德浩所志) 2, 유덕호. <1장. 한자+이두. 조선 필사 이두 자료. 전남 구례군 토지면 오미리 문화 류씨 운조루 소장. 한국학중앙연구원 장서각 한국고문서자료관 홈페이지 원문 이미지와 텍스트 보기. 한국정신문화연구원 편(1998) 참고>

1812-07-11. **이득원 토지매매명문**(李得元土地賣買明文), 답주 허 노 동만(畓主許奴同萬). <1장. 한자+이두. 조선 필사 이두 자료. 전남 보성 박실 제주 양씨가 구장. 원광대학교 박물관 소장. 호남권 한국학자료센터 홈페이지 원문 이미지와 텍스트 보기. 박병호(1974ㄱ), 이재수(2003) 참고>

1812-07-00. **박지신 등 상서**(朴之申等上書), 박지신 등. <1장. 한자+이두. 조선 필사 이두 자료. 경남 거창 갈계 은진 임씨 소장. 한국학중앙연구원 장서각 한국고문서자료관 홈페이지 원문 이미지 보기. 한국학중앙연구원 편(2005) 참고>

1812-07-00. **유복삼 의송**(柳復三議送), 유복삼. <1장. 한자+이두. 조선 필사 이두 자료. 곡성 선산 유씨 연운당 소장. 호남권 한국학자료센터 홈페이지 원문 이미지와 텍스트 보기>

1812-07-00~1814-04-00(壬申~甲戌).「공문등록(公文謄錄)」 1~7, 김이양(金履陽) 편(編). <7책. 필사본. 한자+이두. 이두 자료. 서울대학교 규장각 한국학연구원 홈페이지 원문 이미지 보기>

1812-08-17. **강사창 토지매매명문**(姜士昌土地賣買明文), 자필 가대주 박상근(自筆家

垈主朴相根). <1장. 한자+이두. 조선 필사 이두 자료. 전남 구례군 토지면 오미리 문화 류씨 운조루 소장. 한국학중앙연구원 장서각 한국고문서자료관 홈페이지 원문 이미지와 텍스트 보기. 한국정신문화연구원 편(1998) 참고>

1812-08-00. **옥산 정혜사 승 소지**(玉山定惠寺僧所志), 옥산 정혜사 승. <1장. 한자+이두. 조선 필사 이두 자료. 경북 경주시 안강읍 옥산서원 소장. 한국학자료센터 영남권역센터 홈페이지 원문 이미지와 텍스트 보기. 이수환(2001) 참고>

1812-09-00. **윤동훈 등 상서**(尹東勳等上書), 윤동훈 등. <1장. 한자+이두. 조선 필사 이두 자료. 경남 거창 갈계 은진 임씨 소장. 한국학중앙연구원 장서각 한국고문서자료관 홈페이지 원문 이미지 보기. 한국학중앙연구원 편(2005) 참고>

1812-09-00. **최연중 등 상서**(崔演重等上書), 최연중 등. <1장. 한자+이두. 조선 필사 이두 자료. 경남 거창 갈계 은진 임씨 소장. 한국학중앙연구원 장서각 한국고문서자료관 홈페이지 원문 이미지 보기. 한국학중앙연구원 편(2005) 참고>

1812-10-00. **유복삼 소지**(柳復三所志), 유복삼. <1장. 한자+이두. 조선 필사 이두 자료. 곡성 선산 유씨 연운당 소장. 호남권 한국학자료센터 홈페이지 원문 이미지와 텍스트 보기>

1812-11-03. **옥산계정 댁 이 노 시동 노비매매명문**(玉山溪亭宅李奴時東奴婢賣買明文), 자매 신주 가부 정복삼(自賣身主家夫鄭福三). <1장. 한자+이두. 조선 필사 이두 자료. 경북 경주시 안강읍 옥산리 여주 이씨 독락당 소장. 한국학중앙연구원 장서각 한국고문서자료관 홈페이지 원문 이미지 보기. 한국정신문화연구원 편(2003) 참고>

1812-11-15. **용산서원 자매명문**(龍山書院自賣明文), 연손(連孫)·연이(連伊). <1장. 한자+이두. 조선 필사 이두 자료. 경북 경주시 내남면 이조리 경주 최씨·용산서원 소장. 한국학중앙연구원 장서각 한국고문서자료관 홈페이지 원문 이미지 보기. 한국정신문화연구원 편(2000) 참고>

1812-11-26. **권득태 토지매매명문**(權得太土地賣買明文), 답주 이이참(畓主李以參). <1장. 한자+이두. 조선 필사 이두 자료. 경북 안동시 주촌 진성 이씨 경류정 소장. 한국학중앙연구원 장서각 한국고문서자료관 홈페이지 원문 이미지와 텍스트 보기. 한국정신문화연구원 편(1999) 참고>

1812-11-00. **손종원 소지**(孫鍾遠所志), 손종원. <1장. 한자+이두. 조선 필사 이두 자료. 경주 양동 경주 손씨 송첨 종택 소장. 한국학중앙연구원 장서각 한국고문서자료관 홈페이지 원문 이미지 보기>

1812-11-00. **손종원 의송**(孫鍾遠議送), 손종원. <1장. 한자+이두. 조선 필사 이두 자료. 경주 양동 경주 손씨 송첨 종택 소장. 한국학중앙연구원 장서각 한국고문서자료관 홈페이지 원문 이미지 보기>

1812-11-00. **유학 이기순 등 상서**(幼學李基淳等上書), 이기순 등. <1장. 한자+이두. 조선 필사 이두 자료. 경북 안동시 오천 광산 김씨 후조당 소장. 한국학중앙연구원 장서각 한국고문서자료관 홈페이지 원문 이미지와 텍스트 보기. 한국정신문화연구원 편(1982) 참고>

1812-11-00. **화민 유덕호 소지**(化民柳德浩所志) 3, 유덕호. <1장. 한자+이두. 조선 필사 이두 자료. 전남 구례군 토지면 오미리 문화 류씨 운조루 소장. 한국학중앙연구원 장서각 한국고문서자료관 홈페이지 원문 이미지와 텍스트 보기. 한국정신문화연구원 편(1998) 참고>

1812-11-00. **화민 최종걸 소지**(化民崔宗杰所志), 최종걸. <1장. 한자+이두. 조선 필사 이두 자료. 경북 경주시 내남면 이조리 경주 최씨·용산서원 소장. 한국학중앙연구원 장서각 한국고문서자료관 홈페이지 원문 이미지 보기. 한국정신문화연구원 편(2000) 참고>

1812-12-01. **강재명 토지매매명문**(姜在明土地賣買明文), 전주 자필집 ■■언(田主自筆執■■彦). <1장. 한자+이두. 조선 필사 이두 자료. 제주 어도내산 진주 강씨가 구장. 제주 한림 강우석 소장. 호남권 한국학자료센터 홈페이지 원문 이미지와 텍스트 보기. 오성찬(1994), 이재수(2003), 오창명(2007) 참고>

1812-12-07. **유학 양진한 토지매매명문**(幼學梁鎭漢土地賣買明文), 답주 유학 여두성(畓主幼學呂斗星). <1장. 한자+이두. 조선 필사 이두 자료. 전남 순천 황전 경주 정씨가 구장. 광주광역시 이정옥 소장. 호남권 한국학자료센터 홈페이지 원문 이미지와 텍스트 보기. 최승희(1989) 참고>

1812-12-12. **조 생원 댁 노 왕남 토지매매명문**(趙生員宅奴王男土地賣買明文),[116] 전주 구 서방 노 명복(田主丘書房奴命福). <1장. 한자+이두. 조선 필사 이두 자료. 경북

영양군 영양읍 삼지리 한양 조씨 하담 고택 구장. 한국국학진흥원 소장. 한국국학진흥원 유교넷 홈페이지 원문 이미지 보기>

1812-12-17. **족숙 권종모 토지매매명문**(族叔權宗模土地賣買明文), 답주 자필 족질 권병문(畓主自筆族姪權炳文). <1장. 한자+이두. 조선 필사 이두 자료. 경북 예천군 용문면 대제리 원동 권씨 춘우재 고택 구장. 한국국학진흥원 소장. 한국학자료센터 영남권역센터 홈페이지 원문 이미지와 텍스트 보기. 김성갑(2013) 참고>

1812-12-19. **이갑득 토지매매명문**(李甲得土地賣買明文), 답주 유 생원 노 옥금(畓主柳生員奴玉金). <1장. 한자+이두. 조선 필사 이두 자료. 춘천 김현식 소장. 한국학자료센터 강원권역센터 홈페이지 원문 이미지 보기. 최승희(1989), 전경목(2010), 김성갑(2013), 박준호(2016) 참고>

1812-12-00. **기학상 등 소지**(奇學相等所志), 기학상 등. <1장. 한자+이두. 조선 필사 이두 자료. 전북 고창·고부 광산 김씨 소장. 한국학중앙연구원 고문서자료관 홈페이지 원문 이미지 보기. 한국학중앙연구원 편(2009) 참고>

1812-12-00. **정양학 등 상서**(鄭陽學等上書), 정양학 등. <1장. 한자+이두. 조선 필사 이두 자료. 경남 거창 갈계 은진 임씨 소장. 한국학중앙연구원 장서각 한국고문서자료관 홈페이지 원문 이미지 보기. 한국학중앙연구원 편(2005) 참고>

1812-00-00.「선원보략수정의궤(**璿源譜略修正儀軌**)」, 종부시(宗簿寺) 편(編). <1책. 19장. 필사본. 표제는 '壬申 本寺 純廟朝)璿源譜略修正儀軌'. 권수제는 '(嘉慶十七年壬申七月初八日)璿源譜略修正儀軌'. 한자+이두. 조선 필사 이두 자료. 서울대학교 규장각 한국학연구원 의궤 종합정보 홈페이지 '奎14097' 원문 이미지 보기>

1812-00-00.「왕세자책례도감도청의궤(**王世子冊禮都監都廳儀軌**)」,[117] 책례도감 편. <1책. 145장. 필사본. 표제는 '(嘉慶十七年壬申七月 日 五臺山)王世子冊禮都監儀軌全'. 권수제는 '(嘉慶十七年壬申七月 日)王世子冊禮都監都廳儀軌'. 한자+이두. 조선 필사 이두 자료. 서울대학교 규장각 한국학연구원 의궤 종합정보 홈페이지 '奎

---

[116] 한국국학진흥원 유교넷 홈페이지에서는 문서명을 '1812년 명복이 왕남에게 밭을 팔았음을 증명한 전답매매문기'로 표시하였다.

[117] 서울대학교 규장각 한국학연구원 의궤 종합정보 홈페이지에서는 서명을 표제나 권수제와는 달리 '효명세자책례도감의궤(孝明世子冊禮都監儀軌)'로 적었다.

13125' 원문 이미지 보기>

1812-00-00. 「왕세자책례도감도청의궤(王世子冊禮都監都廳儀軌)」, 책례도감 편. <1책. 146장. 필사본. 권수제는 '(嘉慶十七年壬申七月 日)王世子冊禮都監都廳儀軌'. 한자+이두. 조선 필사 이두 자료. 한국학중앙연구원 디지털장서각 홈페이지 'K2-2690' 원문 이미지와 텍스트 보기>

1812-00-00. 「왕세자책례도감도청의궤(王世子冊禮都監都廳儀軌)」,[118] 책례도감 편. <1책. 145장. 필사본. 표제지는 결락. 권수제는 '(嘉慶十七年壬申七月 日)王世子冊禮都監都廳儀軌'. 한자+이두. 조선 필사 이두 자료. 국립중앙박물관 외규장각 의궤 홈페이지 '외규224' 원문 이미지와 텍스트 보기>

1813년

<계유(癸酉), 순조 13년, 가경 18년>

1813-01-01~1813-12-23(癸酉). 「전객사일기(典客司日記)」 60, 예조(禮曹) 전객사(典客司) 편(編). <1책(60/99). 98장. 필사본. 한자+이두. 조선 필사 이두 자료. 서울대학교 규장각 한국학연구원 홈페이지 원문 이미지 보기> <1640-01-22~1641-12-23(1)>

1813-01-01~1813-12-29. 「결속색등록(結束色謄錄)」, 병조(兵曹) 편(編). <1책(28). 70장. 필사본. 한자+이두. 조선 필사 이두 자료. 서울대학교 규장각 한국학연구원 홈페이지 1787년~1891년 낙질본 107책(1792년(건륭 57년), 1811년(가경 16년) 하, 1816년(가경 21년), 1817년(가경 22년), 1824년(도광 4년), 1831(도광 11년), 1871(동치 10년), 1885년(광서 11년) 없음) 원문 이미지 보기>

1813-01-05~1813-12-28(癸酉). 「금영등록(禁營謄錄)」, 금위영(禁衛營) 편(編). <1책(12/15. 낙질본). 77장. 필사본. 한자+이두. 조선 필사 이두 자료. 서울대학교 규장

---

[118] 국립중앙박물관 외규장각 의궤 홈페이지에서는 서명을 표제나 권수제와는 달리 '효명세자책례도감의궤(孝明世子冊禮都監儀軌)'로 바꿔 적었다.

각 한국학연구원 홈페이지 '奎19354-v.1-15' 원문 이미지 보기> <1682-02-29~ 1682-10-09(1/15)>

1813-01-10. **유 생원 댁 노 세태 토지매매명문**(柳生員宅奴世太土地賣買明文),[119] 전주 자필 이 생원 용궁 댁(田主自筆李生員龍宮宅). <1장. 한자+이두. 조선 필사 이두 자료. 경북 안동시 하회 풍산 류씨 충효당 소장. 한국학중앙연구원 장서각 한국학 자료센터 홈페이지 원문 이미지 와 텍스트 보기. 한국정신문화연구원 편(1994) 참고>

1813-01-19. **김상옥 토지매매명문**(金尙玉土地賣買明文), 필 답주 노 옥청(筆畓主奴玉淸). <1장. 한자+이두. 조선 필사 이두 자료. 경북 경주시 내남면 이조리 경주 최씨·용산서원 소장. 한국학중앙연구원 장서각 한국고문서자료관 홈페이지 원문 이미지 보기. 한국정신문화연구원 편(2000) 참고>

1813-01-19. **유학 김서경 토지매매명문**(幼學金瑞慶土地賣買明文), 답주 유학 김서일 (畓主幼學金瑞馹). <1장. 한자+이두. 조선 필사 이두 자료. 경북 예천군 용문면 대제리 원동 권씨 춘우재 고택 구장. 한국국학진흥원 소장. 한국학자료센터 영남 권역센터 홈페이지 원문 이미지와 텍스트 보기. 김성갑(2013) 참고>

1813-01-00. **김두상 등 상서**(金斗相等上書), 김두상 등. <1장. 한자+이두. 조선 필사 이두 자료. 경북 안동시 오천 광산 김씨 후조당 소장. 한국학중앙연구원 장서각 한국고문서자료관 홈페이지 원문 이미지와 텍스트 보기. 한국정신문화연구원 편(1982) 참고>

1813-02-17. **유학 고시승 토지매매명문**(幼學高時升土地賣買明文), 답주 상인 김용헌 (畓主喪人金用憲). <1장. 한자+이두. 조선 필사 이두 자료. 전북 부안군 우반 부안 김씨 세덕각 소장. 한국학중앙연구원 장서각 한국고문서자료관 홈페이지 & 호남 권 한국학자료센터 홈페이지 원문 이미지와 텍스트 보기. 박병호(1974ㄱ), 한국정 신문화연구원 편(1983, 1998), 이재수(2003), 한국학중앙연구원 편(2017) 참고>

1813-02-20. **기 진사 댁 노 금봉 시장문기**(奇進士宅奴今奉柴場文記), 시장 주 자필

---

119 한국학중앙연구원 장서각 한국학자료센터 홈페이지에서는 '세태(世太) 토지매매명문(土地賣買明文)'으로 표시하였다.

장왜동(柴場主自筆張倭同). <1장. 한자+이두. 조선 필사 이두 자료. 전남 장성군 행주 기씨 금강 종가 소장. 호남권 한국학자료센터 홈페이지 원문 이미지와 텍스트 보기. 이재수(2003), 이수건 외(2004) 참고>

1813-02-21. **유학 고육석 토지매매명문**(幼學高六錫土地賣買明文), 자필 답주 유학 박진형(自筆畓主幼學朴鎭衡). <1장. 한자+이두. 조선 필사 이두 자료. 전남 구례군 토지면 오미리 문화 류씨 운조루 소장. 한국학중앙연구원 장서각 한국고문서자료관 홈페이지 원문 이미지와 텍스트 보기. 한국정신문화연구원 편(1998) 참고>

1813-02-26. **토지매매명문**(土地賣買明文),[120] 답주 자필 유학 신추(畓主自筆幼學辛楸). <1장. 한자+이두. 조선 필사 이두 자료. 전남 영광군 입석 영월 신씨 소장. 한국학중앙연구원 장서각 한국고문서자료관 홈페이지 원문 이미지와 텍스트 보기. 한국정신문화연구원 편(1996) 참고>

1813-02-28. **시장문기**(柴場文記),[121] 시장 주 김성욱(柴場主金成郁). <1장. 한자+이두. 조선 필사 이두 자료. 전남 영광 마산 경주 이씨가 구장. 진안 용담호미술관 소장. 호남권 한국학자료센터 홈페이지 원문 이미지와 텍스트 보기. 박병호(1974ㄱ), 최승희(1989), 이재수(2003) 참고>

1813-02-00. **고천택 등 상서**(高天宅等上書), 고천택 등. <1장. 한자+이두. 조선 필사 이두 자료. 영암 장암 남평 문씨 소장. 한국학중앙연구원 장서각 한국고문서자료관 홈페이지 & 호남권 한국학자료센터 홈페이지 원문 이미지와 텍스트 보기. 최승희(1989), 국립민속박물관 편(1991), 한국정신문화연구원 편(1995), 전경목 외(2006) 참고>

1813-02-00. **손성덕 등 소지**(孫星德等所志) 1, 손성덕 등 68명. <1장. 한자+이두. 조선 필사 이두 자료. 경주 양동 경주 손씨 송첨 종택 소장. 한국학중앙연구원 장서각 한국고문서자료관 홈페이지 원문 이미지 보기>

1813-03-05. **손진벽 초사**(孫鎭璧招辭), 사(使). <1장. 한자+이두. 조선 필사 이두 자료

---

[120] 한국학중앙연구원 장서각 한국고문서자료관 홈페이지에서는 '유학(幼學) 신추(辛楸) 토지매매명문(土地賣買明文)'으로 표시하였다.

[121] 호남권 한국학자료센터 홈페이지에서는 '김성욱(金成郁) 방매(放賣) 시장문기(柴場文記)'로 표시하였다.

경주 양동 경주 손씨 송첨 종택 소장. 한국학중앙연구원 장서각 한국고문서자료관 홈페이지 원문 이미지 보기>

1813-03-07. **종손 박필환 토지매매명문**(宗孫朴必煥土地賣買明文), 답주 자필 유학 박형달(畓主自筆幼學朴馨達). <1장. 한자+이두. 조선 필사 이두 자료. 전북 장수군 침곡 충주 박씨가 소장. 호남권 한국학자료센터 홈페이지 원문 이미지와 텍스트 보기. 박병호(1974ㄱ), 최승희(1989), 이재수(2003) 참고>

1813-03-00. **김시찬 입안**(金是瓚立案), 예안현감(禮安縣監). <1장. 한자+이두. 조선 필사 이두 자료. 경북 안동시 와룡면 오천리 광산 김씨 설월당 종택 구장. 한국국학진흥원 소장. 한국학자료센터 영남권역센터 홈페이지 원문 이미지와 텍스트 보기. 최승희(1989), 최연숙(2005) 참고>

1813-03-00. **손성덕 등 소지**(孫星德等所志) 2, 손성덕 등 6명. <1장. 한자+이두. 조선 필사 이두 자료. 경주 양동 경주 손씨 송첨 종택 소장. 한국학중앙연구원 장서각 한국고문서자료관 홈페이지 원문 이미지 보기>

1813-03-00. **화민 유덕호 소지**(化民柳德浩所志), 유덕호. < 1장. 한자+이두. 조선 필사 이두 자료. 전남 구례군 토지면 오미리 문화 류씨 운조루 소장. 한국학중앙연구원 장서각 한국고문서자료관 홈페이지 원문 이미지와 텍스트 보기. 한국정신문화연구원 편(1998) 참고>

1813-04-13. **김일동 토지매매명문**(金鎰東土地賣買明文), 전주 박차보(田主朴次寶). <1장. 한자+이두. 조선 필사 이두 자료. 제주 장전리 진주 강씨 강태복가 소장. 호남권 한국학자료센터 홈페이지 원문 이미지와 텍스트 보기. 최승희(1989), 고창석(2001) 참고>

1813-04-00. **박지옥 등 상서**(朴之玉等上書), 박지옥 등. <1장. 한자+이두. 조선 필사 이두 자료. 경남 거창 갈계 은진 임씨 소장. 한국학중앙연구원 장서각 한국고문서자료관 홈페이지 원문 이미지 보기. 한국학중앙연구원 편(2005) 참고>

1813-04-00. **이횡 등 소지**(李鈜等所志) 1, 이횡 등. <1장. 한자+이두. 조선 필사 이두 자료. 경북 성주 명곡 벽진 이씨 완석정 종택 소장. 한국학중앙연구원 장서각 한국고문서자료관 홈페이지 원문 이미지 보기. 한국학중앙연구원 편(2009) 참고>

1813-04-00. **황석로 등 상서**(黃錫老等上書), 황석로 등. <1장. 한자+이두. 조선 필사 이두 자료. 경남 거창 갈계 은진 임씨 소장. 한국학중앙연구원 장서각 한국고문서자료관 홈페이지 원문 이미지 보기. 한국학중앙연구원 편(2005) 참고>

1813-05-00. **손성덕 등 소지**(孫星德等所志) 3, 손성덕 등 200여 명. <1장. 한자+이두. 조선 필사 이두 자료. 경주 양동 경주 손씨 송첨 종택 소장. 한국학중앙연구원 장서각 한국고문서자료관 홈페이지 원문 이미지 보기>

1813-05-00. **손성덕 등 소지**(孫星德等所志) 4, 손성덕 등 250여 명. <1장. 한자+이두. 조선 필사 이두 자료. 경주 양동 경주 손씨 송첨 종택 소장. 한국학중앙연구원 장서각 한국고문서자료관 홈페이지 원문 이미지 보기>

1813-05-00. **손종원 등 소지**(孫鍾遠等所志) 1, 손종원 등. <1장. 한자+이두. 조선 필사 이두 자료. 경주 양동 경주 손씨 송첨 종택 소장. 한국학중앙연구원 장서각 한국고문서자료관 홈페이지 원문 이미지 보기>

1813-05-00. **손종원 등 소지**(孫鍾遠等所志) 2, 손종원 등 5명. <1장. 한자+이두. 조선 필사 이두 자료. 경주 양동 경주 손씨 송첨 종택 소장. 한국학중앙연구원 장서각 한국고문서자료관 홈페이지 원문 이미지 보기>

1813-05-00. **이상발 등 상서**(李祥發等上書), 이상발 등. <1장. 한자+이두. 조선 필사 이두 자료. 경북 안동시 오천 광산 김씨 후조당 소장. 한국학중앙연구원 장서각 한국고문서자료관 홈페이지 원문 이미지와 텍스트 보기. 한국정신문화연구원 편(1982) 참고>

1813-06-00. **손종원 등 소지**(孫鍾遠等所志) 3, 손종원 등 6명. <1장. 한자+이두. 조선 필사 이두 자료. 경주 양동 경주 손씨 송첨 종택 소장. 한국학중앙연구원 장서각 한국고문서자료관 홈페이지 원문 이미지 보기>

1813-06-00. **손종원 등 소지**(孫鍾遠等所志) 4, 손종원 등 3명. <1장. 한자+이두. 조선 필사 이두 자료. 경주 양동 경주 손씨 송첨 종택 소장. 한국학중앙연구원 장서각 한국고문서자료관 홈페이지 원문 이미지 보기>

1813-06-00. **이횡 등 소지**(李鈜等所志) 2, 이횡 등. <1장. 한자+이두. 조선 필사 이두 자료. 경북 성주 명곡 벽진 이씨 완석정 종택 소장. 한국학중앙연구원 장서각 한국고문서자료관 홈페이지 원문 이미지 보기. 한국학중앙연구원 편(2009) 참

고>

1813-07-03. **유학 삼종형 황학수 허여문기**(幼學三從兄黃學洙許與文記), 허여 주 유학 삼종제 황철수(許與主幼學三從弟黃喆洙). <1장. 한자+이두. 조선 필사 이두 자료. 남원 대곡 장수 황씨 문중 소장. 호남권 한국학자료센터 홈페이지 원문 이미지와 텍스트 보기. 최승희(1989), 전북향토문화연구회 편(1993), 정구복 외(1999) 참고>

1813-07-14. **이후종 토지매매명문**(李厚宗土地賣買明文), 답주 김팽이(畓主金彭伊). <1장. 한자+이두. 조선 필사 이두 자료. 전남 장성군 행주 기씨 금강 종가 소장. 호남권 한국학자료센터 홈페이지 원문 이미지와 텍스트 보기. 김재문(1986), 이수건 외(2004) 참고>

1813-07-00. **황지수 등 발괄**(黃智洙等白活), 황지수 등. <1장. 한자+이두. 조선 필사 이두 자료. 남원 대곡 장수 황씨 문중 소장. 호남권 한국학자료센터 홈페이지 원문 이미지와 텍스트 보기. 박병호(1974ㄱ), 최승희(1989), 전북향토문화연구회 편(1993), 정구복 외(1999) 참고>

1813-08-08. **유학 김성택 회장매매명문**(幼學金聲澤灰場賣買明文),[122] 회장주 최만동(灰場主崔晩東). <1장. 한자+이두. 조선 필사 이두 자료. 전남 보성 박실 제주 양씨가 구장. 원광대학교 박물관 소장. 호남권 한국학자료센터 홈페이지 원문 이미지와 텍스트 보기. 최승희(1989), 정구복 외(1999), 이재수(2003) 참고>

1813-08-00. **손종원 등 소지**(孫鍾遠等所志) 5, 손종원 등 3명. <1장. 한자+이두. 조선 필사 이두 자료. 경주 양동 경주 손씨 송첨 종택 소장. 한국학중앙연구원 장서각 한국고문서자료관 홈페이지 원문 이미지 보기>

1813-08-00. **손종원 등 소지**(孫鍾遠等所志) 6, 손종원 등 250여 명. <1장. 한자+이두. 조선 필사 이두 자료. 경주 양동 경주 손씨 송첨 종택 소장. 한국학중앙연구원 장서각 한국고문서자료관 홈페이지 원문 이미지 보기>

1813-08-00. **손종원 등 소지**(孫鍾遠等所志) 7, 손종원 등. <1장. 한자+이두. 조선 필사 이두 자료. 경주 양동 경주 손씨 송첨 종택 소장. 한국학중앙연구원 장서각

---

[122] 호남권 한국학자료센터 홈페이지에서는 '김성택(金聲澤) 토지매매명문(土地賣買明文)'으로 표시하였다.

한국고문서자료관 홈페이지 원문 이미지 보기>

1813-08-00. **정충사 완문**(旌忠祠完文), 남원부(南原府). <1장. 한자+이두. 조선 필사 이두 자료. 남원 대곡 장수 황씨 문중 소장. 호남권 한국학자료센터 홈페이지 원문 이미지와 텍스트 보기. 최승희(1989), 김경숙(2002) 참고>

1813-08-00. **정충사 재임 품목**[123](旌忠祠齋任稟目), 정충사 재임 안 모·황모(安某黃某). <1장. 한자+이두. 조선 필사 이두 자료. 남원 대곡 장수 황씨 문중 소장. 호남권 한국학자료센터 홈페이지 원문 이미지와 텍스트 보기. 최승희(1989), 김경숙(2002) 참고>

1813-09-00. **법흥리 고성 이씨 선영 남선 성동리 완문**(法興里固城李氏先塋南先星洞里完文), 안동부(安東府). <1장. 한자+이두. 조선 필사 이두 자료. 경북 안동시 법흥동 고성 이씨 임청각 구장. 한국학중앙연구원 장서각 한국고문서자료관 홈페이지 원문 이미지 보기. 한국정신문화연구원 편(2000) 참고>

1813-09-00. **손종원 소지**(孫鍾遠所志), 손종원. <1장. 한자+이두. 조선 필사 이두 자료. 경주 양동 경주 손씨 송첨 종택 소장. 한국학중앙연구원 장서각 한국고문서자료관 홈페이지 원문 이미지 보기>

1813-09-00. **손종원 등 소지**(孫鍾遠等所志) 8, 손종원 등 3명. <1장. 한자+이두. 조선 필사 이두 자료. 경주 양동 경주 손씨 송첨 종택 소장. 한국학중앙연구원 장서각 한국고문서자료관 홈페이지 원문 이미지 보기>

1813-09-00. **손종원 등 소지**(孫鍾遠等所志) 9, 손종원 등 3명. <1장. 한자+이두. 조선 필사 이두 자료. 경주 양동 경주 손씨 송첨 종택 소장. 한국학중앙연구원 장서각 한국고문서자료관 홈페이지 원문 이미지 보기>

1813-09-00. **손종원·손성호·손진세·손진일 등 소지**(孫鍾遠孫星灝孫鎭世孫鎭馹等所志), 손종원·손성호·손진세·손진일 등. <1장. 한자+이두. 조선 필사 이두 자료. 경주 양동 경주 손씨 송첨 종택 소장. 한국학중앙연구원 장서각 한국고문서자료관 홈페이지 원문 이미지 보기>

1813-10-00. **손종원 등 소지**(孫鍾遠等所志) 10, 손종원 등 46명. <1장. 한자+이두.

---

123 품목(稟目)은 상관에게 여쭙는 글이다(「표준국어대사전」).

조선 필사 이두 자료. 경주 양동 경주 손씨 송첨 종택 소장. 한국학중앙연구원 장서각 한국고문서자료관 홈페이지 원문 이미지 보기>

1813-10-00. **이횡 등 소지**(李鈜等所志) 3, 이횡 등. <1장. 한자+이두. 조선 필사 이두 자료. 경북 성주 명곡 벽진 이씨 완석정 종택 소장. 한국학중앙연구원 장서각 한국고문서자료관 홈페이지 원문 이미지 보기. 한국학중앙연구원 편(2009) 참고>

1813-11-06. **장자 부 분재기**(長子婦分財記),[124] 재주 구(財主舅). <1장. 한자+이두. 조선 필사 이두 자료. 경북 고령군 대가야읍 본관 1리 홍와 고택 구장. 한국국학진흥원 소장. 한국학자료센터 영남권역센터 홈페이지 원문 이미지와 텍스트 보기. 김성갑(2013) 참고>

1813-11-14. **박성헌 토지매매명문**(朴聖獻土地賣買明文), 답주 김영귀(畓主金命貴). <1장. 한자+이두. 조선 필사 이두 자료. 경북 예천군 감천면 강릉 유씨 벌방 종가 구장. 한국국학진흥원 소장. 한국학자료센터 영남권역센터 홈페이지 원문 이미지와 텍스트 보기. 김성갑(2013) 참고>

1813-11-25. **토지매매명문**(土地賣買明文),[125] 답주 이추성(畓主李秋星). <1장. 한자+이두. 조선 필사 이두 자료. 전남 보성군 택촌 죽산 안씨 은봉 종가 소장. 호남권 한국학자료센터 홈페이지 원문 이미지와 텍스트 보기. 이재수(2003) 참고>

1813-11-28. **김응득 토지매매명문**(金應得土地賣買明文), 가답주 안봉이(家畓主安奉伊). <1장. 한자+이두. 조선 필사 이두 자료. 경북 예천군 감천면 강릉 유씨 벌방 종가 구장. 한국국학진흥원 소장. 한국학자료센터 영남권역센터 홈페이지 원문 이미지와 텍스트 보기. 김성갑(2013) 참고>

1813-11-00. **손종원 등 소지**(孫鍾遠等所志) 11, 손종원 등 3명. <1장. 한자+이두. 조선 필사 이두 자료. 경주 양동 경주 손씨 송첨 종택 소장. 한국학중앙연구원 장서각 한국고문서자료관 홈페이지 원문 이미지 보기>

---

[124] 한국학자료센터 영남권역센터 홈페이지에서는 '이원(李㼈) 맏며느리 정씨(鄭氏) 분재기(分財記)'로 표시하였다.

[125] 호남권 한국학자료센터 홈페이지에서는 '이추성(李秋星) 방매(放賣) 토지매매명문(土地賣買明文)'으로 표시하였다.

1813-11-00. **이의수 차첩**(李宜秀差帖), 안동부(安東府). <1장. 한자+이두. 조선 필사 이두 자료. 경북 안동시 법흥동 고성 이씨 임청각 구장. 한국학중앙연구원 장서각 한국고문서자료관 홈페이지 원문 이미지 보기. 한국정신문화연구원 편(2000) 참고>

1813-11-00. **이주민 등 상서**(李周民等上書), 이주민 등. <1장. 한자+이두. 조선 필사 이두 자료. 전북 완주군 비봉 반곡서원 소장. 호남권 한국학자료센터 홈페이지 원문 이미지와 텍스트 보기. 박병호(1974ㄱ), 최승희(1989) 참고>

1813-12-04. **김선종 토지매매명문**(金先宗土地賣買明文), 답주 임광록(畓主林光綠). <1장. 한자+이두. 조선 필사 이두 자료. 전북대학교 박물관 소장. 호남권 한국학자료센터 홈페이지 원문 이미지와 텍스트 보기. 최승희(1989), 정구복 외(1999), 이재수(2003) 참고>

1813-12-04. **우득호 토지매매명문**(禹得浩土地賣買明文), 답주 자필 황세택(畓主自筆黃世澤). <1장. 한자+이두. 조선 필사 이두 자료. 전북대학교 박물관 소장. 호남권 한국학자료센터 홈페이지 원문 이미지와 텍스트 보기. 최승희(1989), 정구복 외(1999), 이재수(2003) 참고>

1813-12-04. **유학 김원백 토지매매명문**(幼學金元白土地賣買明文), 답주 자필 유학 신중현(畓主自筆幼學辛重鉉). <1장. 한자+이두. 조선 필사 이두 자료. 전남 영광군 입석 영월 신씨 소장. 한국학중앙연구원 장서각 한국고문서자료관 홈페이지 원문 이미지와 텍스트 보기. 한국정신문화연구원 편(1996) 참고>

1813-12-12. **유자 유응탁 토지매매명문**(猶子劉應鐸土地賣買明文), 답주 숙모 정(畓主叔母鄭). <1장. 한자+이두. 조선 필사 이두 자료. 경북 예천군 감천면 강릉 유씨 벌방 종가 구장. 한국국학진흥원 소장. 한국학자료센터 영남권역센터 홈페이지 원문 이미지와 텍스트 보기. 김성갑(2013) 참고>

1813-12-12. **주덕래 토지매매명문**(朱德來土地賣買明文), 가대주 강순흥(家垈主姜順興). <1장. 한자+이두. 조선 필사 이두 자료. 전남 구례군 토지면 오미리 문화류씨 운조루 소장. 한국학중앙연구원 장서각 한국고문서자료관 홈페이지 원문 이미지와 텍스트 보기. 한국정신문화연구원 편(1998) 참고>

1813-12-13. **유학 김종벽 토지매매명문**(幼學金宗璧土地賣買明文), 답주 자필 유학 권

흠규(畓主自筆幼學權欽揆). <1장. 한자+이두. 조선 필사 이두 자료. 경북 예천군 감천면 강릉 유씨 벌방 종가 구장. 한국국학진흥원 소장. 한국학자료센터 영남권역센터 홈페이지 원문 이미지와 텍스트 보기. 김성갑(2013) 참고>

1813-12-17. **박순돌 토지매매명문**(朴順乭土地賣買明文), 답주 안흥빈(畓主安興彬). <1장. 한자+이두. 조선 필사 이두 자료. 경북 예천군 감천면 강릉 유씨 벌방 종가 구장. 한국국학진흥원 소장. 한국학자료센터 영남권역센터 홈페이지 원문 이미지와 텍스트 보기. 김성갑(2013) 참고>

1813-12-19. **유 생원 댁 토지매매명문**(柳生員宅土地賣買明文),[126] 답주 장성달(畓主蔣成達). <1장. 한자+이두. 조선 필사 이두 자료. 경북 안동시 하회 풍산 류씨 충효당 소장. 한국학중앙연구원 장서각 한국학자료센터 홈페이지 원문 이미지와 텍스트 보기. 한국정신문화연구원 편(1994) 참고>

1813-12-28. **강재명 토지매매명문**(姜在明土地賣買明文), 전주 양우교(田主梁禹橋). <1장. 한자+이두. 조선 필사 이두 자료. 제주 어도내산 진주 강씨가 구장. 제주 한림 강우석 소장. 호남권 한국학자료센터 홈페이지 원문 이미지와 텍스트 보기. 오성찬(1994), 이재수(2003), 오창명(2007) 참고>

1813-12-29. **동성 칠촌 숙주 송일옥 토지매매명문**(同姓七寸叔主송일옥토지매매명문), 답주 동성 칠촌 질 송형옥(畓主同姓七寸侄宋馨玉). <1장. 한자+이두. 조선 필사 이두 자료. 전북대학교 박물관 소장. 호남권 한국학자료센터 홈페이지 원문 이미지와 텍스트 보기>

1813-12-00. **옥산 독락당 수노 시동 소지**(玉山獨樂堂首奴時東所志), 시동. <1장. 한자+이두. 조선 필사 이두 자료. 경북 경주시 안강읍 옥산리 여주 이씨 독락당 소장. 한국학중앙연구원 장서각 한국고문서자료관 홈페이지 원문 이미지 보기. 한국정신문화연구원 편(2003) 참고>

1813-12-00. **유봉채 등 상서**(柳鳳采等上書), 유봉채 등. <1장. 한자+이두. 조선 필사 이두 자료. 전북 완주군 비봉 반곡서원 소장. 호남권 한국학자료센터 홈페이지

---

[126] 한국학중앙연구원 장서각 한국학자료센터 홈페이지에서는 '생원(生員) 유(柳) 토지매매명문(土地賣買明文)'으로 표시하였다.

원문 이미지와 텍스트 보기. 박병호(1974ㄱ), 최승희(1989) 참고>

1813-12-00. **이의수 소지**(李宜秀所志), 이의수. <1장. 한자+이두. 조선 필사 이두 자료. 경북 안동시 법흥동 고성 이씨 임청각 구장. 한국학중앙연구원 장서각 한국고문서자료관 홈페이지 원문 이미지 보기. 한국정신문화연구원 편(2000) 참고>

1813-00-00. **오정수 소지**(吳鼎秀所志), 오정수. <1장. 한자+이두. 조선 필사 이두 자료. 경기도 용인시 오산 해주 오씨 추탄 종가 구장. 한국학중앙연구원 장서각 한국고문서자료관 홈페이지 원문 이미지와 텍스트 보기. 한국정신문화연구원 편(1998) 참고>

1813-00-00~1814-10-00(癸酉~甲戌). 「경상도동래부상고등구폐절목(**慶尙道東萊府商賈等捄弊節目**)」, 비변사(備邊司)/동래부(東萊府) 편(編). <1책. 5장. 필사본. 표제는 '(癸酉二月 日)慶尙道東萊府商賈等捄弊節目'. 한자+이두. 조선 필사 이두 자료. 서울대학교 규장각 한국학연구원 홈페이지 원문 이미지 보기>

1814년

<갑술(甲戌). 순조 14년, 가경 19년>

1814-01-01~1814-12-30. 「결속색등록(**結束色謄錄**)」, 병조(兵曹) 편(編). <1책(29). 112장. 필사본. 한자+이두. 조선 필사 이두 자료. 서울대학교 규장각 한국학연구원 홈페이지 1787년~1891년 낙질본 107책(1792년(건륭 57년), 1811년(가경 16년) 하, 1816년(가경 21년), 1817년(가경 22년), 1824년(도광 4년), 1871년(동치 10년), 1885년(광서 11년) 없음) 원문 이미지 보기>

1814-01-01~1815-12-21(甲戌~乙亥). 「제등록(**祭謄錄**)」, 편자 미상. <1책(4/7). 105장. 필사본. 한자+이두. 조선 필사 이두 자료. 서울대학교 규장각 한국학연구원 홈페이지 원문 이미지 보기> <1786-01-01~1787-12-24(1/7)>

1814-01-09. **박주성 토지매매명문**(朴住聖土地賣買明文), 답주 오촌숙 두진(畓主五寸叔斗鎭). <1장. 한자+이두. 조선 필사 이두 자료. 강원도 원주시 이정동 소장. 한국학자료센터 강원권역센터 홈페이지 원문 이미지 보기. 김건우(2008), 전경목

(2010, 2014), 박준호(2016) 참고>

1814-01-14. **최득관 토지매매명문**(崔得官土地賣買明文), 답주 자필 강재흥(畓主自筆 姜在興). <1장. 한자+이두. 조선 필사 이두 자료. 전북 임실군 오수 삼계강사 소장. 호남권 한국학자료센터 홈페이지 원문 이미지와 텍스트 보기. 박병호(1974 ㄱ), 최승희(1989), 정구복 외(1999) 참고>

1814-01-15. **이원 분재기**(李惊分財記) 1, 재주 부(財主父). <1장. 한자+이두. 조선 필사 이두 자료. 경북 고령군 대가야읍 본관 1리 홍와 고택 구장. 한국국학진흥원 소장. 한국학자료센터 영남권역센터 홈페이지 원문 이미지와 텍스트 보기. 김성갑(2013) 참고>

1814-01-15. **이원 분재기**(李惊分財記) 2, 재주 부(財主父). <1장. 한자+이두. 조선 필사 이두 자료. 경북 고령군 대가야읍 본관 1리 홍와 고택 구장. 한국국학진흥원 소장. 한국학자료센터 영남권역센터 홈페이지 원문 이미지와 텍스트 보기. 김성갑(2013) 참고>

1814-01-16. **박응한 시장문기**(朴應漢柴場文記), 시장 주 김시수(柴場主金柿水). <1장. 한자+이두. 조선 필사 이두 자료. 전남 함평군 함평 이씨 이민호 구장. 목포 함평 이씨 이명헌 소장. 호남권 한국학자료센터 홈페이지 원문 이미지와 텍스트 보기. 최승희(1989) 참고>

1814-01-20. **유학 유응보 토지매매명문**(幼學劉應輔土地賣買明文), 전주 자필 유학 진유진(田主自筆幼學秦有震). <1장. 한자+이두. 조선 필사 이두 자료. 경북 예천군 감천면 강릉 유씨 벌방 종가 구장. 한국국학진흥원 소장. 한국학자료센터 영남권역센터 홈페이지 원문 이미지와 텍스트 보기. 김성갑(2013) 참고>

1814-01-24. **권 생원 댁 노 장순 토지매매명문**(權生員宅奴張順土地賣買明文) 1, 답주 권복손(畓主金福孫). <1장. 한자+이두. 조선 필사 이두 자료. 경북 예천군 용문면 대제리 원동 권씨 춘우재 고택 구장. 한국국학진흥원 소장. 한국학자료센터 영남권역센터 홈페이지 원문 이미지와 텍스트 보기. 김성갑(2013) 참고>

1814-01-24. **권 생원 댁 노 장순 수기**(權生員宅奴張順手記),[127] 표주 김복손(標主金福

---

[127] 한국학자료센터 영남권역센터 홈페이지에서는 '김복손(金福孫) 수기(手記)'로 표시하였다.

孫). <1장. 한자+이두. 조선 필사 이두 자료. 경북 예천군 용문면 대제리 원동 권씨 춘우재 고택 구장. 한국국학진흥원 소장. 한국학자료센터 영남권역센터 홈페이지 원문 이미지와 텍스트 보기. 김성갑(2013) 참고>

1814-01-25. **권 생원 댁 노 장순 토지매매명문**(權生員宅奴張順土地賣買明文) 2, 답주 김재철(畓主金再喆). <1장. 한자+이두. 조선 필사 이두 자료. 경북 예천군 용문면 대제리 원동 권씨 춘우재 고택 구장. 한국국학진흥원 소장. 한국학자료센터 영남권역센터 홈페이지 원문 이미지와 텍스트 보기. 김성갑(2013) 참고>

1814-01-00. **임천서원 완문**(臨川書院完文), 진주목(晋州牧). <1책. 6장. 한자+이두. 조선 필사 이두 자료. 경남 진주시 단목 진양 하씨 창주 후손가 소장. 한국학중앙연구원 장서각 한국고문서자료관 홈페이지 원문 이미지 보기. 한국정신문화연구원 편(2000) 참고>

1814-01-00. **손종원 등 소지**(孫鍾遠等所志) 1, 손종원 등 21명. <1장. 한자+이두. 조선 필사 이두 자료. 경주 양동 경주 손씨 송첨 종택 소장. 한국학중앙연구원 장서각 한국고문서자료관 홈페이지 원문 이미지 보기>

1814-01-00. **정충사 재임 품목**(旌忠祠齋任稟目), 정충사 재임 안사눌(安思訥). <1장. 한자+이두. 조선 필사 이두 자료. 남원 대곡 장수 황씨 문중 소장. 호남권 한국학자료센터 홈페이지 원문 이미지와 텍스트 보기. 최승희(1989), 김경숙(2002) 참고>

1814-02-04. **안동부 하체**[128](安東府下帖), 안동부. <1장. 한자+이두. 조선 필사 이두 자료. 경북 안동시 법흥동 고성 이씨 임청각 구장. 한국학중앙연구원 장서각 한국고문서자료관 홈페이지 원문 이미지 보기. 한국정신문화연구원 편(2000) 참고>

1814-02-10. **김 생원 댁 노 정돌이 토지매매명문**(金生員宅奴丁乭伊土地賣買明文), 답주 자필 사노 정용이(畓主自筆私奴鄭龍伊). <1장. 한자+이두. 조선 필사 이두 자료. 경북 안동시 풍산읍 오미리 풍산 김씨 허백당 종택 구장. 한국국학진흥원 소장. 한국학자료센터 영남권역센터 홈페이지 원문 이미지와 텍스트 보기>

---

128 하체(下帖) 또는 하첩(下帖)은 조선 시대에 고을의 원이 향교의 유생들에게 체문(帖文)을 내리던 일이다(「표준국어대사전」).

1814-02-10. **토지매매명문**(土地賣買明文),[129] 답주 유학 송지명(畓主幼學宋之營). <1장. 한자+이두. 조선 필사 이두 자료. 전남 영광 마산 경주 이씨가 구장. 진안 용담호미술관 소장. 호남권 한국학자료센터 홈페이지 원문 이미지와 텍스트 보기. 최승희(1989), 김소은(2004) 참고>

1814-02-18. **이일춘 토지매매명문**(李一春土地賣買明文), 답주 자필 최맹담(畓主自筆崔孟談). <1장. 한자+이두. 조선 필사 이두 자료. 전남 보성 용문 낭주 최씨가 구장. 광주광역시 이정옥 소장. 호남권 한국학자료센터 홈페이지 원문 이미지와 텍스트 보기. 최승희(1989), 정구복 외(1999) 참고>

1814-02-22. **김치원 다짐**(金致元侤音), 김치원. <1장. 한자+이두. 조선 필사 이두 자료. 전남 구례군 토지면 오미리 문화 류씨 운조루 소장. 한국학중앙연구원 장서각 한국고문서자료관 홈페이지 원문 이미지와 텍스트 보기. 한국정신문화연구원 편(1998) 참고>

1814-02-00. **손종원 등 소지**(孫鍾遠等所志) 2, 손종원 등 24명. <1장. 한자+이두. 조선 필사 이두 자료. 경주 양동 경주 손씨 송첨 종택 소장. 한국학중앙연구원 장서각 한국고문서자료관 홈페이지 원문 이미지 보기>

1814-02-00. **유이춘 등 상서**(柳頤春等上書), 유이춘 등. <1장. 한자+이두. 조선 필사 이두 자료. 경남 거창 갈계 은진 임씨 소장. 한국학중앙연구원 장서각 한국고문서자료관 홈페이지 원문 이미지 보기. 한국학중앙연구원 편(2005) 참고>

1814-02-00. **이의수 소지**(李宜秀所志), 이의수. <1장. 한자+이두. 조선 필사 이두 자료. 경북 안동시 법흥동 고성 이씨 임청각 구장. 한국학중앙연구원 장서각 한국고문서자료관 홈페이지 원문 이미지 보기. 한국정신문화연구원 편(2000) 참고>

1814-02-00. **화민 유덕호 소지**(化民柳德浩所志), 유덕호. <1장. 한자+이두. 조선 필사 이두 자료. 전남 구례군 토지면 오미리 문화 류씨 운조루 소장. 한국학중앙연구원 장서각 한국고문서자료관 홈페이지 원문 이미지와 텍스트 보기. 한국정신문화연구원 편(1998) 참고>

---

[129] 호남권 한국학자료센터 홈페이지에서는 '1814년 송지영(宋之營) 방매(放賣) 토지매매명문(土地賣買明文)'으로 표시하였다.

1814-윤2-00. **손종원 등 소지**(孫鍾遠等所志) 3, 손종원 등 16명. <1장. 한자+이두. 조선 필사 이두 자료. 경주 양동 경주 손씨 송첨 종택 소장. 한국학중앙연구원 장서각 한국고문서자료관 홈페이지 원문 이미지 보기>

1814-03-01. **작산정사 재유사**[130] **회문**(鵲山精舍齋有司回文), 적산정사. <1장. 한자+이두. 조선 필사 이두 자료. 경북 안동시 주촌 진성 이씨 경류정 소장. 한국학중앙연구원 장서각 한국고문서자료관 홈페이지 원문 이미지와 텍스트 보기. 한국정신문화연구원 편(1999) 참고>

1814-03-03. **이 생원 댁 비 복랑 토지매매명문**(李生員宅婢福娘土地賣買明文), 전주 이일흥(田主李日興). <1장. 한자+이두. 조선 필사 이두 자료. 경북 안동시 법흥동 고성 이씨 탑동 종가 구장. 한국국학진흥원 소장. 한국학자료센터 영남권역센터 홈페이지 원문 이미지와 텍스트 보기. 박병호(1974ㄱ), 최승희(1989), 이재수(2003), 이수건 외(2004) 참고>

1814-03-07. **재사 토지매매명문**(齋舍土地賣買明文), 전주 현손 시견(田主玄孫始堅). <1장. 한자+이두. 조선 필사 이두 자료. 안동 천전 의성 김씨 지촌 종택 소장. 한국학중앙연구원 장서각 한국고문서자료관 홈페이지 원문 이미지와 텍스트 보기. 한국정신문화연구원 편(1990) 참고>

1814-03-26. **시장문기**(柴場文記), 자필 시장주 유학 성규진(自筆柴場主幼學成奎鎭). <1장. 한자+이두. 조선 필사 이두 자료. 전남 영광군 입석 영월 신씨 소장. 한국학중앙연구원 장서각 한국고문서자료관 홈페이지 원문 이미지와 텍스트 보기. 한국정신문화연구원 편(1996) 참고>

1814-03-00. **손종원 등 소지**(孫鍾遠等所志) 4, 손종원 등 3명. <1장. 한자+이두. 조선 필사 이두 자료. 경주 양동 경주 손씨 송첨 종택 소장. 한국학중앙연구원 장서각 한국고문서자료관 홈페이지 원문 이미지 보기>

1814-03-00. **이의수 차첩**(李宜秀差帖), 안동부(安東府). <1장. 한자+이두. 조선 필사 이두 자료. 경북 안동시 법흥동 고성 이씨 임청각 구장. 한국학중앙연구원 장서각 한국고문서자료관 홈페이지 원문 이미지 보기. 한국정신문화연구원 편(2000) 참

---

[130] 재유사(齋有司)는 서원이나 향교의 실무를 담당하던 유생이다.

고>

1814-03-00. 「홍재전서(弘齋全書)」, 정조(正祖, 1752년~1800년) 저(著). <초간본. 184권 100책. 3차 편집본을 정리자로 인쇄. 한자+이두. 시문집. 한국학중앙연구원 디지털장서각 홈페이지 원문 이미지 보기. 한국고전종합DB 홈페이지 & 서울대학교 규장각 한국학연구원 홈페이지 '奎3031' 원문 이미지와 텍스트 보기> <필사본: ① 1787-00-00. 「어제 문집(御製文集)」(필사본. 1차 편집본. 서울대학교 규장각 한국학연구원 낙질본 '奎4465' 원문 이미지와 텍스트 보기) ② 1799-12-00. 「홍우일인재전서(弘于一人齋全書)」(필사본. 2차 편집본) ③ 1801-12-00. 「홍재전서(弘齋全書)」(183권 100책. 필사본. 3차 편집본. 한국학중앙연구원 장서각 소장)> <영인본: ① 「홍재전서」(태학사, 1978) ② 「홍재전서」(「한국문집총간」 262-267. 민족문화추진회, 1998)>

1814-04-04. **김안복 토지매매명문**(金安福土地賣買明文), 답주 조이(畓主召史). <1장. 한자+이두. 조선 필사 이두 자료. 남원·구례 삭녕 최씨 구장. 한국학중앙연구원 장서각 한국고문서자료관 홈페이지 원문 이미지 보기. 한국정신문화연구원 편(2004) 참고>

1814-04-04. **비 개란 배자**(婢介丹牌子),[131] 상전 김(上典金). <1장. 한자+이두. 조선 필사 이두 자료. 전남 구례군 토지면 오미리 문화 류씨 운조루 소장. 한국학중앙연구원 장서각 한국고문서자료관 홈페이지 원문 이미지와 텍스트 보기. 한국정신문화연구원 편(1998) 참고>

1814-04-06. **유학 토지매매명문**(幼學土地賣買明文), 답주 전 조이(畓主全召史). <1장. 한자+이두. 조선 필사 이두 자료. 전남 구례군 토지면 오미리 문화 류씨 운조루 소장. 한국학중앙연구원 장서각 한국고문서자료관 홈페이지 원문 이미지와 텍스트 보기. 한국정신문화연구원 편(1998) 참고>

1814-04-10. **정호 등 상서**(鄭瑚等上書), 정호 등. <1장. 한자+이두. 조선 필사 이두 자료. 경남 거창 갈계 은진 임씨 소장. 한국학중앙연구원 장서각 한국고문서자료

---

[131] 장서각 한국고문서자료관 홈페이지에서는 '1814년 비(婢) 개란(介丹) 토지매매명문(土地賣買明文)'으로 잘못 표시하였다.

관 홈페이지 원문 이미지 보기. 한국학중앙연구원 편(2005) 참고>

1814-04-16. **권 생원 댁 유루고직 장순 토지매매명문**(權生員宅遺漏庫直張順土地賣買明文), 전주 노 인득(出主奴仁得). <1장. 한자+이두. 조선 필사 이두 자료. 경북 예천군 용문면 대제리 원동 권씨 춘우재 고택 구장. 한국국학진흥원 소장. 한국학자료센터 영남권역센터 홈페이지 원문 이미지와 텍스트 보기. 김성갑(2013) 참고>

1814-04-22. **유 노 토지매매명문**(柳奴土地賣買明文), 유학 유(幼學柳). <1장. 한자+이두. 조선 필사 이두 자료. 경북 예천군 감천면 강릉 유씨 벌방 종가 구장. 한국국학진흥원 소장. 한국학자료센터 영남권역센터 홈페이지 원문 이미지와 텍스트 보기. 김성갑(2013) 참고>

1814-04-25. **박제곤 토지매매명문**(朴齊坤土地賣買明文), 답주 자필 유학 최인중(畓主自筆幼學崔仁中). <1장. 한자+이두. 조선 필사 이두 자료. 전북 부안군 우반 부안 김씨 세덕각 소장. 한국학중앙연구원 장서각 한국고문서자료관 홈페이지 & 호남권 한국학자료센터 홈페이지 원문 이미지와 텍스트 보기. 박병호(1974ㄱ), 한국정신문화연구원 편(1983, 1998), 이재수(2003), 한국학중앙연구원 편(2017) 참고>

1814-04-26. **유 노 막돌 토지매매명문**(劉奴莫乭土地賣買明文),[132] 전주 유학 유(出主幼學柳). <1장. 한자+이두. 조선 필사 이두 자료. 경북 예천군 감천면 강릉 유씨 벌방 종가 구장. 한국국학진흥원 소장. 한국학자료센터 영남권역센터 홈페이지 원문 이미지와 텍스트 보기. 김성갑(2013) 참고>

1814-04-29. **삼종질 이운 토지매매명문**(三從姪利運土地賣買明文),[133] 전주 산종숙 시옥(出主三從叔始玉). <1장. 한자+이두. 조선 필사 이두 자료. 안동 천전 의성 김씨 지촌 종택 소장. 한국학중앙연구원 장서각 한국고문서자료관 홈페이지 원문 이미지와 텍스트 보기. 한국정신문화연구원 편(1990) 참고>

1814-04-00. **김시진 등 소지**(金是珍等所志), 김시진 등. <1장. 한자+이두. 조선 필사

---

[132] 한국학자료센터 영남권역센터 홈페이지에서는 '**박돌**(莫乭)'로 표시하였다.
[133] 한국학중앙연구원 장서각 한국고문서자료관 홈페이지에서는 '김이운(金利運) 토지매매명문(土地賣買明文)'으로 표시하였다.

이두 자료. 경북 안동시 오천 광산 김씨 후조당 소장. 한국학중앙연구원 장서각 한국고문서자료관 홈페이지 원문 이미지와 텍스트 보기. 한국정신문화연구원 편(1982) 참고>

1814-04-00. **손종원 등 소지**(孫鍾遠等所志) 5, 손종원 등 13명. <1장. 한자+이두. 조선 필사 이두 자료. 경주 양동 경주 손씨 송첨 종택 소장. 한국학중앙연구원 장서각 한국고문서자료관 홈페이지 원문 이미지 보기>

1814-04-00. **손종원 등 소지**(孫鍾遠等所志) 6, 손종원 등 13명. <1장. 한자+이두. 조선 필사 이두 자료. 경주 양동 경주 손씨 송첨 종택 소장. 한국학중앙연구원 장서각 한국고문서자료관 홈페이지 원문 이미지 보기>

1814-04-00. **손종원 등 소지**(孫鍾遠等所志) 7, 손종원 등. <1장. 한자+이두. 조선 필사 이두 자료. 경주 양동 경주 손씨 송첨 종택 소장. 한국학중앙연구원 장서각 한국고문서자료관 홈페이지 원문 이미지 보기>

1814-04-00. **이경환 가사매매명문**(李慶煥家舍賣買明文), 재주 조동엽(財主趙東燁). <1장. 한자+이두. 조선 필사 이두 자료. 일본 경도대학 가와이문고 소장. 고려대학교 해외한국학자료센터 홈페이지 원문 이미지 보기>

1814-04-00. **이횡 등 소지**(李鈜等所志) 1, 이횡 등. <1장. 한자+이두. 조선 필사 이두 자료. 경북 성주 명곡 벽진 이씨 완석정 종택 소장. 한국학중앙연구원 장서각 한국고문서자료관 홈페이지 원문 이미지 보기. 한국학중앙연구원 편(2009) 참고>

1814-04-00. **이횡 등 소지**(李鈜等所志) 2, 이횡 등. <1장. 한자+이두. 조선 필사 이두 자료. 경북 성주 명곡 벽진 이씨 완석정 종택 소장. 한국학중앙연구원 장서각 한국고문서자료관 홈페이지 원문 이미지 보기. 한국학중앙연구원 편(2009) 참고>

1814-05-01. **유 생원 댁 토지매매명문**(柳生員宅土地賣買明文),[134] 전주 장종태(出主蔣宗泰). <1장. 한자+이두. 조선 필사 이두 자료. 경북 안동시 하회 풍산 류씨 충효

---

[134] 한국학중앙연구원 장서각 한국학자료센터 홈페이지에서는 '생원(生員) 유(柳) 토지매매명문(土地賣買明文)'으로 표시하였다.

당 소장. 한국학중앙연구원 장서각 한국학자료센터 홈페이지 & 한국국학진흥원 유교넷 홈페이지 원문 이미지와 텍스트 보기. 한국정신문화연구원 편(1994) 참고>

1814-05-03. **상주목사 관**(尙州牧使關), 상주목(尙州牧). <1장. 한자+이두. 조선 필사 이두 자료. 경주 양동 경주 손씨 송첨 종택 소장. 한국학중앙연구원 장서각 한국고문서자료관 홈페이지 원문 이미지 보기. 한국정신문화연구원 편(1997) 참고>

1814-05-28. **예천군수 전령**(醴泉郡守傳令) 1, 예천군수. <1장. 한자+이두. 조선 필사 이두 자료. 풍산 류씨 하회 화경당(북촌댁) 구장. 한국국학진흥원 소장. 한국학자료센터 영남권역센터 홈페이지 원문 이미지와 텍스트 보기. 전경목(1996), 김경숙(2002) 참고>

1814-05-00. **손유천 등 소지**(孫有天等所志) 1, 손유천 등 3명. <1장. 한자+이두. 조선 필사 이두 자료. 경주 양동 경주 손씨 송첨 종택 소장. 한국학중앙연구원 장서각 한국고문서자료관 홈페이지 원문 이미지 보기>

1814-05-00. **손유천 등 소지**(孫有天等所志) 2, 손유천 등 3명. <1장. 한자+이두. 조선 필사 이두 자료. 경주 양동 경주 손씨 송첨 종택 소장. 한국학중앙연구원 장서각 한국고문서자료관 홈페이지 원문 이미지 보기>

1814-05-00. **손종원 등 의송**(孫鍾遠等議送), 손종원 등 10명. <1장. 한자+이두. 조선 필사 이두 자료. 경주 양동 경주 손씨 송첨 종택 소장. 한국학중앙연구원 장서각 한국고문서자료관 홈페이지 원문 이미지 보기>

1814-05-00. **이횡 등 발괄**(李鈜等白活), 이횡. <1장. 한자+이두. 조선 필사 이두 자료. 경북 성주 명곡 벽진 이씨 완석정 종택 소장. 한국학중앙연구원 장서각 한국고문서자료관 홈페이지 원문 이미지 보기. 한국학중앙연구원 편(2009) 참고>

1814-05-00. **이횡 등 소지**(李鈜等所志) 3, 이횡 등. <1장. 한자+이두. 조선 필사 이두 자료. 경북 성주 명곡 벽진 이씨 완석정 종택 소장. 한국학중앙연구원 장서각 한국고문서자료관 홈페이지 원문 이미지 보기. 한국학중앙연구원 편(2009) 참고>

1814-06-03. **예천군수 전령**(醴泉郡守傳令) 2, 예천군수. <1장. 한자+이두. 조선 필사 이두 자료. 풍산 류씨 하회 화경당(북촌댁) 구장. 한국국학진흥원 소장. 한국학자

료센터 영남권역센터 홈페이지 원문 이미지와 텍스트 보기. 전경목(1996), 김경숙(2002) 참고>

1814-06-20. **이 생원 댁 노 효삼 토지매매명문**(李生員宅奴孝三土地賣買明文), 답주 김명산(畓主金命山). <1장. 한자+이두. 조선 필사 이두 자료. 전남 보성 박실 제주 양씨가 구장. 원광대학교 박물관 소장. 호남권 한국학자료센터 홈페이지 원문 이미지와 텍스트 보기. 박병호(1974ㄱ), 최승희(1989), 이재수(2003) 참고>

1814-06-00. **류이좌 등 발괄**(柳台佐等白活) 1, 류이좌 등. <1장. 한자+이두. 조선 필사 이두 자료. 풍산 류씨 하회 화경당(북촌댁) 구장. 한국국학진흥원 소장. 한국학자료센터 영남권역센터 홈페이지 원문 이미지와 텍스트 보기>

1814-06-00. **류이좌 등 발괄**(柳台佐等白活) 2, 류이좌 등. <1장. 한자+이두. 조선 필사 이두 자료. 풍산 류씨 하회 화경당(북촌댁) 구장. 한국국학진흥원 소장. 한국학자료센터 영남권역센터 홈페이지 원문 이미지와 텍스트 보기>

1814-06-00. **손종원 등 소지**(孫鍾遠等所志) 8, 손종원 등. <1장. 한자+이두. 조선 필사 이두 자료. 경주 양동 경주 손씨 송첨 종택 소장. 한국학중앙연구원 장서각 한국고문서자료관 홈페이지 원문 이미지 보기>

1814-07-04. **강자근혜 어장문기**(姜者斤惠漁場文記), 석전 주 신동철·김채집(石箭主申東哲金采執). <1장. 한자+이두. 조선 필사 이두 자료. 전남 무안 김해 김씨 김진호 구장. 광주 김해 김씨 김진호 소장. 호남권 한국학자료센터 홈페이지 원문 이미지와 텍스트 보기. 최승희(1989) 참고>

1814-07-15. **함포 별임 족질 태언 토지매매명문**(咸浦別任族姪泰彦土地賣買明文),[135] 수침 주 자필 족숙 권성원(水砧主自筆族叔權聖源). <1장. 한자+이두. 조선 필사 이두 자료. 경북 예천군 용문면 대제리 원동 권씨 춘우재 고택 구장. 한국국학진흥원 소장. 한국학자료센터 영남권역센터 홈페이지 원문 이미지와 텍스트 보기. 김성갑(2013) 참고>

1814-07-18. **김치오 토지매매명문**(金致伍土地賣買明文), 답주 과녀 이 조이(畓主寡女

---

[135] 한국학자료센터 영남권역센터 홈페이지에서는 '1814년 권성원(權聖源) 토지매매명문'으로 표시하였다.

李召史). <1장. 한자+이두. 조선 필사 이두 자료. 전남 보성 박실 제주 양씨가 구장. 원광대학교 박물관 소장. 호남권 한국학자료센터 홈페이지 원문 이미지와 텍스트 보기. 박병호(1974ㄱ) 참고>

1814-07-20. **강재명 토지매매명문**(姜在明土地賣買明文), 전주 양언필(田主梁彦弼). <1장. 한자+이두. 조선 필사 이두 자료. 제주 어도내산 진주 강씨가 구장. 제주 한림 강우석 소장. 호남권 한국학자료센터 홈페이지 원문 이미지와 텍스트 보기. 오성찬(1994), 이재수(2003), 오창명(2007) 참고>

1814-07-00. **김이운 소지**(金利運所志), 김이운. <1장. 한자+이두. 조선 필사 이두 자료. 안동 천전 의성 김씨 지촌 종택 소장. 한국학중앙연구원 장서각 한국고문서자료관 홈페이지 원문 이미지와 텍스트 보기. 한국정신문화연구원 편(1989) 참고>

1814-08-28. **최광식 장흥고 공상지 공인권 매매명문**(崔匡植長興庫供上紙貢人權賣買明文), 연충흠(延忠欽). <1장. 한자+이두. 조선 필사 이두 자료. 일본 경도대학 가와이문고 소장. 고려대학교 해외한국학자료센터 홈페이지 원문 이미지 보기>

1814-08-00. **신승렬 등 상서**(愼承烈等上書), 신승렬 등. <1장. 한자+이두. 조선 필사 이두 자료. 경남 거창 갈계 은진 임씨 소장. 한국학중앙연구원 장서각 한국고문서자료관 홈페이지 원문 이미지 보기. 한국학중앙연구원 편(2005) 참고>

1814-08-00. 「은계입의(銀契立議)」, 이경춘(李景春) 외 공편. <1책. 22장. 필사본. 한자+이두. 조선 필사 이두 자료. 서울대학교 규장각 한국학연구원 홈페이지 원문 이미지 보기> <영인본: 「조선 시대 사회사 연구 사료 총서 3」(봉경문화사, 1986)>

1814-08-00. **정덕흡 등 상서**(鄭德潝等上書), 정덕흡 등. <1장. 한자+이두. 조선 필사 이두 자료. 경남 거창 갈계 은진 임씨 소장. 한국학중앙연구원 장서각 한국고문서자료관 홈페이지 원문 이미지 보기. 한국학중앙연구원 편(2005) 참고>

1814-09-18. **유학 시장문기**(幼學柴場文記), 시장 주 한량 이진우(柴場主閑良李辰友). <1장. 한자+이두. 조선 필사 이두 자료. 전남 영광군 입석 영월 신씨 소장. 한국학중앙연구원 장서각 한국고문서자료관 홈페이지 원문 이미지와 텍스트 보기. 한국정신문화연구원 편(1996) 참고>

1814-09-00. **김정유 등 소지**(金正儒等所志), 김정유 등. <1장. 한자+이두. 조선 필사 이두 자료. 경북 안동시 오천 광산 김씨 후조당 소장. 한국학중앙연구원 장서각 한국고문서자료관 홈페이지 원문 이미지와 텍스트 보기. 한국정신문화연구원 편(1982) 참고>

1814-10-18. **삼종질 유조영 토지매매명문**(三從侄劉祚永土地賣買明文), 전주 삼종숙 유응보(田主三從叔劉應輔). <1장. 한자+이두. 조선 필사 이두 자료. 경북 예천군 감천면 강릉 유씨 벌방 종가 구장. 한국국학진흥원 소장. 한국학자료센터 영남권역센터 홈페이지 원문 이미지와 텍스트 보기. 김성갑(2013) 참고>

1814-10-18. **유학 송사욱 토지매매명문**(幼學宋士郁土地賣買明文), 답주 동중(畓主洞中). <1장. 한자+이두. 조선 필사 이두 자료. 전북대학교 박물관 소장. 호남권 한국학자료센터 홈페이지 원문 이미지와 텍스트 보기>

1814-10-00. **경주 화민 최제한 소지**(慶州化民崔濟漢所志), 최제한. <1장. 한자+이두. 조선 필사 이두 자료. 경북 경주시 내남면 이조리 경주 최씨·용산서원 소장. 한국학중앙연구원 장서각 한국고문서자료관 홈페이지 원문 이미지 보기. 한국정신문화연구원 편(2000) 참고>

1814-10-00. **상주목사 완문**(尙州牧使完文), 상주목사. <1장. 한자+이두. 조선 필사 이두 자료. 경북 상주시 모동면 수봉리 옥동서원 소장. 한국학자료센터 영남권역센터 홈페이지 원문 이미지와 텍스트 보기. 이수환(2001) 참고>

1814-11-07. **김 진사 상성 토지매매명문**(金進士相誠土地賣買明文),[136] 답주 유학 김광직(畓主幼學金光稷). <1장. 한자+이두. 조선 필사 이두 자료. 전북 부안군 우반 부안 김씨 세덕각 소장. 한국학중앙연구원 장서각 한국고문서자료관 홈페이지 & 호남권 한국학자료센터 홈페이지 원문 이미지와 텍스트 보기. 박병호(1974ㄱ), 한국정신문화연구원 편(1983, 1998), 이재수(2003), 한국학중앙연구원 편(2017) 참고>

1814-11-09.[137] **서운졸 토지매매명문**(徐云卒土地賣買明文), 전답주 조잉복지(田畓主

---

136 한국학중앙연구원 장서각 한국고문서자료관 홈페이지 & 호남권 한국학자료센터 홈페이지에서는 '김상성(金相誠) 토지매매명문(土地賣買明文)'으로 표시하였다.

曺芿卜只). <1장. 한자+이두. 조선 필사 이두 자료. 대구 칠계 경주 최씨 백불암 종중 구장. 안동대학교 박물관 소장. 한국학자료센터 영남권역센터 홈페이지 원문 이미지와 텍스트 보기. 박병호(1974ㄱ), 최승희(1989), 이재수(2003), 이수건 외(2004) 참고>

1814-11-11. **유학 토지매매명문**(幼學土地賣買明文),[138] 답주 김이규(畓主金履圭). <1장. 한자+이두. 조선 필사 이두 자료. 전남 보성 옥암 죽산 안씨가 구장. 광주광역시 이정옥 소장. 호남권 한국학자료센터 홈페이지 원문 이미지와 텍스트 보기. 최승희(1989) 참고>

1814-11-13. **임인삼 토지매매명문**(林仁三土地賣買明文), 답주 자필 남일종(畓主自筆南日宗). <1장. 한자+이두. 조선 필사 이두 자료. 경북 안동시 주촌 진성 이씨 경류정 소장. 한국학중앙연구원 장서각 한국고문서자료관 홈페이지 원문 이미지와 텍스트 보기. 한국정신문화연구원 편(1999) 참고>

1814-11-15. **김시태 토지매매명문**(金時太土地賣買明文), 전주 김득남 부 미신(田主金得男父米申). <1장. 한자+이두. 조선 필사 이두 자료. 일본 경도대학 가와이문고 소장. 고려대학교 해외한국학자료센터 홈페이지 원문 이미지 보기>

1814-11-23. **김가팔 토지매매명문**(金加八土地賣買明文), 답주 자필 임덕송(畓主自筆林德宋). <1장. 한자+이두. 조선 필사 이두 자료. 경북 예천군 감천면 강릉 유씨 벌방 종가 구장. 한국국학진흥원 소장. 한국학자료센터 영남권역센터 홈페이지 원문 이미지와 텍스트 보기. 김성갑(2013) 참고>

1814-11-00. **최윤효 등 상서**(崔允孝等上書) 1, 최윤효 등. <1장. 한자+이두. 조선 필사 이두 자료. 남원·구례 삭녕 최씨 구장. 한국학중앙연구원 장서각 한국고문서자료관 홈페이지 원문 이미지 보기. 한국정신문화연구원 편(2004) 참고>

1814-12-10. **유학 고재항 토지매매명문**(幼學高再恒土地賣買明文), 답주 유학 동성 맹대(畓主幼學同姓孟大). <1장. 한자+이두. 조선 필사 이두 자료. 전북대학교 박물

---

[137] 한국학자료센터 영남권역센터 홈페이지에서는 '12월 9일'로 잘못 적었다.
[138] 호남권 한국학자료센터 홈페이지에서는 '김이규(金履圭) 방매(放賣) 토지매매명문(土地賣買明文)'으로 표시하였다.

관 소장. 호남권 한국학자료센터 홈페이지 원문 이미지와 텍스트 보기. 박병호(1974ㄱ), 이재수(2003) 참고>

1814-12-11. **이 씨가 노 강아 토지매매명문**(李氏家奴江牙土地賣買明文), 전주 정만(田主鄭萬). <1장. 한자+이두. 조선 필사 이두 자료. 경북 경주시 안강읍 옥산리 여주 이씨 장산서원·치암 종택 구장. 한국학중앙연구원 장서각 한국고문서자료관 홈페이지 원문 이미지 보기. 한국정신문화연구원 편(2003) 참고>

1814-12-19. **삼종제 김섬운 토지매매명문**(三從弟金暹運土地賣買明文), 전주 삼종형 김흥운(田主三從兄金興運). <1장. 한자+이두. 조선 필사 이두 자료. 안동 천전 의성 김씨 지촌 종택 소장. 한국학중앙연구원 장서각 한국고문서자료관 홈페이지 원문 이미지와 텍스트 보기. 한국정신문화연구원 편(1990) 참고>

1814-12-19. **서대 토지매매명문**(徐大土地賣買明文), 답주 이일부리(畓主李日夫里). <1장. 한자+이두. 조선 필사 이두 자료. 경북 안동시 법흥동 고성 이씨 탑동 종가 구장. 한국국학진흥원 소장. 한국학자료센터 영남권역센터 홈페이지 원문 이미지와 텍스트 보기. 박병호(1974ㄱ), 최승희(1989), 이재수(2003), 이수건 외(2004) 참고>

1814-12-20. **민치덕 토지매매명문**(閔致德土地賣買明文), 답주 최인중(畓主崔仁中). <1장. 한자+이두. 조선 필사 이두 자료. 전북 부안군 우반 부안 김씨 세덕각 소장. 한국학중앙연구원 장서각 한국고문서자료관 홈페이지 & 호남권 한국학자료센터 홈페이지 원문 이미지와 텍스트 보기. 박병호(1974ㄱ), 한국정신문화연구원 편(1983, 1998), 이재수(2003), 한국학중앙연구원 편(2017) 참고>

1814-12-24. **재종제 김진유 토지매매명문**(再從弟金進儒土地賣買明文), 전주 자필 재종형 상유(田主自筆再從兄商儒). <1장. 한자+이두. 조선 필사 이두 자료. 경북 안동시 오천 광산 김씨 후조당 소장. 한국학중앙연구원 장서각 한국고문서자료관 홈페이지 원문 이미지와 텍스트 보기. 한국정신문화연구원 편(1982) 참고>

1814-12-28. **동계 유사 유학 장현극·최환익 토지매매명문**(洞稧有司幼學張顯極崔煥翼土地賣買明文),[139] 답주 유학 최홍담(畓主幼學崔鴻潭). <1장. 한자+이두. 조선

---

[139] 호남권 한국학자료센터 홈페이지에서는 '1814년 장현극(張顯極) 토지매매명문(土地賣買明文)'으

필사 이두 자료. 전북 임실군 오수 삼계강사 소장. 호남권 한국학자료센터 홈페이지 원문 이미지와 텍스트 보기. 박병호(1974ㄱ), 최승희(1989), 정구복 외(1999) 참고>

1814-12-00. **최윤효 등 상서**(崔允孝等上書) 2, 최윤효 등. <1장. 한자+이두. 조선 필사 이두 자료. 남원·구례 삭녕 최씨 구장. 한국학중앙연구원 장서각 한국고문서자료관 홈페이지 원문 이미지 보기. 한국정신문화연구원 편(2004) 참고>

1814-■■-21. **안계우 토지매매명문**(安李佑土地賣買明文), 답주 자필 유학 이인묵(畓主自筆幼學李仁默). <1장. 한자+이두. 조선 필사 이두 자료. 경북 안동시 오천 광산 김씨 후조당 소장. 장서각 한국고문서자료관 홈페이지 원문 이미지와 텍스트 보기. 박병호(1974ㄱ), 한국정신문화연구원 편(1982), 최승희(1989) 참고>

1814-■■-24. **권 생원 댁 노 장순 토지매매명문**(權生員宅奴張順土地賣買明文) 3, 답주 김복손(畓主金福孫). <1장. 한자+이두. 조선 필사 이두 자료. 경북 예천군 용문면 대제리 원동 권씨 춘우재 고택 구장. 한국국학진흥원 소장. 한국학자료센터 영남권역센터 홈페이지 원문 이미지와 텍스트 보기. 김성갑(2013) 참고>

1814-00-00. **윤매 초사**(允每招辭), 윤매. <1장. 점련문서. 한자+이두. 조선 필사 이두 자료. 안동 천전 의성 김씨 지촌 종택 소장. 한국학중앙연구원 장서각 한국고문서자료관 홈페이지 원문 이미지 보기. 한국정신문화연구원 편(1989) 참고>

1814-00-00. 「자산어보(玆山魚譜)」, 정약전(丁若銓, 1758년~1816년). <3권 1책. 필사본. 흑산도 연해의 어보 224항의 고기 이름 수록. 한자 어명+속명(고유어 명칭). 175항의 고유어 명칭을 차자로 표기. 서울대학교 규장각 한국학연구원 소장. 홍순탁(1963), 김언종(2003), 김홍석(2008) 참고> <이본: ① 1851-00-00(1책. 91장. 필사본. 서울대학교 규장각 한국학연구원 홈페이지 '가람古639.2-J466j' 원문 이미지 보기) ② 필사 시기 미상(1책. 필사본. 서울대학교 규장각 한국학연구원 '想白古 597.0925-J466j-v.1/3' 소장) ③ 필사 시기 미상(1책. 필사본. 고려대학교 도서관 홈페이지 원문 이미지 보기) ④ 1946-00-00(정계섭(鄭啓燮) 필사본. 국립중앙도서관 홈페이지 원문 이미지 보기)>

로 표시하였다.

1814-00-00. 「주자소응행절목(鑄字所應行節目)」, 규장각(奎章閣) 편. <1책. 24장. 필사본. 표제는 '板堂考'. 한자+이두. 조선 필사 이두 자료. 서울대학교 규장각 한국학연구원 홈페이지 '奎貴 7909' 원문 이미지 보기>

1815년

<을해(乙亥), 순조 15년, 가경 20년>

1815-01-01~1815-12-20. 「결속색등록(結束色謄錄)」, 병조(兵曹) 편(編). <1책(30). 178장. 필사본. 필사 시기 미상. 한자+이두. 조선 필사 이두 자료. 서울대학교 규장각 한국학연구원 홈페이지 1787년~1891년 낙질본 107책(1792년(건륭 57년), 1811년 하, 1816년(가경 21년), 1817년(가경 22년), 1824년(도광 4년), 1831(도광 11년), 1871(동치 10년), 1885년(광서 11년) 없음) 원문 이미지 보기>

1815-01-01~1815-12-26(乙亥). 「전객사일기(典客司日記)」 61, 예조(禮曹) 전객사(典客司) 편(編). <1책(61/99). 134장. 필사본. 한자+이두. 조선 필사 이두 자료. 서울대학교 규장각 한국학연구원 홈페이지 원문 이미지 보기> <1640-01-22~1641-12-23(1)>

1815-01-03. **남성공 토지매매명문**(南聖公土地賣買明文), 전주 김복태(田主金福太). <1장. 한자+이두. 조선 필사 이두 자료. 경북 안동시 주촌 진성 이씨 경류정 구장. 서울역사박물관 소장. 한국학중앙연구원 장서각 한국고문서자료관 홈페이지 원문 이미지와 텍스트 보기. 한국정신문화연구원 편(1999) 참고>

1815-01-20. **유학 박재순 노비매매명문**(幼學朴在純奴婢賣買明文), 비주 유학 권대승(婢主幼學權大升). <1장. 한자+이두. 조선 필사 이두 자료. 경북 영주시 문수면 수도리 반남 박씨 오헌고택 구장. 한국국학진흥원 소장. 한국학자료센터 영남권역센터 홈페이지 원문 이미지와 텍스트 보기. 김성갑(2013) 참고>

1815-01-20. **정규득 토지매매명문**(鄭奎得土地賣買明文), 답주 자필 유학 이규복(畓主自筆幼學李奎復). <1장. 한자+이두. 조선 필사 이두 자료. 경북 고령군 대가야읍 본관 1리 홍와 고택 구장. 한국국학진흥원 소장. 한국학자료센터 영남권역센터

홈페이지 원문 이미지와 텍스트 보기. 김성갑(2013) 참고>

1815-01-26. **시남 토지매매명문**(時男土地賣買明文), 답주 이 노 순삼(畓主李奴順三). <1장. 한자+이두. 조선 필사 이두 자료. 경북 경주시 안강읍 옥산서원 소장. 한국학자료센터 영남권역센터 홈페이지 원문 이미지와 텍스트 보기. 박병호(1974ㄱ), 최승희(1989), 이수환(2001), 이재수(2003) 참고>

1815-01-27. **유덕호 가사전민도문기**(柳德浩家舍田民都文記) 1, 재주 부(財主父). <1장. 한자+이두. 조선 필사 이두 자료. 전남 구례군 토지면 오미리 문화 류씨 운조루 소장. 한국학중앙연구원 장서각 한국고문서자료관 홈페이지 원문 이미지와 텍스트 보기. 한국정신문화연구원 편(1998) 참고>

1815-01-27. **유덕호 가사전민도문기**(柳德浩家舍田民都文記) 2, 재주 부(財主父). <1장. 한자+이두. 조선 필사 이두 자료. 전남 구례군 토지면 오미리 문화 류씨 운조루 소장. 한국학중앙연구원 장서각 한국고문서자료관 홈페이지 원문 이미지와 텍스트 보기. 한국정신문화연구원 편(1998) 참고>

1815-01-29. **최어질삼 토지매매명문**(崔於叱三土地賣買明文), 답주 자필 유학 김치백(畓主自筆幼學金致伯). <1장. 한자+이두. 조선 필사 이두 자료. 대구광역시 수성구 만촌동 전주 류씨 종가 소장. 한국학자료센터 영남권역센터 홈페이지 원문 이미지와 텍스트 보기. 최승희(1989), 이재수(2003), 정수환(2012) 참고>

1815-01-30. **이영채 토지매매명문**(李英彩土地賣買明文), 답주 자필 구창욱(畓主自筆具昌郁). <1장. 한자+이두. 조선 필사 이두 자료. 전남 영광군 입석 영월 신씨 소장. 한국학중앙연구원 장서각 한국고문서자료관 홈페이지 원문 이미지와 텍스트 보기. 한국정신문화연구원 편(1996) 참고>

1815-01-00. **김국계 등 소지**(金國桂等所志), 김국계 등. <1장. 한자+이두. 조선 필사 이두 자료. 전북 고창·고부 광산 김씨 소장. 한국학중앙연구원 고문서자료관 홈페이지 원문 이미지 보기. 한국학중앙연구원 편(2009) 참고>

1815-01-00. **이매수 등 상서**(李邁秀等上書), 이매수 등. <1장. 한자+이두. 조선 필사 이두 자료. 경북 안동시 법흥동 고성 이씨 임청각 구장. 한국학중앙연구원 장서각 한국고문서자료관 홈페이지 원문 이미지 보기. 한국정신문화연구원 편(2000) 참고>

1815-02-02. **김명돌 토지매매명문**(金命乭土地賣買明文),[140] 전주 자필 구성일(田主自筆丘聖佾). <1장. 한자+이두. 조선 필사 이두 자료. 경북 영양군 영양읍 삼지리 한양 조씨 하담 고택 구장. 한국국학진흥원 소장. 한국학자료센터 영남권역센터 홈페이지 원문 이미지와 텍스트 보기. 박병호(1974ㄱ), 최승희(1989), 이재수(2003), 이수건 외(2004) 참고>

1815-02-08. **유학 시장문기**(幼學柴場文記), 시장 주 이진관(柴場主李振寬). <1장. 한자+이두. 조선 필사 이두 자료. 전남 영광군 입석 영월 신씨 소장. 한국학중앙연구원 장서각 한국고문서자료관 홈페이지 원문 이미지와 텍스트 보기. 한국정신문화연구원 편(1996) 참고>

1815-02-08. **탁제운·김세명 토지매매명문**(卓濟運金世命土地賣買明文), 전주 자필 이상순(田主自筆李相舜). <1장. 한자+이두. 조선 필사 이두 자료. 안동 천전 의성 김씨 지촌 종택 소장. 한국학중앙연구원 장서각 한국고문서자료관 홈페이지 원문 이미지 보기. 한국정신문화연구원 편(1990) 참고>

1815-02-11. **류 노 세태 토지매매명문**(柳奴世太土地賣買明文),[141] 답주 자필 도명(畓主自筆道明). <1장. 한자+이두. 조선 필사 이두 자료. 경북 안동시 하회 풍산 류씨 충효당 소장. 한국국학진흥원 유교넷 홈페이지 원문 이미지 보기>

1815-02-11. **임■■ 토지매매명문**(林■■土地賣買明文), 답주 허명재(畓主許命才). <1장. 한자+이두. 조선 필사 이두 자료. 경북 경주시 안강읍 옥산리 여주 이씨 독락당 소장. 한국학중앙연구원 장서각 한국고문서자료관 홈페이지 원문 이미지 보기. 한국정신문화연구원 편(2003) 참고>

1815-02-11. **토지매매명문**(土地賣買明文),[142] 자필 전주 고석창(自筆田主高石昌). <1장. 한자+이두. 조선 필사 이두 자료. 전남 영광 마산 경주 이씨가 구장. 진안

---

[140] 한국학자료센터 영남권역센터 홈페이지에서는 '구성일(丘聖佾) 토지매매명문(土地賣買明文)'으로 표시하였다.

[141] 한국국학진흥원 유교넷 홈페이지에서는 문서명을 '1815년(순조 15) 2월 11일, 답주(畓主) 도명(道明)이 류댁 노 세태(柳宅奴世太) 앞으로 발급한 매매문(賣買明文)'으로 표시하였다.

[142] 호남권 한국학자료센터 홈페이지에서는 '고석창(高石昌) 방매(放賣) 토지매매명문(土地賣買明文)'으로 표시하였다.

용담호미술관 소장. 호남권 한국학자료센터 홈페이지 원문 이미지와 텍스트 보기. 박병호(1974ㄱ), 최승희(1989), 이재수(2003) 참고>

1815-02-17. **김성진 토지매매명문**(金聲辰土地賣買明文), 답주 김오삼(畓主金五三). <1장. 한자+이두. 조선 필사 이두 자료. 경북 안동시 하회 풍산 류씨 충효당 소장. 한국학중앙연구원 장서각 한국학자료센터 홈페이지 원문 이미지와 텍스트 보기. 한국정신문화연구원 편(1994) 참고>

1815-02-24. **유학 박성간 노비매매명문**(幼學朴成幹奴婢賣買明文), 노주 자필 유학 정도명(奴主自筆幼學鄭道明). <1장. 한자+이두. 조선 필사 이두 자료. 경북 영주시 문수면 수도리 반남 박씨 오헌고택 구장. 한국국학진흥원 소장. 한국학자료센터 영남권역센터 홈페이지 원문 이미지와 텍스트 보기. 김성갑(2013) 참고>

1815-02-27. **매부 김노택 토지매매명문**(妹夫金魯澤土地賣買明文), 답주 처남 임인구(畓主妻姻林仁九). <1장. 한자+이두. 조선 필사 이두 자료. 전남 보성 박실 제주 양씨가 구장. 원광대학교 박물관 소장. 호남권 한국학자료센터 홈페이지 원문 이미지와 텍스트 보기. 박병호(1974ㄱ), 최승희(1989), 이재수(2003) 참고>

1815-02-28. **권 생원 댁 노 장순 토지매매명문**(權生員宅奴張順土地賣買明文), 답주 박 생원 댁 노 태위(畓主朴生員宅奴太位). <1장. 한자+이두. 조선 필사 이두 자료. 경북 예천군 용문면 대제리 원동 권씨 춘우재 고택 구장. 한국국학진흥원 소장. 한국학자료센터 영남권역센터 홈페이지 원문 이미지와 텍스트 보기. 김성갑(2013) 참고>

1815-02-28. **노 태위 배지**(奴太位牌旨), 상전 박(上典朴). <1장. 한자+이두. 조선 필사 이두 자료. 경북 예천군 용문면 대제리 원동 권씨 춘우재 고택 구장. 한국국학진흥원 소장. 한국학자료센터 영남권역센터 홈페이지 원문 이미지와 텍스트 보기. 김성갑(2013) 참고>

1815-02-28. **도덕암 토지매매명문**(道德菴土地賣買明文), 박영주(朴榮柱). <1장. 한자+이두. 조선 필사 이두 자료. 경북 경주시 안강읍 옥산리 여주 이씨 독락당 소장. 한국학중앙연구원 장서각 한국고문서자료관 홈페이지 원문 이미지 보기. 한국정신문화연구원 편(2003) 참고>

1815-02-29. **강성문 토지매매명문**(姜成文土地賣買明文), 답주 최성화(畓主崔成花).

<1장. 한자+이두. 조선 필사 이두 자료. 전남 영광 마산 경주 이씨가 구장. 진안 용담호미술관 소장. 호남권 한국학자료센터 홈페이지 원문 이미지와 텍스트 보기. 최승희(1989), 채현경(2011) 참고>

1815-02-00. **김국계 소지**(金國桂等所志), 김국계. <1장. 한자+이두. 조선 필사 이두 자료. 전북 고창·고부 광산 김씨 소장. 한국학중앙연구원 고문서자료관 홈페이지 원문 이미지 보기. 한국학중앙연구원 편(2009) 참고>

1815-03-05. **노 금용·상걸 등 수표**(奴今用尚乞等手標), 노 금용·상걸. <1장. 한자+이두. 조선 필사 이두 자료. 경주 양동 경주 손씨 송첨 종택 소장. 한국학중앙연구원 장서각 한국고문서자료관 홈페이지 원문 이미지 보기. 최승희(1989), 한국정신문화연구원 편(1997) 참고>

1815-03-07. **유학 최정록 토지매매명문**(幼學崔正綠土地賣買明文), 자필 답주 조일국(自筆畓主趙一國). <1장. 한자+이두. 조선 필사 이두 자료. 전남 순천 황전 경주 정씨가 구장. 광주광역시 이정옥 소장. 호남권 한국학자료센터 홈페이지 원문 이미지와 텍스트 보기. 최승희(1989) 참고>

1815-03-10. **김철지 토지매매명문**(金哲志土地賣買明文), 답주 한량 흥철(畓主閑良興哲). <1장. 한자+이두. 조선 필사 이두 자료. 전남 보성 박실 제주 양씨가 구장. 원광대학교 박물관 소장. 호남권 한국학자료센터 홈페이지 원문 이미지와 텍스트 보기. 박병호(1974ㄱ), 이재수(2003) 참고>

1815-03-10. **유학 토지매매명문**(幼學土地賣買明文), 답주 한량 이진관(畓主閑良李鎭官). <1장. 한자+이두. 조선 필사 이두 자료. 전남 영광군 입석 영월 신씨 소장. 한국학중앙연구원 장서각 한국고문서자료관 홈페이지 원문 이미지와 텍스트 보기. 한국정신문화연구원 편(1996) 참고>

1815-03-16. **김 생원 댁 노 일손 토지매매명문**(金生員宅奴日孫土地賣買明文), 윤매(允每). <1장. 점련문서. 한자+이두. 조선 필사 이두 자료. 안동 천전 의성 김씨 지촌 종택 소장. 한국학중앙연구원 장서각 한국고문서자료관 홈페이지 원문 이미지 보기. 한국정신문화연구원 편(1989) 참고>

1815-03-25. **박만술 토지매매명문**(朴萬戌土地賣買明文),[143] 전주 송억(田主宋億). <1장. 한자+이두. 조선 필사 이두 자료. 경북 예천 임씨 금양파 금포 고택 구장.

한국국학진흥원 소장. 한국국학진흥원 유교넷 홈페이지 원문 이미지와 텍스트 보기>

1815-03-26. **강행룡 토지매매명문**(姜幸龍土地賣買明文), 자필 답주 서석문(自筆畓主徐碩文). <1장. 한자+이두. 조선 필사 이두 자료. 전남 구례군 토지면 오미리 문화 류씨 운조루 소장. 한국학중앙연구원 장서각 한국고문서자료관 홈페이지 원문 이미지와 텍스트 보기. 한국정신문화연구원 편(1998) 참고>

1815-03-26. **계원 유학 서지학 토지매매명문**(稧員幼學徐志學土地賣買明文), 자필 답주 유학 신시록(自筆畓主幼學申始祿). <1장. 한자+이두. 조선 필사 이두 자료. 전남 순천 월등 목천 장씨가 구장. 전북대학교 박물관 소장. 호남권 한국학자료센터 홈페이지 원문 이미지와 텍스트 보기. 최승희(1989), 정구복 외(1999), 이재수(2003) 참고>

1815-03-26. **유학 임훈재 토지매매명문**(幼學任勛材土地賣買明文), 전주 유학 김약구(田主幼學金若龜). <1장. 한자+이두. 조선 필사 이두 자료. 전남 보성군 능묵리 장흥 임씨가 구장. 전북대학교 박물관 소장. 호남권 한국학자료센터 홈페이지 원문 이미지와 텍스트 보기. 최승희(1989), 이재수(2003) 참고>

1815-03-00. **노주 유학 정도명 초사**(奴主幼學鄭道明招辭), 정도명. <1장. 한자+이두. 조선 필사 이두 자료. 경북 영주시 문수면 수도리 반남 박씨 오헌고택 구장. 한국국학진흥원 소장. 한국학자료센터 영남권역센터 홈페이지 원문 이미지와 텍스트 보기. 김성갑(2013) 참고>

1815-03-00. **박성간 노비매매 사급입안**(朴成幹奴婢賣買斜給立案), 영천군(永川郡). <1장. 한자+이두. 조선 필사 이두 자료. 경북 영주시 문수면 수도리 반남 박씨 오헌고택 구장. 한국국학진흥원 소장. 한국학자료센터 영남권역센터 홈페이지 원문 이미지와 텍스트 보기. 최연숙(2005) 참고>

1815-03-00. **박재순 노비매매 사급입안**(朴在純奴婢賣買斜給立案), 영천군(永川郡). <1장. 한자+이두. 조선 필사 이두 자료. 경북 영주시 문수면 수도리 반남 박씨

---

143 한국국학진흥원 유교넷 홈페이지에서는 문서명을 '1815년 송억**칠**이 박만성에게 밭을 팔았음을 증명하는 전답매매문기'로 표시하였다.

오헌고택 구장. 한국국학진흥원 소장. 한국학자료센터 영남권역센터 홈페이지 원문 이미지와 텍스트 보기. 최연숙(2005) 참고>

1815-03-00. **박재순 사급입안 요청 소지**(朴在純斜給立案要請所志) 1, 박재순. <1장. 한자+이두. 조선 필사 이두 자료. 경북 영주시 문수면 수도리 반남 박씨 오헌고택 구장. 한국국학진흥원 소장. 한국학자료센터 영남권역센터 홈페이지 원문 이미지와 텍스트 보기>

1815-03-00. **박재순 사급입안 요청 소지**(朴在純斜給立案要請所志) 2, 박재순. <1장. 한자+이두. 조선 필사 이두 자료. 경북 영주시 문수면 수도리 반남 박씨 오헌고택 구장. 한국국학진흥원 소장. 한국학자료센터 영남권역센터 홈페이지 원문 이미지와 텍스트 보기>

1815-03-00. **비주 유학 권대승 초사**(婢主幼學權大升招辭), 권대승. <1장. 한자+이두. 조선 필사 이두 자료. 경북 영주시 문수면 수도리 반남 박씨 오헌고택 구장. 한국국학진흥원 소장. 한국학자료센터 영남권역센터 홈페이지 원문 이미지와 텍스트 보기>

1815-03-00. **사노 금용·상걸 등 등장**(私奴今用尙乞等等狀), 사노 금용·상걸 등. <1장. 한자+이두. 조선 필사 이두 자료. 경주 양동 경주 손씨 송첨 종택 소장. 한국학중앙연구원 장서각 한국고문서자료관 홈페이지 원문 이미지 보기. 최승희(1989), 한국정신문화연구원 편(1997) 참고>

1815-03-00. **손종원 소지**(孫鍾遠所志), 손종원. <1장. 한자+이두. 조선 필사 이두 자료. 경주 양동 경주 손씨 송첨 종택 소장. 한국학중앙연구원 장서각 한국고문서자료관 홈페이지 원문 이미지 보기. 최승희(1989), 한국정신문화연구원 편(1997) 참고>

1815-03-00. **증인 송의눌·필집 권호 초사**(證人宋宜訥筆執權浩招辭), 증인 송의눌·필집 권호. <1장. 한자+이두. 조선 필사 이두 자료. 경북 영주시 문수면 수도리 반남 박씨 오헌고택 구장. 한국국학진흥원 소장. 한국학자료센터 영남권역센터 홈페이지 원문 이미지와 텍스트 보기. 최연숙(2005) 참고>

1815-04-05. **재종형 유학 임훈재 토지매매명문**(再從兄幼學任勳材土地賣買明文), 전주 재종제 임종윤(田主再從弟任宗允). <1장. 한자+이두. 조선 필사 이두 자료. 전남

보성군 능묵리 장흥 임씨가 구장. 전북대학교 박물관 소장. 호남권 한국학자료센터 홈페이지 원문 이미지와 텍스트 보기. 최승희(1989), 이재수(2003) 참고>

1815-04-06. **조광득 토지매매명문**(趙光得土地賣買明文),[144] 전주 송억지(田主宋億只). <1장. 한자+이두. 조선 필사 이두 자료. 경북 예천 임씨 금양파 금포 고택 구장. 한국국학진흥원 소장. 한국국학진흥원 유교넷 홈페이지 원문 이미지와 텍스트 보기>

1815-04-10. **서 생원 댁 노 천복 토지매매명문**(徐生員宅奴千福土地賣買明文), 조 생원 댁 노 팔석(趙生員宅奴八石). <1장. 한자+이두. 조선 필사 이두 자료. 부여 은산 함양 박씨 소장. 한국학중앙연구원 고문서자료관 홈페이지 원문 이미지 보기. 한국정신문화연구원 편(2000) 참고>

1815-04-12. **유학 탁제운 토지매매명문**(幼學卓濟運土地賣買明文), 전주 자필 유학 이상순(田主自筆幼學李相舜). <1장. 한자+이두. 조선 필사 이두 자료. 안동 천전 의성 김씨 지촌 종택 소장. 한국학중앙연구원 장서각 한국고문서자료관 홈페이지 원문 이미지 보기. 한국정신문화연구원 편(1990) 참고>

1815-04-27. **족질 유조영 토지매매명문**(族侄劉祚永土地賣買明文), 답주 자필 유학 족숙 유응보(畓主自筆幼學族叔劉應輔). <1장. 한자+이두. 조선 필사 이두 자료. 경북 예천군 감천면 강릉 유씨 벌방 종가 구장. 한국국학진흥원 소장. 한국학자료센터 영남권역센터 홈페이지 원문 이미지와 텍스트 보기. 김성갑(2013) 참고>

1815-04-00. **노 팔석 배지**(奴八石牌旨), 상전 조(上典趙). <1장. 한자+이두. 조선 필사 이두 자료. 부여 은산 함양 박씨 소장. 한국학중앙연구원 고문서자료관 홈페이지 원문 이미지 보기. 한국정신문화연구원 편(2000) 참고>

1815-06-00. **유 상인 댁 노 돌이 소지**(柳喪人宅奴乭伊所志), 돌이. <1장. 한자+이두. 조선 필사 이두 자료. 풍산 류씨 하회 화경당(북촌댁) 구장. 한국국학진흥원 소장. 한국학자료센터 영남권역센터 홈페이지 원문 이미지와 텍스트 보기>

1815-06-00. **이건기 소지**(李建基所志), 이건기. <1장. 한자+이두. 조선 필사 이두

---

[144] 한국국학진흥원 유교넷 홈페이지에서는 문서명을 '1815년 송억지가 조광득에게 밭을 팔았음을 증명하는 전답매매문기'로 표시하였다.

자료. 상주 연안 이씨 이만부 종가 소장. 한국학중앙연구원 장서각 한국고문서자료관 홈페이지 원문 이미지 보기>

1815-07-25. **김양복 가사매매명문**(金養福家舍賣買明文), 재주 박지번(財主朴枝蕃). <1장. 한자+이두. 조선 필사 이두 자료. 한국학중앙연구원 장서각 한국고문서자료관 홈페이지 원문 이미지와 텍스트 보기. 한국정신문화연구원 편(1992) 참고>

1815-07-00. **일손 입안**(日孫立案), 의성현(義城縣). <1장. 한자+이두. 조선 필사 이두 자료. 안동 천전 의성 김씨 지촌 종택 소장. 한국학중앙연구원 장서각 한국고문서자료관 홈페이지 원문 이미지 보기. 한국정신문화연구원 편(1990) 참고>

1815-07-00. **최윤효 등 상서**(崔允孝等上書) 1, 최윤효 등. <1장. 한자+이두. 조선 필사 이두 자료. 남원·구례 삭녕 최씨 구장. 한국학중앙연구원 장서각 한국고문서자료관 홈페이지 원문 이미지 보기. 한국정신문화연구원 편(2004) 참고>

1815-08-00. **최윤효 등 상서**(崔允孝等上書) 2, 최윤효 등. <1장. 한자+이두. 조선 필사 이두 자료. 남원·구례 삭녕 최씨 구장. 한국학중앙연구원 장서각 한국고문서자료관 홈페이지 원문 이미지 보기. 한국정신문화연구원 편(2004) 참고>

1815-09-00. **김정악 등 품목**(金晶岳等稟目), 김정악 등. <1장. 한자+이두. 조선 필사 이두 자료. 전북 고창·고부 광산 김씨 소장. 한국학중앙연구원 고문서자료관 홈페이지 원문 이미지 보기. 한국학중앙연구원 편(2009) 참고>

1815-09-00. **박계방 소지**(朴桂芳所志), 박계방. <1장. 한자+이두. 조선 필사 이두 자료. 전북 남원 풍산 밀양 박씨가 구장. 남원향토박물관 소장. 호남권 한국학자료센터 홈페이지 원문 이미지와 텍스트 보기. 최승희(1989), 전경목 외(2006) 참고>

1815-09-00. **신승렬 상서**(愼承烈上書), 신승렬. <1장. 한자+이두. 조선 필사 이두 자료. 경남 거창 갈계 은진 임씨 소장. 한국학중앙연구원 장서각 한국고문서자료관 홈페이지 원문 이미지 보기. 한국학중앙연구원 편(2005) 참고>

1815-09-00. **정충사 완문**(旌忠祠完文), 남원현감(南原縣監). <1장. 한자+이두. 조선 필사 이두 자료. 남원 대곡 장수 황씨 문중 소장. 호남권 한국학자료센터 홈페이지 원문 이미지와 텍스트 보기. 최승희(1989), 김경숙(2002) 참고>

1815-10-01. **칠촌 숙주 유학 송일욱 토지매매명문**(七寸叔主幼學宋一郁土地賣買明文), 전주 자필 칠촌 질 유학 송채옥(田主自筆七寸侄幼學宋采玉). <1장. 한자+이두.

조선 필사 이두 자료. 전북대학교 박물관 소장. 호남권 한국학자료센터 홈페이지 원문 이미지와 텍스트 보기>

1815-10-25. **임만동 토지매매명문**(林萬東土地賣買明文),[145] 전주 양인 송억이(田主良人宋億伊). <1장. 한자+이두. 조선 필사 이두 자료. 경북 예천 임씨 금양파 금포 고택 구장. 한국국학진흥원 소장. 한국국학진흥원 유교넷 홈페이지 원문 이미지 보기>

1815-11-17. **박영춘 토지매매명문**(朴榮春土地賣買明文), 답주 임성(畓主林姓). <1장. 한자+이두. 조선 필사 이두 자료. 전남 보성 박실 제주 양씨가 구장. 원광대학교 박물관 소장. 호남권 한국학자료센터 홈페이지 원문 이미지와 텍스트 보기. 박병호(1974ㄱ), 최승희(1989), 채현경(2011) 참고>

1815-11-19. **윤순암 토지매매명문**(尹順岩土地賣買明文), 전답주 유성복(田畓主劉成福). <1장. 한자+이두. 조선 필사 이두 자료. 경북 안동시 법흥동 고성 이씨 탑동 종가 구장. 한국국학진흥원 소장. 한국학자료센터 영남권역센터 홈페이지 원문 이미지와 텍스트 보기. 박병호(1974ㄱ), 최승희(1989), 이재수(2003), 이수건 외 (2004) 참고>

1815-11-27. **예천군수 관**(醴泉郡守關), 예천군수. <1장. 한자+이두. 조선 필사 이두 자료. 풍산 류씨 하회 화경당(북촌댁) 구장. 한국국학진흥원 소장. 한국학자료센터 영남권역센터 홈페이지 원문 이미지와 텍스트 보기. 전경목(1996), 김경숙(2002) 참고>

1815-11-00. **김 좌랑댁 노 춘남 소지**(金佐郞宅魯春男所志), 춘남. <1장. 한자+이두. 조선 필사 이두 자료. 해남 노송 김해 김씨 노송사 소장. 호남권 한국학자료센터 홈페이지 원문 이미지와 텍스트 보기. 최승희(1989), 한국정신문화연구원 편(1998), 조정곤(2013) 참고>

1815-11-00. **류이좌 등 상서**(柳台佐等上書), 류이좌 등. <1장. 한자+이두. 조선 필사 이두 자료. 풍산 류씨 하회 화경당(북촌댁) 구장. 한국국학진흥원 소장. 한국학자

---

[145] 한국국학진흥원 유교넷 홈페이지에서는 문서명을 '1815년 송억이가 임만동에게 밭을 팔았음을 증명하는 전답매매문기'로 표시하였다.

료센터 영남권역센터 홈페이지 원문 이미지와 텍스트 보기. 전경목(1996), 김경숙(2002) 참고>

1815-11-00. ■~■남 소지(■~■男所志), ■남. <1장. 한자+이두. 조선 필사 이두 자료. 해남 노송 김해 김씨 노송사 소장. 한국학중앙연구원 장서각 한국고문서자료관 홈페이지 원문 이미지와 텍스트 보기. 한국정신문화연구원 편(1998) 참고>

1815-12-03. **예천군 현남면 풍헌 이 첩정**(醴泉郡縣南面風憲李牒呈), 풍헌 이(風憲李). <1장. 한자+이두. 조선 필사 이두 자료. 풍산 류씨 하회 화경당(북촌댁) 구장. 한국국학진흥원 소장. 한국학자료센터 영남권역센터 홈페이지 원문 이미지와 텍스트 보기. 전경목(1996), 김경숙(2002) 참고>

1815-12-06. **유학 송일욱 토지매매명문**(幼學宋一郁土地賣買明文) 1, 답주 자필 한량 김창옥(沓主自筆閑良金昌玉). <1장. 한자+이두. 조선 필사 이두 자료. 전북대학교 박물관 소장. 호남권 한국학자료센터 홈페이지 원문 이미지와 텍스트 보기>

1815-12-08. **유학 최광복 토지매매명문**(幼學崔光福土地賣買明文), 답주 자필 유학 백상오(畓主自筆幼學白尙五). <1장. 한자+이두. 조선 필사 이두 자료. 전북대학교 박물관 소장. 호남권 한국학자료센터 홈페이지 원문 이미지와 텍스트 보기. 박병호(1974ㄱ), 이재수(2003) 참고>

1815-12-15. **유학 송일욱 토지매매명문**(幼學宋一郁土地賣買明文) 2, 답주 한량 김복출(畓主閑良金福出). <1장. 한자+이두. 조선 필사 이두 자료. 전북대학교 박물관 소장. 호남권 한국학자료센터 홈페이지 원문 이미지와 텍스트 보기>

1815-12-25. **고두열 고목**(高斗列告目), 고두열. <1장. 점련문서. 한자+이두. 조선 필사 이두 자료. 전남 구례군 토지면 오미리 문화 류씨 운조루 소장. 한국학중앙연구원 장서각 한국고문서자료관 홈페이지 원문 이미지와 텍스트 보기. 한국정신문화연구원 편(1998) 참고>

1815-12-26. **금산위 유사 김진억 토지매매명문**(錦山位有司金鎭億土地賣買明文), 답주 족조 김명찬(畓主族祖金明燦). <1장. 한자+이두. 조선 필사 이두 자료. 안동 금계 의성 김씨 학봉 종가 소장. 한국학중앙연구원 장서각 한국고문서자료관 홈페이지 원문 이미지와 텍스트 보기. 한국정신문화연구원 편(1990) 참고>

1815-12-27. **권승언 토지매매명문**(權昇彦土地賣買明文), 자필 답주 삼종제 권민언(自

筆畓主三從弟權民彦). <1장. 한자+이두. 조선 필사 이두 자료. 경북 예천군 용문면 대제리 원동 권씨 춘우재 고택 구장. 한국국학진흥원 소장. 한국학자료센터 영남권역센터 홈페이지 원문 이미지와 텍스트 보기. 김성갑(2013) 참고>

1815-12-00. **김 생원 댁 돌산 소지**(金生員宅乭山所志), 돌산. <1장. 한자+이두. 조선 필사 이두 자료. 전북 부안군 우반 부안 김씨 세덕각 소장. 한국학중앙연구원 장서각 한국고문서자료관 홈페이지 & 호남권 한국학자료센터 홈페이지 원문 이미지와 텍스트 보기. 한국정신문화연구원 편(1983, 1998), 전경목(2001), 전경목 외(2006), 한국학중앙연구원 편(2017) 참고>

1815-12-00. **유풍천 댁 노 해손 소지**(柳豊川宅奴亥孫所志), 해손. <1장. 점련문서. 한자+이두. 조선 필사 이두 자료. 전남 구례군 토지면 오미리 문화 류씨 운조루 소장. 한국학중앙연구원 장서각 한국고문서자료관 홈페이지 원문 이미지와 텍스트 보기. 한국정신문화연구원 편(1998) 참고>

1815-12-00. **이주민 등 상서**(李周民等上書), 이주민 등. <1장. 한자+이두. 조선 필사 이두 자료. 전북 완주군 비봉 반곡서원 소장. 호남권 한국학자료센터 홈페이지 원문 이미지와 텍스트 보기. 박병호(1974ㄱ), 최승희(1989) 참고>

1815-00-00. **권상원·장계손 초사**(權尙員張季孫招辭),[146] 권상원·장계손. <1장. 점련문서. 한자+이두. 조선 필사 이두 자료. 안동 천전 의성 김씨 지촌 종택 소장. 한국학중앙연구원 장서각 한국고문서자료관 홈페이지 원문 이미지 보기. 한국정신문화연구원 편(1990) 참고>

1815-00-00. **김이근 초사**(金履瑾招辭), 김이근. <1장. 점련문서. 한자+이두. 조선 필사 이두 자료. 안동 천전 의성 김씨 지촌 종택 소장. 한국학중앙연구원 장서각 한국고문서자료관 홈페이지 원문 이미지 보기. 한국정신문화연구원 편(1990) 참고>

1815-00-00. 「소학제가집주(**小學諸家集註**)」 1-5, 하사신(何士信). <6권 5책. 정유자 복각판. 표제는 '小學'. 본문에 생획토 기입. 조선 묵서 구결 자료. 한국학중앙연구

---

[146] 한국학중앙연구원 장서각 한국고문서자료관 홈페이지에서는 '권상원(權尙員) 초사(招辭)'로 표시하였다.

원 한국학 디지털 아카이브 홈페이지 원문 이미지 보기>

1815-00-00. **조제고 토지매매명문**(助祭庫土地賣買明文), 답주 최순 자필(畓主崔詢自筆). <1장. 한자+이두. 조선 필사 이두 자료. 대구 칠계 경주 최씨 백불암 종중 구장. 안동대학교 박물관 소장. 한국학자료센터 영남권역센터 홈페이지 원문 이미지와 텍스트 보기. 박병호(1974ㄱ), 최승희(1989), 이재수(2003), 이수건 외(2004) 참고>

1815-00-00. 「혜경궁상례의주등록(惠慶宮喪禮儀註謄錄)」, 계제사(稽制司). <1책. 84장. 필사본. 한자+이두. 조선 필사 이두 자료. 한국학중앙연구원 장서각 한국학자료센터 홈페이지 & 한국학중앙연구원 한국학 디지털 아카이브 홈페이지 원문 이미지와 텍스트 보기>

1815-00-00 이전(또는 조선 후반) 추정. 「부목한전(浮穆漢傳)」, 이옥(李鈺, 1760년~1815년) 저. <고전 소설. 국립한국문학관 소장 이옥의 친구 김려(金鑢, 1766년~1822년,)가 편찬한 「담정총서(薜庭叢書)」 권11 '매화외사(梅花外史)'에 수록되어 있다.> <이본: 1882-00-00(「담정유고(薜庭遺藁)」, 김려. 서울대학교 규장각 한국학연구원 홈페이지 원문 이미지 보기)>

1816년

<병자(丙子), 순조 16년, 가경 21년>

1816-01-01~1816-12-26(丙子). 「전객사일기(典客司日記)」 62, 예조(禮曹) 전객사(典客司) 편(編). <1책(62/99). 116장. 필사본. 한자+이두. 조선 필사 이두 자료. 서울대학교 규장각 한국학연구원 홈페이지 원문 이미지 보기> <1640-01-22~1641-12-23(1)>

1816-01-04. **임만동 토지매매명문**(林萬東土地賣買明文),[147] 전주 김은이(田主金銀伊).

---

[147] 한국국학진흥원 유교넷 홈페이지에서는 문서명을 '1816년 김은이가 임만동에게 밭을 팔았음을 증명하는 전답매매문기'로 표시하였다.

<1장. 한자+이두. 조선 필사 이두 자료. 경북 예천 임씨 금양파 금포 고택 구장. 한국국학진흥원 소장. 한국국학진흥원 유교넷 홈페이지 원문 이미지와 텍스트 보기>

1816-01-15. **수분 토지매매명문**(守分土地賣買明文), 매주 리중 동중 자필(賣主里中洞中自筆). <1장. 한자+이두. 조선 필사 이두 자료. 경북 예천군 감천면 강릉 유씨 벌방 종가 구장. 한국국학진흥원 소장. 한국학자료센터 영남권역센터 홈페이지 원문 이미지와 텍스트 보기. 김성갑(2013) 참고>

1816-01-18. **신 생원 댁 노 오봉 가사매매명문**(辛生員宅奴五奉家舍賣買明文), 가대주 이진백(家垈主李鎭白). <1장. 한자+이두. 조선 필사 이두 자료. 전남 영광군 입석 영월 신씨 소장. 한국학중앙연구원 장서각 한국고문서자료관 홈페이지 원문 이미지와 텍스트 보기. 한국정신문화연구원 편(1996) 참고>

1816-01-00. **김의태 준호구**(金宜兌準戶口), 대정현(大靜縣). <1장. 한자+이두. 조선 필사 이두 자료. 제주시 일도 이동규 구장. 제주시 일도 2동 제주민속자연사박물관 소장. 호남권 한국학자료센터 홈페이지 원문 이미지와 텍스트 보기. 최승희(1989), 고창석(2002), 손병규(2007), 문현주(2011) 참고>

1816-01-00. **용산서원 재임 입안**(龍山書員齋任立案), 경주부(慶州府). <1장. 한자+이두. 조선 필사 이두 자료. 경북 경주시 내남면 이조리 경주 최씨·용산서원 소장. 한국학중앙연구원 장서각 한국고문서자료관 홈페이지 원문 이미지 보기. 한국정신문화연구원 편(2000) 참고>

1816-01-00. **화민 신수묵 등 소지**(化民辛修默等所志), 신수묵 등. <1장. 한자+이두. 조선 필사 이두 자료. 전남 영광군 입석 영월 신씨 소장. 한국학중앙연구원 장서각 한국고문서자료관 홈페이지 원문 이미지와 텍스트 보기. 한국정신문화연구원 편(1996) 참고>

1816-02-01. **신 토지매매명문**(辛土地賣買明文) 1, 답주 자필 신효묵(畓主自筆辛孝默). <1장. 한자+이두. 조선 필사 이두 자료. 전남 영광군 입석 영월 신씨 소장. 한국학중앙연구원 장서각 한국고문서자료관 홈페이지 원문 이미지와 텍스트 보기. 한국정신문화연구원 편(1996) 참고>

1816-02-03. **유학 박성모 토지매매명문**(幼學朴成模土地賣買明文), 전주 양인 장성범

(田主良人張聖範). <1장. 한자+이두. 조선 필사 이두 자료. 경북 영주시 문수면 수도리 반남 박씨 오헌고택 구장. 한국국학진흥원 소장. 한국학자료센터 영남권 역센터 홈페이지 원문 이미지와 텍스트 보기. 김성갑(2013) 참고>

1816-02-07. **구임봉 토지매매명문**(具壬奉土地賣買明文), 답주 한늣봉(畓主韓芘奉).[148] <1장. 한자+이두. 조선 필사 이두 자료. 제천 한수 연안 이씨 소장. 한국학중앙연 구원 장서각 한국고문서자료관 홈페이지 원문 이미지 보기. 한국정신문화연구원 편(2001) 참고>

1816-02-07. **권구가금 토지매매명문**(權九加金土地賣買明文), 전주 권험손 자필(田主 權驗孫自筆). <1장. 한자+이두. 조선 필사 이두 자료. 경북 안동시 오천 광산 김씨 후조당 소장. 한국학중앙연구원 장서각 한국고문서자료관 홈페이지 원문 이미지와 텍스트 보기. 박병호(1974ㄱ), 한국정신문화연구원 편(1982), 최승희 (1989) 참고>

1816-02-15. **안정득 토지매매명문**(安正得土地賣買明文), 증필 강득복(證筆姜得福). <1장. 한자+이두. 조선 필사 이두 자료. 경북 예천군 감천면 강릉 유씨 벌방 종가 구장. 한국국학진흥원 소장. 한국학자료센터 영남권역센터 홈페이지 원문 이미지와 텍스트 보기. 김성갑(2013) 참고>

1816-02-17. **문계 유사 박효림·박천경 토지매매명문**(門契有司朴孝林朴天擎土地賣買 明文),[149] 답주 족질 박용오(畓主族侄朴龍五). <1장. 한자+이두. 조선 필사 이두 자료. 경남 합천 용연서원 소장. 한국학중앙연구원 장서각 한국고문서자료관 홈 페이지 원문 이미지 보기. 한국정신문화연구원 편(1996) 참고>

1816-02-22. **삼종형 주 토지매매명문**(三從兄主土地賣買明文), 전주 유학 자필 유응구 (田主幼學自筆劉應九). <1장. 한자+이두. 조선 필사 이두 자료. 경북 예천군 감천 면 강릉 유씨 벌방 종가 구장. 한국국학진흥원 소장. 한국학자료센터 영남권역센 터 홈페이지 원문 이미지와 텍스트 보기. 김성갑(2013) 참고>

---

[148] 한국학중앙연구원 장서각 한국고문서자료관 홈페이지에서는 '한화질봉(韓花叱奉)'으로 잘못 적 었다.
[149] 한국학중앙연구원 장서각 한국고문서자료관 홈페이지에서는 '박효림(朴孝林) 토지매매명문(土地 賣買明文)'으로 표시하였다.

1816-02-00. **김중현 등 등장**(金重鉉等等狀), 김중현 등. <1장. 한자+이두. 조선 필사 이두 자료. 무안 광산 김씨 모충사 소장. 호남권 한국학자료센터 홈페이지 원문 이미지 보기. 최승희(1989), 국립민속박물관 편(1991), 정구복 외(1999), 전경목 외(2006) 참고>

1816-02-00. **내수사 입안**(內需司立案), 내수사. <1장. 한자+이두. 조선 필사 이두 자료. 한국학중앙연구원 장서각 한국고문서자료관 홈페이지 원문 이미지와 텍스트 보기. 한국정신문화연구원 편(1992) 참고>

1816-02-00. **이립 입안**(李岦立案) 1, 경주부(慶州府). <1장. 한자+이두. 조선 필사 이두 자료. 경북 경주시 안강읍 옥산리 여주 이씨 독락당 소장. 한국학중앙연구원 장서각 한국고문서자료관 홈페이지 원문 이미지 보기. 한국정신문화연구원 편(2003) 참고>

1816-02-00. **이립 입안**(李岦立案) 2, 경주부(慶州府). <1장. 한자+이두. 조선 필사 이두 자료. 경북 경주시 안강읍 옥산리 여주 이씨 독락당 소장. 한국학중앙연구원 장서각 한국고문서자료관 홈페이지 원문 이미지 보기. 한국정신문화연구원 편(2003) 참고>

1816-02-00. **이횡 등 소지**(李鈜等所志), 이횡 등. <1장. 한자+이두. 조선 필사 이두 자료. 경북 성주 명곡 벽진 이씨 완석정 종택 소장. 한국학중앙연구원 장서각 한국고문서자료관 홈페이지 원문 이미지 보기. 한국학중앙연구원 편(2009) 참고>

1816-02-00. **이희모 입안**(李希謨立案), 경주부(慶州府). <1장. 한자+이두. 조선 필사 이두 자료. 경북 경주시 안강읍 옥산리 여주 이씨 장산서원·치암 종택 구장. 한국학중앙연구원 장서각 한국고문서자료관 홈페이지 원문 이미지 보기. 한국정신문화연구원 편(2003) 참고>

1816-02-00. **장산서원 입안**(章山書員立案), 경주부(慶州府). <1장. 한자+이두. 조선 필사 이두 자료. 경북 경주시 안강읍 옥산리 여주 이씨 독락당 소장. 한국학중앙연구원 장서각 한국고문서자료관 홈페이지 원문 이미지 보기. 한국정신문화연구원 편(2003) 참고>

1816-02-00. **정충사 재임 품목**(旌忠祠齋任稟目), 정충사 재임 안(安). <1장. 한자+이

두. 조선 필사 이두 자료. 남원 대곡 장수 황씨 문중 소장. 호남권 한국학자료센터 홈페이지 원문 이미지와 텍스트 보기. 최승희(1989), 김경숙(2002) 참고>

1816-03-01. **유학 박치원 토지매매명문**(幼學朴致源土地賣買明文), 전주 자필 유학 박정석(田主自筆幼學朴鼎錫). <1장. 한자+이두. 조선 필사 이두 자료. 부여 은산 함양 박씨 소장. 한국학중앙연구원 고문서자료관 홈페이지 원문 이미지 보기. 한국정신문화연구원 편(2000) 참고>

1816-03-01. **이주민 등 상서**(李周民等上書), 이주민 등. <1장. 한자+이두. 조선 필사 이두 자료. 전북 완주군 비봉 반곡서원 소장. 호남권 한국학자료센터 홈페이지 원문 이미지와 텍스트 보기. 박병호(1974ㄱ), 최승희(1989) 참고>

1816-03-03. **이 노 귀재 토지매매명문**(李奴貴才土地賣買明文), 답주 한완삼(畓主韓完三). <1장. 한자+이두. 조선 필사 이두 자료. 대구광역시 수성구 만촌동 전주 류씨 종가 소장. 한국학자료센터 영남권역센터 홈페이지 원문 이미지와 텍스트 보기. 최승희(1989), 이재수(2003), 전경목(2010) 참고>

1816-03-09. **강재명 토지매매명문**(姜在明土地賣買明文), 전주 강흥열(田主姜興悅). <1장. 한자+이두. 조선 필사 이두 자료. 제주 어도내산 진주 강씨가 구장. 제주 한림 강우석 소장. 호남권 한국학자료센터 홈페이지 원문 이미지와 텍스트 보기. 오성찬(1994), 이재수(2003), 오창명(2007) 참고>

1816-03-10. **서 생원 댁 노 천북 토지매매명문**(徐生員宅奴千北土地賣買明文), 답주 조 생원 댁 노 시노미(畓主趙生員宅奴時老咊). <1장. 한자+이두. 조선 필사 이두 자료. 부여 은산 함양 박씨 소장. 한국학중앙연구원 고문서자료관 홈페이지 원문 이미지 보기. 한국정신문화연구원 편(2000) 참고>

1816-03-18. **김호진 토지매매명문**(金好辰土地賣買明文),[150] 답주 정득필·오경문(畓主鄭得弼吳京文). <1장. 한자+이두. 조선 필사 이두 자료. 전북 정읍시 옹동 전주 이태일가 소장. 호남권 한국학자료센터 홈페이지 원문 이미지와 텍스트 보기. 최승희(1989), 이재수(2003), 채현경(2011) 참고>

---

150 호남권 한국학자료센터 홈페이지에서는 '정득필(鄭得弼) 등 방매(放賣) 토지매매명문(土地賣買明文)'으로 표시하였다.

1816-03-29. **신 생원 댁 토지매매명문**(辛生員宅土地賣買明文),[151] 진전주 서봉기(陳田主徐鳳起). <1장. 한자+이두. 조선 필사 이두 자료. 전남 영광군 입석 영월 신씨 소장. 한국학중앙연구원 장서각 한국고문서자료관 홈페이지 원문 이미지와 텍스트 보기. 한국정신문화연구원 편(1996) 참고>

1816-03-00. **강봉휴 준호구**(姜鳳休準戶口), 제주목(濟州牧). <1장. 한자+이두. 조선 필사 이두 자료. 제주 어도내산 진주 강씨가 구장. 제주 한림 강우석 소장. 호남권 한국학자료센터 홈페이지 원문 이미지와 텍스트 보기. 최승희(1989), 손병규(2007), 문현주(2011) 참고>

1816-03-00. **강웅신 준호구**(姜應新準戶口), 제주목(제주목). <1장. 한자+이두. 조선 필사 이두 자료. 제주 장전리 진주 강씨 강태복가 소장. 호남권 한국학자료센터 홈페이지 원문 이미지와 텍스트 보기>

1816-03-00. **김영복·김성은 등 상서**(金永福金性激等上書), 김영복·김성은 등. <1장. 한자+이두. 조선 필사 이두 자료. 전북 고창·고부 광산 김씨 소장. 한국학중앙연구원 고문서자료관 홈페이지 원문 이미지 보기. 한국학중앙연구원 편(2009) 참고>

1816-03-00. **유학 박일상 토지매매명문**(幼學朴日祥土地賣買明文), 답주 유학 이원득(畓主幼學李願得). <1장. 한자+이두. 조선 필사 이두 자료. 원광대학교 박물관 소장. 호남권 한국학자료센터 홈페이지 원문 이미지와 텍스트 보기. 박병호(1974ㄱ), 이재수(2003) 참고>

1816-04-00. **유봉채 등 상서**(柳鳳采等上書), 유봉채 등. <1장. 한자+이두. 조선 필사 이두 자료. 전북 완주군 비봉 반곡서원 소장. 호남권 한국학자료센터 홈페이지 원문 이미지와 텍스트 보기. 박병호(1974ㄱ), 최승희(1989) 참고>

1816-05-11. **하회 김계 댁 노 세태 토지매매명문**(河回金溪宅奴世太土地賣買明文), 전주 월오 댁 노 대근(田主月梧宅奴大根). <1장. 한자+이두. 조선 필사 이두 자료. 경북 안동시 하회 풍산 류씨 충효당 소장. 한국학중앙연구원 장서각 한국학자료

---

[151] 한국학중앙연구원 장서각 한국고문서자료관 홈페이지에서는 '생원(生員) 신(辛) 토지매매명문(土地賣買明文)'으로 표시하였다.

센터 홈페이지 원문 이미지와 텍스트 보기. 한국정신문화연구원 편(1994) 참고>

1816-05-19. **최종대 토지매매명문**(崔宗岱土地賣買明文), 답주 계원 최종도(畓主契員 崔宗道). <1장. 한자+이두. 조선 필사 이두 자료. 경북 경주시 내남면 이조리 경주 최씨·용산서원 소장. 한국학중앙연구원 장서각 한국고문서자료관 홈페이지 원문 이미지 보기. 한국정신문화연구원 편(2000) 참고>

1816-06-13. **유교리 댁 노 돌이 토지매매명문**(柳敎理宅奴乭伊土地賣買明文),[152] 전주 대곡사 각암(田主大谷寺各庵). <1장. 한자+이두. 조선 필사 이두 자료. 풍산 류씨 하회 화경당(북촌댁) 구장. 한국국학진흥원 소장. 한국학자료센터 영남권역센터 홈페이지 & 한국국학진흥원 유교넷 홈페이지 원문 이미지와 텍스트 보기. 전경목(1996), 김경숙(2002) 참고>

1816-08-08. **경상도 관찰사 겸 순찰사 관문**(慶尙道觀察使兼巡察使關文), 경상도 관찰사 겸 순찰사. <1장. 한자+이두. 조선 필사 이두 자료. 경북 경주시 안강읍 옥산서원 소장. 한국학자료센터 영남권역센터 홈페이지 원문 이미지와 텍스트 보기. 이수환(2001) 참고>

1816-08-00. **김홍운 소지**(金洪運所志), 김홍운. <1장. 한자+이두. 조선 필사 이두 자료. 안동 천전 의성 김씨 지촌 종택 소장. 한국학중앙연구원 장서각 한국고문서자료관 홈페이지 원문 이미지 보기. 한국정신문화연구원 편(1989) 참고>

1816-09-27. **법당 수호 토지매매명문**(法堂守護土地賣買明文),[153] 답주 전삼이(畓主全三伊). <1장. 한자+이두. 조선 필사 이두 자료. 원주시 무릉박물관 소장. 한국학자료센터 강원권역센터 홈페이지 원문 이미지 보기. 박병호(1974ㄱ), 최승희(1989), 김소은(2004), 김성갑(2013) 참고>

1816-09-00. **유풍천 손부 조 씨 소지**(柳豊川孫婦趙氏所志) 1, 유풍천 손부 조 씨. <1장. 점련문서. 한자+이두. 조선 필사 이두 자료. 전남 구례군 토지면 오미리 문화 류씨 운조루 소장. 한국학중앙연구원 장서각 한국고문서자료관 홈페이지 원문

---

[152] 한국국학진흥원 유교넷 홈페이지에서는 문서명을 '풍산류씨 하회마을 화경당(북촌댁) 가정 21년에 전주 대곡사 승 정홍 등과 류교리댁노 돌이 사이에 작성된 명문(明文)[11248]'로 표시하였다.

[153] 한국학자료센터 강원권역센터 홈페이지에서는 '1816년 경희(敬羲) 토지매매명문(土地賣買明文)'으로 표시하였다.

이미지와 텍스트 보기. 한국정신문화연구원 편(1998) 참고>

1816-09-00. **이병연 의송**(李秉淵議送) 1, 이병연. <1장. 한자+이두. 조선 필사 이두 자료. 충남 공주시 전주 이씨 숭선군파 종가 소장. 한국학중앙연구원 장서각 한국고문서자료관 홈페이지 원문 이미지 보기>

1816-09-00. **이병연 의송**(李秉淵議送) 2, 이병연. <1장. 한자+이두. 조선 필사 이두 자료. 충남 공주시 전주 이씨 숭선군파 종가 소장. 한국학중앙연구원 장서각 한국고문서자료관 홈페이지 원문 이미지 보기>

1816-09-00. **이병연 등 의송**(李秉淵等議送), 이병연 등 6명. <1장. 한자+이두. 조선 필사 이두 자료. 충남 공주시 전주 이씨 숭선군파 종가 소장. 한국학중앙연구원 장서각 한국고문서자료관 홈페이지 원문 이미지 보기>

1816-09-00. **이형중 등 등장**(李馨重等等狀) 1, 이형중 등 6명. <1장. 한자+이두. 조선 필사 이두 자료. 충남 공주시 전주 이씨 숭선군파 종가 소장. 한국학중앙연구원 장서각 한국고문서자료관 홈페이지 원문 이미지 보기>

1816-09-00. **이형중 등 등장**(李馨重等等狀) 2, 이형중 등 27명. <1장. 한자+이두. 조선 필사 이두 자료 충남 공주시 전주 이씨 숭선군파 종가 소장. 한국학중앙연구원 장서각 한국고문서자료관 홈페이지 원문 이미지 보기>

1816-10-00. **김상운 소지**(金商運所志), 김상운. <1장. 한자+이두. 조선 필사 이두 자료. 안동 천전 의성 김씨 지촌 종택 소장. 한국학중앙연구원 장서각 한국고문서자료관 홈페이지 원문 이미지 보기. 한국정신문화연구원 편(1989) 참고>

1816-10-00. **유풍천 손부 조 씨 소지**(柳豊川孫婦趙氏所志) 2, 유풍천 손부 조 씨. <1장. 점련문서. 한자+이두. 조선 필사 이두 자료. 전남 구례군 토지면 오미리 문화 류씨 운조루 소장. 한국학중앙연구원 장서각 한국고문서자료관 홈페이지 원문 이미지와 텍스트 보기. 한국정신문화연구원 편(1998) 참고>

1816-10-00. **유풍천 손부 조 씨 소지**(柳豊川孫婦趙氏所志) 3, 유풍천 손부 조 씨. <1장. 점련문서. 한자+이두. 조선 필사 이두 자료. 전남 구례군 토지면 오미리 문화 류씨 운조루 소장. 한국학중앙연구원 장서각 한국고문서자료관 홈페이지 원문 이미지와 텍스트 보기. 한국정신문화연구원 편(1998) 참고>

1816-10-00. **유풍천 손부 조 씨 소지**(柳豊川孫婦趙氏所志) 4, 유풍천 손부 조 씨. <1장.

점련문서. 한자+이두. 조선 필사 이두 자료. 전남 구례군 토지면 오미리 문화 류씨 운조루 소장. 한국학중앙연구원 장서각 한국고문서자료관 홈페이지 원문 이미지와 텍스트 보기. 한국정신문화연구원 편(1998) 참고>

1816-10-00. **이형중 등 등장**(李馨重等等狀) 3, 이형중 등 5명. <1장. 한자+이두. 조선 필사 이두 자료. 충남 공주시 전주 이씨 숭선군파 종가 소장. 한국학중앙연구원 장서각 한국고문서자료관 홈페이지 원문 이미지 보기>

1816-10-00. **이형중 등 의송**(李馨重等議送) 1, 이형중 등 4명. <1장. 한자+이두. 조선 필사 이두 자료. 충남 공주시 전주 이씨 숭선군파 종가 소장. 한국학중앙연구원 장서각 한국고문서자료관 홈페이지 원문 이미지 보기>

1816-10-00. **이형중 등 의송**(李馨重等議送) 2, 이형중 등 26명. <1장. 한자+이두. 조선 필사 이두 자료. 충남 공주시 전주 이씨 숭선군파 종가 소장. 한국학중앙연구원 장서각 한국고문서자료관 홈페이지 원문 이미지 보기>

1816-10-00. **이형중 등 의송**(李馨重等議送) 3, 이형중 등 27명. <1장. 한자+이두. 조선 필사 이두 자료. 충남 공주시 전주 이씨 숭선군파 종가 소장. 한국학중앙연구원 장서각 한국고문서자료관 홈페이지 원문 이미지 보기>

1816-10-00. **이형중 등 의송**(李馨重等議送) 4, 이형중 등 27명. <1장. 한자+이두. 조선 필사 이두 자료. 충남 공주시 전주 이씨 숭선군파 종가 소장. 한국학중앙연구원 장서각 한국고문서자료관 홈페이지 원문 이미지 보기>

1816-11-01. **전라도 관찰사 겸 순찰사 관**(全羅道觀察使兼巡察使關), 전라도 관찰사 겸 순찰사. <1장. 점련문서. 한자+이두. 조선 필사 이두 자료. 전남 구례군 토지면 오미리 문화 류씨 운조루 소장. 한국학중앙연구원 장서각 한국고문서자료관 홈페이지 원문 이미지와 텍스트 보기. 한국정신문화연구원 편(1998) 참고>

1816-11-04. **강돌 토지매매명문**(姜乭土地賣買明文), 답주 서대(畓主徐大). <1장. 한자+이두. 조선 필사 이두 자료. 경북 안동시 법흥동 고성 이씨 탑동 종가 구장. 한국국학진흥원 소장. 한국학자료센터 영남권역센터 홈페이지 원문 이미지와 텍스트 보기. 박병호(1974ㄱ), 최승희(1989), 이재수(2003), 이수건 외(2004) 참고>

1816-11-20. **유학 장철 토지매매명문**(幼學張澈土地賣買明文), 답주 유학 정득언(畓主幼學丁得彦). <1장. 한자+이두. 조선 필사 이두 자료. 전남 순천 월등 목천 장씨가

구장. 전북대학교 박물관 소장. 호남권 한국학자료센터 홈페이지 원문 이미지와 텍스트 보기. 최승희(1989), 정구복 외(1999), 이재수(2003) 참고>

1816-11-00. **숭선군방 노 세광 소지**(崇善君房奴世光所志), 세광. <1장. 한자+이두. 조선 필사 이두 자료. 충남 공주시 전주 이씨 숭선군파 종가 소장. 한국학중앙연구원 장서각 한국고문서자료관 홈페이지 원문 이미지 보기>

1816-11-00. **숭선군방 노 세광 의송**(崇善君房奴世光議送), 세광. <1장. 한자+이두. 조선 필사 이두 자료. 충남 공주시 전주 이씨 숭선군파 종가 소장. 한국학중앙연구원 장서각 한국고문서자료관 홈페이지 원문 이미지 보기>

1816-11-00. **화민 유진억 소지**(化民柳鎭億所志) 1, 유진억. <1장. 한자+이두. 조선 필사 이두 자료. 전남 구례군 토지면 오미리 문화 류씨 운조루 소장. 한국학중앙연구원 장서각 한국고문서자료관 홈페이지 원문 이미지와 텍스트 보기. 한국정신문화연구원 편(1998) 참고>

1816-11-00. **화민 유진억 소지**(化民柳鎭億所志) 2, 유진억. <1장. 한자+이두. 조선 필사 이두 자료. 전남 구례군 토지면 오미리 문화 류씨 운조루 소장. 한국학중앙연구원 장서각 한국고문서자료관 홈페이지 원문 이미지와 텍스트 보기. 한국정신문화연구원 편(1998) 참고>

1816-11-00. **화민 유진억 소지**(化民柳鎭億所志) 3, 유진억. <1장. 한자+이두. 조선 필사 이두 자료. 전남 구례군 토지면 오미리 문화 류씨 운조루 소장. 한국학중앙연구원 장서각 한국고문서자료관 홈페이지 원문 이미지와 텍스트 보기. 한국정신문화연구원 편(1998) 참고>

1816-11-00. **화민 유진억 소지**(化民柳鎭億所志) 4, 유진억. <1장. 한자+이두. 조선 필사 이두 자료. 전남 구례군 토지면 오미리 문화 류씨 운조루 소장. 한국학중앙연구원 장서각 한국고문서자료관 홈페이지 원문 이미지와 텍스트 보기. 한국정신문화연구원 편(1998) 참고>

1816-12-01. **유학 장철 토지매매명문**(幼學張澈土地賣買明文), 답주 유학 서지학(畓主幼學徐志學). <1장. 한자+이두. 조선 필사 이두 자료. 전남 순천 월등 목천 장씨가 구장. 전북대학교 박물관 소장. 호남권 한국학자료센터 홈페이지 원문 이미지와 텍스트 보기>

1816-12-05. **신 토지매매명문**(辛土地賣買明文) 2, 답주 상인 이진백(畓主喪人李辰伯). <1장. 한자+이두. 조선 필사 이두 자료. 전남 영광군 입석 영월 신씨 소장. 한국학중앙연구원 장서각 한국고문서자료관 홈페이지 원문 이미지와 텍스트 보기. 한국정신문화연구원 편(1996) 참고>

1816-12-23. **송계 공사원 우만국 토지매매명문**(松契公事員禹萬國土地賣買明文), 답주 김명탕 외(畓主金命宕外). <1장. 한자+이두. 조선 필사 이두 자료. 대구 칠계 경주 최씨 백불암 종중 구장. 안동대학교 박물관 소장. 한국학자료센터 영남권역센터 홈페이지 원문 이미지와 텍스트 보기. 박병호(1974ㄱ), 최승희(1989), 이재수(2003), 이수건 외(2004) 참고>

1816-12-27. **류 생원 댁 노 명춘 토지매매명문**(柳生員宅奴命春土地賣買明文), 답주 이갑득(畓主李甲得). <1장. 한자+이두. 조선 필사 이두 자료. 춘천 김현식 소장. 한국학자료센터 강원권역센터 홈페이지 원문 이미지 보기. 최승희(1989), 전경목(2010), 김성갑(2013), 박준호(2016) 참고>

1816-12-28. **박 노 진태 토지매매명문**(朴奴辰太土地賣買明文), 전주 장행손(田主張行孫). <1장. 한자+이두. 조선 필사 이두 자료. 경북 영주시 문수면 수도리 반남 박씨 오헌고택 구장. 한국국학진흥원 소장. 한국학자료센터 영남권역센터 홈페이지 원문 이미지와 텍스트 보기. 김성갑(2013) 참고>

1816-12-29. **불량청계 장월송 유사 탄오 토지매매명문**(佛糧廳契丈月松有司坦旿土地賣買明文), 답주 최 생원 과댁 노 흥복(畓主崔生員寡宅奴興卜). <1장. 한자+이두. 조선 필사 이두 자료. 남원·구례 삭녕 최씨 구장. 한국학중앙연구원 장서각 한국고문서자료관 홈페이지 원문 이미지 보기. 한국정신문화연구원 편(2004) 참고>

1816-12-00. **구용 등 상서**(具溶等上書), 구용 등. <1장. 한자+이두. 조선 필사 이두 자료. 전북 완주군 비봉 반곡서원 소장. 호남권 한국학자료센터 홈페이지 원문 이미지와 텍스트 보기. 박병호(1974ㄱ), 최승희(1989) 참고>

1816-12-00. **이 생원 댁 노 손대 토지매매명문**(李生員宅奴孫大土地賣買明文), 전주 자필 김응옥(田主自筆金應玉). <1장. 한자+이두. 조선 필사 이두 자료. 경북 안동시 법흥동 고성 이씨 탑동 종가 구장. 한국국학진흥원 소장. 한국학자료센터 영남권역센터 홈페이지 원문 이미지와 텍스트 보기. 박병호(1974ㄱ), 최승희(1989),

이재수(2003), 이수건 외(2004) 참고>

1816-12-00. **당질 한응환 장흥고 공상지 공인권 매매명문**(堂姪韓應煥長興庫供上紙貢人權賣買明文), 자필 재주 당숙 한상익(自筆財主堂叔韓相益). <1장. 한자+이두. 조선 필사 이두 자료. 일본 경도대학 가와이문고 소장. 고려대학교 해외한국학자료센터 홈페이지 원문 이미지 보기>

1816-■■-27. **장행손 토지허급명문**(張行孫土地許給明文), 전주 함범(田主咸凡). <1장. 한자+이두. 조선 필사 이두 자료. 경북 영주시 문수면 수도리 반남 박씨 오헌고택 구장. 한국국학진흥원 소장. 한국학자료센터 영남권역센터 홈페이지 원문 이미지와 텍스트 보기. 김성갑(2013) 참고>

1816-00-00. **권석모 토지깃기**(權錫模土地衿記), 서원 김용연(書員金龍淵). <1장. 한자+이두. 조선 필사 이두 자료. 경북 예천군 용문면 대제리 원동 권씨 춘우재 고택 구장. 한국국학진흥원 소장. 한국학자료센터 영남권역센터 홈페이지 원문 이미지와 텍스트 보기. 김성갑(2013) 참고>

1816-00-00. **신덕태 토지매매명문**(辛德太土地賣買明文), 답주 이영식(畓主李永植). <1장. 한자+이두. 조선 필사 이두 자료. 전남 영광군 입석 영월 신씨 소장. 한국학중앙연구원 장서각 한국고문서자료관 홈페이지 원문 이미지와 텍스트 보기. 한국정신문화연구원 편(1996) 참고>

1816-00-00. 「헌경혜빈빈궁혼궁도감의궤(**獻敬惠嬪殯宮魂宮都監儀軌**)」[154] 상·하, 빈궁혼궁도감 편. <2책/전3책. 제1책 낙질본. 211장+210장. 필사본. 상권의 표제는 '(嘉慶二十年乙亥十二月 日 禮曹上)獻敬惠嬪 殯宮魂宮都監儀軌上. 목록제는 '獻敬惠嬪殯宮魂宮都監一房儀軌目錄'. 한자+이두. 조선 필사 이두 자료. 서울대학교 규장각 한국학연구원 의궤 종합정보 홈페이지 '奎13612' 원문 이미지 보기>

1816-00-00. 「헌경혜빈빈궁혼궁도감의궤(**獻敬惠嬪殯宮魂宮都監儀軌**)」 상·중·하, 빈궁혼궁도감 편. <3책. 140장+212장+212장. 필사본. 표제와 목록제는 '獻敬惠嬪殯宮魂宮都監儀軌'. 한자+이두. 조선 필사 이두 자료. 국립중앙박물관 외규장각

---

154 서울대학교 규장각 한국학연구원 의궤 종합정보 홈페이지에서는 서명을 '혜빈빈궁혼궁도감의궤(惠嬪殯宮魂宮都監儀軌)'로 적었다.

의궤 홈페이지 '외규227~229' 원문 이미지와 텍스트 보기>

1816-00-00. 「헌경혜빈상례도감의궤(獻敬惠嬪喪禮都監儀軌)」[155] 1~4, 상례도감 편. <4책. 필사본. 권1의 표제는 '(嘉慶二十年乙亥十二月 日 五臺山)獻敬惠嬪喪禮都監儀軌一'. 권수제는 '獻敬惠嬪喪禮都監儀軌卷首'. 한자+이두. 조선 필사 이두 자료. 서울대학교 규장각 한국학연구원 의궤 종합정보 홈페이지 '奎13608' 원문 이미지 보기>

1816-00-00. 「헌경혜빈양례도감의궤(獻敬惠嬪襄禮都監儀軌)」 1~4, 양례도감 편. <4책. 필사본. 권수의 표제와 권수제는 '獻敬惠嬪襄禮都監儀軌'. 한자+이두. 조선 필사 이두 자료. 국립중앙박물관 외규장각 의궤 홈페이지 '외규230~233' 원문 이미지와 텍스트 보기>

1816-00-00. 「현륭원원소도감의궤(顯隆園園所都監儀軌)」[156] 상·하, 원소도감 편. <2책. 130장+175장. 필사본. 상권의 표제는 '(嘉慶二十年乙亥十二月 日 春秋館上)獻敬惠嬪顯隆園園所都監儀軌上'. 권수제는 '顯隆園園所都監儀軌上'. 한자+이두. 조선 필사 이두 자료. 서울대학교 규장각 한국학연구원 의궤 종합정보 홈페이지 '奎13617' 원문 이미지 보기>

1816-00-00. 「현륭원원소도감의궤(顯隆園園所都監儀軌)」[157] 상·하, 원소도감 편. <2책. 130장+175장. 필사본. 표제는 '獻敬惠嬪顯陵園園所都監儀軌'. 상권의 권수제는 '顯陵園園所都監儀軌上'. 한자+이두. 조선 필사 이두 자료. 국립중앙박물관 외규장각 의궤 홈페이지 '외규225~226' 원문 이미지와 텍스트 보기>

1817년

<정축(丁丑), 순조 17년, 가경 22년>

---

[155] 서울대학교 규장각 한국학연구원 의궤 종합정보 홈페이지에서는 서명을 '혜빈상례도감의궤(惠嬪喪禮都監儀軌)'로 적었다.

[156] 서울대학교 규장각 한국학연구원 의궤 종합정보 홈페이지에서는 서명을 표제나 권수제와는 달리 '혜빈현륭원원소도감의궤(惠嬪顯隆園園所都監儀軌)'로 적었다.

[157] 국립중앙박물관 외규장각 의궤 홈페이지에서는 서명을 표제와 동일하게 적었다.

1817-01-01~1817-12-29(丁丑).「전객사일기(典客司日記)」63, 예조(禮曹) 전객사(典客司) 편(編). <1책(63/99). 64장. 필사본. 한자+이두. 조선 필사 이두 자료. 서울대학교 규장각 한국학연구원 홈페이지 원문 이미지 보기> <1640-01-22~1641-12-23(1)>

1817-01-07. **유학 장철 토지매매명문**(幼學張澈土地賣買明文), 답주 유학 정득언(畓主幼學丁得彦). <1장. 한자+이두. 조선 필사 이두 자료. 전남 순천 월등 목천 장씨가 구장. 전북대학교 박물관 소장. 호남권 한국학자료센터 홈페이지 원문 이미지와 텍스트 보기. 최승희(1989), 정구복 외(1999), 이재수(2003) 참고>

1817-01-13. **남맹태 토지매매명문**(南孟太土地賣買明文), 답주 송맹학(畓主宋孟學). <1장. 한자+이두. 조선 필사 이두 자료. 경북 안동시 주촌 진성 이씨 경류정 소장. 한국학중앙연구원 장서각 한국고문서자료관 홈페이지 원문 이미지와 텍스트 보기. 한국정신문화연구원 편(1999) 참고>

1817-01-17. **자매 명문**(自賣明文), 오석이(吳石伊). <1장. 한자+이두. 조선 필사 이두 자료. 경북 경주시 내남면 이조리 경주 최씨·용산서원 소장. 한국학중앙연구원 장서각 한국고문서자료관 홈페이지 원문 이미지 보기. 한국정신문화연구원 편(2000) 참고>

1817-01-26. **유학 김지온·김예온 토지매매명문**(幼學金智溫金禮溫土地賣買明文), 답주 김지■·김인온(畓主金智■金仁溫). <1장. 한자+이두. 조선 필사 이두 자료. 해남 노송 김해 김씨 노송사 소장. 한국학중앙연구원 장서각 한국고문서자료관 홈페이지 & 호남권 한국학자료센터 홈페이지 원문 이미지와 텍스트 보기. 최승희(1989), 한국정신문화연구원 편(1998), 조정곤(2013) 참고>

1817-01-27. **소 생원 노 복철 토지매매명문**(蘇生員奴福哲土地賣買明文), 답주 자필 박계윤(畓主自筆朴啓潤). <1장. 한자+이두. 조선 필사 이두 자료. 원주시 무릉박물관 소장. 한국학자료센터 강원권역센터 홈페이지 원문 이미지 보기. 박병호(1974ㄱ), 최승희(1989), 김소은(2004), 김성갑(2013) 참고>

1817-02-08. **문계 유사 강봉윤·최인덕 토지매매명문**(門稧有司姜鳳允崔仁德土地賣買明文), 답주 재산 남면 권득태(畓主才山南面權得太). <1장. 한자+이두. 조선 필사 이두 자료. 경북 안동시 주촌 진성 이씨 경류정 구장. 서울역사박물관 소장. 한국

학중앙연구원 장서각 한국고문서자료관 홈페이지 원문 이미지와 텍스트 보기. 한국정신문화연구원 편(1999) 참고>

1817-02-19. **유학 김진효 토지매매명문**(幼學金眞孝土地賣買明文), 답주 자필 유학 최인중(畓主自筆幼學崔仁中). <1장. 한자+이두. 조선 필사 이두 자료. 전북 부안군 우반 부안 김씨 세덕각 소장. 호남권 한국학자료센터 홈페이지 원문 이미지와 텍스트 보기. 박병호(1974ㄱ), 이재수(2003) 참고>

1817-02-19. **윤동안 토지매매명문**(尹東安土地賣買明文), 전주 안동 법전 강 씨 노 용득(奴主安東法田姜氏奴龍得). <1장. 한자+이두. 조선 필사 이두 자료. 경북 봉화 군 명호면 도천리 안동 김씨 해헌 고택 구장. 한국국학진흥원 소장. 한국학자료센 터 영남권역센터 홈페이지 원문 이미지와 텍스트 보기. 박병호(1974ㄱ), 최승희 (1989), 이재수(2003), 이수건 외(2004) 참고>

1817-02-22. **김명철 토지매매명문**(金命哲土地賣買明文), 답주 김광옥(畓主金光玉). <1장. 한자+이두. 조선 필사 이두 자료. 전남 영광군 입석 영월 신씨 소장. 한국학 중앙연구원 장서각 한국고문서자료관 홈페이지 원문 이미지와 텍스트 보기. 한국 정신문화연구원 편(1996) 참고>

1817-02-00. **김상성 소지**(金相誠所志), 김상성. <1장. 한자+이두. 조선 필사 이두 자료. 전북 부안군 우반 부안 김씨 세덕각 소장. 한국학중앙연구원 장서각 한국고 문서자료관 홈페이지 & 호남권 한국학자료센터 홈페이지 원문 이미지와 텍스트 보기. 박병호(1974ㄱ), 한국정신문화연구원 편(1983, 1998), 최승희(1989), 전경목 (2001), 정구복(2002), 한국학중앙연구원 편(2017) 참고>

1817-02-00. **김행교 등 소지**(金行敎等所志), 김행교 등. <1장. 한자+이두. 조선 필사 이두 자료. 경북 안동시 오천 광산 김씨 후조당 소장. 한국학중앙연구원 장서각 한국고문서자료관 홈페이지 원문 이미지와 텍스트 보기. 한국정신문화연구원 편(1982) 참고>

1817-02-00. **유진억 소지**(柳鎭億所志), 유진억. <1장. 한자+이두. 조선 필사 이두 자료. 전남 구례군 토지면 오미리 문화 류씨 운조루 소장. 한국학중앙연구원 장서 각 한국고문서자료관 홈페이지 원문 이미지와 텍스트 보기. 한국정신문화연구원 편(1998) 참고>

1817-03-05. **유학 박시채 토지매매명문**(幼學朴時采土地賣買明文), 전주 김일관(田主 金日寬). <1장. 한자+이두. 조선 필사 이두 자료. 전북 임실군 청웅 밀양 박씨가 소장. 호남권 한국학자료센터 홈페이지 원문 이미지와 텍스트 보기. 최승희(1989), 이재수(2003), 채현경(2011) 참고>

1817-03-17. **철성부원군 묘노 김석철 토지매매명문**(鐵城府院君墓奴金碩哲土地賣買明文), 답주 장현정(畓主張鉉廷). <1장. 한자+이두. 조선 필사 이두 자료. 고성 이씨 팔회당 구장. 한국국학진흥원 소장. 한국국학진흥원 유교넷 홈페이지 원문 이미지 보기>

1817-03-00. **김도홍 등 상서**(金道弘等上書), 김도홍 등. <1장. 한자+이두. 조선 필사 이두 자료. 경북 안동시 오천 광산 김씨 후조당 소장. 한국학중앙연구원 장서각 한국고문서자료관 홈페이지 원문 이미지와 텍스트 보기. 박병호(1974ㄱ), 한국정신문화연구원 편(1982) 참고>

1817-03-00. **박효원 등 상서**(朴孝源等上書), 박효원 등. <1장. 한자+이두. 조선 필사 이두 자료. 경북 경주시 안강읍 옥산리 여주 이씨 독락당 소장. 한국학중앙연구원 장서각 한국고문서자료관 홈페이지 원문 이미지 보기. 한국정신문화연구원 편(2003) 참고>

1817-03-00. **이형중 소지**(李馨重所志), 이형중. <1장. 한자+이두. 조선 필사 이두 자료. 충남 공주시 전주 이씨 숭선군파 종가 소장. 한국학중앙연구원 장서각 한국고문서자료관 홈페이지 원문 이미지 보기>

1817-03-00. **이형중 의송**(李馨重議送), 이형중. <1장. 한자+이두. 조선 필사 이두 자료. 충남 공주시 전주 이씨 숭선군파 종가 소장. 한국학중앙연구원 장서각 한국고문서자료관 홈페이지 원문 이미지 보기>

1817-03-00. **정유필 등 상서**(鄭有弼等上書), 정유필 등. <1장. 한자+이두. 조선 필사 이두 자료. 경남 거창 갈계 은진 임씨 소장. 한국학중앙연구원 장서각 한국고문서자료관 홈페이지 원문 이미지 보기. 한국학중앙연구원 편(2005) 참고>

1817-04-30. **남평 유학 상인 정 생원 토지매매명문**(南平幼學喪人鄭生員土地賣買明文),[158] 능주 개천사 사승 태화 등(綾州開天寺寺僧太和等). <1장. 한자+이두. 조선 필사 이두 자료. 전북대학교 박물관 소장. 호남권 한국학자료센터 홈페이지 원문

이미지와 텍스트 보기. 최승희(1989), 정구복 외(1999), 이재수(2003) 참고>

1817-04-00. **한명신 토지매매명문**(韓命信土地賣買明文), 전주 이험부(田主李險不). <1장. 한자+이두. 조선 필사 이두 자료. 서산 대교 경주 김씨 소장. 한국학중앙연구원 장서각 한국고문서자료관 홈페이지 원문 이미지 보기. 한국학중앙연구원 편(2007) 참고>

1817-05-27. **김 씨 토지매매명문**(金氏土地賣買明文), 답주 과부 최 씨(畓主寡婦崔氏). <1장. 한자+이두. 조선 필사 이두 자료. 전남 광양시 광양읍 인덕면 밀양 손씨가 구장. 전북대학교 박물관 소장. 호남권 한국학자료센터 홈페이지 원문 이미지와 텍스트 보기. 박병호(1974ㄱ), 이재수(2003) 참고>

1817-05-00. **박현익 등 소지**(朴顯翼等所志), 박현익 등. <1장. 한자+이두. 조선 필사 이두 자료. 부여 은산 함양 박씨 소장. 한국학중앙연구원 고문서자료관 홈페이지 원문 이미지 보기. 한국정신문화연구원 편(2000) 참고>

1817-05-00. **호조 이관**(戶曹移關), 호조. <1장. 점련문서. 한자+이두. 조선 필사 이두 자료. 대전 회덕 은진 송씨 동춘당 후손가 구장. 대전시립박물관 소장. 한국학중앙연구원 장서각 한국고문서자료관 홈페이지 원문 이미지 보기. 한국학중앙연구원 편(2006) 참고>

1817-06-20. **김담사이 토지매매명문**(金淡沙伊土地賣買明文),[159] 별치고자 우용봉(別置庫子禹龍鳳). <1장. 한자+이두. 조선 필사 이두 자료. 경북 경주시 내남면 이조리 경주 최씨·용산서원 소장. 한국학중앙연구원 장서각 한국고문서자료관 홈페이지 원문 이미지 보기. 한국정신문화연구원 편(2000) 참고>

1817-06-20. **우돌이 토지매매명문**(禹乭伊土地賣買明文), 도색 손명득(都色孫命得). <1장. 한자+이두. 조선 필사 이두 자료. 경북 경주시 내남면 이조리 경주 최씨·용산서원 소장. 한국학중앙연구원 장서각 한국고문서자료관 홈페이지 원문 이미지 보기. 한국정신문화연구원 편(2000) 참고>

---

158 호남권 한국학자료센터 홈페이지에서는 '1817년 태화(太和) 방매 토지매매명문(土地賣買明文)'으로 표시하였다.
159 한국학중앙연구원 장서각 한국고문서자료관 홈페이지에서는 '1817년 김담사리(金淡沙里) 토지매매명문(土地賣買明文)'으로 잘못 표시하였다.

1817-06-30. **정산현감 첩정**(定山縣監牒呈), 정산현감. <1장. 한자+이두. 조선 필사 이두 자료. 충남 공주시 전주 이씨 숭선군파 종가 소장. 한국학중앙연구원 장서각 한국고문서자료관 홈페이지 원문 이미지 보기>

1817-06-00. **박현익 등 의송**(朴顯翼等議送),[160] 박현익 등. <1장. 한자+이두. 조선 필사 이두 자료. 부여 은산 함양 박씨 소장. 한국학중앙연구원 장서각 한국고문서자료관 홈페이지 원문 이미지 보기. 한국정신문화연구원 편(2000) 참고>

1817-06-00. **이병연 의송**(李秉淵議送), 이병연. <1장. 한자+이두. 조선 필사 이두 자료. 충남 공주시 전주 이씨 숭선군파 종가 소장. 한국학중앙연구원 장서각 한국고문서자료관 홈페이지 원문 이미지 보기>

1817-07-00. **손종원 소지**(孫鍾遠所志), 손종원. <1장. 한자+이두. 조선 필사 이두 자료. 경주 양동 경주 손씨 송첨 종택 소장. 한국학중앙연구원 장서각 한국고문서자료관 홈페이지 원문 이미지 보기>

1817-08-00. **유이춘 상서**(柳頤春上書), 유이춘. <1장. 한자+이두. 조선 필사 이두 자료. 경남 거창 갈계 은진 임씨 소장. 한국학중앙연구원 장서각 한국고문서자료관 홈페이지 원문 이미지 보기. 한국학중앙연구원 편(2005) 참고>

1817-08-00. **임용득 수기**(林用得手記), 임용득. <1장. 점련문서. 한자+이두. 조선 필사 이두 자료. 전남 영광군 입석 영월 신씨 소장. 한국학중앙연구원 장서각 한국고문서자료관 홈페이지 원문 이미지와 텍스트 보기. 한국정신문화연구원 편(1996) 참고>

1817-08-00. **정림 의송**(鄭琳議送), 정림. <1장. 한자+이두. 조선 필사 이두 자료. 경남 거창군 위천면 강천리 초계 정씨 동계 종택 구장. 한국학중앙연구원 장서각 한국학자료센터 홈페이지 원문 이미지와 텍스트 보기. 한국정신문화연구원 편(1995), 김성갑(2006) 참고>

1817-08-00. **정임림 등 상서**(鄭琳林等上書), 정임림 등. <1장. 한자+이두. 조선 필사 이두 자료. 경남 거창군 위천면 강천리 초계 정씨 동계 종택 구장. 한국학중앙연구

---

[160] 한국학중앙연구원 장서각 한국고문서자료관 홈페이지에서는 '순상(巡相) 입지(立旨)'로 표시하였다.

원 장서각 한국학자료센터 홈페이지 원문 이미지와 텍스트 보기. 한국정신문화연구원 편(1995, 2005), 김성갑(2006) 참고>

1817-08-00. **화민 신의묵 등 소지**(化民辛誼默等所志), 신의묵 등. <1장. 점련문서. 한자+이두. 조선 필사 이두 자료. 전남 영광군 입석 영월 신씨 소장. 한국학중앙연구원 장서각 한국고문서자료관 홈페이지 원문 이미지와 텍스트 보기. 한국정신문화연구원 편(1996) 참고>

1817-09-08. **유학 이상희 토지매매명문**(幼學李相曦土地賣買明文), 답주 자필 정처묵(畓主自筆鄭處默). <1장. 한자+이두. 조선 필사 이두 자료. 경북 영해 인량 재령 이씨 충효당 소장. 한국학중앙연구원 장서각 한국고문서자료관 홈페이지 원문 이미지 보기. 한국정신문화연구원 편(2004) 참고>

1817-09-16. **대방 장의 하세범 등 헌납문기**(大坊掌議河世範等獻納文記), 답주 이춘발(畓主李春發). <1장. 한자+이두. 조선 필사 이두 자료. 전북대학교 박물관 소장. 호남권 한국학자료센터 홈페이지 원문 이미지와 텍스트 보기. 박병호(1974ㄱ), 최승희(1989), 이재수(2003) 참고>

1817-09-27. **이재건 입안**(伊在健立案) 1,[161] 청하현(淸河縣). <1장. 한자+이두. 조선 필사 이두 자료. 경북 경주시 세덕사 소장. 한국학자료센터 영남권역센터 홈페이지 원문 이미지와 텍스트 보기. 이수환(2001), 김성갑(2013) 참고>

1817-09-27. **이재건 초사**(李在健招辭),[162] 이재건. <1장. 한자+이두. 조선 필사 이두 자료. 경북 경주시 세덕사 소장. 한국학자료센터 영남권역센터 홈페이지 원문 이미지와 텍스트 보기. 이수환(2001) 참고>

1817-09-29. **강형진 토지매매명문**(姜衡鎭土地賣買明文), 전주 김흥순(田主金興順). <1장. 한자+이두. 조선 필사 이두 자료. 제주 어도내산 진주 강씨가 구장. 제주 한림 강우석 소장. 호남권 한국학자료센터 홈페이지 원문 이미지와 텍스트 보기. 이재수(2003), 오창명(2007) 참고>

---

161 한국학자료센터 영남권역센터 홈페이지에서는 '1817년 9월 淸河縣에서 발급받은 立案'으로 표시하였다.
162 한국학자료센터 영남권역센터 홈페이지에서는 '淸河縣에서 발급한 招辭'로 표시하였다.

1817-09-00. **기 생원 댁 종중 토지매매명문**(奇生員宅宗中土地賣買明文), 답주 최호범(畓主崔虎範). <1장. 한자+이두. 조선 필사 이두 자료. 전남 장성군 행주 기씨 금강 종가 소장. 호남권 한국학자료센터 홈페이지 원문 이미지와 텍스트 보기. 이재수(2003), 이수건 외(2004) 참고>

1817-09-00. **기 진사 댁 노 홍원 소지**(奇進士宅奴弘元所志), 홍원. <1장. 한자+이두. 조선 필사 이두 자료. 전남 장성군 행주 기씨 금강 종가 소장. 호남권 한국학자료센터 홈페이지 원문 이미지와 텍스트 보기. 김경숙(2008), 국사편찬위원회 편(2009) 참고>

1817-09-00. **이재건 입안**(伊在健立案) 2,[163] 청하현(淸河縣). <1장. 한자+이두. 조선 필사 이두 자료. 경북 경주시 세덕사 소장. 한국학자료센터 영남권역센터 홈페이지 원문 이미지와 텍스트 보기. 이수환(2001), 김성갑(2013) 참고>

1817-09-00. **안동 유학 류휘문 등 상서**(安東幼學柳徽文等上書), 류휘문 등. <1장. 한자+이두. 조선 필사 이두 자료. 경북 안동시 마령 전주 류씨 호고과 종택 구장. 한국국학진흥원 소장. 한국학자료센터 영남권역센터 홈페이지 원문 이미지와 텍스트 보기>

1817-10-11. **매부 이동일 토지매매명문**(妹夫李東日土地賣買明文), 전주 집필 이동채(田主執筆李東彩). <1장. 한자+이두. 조선 필사 이두 자료. 제주민속자연사박물관 소장. 호남권 한국학자료센터 홈페이지 원문 이미지와 텍스트 보기. 최승희(1989), 고창석(2002) 참고>

1817-10-31. **중자 원종 토지매매명문**(中子元宗土地賣買明文), 전주 모 한 씨(田主母韓氏). <1장. 한자+이두. 조선 필사 이두 자료. 제주민속자연사박물관 소장. 호남권 한국학자료센터 홈페이지 원문 이미지와 텍스트 보기. 고창석(2002) 참고>

1817-10-00. **안 씨가 소지**(安氏家所志), 안 씨가. <1장. 한자+이두. 조선 필사 이두 자료. 함안 두릉 순흥 안씨 소장. 한국학중앙연구원 장서각 한국고문서자료관 홈페이지 원문 이미지 보기. 한국학중앙연구원 편(2006) 참고>

---

[163] 한국학자료센터 영남권역센터 홈페이지에서는 '1817년 9월 淸河縣에서 발급받은 立案'으로 표시하였다.

1817-11-16. **족형 이양협 토지매매명문**(族兄李樑浹土地賣買明文), 답주 족제 이석우(畓主族弟李錫祐). <1장. 한자+이두. 조선 필사 이두 자료. 강원도 원주시 이정동 소장. 한국학자료센터 강원권역센터 홈페이지 원문 이미지 보기. 최승희(1989), 전경목(2010, 2014), 박준호(2016) 참고>

1817-12-10. **정수권 토지매매명문**(鄭守權土地賣買明文), 자필 답주 유학 박수변(自筆畓主幼學朴守蕃). <1장. 한자+이두. 조선 필사 이두 자료. 전남 보성 박실 제주 양씨가 구장. 원광대학교 박물관 소장. 호남권 한국학자료센터 홈페이지 원문 이미지와 텍스트 보기. 박병호(1974ㄱ), 최승희(1989), 이재수(2003) 참고>

1817-12-18. **계중 토지매매명문**(稧中土地賣買明文),[164] 산주 유학 정동상(山主幼學鄭東相). <1장. 한자+이두. 조선 필사 이두 자료. 경북 안동시 법흥동 고성 이씨 임청각 구장. 한국학중앙연구원 장서각 한국고문서자료관 홈페이지 원문 이미지 보기. 한국정신문화연구원 편(2000) 참고>

1817-12-20. **경상도 관찰사 김노경 장계 초본**(慶尙道觀察使金魯敬狀啓抄本), 김노경. <1장. 한자+이두. 조선 필사 이두 자료. 경남 거창군 위천면 강천리 초계 정씨 동계 종택 구장. 한국학중앙연구원 장서각 한국학자료센터 홈페이지 & 한국학중앙연구원 장서각 한국고문서자료관 홈페이지 원문 이미지와 텍스트 보기. 한국정신문화연구원 편(1995, 2005) 참고>

1817-12-22. **강득복 토지매매명문**(姜得福土地賣買明文), 전주 자필 유학 유(出主自筆幼學劉). <1장. 한자+이두. 조선 필사 이두 자료. 경북 예천군 감천면 강릉 유씨 벌방 종가 구장. 한국국학진흥원 소장. 한국학자료센터 영남권역센터 홈페이지 원문 이미지와 텍스트 보기. 김성갑(2013) 참고>

1817-12-00. **구용 등 상서**(具溶等上書), 구용 등. <1장. 한자+이두. 조선 필사 이두 자료. 전북 완주군 비봉 반곡서원 소장. 호남권 한국학자료센터 홈페이지 원문 이미지와 텍스트 보기. 박병호(1974ㄱ), 최승희(1989) 참고>

1817-12-00. **안우·안태순 등 소지**(安瑀安泰淳等所志), 안우·안태순 등. <1장. 한자+

---

[164] 한국학중앙연구원 장서각 한국고문서자료관 홈페이지에서는 '계중(**稧**中) 토지매매명문(土地賣買明文)'으로 표시하였다.

이두. 조선 필사 이두 자료. 함안 두릉 순흥 안씨 소장. 한국학중앙연구원 장서각 한국고문서자료관 홈페이지 원문 이미지 보기. 한국학중앙연구원 편(2006) 참고>

1817-■■-■■. ■■■ 토지매매명문(■■■土地賣買明文),[165] 답주 자필 유학 손달억(畓主自筆孫達億). <1장. 한자+이두. 조선 필사 이두 자료. 경북 안동시 법흥동 고성 이씨 탑동 종가 구장. 한국국학진흥원 소장. 한국학자료센터 영남권역센터 홈페이지 원문 이미지와 텍스트 보기. 박병호(1974ㄱ), 최승희(1989), 이재수(2003), 김성갑(2013) 참고>

1817-00-00. 문 유사 업 토지매매명문(門有司業土地賣買明文),[166] 전주 자필 안성임(田主自筆安性任). <1장. 한자+이두. 조선 필사 이두 자료. 전남 보성군 택촌 죽산 안씨 은봉 종가 소장. 호남권 한국학자료센터 홈페이지 원문 이미지와 텍스트 보기. 이재수(2003) 참고>

1817-00-00. 「선원보략수정의궤(璿源譜略修正儀軌)」, 종부시(宗簿寺) 편(編). <1책, 12장. 필사본. 표제는 '(本寺丁丑 純宗朝)璿源譜略修正儀軌'. 권수제는 '(嘉慶二十二年丁丑三月十二日)璿源譜略修正儀軌'. 한자+이두. 조선 필사 이두 자료. 서울대학교 규장각 한국학연구원 의궤 종합정보 홈페이지 '奎14098' 원문 이미지 보기>

1818년

<무인(戊寅), 순조 18년, 가경 23년>

1818-01-01~1818-12-28(戊寅).「전객사일기(典客司日記)」64, 예조(禮曹) 전객사(典客司) 편(編). <1책(64/99). 98장. 필사본. 한자+이두. 조선 필사 이두 자료. 서울대학교 규장각 한국학연구원 홈페이지 원문 이미지 보기> <1640-01-22~1641-12-

---

[165] 한국학자료센터 영남권역센터 홈페이지에서는 '1817년 손달**연**(孫達億) 토지매매명문(土地賣買明文)'으로 잘못 적었다.

[166] 호남권 한국학자료센터 홈페이지에서는 '은봉종가(隱峰宗家) 문중(門中) 토지매매명문(土地賣買明文)'으로 표시하였다.

23(1)>

1818-01-01~1818-12-30. 「결속색등록(結束色謄錄)」, 병조(兵曹) 편(編). <1책(31). 161장. 필사본. 한자+이두. 조선 필사 이두 자료. 서울대학교 규장각 한국학연구원 홈페이지 1787년~1891년 낙질본 107책(1792년(건륭 57년), 1811년(가경 16년) 하, 1816년(가경 21년), 1817년(가경 22년), 1824년(도광 4년), 1831년(도광 11년), 1871(동치 10년), 1885년(광서 11년) 없음) 원문 이미지 보기>

1818-01-01~1819-12-24(戊寅~己卯).「제등록(祭謄錄)」, 편자 미상. <1책(5/7). 107장. 필사본. 필사 시기 미상. 한자+이두. 조선 필사 이두 자료. 서울대학교 규장각 한국학연구원 홈페이지 원문 이미지 보기> <1786-01-01~1787-12-24(1/7)>

1818-01-15. **이명룡 토지매매명문**(李命龍土地賣買明文), 자필 별치고자 우용봉(自筆別置庫子禹龍奉). <1장. 한자+이두. 조선 필사 이두 자료. 경북 경주시 내남면 이조리 경주 최씨·용산서원 소장. 한국학중앙연구원 장서각 한국고문서자료관 홈페이지 원문 이미지 보기. 한국정신문화연구원 편(2000) 참고>

1818-01-22~1826-04-25(戊寅~道光 6년).「호서병영장계등록(湖西兵營狀啓謄錄)」, 비변사(備邊司) 편(編). <1책. 제1/3. 145장. 필사본. 표제는 '各道啓錄'. 한자+이두. 조선 필사 이두 자료. 서울대학교 규장각 한국학연구원 홈페이지 원문 이미지 보기> <영인본:「각사등록」7(충청도편 2)(국사편찬위원회, 1983)> <1841-03-24~1855-07-13(제2/3), 1857-12-23~1859-03-20(제3/3)>

1818-01-26. **족질 권종모 토지매매명문**(族姪權宗模土地賣買明文), 답주 자필 족숙 권계언(畓主自筆族叔權啓彦). <1장. 한자+이두. 조선 필사 이두 자료. 경북 예천군 용문면 대제리 원동 권씨 춘우재 고택 구장. 한국국학진흥원 소장. 한국학자료센터 영남권역센터 홈페이지 원문 이미지와 텍스트 보기. 김성갑(2013) 참고>

1818-01-28. **이추성 토지매매명문**(李秋成土地賣買明文), 답주 김이순(畓主金履淳). <1장. 한자+이두. 조선 필사 이두 자료. 전남 보성군 택촌 죽산 안씨 은봉 종가 소장. 호남권 한국학자료센터 홈페이지 원문 이미지와 텍스트 보기. 이재수(2003), 이수건 외(2004) 참고>

1818-01-00. **김성운 등 상서**(金聲運等上書), 김성운 등. <1장. 한자+이두. 조선 필사 이두 자료. 전북 고창·고부 광산 김씨 소장. 한국학중앙연구원 고문서자료관 홈페

이지 원문 이미지 보기. 한국학중앙연구원 편(2009) 참고>

1818-02-01. **유학 김용만 토지매매명문**(幼學金用萬土地賣買明文) 1, 답주 자필 유학 김직효(畓主自筆幼學金直孝). <1장. 한자+이두. 조선 필사 이두 자료. 전북 부안군 우반 부안 김씨 세덕각 소장. 한국학중앙연구원 장서각 한국고문서자료관 홈페이지 & 호남권 한국학자료센터 홈페이지 원문 이미지와 텍스트 보기. 박병호(1974ㄱ), 한국정신문화연구원 편(1983, 1998), 이재수(2003), 한국학중앙연구원 편(2017) 참고>

1818-02-04. **유학 김용만 토지매매명문**(幼學金用萬土地賣買明文) 2, 답주 상인 민치덕(畓主喪人閔致德). <1장. 한자+이두. 조선 필사 이두 자료. 전북 부안군 우반 부안 김씨 세덕각 소장. 한국학중앙연구원 장서각 한국고문서자료관 홈페이지 & 호남권 한국학자료센터 홈페이지 원문 이미지와 텍스트 보기. 박병호(1974ㄱ), 한국정신문화연구원 편(1983, 1998), 최승희(1989), 전경목(2001), 정구복(2002), 한국학중앙연구원 편(2017) 참고>

1818-02-17. **병조 관문**(兵曹關文),[167] 병조. <1장. 한자+이두. 조선 필사 이두 자료. 풍산 류씨 하회 화경당(북촌댁) 구장. 한국국학진흥원 소장. 한국국학진흥원 유교넷 홈페이지 원문 이미지와 텍스트 보기>

1818-02-17. **의고 유사 최택진 토지매매명문**(義庫有司崔宅鎭土地賣買明文), 답주 최순(畓主崔洵). <1장. 한자+이두. 조선 필사 이두 자료. 대구 칠계 경주 최씨 백불암 종중 구장. 안동대학교 박물관 소장. 한국학자료센터 영남권역센터 홈페이지 원문 이미지와 텍스트 보기. 박병호(1974ㄱ), 최승희(1989), 이재수(2003), 이수건 외(2004) 참고>

1818-02-00. **김광록 등 소지**(金光祿等所志), 김광록 등. <1장. 한자+이두. 조선 필사 이두 자료. 전남 영암 밀양 김씨 김상회 소장. 호남권 한국학자료센터 홈페이지 원문 이미지와 텍스트 보기. 최승희(1989) 참고>

1818-03-21~1819-12-00(가경 23년 戊寅~己卯). 「좌포청등록(**左捕廳謄錄**)」, 포도청

---

[167] 한국국학진흥원 유교넷 홈페이지에서는 문서명을 '가경 23년(1818) 2월 17일 병조(兵曹)에서 호조(戶曹)에 보낸 관문(關文)'으로 표시하였다.

(捕盜廳) 편(編). <1책(3/18). 54장. 필사본. 한자+이두. 이두 자료. 서울대학교 규장각 한국학연구원 홈페이지 낙질본 원문 이미지 보기> <1775-06-14~1775-윤10-29(1/18)>

1818-04-13. **박 씨 문중 완의**(朴氏門中完議), 박 씨 문중. <1장. 한자+이두. 조선 필사 이두 자료. 영해 도곡 무안 박씨 무의공 종택 소장. 한국학중앙연구원 장서각 한국고문서자료관 홈페이지 원문 이미지 보기. 한국학중앙연구원 편(2008) 참고>

1818-04-20. **육화 등 수표**(六和等手標), 육화 등 14명. <1장. 한자+이두. 조선 필사 이두 자료. 풍산 류씨 하회 화경당(북촌댁) 구장. 한국국학진흥원 소장. 한국학자료센터 영남권역센터 홈페이지 원문 이미지와 텍스트 보기. 전경목(1996), 김경숙(2002) 참고>

1818-04-27. **유학 남종복 토지매매명문**(幼學南鍾復土地賣買明文), 답주 자필 유학 정상익(畓主自筆幼學鄭象翼). <1장. 한자+이두. 조선 필사 이두 자료. 경북 영해 인량 재령 이씨 충효당 소장. 한국학자료센터 영남권역센터 홈페이지 원문 이미지와 텍스트 보기>

1818-04-29. **김 조이 토지매매명문**(金召史土地賣買明文), 전주 김광명(田主金光明). <1장. 한자+이두. 조선 필사 이두 자료. 제주시 일도 이동규 구장. 제주시 일도2동 제주민속자연사박물관 소장. 호남권 한국학자료센터 홈페이지 원문 이미지와 텍스트 보기. 고창석(1997, 1998), 김영란(2010) 참고>

1818-04-00. **구용 등 상서**(具溶等上書), 구용 등. <1장. 한자+이두. 조선 필사 이두 자료. 전북 완주군 비봉 반곡서원 소장. 호남권 한국학자료센터 홈페이지 원문 이미지와 텍스트 보기. 박병호(1974ㄱ), 최승희(1989) 참고>

1818-04-00. **이병연 등 의송**(李秉淵等議送), 이병연 등 10명. <1장. 한자+이두. 조선 필사 이두 자료. 충남 공주시 전주 이씨 숭선군파 종가 소장. 한국학중앙연구원 장서각 한국고문서자료관 홈페이지 원문 이미지 보기>

1818-04-00. **이병연 의송**(李秉淵議送) 1, 이병연. <1장. 한자+이두. 조선 필사 이두 자료. 충남 공주시 전주 이씨 숭선군파 종가 소장. 한국학중앙연구원 장서각 한국고문서자료관 홈페이지 원문 이미지 보기>

1818-04-00. **이병연 의송**(李秉淵議送) 2, 이병연. <1장. 한자+이두. 조선 필사 이두 자료. 충남 공주시 전주 이씨 숭선군파 종가 소장. 한국학중앙연구원 장서각 한국고문서자료관 홈페이지 원문 이미지 보기>

1818-04-00. **화민 신수묵 등 소지**(化民辛修默等所志), 신수묵 등. <1장. 한자+이두. 조선 필사 이두 자료. 전남 영광군 입석 영월 신씨 소장. 한국학중앙연구원 장서각 한국고문서자료관 홈페이지 원문 이미지와 텍스트 보기. 한국정신문화연구원 편(1996) 참고>

1818-04-00 **화민 유진억 소지**(化民柳鎭億所志), 유진억. <1장. 한자+이두. 조선 필사 이두 자료. 전남 구례군 토지면 오미리 문화 류씨 운조루 소장. 한국학중앙연구원 장서각 한국고문서자료관 홈페이지 원문 이미지와 텍스트 보기. 한국정신문화연구원 편(1998) 참고>

1818-05-15. **연기현감 첩정**(燕岐縣監牒呈), 연기현감. <1장. 한자+이두. 조선 필사 이두 자료. 충남 공주시 전주 이씨 숭선군파 종가 소장. 한국학중앙연구원 장서각 한국고문서자료관 홈페이지 원문 이미지 보기>

1818-05-00. **이형중 의송**(履馨重議送), 이형중. <1장. 한자+이두. 조선 필사 이두 자료. 충남 공주시 전주 이씨 숭선군파 종가 소장. 한국학중앙연구원 장서각 한국고문서자료관 홈페이지 원문 이미지 보기>

1818-06-22. **이중득 토지매매명문**(李中得土地賣買明文), 답주 이흥삼(畓主李興三). <1장. 한자+이두. 조선 필사 이두 자료. 전남 영광 마산 경주 이씨가 구장. 진안 용담호미술관 소장. 호남권 한국학자료센터 홈페이지 원문 이미지와 텍스트 보기. 박병호(1974ㄱ), 최승희(1989), 정구복 외(1999), 이재수(2003) 참고>

1818-06-00. **예조 입안**(禮曹立案), 예조. <1장. 한자+이두. 조선 필사 이두 자료. 전북 순창 청계 문화 유씨가 소장. 호남권 한국학자료센터 홈페이지 원문 이미지와 텍스트 보기. 박병호(1974ㄱ), 최승희(1989), 정구복 외(1999) 참고>

1818-06-00. **이야 등 소지**(李埜等所志), 이야 등. <1장. 한자+이두. 조선 필사 이두 자료. 경북 경주시 안강읍 옥산리 여주 이씨 장산서원·치암 종택 구장. 한국학중앙연구원 장서각 한국고문서자료관 홈페이지 원문 이미지 보기. 한국정신문화연구원 편(2003) 참고>

1818-08-08. **가사매매명문**(家舍賣買明文), 가주 김복남(家主金福男). <1장. 한자+이두. 조선 필사 이두 자료. 전남 영광군 입석 영월 신씨 소장. 한국학중앙연구원 장서각 한국고문서자료관 홈페이지 원문 이미지와 텍스트 보기. 한국정신문화연구원 편(1996) 참고>

1818-08-00. **이병연 의송**(李秉淵議送) 3, 이병연. <1장. 한자+이두. 조선 필사 이두 자료. 충남 공주시 전주 이씨 숭선군파 종가 소장. 한국학중앙연구원 장서각 한국고문서자료관 홈페이지 원문 이미지 보기>

1818-08-00. **이병연 의송**(李秉淵議送) 4, 이병연. <1장. 한자+이두. 조선 필사 이두 자료. 충남 공주시 전주 이씨 숭선군파 종가 소장. 한국학중앙연구원 장서각 한국고문서자료관 홈페이지 원문 이미지 보기>

1818-09-00. **이병연 의송**(李秉淵議送) 5, 이병연. <1장. 한자+이두. 조선 필사 이두 자료. 충남 공주시 전주 이씨 숭선군파 종가 소장. 한국학중앙연구원 장서각 한국고문서자료관 홈페이지 원문 이미지 보기>

1818-10-00. **박시영·박진겸·박진구 등 소지**(朴時永朴鎭謙朴鎭九等所志), 박시영·박진겸·박진구 등. <1장. 한자+이두. 조선 필사 이두 자료. 영해 도곡 무안 박씨 무의공 종택 소장. 한국학중앙연구원 장서각 한국고문서자료관 홈페이지 원문 이미지 보기. 한국학중앙연구원 편(2008) 참고>

1818-10-00. **이병연 소지**(李秉淵所志) 1, 이병연. <1장. 한자+이두. 조선 필사 이두 자료. 충남 공주시 전주 이씨 숭선군파 종가 소장. 한국학중앙연구원 장서각 한국고문서자료관 홈페이지 원문 이미지 보기>

1818-10-00. **이병연 의송**(李秉淵議送) 6, 이병연. <1장. 한자+이두. 조선 필사 이두 자료. 충남 공주시 전주 이씨 숭선군파 종가 소장. 한국학중앙연구원 장서각 한국고문서자료관 홈페이지 원문 이미지 보기>

1818-10-00. **이병연 의송**(李秉淵議送) 7, 이병연. <1장. 한자+이두. 조선 필사 이두 자료. 충남 공주시 전주 이씨 숭선군파 종가 소장. 한국학중앙연구원 장서각 한국고문서자료관 홈페이지 원문 이미지 보기>

1818-11-00. **상주목사 완문**(尙州牧使完文), 상주목사. <1장. 한자+이두. 조선 필사 이두 자료. 경북 상주시 모동면 수봉리 옥동서원 소장. 한국학자료센터 영남권역

센터 홈페이지 원문 이미지와 텍스트 보기. 이수환(2001) 참고>

1818-11-00. **이병연 소지**(李秉淵所志) 2, 이병연. <1장. 한자+이두. 조선 필사 이두 자료. 충남 공주시 전주 이씨 숭선군파 종가 소장. 장서각 한국고문서자료관 홈페이지 원문 이미지 보기>

1818-11-00. **이병연 소지**(李秉淵所志) 3, 이병연. <1장. 한자+이두. 조선 필사 이두 자료. 충남 공주시 전주 이씨 숭선군파 종가 소장. 한국학중앙연구원 장서각 한국고문서자료관 홈페이지 원문 이미지 보기>

1818-12-02. **유학 김치한 토지매매명문**(幼學金致漢土地賣買明文), 답주 상욱(畓主尙郁). <1장. 한자+이두. 조선 필사 이두 자료. 경북 예천군 용문면 대제리 원동 권씨 춘우재 고택 구장. 한국국학진흥원 소장. 한국학자료센터 영남권역센터 홈페이지 원문 이미지와 텍스트 보기. 김성갑(2013) 참고>

1818-12-02. **유학 송일욱 토지매매명문**(幼學宋日郁土地賣買明文), 답주 자필 유학 정원제(畓主自筆幼學丁遠濟). <1장. 한자+이두. 조선 필사 이두 자료. 전북대학교 박물관 소장. 호남권 한국학자료센터 홈페이지 원문 이미지와 텍스트 보기>

1818-12-07. **유학 김방헌 토지매매명문**(幼學金邦憲土地賣買明文), 답주 가손 오촌질 유학 남운한(畓主家孫五寸侄幼學南雲漢). <1장. 한자+이두. 조선 필사 이두 자료. 경북 예천군 용문면 대제리 원동 권씨 춘우재 고택 구장. 한국국학진흥원 소장. 한국학자료센터 영남권역센터 홈페이지 원문 이미지와 텍스트 보기. 김성갑(2013) 참고>

1818-12-18. **유학 이상희 토지매매명문**(幼學李相曦土地賣買明文), 전주 동몽 박쾌망(田主童蒙朴快望). <1장. 한자+이두. 조선 필사 이두 자료. 경북 영해 인량 재령 이씨 충효당 소장. 한국학중앙연구원 장서각 한국고문서자료관 홈페이지 원문 이미지 보기. 한국정신문화연구원 편(2004) 참고>

1818-12-25. **김소재 토지매매명문**(金召才土地賣買明文), 답주 김 생원 댁 노 목■(畓主金生員宅奴木■). <1장. 한자+이두. 조선 필사 이두 자료. 경북 영해 인량 재령 이씨 충효당 소장. 한국학중앙연구원 장서각 한국고문서자료관 홈페이지 원문 이미지와 텍스트 보기. 한국정신문화연구원 편(1997) 참고>

1818-12-00. **이병연 소지**(李秉淵所志) 4, 이병연. <1장. 한자+이두. 조선 필사 이두

자료. 충남 공주시 전주 이씨 숭선군파 종가 소장. 한국학중앙연구원 장서각 한국 고문서자료관 홈페이지 원문 이미지 보기>

1818-12-00. **이병연 소지**(李秉淵所志) 5, 이병연. <1장. 한자+이두. 조선 필사 이두 자료. 충남 공주시 전주 이씨 숭선군파 종가 소장. 한국학중앙연구원 장서각 한국 고문서자료관 홈페이지 원문 이미지 보기>

1818-12-00. **이병연 의송**(李秉淵議送) 8, 이병연. <1장. 한자+이두. 조선 필사 이두 자료. 충남 공주시 전주 이씨 숭선군파 종가 소장. 한국학중앙연구원 장서각 한국 고문서자료관 홈페이지 원문 이미지 보기>

1818-12-00. **정종필 소지**(鄭宗弼所志), 정종필. <1장. 한자+이두. 조선 필사 이두 자료. 경남 거창 강동 초계 정씨 동계 종가 구장. 한국학중앙연구원 장서각 한국고 문서자료관 홈페이지 원문 이미지와 텍스트 보기. 한국정신문화연구원 편(1995), 박병련·김학수(2001), 한국학중앙연구원 편(2005), 김성갑(2006) 참고>

1818-12-00. **정종필 의송**(鄭宗弼議送), 정종필. <1장. 한자+이두. 조선 필사 이두 자료. 경남 거창 강동 초계 정씨 동계 종가 구장. 한국학중앙연구원 장서각 한국학 자료센터 홈페이지 원문 이미지와 텍스트 보기. 한국정신문화연구원 편(1995), 박병련·김학수(2001), 김성갑(2006) 참고>

1818-12-00. **황석로 등 상서**(黃錫老等上書) 1, 황석로 등. <1장. 한자+이두. 조선 필사 이두 자료. 경남 거창 갈계 은진 임씨 소장. 한국학중앙연구원 장서각 한국고 문서자료관 홈페이지 원문 이미지 보기. 한국학중앙연구원 편(2005) 참고>

1818-00-00. 「목민심서(**牧民心書**)」, 정약용(丁若鏞, 1762년~1836년) 저(著). <48권 16책. 필사본. 한자+이두. 한국학중앙연구원 디지털장서각 홈페이지 'K2-2053' 원문 이미지 보기> <활자본: ① 광문사(1901) ② 민족문화추진회(1969) ③ 대양서적(1977) ④ 다산연구회(1981, 2018)>

1818-00-00. 「헌경혜빈부궁도감의궤(**獻敬惠嬪祔 宮都監儀軌**)」,[168] 부궁도감(祔宮都監) 편(編). <1책. 166장. 필사본. 표제는 '祔宮都監儀軌 全'. 권수제는 '獻敬惠嬪祔

---

[168] 한국학중앙연구원 디지털장서각 홈페이지에서는 서명을 '[헌경혜빈]부궁도감의궤[獻敬惠嬪]祔宮都監儀軌)'로 적었다.

宮都監儀軌'. 한자+이두. 조선 필사 이두 자료. 한국학중앙연구원 디지털장서각 홈페이지 'K2-2267' 원문 이미지 보기>

1818-00-00. 「헌경혜빈부궁도감의궤(獻敬惠嬪祔 宮都監儀軌)」, 부궁도감(祔宮都監) 편(編). <1책. 167장. 필사본. 표제는 '(嘉慶二十三年戊寅二月 日 純祖十八年)獻敬惠嬪祔宮都監儀軌 全'. 권수제는 '獻敬惠嬪祔 宮都監儀軌'. 한자+이두. 조선 필사 이두 자료. 한국학중앙연구원 디지털장서각 홈페이지 'K2-2268' 원문 이미지와 텍스트 보기>

1818-00-00. 「헌경혜빈부궁도감의궤(獻敬惠嬪祔 宮都監儀軌)」,[169] 부궁도감 편. <1책. 166장. 필사본. 표제는 '(嘉慶二十三年戊寅二月 日 五臺山上)獻敬惠嬪祔宮都監儀軌全'. 권수제는 '獻敬惠嬪祔 宮都監儀軌'. 한자+이두. 조선 필사 이두 자료. 서울대학교 규장각 한국학연구원 의궤 종합정보 홈페이지 '奎13620' 원문 이미지 보기>

1818-00-00. 「헌경혜빈부궁도감의궤(獻敬惠嬪祔 宮都監儀軌)」,[170] 부궁도감 편. <1책. 166장. 필사본. 표제는 '獻敬惠嬪祔宮都監儀軌全'. 권수제는 '獻敬惠嬪祔 宮都監儀軌'. 한자+이두. 조선 필사 이두 자료. 국립중앙박물관 외규장각 의궤 홈페이지 '외규234' 원문 이미지와 텍스트 보기>

1818-00-00. 「헌경혜빈상례등록(獻敬惠嬪喪禮謄錄)」, 예조 계제사(禮曹稽制司). <2책. 필사본. 한자+이두. 조선 필사 이두 자료. 한국학중앙연구원 디지털장서각 홈페이지 원문 이미지와 텍스트 보기>

1818-00-00. **황석로 등 상서**(黃錫老等上書) 2, 황석로 등. <1장. 한자+이두. 조선 필사 이두 자료. 경남 거창 갈계 은진 임씨 소장. 장서각 한국고문서자료관 홈페이지 원문 이미지 보기. 한국학중앙연구원 편(2005) 참고>

---

169 서울대학교 규장각 한국학연구원 의궤 종합정보 홈페이지에서는 서명을 '혜빈부궁도감의궤(惠嬪祔宮都監儀軌)'로 적었다.

170 국립중앙박물관 외규장각 의궤 홈페이지에서는 서명을 권수제와는 달리 '헌경혜빈부궁도감의궤(獻敬惠嬪祔宮都監儀軌)'로 붙여 썼다.

1819년

<기묘(己卯), 순조 19년, 가경 24년>

1819-01-01~1819-12-12. 「결속색등록(**結束色謄錄**)」, 병조(兵曹) 편(編). <1책(32). 199장. 필사본. 한자+이두. 조선 필사 이두 자료. 서울대학교 규장각 한국학연구원 홈페이지 1787년~1891년 낙질본 107책(1792년(건륭 57년), 1811년(가경 16년) 하, 1816년(가경 21년), 1817년(가경 22년), 1824년(도광 4년), 1831(도광 11년), 1871년(동치 10년), 1885년(광서 11년) 없음) 원문 이미지 보기>

1819-01-01~1819-12-27(己卯). 「전객사일기(**典客司日記**)」 65, 예조(禮曹) 전객사(典客司) 편(編). <1책(65/99). 91장. 필사본. 한자+이두. 조선 필사 이두 자료. 서울대학교 규장각 한국학연구원 홈페이지 원문 이미지 보기> <1640-01-22~1641-12-23(1)>

1819-01-08. **유 노 돌금 토지매매명문**(柳奴乭金土地賣買明文), 답주 유안변 댁 노 배만(畓主柳安邊宅奴白萬). <1장. 한자+이두. 조선 필사 이두 자료. 안동 천전 의성 김씨 지촌 종택 소장. 한국학중앙연구원 장서각 한국고문서자료관 홈페이지 원문 이미지 보기. 한국정신문화연구원 편(1990) 참고>

1819-01-00. **황석로 등 상서**(黃錫老等上書), 황석로 등. <1장. 한자+이두. 조선 필사 이두 자료. 경남 거창 갈계 은진 임씨 소장. 한국학중앙연구원 장서각 한국고문서자료관 홈페이지 원문 이미지 보기. 한국학중앙연구원 편(2005) 참고>

1819-02-06. **족제계 유사 권태언 토지매매명문**(族弟稧有司權泰彦土地賣買明文), 답주 자필 족형 권승언(畓主自筆族兄權昇彦). <1장. 한자+이두. 조선 필사 이두 자료. 경북 예천군 용문면 대제리 원동 권씨 춘우재 고택 구장. 한국국학진흥원 소장. 한국학자료센터 영남권역센터 홈페이지 원문 이미지와 텍스트 보기. 김성갑(2013) 참고>

1819-02-06. **한광심 토지매매명문**(韓光心土地賣買明文), 답주 문장 유학 이홍건(畓主門長幼學李弘建). <1장. 한자+이두. 조선 필사 이두 자료. 전남 영광군 입석 영월 신씨 소장. 한국학중앙연구원 장서각 한국고문서자료관 홈페이지 원문 이미지와

텍스트 보기. 한국정신문화연구원 편(1996) 참고>

1819-02-08. **박월삼 토지매매명문**(朴月三土地賣買明文), 답주 김상옥(畓主金尙玉). <1장. 한자+이두. 조선 필사 이두 자료. 경북 경주시 내남면 이조리 경주 최씨·용산서원 소장. 한국학중앙연구원 장서각 한국고문서자료관 홈페이지 원문 이미지 보기. 한국정신문화연구원 편(2000) 참고>

1819-02-11. **유 노 세태 토지매매명문**(柳奴世太土地賣買明文), 답주 자필 도명(畓主自筆道明). <1장. 한자+이두. 조선 필사 이두 자료. 경북 안동시 하회 풍산 류씨 충효당 소장. 한국학중앙연구원 장서각 한국학자료센터 홈페이지 원문 이미지와 텍스트 보기. 한국정신문화연구원 편(1994) 참고>

1819-02-17. **김원백 토지매매명문**(金元白土地賣買明文), 답주 오 노 갑종(畓主吳奴甲宗). <1장. 한자+이두. 조선 필사 이두 자료. 전남 영광군 입석 영월 신씨 소장. 한국학중앙연구원 장서각 한국고문서자료관 홈페이지 원문 이미지와 텍스트 보기. 한국정신문화연구원 편(1996) 참고>

1819-02-19. **유학 토지매매명문**(幼學土地賣買明文), 답주 무학 최연갑(畓主武學崔延甲). <1장. 한자+이두. 조선 필사 이두 자료. 전남 영광군 입석 영월 신씨 소장. 한국학중앙연구원 장서각 한국고문서자료관 홈페이지 원문 이미지와 텍스트 보기. 한국정신문화연구원 편(1996) 참고>

1819-02-28. **박 노 송돌 토지매매명문**(朴奴宋乭土地賣買明文), 전답주 권 노 산복(田畓主權奴山福). <1장. 한자+이두. 조선 필사 이두 자료. 경북 예천군 용문면 대제리 원동 권씨 춘우재 고택 구장. 한국국학진흥원 소장. 한국학자료센터 영남권역센터 홈페이지 원문 이미지와 텍스트 보기. 김성갑(2013) 참고>

1819-02-29. **강계운 토지상환명문**(康啓運土地相換明文), 전주 오경훈(田主吳慶勳). <1장. 한자+이두. 조선 필사 이두 자료. 제주시 일도 이동규 구장. 제주시 일도 2동 제주민속자연사박물관 소장. 호남권 한국학자료센터 홈페이지 원문 이미지와 텍스트 보기. 고창석(1997, 1998), 김영란(2010) 참고>

1819-02-00. **고형기 상서**(高馨基上書) 1, 고형기. <1장. 한자+이두. 조선 필사 이두 자료. 전북 부안 청호 효충사 소장. 호남권 한국학자료센터 홈페이지 원문 이미지와 텍스트 보기. 박병호(1974ㄱ), 최승희(1989), 정구복 외(1999) 참고>

1819-02-■■. **김 생원 토지매매명문**(金生員土地賣買明文), 답주 자필 양덕진(畓主自筆梁德晉). <1장. 한자+이두. 조선 필사 이두 자료. 경북 영해 인량 재령 이씨 충효당 소장. 한국학중앙연구원 장서각 한국고문서자료관 홈페이지 원문 이미지와 텍스트 보기. 한국정신문화연구원 편(1997) 참고>

1819-03-16. **채필달·손학진 토지매매명문**(蔡必達孫鶴振土地賣買明文), 채필달·손학진. <1장. 한자+이두. 조선 필사 이두 자료. 대구 칠계 경주 최씨 백불암 종중 구장. 안동대학교 박물관 소장. 한국학자료센터 영남권역센터 홈페이지 원문 이미지와 텍스트 보기. 박병호(1974ㄱ), 최승희(1989), 이재수(2003), 이수건 외(2004) 참고>

1819-03-00. **강봉휴 준호구**(姜鳳休準戶口), 제주목(濟州牧). <1장. 한자+이두. 조선 필사 이두 자료. 제주 어도내산 진주 강씨가 구장. 제주 한림 강우석 소장. 호남권 한국학자료센터 홈페이지 원문 이미지와 텍스트 보기. 최승희(1989), 고창석(2002), 문현주(2011), 손병규(2007) 참고>

1819-03-00. **고형기 상서**(高馨基上書) 2, 고형기. <1장. 한자+이두. 조선 필사 이두 자료. 전북 부안 청호 효충사 소장. 호남권 한국학자료센터 홈페이지 원문 이미지와 텍스트 보기. 박병호(1974ㄱ), 최승희(1989), 정구복 외(1999) 참고>

1819-03-00. **고형기 상서**(高馨基上書) 3, 고형기. <1장. 한자+이두. 조선 필사 이두 자료. 전북 부안 청호 효충사 소장. 호남권 한국학자료센터 홈페이지 원문 이미지와 텍스트 보기. 박병호(1974ㄱ), 최승희(1989), 정구복 외(1999) 참고>

1819-03-00. **김수 등 상서**(金洙等上書), 김수 등. <1장. 한자+이두. 조선 필사 이두 자료. 전남 곡성군 도동묘 소장. 호남권 한국학자료센터 홈페이지 원문 이미지와 텍스트 보기. 최승희(1989), 정구복 외(1999) 참고>

1819-03-00 추정. **옥산서원 수노 용사 소지**(玉山書員首奴龍巳所志), 용사. <1장. 한자+이두. 조선 필사 이두 자료. 경북 경주시 안강읍 옥산리 여주 이씨 독락당 소장. 한국학중앙연구원 장서각 한국고문서자료관 홈페이지 원문 이미지 보기. 한국정신문화연구원 편(2003) 참고>

1819-04-17. **용산서원 재임 서목**(龍山書員齋任書目), 용산서원. <1장. 한자+이두. 조선 필사 이두 자료. 경북 경주시 내남면 이조리 경주 최씨·용산서원 소장. 한국

학중앙연구원 장서각 한국고문서자료관 홈페이지 원문 이미지 보기. 한국정신문화연구원 편(2000) 참고>

1819-04-00. **독락당 수노 시동 소지**(獨樂堂首奴時東所志),[171] 시동. <1장. 한자+이두. 조선 필사 이두 자료. 경북 경주시 안강읍 옥산리 여주 이씨 독락당 소장. 한국학중앙연구원 장서각 한국고문서자료관 홈페이지 원문 이미지 보기. 한국정신문화연구원 편(2003) 참고>

1819-04-00. **용산서원 수직 노 등장**(龍山書員守直奴等狀), 용산서원 수직 노. <1장. 한자+이두. 조선 필사 이두 자료. 경북 경주시 내남면 이조리 경주 최씨·용산서원 소장. 한국학중앙연구원 장서각 한국고문서자료관 홈페이지 원문 이미지 보기. 한국정신문화연구원 편(2000) 참고>

1819-윤4-00. **최관현 등 상서**(崔寬賢等上書), 최관현 등. <1장. 한자+이두. 조선 필사 이두 자료. 전북 남원 둔덕 전주 이씨가 구장. 전북대학교 박물관 소장. 호남권 한국학자료센터 홈페이지 원문 이미지와 텍스트 보기. 최승희(1989), 전북대학교 박물관 편(1990) 참고>

1819-05-21. **유학 김시일 토지매매명문**(幼學金始一土地賣買明文), 답주 유학 최종덕(畓主幼學崔宗德). <1장. 한자+이두. 조선 필사 이두 자료. 전남 보성 박실 제주 양씨가 구장. 원광대학교 박물관 소장. 호남권 한국학자료센터 홈페이지 원문 이미지와 텍스트 보기. 박병호(1974ㄱ) 참고>

1819-05-00. **고형기 원정**(高馨基原情), 고형기. <1장. 한자+이두. 조선 필사 이두 자료. 전북 부안 청호 효충사 소장. 호남권 한국학자료센터 홈페이지 원문 이미지와 텍스트 보기. 박병호(1974ㄱ), 최승희(1989), 정구복 외(1999) 참고>

1819-06-15. **경상도 관찰사 겸 순찰사 관 초본**(慶傷悼觀察使兼巡察使關抄本), 경상도 관찰사 겸 순찰사 김이재(金履載). <1장. 한자+이두. 조선 필사 이두 자료. 경남 거창 강동 초계 정씨 동계 종가 구장. 한국학중앙연구원 장서각 한국학자료센터 홈페이지 원문 이미지와 텍스트 보기. 한국정신문화연구원 편(1995, 2005), 박병

---

[171] 한국학중앙연구원 장서각 한국고문서자료관 홈페이지에서는 '1819년 독락당(獨樂堂) 수노(首奴) 소지(所志)'로 표시하였다.

련·김학수(2001), 김성갑(2006) 참고>

1819-06-00. **이건기 소지**(李建基所志) 이건기. <1장. 한자+이두. 조선 필사 이두 자료. 상주 연안 이씨 이만부 종가 소장. 한국학중앙연구원 장서각 한국고문서자료관 홈페이지 원문 이미지 보기>

1819-07-00. **김좌랑 댁 노 춘남 소지**(金佐郞宅奴春男所志), 춘남. <1장. 한자+이두. 조선 필사 이두 자료. 해남 노송 김해 김씨 노송사 소장. 한국학중앙연구원 장서각 한국고문서자료관 홈페이지 & 호남권 한국학자료센터 홈페이지 원문 이미지와 텍스트 보기. 최승희(1989), 한국정신문화연구원 편(1998) 참고>

1819-07-00. **노 춘남 소지**(奴春男所志), 춘남. <1장. 한자+이두. 조선 필사 이두 자료. 해남 노송 김해 김씨 노송사 소장. 한국학중앙연구원 장서각 한국고문서자료관 홈페이지 원문 이미지와 텍스트 보기. 한국정신문화연구원 편(1998) 참고>

1819-08-12. **양좌동 동민 완의**(良佐洞洞民完議), 양좌동 동민. <1장. 한자+이두. 조선 필사 이두 자료. 경주 양동 경주 손씨 송첨 종택 소장. 한국학중앙연구원 장서각 한국고문서자료관 홈페이지 원문 이미지 보기. 한국정신문화연구원 편(1997) 참고>

1819-08-17. **권 생원 토지매매명문**(權生員土地賣買明文),[172] 전주 자필 모달규(田主自筆牟達圭). <1장. 한자+이두. 조선 필사 이두 자료. 전북 고창군 읍내 안동 권씨가 소장. 호남권 한국학자료센터 홈페이지 원문 이미지와 텍스트 보기. 최승희(1989), 전북향토문화연구회 편(1993), 정구복 외(1999) 참고>

1819-08-00. **김견 등 상서**(金鈃等上書), 김견 등. <1장. 한자+이두. 조선 필사 이두 자료. 전북 남원 둔덕 전주 이씨가 구장. 전북대학교 박물관 소장. 호남권 한국학자료센터 홈페이지 원문 이미지와 텍스트 보기. 최승희(1989), 전북대학교 박물관 편(1990) 참고>

1819-08-00. **임영환 소지**(林永煥所志), 임영환. <1장. 한자+이두. 조선 필사 이두 자료. 전북 남원 둔덕 전주 이씨가 구장. 전북대학교 박물관 소장. 호남권 한국학

---

[172] 호남권 한국학자료센터 홈페이지에서는 '모달규(牟達圭) 방매(放賣) 토지매매명문(土地賣買明文)'으로 표시하였다.

자료센터 홈페이지 원문 이미지와 텍스트 보기. 박병호(1974ㄱ), 최승희(1989), 정구복 외(1999) 참고>

1819-09-19. **조 생원 댁 토지매매명문**(趙生員宅土地賣買明文),[173] 답주 남경흥(畓主南景興). <1장. 한자+이두. 조선 필사 이두 자료. 경북 영양군 영양읍 삼지리 한양 조씨 하담 고택 구장. 한국국학진흥원 소장. 한국학자료센터 영남권역센터 홈페이지 원문 이미지와 텍스트 보기. 박병호(1974ㄱ), 최승희(1989), 이재수(2003), 이수건 외(2004) 참고>

1819-09-00. **김인해 등 상서**(金麟海等上書), 김인해 등. <1장. 한자+이두. 조선 필사 이두 자료. 전북 고창·고부 광산 김씨 소장. 한국학중앙연구원 고문서자료관 홈페이지 원문 이미지 보기. 한국학중앙연구원 편(2009) 참고>

1819-09-00. **유성관 토지매매명문**(劉聖寬土地賣買明文), 답주 이 대장 댁 노 희갑(畓主李大將宅奴義甲). <1장. 한자+이두. 조선 필사 이두 자료. 부여 은산 함양 박씨 소장. 한국학중앙연구원 장서각 한국고문서자료관 홈페이지 원문 이미지 보기. 한국정신문화연구원 편(2000) 참고>

1819-10-05. **유흥천 토지매매명문**(柳興天土地賣買明文), 답주 고제영(畓主高濟榮). <1장. 한자+이두. 조선 필사 이두 자료. 전북 부안군 우반 부안 김씨 세덕각 소장. 호남권 한국학자료센터 홈페이지 원문 이미지와 텍스트 보기. 박병호(1974ㄱ), 이재수(2003) 참고>

1819-11-19. **공보광 토지매매명문**(孔寶光土地賣買明文), 답주 이인걸(畓主李寅杰). <1장. 한자+이두. 조선 필사 이두 자료. 전남 보성 박실 제주 양씨가 구장. 원광대학교 박물관 소장. 호남권 한국학자료센터 홈페이지 원문 이미지와 텍스트 보기. 박병호(1974ㄱ), 최승희(1989), 이재수(2003) 참고>

1819-11-23. **동생 유학 지덕두 토지매매명문**(同生幼學池德斗土地賣買明文), 답주 사매 지 씨(畓主舍妹池氏). <1장. 한자+이두. 조선 필사 이두 자료. 전남 여수 좌수영 박물관 소장. 호남권 한국학자료센터 홈페이지 원문 이미지와 텍스트 보기. 최승

---

173 한국학자료센터 영남권역센터 홈페이지에서는 '1819년 남경흥(南景興) 토지매매명문(土地賣買明文)'으로 표시하였다.

희(1989), 국립민속박물관 편(1991) 참고>

1819-11-27. **유학 박종순 토지매매명문**(幼學朴鍾純土地賣買明文), 자필 유학 남종복(自筆幼學南鍾復). <1장. 한자+이두. 조선 필사 이두 자료. 경북 영해 인량 재령 이씨 갈암 종택 소장. 한국학자료센터 영남권역센터 홈페이지 원문 이미지와 텍스트 보기>

1819-11-28. **이 댁 노 일국 토지매매명문**(李宅奴日國土地賣買明文), 가주 양인 김복태(家主良人金卜太). <1장. 한자+이두. 조선 필사 이두 자료. 경북 안동시 주촌 진성이씨 경류정 소장. 한국학중앙연구원 장서각 한국고문서자료관 홈페이지 원문 이미지와 텍스트 보기. 한국정신문화연구원 편(1999) 참고>

1819-12-11. **유학 반석인 토지매매명문**(幼學潘碩仁土地賣買明文), 답주 유학 강덕립(畓主幼學姜德立). <1장. 한자+이두. 조선 필사 이두 자료. 전북 남원 둔덕 전주이씨가 구장. 전북대학교 박물관 소장. 호남권 한국학자료센터 홈페이지 원문 이미지와 텍스트 보기. 박병호(1974ㄱ), 이재수(2003) 참고>

1819-12-12. **한량 김갑천 토지매매명문**(閑良[174]金甲千土地賣買明文), 답주 자필 유학 정수의(畓主自筆幼學鄭壽儀). <1장. 한자+이두. 조선 필사 이두 자료. 전남 보성 박실 제주 양씨가 구장. 원광대학교 박물관 소장. 호남권 한국학자료센터 홈페이지 원문 이미지와 텍스트 보기. 박병호(1974ㄱ), 최승희(1989), 이재수(2003) 참고>

1819-12-28. **유학 양지옥 토지매매명문**(幼學楊志玉土地賣買明文), 율전주 유학 유광윤(栗田主幼學柳光潤). <1장. 한자+이두. 조선 필사 이두 자료. 전북 순창 구미 남원 양씨가 소장. 호남권 한국학자료센터 홈페이지 원문 이미지와 텍스트 보기. 최승희(1989), 이재수(2003), 채현경(2011) 참고>

1819-12-29. **유학 여필주 토지매매명문**(幼學呂弼周土地賣買明文), 답주 유학 박기대(畓主幼學朴基大). <1장. 한자+이두. 조선 필사 이두 자료. 대구 칠계 경주 최씨 백불암 종중 구장. 안동대학교 박물관 소장. 한국학자료센터 영남권역센터 홈페이지 원문 이미지와 텍스트 보기. 박병호(1974ㄱ), 최승희(1989), 이재수(2003), 이수건 외(2004) 참고>

---

[174] 원문에서는 '閑良'이 아닌 '閒良'으로 적었다.

1819-12-00. **권석모 소지**(權錫模所志), 권석모. <1장. 한자+이두. 조선 필사 이두 자료. 경북 예천군 용문면 대제리 원동 권씨 춘우재 고택 구장. 한국국학진흥원 소장. 한국학자료센터 영남권역센터 홈페이지 원문 이미지와 텍스트 보기. 김성갑(2013) 참고>

1819-12-00. **차첩**(差帖), 이조(吏曹). <1장. 한자+이두. 조선 필사 이두 자료. 안동 금계 의성 김씨 학봉 종가 소장. 한국학중앙연구원 장서각 한국고문서자료관 홈페이지 원문 이미지와 텍스트 보기. 한국정신문화연구원 편(1989) 참고>

1819-00-00. **노비안**(奴婢案),[175] 도산서원. <1책. 필사본. 표제는 '乙卯 寧海英陽眞寶朴谷 奴婢案'. 한자+이두. 조선 필사 이두 자료. 도산서원 구장. 한국국학진흥원 소장. 한국국학진흥원 유교넷 홈페이지 원문 이미지와 텍스트 보기>

1819-00-00. 「동몽선습(童蒙先習)」, 박세무(朴世茂). <기묘 신간(己卯新刊) 춘방장판(春坊藏板). 1책. 목판본. 대자 한자+인쇄 소자 한자 구결(예: 天地之間萬物之衆耳). 권두에 '어제 동몽선습 서(御製童蒙先習序)'와 권말에 송시열(宋時烈) 발문이 수록되어 있다. 조선 인쇄 구결 자료. 국립중앙도서관 홈페이지 원문 이미지 보기> <이본: 1543-00-00(원간본) 참고>

1819-00-00. 「문조신정왕후가례도감의궤(文祖神貞王后嘉禮都監儀軌)」, 가례도감 편. <2책. 필사본. 한자+이두. 조선 필사 이두 자료. 서울대학교 규장각 한국학연구원 의궤 종합정보 홈페이지 원문 이미지 보기>

1819-00-00. 「사직서등록(社稷署謄錄)」, 사직서. <1책. 82장. 필사본. 한자+이두. 조선 필사 이두 자료. 한국학중앙연구원 장서각 소장. 장서각 한국학자료센터 홈페이지 원문 이미지와 텍스트 보기>

1819-00-00. 「아언각비(雅言覺非)」, 정약용(丁若鏞) 저(著). <3권 1책. 76장. 필사본. 어원이 모호하거나 쓰임이 애매한 단어 450여 개에 설명을 붙인 책. 차자 표기 자료. 서울대학교 규장각 한국학연구원 홈페이지 원문 이미지 보기>

1819-00-00. 「열양세시기(洌陽歲時記)」, 김매순(金邁淳). <1책. 필사본. 세시기. 서울

---

[175] 한국국학진흥원 유교넷 홈페이지에서는 '1819년 도산서원의 녕해, 영양, 진보, 박곡 지역 노비 명단을 기록한 노비안'으로 표시하였다.

대학교 규장각 한국학연구원 홈페이지 연활자본 조선광문회(1911) 원문 이미지 보기>

1819-00-00. 「왕세자가례도감의궤(王世子嘉禮都監儀軌)」, 가례도감 편. <2권 2책. 248장+167장. 필사본. 표제는 '(嘉慶二十四年己卯十月 日 純祖十九年)王世子嘉禮都監儀軌'. 한자+이두. 조선 필사 이두 자료. 한국학중앙연구원 디지털장서각 홈페이지 'K2-2677' 원문 이미지와 텍스트 보기>

1819-00-00. 「왕세자가례도감의궤(王世子嘉禮都監儀軌)」[176] 상(上), 가례도감 편. <1책. 247장. 필사본. 표제는 '王世子嘉禮都監儀軌 上'. 권수제는 '王世子嘉禮都監儀軌 上'. 한자+이두. 조선 필사 이두 자료. 국립중앙박물관 외규장각 의궤 홈페이지 '외규235' 원문 이미지와 텍스트 보기>

1819-00-00. 「왕세자가례도감의궤(王世子嘉禮都監儀軌)」[177] 상·하, 가례도감 편. <2책. 263장+160장. 필사본. 상권의 표제는 '(嘉慶二十四年己卯十月 日 五臺山上)王世子嘉禮都監儀軌上'. 권수제는 '王世子嘉禮都監儀軌上'. 한자+이두. 조선 필사 이두 자료. 서울대학교 규장각 한국학연구원 의궤 종합정보 홈페이지 '奎13130' 원문 이미지 보기>

1819-00-00. 「왕세자가례등록(王世子嘉禮謄錄)」, 예조(禮曹). <1책. 62장. 필사본. 한자+이두. 조선 필사 이두 자료. 한국학중앙연구원 장서각 한국학자료센터 홈페이지 원문 이미지와 텍스트 보기>

1819-00-00. 「왕세자관례등록(王世子冠禮謄錄)」, 예조(禮曹). <1책. 42장. 필사본. 한자+이두. 조선 필사 이두 자료. 한국학중앙연구원 장서각 한국학자료센터 홈페이지 원문 이미지와 텍스트 보기>

---

[176] 국립중앙박물관 외규장각 의궤 홈페이지에서는 서명을 표제나 권수제와는 달리 '효명세자가례도감의궤(상)(孝明世子嘉禮都監儀軌(上))'으로 적었다.

[177] 서울대학교 규장각 한국학연구원 의궤 종합정보 홈페이지에서는 서명을 표제나 권수제와는 달리 '효명세자가례도감의궤(孝明世子嘉禮都監儀軌)'로 적었다.

1820년

<경진(庚辰), 순조 20년, 가경 25년>

1820-01-03~1820-12-00. 「결속색등록(結束色謄錄)」, 병조(兵曹) 편(編). <1책(33). 148장. 필사본. 한자+이두. 조선 필사 이두 자료. 서울대학교 규장각 한국학연구원 홈페이지 1787년~1891년 낙질본 107책(1792년(건륭 57년), 1811년(가경 16년) 하, 1816년(가경 21년), 1817년(가경 22년), 1824년(도광 4년), 1831년(도광 11년), 1871년(동치 10년), 1885년(광서 11년) 없음) 원문 이미지 보기>

1820-01-12. **이용갑 토지매매명문**(李龍甲土地賣買明文), 전주 유학 김적교(畓主幼學金迪敎). <1장. 한자+이두. 조선 필사 이두 자료. 대구광역시 수성구 만촌동 전주 류씨 종가 소장. 한국학자료센터 영남권역센터 홈페이지 원문 이미지와 텍스트 보기. 최승희(1989), 이재수(2003), 전경목(2010) 참고>

1820-01-15. **유학 장붕익 토지매매명문**(幼學張鵬翼土地賣買明文), 답주 자필 유학 고육석(畓主自筆幼學高六錫). <1장. 한자+이두. 조선 필사 이두 자료. 전남 구례군 토지면 오미리 문화 류씨 운조루 소장. 한국학중앙연구원 장서각 한국고문서자료관 홈페이지 원문 이미지와 텍스트 보기. 한국정신문화연구원 편(1998) 참고>

1820-01-18. **유학 김■■ 토지매매명문**(幼學金■■土地賣買明文), 답주 유학 진응인(畓主幼學陳應仁). <1장. 한자+이두. 조선 필사 이두 자료. 해남 노송 김해 김씨 노송사 소장. 한국학중앙연구원 장서각 한국고문서자료관 홈페이지 & 호남권 한국학자료센터 홈페이지 원문 이미지와 텍스트 보기. 한국정신문화연구원 편(1998) 참고>

1820-01-00. **김주국 등 상서**(金柱國等上書), 김주국 등. <1장. 한자+이두. 조선 필사 이두 자료. 전북 부안군 취성재 소장. 호남권 한국학자료센터 홈페이지 원문 이미지와 텍스트 보기. 박병호(1974ㄱ), 최승희(1989), 전경목(2001), 정구복(2002) 참고>

1820-01-00. **안종건 등 소지**(安宗建等所志) 1, 안종건 등. <1장. 한자+이두. 조선 필사 이두 자료. 전북 남원 안터 순흥 안씨 사제당 종가 구장. 한국학중앙연구원

장서각 소장. 한국학중앙연구원 편(2010) 참고>

1820-01-00. **안종건 등 소지**(安宗建等所志) 2, 안종건 등. <1장. 한자+이두. 조선 필사 이두 자료. 전북 남원 안터 순흥 안씨 사제당 종가 구장. 한국학중앙연구원 장서각 소장. 한국학중앙연구원 편(2010) 참고>

1820-02-00. **보주 김순이 소지**(洑主金順伊所志), 김순이. <1장. 한자+이두. 조선 필사 이두 자료. 해남 노송 김해 김씨 노송사 소장. 한국학중앙연구원 장서각 한국고문서자료관 홈페이지 & 호남권 한국학자료센터 홈페이지 원문 이미지와 텍스트 보기. 최승희(1989), 한국정신문화연구원 편(1998), 조정곤(2013) 참고>

1820-02-00. **안종건 등 소지**(安宗建等所志) 3, 안종건 등. <1장. 한자+이두. 조선 필사 이두 자료. 전북 남원 안터 순흥 안씨 사제당 종가 구장. 한국학중앙연구원 장서각 소장. 한국학중앙연구원 편(2010) 참고>

1820-02-00. **장산서원 사림 서목**(章山書員士林書目), 장산서원 사림. <1장. 한자+이두. 조선 필사 이두 자료. 경북 경주시 안강읍 옥산리 여주 이씨 독락당 소장. 한국학중앙연구원 장서각 한국고문서자료관 홈페이지 원문 이미지 보기. 한국정신문화연구원 편(2003) 참고>

1820-03-16. **종계 유사 최우룡 토지매매명문**(宗稧有司崔遇龍土地賣買明文), 답주 종손 최봉구(畓主宗孫崔鳳九). <1장. 한자+이두. 조선 필사 이두 자료. 남원·구례 삭녕 최씨 구장. 한국학중앙연구원 장서각 한국고문서자료관 홈페이지 원문 이미지 보기. 한국정신문화연구원 편(2004) 참고>

1820-03-24. **유학 이상희 토지매매명문**(幼學李相曦土地賣買明文) 1, 답주 자필 유학 박홍진(畓主自筆幼學朴弘震). <1장. 한자+이두. 조선 필사 이두 자료. 경북 영해 인량 재령 이씨 충효당 소장. 한국학중앙연구원 장서각 한국고문서자료관 홈페이지 원문 이미지 보기. 한국정신문화연구원 편(2004) 참고>

1820-03-00.[178] **구용 등 상서**(具溶等上書), 구용 등. <1장. 한자+이두. 조선 필사 이두 자료. 전북 완주군 비봉 반곡서원 소장. 호남권 한국학자료센터 홈페이지 원문 이미지와 텍스트 보기. 박병호(1974ㄱ), 최승희(1989) 참고>

---

178 호남권 한국학자료센터 홈페이지 '안내 정보'에서는 '12월'로 잘못 적었다.

1820-04-00. **정종필 등 상서**(鄭宗弼等上書) 1, 정종필 등. <1장. 한자+이두. 조선 필사 이두 자료. 경남 거창 강동 초계 정씨 동계 종가 구장. 한국학중앙연구원 장서각 한국학자료센터 홈페이지 & 한국학중앙연구원 장서각 한국고문서자료관 홈페이지 원문 이미지와 텍스트 보기. 한국정신문화연구원 편(1995, 2005), 박병련·김학수(2001), 김성갑(2006) 참고>

1820-04-00. **정종필 등 의송**(鄭宗弼等議送), 정종필 등. <1장. 한자+이두. 조선 필사 이두 자료. 경남 거창 강동 초계 정씨 동계 종가 구장. 한국학중앙연구원 장서각 소장. 장서각 한국학자료센터 홈페이지 원문 이미지와 텍스트 보기. 한국정신문화연구원 편(1995, 2005), 박병련·김학수(2001), 김성갑(2006) 참고>

1820-04-00. **정종필 소지**(鄭宗弼所志) 1, 정종필. <1장. 한자+이두. 조선 필사 이두 자료. 경남 거창 강동 초계 정씨 동계 종가 구장. 한국학중앙연구원 장서각 한국학자료센터 홈페이지 & 장서각 한국고문서자료관 홈페이지 원문 이미지와 텍스트 보기. 한국정신문화연구원 편(1995, 2005), 박병련·김학수(2001), 김성갑(2006) 참고>

1820-04-00~1827-03-16(庚辰~丁亥). 「명온공주방가례등록(**明溫公主房嘉禮謄錄**)」, 편저자 미상. <1책. 95장. 필사본. 권수제는 '明溫公主房'. 한자+이두. 조선 필사 이두 자료. 서울대학교 규장각 한국학연구원 홈페이지 원문 이미지 보기>

1820-05-13. **이 생원 댁 노 김돌 토지매매명문**(李生員宅奴金乭土地賣買明文),[179] 집필 박무산(執筆朴茂山). <1장. 한자+이두. 조선 필사 이두 자료. 경북 영해 인량 재령 이씨 충효당 소장. 한국학중앙연구원 장서각 한국고문서자료관 홈페이지 원문 이미지 보기. 한국정신문화연구원 편(2004) 참고>

1820-05-26 이후 필사 추정. 「등록초(**謄錄抄**)」, 의정부(議政府) 편(編). <건곤(乾坤) 2책. 건 82장. 곤 76장. 필사본. 한자+이두. 1646년(순치 3년 丙戌) 11월 7일부터 1820년 5월 26일까지 의정부에 보고된 각종 행사 서류를 종류별로 초록하여 만든 책. 조선 필사 이두 자료. 서울대학교 규장각 한국학연구원 홈페이지 원문 이미지

---

[179] 한국학중앙연구원 장서각 한국고문서자료관 홈페이지에서는 '1820년 이상희(李相曦) 토지매매명문(土地賣買明文)'으로 잘못 적었다.

보기> <영인본: 「각사등록」 62(국사편찬위원회 편, 1992)>

1820-06-00. **김시진 등 의송**(金是珍等議送), 김시진 등. <1장. 한자+이두. 조선 필사 이두 자료. 경북 안동시 오천 광산 김씨 후조당 소장. 한국학중앙연구원 장서각 한국고문서자료관 홈페이지 원문 이미지와 텍스트 보기. 한국정신문화연구원 편(1982) 참고>

1820-06-00. **정단성 댁 노 철발 소지**(鄭丹城宅奴哲發所志) 1, 철발. <1장. 한자+이두. 조선 필사 이두 자료. 경남 거창 강동 초계 정씨 동계 종가 구장. 한국학중앙연구원 장서각 한국고문서자료관 홈페이지 원문 이미지와 텍스트 보기. 한국정신문화연구원 편(1995, 2005), 박병련·김학수(2001), 김성갑(2006) 참고>

1820-06-00. **정종필 등 상서**(鄭宗弼等上書) 2, 정종필 등. <1장. 한자+이두. 조선 필사 이두 자료. 경남 거창 강동 초계 정씨 동계 종가 구장. 한국학중앙연구원 장서각 한국학자료센터 홈페이지 & 한국학중앙연구원 장서각 한국고문서자료관 홈페이지 원문 이미지와 텍스트 보기. 한국정신문화연구원 편(1995, 2005), 박병련·김학수(2001), 김성갑(2006) 참고>

1820-07-00. **정단성 댁 노 철발 소지**(鄭丹城宅奴哲發所志) 2, 철발. <1장. 한자+이두. 조선 필사 이두 자료. 경남 거창 강동 초계 정씨 동계 종가 구장. 한국학중앙연구원 장서각 한국고문서자료관 홈페이지 원문 이미지와 텍스트 보기. 한국정신문화연구원 편(1995, 2005), 박병련·김학수(2001), 김성갑(2006) 참고>

1820-07-00. **정단성 댁 노 철발 소지**(鄭丹城宅奴哲發所志) 3, 철발. <1장. 한자+이두. 조선 필사 이두 자료. 경남 거창 강동 초계 정씨 동계 종가 구장. 한국학중앙연구원 장서각 한국고문서자료관 홈페이지 원문 이미지와 텍스트 보기. 한국정신문화연구원 편(1995, 2005), 박병련·김학수(2001), 김성갑(2006) 참고>

1820-07-00. **정종필 등 상서**(鄭宗弼等上書) 3, 정종필 등. <1장. 한자+이두. 조선 필사 이두 자료. 경남 거창 강동 초계 정씨 동계 종가 구장. 한국학중앙연구원 장서각 한국학자료센터 홈페이지 & 한국학중앙연구원 장서각 한국고문서자료관 홈페이지 원문 이미지와 텍스트 보기. 한국정신문화연구원 편(1995, 2005), 박병련·김학수(2001), 김성갑(2006) 참고>

1820-08-04. **유학 송일욱 토지매매명문**(幼學宋一郁土地賣買明文) 1, 답주 한량 김우

정(畓主閑良金禹鼎). <1장. 한자+이두. 조선 필사 이두 자료. 전북대학교 박물관 소장. 호남권 한국학자료센터 홈페이지 원문 이미지와 텍스트 보기>

1820-09-27. **재주 유학 김종연 초사**(財主幼學金宗演招辭),[180] 김종연. <1장. 한자+이두. 조선 필사 이두 자료. 경북 경주시 세덕사 소장. 한국학자료센터 영남권역센터 홈페이지 원문 이미지와 텍스트 보기. 이수환(2001), 김성갑(2013) 참고>

1820-09-00. **정종필 소지**(鄭宗弼所志) 2, 정종필. <1장. 한자+이두. 조선 필사 이두 자료. 경남 거창 강동 초계 정씨 동계 종가 구장. 한국학중앙연구원 장서각 한국학자료센터 홈페이지 & 장서각 한국고문서자료관 홈페이지 원문 이미지와 텍스트 보기. 한국정신문화연구원 편(1995, 2005), 박병련·김학수(2001), 김성갑(2006) 참고>

1820-09-00. **정종필 소지**(鄭宗弼所志) 3, 정종필. <1장. 한자+이두. 조선 필사 이두 자료. 경남 거창 강동 초계 정씨 동계 종가 구장. 한국학중앙연구원 장서각 한국학자료센터 홈페이지 & 한국학중앙연구원 장서각 한국고문서자료관 홈페이지 원문 이미지와 텍스트 보기. 한국정신문화연구원 편(1995, 2005), 박병련·김학수(2001), 김성갑(2006) 참고>

1820-10-12. **박 생원 댁 노 춘대 토지매매명문**(朴生員宅奴春大土地賣買明文) 1, 답주 송봉대(畓主宋鳳大). <1장. 한자+이두. 조선 필사 이두 자료. 부여 은산 함양 박씨 소장. 한국학중앙연구원 장서각 한국고문서자료관 홈페이지 원문 이미지 보기. 한국정신문화연구원 편(2000) 참고>

1820-10-22. **박 생원 댁 노 춘대 토지매매명문**(朴生員宅奴春大土地賣買明文) 2, 답주 송봉대(畓主宋鳳大). <1장. 한자+이두. 조선 필사 이두 자료. 부여 은산 함양 박씨 소장. 한국학중앙연구원 장서각 한국고문서자료관 홈페이지 원문 이미지 보기. 한국정신문화연구원 편(2000) 참고>

1820-10-24~1824-03-00(가경 25년 庚辰~甲申). 「좌포청등록(**左捕廳謄錄**)」, 포도청(捕盜廳) 편(編). <1책(4/18). 66장. 필사본. 한자+이두. 이두 자료. 서울대학교 규장각 한국학연구원 홈페이지 낙질본 원문 이미지 보기> <1775-06-14~1775-윤

---

[180] 한국학자료센터 영남권역센터 홈페이지에서는 '1820년 淸河縣에서 발급한 招辭'로 표시하였다.

10-29(1/18)>

1820-10-00. **손종락 소지**(孫鍾洛所志), 손종락. <1장. 한자+이두. 조선 필사 이두 자료. 경주 양동 경주 손씨 송첨 종택 소장. 한국학중앙연구원 장서각 한국고문서 자료관 홈페이지 원문 이미지 보기>

1820-10-00. **정교리 댁 노 철발 소지**(鄭校理宅奴哲發所志), 철발. <1장. 한자+이두. 조선 필사 이두 자료. 경남 거창 강동 초계 정씨 동계 종가 구장. 한국학중앙연구원 장서각 한국학자료센터 홈페이지 & 한국학중앙연구원 장서각 한국고문서자료관 홈페이지 원문 이미지와 텍스트 보기. 한국정신문화연구원 편(1995, 2005), 박병련·김학수(2001), 김성갑(2006) 참고>

1820-10-00. **정단성 댁 노 철발 소지**(鄭丹城宅奴哲發所志) 4, 철발. <1장. 한자+이두. 조선 필사 이두 자료. 경남 거창 강동 초계 정씨 동계 종가 구장. 한국학중앙연구원 장서각 한국고문서자료관 홈페이지 원문 이미지와 텍스트 보기. 한국정신문화연구원 편(1995, 2005), 박병련·김학수(2001), 김성갑(2006) 참고>

1820-10-00. **정종필 소지**(鄭宗弼所志) 4, 정종필. <1장. 한자+이두. 조선 필사 이두 자료. 경남 거창 강동 초계 정씨 동계 종가 구장. 한국학중앙연구원 장서각 한국학자료센터 홈페이지 & 한국학중앙연구원 장서각 한국고문서자료관 홈페이지 원문 이미지와 텍스트 보기. 한국정신문화연구원 편(1995, 2005), 박병련·김학수(2001), 김성갑(2006) 참고>

1820-10-00. **정종필 소지**(鄭宗弼所志) 5, 정종필. <1장. 한자+이두. 조선 필사 이두 자료. 경남 거창 강동 초계 정씨 동계 종가 구장. 한국학중앙연구원 장서각 소장. 장서각 한국학자료센터 홈페이지 & 장서각 한국고문서자료관 홈페이지 원문 이미지와 텍스트 보기. 한국정신문화연구원 편(1995, 2005), 박병련·김학수(2001), 김성갑(2006) 참고>

1820-10-00. **정종필 소지**(鄭宗弼所志) 6, 정종필. <1장. 한자+이두. 조선 필사 이두 자료. 경남 거창 강동 초계 정씨 동계 종가 구장. 한국학중앙연구원 장서각 한국학자료센터 홈페이지 & 한국학중앙연구원 장서각 한국고문서자료관 홈페이지 원문 이미지와 텍스트 보기. 한국정신문화연구원 편(1995, 2005), 박병련·김학수(2001), 김성갑(2006) 참고>

1820-10-00. **정종필 소지**(鄭宗弼所志) 7, 정종필. <1장. 한자+이두. 조선 필사 이두 자료. 경남 거창 강동 초계 정씨 동계 종가 구장. 한국학중앙연구원 장서각 한국학자료센터 홈페이지 & 한국학중앙연구원 장서각 한국고문서자료관 홈페이지 원문 이미지와 텍스트 보기. 한국정신문화연구원 편(1995, 2005), 박병련·김학수(2001), 김성갑(2006) 참고>

1820-10-00. **충훈부 혼적 문간공 위토환급기**(忠勳府混籍文簡公位土還給記), 안의현(安義縣). <8장. 한자+이두. 조선 필사 이두 자료. 경남 거창 강동 초계 정씨 동계 종가 구장. 한국학중앙연구원 장서각 한국학자료센터 홈페이지 원문 이미지와 텍스트 보기. 한국정신문화연구원 편(1995, 2005), 박병련·김학수(2001), 김성갑(2006) 참고>

1820-11-03. **유학 송일욱 토지매매명문**(幼學宋一郁土地賣買明文) 2, 답주 한량 김우정(畓主閑良金禹鼎). <1장. 한자+이두. 조선 필사 이두 자료. 전북대학교 박물관 소장. 호남권 한국학자료센터 홈페이지 원문 이미지와 텍스트 보기>

1820-11-03. **최수·최우규 통문**(崔琇崔遇奎通文), 최수·최우규. <1장. 한자+이두. 조선 필사 이두 자료. 남원·구례 삭녕 최씨 구장. 한국학중앙연구원 장서각 한국고문서자료관 홈페이지 원문 이미지 보기. 한국정신문화연구원 편(2004) 참고>

1820-11-04. **유학 김여성 토지매매명문**(幼學金汝星土地賣買明文), 답주 자필 유학 김달인(畓主自筆幼學金達仁). <1장. 한자+이두. 조선 필사 이두 자료. 전남 보성 박실 제주 양씨가 구장. 원광대학교 박물관 소장. 호남권 한국학자료센터 홈페이지 원문 이미지와 텍스트 보기. 박병호(1974ㄱ) 참고>

1820-11-14. **권승언 등 단자 초**(權昇彥等單子草), 권승언 등. <1장. 한자+이두. 조선 필사 이두 자료. 안동 천전 의성 김씨 지촌 종택 소장. 한국학중앙연구원 장서각 한국고문서자료관 홈페이지 원문 이미지 보기. 한국정신문화연구원 편(1989) 참고>

1820-11-26. **남원부사 전령**(南原府使傳令), 남원부사. <1장. 한자+이두. 조선 필사 이두 자료. 남원·구례 삭녕 최씨 구장. 한국학중앙연구원 장서각 한국고문서자료관 홈페이지 원문 이미지 보기. 한국정신문화연구원 편(2004) 참고>

1820-11-00. **정종필 문간공 위토추급결안**(鄭宗弼文簡公位土推給決案), 경남 함양 안

의현(咸陽安義縣). <14장. 점련문서. 한자+이두. 조선 필사 이두 자료. 경남 초계 정씨 동계 종택 구장. 한국학중앙연구원 장서각 한국학자료센터 홈페이지 & 한국학중앙연구원 장서각 한국고문서자료관 홈페이지 & 한국학중앙연구원 한국학 디지털 아카이브 홈페이지 원문 이미지와 텍스트 보기. 한국정신문화연구원 편 (1995, 2005), 박병련·김학수(2001), 김성갑(2006) 참고>

1820-11-00. **정종필 소지**(鄭宗弼所志) 8, 정종필. <1장. 한자+이두. 조선 필사 이두 자료. 경남 거창 강동 초계 정씨 동계 종가 구장. 한국학중앙연구원 장서각 한국학자료센터 홈페이지 & 한국학중앙연구원 장서각 한국고문서자료관 홈페이지 원문 이미지와 텍스트 보기. 한국정신문화연구원 편(1995, 2005), 박병련·김학수(2001), 김성갑(2006) 참고>

1820-12-00. **정종필 소지**(鄭宗弼所志) 9, 정종필. <1장. 한자+이두. 조선 필사 이두 자료. 경남 거창 강동 초계 정씨 동계 종가 구장. 한국학중앙연구원 장서각 한국학자료센터 홈페이지 & 한국학중앙연구원 장서각 한국고문서자료관 홈페이지 원문 이미지와 텍스트 보기. 한국정신문화연구원 편(1995, 2005), 박병련·김학수(2001), 김성갑(2006) 참고>

1820-12-00. **황호민 차첩**(黃浩民差帖), 이조(吏曹). <1장. 한자+이두. 조선 필사 이두 자료. 부여·강화·영주 창원 황씨 소장. 한국학중앙연구원 장서각 한국고문서자료관 홈페이지 원문 이미지와 텍스트 보기. 한국정신문화연구원 편(1990) 참고>

1820-00-00. **안종건 등 소지**(安宗建等所志) 4, 안종건 등. <1장. 한자+이두. 조선 필사 이두 자료. 전북 남원 안터 순흥 안씨 사제당 종가 구장. 한국학중앙연구원 장서각 소장. 한국학중앙연구원 편(2010) 참고>

1820-00-00. 「종묘의궤(**宗廟儀軌**)」, 의궤청(儀軌廳) 편. <1책. 146장. 필사본. 표제는 '辛酉始庚辰至純宗 宗廟儀軌'. 한자+이두. 조선 필사 이두 자료. 한국학중앙연구원 디지털장서각 홈페이지 'K2-2199' 원문 이미지와 텍스트 보기>

1820-00-00. 「종묘의궤(**宗廟儀軌**)」, 의궤청(儀軌廳) 편. <1책. 145장. 필사본. 표제는 '純祖 宗廟儀軌'. 범례제는 '宗廟儀軌凡例'. 한자+이두. 조선 필사 이두 자료. 서울대학교 규장각 한국학연구원 의궤 종합정보 홈페이지 '奎14222' 원문 이미지 보기>

1820-00-00 무렵 추정. 「물명고(物名攷)」, 유희(柳僖). <5권 1책. 14장. 필사본. '물명유고(物名類考)'라고도 한다. 어휘집. 서울대학교 규장각 한국학연구원 홈페이지 원문 이미지 보기> <이본: ① 1884-07-20(천양정사(天養精舍) 필사본. 1책. 16장. 서울대학교 규장각 한국학연구원 홈페이지 원문 이미지 보기) ② 20세기 초반 후사본 「물명고(物名考)」(1책. 32장. 서울대학교 규장각 한국학연구원 홈페이지 원문 이미지 보기) ③ 필사 시기 미상(51장. 필사본. 국립중앙도서관 홈페이지 원문 이미지 보기) ④ 필사 시기 미상(111장. 필사본. 국립중앙도서관 소장)>

1820-00-00~1835-00-00. 「사직서보초록(社稷署報草錄)」, 편자 미상. <1책. 45장. 한자+이두. 조선 필사 이두 자료. 한국학중앙연구원 장서각 소장. 한국학중앙연구원 한국학 디지털 아카이브 홈페이지 원문 이미지 보기>

1820-00-00~1842-00-00. 「사직서의궤(社稷署儀軌)」 1~5, 사직서 편. <5권 5책. 필사본. 표제와 목록제는 '社稷署儀軌'. 1820년부터 1842년까지 기록. 한자+이두. 조선 필사 이두 자료. 한국학중앙연구원 디지털장서각 홈페이지 'K2-2157' 원문 이미지와 텍스트 보기>

1820-00-00~1842-00-00. 「종묘의궤속록(宗廟儀軌續錄)」, 종묘서(宗廟署). <1책. 155장. 필사본. 표제는 '宗廟儀軌'. 한자+이두. 조선 필사 이두 자료. 한국학중앙연구원 장서각 한국학자료센터 홈페이지 원문 이미지와 텍스트 보기>

1821년

<신사(辛巳), 순조 21년, 도광(道光) 1년>

1821-01-01~1821-12-19(辛巳). 「전객사일기(典客司日記)」 66, 예조(禮曹) 전객사(典客司) 편(編). <1책(66/99). 89장. 필사본. 한자+이두. 조선 필사 이두 자료. 서울대학교 규장각 한국학연구원 홈페이지 원문 이미지 보기> <1640-01-22~1641-12-23(1)>

1821-01-06~1821-12-17. 「결속색등록(結束色謄錄)」, 병조(兵曹) 편(編). <1책(34). 174장. 필사본. 한자+이두. 조선 필사 이두 자료. 서울대학교 규장각 한국학연구

원 홈페이지 1787년~1891년 낙질본 107책(1792년(건륭 57년), 1811년(가경 16년) 하, 1816년(가경 21년), 1817년(가경 22년), 1824년(도광 4년), 1831(도광 11년), 1871(동치 10년), 1885년(광서 11년) 없음) 원문 이미지 보기>

1821-01-07. **권도흥 토지매매명문**(權道興土地賣買明文), 답주 박득룡(畓主朴得龍). <1장. 한자+이두. 조선 필사 이두 자료. 경북 안동시 하회 풍산 류씨 충효당 소장. 한국학중앙연구원 장서각 한국학자료센터 홈페이지 원문 이미지와 텍스트 보기. 한국정신문화연구원 편(1994) 참고>

1821-01-17. **상전 토지매매명문**(上典土地賣買明文),[181] 전주 노 순돌(田主奴順乭). <1장. 한자+이두. 조선 필사 이두 자료. 경북 예천 임씨 금양파 금포 고택 구장. 한국국학진흥원 소장. 한국국학진흥원 유교넷 홈페이지 원문 이미지와 텍스트 보기>

1821-01-22. **■■■ 토지매매명문**(■■■土地賣買明文),[182] 전주 유용돌(田主劉龍乭). <1장. 한자+이두. 조선 필사 이두 자료. 경북 예천군 감천면 강릉 유씨 벌방 종가 구장. 한국국학진흥원 소장. 한국학자료센터 영남권역센터 홈페이지 원문 이미지와 텍스트 보기. 김성갑(2013) 참고>

1821-01-25. **초재 유사 유학 박시영 토지매매명문**(椒齋有司幼學朴時永土地賣買明文), 전주 자필 유학 황제하(田主自筆幼學黃濟夏). <1장. 한자+이두. 조선 필사 이두 자료. 영해 도곡 무안 박씨 무의공 종택 소장. 한국학중앙연구원 장서각 한국고문 서자료관 홈페이지 원문 이미지 보기. 한국학중앙연구원 편(2008) 참고>

1821-01-00. **김 좌랑댁 노 춘남 소지**(金佐郞宅奴春男所志) 1, 춘남. <1장. 한자+이두. 조선 필사 이두 자료. 해남 노송 김해 김씨 노송사 소장. 한국학중앙연구원 장서각 한국고문서자료관 홈페이지 & 호남권 한국학자료센터 홈페이지 원문 이미지와 텍스트 보기. 최승희(1989), 한국정신문화연구원 편(1998) 참고>

1821-01-00. **김 좌랑댁 노 춘남 소지**(金佐郞宅奴春男所志) 2, 춘남. <1장. 한자+이두.

---

[181] 한국국학진흥원 유교넷 홈페이지에서는 문서명을 '1821년 순돌이 임 아무개에게 밭을 팔았음을 증명하는 전답매매문기'로 표시하였다.
[182] 한국학자료센터 영남권역센터 홈페이지에서는 '1821년 유용돌(劉龍乭) 방매 토지매매명문(土地賣買明文)'으로 표시하였다.

조선 필사 이두 자료. 해남 노송 김해 김씨 노송사 소장. 한국학중앙연구원 장서각 한국고문서자료관 홈페이지 & 호남권 한국학자료센터 홈페이지 원문 이미지와 텍스트 보기. 최승희(1989), 한국정신문화연구원 편(1998) 참고>

1821-01-00. **이동배·이이풍 등 발괄**(李東培李以豊等白活), 이동배·이이풍 등. <1장. 한자+이두. 조선 필사 이두 자료. 경북 칠곡 석전 광주 이씨 구장. 한국학중앙연구원 장서각 한국고문서자료관 홈페이지 원문 이미지 보기. 한국학중앙연구원 편(2009) 참고>

1821-01-00. **정기필 소지**(鼎夔弼所志) 1, 정기필. <1장. 한자+이두. 조선 필사 이두 자료. 경남 거창 강동 초계 정씨 동계 종가 구장. 한국학중앙연구원 장서각 한국학자료센터 홈페이지 & 장서각 한국고문서자료관 홈페이지 원문 이미지와 텍스트 보기. 한국정신문화연구원 편(1995, 2005), 박병련·김학수(2001), 김성갑(2006) 참고>

1821-01-00. **정기필 소지**(鼎夔弼所志) 2, 정기필. <1장. 한자+이두. 조선 필사 이두 자료. 경남 거창 강동 초계 정씨 동계 종가 구장. 한국학중앙연구원 장서각 한국학자료센터 홈페이지 & 한국학중앙연구원 장서각 한국고문서자료관 홈페이지 원문 이미지와 텍스트 보기. 한국정신문화연구원 편(1995, 2005), 박병련·김학수(2001), 김성갑(2006) 참고>

1821-01-00. **정기필 소지**(鼎夔弼所志) 3, 정기필. <1장. 한자+이두. 조선 필사 이두 자료. 경남 거창 강동 초계 정씨 동계 종가 구장. 한국학중앙연구원 장서각 소장. 장서각 한국학자료센터 홈페이지 & 한국학중앙연구원 장서각 한국고문서자료관 홈페이지 원문 이미지와 텍스트 보기. 한국정신문화연구원 편(1995, 2005), 박병련·김학수(2001), 김성갑(2006) 참고>

1821-01-00. **정기필 소지**(鼎夔弼所志) 4, 정기필. <1장. 한자+이두. 조선 필사 이두 자료. 경남 거창 강동 초계 정씨 동계 종가 구장. 한국학중앙연구원 장서각 한국학자료센터 홈페이지 & 한국학중앙연구원 장서각 한국고문서자료관 홈페이지 원문 이미지와 텍스트 보기. 한국정신문화연구원 편(1995, 2005), 박병련·김학수(2001), 김성갑(2006) 참고>

1821-02-06. **상인 김진화 토지매매명문**(喪人金鎭華土地賣買明文), 전주 상인 정능제

(田主喪人鄭能濟). <1장. 한자+이두. 조선 필사 이두 자료. 안동 금계 의성 김씨 학봉 종가 소장. 한국학중앙연구원 장서각 한국고문서자료관 홈페이지 원문 이미지와 텍스트 보기. 한국정신문화연구원 편(1990) 참고>

1821-02-07. **유학 나유문 토지매매명문**(幼學羅有文土地賣買明文), 답주 유학 정효직(畓主幼學鄭孝直). <1장. 한자+이두. 조선 필사 이두 자료. 전북대학교 박물관 소장. 호남권 한국학자료센터 홈페이지 원문 이미지와 텍스트 보기. 최승희(1989), 정구복 외(1999), 이재수(2003) 참고>

1821-02-12. **동성 질자 동몽 이성방 토지매매명문**(同姓姪子童蒙李成方土地賣買明文), 전주 동성 삼촌 이동백(田主同姓三寸李東伯). <1장. 한자+이두. 조선 필사 이두 자료. 삼척시립박물관 소장. 한국학자료센터 강원권역센터 홈페이지 원문 이미지와 텍스트 보기. 전경목(2010), 채현경(2011) 참고>

1821-02-15. **조 생원 노 가사매매명문**(趙生員奴家舍賣買明文),[183] 가전주 김명돌(家田主金命乭). <1장. 한자+이두. 조선 필사 이두 자료. 경북 영양군 영양읍 삼지리 한양 조씨 하담 고택 구장. 한국국학진흥원 소장. 한국국학진흥원 유교넷 홈페이지 원문 이미지 보기>

1821-03-03. **봉이 토지매매명문**(捧以土地賣買明文), 전주 전정삼(田主全丁三). <1장. 한자+이두. 조선 필사 이두 자료. 경북 예천군 감천면 강릉 유씨 벌방 종가 구장. 한국국학진흥원 소장. 한국학자료센터 영남권역센터 홈페이지 원문 이미지와 텍스트 보기. 김성갑(2013) 참고>

1821-03-09~1821-07-05. 「효의왕후국휼의궤(**孝懿王后國恤儀軌**)」, 장생전(長生殿). <1책. 52장. 필사본. 한자+이두. 조선 필사 이두 자료. 한국학중앙연구원 장서각 소장. 장서각 한국학자료센터 홈페이지 원문 이미지와 텍스트 보기. 한국정신문화연구원 편(2002) 참고>

1821-03-13. **전동지 토지매매명문**(全同知土地賣買明文),[184] 전주 자필 이 노 절괭(田主

---

[183] 한국국학진흥원 유교넷 홈페이지에서는 문서명을 '1821년 김명돌이 조씨댁의 노비에게 밭을 팔았음을 증명한 전답매매문기'로 표시하였다.

[184] 한국국학진흥원 유교넷 홈페이지에서는 문서명을 '1821년 이씨의 노비가 밭을 팔았음을 증명하는 매매계약서'로 표시하였다.

自筆李奴切佣). <1장. 한자+이두. 조선 필사 이두 자료. 의성 김씨 함집당 종택 구장. 한국국학진흥원 소장. 한국국학진흥원 유교넷 홈페이지 원문 이미지 보기>

1821-03-17. **유학 토지매매명문**(幼學土地賣買明文),[185] 답주 유학 임석철(畓主幼學林錫哲). <1장. 한자+이두. 조선 필사 이두 자료. 전북대학교 박물관 소장. 호남권 한국학자료센터 홈페이지 원문 이미지와 텍스트 보기. 최승희(1989), 정구복 외(1999), 이재수(2003) 참고>

1821-03-20. **박 생원 댁 노 춘대 토지매매명문**(朴生員宅奴春大土地賣買明文) 1, 답주 김시영(畓主金時英). <1장. 한자+이두. 조선 필사 이두 자료. 부여 은산 함양 박씨 소장. 한국학중앙연구원 장서각 한국고문서자료관 홈페이지 원문 이미지 보기. 한국정신문화연구원 편(2000) 참고>

1821-03-00. **사역원 관**(司譯院關), 사역원. <1장. 한자+이두. 조선 필사 이두 자료. 일본 경도대학 가와이문고 소장. 고려대학교 해외한국학자료센터 홈페이지 원문 이미지 보기>

1821-03-00. **정종혁 등 소지**(鼎宗赫等所志), 정종혁 등. <1장. 한자+이두. 조선 필사 이두 자료. 경남 거창 강동 초계 정씨 동계 종가 구장. 한국학중앙연구원 장서각 한국학자료센터 홈페이지 & 한국학중앙연구원 장서각 한국고문서자료관 홈페이지 원문 이미지와 텍스트 보기. 한국정신문화연구원 편(1995, 2005), 박병련·김학수(2001), 김성갑(2006) 참고>

1821-03-00. **조영진 소지**(曺永振所志), 조영진. <1장. 한자+이두. 조선 필사 이두 자료. 전남 보성군 창녕 조씨 하계정사 소장. 호남권 한국학자료센터 홈페이지 원문 이미지와 텍스트 보기. 최승희(1989), 국립민속박물관 편(1991), 정구복 외(1999), 전경목 외(2006) 참고>

1821-03-00~1829-12-29(도광 원년 辛巳~己丑). 「수진궁등록(**壽進宮謄錄**)」 현(玄), 수진궁(壽進宮) 편(編). <1책(2/5 낙질본). 36장. 필사본. 한자+이두 그리고 한글(31ㄴ

---

[185] 호남권 한국학자료센터 홈페이지에서는 '1821년 임석철(林錫哲) 방매 토지매매명문(土地賣買明文)'으로 표시하였다.

-32ㄱ). 이두 자료. 서울대학교 규장각 한국학연구원 홈페이지 원문 보기> <1628-07-00~1828-07-09(地. 1/5)>

1821-04-11. **접고자 신득 토지매매명문**(接庫子新得土地賣買明文), 답주 이대성(畓主李大成). <1장. 한자+이두. 조선 필사 이두 자료. 영해 도곡 무안 박씨 무의공 종택 소장. 한국학중앙연구원 장서각 한국고문서자료관 홈페이지 원문 이미지 보기. 한국학중앙연구원 편(2008) 참고>

1821-04-12. **권만근 토지매매명문**(權萬根土地賣買明文) 1, 전주 적노 잇남(田主籍奴㗡男). <1장. 한자+이두. 조선 필사 이두 자료. 경북 안동시 오천 광산 김씨 후조당 소장. 한국학중앙연구원 장서각 한국고문서자료관 홈페이지 원문 이미지와 텍스트 보기. 한국정신문화연구원 편(1982) 참고>

1821-05-03. **토지매매명문**(土地賣買明文),[186] 답주 유학 이기찬(畓主幼學李基燦). <1장. 한자+이두. 조선 필사 이두 자료. 전북대학교 박물관 소장. 호남권 한국학자료센터 홈페이지 원문 이미지와 텍스트 보기. 최승희(1989), 정구복 외(1999), 이재수(2003) 참고>

1821-05-06. **가사매매명문**(家舍賣買明文),[187] 재주 이의구(財主李儀九). <1장. 한자+이두. 조선 필사 이두 자료. 일본 경도대학 가와이문고 소장. 고려대학교 해외한국학자료센터 홈페이지 원문 이미지 보기>

1821-06-15. **김해 도호부사 첩정**(金海都護府使牒呈)[188] 1, 김해 도호부사. <1장. 한자+이두. 조선 필사 이두 자료. 풍산 류씨 하회 화경당(북촌댁) 구장. 한국국학진흥원 소장. 한국국학진흥원 유교넷 홈페이지 원문 이미지와 텍스트 보기>

1821-06-00. **임형수 차첩**(林馨洙差帖), 금구현령(金溝縣令). <1장. 한자+이두. 조선 필사 이두 자료. 전북 김제 남산 임창종 구장. 전북대학교 박물관 소장. 호남권

---

[186] 호남권 한국학자료센터 홈페이지에서는 '이기찬(李基燦) 방매 토지매매명문(土地賣買明文)'으로 표시하였다.

[187] 고려대학교 해외한국학자료센터 홈페이지에서는 '1821년 이의구(李儀九) 방매(放賣) 가사(家舍) 매매명문(賣買明文)'으로 표시하였다.

[188] 한국국학진흥원 유교넷 홈페이지에서는 문서명을 '풍산류씨 하회마을 화경당(북촌댁) 도광 원년에 행부사가 겸순찰사에게 보낸 첩정(牒呈)[11304]로 표시하였다.

한국학자료센터 홈페이지 원문 이미지와 텍스트 보기. 최승희(1989), 정구복 외 (1999), 이재수(2003) 참고>

1821-07-01. **법전 강 진사 댁 노 장육손 토지매매명문**(法田姜進士宅奴張六孫土地賣買明文), 전주 자필 윤동안(田主自筆尹東安). <1장. 한자+이두. 조선 필사 이두 자료. 경북 봉화군 명호면 도천리 안동 김씨 해헌 고택 구장. 한국학자료센터 영남권역센터 홈페이지 원문 이미지와 텍스트 보기. 한국국학진흥원 소장. 박병호(1974ㄱ), 최승희(1989), 이재수(2003), 이수건 외(2004) 참고>

1821-07-16. **김해 도호부사 첩정**(金海都護府使牒呈)[189] 2, 김해 도호부사 류이좌(柳台佐). <1장. 한자+이두. 조선 필사 이두 자료. 풍산 류씨 하회 화경당(북촌댁) 구장. 한국국학진흥원 소장. 한국국학진흥원 유교넷 홈페이지 원문 이미지와 텍스트 보기>

1821-07-24. **유학 임훈재 산지 매매 명문**(幼學林勛材山地賣買明文), 회장주 유학 최윤방(灰場主幼學崔閏邦). <1장. 한자+이두. 조선 필사 이두 자료. 전남 보성군 능묵리 장흥 임씨가 구장. 전북대학교 박물관 소장. 호남권 한국학자료센터 홈페이지 원문 이미지와 텍스트 보기. 최승희(1989), 이재수(2003) 참고>

1821-08-02. **우부면 풍헌 문 첩정**(右部面風憲文牒呈),[190] 우부면 풍헌 문. <1장. 한자+이두. 조선 필사 이두 자료. 풍산 류씨 하회 화경당(북촌댁) 구장. 한국국학진흥원 소장. 한국국학진흥원 유교넷 홈페이지 원문 이미지와 텍스트 보기>

1821-08-11. **신광렬 토지매매명문**(申光烈土地賣買明文), 전주 문장 자필 이동백(田主門長自筆李東伯). <1장. 한자+이두. 조선 필사 이두 자료. 삼척시립박물관 소장. 한국학자료센터 강원권역센터 홈페이지 원문 이미지와 텍스트 보기. 전경목(2010), 채현경(2011) 참고>

1821-08-00. **김해 도호부사 첩정**(金海都護府使牒呈)[191] 3, 김해 도호부사 류이좌(柳台

---

[189] 한국국학진흥원 유교넷 홈페이지에서는 문서명을 '풍산류씨 하회마을 화경당(북촌댁) 도광 원년에 김해부사가 통제사에게 보낸 첩정(牒呈)(起送) [11305]'로 표시하였다.

[190] 한국국학진흥원 유교넷 홈페이지에서는 문서명을 '풍산류씨 하회마을 화경당(북촌댁) 신사년 8월에 풍헌 문이 도호부에 보낸 첩정(牒呈)[11306]'으로 표시하였다.

[191] 한국국학진흥원 유교넷 홈페이지에서는 문서명을 '풍산류씨 하회마을 화경당(북촌댁) 도광 원년

佐). <1장. 한자+이두. 조선 필사 이두 자료. 풍산 류씨 하회 화경당(북촌댁) 구장. 한국국학진흥원 소장. 한국국학진흥원 유교넷 홈페이지 원문 이미지와 텍스트 보기>

1821-09-24. **이운옥 토지매매명문**(李云玉土地賣買明文),[192] 전답주 전달준(田畓主全達準). <1장. 한자+이두. 조선 필사 이두 자료. 풍산 류씨 하회 화경당(북촌댁) 구장. 한국국학진흥원 소장. 한국국학진흥원 유교넷 홈페이지 원문 이미지와 텍스트 보기>

1821-10-04. **유백손 토지매매명문**(劉百孫土地賣買明文), 전주 유선대(田主劉先大). <1장. 한자+이두. 조선 필사 이두 자료. 춘천 김현식 소장. 한국학자료센터 강원권역센터 홈페이지 원문 이미지 보기. 최승희(1989), 전경목(2010), 김성갑(2013), 박준호(2016) 참고>

1821-10-00.[193] **박 생원 댁 노 삼동 토지매매명문**(朴生員宅奴三同土地賣買明文), 답주 이 생원 댁 노 희갑(畓主李生員宅奴喜甲). <1장. 한자+이두. 조선 필사 이두 자료. 부여 은산 함양 박씨 소장. 장서각 한국고문서자료관 홈페이지 원문 이미지 보기. 한국정신문화연구원 편(2000) 참고>

1821-10-00 추정. **죽장현 거민 등장**(竹長縣居民等狀), 죽장현 거민. <1장. 한자+이두. 조선 필사 이두 자료. 경북 경주시 안강읍 옥산리 여주 이씨 장산서원·치암 종택 구장. 한국학중앙연구원 장서각 한국고문서자료관 홈페이지 원문 이미지 보기. 한국정신문화연구원 편(2003) 참고>

1821-11-06. **동중 토지매매명문**(洞中土地賣買明文),[194] 전답주 이운옥·형 이손이(田畓主李云玉兄李孫伊). <1장. 한자+이두. 조선 필사 이두 자료. 풍산 류씨 하회 화경당(북촌댁) 구장. 한국국학진흥원 소장. 한국국학진흥원 유교넷 홈페이지 원

에 김해도호부사 류이좌가 감영에 보낸 첩정(牒呈)[11298]'로 표시하였다.
192 한국국학진흥원 유교넷 홈페이지에서는 문서명을 '풍산류씨 하회마을 화경당(북촌댁) 1821년 9월에 전답주 전달준과 이운옥 사이에 작성된 명문(明文)(田畓賣買文記)[11217]'로 표시하였다.
193 원문에서는 '道光元年壬午十月'로 잘못 적었다.
194 한국국학진흥원 유교넷 홈페이지에서는 문서명을 '풍산류씨 하회마을 화경당(북촌댁) 도광 원년에 전답주 이운옥·이손이와 동중 사이에 작성된 명문(明文)(田畓賣買文記)[11218]'로 표시하였다.

문 이미지와 텍스트 보기>

1821-11-10. **김성악 토지매매명문**(金成岳土地賣買明文), 자필 송산 방매주 김양묵(自筆松山放賣主金陽默). <1장. 한자+이두. 조선 필사 이두 자료. 강원도 홍천 하음 김씨 소장. 한국학자료센터 강원권역센터 홈페이지 원문 이미지와 텍스트 보기. 최승희(1989), 전경목(2010), 채현경(2011), 박준호(2016) 참고>

1821-11-28. **유학 지덕두 토지매매명문**(幼學池德斗土地賣買明文), 답주 유학 양언주(畓主幼學梁彥柱). <1장. 한자+이두. 조선 필사 이두 자료. 전남 여수 좌수영박물관 소장. 호남권 한국학자료센터 홈페이지 원문 이미지와 텍스트 보기. 최승희(1989), 국립민속박물관 편(1991) 참고>

1821-11-00. **안정옥 입안**(安鼎玉立案), 광주부(廣州府). <1장. 한자+이두. 조선 필사 이두 자료. 경기도 광주 기곡 광주 안씨 순암 종가 소장. 한국학중앙연구원 장서각 한국고문서자료관 홈페이지 원문 이미지와 텍스트 보기. 한국정신문화연구원 편(1990) 참고>

1821-11-00. **이 노 명철 소지**(李奴明哲所志), 명철. <1장. 한자+이두. 조선 필사 이두 자료. 경북 경주시 안강읍 옥산리 여주 이씨 장산서원·치암 종택 구장. 한국학중앙연구원 장서각 한국고문서자료관 홈페이지 원문 이미지 보기. 한국정신문화연구원 편(2003) 참고>

1821-11-00 추정. **계정 수노 득이 소지**(溪亭首奴得伊所志), 득이. <1장. 한자+이두. 조선 필사 이두 자료. 경북 경주시 안강읍 옥산리 여주 이씨 장산서원·치암 종택 구장. 한국학중앙연구원 장서각 한국고문서자료관 홈페이지 원문 이미지 보기. 한국정신문화연구원 편(2003) 참고>

1821-12-04. **박 생원 댁 노 춘대 토지매매명문**(朴生員宅奴春大土地賣買明文) 2, 답주 김오복(畓主金五福). <1장. 한자+이두. 조선 필사 이두 자료. 부여 은산 함양 박씨 소장. 한국학중앙연구원 장서각 한국고문서자료관 홈페이지 원문 이미지 보기. 한국정신문화연구원 편(2000) 참고>

1821-12-04. **박 생원 댁 노 춘대 토지매매명문**(朴生員宅奴春大土地賣買明文) 3, 답주 김오복(畓主金五福). <1장. 한자+이두. 조선 필사 이두 자료. 부여 은산 함양 박씨 소장. 한국학중앙연구원 장서각 한국고문서자료관 홈페이지 원문 이미지 보기.

한국정신문화연구원 편(2000) 참고>

1821-12-07. **종질 임만동 가사 매매 문기**(從侄林萬東家舍賣買文記),[195] 가주 종숙 임국선(家主從叔林國先). <1장. 한자+이두. 조선 필사 이두 자료. 경북 예천 임씨 금양파 금포 고택 구장. 한국국학진흥원 소장. 한국국학진흥원 유교넷 홈페이지 원문 이미지와 텍스트 보기>

1821-12-08. **한량 조관득 토지매매명문**(閑良曺官得土地賣買明文), 답주 유학 손창효(畓主幼學孫昌孝). <1장. 한자+이두. 조선 필사 이두 자료. 전북대학교 박물관 소장. 호남권 한국학자료센터 홈페이지 원문 이미지와 텍스트 보기. 박병호(1974ㄱ), 이재수(2003) 참고>

1821-12-09. **권만근 토지매매명문**(權萬根土地賣買明文) 2, 전주 유학 김제강(田主幼學金濟康). <1장. 한자+이두. 조선 필사 이두 자료. 경북 안동시 오천 광산 김씨 후조당 소장. 한국학중앙연구원 장서각 한국고문서자료관 홈페이지 원문 이미지와 텍스트 보기. 한국정신문화연구원 편(1982) 참고>

1821-12-11. **유학 신 토지매매명문**(幼學辛土地賣買明文), 답주 자필 박용하(畓主自筆朴龍河). <1장. 한자+이두. 조선 필사 이두 자료. 전남 영광군 입석 영월 신씨 소장. 한국학중앙연구원 장서각 한국고문서자료관 홈페이지 원문 이미지와 텍스트 보기. 한국정신문화연구원 편(1996) 참고>

1821-12-21. **고성 이씨 문중 완의**(固城李氏門中完議) 1, 종손 이정수 등(宗孫李定秀等). <1장. 점련문서. 한자+이두. 조선 필사 이두 자료. 경북 안동시 법흥동 고성 이씨 탑동 종가 구장. 한국국학진흥원 소장. 한국학자료센터 영남권역센터 홈페이지 원문 이미지와 텍스트 보기>

1821-12-21. **고성 이씨 문중 완의**(固城李氏門中完議) 2, 종손 이정수 등(宗孫李定秀等). <1장. 점련문서. 한자+이두. 조선 필사 이두 자료. 경북 안동시 법흥동 고성 이씨 탑동 종가 구장. 한국국학진흥원 소장. 한국학자료센터 영남권역센터 홈페이지 원문 이미지와 텍스트 보기>

---

[195] 한국국학진흥원 유교넷 홈페이지에서는 문서명을 '1821년 임국선이 임만동에게 가옥을 팔았음을 증명하는 가사매매문기'로 표시하였다.

1821-12-00. **구한채 등 상서**(具漢采等上書) 1, 구한채 등. <1장. 한자+이두. 조선 필사 이두 자료. 전북 완주군 비봉 반곡서원 소장. 호남권 한국학자료센터 홈페이지 원문 이미지와 텍스트 보기. 박병호(1974ㄱ), 최승희(1989) 참고>

1821-12-00. **구한채 등 상서**(具漢采等上書) 2, 구한채 등. <1장. 한자+이두. 조선 필사 이두 자료. 전북 완주군 비봉 반곡서원 소장. 호남권 한국학자료센터 홈페이지 원문 이미지와 텍스트 보기. 박병호(1974ㄱ), 최승희(1989) 참고>

1821-12-00. **유관 등 상서**(柳瓘等上書), 유관 등. <1장. 한자+이두. 조선 필사 이두 자료. 전북 완주군 비봉 반곡서원 소장. 호남권 한국학자료센터 홈페이지 원문 이미지와 텍스트 보기. 박병호(1974ㄱ), 최승희(1989) 참고>

1821-00-00. 「건릉산릉도감의궤(健陵山陵都監儀軌)」, 산릉도감 편. <1책/전2책. 263장. 필사본. 앞부분 결락본. 개장된 표지의 표제는 '健陵山陵都監儀軌'. 목록제와 권수제는 '健陵山陵都監儀軌'. 한자+이두. 조선 필사 이두 자료. 한국학중앙연구원 디지털장서각 홈페이지 'K2-2277' 원문 이미지와 텍스트 보기>

1821-00-00. 「건릉산릉도감의궤(健陵山陵都監儀軌)」[196] 상·하, 산릉도감 편. <2책. 265장+266장. 필사본. 상권의 표제는 '(道光元年辛巳三月 日 五臺山上 正宗大王山陵遷奉孝懿王后因山兼行)健陵山陵都監儀軌上'. 권수제는 '健陵山陵都監儀軌上'. 한자+이두. 조선 필사 이두 자료. 서울대학교 규장각 한국학연구원 의궤 종합정보 홈페이지 '奎13664' 원문 이미지 보기>

1821-00-00. 「건릉산릉도감의궤(健陵山陵都監儀軌)」[197] 상(上), 건릉산릉도감 편. <1책. 264장. 필사본. 표제는 '健陵山陵都監儀軌上'. 권수제는 '健陵山陵都監儀軌上'. 한자+이두. 조선 필사 이두 자료. 국립중앙박물관 외규장각 의궤 홈페이지 '외규236' 원문 이미지와 텍스트 보기>

121-00-00. 「건릉천봉도감의궤(健陵遷奉都監儀軌)」[198] 1~7, 천봉도감 편. <6책. 권2

---

[196] 서울대학교 규장각 한국학연구원 의궤 종합정보 홈페이지에서는 서명을 표제나 권수제와는 달리 '정조효의왕후건릉산릉도감의궤(正祖孝懿王后健陵山陵都監儀軌)'로 적었다.

[197] 국립중앙박물관 외규장각 의궤 홈페이지에서는 서명을 표제나 권수제와는 달리 '정조효의왕후건릉산릉도감의궤(상)(正祖孝懿王后健陵山陵都監儀軌(上))'으로 적었다.

[198] 국립중앙박물관 외규장각 의궤 홈페이지에서는 서명을 표제나 권수제와는 달리 '正祖'를 덧붙여

낙질본. 필사본. 권3의 표제는 '健陵遷奉都監儀軌三'. 권수의 권수제는 '健陵遷奉都監儀軌卷首'. 한자+이두. 조선 필사 이두 자료. 국립중앙박물관 외규장각 의궤 홈페이지 '외규243~248' 원문 이미지와 텍스트 보기>

1821-00-00. 「건릉천봉도감의궤(**健陵遷奉都監儀軌**)」[199] 1-7, 천릉도감(遷陵都監). <7책. 필사본. 권1의 표제는 '(道光元年辛巳九月 日 鼎足山城上)健陵遷奉都監儀軌一'. 권수제는 '健陵遷奉都監儀軌卷首'. 한자+이두. 조선 필사 이두 자료. 서울대학교 규장각 한국학연구원 의궤 종합정보 홈페이지 '奎13659' 원문 이미지 보기>

1821-00-00. 「선원보략교정의궤(**璿源譜略校正儀軌**)」, 교정청(校正廳) 편(編). <1책. 21장. 필사본. 표제는 '(純祖 辛巳)璿源譜略校正儀軌'. 권수제는 '(道光元年辛巳十月 日)璿源譜略校正儀軌'. 한자+이두. 조선 필사 이두 자료. 서울대학교 규장각 한국학연구원 의궤 종합정보 홈페이지 '奎14099' 원문 이미지 보기>

1821-00-00. 「효의왕후국장도감의궤(**孝懿王后國葬都監儀軌**)」 1~4, 국장도감 편. <4책. 필사본. 권1의 표제는 '(道光元年辛巳三月 日 鼎足山城上)孝懿王后 國葬都監儀軌一'. 권수제는 '孝懿王后國葬都監儀軌卷首'. 한자+이두. 조선 필사 이두 자료. 서울대학교 규장각 한국학연구원 의궤 종합정보 홈페이지 '奎13649' 원문 이미지 보기>

1821-00-00. 「효의왕후국장도감의궤(**孝懿王后國葬都監儀軌**)」 1~3, 국장도감 편. <3책. 196장+195장+134장. 필사본. 표제는 확인할 수 없다. 권수제는 '孝懿王后國葬都監儀軌'. 한자+이두. 조선 필사 이두 자료. 국립중앙박물관 외규장각 의궤 홈페이지 '외규240~242' 원문 이미지와 텍스트 보기>

1821-00-00. 「효의왕후국휼등록(**孝懿王后國恤謄錄**)」,[200] 예조(禮曹) 편(編). <1책. 136장. 필사본. 표제는 '(附遷奉 禰制同上)孝懿王后國恤謄錄'. 권수제는 '(道光元年辛巳三月初九日)孝懿王后國恤謄錄'. 한자+이두. 조선 필사 이두 자료. 한국학중앙연구

'정조건릉천봉도감의궤(正祖健陵遷奉都監儀軌)'로 적었다.
[199] 서울대학교 규장각 한국학연구원 의궤 종합정보 홈페이지에서는 서명을 표제나 권수제와는 달리 '정조건릉천봉도감의궤(正祖健陵遷奉都監儀軌)'로 적었다.
[200] 한국학중앙연구원 디지털장서각 홈페이지에서는 표제와 권수제와는 다르게 서명을 '효의왕후휼의궤(孝懿王后國恤儀軌)'로 적었다.

원 디지털장서각 홈페이지 'K2-3045' 원문 이미지 보기>

1821-00-00. 「효의왕후국휼의궤(**孝懿王后國恤儀軌**)」, 장생전(長生殿) 편. <1책. 51장. 필사본. 표제는 '孝懿王后國恤儀軌 全'. 한자+이두. 조선 필사 이두 자료. 한국학중앙연구원 디지털장서각 홈페이지 'K2-3046' 원문 이미지와 텍스트 보기>

1821-00-00. 「효의왕후빈전혼전도감의궤(**孝懿王后殯殿魂殿都監儀軌**)」 상·중·하, 빈전혼전도감 편. <3책. 134장+180장+224장. 필사본. 상권의 표제는 '(道光元年辛巳三月 日)孝懿王后 殯殿魂殿都監儀軌上'. 목록제는 '孝懿王后殯殿魂殿都監儀軌目錄'. 한자+이두. 조선 필사 이두 자료. 서울대학교 규장각 한국학연구원 의궤종합정보 홈페이지 '奎13650' 원문 이미지 보기>

1821-00-00. 「효의왕후빈전혼전도감의궤(**孝懿王后殯殿魂殿都監儀軌**)」 상·중·하, 빈전혼전도감 편. <3책. 134장+182장+224장. 필사본. 표제는 확인할 수 없다. 목록제는 '孝懿王后殯殿魂殿都監儀軌目錄'. 한자+이두. 조선 필사 이두 자료. 국립중앙박물관 외규장각 의궤 홈페이지 '외규237~239' 원문 이미지와 텍스트 보기>

1821-00-00~1823-00-00. 「효의왕후국휼등록(**孝懿王后國恤謄錄**)」, 예조 전향사(禮曹典享司). <1책. 135장. 필사본. 한자+이두. 조선 필사 이두 자료. 한국학중앙연구원 장서각 소장. 한국학중앙연구원 한국학 디지털 아카이브 홈페이지 원문 이미지와 텍스트 보기>

1822년

<임오(壬午), 순조 22년, 도광 2년>

1822-01-01~1822-12-29. 「결속색등록(**結束色謄錄**)」, 병조(兵曹) 편(編). <1책(35). 100장. 필사본. 필사 시기 미상. 한자+이두. 조선 필사 이두 자료. 서울대학교 규장각 한국학연구원 홈페이지 1787년~1891년 낙질본 107책(1792년(건륭 57년), 1811년(가경 16년) 하, 1816년(가경 21년), 1817년(가경 22년), 1824년(도광 4년), 1831년(도광 11년), 1871년(동치 10년), 1885년(광서 11년) 없음) 원문 이미지 보기>

1822-01-01~1822-12-29(壬午). 「전객사일기(典客司日記)」 67, 예조(禮曹) 전객사(典客司) 편(編). <1책(67/99). 133장. 필사본. 한자+이두. 조선 필사 이두 자료. 서울대학교 규장각 한국학연구원 홈페이지 원문 이미지 보기> <1640-01-22~1641-12-23(1)>

1822-01-01~1823-12-26(壬午~癸未). 「제등록(祭謄錄)」, 편자 미상. <1책(6/7). 102장. 필사본. 한자+이두. 조선 필사 이두 자료. 서울대학교 규장각 한국학연구원 홈페이지 원문 이미지 보기> <1786-01-01~1787-12-24(1/7)>

1822-01-10. **유학 백봉채 토지매매명문**(幼學白奉采土地賣買明文), 전주 유학 손재량(田主幼學孫再良). <1장. 한자+이두. 조선 필사 이두 자료. 전북대학교 박물관 소장. 호남권 한국학자료센터 홈페이지 원문 이미지와 텍스트 보기. 박병호(1974ㄱ), 이재수(2003) 참고>

1822-01-22. **유학 최관석 토지매매명문**(幼學崔觀錫土地賣買明文), 답주 자필 유학 고시하(畓主自筆幼學高時夏). <1장. 한자+이두. 조선 필사 이두 자료. 전북 부안군 우반 부안 김씨 세덕각 소장. 한국학중앙연구원 장서각 한국학자료센터 홈페이지 & 호남권 한국학자료센터 홈페이지 원문 이미지와 텍스트 보기. 박병호(1974ㄱ), 한국정신문화연구원 편(1983, 1998), 이재수(2003), 한국학중앙연구원 편(2017) 참고>

1822-01-22. **종손 유학 박필환 토지매매명문**(宗孫幼學朴弼煥土地賣買明文), 자필 유학 한영범(自筆幼學韓永範). <1장. 한자+이두. 조선 필사 이두 자료. 전북 장수군 침곡 충주 박씨가 소장. 호남권 한국학자료센터 홈페이지 원문 이미지와 텍스트 보기. 최승희(1989), 이재수(2003), 채현경(2011) 참고>

1822-01-26. **윤제임 분재기**(尹濟任分財記),[201] 윤제임. <1장. 한자+이두. 조선 필사 이두 자료. 전남 해남군 해남 윤씨 윤상현 구장. 무안 여흥 민씨 민종기 소장. 호남권 한국학자료센터 홈페이지 원문 이미지 보기. 최승희(1989) 참고>

1822-01-27. **박 생원 댁 노 춘대 토지매매명문**(朴生員宅奴春大土地賣買明文), 답주 김인세(畓主金仁世). <1장. 한자+이두. 조선 필사 이두 자료. 부여 은산 함양 박씨

---

[201] 호남권 한국학자료센터 홈페이지에서는 '윤제임(尹濟任) 동생 분재기(分財記)'로 표시하였다.

소장. 한국학중앙연구원 장서각 한국고문서자료관 홈페이지 원문 이미지 보기. 한국정신문화연구원 편(2000) 참고>

1822-01-27. **족계 토지매매명문**(族契土地賣買明文), 답주 자필 노 한갑(畓主自筆奴漢甲). <1장. 한자+이두. 조선 필사 이두 자료. 전남 구례군 토지면 오미리 문화 류씨 운조루 소장. 한국학중앙연구원 장서각 한국고문서자료관 홈페이지 원문 이미지와 텍스트 보기. 한국정신문화연구원 편(1998) 참고>

1822-01-00. **유성관 토지매매명문**(劉聖寬土地賣買明文), 답주 이 생원 댁 노 희갑(畓主李生員宅奴義甲). <1장. 한자+이두. 조선 필사 이두 자료. 부여 은산 함양 박씨 소장. 한국학중앙연구원 장서각 한국고문서자료관 홈페이지 원문 이미지 보기. 한국정신문화연구원 편(2000) 참고>

1822-01-00. **임우석 조흘첩**(任瑀錫照訖帖), 아산현감(牙山縣監). <1장. 한자+이두. 조선 필사 이두 자료. 아산 선교 장흥 임씨 구장. 한국학중앙연구원 장서각 한국고문서자료관 홈페이지 원문 이미지 보기. 한국학중앙연구원 편(2008) 참고>

1822-01-00~1822-12-00. 「추조결옥록(**秋曹決獄錄**)」 제47, 형조(刑曹) 편(編). <1책(1/낙질본 43). 48장. 필사본. 한자+이두. 조선 필사 이두 자료. 서울대학교 규장각 한국학연구원 홈페이지 원문 이미지 보기> <1830-01-00~1830-12-00(제55), 1834-01-00~1834-12-00(제59), 1843-01-00~1843-12-00(제68), 1845-01-00~1845-12-00(제70), 1848-01-00~1848-12-00(제73), 1851-01-00~1851-12-00(제76), 1852-01-00~1852-12-00(제77), 1853-01-00~1853-12-00(제78), 1854-01-00~1854-12-00(제79), 1855-01-00~1855-12-00(제80), 1856-01-00~1856-12-00(제81), 1857-01-00~1857-12-00(제82), 1858-01-00~1858-12-00(제83), 1859-01-00~1859-12-00(제84), 1861-01-00~1861-12-00(제86), 1862-01-00~1862-12-00(제87), 1863-01-00~1863-12-00(제88), 1864-01-00~1864-12-00(제89), 1865-01-00~1865-12-00(제90), 1866-01-00~1866-12-00(제91), 1868-01-00~1868-12-00(제93), 1869-01-00~1869-12-00(제94), 1870-01-00~1870-12-00(제95), 1871-01-00~1871-12-00(제96), 1873-01-00~1873-12-00(제98), 1874-02-00~1874-12-00(제99), 1875-01-00~1875-12-00(제100), 1877-01-00~1877-12-00(제102), 1878-01-00~1878-12-00(제103), 1879-01-00~1879-12-00(제104), 1880-02-00~1880-12-00(제105), 1881-01-00~1881-12-00

(제106), 1882-01-00~1882-12-00(제107), 1883-01-00~1883-12-00(제108), 1884-01-00~1884-12-00(제109), 1885-01-00~1885-12-00(제110), 1888-01-00~1888-12-00(제113), 1889-01-00~1889-12-00(제114), 1890-01-00~1890-12-00(제115), 1891-01-00~1891-12-00(제116), 1892-01-00~1892-12-00(제117), 1893-01-00~1893-12-00(제118)>

1822-02-08. **노 시동 배지**(奴時東牌旨), 상전 댁(上典宅). <1장. 한자+이두. 조선 필사 이두 자료. 경북 경주시 안강읍 옥산리 여주 이씨 장산서원·치암 종택 구장. 한국학중앙연구원 장서각 한국고문서자료관 홈페이지 원문 이미지 보기. 한국정신문화연구원 편(2003) 참고>

1822-02-12. **이비금 토지매매명문**(李飛今土地賣買明文), 답주 이 노 임시동(畓主李奴林時東). <1장. 한자+이두. 조선 필사 이두 자료. 경북 경주시 안강읍 옥산리 여주 이씨 장산서원·치암 종택 구장. 한국학중앙연구원 장서각 한국고문서자료관 홈페이지 원문 이미지 보기. 한국정신문화연구원 편(2003) 참고>

1822-02-13. **강재명 토지매매명문**(姜在明土地賣買明文) 1, 전주 양유철(田主梁有喆). <1장. 한자+이두. 조선 필사 이두 자료. 제주 어도내산 진주 강씨가 구장. 제주 한림 강우석 소장. 호남권 한국학자료센터 홈페이지 원문 이미지와 텍스트 보기. 오성찬(1994), 이재수(2003), 오창명(2007) 참고>

1822-02-14. **척숙 손종원 수표**(戚叔孫鍾遠手表), 상주 자필 이재선(喪主自筆李在善). <1장. 한자+이두. 조선 필사 이두 자료. 경주 양동 경주 손씨 송첨 종택 소장. 한국학중앙연구원 장서각 한국고문서자료관 홈페이지 원문 이미지 보기>

1822-02-24. **유 참판 댁 노 복태 토지매매명문**(柳參判宅奴福太土地賣買明文), 전주 문장 이흥손(田主門長李興孫). <1장. 한자+이두. 조선 필사 이두 자료. 경북 안동시 하회 풍산 류씨 충효당 소장. 한국학중앙연구원 장서각 한국학자료센터 홈페이지 원문 이미지와 텍스트 보기. 한국정신문화연구원 편(1994) 참고>

1822-02-26. **남은철 토지매매명문**(南銀喆土地賣買明文), 답주 임만흥(畓主林萬興). <1장. 한자+이두. 조선 필사 이두 자료. 일본 경도대학 가와이문고 소장. 고려대학교 해외한국학자료센터 홈페이지 원문 이미지 보기>

1822-02-28. **이성백 토지매매명문**(李成伯土地賣買明文), 답주 자필 유학 한원백(畓主

自筆幼學韓元伯). <1장. 한자+이두. 조선 필사 이두 자료. 전남 장성군 행주 기씨 금강 종가 소장. 호남권 한국학자료센터 홈페이지 원문 이미지와 텍스트 보기. 이재수(2003), 이수건 외(2004) 참고>

1822-03-06. **최두환 혜민서 약재 공인권 매매명문**(崔斗煥惠民署藥材貢人權賣買明文), 자필 재주 이명열(自筆財主李命說). <1장. 한자+이두. 조선 필사 이두 자료. 일본 경도대학 가와이문고 소장. 고려대학교 해외한국학자료센터 홈페이지 원문 이미지 보기>

1822-03-28. **강재명 토지매매명문**(姜在明土地賣買明文) 2, 전주 오봉태(田主吳奉太). <1장. 한자+이두. 조선 필사 이두 자료. 제주 어도내산 진주 강씨가 구장. 제주 한림 강우석 소장. 호남권 한국학자료센터 홈페이지 원문 이미지와 텍스트 보기. 오성찬(1994), 이재수(2003), 오창명(2007) 참고>

1822-03-28. **이약휘 다짐**(李若輝侤音), 이약휘. <1장. 한자+이두. 조선 필사 이두 자료. 충남 공주시 전주 이씨 숭선군파 종가 소장. 한국학중앙연구원 장서각 한국고문서자료관 홈페이지 원문 이미지 보기>

1822-03-00. **최 생원 노 춘흥 소지**(崔生員奴春興所志), 춘흥. <1장. 한자+이두. 조선 필사 이두 자료. 남원·구례 삭녕 최씨 구장. 한국학중앙연구원 장서각 한국고문서자료관 홈페이지 원문 이미지 보기. 한국정신문화연구원 편(2004) 참고>

1822-03-00. **화민 손종원 등 등장**(化民孫鍾遠等等狀), 손종원 등. <1장. 한자+이두. 조선 필사 이두 자료. 경주 양동 경주 손씨 송첨 종택 소장. 한국학중앙연구원 장서각 한국고문서자료관 홈페이지 원문 이미지 보기. 한국정신문화연구원 편(1997) 참고>

1822-윤3-00. **이형중 등 의송**(李馨重等議送), 이형중 등. <1장. 한자+이두. 조선 필사 이두 자료. 충남 공주시 전주 이씨 숭선군파 종가 소장. 한국학중앙연구원 장서각 한국고문서자료관 홈페이지 원문 이미지 보기>

1822-04-22. **김 생원 댁 고직 권상원 토지매매명문**(金生員宅庫直權尙元土地賣買明文), 가주 한량 이이손(家主閑良伊已孫). <1장. 한자+이두. 조선 필사 이두 자료. 안동 천전 의성 김씨 지촌 종택 소장. 한국학중앙연구원 장서각 한국고문서자료관 홈페이지 원문 이미지 보기. 한국정신문화연구원 편(1990) 참고>

1822-04-22. **유학 김철수 토지매매명문**(幼學金哲壽土地賣買明文), 전주 유학 유사 김이형(田主幼學有司金履亨). <1장. 한자+이두. 조선 필사 이두 자료. 안동 천전 의성 김씨 지촌 종택 소장. 한국학중앙연구원 장서각 한국고문서자료관 홈페이지 원문 이미지 보기. 한국정신문화연구원 편(1990) 참고>

1822-04-00. **유김해 댁 노 돌이 소지**(柳金海宅奴乭伊所志), 돌이. <1장. 한자+이두. 조선 필사 이두 자료. 풍산 류씨 하회 화경당(북촌댁) 구장. 한국국학진흥원 소장. 한국학자료센터 영남권역센터 홈페이지 원문 이미지와 텍스트 보기. 전경목(1996), 김경숙(2002) 참고>

1822-04-00. **이흡 등 소지**(李洽等所志), 이흡. <1장. 한자+이두. 조선 필사 이두 자료. 경북 경주시 안강읍 옥산리 여주 이씨 독락당 소장. 한국학중앙연구원 장서각 한국고문서자료관 홈페이지 원문 이미지 보기. 한국정신문화연구원 편(2003) 참고>

1822-04-00 추정. 「하양환성사결송예조문서등록(河陽環城寺決訟禮曹文書謄錄)」, <한자+이두. 영남대학교 민족문화연구소 소장. 한국학자료센터 영남권역센터 홈페이지 참고>

1822-05-00. **고언겸 소지**(高彦謙所志), 고언겸. <1장. 한자+이두. 조선 필사 이두 자료. 전북 부안 청호 효충사 소장. 호남권 한국학자료센터 홈페이지 원문 이미지와 텍스트 보기. 박병호(1974ㄱ), 최승희(1989), 이재수(2003) 참고>

1822-05-00. **예조 입안**(禮曹立案), 예조 판서(禮曹判書). <1장. 한자+이두. 조선 필사 이두 자료. 전북 부안 청호 효충사 소장. 호남권 한국학자료센터 홈페이지 원문 이미지와 텍스트 보기. 박병호(1974ㄱ), 최승희(1989) 참고>

1822-06-15. **강 진사 댁 노 장사손 토지상환명문**(姜進士宅奴張四孫土地相換明文), 답주 윤득재(畓主尹得才). <1장. 한자+이두. 조선 필사 이두 자료. 경북 봉화군 명호면 도천리 안동 김씨 해헌 고택 구장. 한국국학진흥원 소장. 한국학자료센터 영남권역센터 홈페이지 원문 이미지와 텍스트 보기. 박병호(1974ㄱ), 최승희(1989), 김건우(2008) 참고>

1822-06-00. **김 좌랑댁 노 춘남 소지**(金佐郎宅奴春男所志), 춘남. <1장. 한자+이두. 조선 필사 이두 자료. 해남 노송 김해 김씨 노송사 소장. 한국학중앙연구원 장서각

한국고문서자료관 홈페이지 & 호남권 한국학자료센터 홈페이지 원문 이미지와 텍스트 보기. 최승희(1989), 한국정신문화연구원 편(1998), 조정곤(2013) 참고>

1822-07-06. **강재명 토지상환명문**(姜在明土地相換明文), 전주 임경록(田主任景祿). <1장. 한자+이두. 조선 필사 이두 자료. 제주 어도내산 진주 강씨가 구장. 제주 한림 강우석 소장. 호남권 한국학자료센터 홈페이지 원문 이미지와 텍스트 보기. 오성찬(1994), 이재수(2003), 오창명(2007) 참고>

1822-07-25. **유학 권기만 시장문기**(幼學權基萬柴場文記), 전주 유학 신재흥(田主幼學 愼載興). <1장. 한자+이두. 조선 필사 이두 자료. 전북 고창군 읍내 안동 권씨가 소장. 호남권 한국학자료센터 홈페이지 원문 이미지와 텍스트 보기. 최승희(1989), 전북향토문화연구회 편(1993), 정구복 외(1999) 참고>

1822-07-00. 「동경록(東京錄)」, 경주부(慶州府) 편(編). <1책. 18장. 필사본. 한자+이두. 조선 필사 이두 자료. 서울대학교 규장각 한국학연구원 홈페이지 원문 이미지 보기>

1821-07-00. **이 노 명철 소지**(李奴明哲所志),[202] 명철. <1장. 한자+이두. 조선 필사 이두 자료. 경북 경주시 안강읍 옥산리 여주 이씨 장산서원·치암 종택 구장. 한국학중앙연구원 장서각 한국고문서자료관 홈페이지 원문 이미지 보기. 한국정신문화연구원 편(2003) 참고>

1822-08-12. **모 정 씨 깃급문기**(母鄭氏衿給文記), 모 정 씨. <1장. 한자+이두. 조선 필사 이두 자료. 경북 경주시 안강읍 옥산리 여주 이씨 독락당 소장. 한국학중앙연구원 장서각 한국고문서자료관 홈페이지 원문 이미지 보기. 한국정신문화연구원 편(2003) 참고>

1822-08-22. **도승통 전령**(都僧統傳令), 도승통. <1장. 한자+이두. 조선 필사 이두 자료. 경북 경주시 안강읍 옥산서원 소장. 한국학자료센터 영남권역센터 홈페이지 원문 이미지와 텍스트 보기. 이수환(2001) 참고>

1822-08-31. **동강서원 통문**(東江書員通文), 동강서원. <1장. 한자+이두. 조선 필사

---

[202] 한국학중앙연구원 장서각 한국고문서자료관 홈페이지에서는 '이씨가(李氏家) 노(奴) 명철(明哲) 소지(所志)'로 표시하였다.

이두 자료. 경북 경주시 내남면 이조리 경주 최씨·용산서원 소장. 한국학중앙연구원 장서각 한국고문서자료관 홈페이지 원문 이미지 보기. 한국정신문화연구원 편(2000) 참고>

1822-08-00. **조술겸 등 상서**(趙述謙等上書), 조술겸 등. <1장. 한자+이두. 조선 필사 이두 자료. 경북 상주 낙동 풍양 조씨 양진당 소장. 한국학중앙연구원 장서각 한국고문서자료관 홈페이지 원문 이미지 보기>

1822-10-14. **김서행 표문**(金善行表文),[203] 표주 권응추(標主權應錘). <1장. 한자+이두. 조선 필사 이두 자료. 안동 천전 의성 김씨 지촌 종택 소장. 한국학중앙연구원 장서각 한국고문서자료관 홈페이지 원문 이미지 보기. 한국정신문화연구원 편(1990) 참고>

1822-10-14. **유진억 다짐**(柳震億侤音), 유진억. <1장. 한자+이두. 조선 필사 이두 자료. 전남 구례군 토지면 오미리 문화 류씨 운조루 소장. 한국학중앙연구원 장서각 한국고문서자료관 홈페이지 원문 이미지와 텍스트 보기. 한국정신문화연구원 편(1998) 참고>

1822-10-15. **김일흥 다짐**(金馹興侤音), 김일흥. <1장. 한자+이두. 조선 필사 이두 자료. 전남 구례군 토지면 오미리 문화 류씨 운조루 소장. 한국학중앙연구원 장서각 한국고문서자료관 홈페이지 원문 이미지와 텍스트 보기. 한국정신문화연구원 편(1998) 참고>

1822-10-19. **유 씨 종중 수기**(柳氏宗中手記),[204] 표주 이만오(標主李萬五). <1장. 한자+이두. 조선 필사 이두 자료. 전남 구례군 토지면 오미리 문화 류씨 운조루 소장. 한국학중앙연구원 장서각 한국고문서자료관 홈페이지 원문 이미지와 텍스트 보기. 한국정신문화연구원 편(1998) 참고>

1822-10-00. **조술겸 등 등장**(趙述謙等等狀), 조술겸 등. <1장. 한자+이두. 조선 필사 이두 자료. 경북 상주 낙동 풍양 조씨 양진당 소장. 한국학중앙연구원 장서각

---

[203] 한국학중앙연구원 장서각 한국고문서자료관 홈페이지에서는 '권응추(權應錘) 표문(表文)'으로 표시하였다.

[204] 한국학중앙연구원 장서각 한국고문서자료관 홈페이지에서는 '이만오(李萬五) 수기(手記)'로 표시하였다.

한국고문서자료관 홈페이지 원문 이미지 보기>

1822-10-00. **화민 유진억 소지**(化民柳震億所志) 1, 유진억. <1장. 한자+이두. 조선 필사 이두 자료. 전남 구례군 토지면 오미리 문화 류씨 운조루 소장. 한국학중앙연구원 장서각 한국고문서자료관 홈페이지 원문 이미지와 텍스트 보기. 한국정신문화연구원 편(1998) 참고>

1822-11-08. **■■■ 토지매매명문**(■■■土地賣買明文),[205] 전답주 자필 이학분(田畓主自筆李學分). <1장. 한자+이두. 조선 필사 이두 자료. 경주 양동 경주 손씨 송첨 종택 소장. 한국학중앙연구원 장서각 한국고문서자료관 홈페이지 원문 이미지 보기>

1822-11-09. **김일흥 다짐**(金日興侤音), 김일흥. <1장. 한자+이두. 조선 필사 이두 자료. 전남 구례군 토지면 오미리 문화 류씨 운조루 소장. 한국학중앙연구원 장서각 한국고문서자료관 홈페이지 원문 이미지와 텍스트 보기. 한국정신문화연구원 편(1998) 참고>

1822-11-12. **임 생원 시형 토지매매명문**(任生員時馨土地賣買明文), 답주 한량 조관득(畓主閑良曺官得). <1장. 한자+이두. 조선 필사 이두 자료. 전북대학교 박물관 소장. 호남권 한국학자료센터 홈페이지 원문 이미지와 텍스트 보기. 박병호(1974ㄱ), 최승희(1989), 이재수(2003), 박준호(2004), 전경목 외(2006) 참고>

1822-11-22. **유학 김규 토지매매명문**(幼學金珪土地賣買明文), 답주 남정구(畓主南鼎耉). <1장. 한자+이두. 조선 필사 이두 자료. 김포 의령 남씨 서윤공 남두장 후손가 소장. 한국학중앙연구원 장서각 한국고문서자료관 홈페이지 원문 이미지 보기>

1822-11-00. **화민 유진억 소지**(化民柳震億所志) 2, 유진억. <1장. 한자+이두. 조선 필사 이두 자료. 전남 구례군 토지면 오미리 문화 류씨 운조루 소장. 한국학중앙연구원 장서각 한국고문서자료관 홈페이지 원문 이미지와 텍스트 보기. 한국정신문화연구원 편(1998) 참고>

---

205 한국학중앙연구원 장서각 한국고문서자료관 홈페이지에서는 '이학분(李學分) 토지매매명문(土地賣買明文)'으로 표시하였다.

1822-12-07. **신덕좌 토지매매명문**(辛德左土地賣買明文), 답주 김진환(畓主金振煥). <1장. 한자+이두. 조선 필사 이두 자료. 전남 영광군 입석 영월 신씨 소장. 한국학중앙연구원 장서각 한국고문서자료관 홈페이지 원문 이미지와 텍스트 보기. 한국정신문화연구원 편(1996) 참고>

1822-12-17. **유학 정광훈 토지매매명문**(幼學鄭匡勛土地賣買明文), 답주 자필 유학 이태준(畓主自筆幼學李泰俊). <1장. 한자+이두. 조선 필사 이두 자료. 전북대학교 박물관 소장. 호남권 한국학자료센터 홈페이지 원문 이미지와 텍스트 보기. 최승희(1989), 정구복 외(1999), 이재수(2003) 참고>

1822-12-26. **유학 임 생원 댁 노 덕정 토지매매명문**(幼學任生員宅奴德丁土地賣買明文), 답주 한량 조관득(畓主閑良曺觀得). <1장. 한자+이두. 조선 필사 이두 자료. 전북대학교 박물관 소장. 호남권 한국학자료센터 홈페이지 원문 이미지와 텍스트 보기. 박병호(1974ㄱ), 이재수(2003) 참고>

1822-12-26~1823-03-00. 「휘경원원소도감의궤(徽慶園園所都監儀軌)」 상·하, <2책. 필사본. 표제는 '道光二年壬午十二月 日 五臺山上顯穆綏嬪徽慶園園所都監儀軌'. 상권 권수제는 '徽慶園園所都監儀軌上'. 한자+이두. 서울대학교 규장각 한국학연구원 홈페이지 '圭13935' 원문 이미지와 텍스트 보기>

1822-12-31.[206] **윤 생원 노 분단 토지매매명문**(尹生員奴分丹土地賣買明文), 답주 김찬(畓主金贊). <1장. 한자+이두. 조선 필사 이두 자료. 대전·청양 안동 김씨 삼당 후손가 소장. 한국학중앙연구원 장서각 한국고문서자료관 홈페이지 원문 이미지 보기. 한국정신문화연구원 편(2003) 참고>

1822-12-00. 「가순궁현목수빈상례의주등록(嘉順宮顯穆綏嬪喪禮儀註謄錄)」, 예조(禮曹) 편. <1책. 106장. 필사본. 표제는 '嘉順宮喪禮儀註謄錄'. 한자+이두. 조선 필사 이두 자료. 한국학중앙연구원 장서각 한국학자료센터 홈페이지 & 한국학중앙연구원 한국학 디지털 아카이브 홈페이지 원문 이미지와 텍스트 보기>

1822-00-00. 「관서계록(關西啓錄)」, 승정원(承政院). <2책. 필사본. 한자+이두. 조선

---

[206] 한국학중앙연구원 장서각 한국고문서자료관 홈페이지 '상세 정보'에서는 '12월 15일'로 잘못 적었다.

필사 이두 자료. 한국학중앙연구원 한국학 디지털 아카이브 홈페이지 원문 이미지와 텍스트 보기>

1822-00-00. 「수교등록(受敎謄錄)」 건(乾)·곤(坤), 예조(禮曹) 편(編). <2책. 필사본. 한자+이두. 조선 필사 이두 자료. 서울대학교 규장각 한국학연구원 홈페이지 원문 이미지 보기>

1822-00-00. 「흠흠신서(欽欽新書)」, 정약용(丁若鏞) 편. <30권 10책. 필사본. 한자+이두. 어휘 표기 자료. 법제서. 형법서. 국립중앙도서관 홈페이지 & 한국학중앙연구원 디지털장서각 홈페이지 원문 이미지 보기> <활자본: ① 1901-05-00(30권 4책. 광문사(廣文社) 발행. 국립중앙도서관 홈페이지 & 서울대학교 규장각 한국학연구원 홈페이지 원문 이미지 보기) ② 1907-00-00(4권 4책. 연활자본. 국립중앙도서관 홈페이지 원문 이미지 보기)>

1823년

<계미(癸未), 순조 23년, 도광 3년>

1823-01-01~1823-12-26(癸未). 「전객사일기(典客司日記)」 68, 예조(禮曹) 전객사(典客司) 편(編). <1책(68/99). 94장. 필사본. 한자+이두. 조선 필사 이두 자료. 서울대학교 규장각 한국학연구원 홈페이지 원문 이미지 보기> <1640-01-22~1641-12-23(1)>

1823-01-01~1823-12-29. 「결속색등록(結束色謄錄)」, 병조(兵曹) 편(編). <1책(36). 166장. 필사본. 필사 시기 미상. 한자+이두. 조선 필사 이두 자료. 서울대학교 규장각 한국학연구원 홈페이지 1787년~1891년 낙질본 107책(1792년(건륭 57년), 1811년(가경 16년) 하, 1816년(가경 21년), 1817년(가경 22년), 1824년(도광 4년), 1831(도광 11년), 1871(동치 10년), 1885년(광서 11년) 없음) 원문 이미지 보기>

1823-01-06. **박 생원 댁 노 춘대 토지매매명문**(朴生員宅奴春大土地賣買明文) 1, 답주 교생 김선득(畓主校生金先得). <1장. 한자+이두. 조선 필사 이두 자료. 부여 은산 함양 박씨 소장. 한국학중앙연구원 장서각 한국고문서자료관 홈페이지 원문 이미

지 보기. 한국정신문화연구원 편(2000) 참고>

1823-01-08. **이맹월 토지매매명문**(李孟月土地賣買明文), 답주 김(畓主金). <1장. 한자+이두. 조선 필사 이두 자료. 경북 예천군 감천면 강릉 유씨 벌방 종가 구장. 한국국학진흥원 소장. 한국학자료센터 영남권역센터 홈페이지 원문 이미지와 텍스트 보기. 김성갑(2013) 참고>

1823-01-14. **하대문 토지매매명문**(河大文土地賣買明文), 답주 김생원 노 득남(畓主金生員奴得男). <1장. 한자+이두. 조선 필사 이두 자료. 제천 한수 연안 이씨 소장. 한국학중앙연구원 장서각 한국고문서자료관 홈페이지 원문 이미지 보기. 한국정신문화연구원 편(2001) 참고>

1823-01-17. **재종질 징화 토지매매명문**(再從侄徵和土地賣買明文),[207] 답주 자필 재종숙 세준(畓主自筆再從叔世準). <1장. 한자+이두. 조선 필사 이두 자료. 경북 봉화 금씨 매헌 종택 구장. 한국국학진흥원 소장. 한국국학진흥원 유교넷 홈페이지 원문 이미지 보기>

1823-01-28. **김장손 토지매매명문**(金長孫土地賣買明文), 답주 상인 윤성은(畓主喪人尹成殷). <1장. 한자+이두. 조선 필사 이두 자료. 전남 해남 연동 해남 윤씨 녹우당 소장. 한국학중앙연구원 장서각 한국고문서자료관 홈페이지 원문 이미지와 텍스트 보기. 한국정신문화연구원 편(1986) 참고>

1823-02-27. **봉평동중 토지매매명문**(鳳坪洞中土地賣買明文),[208] 전주 이덕삼(田主李德三). <1장. 한자+이두. 조선 필사 이두 자료. 풍산 류씨 하회 화경당(북촌댁) 구장. 한국국학진흥원 소장. 한국국학진흥원 유교넷 홈페이지 원문 이미지와 텍스트 보기>

1823-02-29. **오명협 수기**(吳命協手記), 오명협. <1장. 한자+이두. 조선 필사 이두 자료. 전북 임실군 청웅 밀양 박씨가 소장. 호남권 한국학자료센터 홈페이지 원문 이미지와 텍스트 보기. 최승희(1989), 이재수(2003), 채현경(2011) 참고>

---

[207] 한국국학진흥원 유교넷 홈페이지에서는 문서명을 '1823년 재종질 징화에게 재종숙 세준이 전답을 매도했음을 증명하는 전답매매문기'로 표시하였다.

[208] 한국국학진흥원 유교넷 홈페이지에서는 문서명을 '풍산류씨 하회마을 화경당(북촌댁) 도광 3년에 전주 이덕삼과 봉평동중 사이에 작성된 명문(明文)(田畓賣買文記)[11197]'로 표시하였다.

1823-02-00. **박시채 소지**(朴時采所志), 박시채. <1장. 한자+이두. 조선 필사 이두 자료. 전북 임실군 청웅 밀양 박씨가 소장. 호남권 한국학자료센터 홈페이지 원문 이미지와 텍스트 보기. 최승희(1989), 김경숙(2002) 참고>

1823-02-00. **화민 유진억 소지**(化民柳震億所志) 1, 유진억. <1장. 한자+이두. 조선 필사 이두 자료. 전남 구례군 토지면 오미리 문화 류씨 운조루 소장. 한국학중앙연구원 장서각 한국고문서자료관 홈페이지 원문 이미지와 텍스트 보기. 한국정신문화연구원 편(1998) 참고>

1823-02-00. **화민 유진억 소지**(化民柳震億所志) 2, 유진억. <1장. 한자+이두. 조선 필사 이두 자료. 전남 구례군 토지면 오미리 문화 류씨 운조루 소장. 한국학중앙연구원 장서각 한국고문서자료관 홈페이지 원문 이미지와 텍스트 보기. 한국정신문화연구원 편(1998) 참고>

1823-02-00. **화민 유진억 소지**(化民柳震億所志) 3, 유진억. <1장. 한자+이두. 조선 필사 이두 자료. 전남 구례군 토지면 오미리 문화 류씨 운조루 소장. 한국학중앙연구원 장서각 한국고문서자료관 홈페이지 원문 이미지와 텍스트 보기. 한국정신문화연구원 편(1998) 참고>

1823-02-00. **화민 유진억 의송**(化民柳震億議送), 유진억. <1장. 한자+이두. 조선 필사 이두 자료. 전남 구례군 토지면 오미리 문화 류씨 운조루 소장. 한국학중앙연구원 장서각 한국고문서자료관 홈페이지 원문 이미지와 텍스트 보기. 한국정신문화연구원 편(1998) 참고>

1823-03-05. **박 생원 댁 노 춘대 토지매매명문**(朴生員宅奴春大土地賣買明文) 2, 답주 김 생원 댁 노 옥돌(畓主金生員宅奴玉乭). <1장. 한자+이두. 조선 필사 이두 자료. 부여 은산 함양 박씨 소장. 한국학중앙연구원 장서각 한국고문서자료관 홈페이지 원문 이미지 보기. 한국정신문화연구원 편(2000) 참고>

1823-03-06. **김계손 토지매매명문**(金戒孫土地賣買明文),[209] 자필 답주 김혁규(自筆畓主金赫奎). <1장. 한자+이두. 조선 필사 이두 자료. 창녕 조씨 지산 종택 구장.

---

[209] 한국국학진흥원 유교넷 홈페이지에서는 문서명을 '1823년 김혁규가 논을 매도한 사실을 증명하는 전답매매문기'로 표시하였다.

한국국학진흥원 소장. 한국국학진흥원 유교넷 홈페이지 원문 이미지 보기>

1823-03-09. **공의성·공기성 다짐**(孔宜性孔杞性侤音), 공의성·공기성. <1장. 한자+이두. 조선 필사 이두 자료. 전남 장성군 행주 기씨 금강 종가 소장. 호남권 한국학자료센터 홈페이지 원문 이미지와 텍스트 보기. 국사편찬위원회 편(2009) 참고>

1823-03-11. **하회 유 생원 댁 학계 성상 돌암회 토지매매명문**(河回柳生員宅學稧城上乭巖回土地賣買明文), 답주 권도흥(畓主權道興). <1장. 한자+이두. 조선 필사 이두 자료. 경북 안동시 하회 풍산 류씨 충효당 소장. 한국학중앙연구원 장서각 한국학자료센터 홈페이지 원문 이미지와 텍스트 보기. 한국정신문화연구원 편(1994) 참고>

1823-03-20. **별고 고자 토지매매명문**(別庫庫子土地賣買明文),[210] 답주 보선계 고자 진남(畓主報先契庫子進男). <1장. 한자+이두. 조선 필사 이두 자료. 경북 경주시 내남면 이조리 경주 최씨·용산서원 소장. 한국학중앙연구원 장서각 한국고문서자료관 홈페이지 원문 이미지 보기. 한국정신문화연구원 편(2000) 참고>

1823-03-00. **기재효 등 소지**(奇在孝等所志), 기재효 등. <1장. 한자+이두. 조선 필사 이두 자료. 전남 장성군 행주 기씨 금강 종가 소장. 호남권 한국학자료센터 홈페이지 원문 이미지와 텍스트 보기. 김경숙(2008) 참고>

1823-04-07. **이덕수 다짐**(李德壽侤音), 이덕수. <1장. 한자+이두. 조선 필사 이두 자료. 충남 공주시 전주 이씨 숭선군파 종가 소장. 한국학중앙연구원 장서각 한국고문서자료관 홈페이지 원문 이미지 보기>

1823-04-11. **이흡 자매 명문**(李{洽+土}自賣明文), 신학성(辛學成). <1장. 한자+이두. 조선 필사 이두 자료. 경북 경주시 안강읍 옥산리 여주 이씨 장산서원·치암 종택 구장. 한국학중앙연구원 장서각 한국고문서자료관 홈페이지 원문 이미지 보기. 한국정신문화연구원 편(2003) 참고>

1823-04-13. **족질 임응호 토지매매명문**(族姪林應虎土地賣買明文),[211] 유가 유사 족숙

---

[210] 한국학중앙연구원 장서각 한국고문서자료관 홈페이지에서는 '1823년 용원고자(龍院庫子) 토지매매명문(土地賣買明文)'으로 표시하였다.

[211] 한국국학진흥원 유교넷 홈페이지에서는 문서명을 '1823년 임춘득 등 2명이 임응호에게 전답을 팔았음을 증명하는 전답매매문기'로 표시하였다.

임춘득(遺價有司族叔林春得). <1장. 한자+이두. 조선 필사 이두 자료. 경북 예천 임씨 금양파 금포 고택 구장. 한국국학진흥원 소장. 한국국학진흥원 유교넷 홈페이지 원문 이미지와 텍스트 보기>

1823-04-00. **차첩**(差帖), 이조(吏曹). <1장. 한자+이두. 조선 필사 이두 자료. 안동 금계 의성 김씨 학봉 종가 소장. 한국학중앙연구원 장서각 한국고문서자료관 홈페이지 원문 이미지와 텍스트 보기. 한국정신문화연구원 편(1989) 참고>

1823-05-01. **서악서원 통문**(西岳書員通文) 1, 서악서원. <1장. 한자+이두. 조선 필사 이두 자료. 경북 경주시 안강읍 옥산서원 소장. 한국학자료센터 영남권역센터 홈페이지 원문 이미지와 텍스트 보기. 이수환(2001, 2005) 참고>

1823-07-23. **김해종 소지**(金海宗所志), 김해종. <1장. 한자+이두. 조선 필사 이두 자료. 전남 구례군 토지면 오미리 문화 류씨 운조루 소장. 한국학중앙연구원 장서각 한국고문서자료관 홈페이지 원문 이미지와 텍스트 보기. 한국정신문화연구원 편(1998) 참고>

1823-08-15. **서악서원 통문**(西岳書員通文) 2, 서악서원. <1장. 한자+이두. 조선 필사 이두 자료. 경북 경주시 내남면 이조리 경주 최씨·용산서원 소장. 한국학중앙연구원 장서각 한국고문서자료관 홈페이지 원문 이미지 보기. 한국정신문화연구원 편(2000) 참고>

1823-08-00. **이수일 등 소지**(李壽一等所志), 이수일 등. <1장. 한자+이두. 조선 필사 이두 자료. 경북 영해 인량 재령 이씨 충효당 소장. 한국학중앙연구원 장서각 한국고문서자료관 홈페이지 원문 이미지와 텍스트 보기. 한국정신문화연구원 편(1997) 참고>

1823-09-29. **이상희 토지매매명문**(李相曦土地賣買明文), 전주 자필 박한부(出主自筆 朴漢復). <1장. 한자+이두. 조선 필사 이두 자료. 경북 영해 인량 재령 이씨 충효당 소장. 한국학중앙연구원 장서각 한국고문서자료관 홈페이지 원문 이미지 보기. 한국정신문화연구원 편(2004) 참고>

1823-09-00. **이구옥 상서**(李求玉上書), 이구옥. <1장. 한자+이두. 조선 필사 이두 자료. 경북 경주시 안강읍 옥산리 여주 이씨 독락당 소장. 한국학중앙연구원 장서각 한국고문서자료관 홈페이지 원문 이미지 보기. 한국정신문화연구원 편(2003)

참고>

1823-09-00. **최윤효 등 상서**(崔允孝等上書), 최윤효 등. <1장. 한자+이두. 조선 필사 이두 자료. 남원·구례 삭녕 최씨 구장. 한국학중앙연구원 장서각 한국고문서자료관 홈페이지 원문 이미지 보기. 한국정신문화연구원 편(2004) 참고>

1823-10-02. **관노청 관문**(官奴廳關文) <1장. 한자+이두. 조선 필사 이두 자료. 원주시 무릉박물관 소장. 한국학자료센터 강원권역센터 홈페이지 원문 이미지 보기. 최승희(1989), 김현영(2006ㄴ), 박준호(2006), 문보미(2010) 참고>

1823-10-12. **김발 토지매매명문**(金發土地賣買明文), 전주 노 질손(㫄主奴姪孫). <1장. 한자+이두. 조선 필사 이두 자료. 경북 안동시 주촌 진성 이씨 경류정 소장. 한국학중앙연구원 장서각 한국고문서자료관 홈페이지 원문 이미지와 텍스트 보기. 한국정신문화연구원 편(1999) 참고>

1823-10-00. **박만수·박인수 등 소지**(朴萬秀朴仁秀等所志), 박만수·박인수 등. <1장. 한자+이두. 조선 필사 이두 자료. 영해 도곡 무안 박씨 무의공 종택 소장. 한국학중앙연구원 장서각 한국고문서자료관 홈페이지 원문 이미지 보기. 한국학중앙연구원 편(2008) 참고>

1823-10-00. **박종영·박계영·박시영 등 소지**(朴宗永朴啓永朴時永等所志), 박종영·박계영·박시영 등. <1장. 한자+이두. 조선 필사 이두 자료. 영해 도곡 무안 박씨 무의공 종택 소장. 한국학중앙연구원 장서각 한국고문서자료관 홈페이지 원문 이미지 보기. 한국학중앙연구원 편(2008) 참고>

1823-11-21. **이지용 토지매매명문**(李之用土地賣買明文), 답주 나금북(畓主羅金北). <1장. 한자+이두. 조선 필사 이두 자료. 전남 영광군 입석 영월 신씨 소장. 한국학중앙연구원 장서각 한국고문서자료관 홈페이지 원문 이미지와 텍스트 보기. 한국정신문화연구원 편(1996) 참고>

1823-11-25. **유학 토지매매명문**(幼學土地賣買明文), 답주 자필 유학 이명철(畓主自筆幼學李命喆). <1장. 한자+이두. 조선 필사 이두 자료. 전남 구례군 토지면 오미리 문화 류씨 운조루 소장. 한국학중앙연구원 장서각 한국고문서자료관 홈페이지 원문 이미지와 텍스트 보기. 한국정신문화연구원 편(1998) 참고>

1823-12-11. **계호 토덕 토지매매명문**(稧戶土德土地賣買明文), 답주 박 생원 댁 노 정

녀 자필(畓主朴生員宅奴丁女自筆). <1장. 한자+이두. 조선 필사 이두 자료. 경북 영해 인량 재령 이씨 충효당 소장. 한국학중앙연구원 장서각 한국고문서자료관 홈페이지 원문 이미지 보기. 한국정신문화연구원 편(1997) 참고>

1823-12-25. **토지매매명문**(土地賣買明文),[212] 답주 자필 유학 이광규(畓主自筆幼學李光圭). <1장. 한자+이두. 조선 필사 이두 자료. 전북대학교 박물관 소장. 호남권 한국학자료센터 홈페이지 원문 이미지와 텍스트 보기. 박병호(1974ㄱ), 최승희(1989), 이재수(2003) 참고>

1823-12-25. **토지매매명문**(土地賣買明文),[213] 답주 자필 유학 최종우(畓主自筆幼學崔宗祐). <1장. 한자+이두. 조선 필사 이두 자료. 전북대학교 박물관 소장. 호남권 한국학자료센터 홈페이지 원문 이미지와 텍스트 보기. 최승희(1989), 정구복 외(1999), 이재수(2003) 참고>

1823-12-00. **정기필 소지**(鄭夔弼所志), 정기필. <1장. 한자+이두. 조선 필사 이두 자료. 경남 거창 강동 초계 정씨 동계 종가 구장. 한국학중앙연구원 장서각 한국학자료센터 홈페이지 & 장서각 한국고문서자료관 홈페이지 원문 이미지와 텍스트 보기. 한국정신문화연구원 편(1995, 2005), 박병련·김학수(2001), 김성갑(2006) 참고>

1823-00-00. 「선원보략교정의궤(璿源譜略校正儀軌)」, 교정청(校正廳) 편. <1책. 18장. 필사본. 표제는 '(癸未三月 日本寺 今上二十四年 純祖二十三年)璿源譜略修正儀軌'. 권수제는 '(道光三年癸未三月初十日)璿源譜略校正儀軌'. 한자+이두. 조선 필사 이두 자료. 서울대학교 규장각 한국학연구원 의궤종합 정보 홈페이지 '奎14100' 원문 이미지 보기>

1823-00-00. 「성종대왕태실비석개수의궤(成宗大王胎室碑石改竪儀軌)」[214] 편자 미

---

212 호남권 한국학자료센터 홈페이지에서는 '1823년 이광규(李光圭) 방매 토지매매명문(土地賣買明文)'으로 표시하였다.

213 호남권 한국학자료센터 홈페이지에서는 '1823년 최종우(崔宗祐) 방매 토지매매명문(土地賣買明文)'으로 표시하였다.

214 서울대학교 규장각 한국학연구원 의궤종합 정보 홈페이지에서는 서명을 표제나 권수제와는 달리 '성종태실비석개수의궤(成宗胎室碑石改竪儀軌)'로 적었다.

상. <1책. 9장. 필사본. 표제는 '成宗大王胎室碑石改竪儀軌'. 권수제는 '(道光三年癸未五月 日廣州地)成宗大王胎室碑石改竪儀軌'. 한자+이두. 조선 필사 이두 자료. 서울대학교 규장각 한국학연구원 의궤 종합정보 홈페이지 '奎13964' 원문 이미지 보기>

1823-00-00.「수빈휘경원원소도감의궤(綏嬪徽慶園園所都監儀軌)」, 원소도감 편. <2책. 129장+228장. 필사본. 표제는 '顯穆綏嬪徽慶園園所都監儀軌'. 한자+이두. 조선 필사 이두 자료. 서울대학교 규장각 한국학연구원 의궤 종합정보 홈페이지 '奎13935' 원문 이미지 보기>

1823-00-00. **임백능 차첩**(任百能差帖), 이조(吏曹). <1장. 한자+이두. 조선 필사 이두 자료. 경기도 이천 고백 풍천 임씨 소장. 한국학중앙연구원 장서각 한국고문서자료관 홈페이지 원문 이미지 보기. 한국정신문화연구원 편(2004) 참고>

1823-00-00.「헌경혜빈상례등록(獻敬惠嬪喪禮謄錄)」<불분권 2책. 147장. 필사본. 표제는 '惠慶宮喪禮謄錄'. 한자+이두. 조선 필사 이두 자료. 한국학중앙연구원 장서각 한국학자료센터 홈페이지 원문 이미지 보기>

1823-00-00.「현목수빈빈궁혼궁도감의궤(顯穆綏嬪殯宮魂宮都監儀軌)」 상·중·하, 빈궁혼궁도감 편. <3책. 114장+154장+210장. 필사본. 하권의 표제는 '顯穆綏嬪殯宮魂宮都監儀軌'. 목록제는 '顯穆綏嬪殯宮魂宮都監儀軌目錄'. 한자+이두. 조선 필사 이두 자료. 국립중앙박물관 외규장각 의궤 홈페이지 '외규251~253' 원문 이미지와 텍스트 보기>

1823-00-00.「현목수빈빈궁혼궁도감의궤(顯穆綏嬪殯宮魂宮都監儀軌)」[215] 상·중·하, 빈궁혼궁도감 편. <3책. 필사본. 표제는 '(道光二年壬午十二月 日 五臺山上)顯穆綏嬪殯宮魂宮都監儀軌上'. 목록제는 '顯穆綏嬪殯宮魂宮都監儀軌目錄'. 한자+이두. 조선 필사 이두 자료. 서울대학교 규장각 한국학연구원 의궤 종합정보 홈페이지 '奎13934' 원문 이미지 보기>

1823-00-00.「현목수빈장례도감의궤(顯穆綏嬪葬禮都監儀軌)」 1~4, 장례도감 편. <4

---

[215] 서울대학교 규장각 한국학연구원 의궤종합 정보 홈페이지에서는 서명을 표제나 권수제와는 달리 '수빈빈궁혼궁도감의궤(綏嬪殯宮魂宮都監儀軌)'로 적었다.

책. 필사본. 표제는 '顯穆綏嬪葬禮都監儀軌'. 권1의 권수제는 '顯穆綏嬪葬禮都監儀軌首卷'. 한자+이두. 조선 필사 이두 자료. 국립중앙박물관 외규장각 의궤 홈페이지 '외규254~257' 원문 이미지와 텍스트 보기>

1823-00-00. 「현목수빈장례도감의궤(**顯穆綏嬪葬禮都監儀軌**)」[216] 1~4, 장례도감 편. <4책. 필사본. 권1의 표제는 '(道光二年壬午十二月 日 五臺山上)顯穆綏嬪葬禮都監儀軌一'. 권수제는 '顯穆綏嬪葬禮都監儀軌卷首'. 한자+이두. 조선 필사 이두 자료. 서울대학교 규장각 한국학연구원 의궤 종합정보 홈페이지 '奎13927' 원문 이미지 보기>

1823-00-00. 「효의왕후국휼등록(**孝懿王后國恤謄錄**)」, 전향사(典享司). <1책. 135장. 필사본. 한자+이두. 조선 필사 이두 자료. 한국학중앙연구원 장서각 한국학자료센터 홈페이지 원문 이미지 보기>

1823-00-00. 「효의왕후국휼의주등록(**孝懿王后國恤儀註謄錄**)」, 전향사(典享司). <1책. 157장. 필사본. 한자+이두. 조선 필사 이두 자료. 한국학중앙연구원 장서각 한국학자료센터 홈페이지 원문 이미지 보기>

1823-00-00. 「효의왕후국휼초일기(**孝懿王后國恤草日記**)」, 국휼도감(國恤都監). <1책. 179장. 필사본. 한자+이두. 조선 필사 이두 자료. 한국학중앙연구원 장서각 한국학자료센터 홈페이지 원문 이미지 보기>

1823-00-00. 「효의왕후부묘도감의궤(**孝懿王后祔 廟都監儀軌**)」,[217] 부묘도감 편. <1책. 142장. 필사본. 표제는 '(道光三年癸未五月 日 宗廟署上)孝懿王后祔太廟儀軌 全'. 권수제는 '(道光三年癸未五月 日)孝懿王后祔 廟都監儀軌'. 한자+이두. 조선 필사 이두 자료. 한국학중앙연구원 디지털장서각 홈페이지 'K2-2270' 원문 이미지 보기>

1823-00-00. 「효의왕후부묘도감의궤(**孝懿王后祔 廟都監儀軌**)」,[218] 부묘도감 편. <1

---

[216] 서울대학교 규장각 한국학연구원 의궤 종합정보 홈페이지에서는 서명을 표제나 권수제와는 달리 '수빈장례도감의궤(綏嬪葬禮都監儀軌)'로 적었다.

[217] 한국학중앙연구원 디지털장서각 홈페이지에서는 서명을 '[효의왕후]부묘도감의궤[孝懿王后]祔 廟都監儀軌]'로 붙여 적었다.

[218] 한국학중앙연구원 디지털장서각 홈페이지에서는 서명을 '[효의왕후]부묘도감의궤[孝懿王后]祔 廟都監儀軌]'로 붙여 적었다.

책. 144장. 필사본. 표제는 '(道光三年癸未五月 日 純祖二十八年)孝懿王后祔 太廟都監儀軌
全'. 권수제는 '(道光三年癸未五月 日)孝懿王后祔 廟都監儀軌'. 한자+이두. 조선 필
사 이두 자료. 한국학중앙연구원 디지털장서각 홈페이지 'K2-2271' 원문 이미지
와 텍스트 보기>

1823-00-00. 「효의왕후부묘도감의궤(**孝懿王后祔 廟都監儀軌**)」,[219] 부묘도감 편. <1
책. 142장. 필사본. 표제는 '(道光三年癸未五月 日 太白山)孝懿王后祔太廟都監儀軌'.
권수제는 '(道光三年癸未五月 日)孝懿王后祔 廟都監儀軌'. 한자+이두. 조선 필사
이두 자료. 서울대학교 규장각 한국학연구원 의궤 종합정보 홈페이지 '奎13654'
원문 이미지 보기>

1823-00-00. 「효의왕후부묘도감의궤(**孝懿王后祔 廟都監儀軌**)」, 부묘도감 편. <1책.
144장. 필사본. 표제지 결락. 권수제는 '(道光三年癸未五月 日)孝懿王后祔 廟都監儀
軌'. 한자+이두. 조선 필사 이두 자료. 국립중앙박물관 외규장각 의궤 홈페이지
'외규258' 원문 이미지와 텍스트 보기>

1823-00-00. 「휘경원원소도감의궤(**徽慶園園所都監儀軌**)」[220] 상하, 원소도감 편. <2
책. 129장+228장. 필사본. 표제는 '(道光二年壬午十二月 日 五臺山上)顯穆綏嬪徽慶
園園所都監儀軌上'. 권수제는 '徽慶園園所都監儀軌上'. 한자+이두. 조선 필사 이두
자료. 서울대학교 규장각 한국학연구원 의궤 종합정보 홈페이지 '奎13935' 원문
이미지와 텍스트 보기>

1823-00-00. 「휘경원원소도감의궤(**徽慶園園所都監儀軌**)」 상·하, 원소도감 편. <2책.
129장+228장. 필사본. 표제지 결락. 권수제는 '徽慶園園所都監儀軌上'. 한자+이
두. 조선 필사 이두 자료. 국립중앙박물관 외규장각 의궤 홈페이지 '외규249~250'
원문 이미지와 텍스트 보기>

1823-00-00. 「휘경원원소도감의궤(**徽慶園園所都監儀軌**)」[221] 상(上), 원소도감 편. <1

---

[219] 서울대학교 규장각 한국학연구원 의궤 종합정보 홈페이지에서는 서명을 '효의왕후부묘도감의궤
(孝懿王后祔廟都監儀軌)'로 붙여 썼다.
[220] 서울대학교 규장각 한국학연구원 의궤 종합정보 홈페이지에서는 서명을 표제나 권수제와는 달
리 '수빈휘경원원소도감의궤(綏嬪徽慶園園所都監儀軌)'로 적었다.
[221] 한국학중앙연구원 디지털장서각 홈페이지에서는 서명을 '[유빈]휘경원원소도감의궤[[綏嬪]徽慶

책/전2책. 129장. 필사본. 표제는 '徽慶園遷奉都監儀軌'. 권수제는 '徽慶園園所都監儀軌上'. 한자+이두. 조선 필사 이두 자료. 한국학중앙연구원 디지털장서각 홈페이지 'K2-2398' 원문 이미지와 텍스트 보기>

1824년

<갑신(甲申), 순조 24년, 도광 4년>

1824-01-01~1824-12-26(甲申).「전객사일기(典客司日記)」69, 예조(禮曹) 전객사(典客司) 편(編). <1책(69/99). 129장. 필사본. 한자+이두. 조선 필사 이두 자료. 서울대학교 규장각 한국학연구원 홈페이지 원문 이미지 보기> <1640-01-22~1641-12-23(1)>

1824-01-03. **이구수 등 완문**(李龜壽等完文) 1, 경내 도승통(境內都僧統). <1장. 한자+이두. 조선 필사 이두 자료. 경북 경주시 안강읍 옥산리 여주 이씨 독락당 소장. 한국학중앙연구원 장서각 한국고문서자료관 홈페이지 원문 이미지 보기. 한국정신문화연구원 편(2003) 참고>

1824-01-06. **권만근 토지매매명문**(權萬根土地賣買明文), 전주 자필 김 노 염암회(田主自筆金奴廉岩回). <1장. 한자+이두. 조선 필사 이두 자료. 경북 안동시 오천 광산 김씨 후조당 소장. 한국학중앙연구원 장서각 한국고문서자료관 홈페이지 원문 이미지와 텍스트 보기. 한국정신문화연구원 편(1982) 참고>

1824-01-07. **박수춘 토지매매명문**(朴壽春土地賣買明文),[222] 답주 조기복(畓主趙箕復). <1장. 한자+이두. 조선 필사 이두 자료. 경북 영양군 영양읍 삼지리 한양 조씨 하담 고택 구장. 한국국학진흥원 소장. 한국학자료센터 영남권역센터 홈페이지 원문 이미지와 텍스트 보기. 박병호(1974ㄱ), 최승희(1989), 이재수(2003) 참고>

園園所都監儀軌'로 붙여 적었다.
[222] 한국학자료센터 영남권역센터 홈페이지에서는 '1824년 조기복(趙箕復) 토지매매명문(土地賣買明文)'으로 표시하였다.

1824-01-09. **갈용악 토지매매명문**(葛龍岳土地賣買明文), 답주 남은철(畓主南銀喆). <1장. 한자+이두. 조선 필사 이두 자료. 일본 경도대학 가와이문고 소장. 고려대학교 해외한국학자료센터 홈페이지 원문 이미지 보기>

1824-01-15. **박창복 토지매매명문**(朴昌福土地賣買明文), 답주 유학 이경신(畓主幼學李敬臣). <1장. 한자+이두. 조선 필사 이두 자료. 전북대학교 박물관 소장. 호남권 한국학자료센터 홈페이지 원문 이미지와 텍스트 보기. 박병호(1974ㄱ), 이재수(2003) 참고>

1824-01-24. **유학 서창주 토지매매명문**(幼學徐昌周土地賣買明文), 답주 자필 유학 이이흥(畓主自筆幼學李以興). <1장. 한자+이두. 조선 필사 이두 자료. 전남 영광군 입석 영월 신씨 소장. 한국학중앙연구원 장서각 한국고문서자료관 홈페이지 원문 이미지와 텍스트 보기. 한국정신문화연구원 편(1996) 참고>

1824-01-26. **하리 이만운 초사**(下吏李晩運招辭) 1, 이만운. <1장. 한자+이두. 조선 필사 이두 자료. 경북 상주 낙동 풍양 조씨 양진당 소장. 한국학중앙연구원 장서각 한국고문서자료관 홈페이지 원문 이미지 보기>

1824-01-00. **조술겸 등 상서**(趙述謙等上書) 1, 조술겸 등. <1장. 한자+이두. 조선 필사 이두 자료. 경북 상주 낙동 풍양 조씨 양진당 소장. 한국학중앙연구원 장서각 한국고문서자료관 홈페이지 원문 이미지 보기>

1824-02-13. **옥산서원 통문**(玉山書員通文), 옥산서원. <1장. 한자+이두. 조선 필사 이두 자료. 경북 경주시 내남면 이조리 경주 최씨·용산서원 소장. 한국학중앙연구원 장서각 한국고문서자료관 홈페이지 원문 이미지 보기. 한국정신문화연구원 편(2000) 참고>

1824-02-24. **장대천 토지매매명문**(張大川土地賣買明文), 답주 박학지(畓主朴學只). <1장. 한자+이두. 조선 필사 이두 자료. 영해 인량 재령 이씨 우계 종택 구장. 한국국학진흥원 소장. 한국학자료센터 영남권역센터 홈페이지 원문 이미지와 텍스트 보기>

1824-02-00. **강사공 소지**(姜師孔所志), 강사공. <1장. 한자+이두. 조선 필사 이두 자료. 제주시 제주교육박물관 소장. 사이버 제주교육박물관 홈페이지 원문 이미지와 텍스트 보기>

1824-02-00. **독락당 수노 시동 소지**(獨樂堂首奴時東所志), 시동. <1장. 한자+이두. 조선 필사 이두 자료. 경북 경주시 안강읍 옥산리 여주 이씨 독락당 소장. 한국학중앙연구원 장서각 한국고문서자료관 홈페이지 원문 이미지 보기. 한국정신문화연구원 편(2003) 참고>

1824-02-00. **이복한 등 소지**(李復漢等所志) 1, 이복한 등. <1장. 한자+이두. 조선 필사 이두 자료. 경북 경주시 소정리 경주 이씨 소장. 한국학중앙연구원 장서각 한국고문서자료관 홈페이지 원문 이미지 보기. 한국정신문화연구원 편(2002) 참고>

1824-02-00. **이정전 등 의송**(李正銓等議送) 1, 이정전 등. <1장. 한자+이두. 조선 필사 이두 자료. 전북 남원 둔덕 전주 이씨가 구장. 전북대학교 박물관 소장. 호남권 한국학자료센터 홈페이지 원문 이미지와 텍스트 보기. 박병호(1974ㄱ), 최승희(1989), 정구복 외(1999) 참고>

1824-02-00. **「진주목 완문**(晋州牧完文)」, 진주목. <1책. 6장. 한자+이두. 조선 필사 이두 자료. 경남 고성 옥천사 보장각 소장. 한국학중앙연구원 장서각 한국고문서자료관 홈페이지 원문 이미지 보기>

1824-03-04. **이 생원 댁 재노 삼립 토지매매명문**(李生員宅齋奴三立土地賣買明文), 답주 박축성(畓主朴丑成). <1장. 한자+이두. 조선 필사 이두 자료. 영해 인량 재령 이씨 우계 종택 구장. 한국국학진흥원 소장. 한국학자료센터 영남권역센터 홈페이지 원문 이미지와 텍스트 보기>

1824-03-11. **종형 토지매매명문**(從兄土地賣買明文, 답주 자필 사촌제 신항원(畓主自筆四寸弟辛恒元). <1장. 한자+이두. 조선 필사 이두 자료. 전남 영광군 입석 영월 신씨 소장. 한국학중앙연구원 장서각 한국고문서자료관 홈페이지 원문 이미지와 텍스트 보기. 한국정신문화연구원 편(1996) 참고>

1824-03-13. **토지매매명문**(土地賣買明文),²²³ 답주 조순옥(畓主曺順玉). <1장. 한자+이두. 조선 필사 이두 자료. 전남 영광 마산 경주 이씨가 구장. 진안 용담호미술관

---

223 호남권 한국학자료센터 홈페이지에서는 '1824년 조순옥(曺順玉) 방매(放賣) 토지매매명문(土地賣買明文)'으로 표시하였다.

소장. 호남권 한국학자료센터 홈페이지 원문 이미지와 텍스트 보기. 최승희(1989), 김소은(2004) 참고>

1824-03-27. **서 생원 댁 토지매매명문**(徐生員宅土地賣買明文),[224] 답주 정세복(畓主鄭世卜). <1장. 한자+이두. 조선 필사 이두 자료. 전남 영광군 입석 영월 신씨 소장. 한국학중앙연구원 장서각 한국고문서자료관 홈페이지 원문 이미지와 텍스트 보기. 한국정신문화연구원 편(1996) 참고>

1824-03-28. **이구수 등 완문**(李龜壽等完文) 2, 경주부(慶州府). <1장. 한자+이두. 조선 필사 이두 자료. 경북 경주시 안강읍 옥산리 여주 이씨 독락당 소장. 한국학중앙연구원 장서각 한국고문서자료관 홈페이지 원문 이미지 보기. 한국정신문화연구원 편(2003) 참고>

1824-03-00. **계정 수노 시동 소지**(溪亭首奴時東所志), 시동.[225] <1장. 한자+이두. 조선 필사 이두 자료. 경북 경주시 안강읍 옥산리 여주 이씨 독락당 소장. 한국학중앙연구원 장서각 한국고문서자료관 홈페이지 원문 이미지 보기. 한국정신문화연구원 편(2003) 참고>

1824-03-00. **기재효 등 소지**(奇在孝等所志), 기재효 등. <1장. 한자+이두. 조선 필사 이두 자료. 전남 장성군 행주 기씨 금강 종가 소장. 호남권 한국학자료센터 홈페이지 원문 이미지와 텍스트 보기. 김경숙(2008) 참고>

1824-03-00. **유생 유학 유만주 등 상서**(儒生幼學兪萬柱等上書), 유만주 등. <1장. 한자+이두. 조선 필사 이두 자료. 전북 완주군 비봉 반곡서원 소장. 호남권 한국학자료센터 홈페이지 원문 이미지와 텍스트 보기. 박병호(1974ㄱ), 최승희(1989) 참고>

1824-03-00. **이구옥 상서**(李求玉上書), 이구옥. <1장. 한자+이두. 조선 필사 이두 자료. 경북 경주시 안강읍 옥산리 여주 이씨 독락당 소장. 한국학중앙연구원 장서각 한국고문서자료관 홈페이지 원문 이미지 보기. 한국정신문화연구원 편(2003)

---

[224] 한국학중앙연구원 장서각 한국고문서자료관 홈페이지에서는 '생원(生員) 서(徐) 토지매매명문(土地賣買明文)'으로 표시하였다.
[225] 한국학중앙연구원 장서각 한국고문서자료관 홈페이지에서는 '발급: 계정(溪亭)'으로 잘못 적었다.

참고>

1824-03-00. **이 노 명철 소지**(李奴明哲所志) 1, 명철. <1장. 한자+이두. 조선 필사 이두 자료. 경북 경주시 안강읍 옥산리 여주 이씨 장산서원·치암 종택 구장. 한국학중앙연구원 장서각 한국고문서자료관 홈페이지 원문 이미지 보기. 한국정신문화연구원 편(2003) 참고>

1824-03-00. **이정전 등 의송**(李正銓等議送) 2, 이정전 등. <1장. 한자+이두. 조선 필사 이두 자료. 전북 남원 둔덕 전주 이씨가 구장. 전북대학교 박물관 소장. 호남권 한국학자료센터 홈페이지 원문 이미지와 텍스트 보기. 박병호(1974ㄱ), 최승희(1989), 정구복 외(1999) 참고>

1824-04-20. **유학 김인범 토지매매명문**(幼學金仁範土地賣買明文), 파언 답주 유학 김예온·김지온(破堰畓主幼學金禮溫金智溫), <1장. 한자+이두. 조선 필사 이두 자료. 해남 노송 김해 김씨 노송사 소장. 한국학중앙연구원 장서각 한국고문서자료관 홈페이지 & 호남권 한국학자료센터 홈페이지 원문 이미지와 텍스트 보기. 최승희(1989), 한국정신문화연구원 편(1998), 조정곤(2013) 참고>

1824-04-00. **이복한 등 상서**(李復漢等上書), 이복한 등. <1장. 한자+이두. 조선 필사 이두 자료. 경북 경주시 소정리 경주 이씨 소장. 한국학중앙연구원 장서각 한국고문서자료관 홈페이지 원문 이미지 보기. 한국정신문화연구원 편(2002) 참고>

1824-04-00. **이치홍 등 소지**(李致洪等所志), 이치홍 등. <1장. 한자+이두. 조선 필사 이두 자료. 전북 남원 둔덕 전주 이씨가 구장. 전북대학교 박물관 소장. 호남권 한국학자료센터 홈페이지 원문 이미지와 텍스트 보기. 박병호(1974ㄱ), 최승희(1989), 정구복 외(1999) 참고>

1824-04-00. **이치홍 소지**(李致洪所志), 이치홍. <1장. 한자+이두. 조선 필사 이두 자료. 전북 남원 둔덕 전주 이씨가 구장. 전북대학교 박물관 소장. 호남권 한국학자료센터 홈페이지 원문 이미지와 텍스트 보기. 박병호(1974ㄱ), 최승희(1989), 정구복 외(1999) 참고>

1824-04-00. **화민 신상리 등 소지**(化民辛象离等所志), 신상리 등. <1장. 한자+이두. 조선 필사 이두 자료. 전남 영광군 입석 영월 신씨 소장. 한국학중앙연구원 장서각 한국고문서자료관 홈페이지 원문 이미지와 텍스트 보기. 한국정신문화연구원

편(1996) 참고>

1824-05-06. **노 유월 토지매매명문**(奴六月土地賣買明文), 답주 자필 권■■. <1장. 한자+이두. 조선 필사 이두 자료. 경북 영해 인량 재령 이씨 충효당 소장. 한국학중앙연구원 장서각 한국고문서자료관 홈페이지 원문 이미지 보기. 한국정신문화연구원 편(2004) 참고>

1824-05-15. **문악 토지매매명문**(文岳土地賣買明文), 답주 권 노 유월(畓主權奴六月). <1장. 한자+이두. 조선 필사 이두 자료. 경북 영해 인량 재령 이씨 충효당 소장. 한국학중앙연구원 장서각 한국고문서자료관 홈페이지 원문 이미지 보기. 한국정신문화연구원 편(2004) 참고>

1824-05-15. **유학 임시은 시장문기**(幼學任時殷柴場文記), 시장주 자필 유학 진효풍(柴場主自筆幼學陳孝豊). <1장. 한자+이두. 조선 필사 이두 자료. 전북대학교 박물관 소장. 호남권 한국학자료센터 홈페이지 원문 이미지와 텍스트 보기. 박병호(1974ㄱ), 이재수(2003) 참고>

1824-05-16. **유엽 토지매매명문**(柳燁土地賣買明文), 답주 유학 신계(畓主幼學辛桂). <1장. 한자+이두. 조선 필사 이두 자료. 전남 영광군 입석 영월 신씨 소장. 한국학중앙연구원 장서각 한국고문서자료관 홈페이지 원문 이미지와 텍스트 보기. 한국정신문화연구원 편(1996) 참고>

1824-05-16. **하리 이만운 초사**(下吏李晚運招辭) 2, 이만운. <1장. 한자+이두. 조선 필사 이두 자료. 경북 상주 낙동 풍양 조씨 양진당 소장. 한국학중앙연구원 장서각 한국고문서자료관 홈페이지 원문 이미지 보기>

1824-05-26. **임원석 산송 관련 다짐**(林元石山訟關聯侤音),[226] 임원석. <1장. 한자+이두. 조선 필사 이두 자료. 경북 예천군 용문면 대제리 원동 권씨 춘우재 고택 구장. 한국국학진흥원 소장. 한국학자료센터 영남권역센터 홈페이지 원문 이미지와 텍스트 보기>

1824-05-00. **권범도 등 산송 관련 소지**(權範度等山訟關聯所志), 권범도 등. <1장. 한자

---

[226] 한국학자료센터 영남권역센터 홈페이지에서는 '임**석원**(林石元) 산송관련 다짐(侤音)'으로 잘못 적었다.

+이두. 조선 필사 이두 자료. 경북 예천군 용문면 대제리 원동 권씨 춘우재 고택 구장. 한국국학진흥원 소장. 한국학자료센터 영남권역센터 홈페이지 원문 이미지와 텍스트 보기>

1824-05-00. **안동 하회 유 승지댁 노 돌이 소지**(安東河回柳承旨宅奴乭伊所志), 돌이. <1장. 한자+이두. 조선 필사 이두 자료. 풍산 류씨 하회 화경당(북촌댁) 구장. 한국국학진흥원 소장. 한국학자료센터 영남권역센터 홈페이지 원문 이미지와 텍스트 보기. 전경목(1996), 김경숙(2002) 참고>

1824-05-00. **이복한 등 소지**(李復漢等所志) 2, 이복한 등. <1장. 한자+이두. 조선 필사 이두 자료. 경북 경주시 소정리 경주 이씨 소장. 한국학중앙연구원 장서각 한국고문서자료관 홈페이지 원문 이미지 보기. 한국정신문화연구원 편(2002) 참고>

1824-05-00. **조술겸 등 상서**(趙述謙等上書) 2, 조술겸 등. <1장. 한자+이두. 조선 필사 이두 자료. 경북 상주 낙동 풍양 조씨 양진당 소장. 한국학중앙연구원 장서각 한국고문서자료관 홈페이지 원문 이미지 보기>

1824-윤5-00. **이 노 명철 소지**(李奴明哲所志) 2, 명철. <1장. 한자+이두. 조선 필사 이두 자료. 경북 경주시 안강읍 옥산리 여주 이씨 장산서원·치암 종택 구장. 한국학중앙연구원 장서각 한국고문서자료관 홈페이지 원문 이미지 보기. 한국정신문화연구원 편(2003) 참고>

1824-윤5-00. **이 노 명철 소지**(李奴明哲所志) 3, 명철. <1장. 점련문서. 한자+이두. 조선 필사 이두 자료. 경북 경주시 안강읍 옥산리 여주 이씨 장산서원·치암 종택 구장. 한국학중앙연구원 장서각 한국고문서자료관 홈페이지 원문 이미지 보기. 한국정신문화연구원 편(2003) 참고>

1824-06-09. **권득수 초사**(權得守招辭) 1, 권득수. <1장. 한자+이두. 조선 필사 이두 자료. 경북 경주시 소정리 경주 이씨 소장. 한국학중앙연구원 장서각 한국고문서자료관 홈페이지 원문 이미지 보기. 한국정신문화연구원 편(2002) 참고>

1824-06-12. **오덕주 토지매매명문**(吳德柱土地賣買明文), 전주 자필집 김상재(田主自筆執金商材). <1장. 한자+이두. 조선 필사 이두 자료. 제주시 일도 이동규 구장. 제주시 일도 2동 제주민속자연사박물관 소장. 호남권 한국학자료센터 홈페이지

원문 이미지와 텍스트 보기. 고창석(1997, 1998) 참고>

1824-06-18. **권 노 춘돌 수표**(權奴春乭手標). 춘돌. <1장. 한자+이두. 조선 필사 이두 자료. 경북 경주시 안강읍 옥산리 여주 이씨 장산서원·치암 종택 구장. 한국학중앙연구원 장서각 한국고문서자료관 홈페이지 원문 이미지 보기. 한국정신문화연구원 편(2003) 참고>

1824-06-25. **혜민서 약재 공인권 매매명문**(惠民署藥材貢人權賣買明文),[227] 재주 최두환(財主崔斗煥). <1장. 한자+이두. 조선 필사 이두 자료. 일본 경도대학 가와이문고 소장. 고려대학교 해외한국학자료센터 홈페이지 원문 이미지 보기>

1824-06-00. **이복한 등 소지**(李復漢等所志) 3, 이복한 등. <1장. 한자+이두. 조선 필사 이두 자료. 경북 경주시 소정리 경주 이씨 소장. 한국학중앙연구원 장서각 한국고문서자료관 홈페이지 원문 이미지 보기. 한국정신문화연구원 편(2002) 참고>

1824-06-00. **이정전 등 발괄**(李正銓等白活), 이정전 등. <1장. 한자+이두. 조선 필사 이두 자료. 전북 남원 둔덕 전주 이씨가 구장. 전북대학교 박물관 소장. 호남권 한국학자료센터 홈페이지 원문 이미지와 텍스트 보기. 박병호(1974ㄱ), 최승희(1989), 정구복 외(1999) 참고>

1824-07-00. **이복한 등 소지**(李復漢等所志) 4, 이복한 등. <1장. 한자+이두. 조선 필사 이두 자료. 경북 경주시 소정리 경주 이씨 소장. 한국학중앙연구원 장서각 한국고문서자료관 홈페이지 원문 이미지 보기. 한국정신문화연구원 편(2002) 참고>

1824-07-00. **이선택 등 상서**(李宣宅等上書), 이선택 등. <1장. 한자+이두. 조선 필사 이두 자료. 경북 경주시 소정리 경주 이씨 소장. 한국학중앙연구원 장서각 한국고문서자료관 홈페이지 원문 이미지 보기. 한국정신문화연구원 편(2002) 참고>

1824-07-00. **호조 관**(戶曹關), 호조. <1장. 한자+이두. 조선 필사 이두 자료. 부여·강화·영주 창원 황씨 소장. 한국학중앙연구원 장서각 한국고문서자료관 홈페이지

---

[227] 고려대학교 해외한국학자료센터 홈페이지에서는 '1824년 최두환(崔斗煥) 방매 혜민서(惠民署) 약재 공인권(貢人權) 매매명문(賣買明文)'으로 표시하였다.

원문 이미지와 텍스트 보기. 한국정신문화연구원 편(1990) 참고>

1824-07-00 추정. 「갑오 칠월 재기아등서(甲午 七月 在箕衙謄書)²²⁸」, 평안감영(平安監營) 편(篇). <1책. 92장. 필사본. 한자+이두. 조선 필사 이두 자료. 서울대학교 규장각 한국학연구원 홈페이지 '古5125-97'의 원문 이미지 보기> <영인본:「각사등록」41(평안도편 13)(국사편찬위원회 편, 1990)>

1824-윤7-00. **이복한 등 소지**(李復漢等所志) 5, 이복한 등. <1장. 한자+이두. 조선 필사 이두 자료. 경북 경주시 소정리 경주 이씨 소장. 한국학중앙연구원 장서각 한국고문서자료관 홈페이지 원문 이미지 보기. 한국정신문화연구원 편(2002) 참고>

1824-08-17. **강재명 토지매매명문**(姜在明土地賣買明文), 전주 김영집(田主金英集). <1장. 한자+이두. 조선 필사 이두 자료. 제주 어도내산 진주 강씨가 구장. 제주 한림 강우석 소장. 호남권 한국학자료센터 홈페이지 원문 이미지와 텍스트 보기. 오성찬(1994), 이재수(2003), 오창명(2007) 참고>

1824-08-18. **권득수 초사**(權得守招辭) 2, 권득수. <1장. 한자+이두. 조선 필사 이두 자료. 경북 경주시 소정리 경주 이씨 소장. 한국학중앙연구원 장서각 한국고문서자료관 홈페이지 원문 이미지 보기. 한국정신문화연구원 편(2002) 참고>

1824-08-22. **하리 이만운 초사**(下吏李晩運招辭) 3, 이만운. <1장. 한자+이두. 조선 필사 이두 자료. 경북 상주 낙동 풍양 조씨 양진당 소장. 한국학중앙연구원 장서각 한국고문서자료관 홈페이지 원문 이미지 보기>

1824-08-00. **오정철 등 등장**(吳廷喆等等狀), 오정철 등. <1장. 한자+이두. 조선 필사 이두 자료. 영암 아산사 구장. 광주 해주 오씨 오철환 소장. 호남권 한국학자료센터 홈페이지 원문 이미지 보기. 최승희(1989) 참고>

1824-08-00. **이덕환 등 등장**(李德煥等等狀), 이덕환 등. <1장. 한자+이두. 조선 필사 이두 자료. 전북 남원 둔덕 전주 이씨가 구장. 전북대학교 박물관 소장. 호남권 한국학자료센터 홈페이지 원문 이미지와 텍스트 보기. 박병호(1974ㄱ), 최승희(1989), 정구복 외(1999) 참고>

---

228 서울대학교 규장각 한국학연구원 홈페이지에서는 책명을 '제사(題辭)'로 표시하였다.

1824-08-00. **이복한 등 소지**(李復漢等所志) 6, 이복한 등. <1장. 한자+이두. 조선 필사 이두 자료. 경북 경주시 소정리 경주 이씨 소장. 한국학중앙연구원 장서각 한국고문서자료관 홈페이지 원문 이미지 보기. 한국정신문화연구원 편(2002) 참고>

1824-08-00 추정. **독락당 수노 ■■ 소지**(獨樂堂首奴■■所志), 독락당 수노. <1장. 한자+이두. 조선 필사 이두 자료. 경북 경주시 안강읍 옥산리 여주 이씨 독락당 소장. 한국학중앙연구원 장서각 한국고문서자료관 홈페이지 원문 이미지 보기. 한국정신문화연구원 편(2003) 참고>

1824-09-20. **유학 임형수 시장문기**(幼學林馨洙柴場文記), 시장주 송대욱(柴場主宋大郁). <1장. 한자+이두. 조선 필사 이두 자료. 전북 김제시 남산 임창종 구장. 전북대학교 박물관 소장. 호남권 한국학자료센터 홈페이지 원문 이미지와 텍스트 보기. 최승희(1989), 김소은(2004) 참고>

1824-09-00. **이복한 등 소지**(李復漢等所志) 7, 이복한 등. <1장. 한자+이두. 조선 필사 이두 자료. 경북 경주시 소정리 경주 이씨 소장. 한국학중앙연구원 장서각 한국고문서자료관 홈페이지 원문 이미지 보기. 한국정신문화연구원 편(2002) 참고>

1824-10-03. **김내옥 수기**(金乃玉手記), 김내옥. <1장. 한자+이두. 조선 필사 이두 자료. 전북 임실군 청웅 밀양 박씨가 소장. 호남권 한국학자료센터 홈페이지 원문 이미지와 텍스트 보기. 최승희(1989), 이재수(2003), 채현경(2011) 참고>

1824-10-07. **예천군 현창도감 첩정**(醴泉郡縣倉都監牒呈), 예천군 현창도감. <1장. 한자+이두. 조선 필사 이두 자료. 풍산 류씨 하회 화경당(북촌댁) 구장. 한국국학진흥원 소장. 한국학자료센터 영남권역센터 홈페이지 원문 이미지와 텍스트 보기. 전경목(1996), 김경숙(2002) 참고>

1824-10-17. **의계중 토지매매명문**(義稧中土地賣買明文), 답주 노 천금(畓主奴千金). <1장. 한자+이두. 조선 필사 이두 자료. 전남 구례군 토지면 오미리 문화 류씨 운조루 소장. 한국학중앙연구원 장서각 한국고문서자료관 홈페이지 원문 이미지와 텍스트 보기. 한국정신문화연구원 편(1998) 참고>

1824-10-25. **유학 정윤■ 토지매매명문**(幼學鄭允■土地賣買明文), 전주 이만복(田主

李萬福). <1장. 한자+이두. 조선 필사 이두 자료. 전남 순천 황전 경주 정씨가 구장. 광주광역시 이정옥 소장. 호남권 한국학자료센터 홈페이지 원문 이미지와 텍스트 보기. 최승희(1989) 참고>

1824-10-00. 「강원도이천부동북5면둔화전절목(江原道伊川府東北五面屯火田節目)」, 이천부 편. <1책. 13장. 필사본. 한자+이두. 조선 필사 이두 자료. 서울대 규장각 한국학연구원 홈페이지 원문 이미지 보기>

1824-10-00. **안동 하회 유 승지댁 노 돌이 소지**(安東河回柳承旨宅奴乭伊所志), 돌이. <1장. 한자+이두. 조선 필사 이두 자료. 풍산 류씨 하회 화경당(북촌댁) 구장. 한국국학진흥원 소장. 한국학자료센터 영남권역센터 홈페이지 원문 이미지와 텍스트 보기. 전경목(1996), 김경숙(2002) 참고>

1824-11-02. **김천동 토지매매명문**(金千東土地賣買明文), 답주 최상칠(畓主崔相七). <1장. 한자+이두. 조선 필사 이두 자료. 전남 보성 박실 제주 양씨가 구장. 원광대학교 박물관 소장. 호남권 한국학자료센터 홈페이지 원문 이미지와 텍스트 보기. 박병호(1974ㄱ), 이재수(2003) 참고>

1824-11-12. **김영교 토지매매명문**(金永敎土地賣買明文), 답주 손효경 자필(畓主孫孝慶自筆). <1장. 한자+이두. 조선 필사 이두 자료. 경북 안동시 오천 광산 김씨 후조당 소장. 한국학중앙연구원 장서각 한국고문서자료관 홈페이지 원문 이미지와 텍스트 보기. 박병호(1974ㄱ), 한국정신문화연구원 편(1982), 최승희(1989) 참고>

1824-11-26. **금 생원 노 복희 토지매매명문**(琴生員奴卜希土地賣買明文) 1, 가전주 김돌삼(家田主金乭三). <1장. 한자+이두. 조선 필사 이두 자료. 경북 예천군 감천면 강릉 유씨 벌방 종가 구장. 한국국학진흥원 소장. 한국학자료센터 영남권역센터 홈페이지 원문 이미지와 텍스트 보기. 김성갑(2013) 참고>

1824-12-07. **박하신 토지매매명문**(朴夏新土地賣買明文), 답주 정인철(畓主鄭仁喆). <1장. 한자+이두. 조선 필사 이두 자료. 전남 순천 황전 경주 정씨가 구장. 광주광역시 이정옥 소장. 호남권 한국학자료센터 홈페이지 원문 이미지와 텍스트 보기. 최승희(1989) 참고>

1824-12-16. **우지중 토지매매명문**(禹之仲土地賣買明文), 자필 답주 김서영(自筆畓主

金瑞永). <1장. 한자+이두. 조선 필사 이두 자료. 전북대학교 박물관 소장. 호남권 한국학자료센터 홈페이지 원문 이미지와 텍스트 보기>

1824-12-19. **승 강복윤 토지매매명문**(僧姜福允土地賣買明文), 전답주 강흥화(田畓主姜興化). <1장. 한자+이두. 조선 필사 이두 자료. 경북 안동시 주촌 진성 이씨 경류정 소장. 한국학중앙연구원 장서각 한국고문서자료관 홈페이지 원문 이미지와 텍스트 보기. 한국정신문화연구원 편(1999) 참고>

1824-12-20. **유학 김동기 토지매매명문**(幼學金詞基土地賣買明文), 답주 상인 오찬규(畓主喪人吳贊奎). <1장. 한자+이두. 조선 필사 이두 자료. 전남 보성 박실 제주 양씨가 구장. 원광대학교 박물관 소장. 호남권 한국학자료센터 홈페이지 원문 이미지와 텍스트 보기. 박병호(1974ㄱ), 최승희(1989), 이재수(2003) 참고>

1824-12-20. **유학 유웅■ 토지매매명문**(幼學劉應■土地賣買明文), 답주 산승 성붕(畓主山僧性鵬). <1장. 한자+이두. 조선 필사 이두 자료. 경북 예천군 감천면 강릉 유씨 벌방 종가 구장. 한국국학진흥원 소장. 한국학자료센터 영남권역센터 홈페이지 원문 이미지와 텍스트 보기. 김성갑(2013) 참고>

1824-12-21. **금 생원 노 복희 토지매매명문**(琴生員奴卜希土地賣買明文) 2, 전주 고생원 댁 노 맹애(田主高生員宅奴孟愛). <1장. 한자+이두. 조선 필사 이두 자료. 경북 예천군 감천면 강릉 유씨 벌방 종가 구장. 한국국학진흥원 소장. 한국학자료센터 영남권역센터 홈페이지 원문 이미지와 텍스트 보기. 김성갑(2013) 참고>

1824-12-26. **유학 노광언 토지매매명문**(幼學盧光彦土地賣買明文), 답주 유학 황부한(畓主幼學黃復漢). <1장. 한자+이두. 조선 필사 이두 자료. 남원·구례 삭녕 최씨 구장. 한국학중앙연구원 장서각 한국고문서자료관 홈페이지 원문 이미지 보기. 한국정신문화연구원 편(2004) 참고>

1824-12-26. **한 생원 댁 노 토지매매명문**(韓生員宅奴土地賣買明文), 답주 박창복(畓主朴昌福). <1장. 한자+이두. 조선 필사 이두 자료. 전북대학교 박물관 소장. 호남권 한국학자료센터 홈페이지 원문 이미지와 텍스트 보기. 박병호(1974ㄱ), 이재수(2003) 참고>

1824-12-00. **이극재 상서**(李克梓上書), 이극재. <1장. 한자+이두. 조선 필사 이두 자료. 경북 경주시 안강읍 옥산리 여주 이씨 독락당 소장. 한국학중앙연구원 장서

각 한국고문서자료관 홈페이지 원문 이미지 보기. 한국정신문화연구원 편(2003) 참고>

1824-12-00. **화민 유진억 소지**(化民柳震億所志), 유진억. <1장. 한자+이두. 조선 필사 이두 자료. 전남 구례군 토지면 오미리 문화 류씨 운조루 소장. 한국학중앙연구원 장서각 한국고문서자료관 홈페이지 원문 이미지와 텍스트 보기. 한국정신문화연구원 편(1998) 참고>

1824-00-00. 「명온공주가례등록(**明溫公主嘉禮謄錄**)」, 예조(禮曹). <1책. 104장. 필사본. 한자+이두. 조선 필사 이두 자료. 한국학중앙연구원 장서각 한국학자료센터 홈페이지 원문 이미지와 텍스트 보기>

1824-00-00. 「현사궁별묘영건도감의궤(**顯思宮別廟營建都監儀軌**)」, 영건도감. <1책. 153장. 필사본. 표제는 '(道光四年甲申六月 日 本宮上)顯思宮別廟營建都監儀軌'. 목록제는 '顯思宮別墓營建都監儀軌'. 한자+이두. 조선 필사 이두 자료. 한국학중앙연구원 디지털장서각 홈페이지 'K2-3602' 원문 이미지와 텍스트 보기>

1824-00-00. 「현사궁별묘영건도감의궤(**顯思宮別廟營建都監儀軌**)」, 영건도감 편. <1책. 152장. 필사본. 표제는 '顯思宮別**墓營建都監儀軌**'. 목록제는 '顯思宮別廟營建都監儀軌目錄'. 한자+이두. 조선 필사 이두 자료. 서울대학교 규장각 한국학연구원 의궤 종합정보 홈페이지 '奎14260' 원문 이미지와 텍스트 보기>

1824-00-00. 「현사궁별묘영건도감의궤(**顯思宮別廟營建都監儀軌**)」, 영건도감 편. <1책. 154장. 필사본. 표제지 결락. 한자+이두. 조선 필사 이두 자료. 국립중앙박물관 외규장각 의궤 홈페이지 '외규259' 원문 이미지와 텍스트 보기>

1824-00-00~1841-00-00. 「총융청행항등록(**摠戎廳幸行謄錄**)」, 총융청. <1책. 212장. 필사본. 한자+이두. 조선 필사 이두 자료. 한국학중앙연구원 디지털장서각 홈페이지 원문 이미지와 텍스트 보기>

1825년

<을유(乙酉), 순조 25년, 도광 5년>

1825-01-01~1825-12-29. 「결속색등록(結束色謄錄)」, 병조(兵曹) 편(編). <1책(37). 196장. 필사본. 한자+이두. 조선 필사 이두 자료. 서울대학교 규장각 한국학연구원 홈페이지 1787년~1891년 낙질본 107책(1792년(건륭 57년), 1811년(가경 16년) 하, 1816년(가경 21년), 1817년(가경 22년), 1824년(도광 4년), 1831년(도광 11년), 1871년(동치 10년), 1885년(광서 11년) 없음) 원문 이미지 보기>

1825-01-01~1825-12-30(乙酉). 「전객사일기(典客司日記)」 70, 예조(禮曹) 전객사(典客司) 편(編). <1책(70/99). 77장. 필사본. 한자+이두. 조선 필사 이두 자료. 서울대학교 규장각 한국학연구원 홈페이지 원문 이미지 보기> <1640-01-22~1641-12-23(1)>

1825-01-07. **유학 박규환 토지매매명문**(幼學朴奎煥土地賣買明文), 답주 자필 유학 남범수(畓主自筆幼學南範壽). <1장. 한자+이두. 조선 필사 이두 자료. 경북 영해 인량 재령 이씨 충효당 소장. 한국학중앙연구원 장서각 한국고문서자료관 홈페이지 원문 이미지 보기. 한국정신문화연구원 편(2004) 참고>

1825-01-08. **이태수 노비매매명문**(李泰壽奴婢賣買明文), 서온(徐榲). <1장. 한자+이두. 조선 필사 이두 자료. 경북 경주시 안강읍 옥산리 여주 이씨 독락당 소장. 한국학중앙연구원 장서각 한국고문서자료관 홈페이지 원문 이미지 보기. 한국정신문화연구원 편(2003) 참고>

1825-01-12. **경산별소 유사 토지매매명문**(景山別所有司土地賣買明文), 답주 김탁운(畓主金鐸運). <1장. 한자+이두. 조선 필사 이두 자료. 안동 천전 의성 김씨 지촌종택 소장. 한국학중앙연구원 장서각 한국고문서자료관 홈페이지 원문 이미지 보기. 한국정신문화연구원 편(1990) 참고>

1825-01-18. **문치관 토지매매명문**(文致寬土地賣買明文), 답주 자필 유학 최복문(畓主自筆幼學崔福文). <1장. 한자+이두. 조선 필사 이두 자료. 남원·구례 삭녕 최씨 구장. 한국학중앙연구원 장서각 한국고문서자료관 홈페이지 원문 이미지 보기. 한국정신문화연구원 편(2004) 참고>

1825-01-00. **김제유 소지**(金濟儒所志), 김제유. <1장. 한자+이두. 조선 필사 이두 자료. 경북 안동시 오천 광산 김씨 후조당 소장. 한국학중앙연구원 장서각 한국고문서자료관 홈페이지 원문 이미지와 텍스트 보기. 한국정신문화연구원 편(1982)

참고>

1825-02-15. **김치문 토지매매명문**(金致文土地賣買明文), 답주 박춘발(畓主朴春發). <1장. 한자+이두. 조선 필사 이두 자료. 전남 나주시 남내 밀양 박씨 청재 종가 소장. 호남권 한국학자료센터 홈페이지 원문 이미지와 텍스트 보기>

1825-02-19. **본소 고자 토지매매명문**(本所庫子土地賣買明文), 별리 고자 김노미(別里 庫子金老未). <1장. 한자+이두. 조선 필사 이두 자료. 경북 경주시 내남면 이조리 경주 최씨·용산서원 소장. 한국학중앙연구원 장서각 한국고문서자료관 홈페이 지 원문 이미지 보기. 한국정신문화연구원 편(2000) 참고>

1825-02-19. **오동권·권용전 등 수표**(吳東權權用銓等手標), 오동권·권용전 등. <1장. 한자+이두. 조선 필사 이두 자료. 대전시 무수동 안동 권씨 유회당 종택 소장. 한국학중앙연구원 장서각 한국고문서자료관 홈페이지 원문 이미지 보기. 한국학 중앙연구원 편(2007) 참고>

1825-02-19. **용산서원 자매명문**(龍山書院自賣明文), 잠복(岑卜). <1장. 한자+이두. 조 선 필사 이두 자료. 경북 경주시 내남면 이조리 경주 최씨·용산서원 소장. 한국학 중앙연구원 장서각 한국고문서자료관 홈페이지 원문 이미지 보기. 한국정신문화 연구원 편(2000) 참고>

1825-02-00. **이정전 등 발괄**(李正銓等白活), 이정전 등. <1장. 한자+이두. 조선 필사 이두 자료. 전북 남원 둔덕 전주 이씨가 구장. 전북대학교 박물관 소장. 호남권 한국학자료센터 홈페이지 원문 이미지와 텍스트 보기. 박병호(1974ㄱ), 최승희 (1989), 정구복 외(1999) 참고>

1825-02-00. **화민 유진억 소지**(化民柳震億所志), 유진억. <1장. 한자+이두. 조선 필사 이두 자료. 전남 구례군 토지면 오미리 문화 류씨 운조루 소장. 한국학중앙연구원 장서각 한국고문서자료관 홈페이지 원문 이미지와 텍스트 보기. 한국정신문화연 구원 편(1998) 참고>

1825-02-00~1864-12-00. 「과환록(**科宦錄**)」, 홍재철(洪在喆, 1799년~?) 저(著). <7책. 필사본. 한자+이두. 관직 생활 일기. 한국학중앙연구원 디지털장서각 홈페이지 'K2-893' 원문 이미지와 텍스트 보기>

1825-03-06. **이백석 토지매매명문**(李伯碩土地賣買明文), 답주 조운길(畓主曺云吉).

<1장. 한자+이두. 조선 필사 이두 자료. 전남 보성 박실 제주 양씨가 구장. 원광대학교 박물관 소장. 호남권 한국학자료센터 홈페이지 원문 이미지와 텍스트 보기. 박병호(1974ㄱ), 최승희(1989), 이재수(2003) 참고>

1825-03-13~1826-11-02(乙酉~丙戌).「병술 11월 일 초량객사 삼문개건등록(丙戌十一月 日 草梁客舍外三門改建謄錄)」,²²⁹ 동래부(東萊府) 편(編). <1책. 11장. 필사본. 한자+이두. 조선 필사 이두 자료. 서울대학교 규장각 한국학연구원 홈페이지 원문 이미지 보기>

1825-03-17. **계 유사 재종형 토지매매명문**(稧有司再從兄土地賣買明文), 답주 유학 자필 재종제 박용오(畓主儒學者筆再從弟朴龍五). <1장. 한자+이두. 조선 필사 이두 자료. 경남 합천 용연서원 소장. 한국학중앙연구원 장서각 한국고문서자료관 홈페이지 원문 이미지 보기. 한국정신문화연구원 편(1996) 참고>

1825-03-27. **풍헌 서목**(風憲書目) 1, 풍헌. <1장. 한자+이두. 조선 필사 이두 자료. 전남 영광군 입석 영월 신씨 소장. 한국학중앙연구원 장서각 한국고문서자료관 홈페이지 원문 이미지와 텍스트 보기. 한국정신문화연구원 편(1996) 참고>

1825-03-00. **손희구 등 소지**(孫曦九等所志) 1, 손희구 등 180여명. <1장. 한자+이두. 조선 필사 이두 자료. 경주 양동 경주 손씨 송첨 종택 소장. 한국학중앙연구원 장서각 한국고문서자료관 홈페이지 원문 이미지 보기>

1825-03-00.「안의현감 안의현 소재 정 문간공 위토 기묘 부급조 자호 결수 도합성책(安義縣監 安義縣所在鄭文簡公位土己卯復給條字號結數都合成冊)」<1책. 26장. 한자+이두. 조선 필사 이두 자료. 경남 거창 강동 초계 정씨 동계 종가 구장. 한국학중앙연구원 장서각 한국학자료센터 홈페이지 & 한국학중앙연구원 장서각 한국고문서자료관 홈페이지 & 한국학중앙연구원 한국학 디지털 아카이브 홈페이지 원문 이미지와 텍스트 보기. 한국정신문화연구원 편(1995, 2005), 박병련·김학수(2001), 김성갑(2006) 참고>

---

229 서울대학교 규장각 한국학연구원 홈페이지에는 2책의 책명을 동일하게 '草梁客舍重修謄錄 초량객사중수등록'으로 적었다. 그리고 이 책을 '奎18136-v.1'로 기록하고, 1873-07-10~1873-08-29(癸酉).「동치 12년 계유 7월 일 초량 객사 중수 등록(同治十二年癸酉七月 日 草梁客舍重修謄錄)」을 '奎18136-v.2'로 처리하였다.

1825-03-00. **이정전 등 등장**(李正銓等等狀) 1, 이정전 등. <1장. 한자+이두. 조선 필사 이두 자료. 전북 남원 둔덕 전주 이씨가 구장. 전북대학교 박물관 소장. 호남권 한국학자료센터 홈페이지 원문 이미지와 텍스트 보기. 박병호(1974ㄱ), 최승희(1989), 정구복 외(1999) 참고>

1825-03-00. **이정전 등 등장**(李正銓等等狀) 2, 이정전 등. <1장. 한자+이두. 조선 필사 이두 자료. 전북 남원 둔덕 전주 이씨가 구장. 전북대학교 박물관 소장. 호남권 한국학자료센터 홈페이지 원문 이미지와 텍스트 보기. 박병호(1974ㄱ), 최승희(1989), 정구복 외(1999) 참고>

1825-04-06. **풍헌 서목**(風憲書目) 2, 풍헌. <1장. 한자+이두. 조선 필사 이두 자료. 전남 영광군 입석 영월 신씨 소장. 한국학중앙연구원 장서각 한국고문서자료관 홈페이지 원문 이미지와 텍스트 보기. 한국정신문화연구원 편(1996) 참고>

1825-04-07 추정. **삼도소청 통문**(三道疏廳通文), 삼도소청. <1장. 한자+이두. 조선 필사 이두 자료. 경북 경주시 내남면 이조리 경주 최씨·용산서원 소장. 한국학중앙연구원 장서각 한국고문서자료관 홈페이지 원문 이미지 보기. 한국정신문화연구원 편(2000) 참고>

1825-04-20. **나한충 토지매매명문**(羅漢忠土地賣買明文), 답주 동몽 손계준(畓主童蒙孫啓俊). <1장. 한자+이두. 조선 필사 이두 자료. 전남 해남 연동 해남 윤씨 녹우당 소장. 한국학중앙연구원 장서각 한국고문서자료관 홈페이지 원문 이미지와 텍스트 보기. 한국정신문화연구원 편(1986) 참고>

1825-04-25. **유학 송노옥 토지매매명문**(幼學宋魯玉土地賣買明文), 답주 계수 유학 송계상(畓主契首幼學宋啓商). <1장. 한자+이두. 조선 필사 이두 자료. 전북대학교 박물관 소장. 호남권 한국학자료센터 홈페이지 원문 이미지와 텍스트 보기>

1825-04-00. **손희구 등 소지**(孫曦九等所志) 2, 손희구 등 17명. <1장. 한자+이두. 조선 필사 이두 자료. 경주 양동 경주 손씨 송첨 종택 소장. 한국학중앙연구원 장서각 한국고문서자료관 홈페이지 원문 이미지 보기>

1825-04-00. **손희구 등 소지**(孫曦九等所志) 3, 손희구 등 180여명. <1장. 한자+이두. 조선 필사 이두 자료. 경주 양동 경주 손씨 송첨 종택 소장. 한국학중앙연구원 장서각 한국고문서자료관 홈페이지 원문 이미지 보기>

1825-04-00. **손희구 등 의송**(孫曦九等議送) 1, 손희구 등 180여명. <1장. 한자+이두. 조선 필사 이두 자료. 경주 양동 경주 손씨 송첨 종택 소장. 한국학중앙연구원 장서각 한국고문서자료관 홈페이지 원문 이미지 보기>

1825-04-00. 「안의현감 안의현 소재 문간공 위토 부급시 관문 등출 성책(**安義縣監安義縣所在文簡公位土復給時關文謄出成冊**)」, 경상도 관찰사 겸 순찰사(慶尙道觀察使兼巡察使). <1책. 14장. 한자+이두. 조선 필사 이두 자료. 경남 거창 강동 초계 정씨 동계 종가 구장. 한국학중앙연구원 장서각 한국고문서자료관 홈페이지 & 한국학중앙연구원 장서각 한국학자료센터 홈페이지 원문 이미지와 텍스트 보기. 한국정신문화연구원 편(1995, 2005), 박병련·김학수(2001), 김성갑(2006) 참고>

1825-04-00. **이 노 명철 소지**(李奴明哲所志), 명철. <1장. 한자+이두. 조선 필사 이두 자료. 경북 경주시 안강읍 옥산리 여주 이씨 장산서원·치암 종택 구장. 한국학중앙연구원 장서각 한국고문서자료관 홈페이지 원문 이미지 보기. 한국정신문화연구원 편(2003) 참고>

1825-04-00. **이복한 등 소지**(李復漢等所志) 1, 이복한 등. <1장. 한자+이두. 조선 필사 이두 자료. 경북 경주시 소정리 경주 이씨 소장. 한국학중앙연구원 장서각 한국고문서자료관 홈페이지 원문 이미지 보기. 한국정신문화연구원 편(2002) 참고>

1825-04-00. **하회 유 승지댁 노 돌이 소지**(河回柳承旨宅奴乭伊所志), 돌이. <1장. 한자+이두. 조선 필사 이두 자료. 풍산 류씨 하회 화경당(북촌댁) 구장. 한국국학진흥원 소장. 한국학자료센터 영남권역센터 홈페이지 원문 이미지와 텍스트 보기. 전경목(1996), 김경숙(2002) 참고>

1825-05-00. **손희구 등 의송**(孫曦九等議送) 2, 손희구 등 180여명. <1장. 한자+이두. 조선 필사 이두 자료. 경주 양동 경주 손씨 송첨 종택 소장. 한국학중앙연구원 장서각 한국고문서자료관 홈페이지 원문 이미지 보기>

1825-06-03. **문달일 토지매매명문**(文達日土地賣買明文), 답주 임춘(畓主林春). <1장. 한자+이두. 조선 필사 이두 자료. 전남 보성 박실 제주 양씨가 구장. 원광대학교 박물관 소장. 호남권 한국학자료센터 홈페이지 원문 이미지와 텍스트 보기. 최승

희(1989), 정구복 외(1999), 이재수(2003) 참고>

1825-06-06. **토지매매명문**(土地賣買明文),[230] 답주 유학 시덕규(畓主幼學施德奎). <1장. 한자+이두. 조선 필사 이두 자료. 경북 고령군 대가야읍 본관 1리 홍와 고택 구장. 한국국학진흥원 소장. 한국학자료센터 영남권역센터 홈페이지 원문 이미지와 텍스트 보기>

1825-06-00. **김수삼·최용삼 소지**(金守三崔用三所志) 1, 김수삼·최용삼. <1장. 한자+이두. 조선 필사 이두 자료. 경북 칠곡 석전 광주 이씨 구장. 한국학중앙연구원 장서각 한국고문서자료관 홈페이지 원문 이미지 보기. 한국학중앙연구원 편(2009) 참고>

1825-06-00. 「하동부 전병 사후선 정간 절목(河東府戰兵伺候船井間節目)」, 하동부(河東府) 편(編), <1책. 8장. 필사본. 권수제는 '(道光五年六月日)河東府戰兵伺候船井間節目'. 한자+이두. 이두 자료. 서울대학교 규장각 한국학연구원 홈페이지 '奎12324' 원문 이미지 보기>

1825-07-25. **강재명 토지매매명문**(姜在明土地賣買明文) 1, 전주 자필 송종안(出主自筆宋宗安). <1장. 한자+이두. 조선 필사 이두 자료. 제주 어도내산 진주 강씨가 구장. 제주 한림 강우석 소장. 호남권 한국학자료센터 홈페이지 원문 이미지와 텍스트 보기. 오성찬(1994), 이재수(2003), 오창명(2007) 참고>

1825-07-00. **김수삼·최용삼 소지**(金守三崔用三所志) 2, 김수삼·최용삼. <1장. 한자+이두. 조선 필사 이두 자료. 경북 칠곡 석전 광주 이씨 구장. 한국학중앙연구원 장서각 한국고문서자료관 홈페이지 원문 이미지 보기. 한국학중앙연구원 편(2009) 참고>

1825-08-00. **경주 옥산서원 사림 김최선 등 상서**(慶州玉山書員士林金最宣等上書), 김최선 등. <1장. 한자+이두. 조선 필사 이두 자료. 경북 경주시 안강읍 옥산서원 소장. 한국학자료센터 영남권역센터 홈페이지 원문 이미지와 텍스트 보기. 이수환(2001) 참고>

---

[230] 한국학자료센터 영남권역센터 홈페이지에서는 '1825년 유학(幼學) 시덕규(施德奎) 방매 토지매매명문(土地賣買明文)'으로 표시하였다.

1825-08-00. **안심 등 소지**(安璕等所志), 안심 등. <1장. 한자+이두. 조선 필사 이두 자료. 전북 남원 안터 순흥 안씨 사제당 종가 구장. 한국학중앙연구원 장서각 소장. 한국학중앙연구원 편(2010) 참고>

1825-08-00. **이정전 등 등장**(李正銓等等狀) 3, 이정전 등. <1장. 한자+이두. 조선 필사 이두 자료. 전북 남원 둔덕 전주 이씨가 구장. 전북대학교 박물관 소장. 호남권 한국학자료센터 홈페이지 원문 이미지와 텍스트 보기. 박병호(1974ㄱ), 최승희(1989), 정구복 외(1999) 참고>

1825-08-00. **정기필 소지**(鄭夔弼所志) 1, 정기필. <1장. 한자+이두. 조선 필사 이두 자료. 경남 거창 강동 초계 정씨 동계 종가 구장. 한국학중앙연구원 장서각 한국고문서자료관 홈페이지 & 한국학중앙연구원 장서각 한국학자료센터 홈페이지 원문 이미지와 텍스트 보기. 한국정신문화연구원 편(1995, 2005), 박병련·김학수(2001), 김성갑(2006) 참고>

1825-08-00. **정기필 소지**(鄭夔弼所志) 2, 정기필. <1장. 한자+이두. 조선 필사 이두 자료. 경남 거창 강동 초계 정씨 동계 종가 구장. 한국학중앙연구원 장서각 한국고문서자료관 홈페이지 원문 이미지와 텍스트 보기. 한국정신문화연구원 편(1995, 2005), 박병련·김학수(2001), 김성갑(2006) 참고>

1825-08-00. **정기필 의송**(鄭夔弼議送), 정기필. <1장. 한자+이두. 조선 필사 이두 자료. 경남 거창 강동 초계 정씨 동계 종가 구장. 한국학중앙연구원 장서각 한국학자료센터 홈페이지 원문 이미지와 텍스트 보기. 한국정신문화연구원 편(1995, 2005), 박병련·김학수(2001), 김성갑(2006) 참고>

1825-09-00. **황지수 등 상서**(黃智洙等上書), 황지수 등. <1장. 한자+이두. 조선 필사 이두 자료. 남원 대곡 장수 황씨 문중 소장. 호남권 한국학자료센터 홈페이지 원문 이미지와 텍스트 보기. 최승희(1989) 참고>

1825-10-14. **임 생원 댁 노 순매 가사매매명문**(林生員宅奴順每家舍賣買明文),[231] 가사 주 유 생원 댁 노 점단(家舍主兪生員宅奴點丹). <1장. 한자+이두. 조선 필사 이두

---

[231] 한국학자료센터 강원권역센터 홈페이지에서는 '1845년 임생원댁(林生員宅) 노비 **신매**(愼每) 가사 매매명문(家舍賣買明文)'으로 표시하였다.

자료. 원주시 무릉박물관 소장. 한국학자료센터 강원권역센터 홈페이지 원문 이미지 보기. 박병호(1974ㄱ), 최승희(1989), 김소은(2004), 김성갑(2013) 참고>

1825-10-18. **김복삼 토지매매명문**(金卜三土地賣買明文), 답주 김계복(畓主金桂福). <1장. 한자+이두. 조선 필사 이두 자료. 전남 보성 옥암 죽산 안씨가 구장. 광주광역시 이정옥 소장. 호남권 한국학자료센터 홈페이지 원문 이미지와 텍스트 보기. 최승희(1989) 참고>

1825-10-00. **이복한 등 소지**(李復漢等所志) 2, 이복한 등. <1장. 한자+이두. 조선 필사 이두 자료. 경북 경주시 소정리 경주 이씨 소장. 한국학중앙연구원 장서각 한국고문서자료관 홈페이지 원문 이미지 보기. 한국정신문화연구원 편(2002) 참고>

1825-11-09. **강재명 토지매매명문**(姜在明土地賣買明文) 2, 답주 현국형(畓主玄國衡). <1장. 한자+이두. 조선 필사 이두 자료. 제주 어도내산 진주 강씨가 구장. 제주 한림 강우석 소장. 호남권 한국학자료센터 홈페이지 원문 이미지와 텍스트 보기. 오성찬(1994), 이재수(2003), 오창명(2007) 참고>

1825-11-19. **임삼 토지매매명문**(林三土地賣買明文), 답주 권 노 복용(畓主權奴卜用). <1장. 한자+이두. 조선 필사 이두 자료. 경북 예천군 용문면 대제리 원동 권씨 춘우재 고택 구장. 한국국학진흥원 소장. 한국학자료센터 영남권역센터 홈페이지 원문 이미지와 텍스트 보기>

1825-11-20. **문중계 유사 박용필·별답계 유사 박형신 토지매매명문**(門中契有司朴龍弼別畓契有司朴亨新土地賣買明文),[232] 답주 자필 박동건(畓主自筆朴東健). <1장. 한자+이두. 조선 필사 이두 자료. 경남 합천 용언서원 소장. 한국학중앙연구원 장서각 한국고문서자료관 홈페이지 원문 이미지 보기. 한국정신문화연구원 편(1996) 참고>

1825-11-21. **유학 김노택 토지매매명문**(幼學金魯澤土地賣買明文), 답주 김금손(畓主金今孫). <1장. 한자+이두. 조선 필사 이두 자료. 전남 보성 박실 제주 양씨가

---

[232] 한국학중앙연구원 장서각 한국고문서자료관 홈페이지에서는 '1825년 박용필(朴龍弼), 박**향**신(朴亨新) 토지매매명문(土地賣買明文)'으로 잘못 적었다.

구장. 원광대학교 박물관 소장. 호남권 한국학자료센터 홈페이지 원문 이미지와 텍스트 보기. 박병호(1974ㄱ), 최승희(1989), 이재수(2003) 참고>

1825-11-00. **이 대장 댁 노 인옥 소지**(李大將宅奴仁玉所志), 인옥. <1장. 한자+이두. 조선 필사 이두 자료. 부여 은산 함양 박씨 소장. 한국학중앙연구원 장서각 한국고문서자료관 홈페이지 원문 이미지 보기. 한국정신문화연구원 편(2000) 참고>

1825-11-00. **정기필 소지**(鄭夔弼所志) 3, 정기필. <1장. 한자+이두. 조선 필사 이두 자료. 경남 거창 강동 초계 정씨 동계 종가 구장. 한국학중앙연구원 장서각 한국고문서자료관 홈페이지 & 한국학중앙연구원 장서각 한국학자료센터 홈페이지 원문 이미지와 텍스트 보기. 한국정신문화연구원 편(1995, 2005), 박병련·김학수(2001), 김성갑(2006) 참고>

1825-11-00. **최중효 소지**(崔曾孝所志) 1, 최중효. <1장. 한자+이두. 조선 필사 이두 자료. 남원·구례 삭녕 최씨 구장. 한국학중앙연구원 장서각 한국고문서자료관 홈페이지 원문 이미지 보기. 한국정신문화연구원 편(2004) 참고>

1825-11-00. **최중효 소지**(崔曾孝所志) 2, 최중효. <1장. 한자+이두. 조선 필사 이두 자료. 남원·구례 삭녕 최씨 구장. 한국학중앙연구원 장서각 한국고문서자료관 홈페이지 원문 이미지 보기. 한국정신문화연구원 편(2004) 참고>

1825-11-00. **최해 등 소지**(崔瀣等所志), 최해 등. <1장. 한자+이두. 조선 필사 이두 자료. 전북 부안 청호 효충사 소장. 호남권 한국학자료센터 홈페이지 원문 이미지와 텍스트 보기. 최승희(1989), 김경숙(2002) 참고>

1825-12-01. **족인 홍병의 토지매매명문**(族人洪秉義土地賣買明文), 자필 답주 홍병오(自筆畓主洪秉五). <1장. 한자+이두. 조선 필사 이두 자료. 전북대학교 박물관 소장. 호남권 한국학자료센터 홈페이지 원문 이미지와 텍스트 보기. 박병호(1974ㄱ), 이재수(2003) 참고>

1825-12-03. **이 생원 댁 토지매매명문**(李生員宅土地賣買明文),[233] 전주 임학이(田主林學伊). <1장. 한자+이두. 조선 필사 이두 자료. 경북 영해 인량 재령 이씨 충효당

---

[233] 한국학중앙연구원 장서각 한국고문서자료관 홈페이지에서는 '1825년 이상희(李相羲) 토지매매명문(土地賣買明文)'으로 표시하였다.

소장. 한국학중앙연구원 장서각 한국고문서자료관 홈페이지 원문 이미지 보기. 한국정신문화연구원 편(2004) 참고>

1825-12-05. **박 생원 댁 노 춘대 토지매매명문**(朴生員宅奴春大土地賣買明文), 전답주 김성현(田畓主金成玄). <1장. 한자+이두. 조선 필사 이두 자료. 부여 은산 함양 박씨 소장. 한국학중앙연구원 장서각 한국고문서자료관 홈페이지 원문 이미지 보기. 한국정신문화연구원 편(2000) 참고>

1825-12-17. **유학 이명신 토지매매명문**(幼學李命臣土地賣買明文), 답주 김덕하(畓主 金德河). <1장. 한자+이두. 조선 필사 이두 자료. 경북 고령군 대가야읍 본관 1리 홍와 고택 구장. 한국국학진흥원 소장. 한국학자료센터 영남권역센터 홈페이지 원문 이미지와 텍스트 보기>

1825-12-19. **동몽 박용서 토지매매명문**(童蒙朴龍瑞土地賣買明文), 답주 박태인(畓主 朴泰寅). <1장. 한자+이두. 조선 필사 이두 자료. 경남 합천 용연서원 소장. 한국학중앙연구원 장서각 한국고문서자료관 홈페이지 원문 이미지 보기. 한국정신문화연구원 편(1996) 참고>

1825-12-26. **신 생원 가사매매명문**(辛生員家舍賣買明文),[234] 가대주 자필 이치룡(家垈 主自筆伊治龍). <1장. 한자+이두. 조선 필사 이두 자료. 전남 영광군 입석 영월 신씨 소장. 한국학중앙연구원 장서각 한국고문서자료관 홈페이지 원문 이미지와 텍스트 보기. 한국정신문화연구원 편(1996) 참고>

1825-12-30. **신 생원 토지매매명문**(辛生員土地賣買明文),[235] 답주 자필 이치룡(畓主自 筆伊治龍). <1장. 한자+이두. 조선 필사 이두 자료. 전남 영광군 입석 영월 신씨 소장. 한국학중앙연구원 장서각 한국고문서자료관 홈페이지 원문 이미지와 텍스트 보기. 한국정신문화연구원 편(1996) 참고>

1825-12-00. **이석채 등 소지**(李錫采等所志), 이석채 등. <1장. 한자+이두. 조선 필사 이두 자료. 전북 부안 청호 효충사 소장. 호남권 한국학자료센터 홈페이지 원문

---

[234] 한국학중앙연구원 장서각 한국고문서자료관 홈페이지에서는 '1825년 생원(生員) 신(辛) 가사매 매명문(家舍賣買明文)'으로 표시하였다.

[235] 한국학중앙연구원 장서각 한국고문서자료관 홈페이지에서는 '1825년 생원(生員) 신(辛) 토지매 매명문(土地賣買明文)'으로 표시하였다.

이미지와 텍스트 보기. 최승희(1989), 김경숙(2002) 참고>

1825-12-00. **정기필 소지**(鄭夔弼所志) 4, 정기필. <1장. 한자+이두. 조선 필사 이두 자료. 경남 거창 강동 초계 정씨 동계 종가 구장. 한국학중앙연구원 장서각 한국고문서자료관 홈페이지 & 한국학중앙연구원 장서각 한국학자료센터 홈페이지 원문 이미지와 텍스트 보기. 한국정신문화연구원 편(1995, 2005), 박병련·김학수(2001), 김성갑(2006) 참고>

1825-12-00. **최우태 소지**(崔遇泰所志), 최우태. <1장. 한자+이두. 조선 필사 이두 자료. 남원·구례 삭녕 최씨 구장. 한국학중앙연구원 장서각 한국고문서자료관 홈페이지 원문 이미지 보기. 한국정신문화연구원 편(2004) 참고>

1825-12-00. **최증효 소지**(崔曾孝所志) 3, 최증효. <1장. 한자+이두. 조선 필사 이두 자료. 남원·구례 삭녕 최씨 구장. 한국학중앙연구원 장서각 한국고문서자료관 홈페이지 원문 이미지 보기. 한국정신문화연구원 편(2004) 참고>

1825-12-00. **최증효 소지**(崔曾孝所志) 4, 최증효. <1장. 한자+이두. 조선 필사 이두 자료. 남원·구례 삭녕 최씨 구장. 한국학중앙연구원 장서각 한국고문서자료관 홈페이지 원문 이미지 보기. 한국정신문화연구원 편(2004) 참고>

1825-00-00. 「가순궁상례등록(**嘉順宮喪禮謄錄**)」, 예조(禮曹) 편. <1책. 59장. 필사본. '가순궁상례록'이라고도 한다. 표제는 '壬午 禮曹上嘉順宮喪禮謄錄'. 권수제는 '道光二年壬午十二月 日嘉順宮喪禮謄錄'. 한자+이두. 조선 필사 이두 자료. 한국학중앙연구원 디지털장서각 홈페이지 'K2-2911' 원문 이미지와 텍스트 보기>

1825-00-00. 「현목수빈상장등록(**顯穆綏嬪喪葬謄錄**)」, 전향사(典享司) 편. <1책. 79장. 필사본. 한자+이두. 조선 필사 이두 자료. 한국학중앙연구원 장서각 한국학자료센터 홈페이지 '貴2-3032' 원문 이미지와 텍스트 보기. 한국정신문화연구원 장서각 편(2002) 참고>

1825-00-00. 「현목수빈입묘도감의궤(**顯穆綏嬪入 廟都監儀軌**)」,[236] 입묘도감 편. <1책. 167장. 필사본. 표제는 '(道光五年乙酉二月 日 太白山上)顯穆綏嬪入廟都監儀軌

---

[236] 서울대학교 규장각 한국학연구원 의궤 종합정보 홈페이지에서는 서명을 표제나 권수제와는 달리 '수빈입묘도감의궤(綏嬪入廟都監儀軌)'로 적었다.

全'. 권수제는 '顯穆綏嬪入 廟都監儀軌'. 한자+이두. 조선 필사 이두 자료. 서울대학교 규장각 한국학연구원 의궤 종합정보 홈페이지 '奎13939' 원문 이미지와 텍스트 보기>

1825-00-00. 「현목수빈입묘도감의궤(**顯穆綏嬪入 廟都監儀軌**)」,[237] 입묘도감 편. <1책. 167장. 필사본. 표제는 '■穆綏嬪入廟都監儀軌全'. 목록제는 '入 廟都監儀軌目錄'. 권수제는 '顯穆綏嬪入 廟都監儀軌'. 한자+이두. 조선 필사 이두 자료. 국립중앙박물관 외규장각 의궤 홈페이지 '외규260' 원문 이미지와 텍스트 보기>

1825-00-00. 「현목수빈입묘도감의궤(**顯穆綏嬪入 廟都監儀軌**)」,[238] 입묘도감(入廟都監) 편(編). <1책. 168장. 필사본. 표제는 '道光五年乙酉二月 日 純祖二十五年顯穆綏嬪入廟都監儀軌 全'. 권수제는 '顯穆綏嬪入 廟都監儀軌'. 한자+이두. 조선 필사 이두 자료. 한국학중앙연구원 디지털장서각 홈페이지 'K2-2214' 원문 이미지와 텍스트 보기>

1825-00-00. 「현목수빈입묘도감의궤(**顯穆綏嬪入 廟都監儀軌**)」,[239] 입묘도감(入廟都監) 편(編). <1책. 168장. 필사본. 표제는 '道光五年乙酉二月 日 景祐宮上顯穆綏嬪入廟都監儀軌 全'. 권수제는 '顯穆綏嬪入 廟都監儀軌'. 한자+이두. 조선 필사 이두 자료. 한국학중앙연구원 디지털장서각 홈페이지 'K2-2215' 원문 이미지 보기>

1826년

<병술(丙戌), 순조 26년, 도광 6년>

1826-01-01~1826-12-19(丙戌). 「전객사일기(**典客司日記**)」71, 예조(禮曹) 전객사(典

---

[237] 국립중앙박물관 외규장각 의궤 홈페이지에서는 서명을 '현목수빈입묘도감의궤(顯穆綏嬪入廟都監儀軌)'로 붙여 썼다.

[238] 한국학중앙연구원 디지털장서각 홈페이지에서는 서명을 '현목수빈입묘도감의궤(顯穆綏嬪入廟都監儀軌)'로 붙여 썼다.

[239] 한국학중앙연구원 디지털장서각 홈페이지에서는 서명을 '현목수빈입묘도감의궤(顯穆綏嬪入廟都監儀軌)'로 붙여 썼다.

客司) 편(編). <1책(71/99). 74장. 필사본. 한자+이두. 조선 필사 이두 자료. 서울대학교 규장각 한국학연구원 홈페이지 원문 이미지 보기> <1640-01-22~1641-12-23(1)>

1826-01-01~1826-12-28. 「결속색등록(結束色謄錄)」, 병조(兵曹) 편(編). <1책(38). 130장. 필사본. 한자+이두. 조선 필사 이두 자료. 서울대학교 규장각 한국학연구원 홈페이지 1787년~1891년 낙질본 107책(1792년(건륭 57년), 1811년(가경 16년) 하, 1816년(가경 21년), 1817년(가경 22년), 1824년(도광 4년), 1831년(도광 11년), 1871년(동치 10년), 1885년(광서 11년) 없음) 원문 이미지 보기>

1826-01-06. **구강서원 통문**(龜岡書院通文), 구강서원. <1장. 한자+이두. 조선 필사 이두 자료. 경북 경주시 내남면 이조리 경주 최씨·용산서원 소장. 한국학중앙연구원 장서각 한국고문서자료관 홈페이지 원문 이미지 보기. 한국정신문화연구원 편(2000) 참고>

1826-01-11. **임응호 토지매매명문**(任應虎土地賣買明文),[240] 답주 임광대(畓主任光大). <1장. 한자+이두. 조선 필사 이두 자료. 경북 예천 임씨 금양파 금포 고택 구장. 한국국학진흥원 소장. 한국국학진흥원 유교넷 홈페이지 원문 이미지와 텍스트 보기>

1826-01-16. **함창향교 통문**(咸昌鄉校通文), 함창향교. <1장. 한자+이두. 조선 필사 이두 자료. 경북 경주시 내남면 이조리 경주 최씨·용산서원 소장. 한국학중앙연구원 장서각 한국고문서자료관 홈페이지 원문 이미지 보기. 한국정신문화연구원 편(2000) 참고>

1826-01-19. **권 생원 댁 노 성암 토지매매명문**(權生員宅奴成岩土地賣買明文), 답주 자필 김치호(畓主自筆金致湖). <1장. 한자+이두. 조선 필사 이두 자료. 경북 예천군 용문면 대제리 원동 권씨 춘우재 고택 구장. 한국국학진흥원 소장. 한국학자료센터 영남권역센터 홈페이지 원문 이미지와 텍스트 보기>

1826-01-19. **유학 이주화 토지매매명문**(幼學李周和土地賣買明文), 답주 자필 산인 일

---

[240] 한국국학진흥원 유교넷 홈페이지에서는 문서명을 '1826년 임광대가 임응호에게 전답을 팔았음을 증명하는 전답매매문기'로 표시하였다.

홍(畓主自筆山人一鴻). <1장. 한자+이두. 조선 필사 이두 자료. 경북 예천군 감천면 강릉 유씨 벌방 종가 구장. 한국국학진흥원 소장. 한국학자료센터 영남권역센터 홈페이지 원문 이미지와 텍스트 보기. 김성갑(2013) 참고>

1826-01-29. **토지매매명문**(土地賣買明文),[241] 답주 한량 김석보(畓主閑良金碩保). <1장. 한자+이두. 조선 필사 이두 자료. 전남 영광 마산 경주 이씨가 구장. 진안 용담호미술관 소장. 호남권 한국학자료센터 홈페이지 원문 이미지와 텍스트 보기. 박병호(1974ㄱ), 최승희(1989), 정구복 외(1999), 이재수(2003) 참고>

1826-01-00. **이상락 등 소지**(李象洛等所志), 이상락 등. <1장. 한자+이두. 조선 필사 이두 자료. 경북 안동시 주촌 진성 이씨 경류정 소장. 한국학중앙연구원 장서각 한국고문서자료관 홈페이지 원문 이미지와 텍스트 보기. 한국정신문화연구원 편(1999) 참고>

1826-02-06. **김훈상 등 상서**(金勳相等上書), 김훈상 등. <1장. 한자+이두. 조선 필사 이두 자료. 전북 고창·고부 광산 김씨 소장. 한국학중앙연구원 고문서자료관 홈페이지 원문 이미지 보기. 한국학중앙연구원 편(2009) 참고>

1826-02-24. **유학 양한영 토지매매명문**(幼學梁漢永土地賣買明文), 답주 한량 최정택(畓主閑良崔定澤). <1장. 한자+이두. 조선 필사 이두 자료. 전남 순천 황전 경주 정씨가 구장. 광주광역시 이정옥 소장. 호남권 한국학자료센터 홈페이지 원문 이미지와 텍스트 보기. 최승희(1989) 참고>

1826-02-00. **김정서 소지**(金鼎瑞所志) 1, 김정서. <1장. 한자+이두. 조선 필사 이두 자료. 무안 광산 김씨 모충사 소장. 호남권 한국학자료센터 홈페이지 원문 이미지 보기. 최승희(1989), 국립민속박물관 편(1991), 정구복 외(1999), 전경목 외(2006) 참고>

1826-02-00. **김희수 상서**(金羲壽上書), 김희수. <1장. 한자+이두. 조선 필사 이두 자료. 안동 천전 의성 김씨 지촌 종택 소장. 장서각 한국고문서자료관 홈페이지 원문 이미지 보기. 한국정신문화연구원 편(1989) 참고>

---

[241] 호남권 한국학자료센터 홈페이지에서는 '1826년 김석보(金碩保) 방매(放賣) 토지매매명문(土地賣買明文)'으로 표시하였다.

1826-03-15. **별고 고직 토지매매명문**(別庫庫直土地賣買明文), 답주 최 노 영삼(畓主崔奴永三). <1장. 한자+이두. 조선 필사 이두 자료. 경북 경주시 내남면 이조리 경주 최씨·용산서원 소장. 한국학중앙연구원 장서각 한국고문서자료관 홈페이지 원문 이미지 보기. 한국정신문화연구원 편(2000) 참고>

1826-03-17. **유학 박수각 토지매매명문**(幼學朴守珏土地賣買明文), 답주 자필 상인 김상기(畓主自筆喪人金相基). <1장. 한자+이두. 조선 필사 이두 자료. 전남 보성 박실 제주 박씨가 구장. 원광대학교 박물관 소장. 호남권 한국학자료센터 홈페이지 원문 이미지와 텍스트 보기. 최승희(1989), 전북향토문화연구회 편(1993), 정구복 외(1999) 참고>

1826-03-29. **유학 이가항 토지매매명문**(幼學李可恒土地賣買明文), 답주 유학 정인묵(畓主幼學鄭仁默). <1장. 한자+이두. 조선 필사 이두 자료. 전남 보성 박실 제주 양씨가 구장. 원광대학교 박물관 소장. 호남권 한국학자료센터 홈페이지 원문 이미지와 텍스트 보기. 박병호(1974ㄱ), 최승희(1989), 이재수(2003) 참고>

1826-03-00. **안동 하회 유 교리댁 노 돌이 소지**(安東河回柳校理宅奴乭伊所志) 1, 돌이. <1장. 한자+이두. 조선 필사 이두 자료. 풍산 류씨 하회 화경당(북촌댁) 구장. 한국국학진흥원 소장. 한국학자료센터 영남권역센터 홈페이지 원문 이미지와 텍스트 보기. 전경목(1996), 김경숙(2002) 참고>

1826-03-00. **엄광옥 토지매매명문**(嚴光玉土地賣買明文),[242] 답주 문 유사 남처택(畓主門有司南處擇). <1장. 한자+이두. 조선 필사 이두 자료. 경북 영양군 영양읍 삼지리 한양 조씨 하담 고택 구장. 한국국학진흥원 소장. 한국국학진흥원 유교넷 홈페이지 & 한국학자료센터 영남권역센터 홈페이지 원문 이미지와 텍스트 보기. 최승희(1989), 이재수(2003), 이수건 외(2004) 참고>

1826-04-09. **정원선 등 소지**(鄭元善等所志), 정원선 등. <1장. 한자+이두. 조선 필사 이두 자료. 경북 상주시 우산 진주 정씨 우복 종택 소장. 한국학중앙연구원 고문서자료관 홈페이지 원문 이미지 보기. 한국학중앙연구원 편(2008) 참고>

---

[242] 한국학자료센터 영남권역센터 홈페이지에서는 '1826년 남처택(南攄擇) 토지매매명문(土地賣買明文)'으로 표시하였다. 그리고 매수자를 '엄광축(嚴光丑)'으로 적었다.

1826-04-00. **김정서 소지**(金鼎瑞所志) 2, 김정서. <1장. 한자+이두. 조선 필사 이두 자료. 무안 광산 김씨 모충사 소장. 호남권 한국학자료센터 홈페이지 원문 이미지 보기. 최승희(1989), 국립민속박물관 편(1991), 정구복 외(1999), 전경목 외(2006) 참고>

1826-04-00. **이치문 등 품목**(李致文等稟目), 이치문 등. <1장. 한자+이두. 조선 필사 이두 자료. 남원 대곡 장수 황씨 문중 소장. 호남권 한국학자료센터 홈페이지 원문 이미지와 텍스트 보기. 최승희(1989), 김경숙(2002) 참고>

1826-05-26. **박계림 차첩**(朴啓林差帖), 임실현감(任實縣監). <1장. 한자+이두. 조선 필사 이두 자료. 전북 임실군 청웅 밀양 박씨가 소장. 호남권 한국학자료센터 홈페이지 원문 이미지와 텍스트 보기. 박병호(1974ㄱ), 최승희(1989), 유지영(2007) 참고>

1826-05-00. **최중효 소지**(崔曾孝所志) 1, 최중효. <1장. 한자+이두. 조선 필사 이두 자료. 남원·구례 삭녕 최씨 구장. 한국학중앙연구원 장서각 한국고문서자료관 홈페이지 원문 이미지 보기. 한국정신문화연구원 편(2004) 참고>

1826-06-18. **장계양 고목**(張繼良告目), 장계양. <1장. 한자+이두. 조선 필사 이두 자료. 풍산 류씨 하회 화경당(북촌댁) 구장. 한국국학진흥원 소장. 한국학자료센터 영남권역센터 홈페이지 원문 이미지와 텍스트 보기. 전경목(1996), 김경숙(2002) 참고>

1826-06-00. **경주 옥산서원 사림 첩정**(慶州玉山書院士林牒呈), 옥산서원 사림. <1장. 한자+이두. 조선 필사 이두 자료. 경북 경주시 안강읍 옥산서원 구장. 경주시 강동면 양동마을 안길 여주 이씨 무첨당 소장. 한국학자료센터 영남권역센터 홈페이지 원문 이미지와 텍스트 보기. 이수환(2001) 참고>

1826-06-00. **삼이 소지**(三伊所志), 삼이. <1장. 한자+이두. 조선 필사 이두 자료. 풍산 류씨 하회 화경당(북촌댁) 구장. 한국국학진흥원 소장. 한국학자료센터 영남권역센터 홈페이지 원문 이미지와 텍스트 보기. 전경목(1996), 김경숙(2002) 참고>

1826-06-00. **지사방수면임 서목**(只沙坊首面任書目), 지사방수면임. <1장. 한자+이두. 조선 필사 이두 자료. 남원·구례 삭녕 최씨 구장. 한국학중앙연구원 장서각

한국고문서자료관 홈페이지 원문 이미지 보기. 한국정신문화연구원 편(2004) 참고>

1826-07-00. **안동 하회 유 교리댁 노 돌이 소지**(安東河回柳校理宅奴乭伊所志) 2, 돌이. <1장. 한자+이두. 조선 필사 이두 자료. 풍산 류씨 하회 화경당(북촌댁) 구장. 한국국학진흥원 소장. 한국학자료센터 영남권역센터 홈페이지 원문 이미지와 텍스트 보기. 전경목(1996), 김경숙(2002) 참고>

1826-07-00. **화민 최제훈 소지**(化民崔濟勳所志), 최제훈. <1장. 한자+이두. 조선 필사 이두 자료. 경북 경주시 내남면 이조리 경주 최씨·용산서원 소장. 한국학중앙연구원 장서각 한국고문서자료관 홈페이지 원문 이미지 보기. 한국정신문화연구원 편(2000) 참고>

1826-08-24. **토지매매명문**(土地賣買明文),[243] 답주 김길양(畓主金吉良). <1장. 한자+이두. 조선 필사 이두 자료. 전남 영광 마산 경주 이씨가 구장. 진안 용담호미술관 소장. 호남권 한국학자료센터 홈페이지 원문 이미지와 텍스트 보기. 박병호(1974ㄱ), 최승희(1989), 정구복 외(1999), 이재수(2003) 참고>

1826-09-13. **신상행 토지상환명문**(愼尙行土地相換明文), 진주 임군욱(出主任君旭). <1장. 한자+이두. 조선 필사 이두 자료. 제주시 일도 이동규 구장. 제주시 일도 2동 제주민속자연사박물관 소장. 호남권 한국학자료센터 홈페이지 원문 이미지와 텍스트 보기. 고창석(1997, 1998), 김영란(2010) 참고>

1826-10-15. **윤주흥 염장문기**(尹柱興鹽場文記) <1장. 한자+이두. 조선 필사 이두 자료. 전남 해남 연동 해남 윤씨 녹우당 소장. 한국학중앙연구원 장서각 한국고문서자료관 홈페이지 원문 이미지와 텍스트 보기. 한국정신문화연구원 편(1983, 1986), 최승희(1989) 참고>

1826-10-17. **이응천 토지매매명문**(李應千土地賣買明文), 답주 김재황(畓主金才璜). <1장. 한자+이두. 조선 필사 이두 자료. 전남 영광군 입석 영월 신씨 소장. 한국학중앙연구원 장서각 한국고문서자료관 홈페이지 원문 이미지와 텍스트 보기. 한국

---

[243] 호남권 한국학자료센터 홈페이지에서는 '1826년 김길양(金吉良) 방매(放賣) 토지매매명문(土地賣買明文)'으로 표시하였다.

정신문화연구원 편(1996) 참고>

1826-10-00. **노봉서원 유회소 품목**(露峯書院儒會所稟目), 노봉서원 유회소. <1장. 한자+이두. 조선 필사 이두 자료. 남원·구례 삭녕 최씨 구장. 한국학중앙연구원 장서각 한국고문서자료관 홈페이지 원문 이미지 보기. 한국정신문화연구원 편(2004) 참고>

1826-10-00. **최중효 소지**(崔曾孝所志) 2, 최중효. <1장. 한자+이두. 조선 필사 이두 자료. 남원·구례 삭녕 최씨 구장. 한국학중앙연구원 장서각 한국고문서자료관 홈페이지 원문 이미지 보기. 한국정신문화연구원 편(2004) 참고>

1826-11-02. **이손이 토지매매명문**(李孫伊土地賣買明文),[244] 답주 이대천(畓主李大川). <1장. 한자+이두. 조선 필사 이두 자료. 풍산 류씨 하회 화경당(북촌댁) 구장. 한국국학진흥원 소장. 한국국학진흥원 유교넷 홈페이지 원문 이미지와 텍스트 보기>

1826-11-06. **주서 댁 노 영금 가사매매명문**(注書宅奴永金家舍賣買明文), 가대주 강만억(家垈主姜萬億). <1장. 한자+이두. 조선 필사 이두 자료. 원주시 무릉박물관 소장. 한국학자료센터 강원권역센터 홈페이지 원문 이미지 보기. 최승희(1989), 전경목(2010), 채현경(2011), 박준호(2016) 참고>

1826-11-07. **동중 토지매매명문**(洞中土地賣買明文),[245] 답주 이손이(畓主李孫伊). <1장. 한자+이두. 조선 필사 이두 자료. 풍산 류씨 하회 화경당(북촌댁) 구장. 한국국학진흥원 소장. 한국국학진흥원 유교넷 홈페이지 원문 이미지와 텍스트 보기>

1826-11-10. **계 유사 유학 장순 토지매매명문**(稧有司幼學張淳土地賣買明文), 답주 유학 장철(畓主幼學張澈). <1장. 한자+이두. 조선 필사 이두 자료. 전남 순천 월등 목천 장씨가 구장. 전북대학교 박물관 소장. 호남권 한국학자료센터 홈페이지 원문 이미지와 텍스트 보기. 박병호(1974ㄱ), 이재수(2003) 참고>

1826-11-00. **김성은 소지**(金性溵所志), 김성은. <1장. 한자+이두. 조선 필사 이두

---

[244] 한국국학진흥원 유교넷 홈페이지에서는 문서명을 '풍산류씨 하회마을 화경당(북촌댁) 1826년 11월에 답주 이대천과 이손이 사이에 작성된 명문(明文)(田畓賣買文記)[11206]'으로 표시하였다.

[245] 한국국학진흥원 유교넷 홈페이지에서는 문서명을 '풍산류씨 하회마을 화경당(북촌댁) 1826년 11월에 답주 이손이와 동중 사이에 작성된 명문(明文)(田畓賣買文記)[11205]'로 표시하였다.

자료. 전북 고창·고부 광산 김씨 소장. 한국학중앙연구원 고문서자료관 홈페이지 원문 이미지 보기. 한국학중앙연구원 편(2009) 참고>

1826-12-10. **권귀복 토지매매명문**(權貴福土地賣買明文), 전주 김 노 달문(田主金奴達文). <1장. 한자+이두. 조선 필사 이두 자료. 경북 안동시 오천 광산 김씨 후조당 소장. 한국학중앙연구원 장서각 한국고문서자료관 홈페이지 원문 이미지와 텍스트 보기. 한국정신문화연구원 편(1982) 참고>

1826-12-16. **용공철 토지매매명문**(龍公喆土地賣買明文), 답주 박재득(畓主朴再得). <1장. 한자+이두. 조선 필사 이두 자료. 전북대학교 박물관 소장. 호남권 한국학 자료센터 홈페이지 원문 이미지와 텍스트 보기. 박병호(1974ㄱ), 최승희(1989), 이재수(2003), 박준호(2004), 전경목 외(2006) 참고>

1826-12-16. **종 유사 유학 최의택 토지매매명문**(宗有司幼學崔宜澤土地賣買明文), 답주 자필 상인 최명택(畓主自筆喪人崔鳴澤). <1장. 한자+이두. 조선 필사 이두 자료. 남원·구례 삭녕 최씨 구장. 한국학중앙연구원 장서각 한국고문서자료관 홈페이지 원문 이미지 보기. 한국정신문화연구원 편(2004) 참고>

1826-12-17. **토지매매명문**(土地賣買明文),[246] 답주 유학 조백용(畓主幼學趙白用). <1장. 한자+이두. 조선 필사 이두 자료. 전북대학교 박물관 소장. 호남권 한국학자료센터 홈페이지 원문 이미지와 텍스트 보기. 최승희(1989), 정구복 외(1999), 이재수(2003) 참고>

1826-12-19. **전구박이 수기**(全具迫伊手記),[247] 표주(標主) 전구박이. <1장. 한자+이두. 조선 필사 이두 자료. 풍산 류씨 하회 화경당(북촌댁) 구장. 한국국학진흥원 소장. 한국국학진흥원 유교넷 홈페이지 원문 이미지와 텍스트 보기>

1826-12-21. **심성후 토지매매명문**(沈成厚土地賣買明文), 답주 유학 김재춘(畓主幼學金才春). <1장. 한자+이두. 조선 필사 이두 자료. 남원·구례 삭녕 최씨 구장. 한국학중앙연구원 장서각 한국고문서자료관 홈페이지 원문 이미지 보기. 한국정신문

---

[246] 호남권 한국학자료센터 홈페이지에서는 '1826년 조백용(趙白用) 방매 토지매매명문(土地賣買明文)'으로 표시하였다.

[247] 한국국학진흥원 유교넷 홈페이지에서는 문서명을 '도광 6년 병술년(1826) 12월 **김구박이**(金具迫伊)가 작성한 수기(手記)'로 잘못 적었다.

화연구원 편(2004) 참고>

1826-12-21. **어천이 수기**(魚川伊手記),²⁴⁸ 표주(標主) 어천이. <1장. 한자+이두. 조선 필사 이두 자료. 풍산 류씨 하회 화경당(북촌댁) 구장. 한국국학진흥원 소장. 한국국학진흥원 유교넷 홈페이지 원문 이미지와 텍스트 보기>

1826-12-21. **유학 정재홍 토지매매명문**(幼學鄭載洪土地賣買明文), 답주 유학 이복규(답주유학이복규). <1장. 한자+이두. 조선 필사 이두 자료. 전북대학교 박물관 소장. 호남권 한국학자료센터 홈페이지 원문 이미지와 텍스트 보기. 박병호(1974 ㄱ), 이재수(2003) 참고>

1826-12-25. **황 생원 댁 노 복남 토지매매명문**(黃生員宅奴福男土地賣買明文), 답주 김 생원 댁 노 복덕(畓主金生員宅奴福德). <1장. 한자+이두. 조선 필사 이두 자료. 부여 은산 함양 박씨 소장. 장서각 한국고문서자료관 홈페이지 원문 이미지 보기. 한국정신문화연구원 편(2000) 참고>

1826-12-26. **유학 진낙흠 토지매매명문**(幼學陳洛欽土地賣買明文), 답주 상인 임시영(畓主喪人任時永). <1장. 한자+이두. 조선 필사 이두 자료. 전북대학교 박물관 소장. 호남권 한국학자료센터 홈페이지 원문 이미지와 텍스트 보기. 박병호(1974 ㄱ), 이재수(2003) 참고>

1826-12-27. **박만주 수기**(朴萬柱手記),²⁴⁹ 표주(標主) 박만주. <1장. 한자+이두. 조선 필사 이두 자료. 풍산 류씨 하회 화경당(북촌댁) 구장. 한국국학진흥원 소장. 한국국학진흥원 유교넷 홈페이지 원문 이미지와 텍스트 보기>

1826-12-00. **김시진 등 상서**(金是珍等上書), 김시진 등. <1장. 한자+이두. 조선 필사 이두 자료. 경북 안동시 오천 광산 김씨 후조당 소장. 한국학중앙연구원 장서각 한국고문서자료관 홈페이지 원문 이미지와 텍스트 보기. 한국정신문화연구원 편(1982) 참고>

1826-12-00. **김시필 등 상서**(金是珌等上書) 1, 김시필 등. <1장. 한자+이두. 조선

---

248 한국국학진흥원 유교넷 홈페이지에서는 문서명을 '도광 6년 병술년(1826) 12월 어천이(魚川伊)가 작성한 수기(手記)'로 표시하였다.

249 한국국학진흥원 유교넷 홈페이지에서는 문서명을 '도광 6년 병술년(1826) 12월 **류**만주(柳萬柱)가 작성한 수기(手記)'로 잘못 적었다.

필사 이두 자료. 경북 안동시 오천 광산 김씨 후조당 소장. 한국학중앙연구원 장서각 한국고문서자료관 홈페이지 원문 이미지와 텍스트 보기. 한국정신문화연구원 편(1982) 참고>

1826-12-00. **김시필 등 상서**(金是珌等上書) 2, 김시필 등. <1장. 한자+이두. 조선 필사 이두 자료. 경북 안동시 오천 광산 김씨 후조당 소장. 장서각 한국고문서자료관 홈페이지 원문 이미지와 텍스트 보기. 한국정신문화연구원 편(1982) 참고>

1826-12-00. **김양수 등 상서**(金良鐩等上書), 김양수 등. <1장. 한자+이두. 조선 필사 이두 자료. 경북 안동시 오천 광산 김씨 후조당 소장. 한국학중앙연구원 장서각 한국고문서자료관 홈페이지 원문 이미지와 텍스트 보기. 한국정신문화연구원 편(1982) 참고>

1826-12-00. **손종원 소지**(孫鍾遠所志), 손종원. <1장. 한자+이두. 조선 필사 이두 자료. 경주 양동 경주 손씨 송첨 종택 소장. 한국학중앙연구원 장서각 한국고문서자료관 홈페이지 원문 이미지 보기>

1826-12-00. 「의주 등록(**儀註謄錄**)」, 예조(禮曹) <1책. 47장. 필사본. 한자+이두. 조선 필사 이두 자료. 한국학중앙연구원 장서각 한국학자료센터 홈페이지 & 한국학중앙연구원 한국학 디지털 아카이브 홈페이지 원문 이미지 보기>

1826-12-00. **이만영 등 등장**(李晚榮等等狀), 이만영 등. <1장. 점련문서. 한자+이두. 조선 필사 이두 자료. 경북 영해 인량 재령 이씨 충효당 구장. 한국국학진흥원 소장. 한국학중앙연구원 장서각 한국고문서자료관 홈페이지 원문 이미지와 텍스트 보기. 한국정신문화연구원 편(1997) 참고>

1826-12-00. **이정전 의송**(李正銓議送), 이정전. <1장. 한자+이두. 조선 필사 이두 자료. 전북 남원 둔덕 전주 이씨가 구장. 전북대학교 박물관 소장. 호남권 한국학 자료센터 홈페이지 원문 이미지와 텍스트 보기. 박병호(1974ㄱ), 최승희(1989), 정구복 외(1999) 참고>

1826-00-00. **이진택 초사**(李眞宅招辭), 이진택. <1장. 한자+이두. 조선 필사 이두 자료. 경북 경주시 안강읍 옥산리 여주 이씨 장산서원·치암 종택 구장. 한국학중앙연구원 장서각 한국고문서자료관 홈페이지 원문 이미지 보기. 한국정신문화연구원 편(2003) 참고>

1827년

<정해(丁亥), 순조 27년, 도광 7년>

1827-01-01~1827-06-23. 「결속색등록(**結束色謄錄**)」, 병조(兵曹) 편(編). <1책(39). 125장. 필사본. 필사 시기 미상. 한자+이두. 이두 자료. 서울대학교 규장각 한국학연구원 홈페이지 1787년~1891년 낙질본 107책(1792년(건륭 57년), 1811년(가경 16년) 하, 1816년(가경 21년), 1817년(가경 22년), 1824년(도광 4년), 1831년(도광 11년), 1871년(동치 10년), 1885년(광서 11년) 없음) 원문 이미지 보기>

1827-01-06. **김흥운 토지매매명문**(金興云土地賣買明文), 답주 임구삼(畓主任久三). <1장. 한자+이두. 조선 필사 이두 자료. 경북 안동시 하회 풍산 류씨 충효당 소장. 한국학중앙연구원 장서각 한국학자료센터 홈페이지 원문 이미지와 텍스트 보기. 한국정신문화연구원 편(1994) 참고>

1827-01-16. **이 생원 토지매매명문**(李生員土地賣買明文), 전주 자필 상인 유영춘(出主自筆喪人柳英春). <1장. 한자+이두. 조선 필사 이두 자료. 경북 안동시 법흥동 고성 이씨 탑동 종가 구장. 한국국학진흥원 소장. 한국학자료센터 영남권역센터 홈페이지 원문 이미지와 텍스트 보기. 박병호(1974ㄱ), 최승희(1989), 이재수(2003), 이수건 외(2004) 참고>

1827-01-19. **문 유사 유학 박 토지매매명문**(門有司幼學朴土地賣買明文),[250] 답주 자필 동성 유학 태래(畓主自筆同姓幼學泰來). <1장. 한자+이두. 조선 필사 이두 자료. 전북 장수군 침곡 충주 박씨가 소장. 호남권 한국학자료센터 홈페이지 원문 이미지와 텍스트 보기. 박병호(1974ㄱ), 최승희(1989), 이재수(2003) 참고>

1827-01-25. **이 생원 댁 노 토지매매명문**(李生員宅奴土地賣買明文) 1, 답주 한량 여인 게(畓主閑良呂仁桂). <1장. 한자+이두. 조선 필사 이두 자료. 전남 보성 박실 제주 양씨가 구장. 원광대학교 박물관 소장. 호남권 한국학자료센터 홈페이지 원문

---

[250] 호남권 한국학자료센터 홈페이지에서는 '1827년 충주박씨(忠州朴氏) 문유사(門有司) 토지매매명문(土地賣買明文)'으로 표시하였다.

이미지와 텍스트 보기. 박병호(1974ㄱ), 이재수(2003) 참고>

1827-01-27 추정. **유학 박중림 수표**(幼學朴重林手標), 매답주 비 명덕·노 명복(賣畓主 婢命德奴命福). <1장. 한자+이두. 조선 필사 이두 자료. 남원·구례 삭녕 최씨 구장. 한국학중앙연구원 장서각 한국고문서자료관 홈페이지 원문 이미지 보기. 한국정신문화연구원 편(2004) 참고>

1827-01-00. **대장 전령**(大將傳令), 대장. <1장. 한자+이두. 조선 필사 이두 자료. 전남 구례군 토지면 오미리 문화 류씨 운조루 소장. 한국학중앙연구원 장서각 한국고문서자료관 홈페이지 원문 이미지와 텍스트 보기. 한국정신문화연구원 편(1998) 참고>

1827-02-07. **김삼용 시장문기**(金三用柴場文記), 시장주 김만일(柴場主金萬鎰). <1장. 한자+이두. 조선 필사 이두 자료. 광주광역시 광산구 용곡동 김해 김씨 소장. 호남권 한국학자료센터 홈페이지 참고. 이재수(2003), 이수건 외(2004) 참고>

1827-02-10. **이상희 토지매매명문**(李相曦土地賣買明文) 1, 전주 자필 박휴영(田主自 筆朴休永). <1장. 한자+이두. 조선 필사 이두 자료. 경북 영해 인량 재령 이씨 충효당 구장. 한국국학진흥원 소장. 한국학중앙연구원 장서각 한국고문서자료관 홈페이지 원문 이미지 보기. 한국정신문화연구원 편(2004) 참고>

1827-02-11. **용연서원 별고 고자 토지매매명문**(龍淵書院別庫庫子土地賣買明文), 답주 최 노 영삼(畓主崔奴永三). <1장. 한자+이두. 조선 필사 이두 자료. 경북 경주시 내남면 이조리 경주 최씨·용산서원 소장. 한국학중앙연구원 장서각 한국고문서자료관 홈페이지 원문 이미지 보기. 한국정신문화연구원 편(2000) 참고>

1827-02-13. **권맹원 토지매매명문**(權孟元土地賣買明文), 전주 자필 권구가쇠(田主自 筆權九加金). <1장. 한자+이두. 조선 필사 이두 자료. 경북 안동시 오천 광산 김씨 후조당 소장. 한국학중앙연구원 장서각 한국고문서자료관 홈페이지 원문 이미지와 텍스트 보기. 한국정신문화연구원 편(1982) 참고>

1827-02-20. **유학 오연 토지매매명문**(幼學吳淵土地賣買明文), 자필 답주 유학 노광필 (自筆畓主幼學盧光弼). <1장. 한자+이두. 조선 필사 이두 자료. 남원·구례 삭녕 최씨 구장. 한국학중앙연구원 장서각 한국고문서자료관 홈페이지 원문 이미지 보기. 한국정신문화연구원 편(2004) 참고>

1827-02-00. **김행교 등 등장**(金行敎等等狀), 김행교 등. <1장. 한자+이두. 조선 필사 이두 자료. 경북 안동시 오천 광산 김씨 후조당 소장. 한국학중앙연구원 장서각 한국고문서자료관 홈페이지 원문 이미지와 텍스트 보기. 한국정신문화연구원 편(1982) 참고>

1827-02-00. **김헌교 등 상서**(金憲敎等上書), 김헌교 등. <1장. 한자+이두. 조선 필사 이두 자료. 경북 안동시 오천 광산 김씨 후조당 소장. 한국학중앙연구원 장서각 한국고문서자료관 홈페이지 원문 이미지와 텍스트 보기. 한국정신문화연구원 편(1982) 참고>

1827-03-09. **종제 유학 임민 토지매매명문**(從弟幼學任旻土地賣買明文), 자필 답주 유학 임창(自筆畓主幼學任昌). <1장. 한자+이두. 조선 필사 이두 자료. 전남 보성군 능묵리 장흥 임씨가 구장. 전북대학교 박물관 소장. 호남권 한국학자료센터 홈페이지 원문 이미지와 텍스트 보기. 최승희(1989), 이재수(2003) 참고>

1827-03-09~1834-04-00(丁亥~甲午). 「공사수록(公私隨錄)」인(仁)·의(義)·예(禮)·지(智)·신(信), 이능수(李能修) 편(編). <5책. 필사본. 한자+이두. 조선 필사 이두 자료. 서울대학교 규장각 한국학연구원 홈페이지 원문 이미지 보기>

1827-03-21. **박명량 토지매매명문**(朴命良土地賣買明文), 답주 자필 정질(畓主自筆丁晊). <1장. 한자+이두. 조선 필사 이두 자료. 전남 영광군 입석 영월 신씨 소장. 한국학중앙연구원 장서각 한국고문서자료관 홈페이지 원문 이미지와 텍스트 보기. 한국정신문화연구원 편(1996) 참고>

1827-03-27. **유학 황영■ 토지매매명문**(幼學黃英■土地賣買明文), 답주 자필 유학 김지복(畓主自筆幼學金志福). <1장. 한자+이두. 조선 필사 이두 자료. 전남 보성군 능묵리 장흥 임씨가 구장. 전북대학교 박물관 소장. 호남권 한국학자료센터 홈페이지 원문 이미지와 텍스트 보기. 최승희(1989), 이재수(2003) 참고>

1827-03-00. **안이진·안원 등 소지**(安爾鎭安愿等所志), 안이진·안원 등. <1장. 한자+이두. 조선 필사 이두 자료. 경북 안동시 갈전 순흥 안씨가 소장. 한국학중앙연구원 장서각 한국고문서자료관 홈페이지 원문 이미지 보기. 한국정신문화연구원 편(1999) 참고>

1827-04-08. **김진형 상서**(金鎭衡上書), 김진형. <1장. 한자+이두. 조선 필사 이두

자료. 안동 금계 의성 김씨 학봉 종가 소장. 한국학중앙연구원 장서각 한국고문서 자료관 홈페이지 원문 이미지와 텍스트 보기. 한국정신문화연구원 편(1989) 참고>

1827-05-16. **유학 백태주 노비매매명문**(幼學白兌周奴婢賣買明文) 1, 유학 재주 권도빈(幼學財主權度彬). <1장. 한자+이두. 조선 필사 이두 자료. 경북 영해 인량 재령 이씨 충효당 구장. 한국국학진흥원 소장. 한국학중앙연구원 장서각 한국고문서자료관 홈페이지 원문 이미지와 텍스트 보기. 한국정신문화연구원 편(1997) 참고>

1827-06-12. **유학 백태주 노비매매명문**(幼學白兌周奴婢賣買明文) 2, 유학 재주 권도빈(幼學財主權度彬). <1장. 한자+이두. 조선 필사 이두 자료. 경북 영해 인량 재령 이씨 충효당 구장. 한국국학진흥원 소장. 한국학중앙연구원 장서각 한국고문서자료관 홈페이지 원문 이미지와 텍스트 보기. 한국정신문화연구원 편(1997) 참고>

1827-06-24. **김두남 등 상서**(金斗南等上書), 김두남 등. <1장. 한자+이두. 조선 필사 이두 자료. 전북 부안군 취성재 소장. 호남권 한국학자료센터 홈페이지 원문 이미지와 텍스트 보기. 최승희(1989), 전경목(1997), 이수건 외(2004) 참고>

1827-07-06~1827-12-28.「결속색등록(**結束色謄錄**)」, 병조(兵曹) 편(編). <1책(40). 109장. 필사본. 한자+이두. 조선 필사 이두 자료. 서울대학교 규장각 한국학연구원 홈페이지 1787년~1891년 낙질본 107책(1792년(건륭 57년), 1811년(가경 16년) 하, 1816년(가경 21년), 1817년(가경 22년), 1824년(도광 4년), 1831년(도광 11년), 1871년(동치 10년), 1885년(광서 11년) 없음) 원문 이미지 보기>

1827-07-25~1827-11-11(丁亥).「원손아기씨안태등록(**元孫阿只氏安胎謄錄**)」, <1책. 8장. 필사본. 한자+이두. 이두 자료. 서울대학교 규장각 한국학연구원 홈페이지 원문 이미지 보기>

1827-07-00. **손종원 등 소지**(孫鍾遠等所志), 손종원 등 15명. <1장. 한자+이두. 조선 필사 이두 자료. 경주 양동 경주 손씨 송첨 종택 소장. 한국학중앙연구원 장서각 한국고문서자료관 홈페이지 원문 이미지 보기>

1827-07-00. **이유룡 소지**(李猶龍所志) 1, 이유룡. <1장. 한자+이두. 조선 필사 이두 자료. 경북 성주군 초전면 월곡 1리 벽진 이씨 명암 고택 구장. 한국국학진흥원 소장. 한국학자료센터 영남권역센터 홈페이지 원문 이미지와 텍스트 보기>

1827-07-00. **이유룡 소지**(李猶龍所志) 2, 이유룡. <1장. 한자+이두. 조선 필사 이두 자료. 경북 성주군 초전면 월곡 1리 벽진 이씨 명암 고택 구장. 한국국학진흥원 소장. 한국학자료센터 영남권역센터 홈페이지 원문 이미지와 텍스트 보기>

1827-윤7-00. **이유룡 소지**(李猶龍所志) 3, 이유룡. <2장. 한자+이두. 조선 필사 이두 자료. 경북 성주군 초전면 월곡 1리 벽진 이씨 명암 고택 구장. 한국국학진흥원 소장. 한국학자료센터 영남권역센터 홈페이지 원문 이미지와 텍스트 보기>

1827-08-15. **최희 가사매매명문**(崔犧家舍賣買明文), 재주 윤주정(財主尹周貞). <1장. 한자+이두. 조선 필사 이두 자료. 한국학중앙연구원 장서각 소장. 한국학중앙연구원 장서각 한국고문서자료관 홈페이지 원문 이미지와 텍스트 보기. 한국정신문화연구원 편(1992) 참고>

1827-08-00. **한백조 등 상서**(韓百祚等上書) 1, 한백조 등. <1장. 한자+이두. 조선 필사 이두 자료. 남원·구례 삭녕 최씨 구장. 한국학중앙연구원 장서각 한국고문서자료관 홈페이지 원문 이미지 보기. 한국정신문화연구원 편(2004) 참고>

1827-08-00. **한백조 등 상서**(韓百祚等上書) 2, 한백조 등. <1장. 한자+이두. 조선 필사 이두 자료. 남원·구례 삭녕 최씨 구장. 한국학중앙연구원 장서각 한국고문서자료관 홈페이지 원문 이미지 보기. 한국정신문화연구원 편(2004) 참고>

1827-10-07. **김응서 토지매매명문**(金應瑞土地賣買明文), 답주 유학 장연준(畓主幼學張連俊). <1장. 한자+이두. 조선 필사 이두 자료. 전남 순천 월등 목천 장씨가 구장. 전북대학교 박물관 소장. 호남권 한국학자료센터 홈페이지 원문 이미지와 텍스트 보기. 최승희(1989), 정구복 외(1999), 이재수(2003) 참고>

1827-10-17. **종 유사 유학 박세환 토지매매명문**(宗有司幼學朴世煥土地賣買明文), 답주 동몽 유타관(畓主童蒙兪他寬). <1장. 한자+이두. 조선 필사 이두 자료. 전북 장수군 침곡 충주 박씨가 소장. 호남권 한국학자료센터 홈페이지 원문 이미지와 텍스트 보기. 박병호(1974ㄱ), 최승희(1989), 이재수(2003) 참고>

1827-10-20. **최계갑 토지매매명문**(崔癸甲土地賣買明文), 전주 이 생원 댁 노 춘득(田主李生員宅奴春得). <1장. 한자+이두. 조선 필사 이두 자료. 제천 한수 연안 이씨 소장. 한국학중앙연구원 장서각 한국고문서자료관 홈페이지 원문 이미지 보기. 한국정신문화연구원 편(2001) 참고>

1827-10-00. **김성언 등 상서**(金星彦等上書), 김성언 등. <1장. 한자+이두. 조선 필사 이두 자료. 남원·구례 삭녕 최씨 구장. 한국학중앙연구원 장서각 한국고문서자료관 홈페이지 원문 이미지 보기. 한국정신문화연구원 편(2004) 참고>

1827-10-00. **노 춘즉 배지**(奴春得牌旨), 상전 이(上典李). <1장. 한자+이두. 조선 필사 이두 자료. 제천 한수 연안 이씨 소장. 한국학중앙연구원 장서각 한국고문서자료관 홈페이지 원문 이미지 보기. 한국정신문화연구원 편(2001) 참고>

1827-10-00. **최강범 등 상서**(崔綱範等上書), 최강범 등. <1장. 한자+이두. 조선 필사 이두 자료. 남원·구례 삭녕 최씨 구장. 한국학중앙연구원 장서각 한국고문서자료관 홈페이지 원문 이미지 보기. 한국정신문화연구원 편(2004) 참고>

1827-11-10. **박상문 토지매매명문**(朴尙文土地賣買明文), 답주 배만의(畓主裵萬義). <1장. 한자+이두. 조선 필사 이두 자료. 경북 영해 인량 재령 이씨 충효당 구장. 한국국학진흥원 소장. 한국학중앙연구원 장서각 한국고문서자료관 홈페이지 원문 이미지와 텍스트 보기. 한국정신문화연구원 편(1997) 참고>

1827-11-10. **동중 수표**(洞中手標),[251] 표주 이대빈(標主李大彬). <1장. 한자+이두. 조선 필사 이두 자료. 풍산 류씨 하회 화경당(북촌댁) 구장. 한국국학진흥원 소장. 한국국학진흥원 유교넷 홈페이지 원문 이미지와 텍스트 보기>

1827-11-10. **유학 손홍량 토지매매명문**(幼學孫興良土地賣買明文), 답주 자필 유학 최택화(畓主自筆幼學崔宅華). <1장. 한자+이두. 조선 필사 이두 자료. 전북대학교 박물관 소장. 호남권 한국학자료센터 홈페이지 원문 이미지와 텍스트 보기. 박병호(1974ㄱ), 이재수(2003) 참고>

1827-11-15. **용연서원 유사 박용구 토지매매명문**(龍淵書院有司朴龍九土地賣買明文), 답주 자필 유학 박동승(畓主自筆幼學朴東昇). <1장. 한자+이두. 조선 필사 이두 자료. 경남 합천 용연서원 소장. 한국학중앙연구원 장서각 한국고문서자료관 홈페이지 원문 이미지 보기. 한국정신문화연구원 편(1996) 참고>

1827-11-20. **용연서원 별고 ■■■ 토지매매명문**(龍淵書院別庫■■■土地賣買明文),

---

[251] 한국국학진흥원 유교넷 홈페이지에서는 문서명을 '풍산류씨 하회마을 화경당(북촌댁) 정해년 11월에 표주 이대빈과 동중 사이에 작성된 명문(明文)(手標)[11201]'로 표시하였다.

답주 게 유사 유학 박용오(畓主契有司幼學朴龍五). <1장. 한자+이두. 조선 필사 이두 자료. 경남 합천 용연서원 소장. 한국학중앙연구원 장서각 한국고문서자료관 홈페이지 원문 이미지 보기. 한국정신문화연구원 편(1996) 참고>

1827-11-25. **구강서원 통문**(龜岡書院通文), 구강서원. <1장. 한자+이두. 조선 필사 이두 자료. 경북 경주시 내남면 이조리 경주 최씨·용산서원 소장. 한국학중앙연구원 장서각 한국고문서자료관 홈페이지 원문 이미지 보기. 한국정신문화연구원 편(2000) 참고>

1827-11-25. **안동대도호부사 전령**(安東大都護府使傳令), 안동부사. <1장. 한자+이두. 조선 필사 이두 자료. 안동시 풍산 류씨 하회 화경당(북촌댁) 구장. 한국국학진흥원 소장. 한국학자료센터 영남권역센터 홈페이지 원문 이미지와 텍스트 보기. 전경목(1996), 김경숙(2002) 참고>

1827-11-27. **이 생원 댁 노 토지매매명문**(李生員宅奴土地賣買明文) 2, 답주 고 여인백 처 이 조이(畓主故呂仁白妻李召史). <1장. 한자+이두. 조선 필사 이두 자료. 전남 보성 박실 제주 양씨가 구장. 원광대학교 박물관 소장. 호남권 한국학자료센터 홈페이지 원문 이미지와 텍스트 보기. 박병호(1974ㄱ), 이재수(2003) 참고>

1827-11-00. **류이좌 상서**(柳台佐上書), 류이좌. <1장. 한자+이두. 조선 필사 이두 자료. 안동시 풍산 류씨 하회 화경당(북촌댁) 구장. 한국국학진흥원 소장. 한국학자료센터 영남권역센터 홈페이지 원문 이미지와 텍스트 보기. 전경목(1996), 김경숙(2002) 참고>

1827-12-02. **강댁노미 토지매매명문**(姜宅老味土地賣買明文), 답주 이선택(畓主李善宅). <1장. 한자+이두. 조선 필사 이두 자료. 전남 보성 박실 제주 양씨가 구장. 원광대학교 박물관 소장. 호남권 한국학자료센터 홈페이지 원문 이미지와 텍스트 보기. 최승희(1989), 정구복 외(1999), 채현경(2011) 참고>

1827-12-07. **노 차석 방량문**(奴次石放良文), 상전 강재명(上典姜在明). <1장. 한자+이두. 조선 필사 이두 자료. 제주 어도내산 진주 강씨가 구장. 제주 한림 강우석 소장. 호남권 한국학자료센터 홈페이지 원문 이미지와 텍스트 보기. 김소은(2006), 전경목(2013), 권내현(2014) 참고>

1827-12-12. **김점삼 토지매매명문**(金點三土地賣買明文), 답주 자필 김효원(畓主自筆

金孝源). <1장. 한자+이두. 조선 필사 이두 자료. 경북 안동시 법흥동 고성 이씨 탑동 종가 구장. 한국국학진흥원 소장. 한국학자료센터 영남권역센터 홈페이지 원문 이미지와 텍스트 보기. 박병호(1974ㄱ), 최승희(1989), 이재수(2003), 이수건 외(2004) 참고>

1827-12-13. **박 노 월삼 토지매매명문**(朴奴月三土地賣買明文), 전주 자필 노 해섬(田主自筆奴海暹). <1장. 한자+이두. 조선 필사 이두 자료. 경북 영해 인량 재령 이씨 충효당 소장. 한국학중앙연구원 장서각 한국고문서자료관 홈페이지 원문 이미지 보기. 한국정신문화연구원 편(2004) 참고>

1827-12-13. **서일억금 토지매매명문**(徐壹億金土地賣買明文),[252] 답주 갈용악(畓主葛龍岳). <1장. 한자+이두. 조선 필사 이두 자료. 일본 경도대학 가와이문고 소장. 고려대학교 해외한국학자료센터 홈페이지 원문 이미지 보기>

1827-12-15. **백태주 분재기**(白兌周分財記), 백태주. <1장. 한자+이두. 조선 필사 이두 자료. 경북 영해 인량 재령 이씨 충효당 구장. 한국국학진흥원 소장. 한국학중앙연구원 장서각 한국고문서자료관 홈페이지 원문 이미지와 텍스트 보기. 한국정신문화연구원 편(1997) 참고>

1827-12-15. **오촌 당질 토지매매명문**(五寸堂侄土地賣買明文),[253] 답주 오촌 당숙 김용견(畓主五寸堂叔金龍見). <1장. 한자+이두. 조선 필사 이두 자료. 경북 예천군 용문면 대제리 원동 권씨 춘우재 고택 구장. 한국국학진흥원 소장. 한국학자료센터 영남권역센터 홈페이지 원문 이미지와 텍스트 보기>

1827-12-16. **종 유사 유학 최수 토지매매명문**(宗有司幼學崔琇土地賣買明文), 답주 자필 유학 최우규(畓主自筆幼學崔遇奎). <1장. 한자+이두. 조선 필사 이두 자료. 남원·구례 삭녕 최씨 구장. 한국학중앙연구원 장서각 한국고문서자료관 홈페이지 원문 이미지 보기. 한국정신문화연구원 편(2004) 참고>

1827-12-18. **한택 토지매매명문**(漢擇土地賣買明文), 답주 자필 정 생원 댁 호노 천돌

---

[252] 고려대학교 해외한국학자료센터 홈페이지에서는 '1827년 서일**은**(徐壹**隱**) 토지매매명문(土地賣買明文)'으로 잘못 적었다.

[253] 한국학자료센터 영남권역센터 홈페이지에서는 '1827년 김용견(金龍見) 방매 토지매매명문'으로 표시하였다.

(畓主自筆鄭生員宅戶奴天乭). <1장. 한자+이두. 조선 필사 이두 자료. 경북 영해 인량 재령 이씨 갈암 종택 소장. 한국학자료센터 영남권역센터 홈페이지 원문 이미지와 텍스트 보기>

1827-12-19. **이상희 토지매매명문**(李相曦土地賣買明文) 2, 답주 박상충(畓主朴尙忠). <1장. 한자+이두. 조선 필사 이두 자료. 경북 영해 인량 재령 이씨 충효당 구장. 한국국학진흥원 소장. 장서각 한국고문서자료관 홈페이지 원문 이미지 보기. 한국정신문화연구원 편(2004) 참고>

1827-12-20. **김도원 토지매매명문**(金道源土地賣買明文), 답주 강돌(畓主姜乭). <1장. 한자+이두. 조선 필사 이두 자료. 경북 안동시 법흥동 고성 이씨 탑동 종가 구장. 한국국학진흥원 소장. 한국학자료센터 영남권역센터 홈페이지 원문 이미지와 텍스트 보기. 박병호(1974ㄱ), 최승희(1989), 이재수(2003), 이수건 외(2004) 참고>

1827-12-29. **용연서원 유사 박용구 토지매매명문**(龍淵書院有司朴龍九土地賣買明文), 답주 자필 유학 문규보(畓主自筆幼學文奎輔). <1장. 한자+이두. 조선 필사 이두 자료. 경남 합천 용연서원 소장. 한국학중앙연구원 장서각 한국고문서자료관 홈페이지 원문 이미지 보기. 한국정신문화연구원 편(1996) 참고>

1827-12-00. **유진곤 등 등장**(柳震坤等等狀), 유진곤 등. <1장. 한자+이두. 조선 필사 이두 자료. 전북 순창 청계 문화 유씨가 소장. 호남권 한국학자료센터 홈페이지 원문 이미지와 텍스트 보기. 최승희(1989), 김경숙(2002) 참고>

1827-12-00. **황원 소지**(黃楥所志), 황원. <1장. 한자+이두. 조선 필사 이두 자료. 남원 대곡 장수 황씨 문중 소장. 호남권 한국학자료센터 홈페이지 원문 이미지와 텍스트 보기. 박병호(1974ㄱ), 최승희(1989), 전북향토문화연구회 편(1993), 정구복 외(1999) 참고>

1827-00-00. 「**상호도감의궤**(上 號都監儀軌)」[254] 상·하, 상호도감 편. <2책. 114장+97장. 필사본. 상권의 표제는 '(道光七年丁亥九月 日 五臺山上)上 號都監儀軌上'. 권수제는 '上 號都監儀軌'. 한자+이두. 조선 필사 이두 자료. 서울대학교 규장각 한국학

---

[254] 서울대학교 규장각 한국학연구원 의궤 종합정보 홈페이지에서는 서명을 표제나 권수제와는 달리 '순조순원왕후상호도감의궤(純祖純元王后上號都監儀軌)'로 적었다.

연구원 의궤 종합정보 홈페이지 '奎13344' 원문 이미지 보기>

1827-00-00. 「선원보략수정의궤(璿源譜略修正儀軌)」, 종부시 편. <1책. 27장. 필사본. 표제는 '(純宗二十七年 丁亥九月 日)璿源譜略修正儀軌'. 권수제는 '(道光七年丁亥九月初九日)璿源譜略修正儀軌'. 한자+이두. 조선 필사 이두 자료. 서울대학교 규장각 한국학연구원 의궤 종합정보 홈페이지 '奎14101' 원문 이미지 보기>

1827-00-00. 「왕세자책례등록(王世子冊禮謄錄)」, 예조(禮曹). <1책. 70장. 필사본. 한자+이두. 조선 필사 이두 자료. 한국학중앙연구원 디지털장서각 홈페이지 원문 이미지와 텍스트 보기. 한국정신문화연구원 편(2002) 참고>

1827-00-00. 「자경전진작정례의궤(慈慶殿進爵整禮儀軌)」, 예조(禮曹) 편(編). <2권 1책. 100장. 금속활자본. 정리자본. 표제는 '(禮曹上)進爵整禮儀軌 全'. 권수제는 '慈慶殿進爵整禮儀軌'. 한자+이두. 조선 인쇄 이두 자료. 한국학중앙연구원 디지털장서각 홈페이지 'K2-2858' 원문 이미지 보기>

1827-00-00. 「자경전진작정례의궤(慈慶殿進爵整禮儀軌)」, 진연도감(進宴都監). <2권 1책. 92장. 필사본. 표제는 '慈慶殿進爵進爵儀軌'. 한자+이두. 조선 필사 이두 자료. 서울대학교 규장각 한국학연구원 의궤 종합정보 홈페이지 '奎14362' 원문 이미지 보기>

1827-00-00. 「자경전진작정례의궤(慈慶殿進爵整禮儀軌)」, 진연도감(進宴都監). <2권 2책. 활자본. 정리자본. 표제는 '整理儀軌'. 한자+이두. 조선 인쇄 이두 자료. 서울대학교 규장각 한국학연구원 의궤 종합정보 홈페이지 '奎14536-v.1-2' 원문 이미지 보기>

1827-00-00. 「자경전진작정례의궤(慈慶殿進爵整禮儀軌)」, 진연도감(進宴都監) 편. <2권 2책. 55장+43장. 활자본. 정리자본. 개장한 상권의 표제는 '整禮儀軌上'. 권수제는 '慈慶殿進爵整禮儀軌卷首'. 한자+이두. 조선 인쇄 이두 자료. 서울대학교 규장각 한국학연구원 의궤 종합정보 홈페이지 '奎14535-v.1-2' 원문 이미지와 텍스트 보기> <영인본: 「규장각자료총서 금호시리즈(의궤편)」(서울대학교 규장각, 1996)>

1828년

<무자(戊子), 순조 28년, 도광 8년>

1828-01-01~1828-12-26(戊子). 「전객사일기(**典客司日記**)」 72, 예조(禮曹) 전객사(典客司) 편(編). <1책(72/99). 99장. 필사본. 한자+이두. 조선 필사 이두 자료. 서울대학교 규장각 한국학연구원 홈페이지 원문 이미지 보기> <1640-01-22~1641-12-23(1)>

1828-01-01~1828-12-29. 「결속색등록(**結束色謄錄**)」, 병조(兵曹) 편(編). <1책(41). 191장. 필사본. 한자+이두. 조선 필사 이두 자료. 서울대학교 규장각 한국학연구원 홈페이지 1787년~1891년 낙질본 107책(1792년(건륭 57년), 1811년(가경 16년) 하, 1816년(가경 21년), 1817년(가경 22년), 1824년(도광 4년), 1831년(도광 11년), 1871년(동치 10년), 1885년(광서 11년) 없음) 원문 이미지 보기>

1828-01-06. **이 생원 댁 노 일원 토지매매명문**(李生員宅奴日元土地賣買明文), 답주 김윤철(畓主金尹喆). <1장. 한자+이두. 조선 필사 이두 자료. 전남 보성 박실 제주 양씨가 구장. 원광대학교 박물관 소장. 호남권 한국학자료센터 홈페이지 원문 이미지와 텍스트 보기. 최승희(1989), 정구복 외(1999), 채현경(2011) 참고>

1828-01-07. **박명량 토지매매명문**(朴明良土地賣買明文) 1, 답주 유학 정재욱(畓主幼學丁載郁). <1장. 한자+이두. 조선 필사 이두 자료. 전남 영광군 입석 영월 신씨 소장. 한국학중앙연구원 장서각 한국고문서자료관 홈페이지 원문 이미지와 텍스트 보기. 한국정신문화연구원 편(1996) 참고>

1828-01-07. **박명량 토지매매명문**(朴明良土地賣買明文) 2, 답주 유학 정재욱(畓主幼學丁載郁). <1장. 한자+이두. 조선 필사 이두 자료. 전남 영광군 입석 영월 신씨 소장. 한국학중앙연구원 장서각 한국고문서자료관 홈페이지 원문 이미지와 텍스트 보기. 한국정신문화연구원 편(1996) 참고>

1828-01-09. **사백 토지매매명문**(舍伯土地賣買明文), 전주 유학 종제 이항수(田主幼學從弟李恒壽). <1장. 한자+이두. 조선 필사 이두 자료. 경북 경주시 안강읍 옥산리 여주 이씨 독락당 소장. 한국학중앙연구원 장서각 한국고문서자료관 홈페이지

원문 이미지 보기. 한국정신문화연구원 편(2003) 참고>

1828-01-10. **토지매매명문**(土地賣買明文),²⁵⁵ 답주 옥매(畓主玉梅). <1장. 한자+이두. 조선 필사 이두 자료. 경북 안동시 법흥동 고성 이씨 탑동 종가 구장. 한국국학진흥원 소장. 한국학자료센터 영남권역센터 홈페이지 원문 이미지와 텍스트 보기. 박병호(1974ㄱ), 최승희(1989), 이재수(2003), 이수건 외(2004) 참고>

1828-01-22. **황 생원 댁 노 이■ 토지매매명문**(黃生員宅奴二■土地賣買明文),²⁵⁶ 전주 한 생원 댁 노 만손(出主韓生員宅奴萬孫). <1장. 한자+이두. 조선 필사 이두 자료. 부여 은산 함양 박씨 소장. 장서각 한국고문서자료관 홈페이지 원문 이미지 보기. 한국정신문화연구원 편(2000) 참고>

1828-01-25. **신윤택 토지매매명문**(申允宅土地賣買明文), 답주 이 생원 댁 노 작구(畓主李生員宅奴作九). <1장. 한자+이두. 조선 필사 이두 자료. 전남 보성 박실 제주 양씨가 구장. 원광대학교 박물관 소장. 호남권 한국학자료센터 홈페이지 원문 이미지와 텍스트 보기. 박병호(1974ㄱ), 이재수(2003) 참고>

1828-01-27. **이 생원 댁 노 득선 토지매매명문**(李生員宅奴得先土地賣買明文), 답주 김천동(畓主金千同). <1장. 한자+이두. 조선 필사 이두 자료. 전남 보성 박실 제주 양씨가 구장. 원광대학교 박물관 소장. 호남권 한국학자료센터 홈페이지 원문 이미지와 텍스트 보기. 박병호(1974ㄱ), 이재수(2003) 참고>

1828-01-00. **김행교 등 등장**(金行敎等等狀), 김행교 등. <1장. 한자+이두. 조선 필사 이두 자료. 경북 안동시 오천 광산 김씨 후조당 소장. 한국학중앙연구원 장서각 한국고문서자료관 홈페이지 원문 이미지와 텍스트 보기. 한국정신문화연구원 편(1982) 참고>

1828-01-00. **박동귀 등 소지**(朴東龜等所志), 박동귀 등. <1장. 한자+이두. 조선 필사 이두 자료. 전북 남원 풍산 밀양 박씨가 구장. 남원향토박물관 소장. 호남권 한국학자료센터 홈페이지 원문 이미지와 텍스트 보기. 최승희(1989), 전경목 외(2006)

---

255 한국학자료센터 영남권역센터 홈페이지에서는 '옥매(玉梅) 토지매매명문(土地賣買明文)'으로 표시하였다.
256 한국학중앙연구원 장서각 한국고문서자료관 홈페이지에서는 '1828년 황생원댁(黃生員宅) 노(奴) 토지매매명문(土地賣買明文)'으로 표시하였다.

참고>

1828-01-00. **안이진·안원 등 소지**(安爾鎭安愿等所志) 1, 안이진·안원 등. <1장. 한자+이두. 조선 필사 이두 자료. 경북 안동시 갈전 순흥 안씨가 소장. 한국학중앙연구원 장서각 한국고문서자료관 홈페이지 원문 이미지 보기. 한국정신문화연구원 편(1999) 참고>

1828-01-00. **장덕삼 소지**(張德三所志), 장덕삼. <1장. 한자+이두. 조선 필사 이두 자료. 전북 태인 상허 인동 장씨가 구장. 전북 정읍시 시산 최재필가 소장. 호남권 한국학자료센터 홈페이지 원문 이미지 보기. 최승희(1989), 전경목 외(2006) 참고>

1828-02-03. **황일화 토지매매명문**(黃一化土地賣買明文), 답주 권경하(畓主權景夏). <1장. 한자+이두. 조선 필사 이두 자료. 경북 예천군 감천면 강릉 유씨 벌방 종가 구장. 한국국학진흥원 소장. 한국학자료센터 영남권역센터 홈페이지 원문 이미지와 텍스트 보기. 김성갑(2013) 참고>

1828-02-04. **유학 ■■■ 토지매매명문**(幼學■■■土地賣買明文), 답주 자필 유학 김재권(畓主自筆幼學金在權). <1장. 한자+이두. 조선 필사 이두 자료. 전남 영암 밀양 김씨 김상회 소장. 호남권 한국학자료센터 홈페이지 원문 이미지와 텍스트 보기. 최승희(1989) 참고>

1828-02-05. **상주현감 첩정**(尙州縣監牒呈), 상주현감. <1장. 점련문서. 한자+이두. 조선 필사 이두 자료. 경남 거창 강동 초계 정씨 동계 종가 구장. 한국학중앙연구원 장서각 한국고문서자료관 홈페이지 & 장서각 한국학자료센터 홈페이지 원문 이미지와 텍스트 보기. 한국정신문화연구원 편(1995, 2005), 박병련·김학수(2001), 김성갑(2006) 참고>

1828-02-09. **학계 성상 돌암 토지매매명문**(學稧城上乭岩土地賣買明文), 답주 김상진(畓主金尙振). <1장. 한자+이두. 조선 필사 이두 자료. 경북 안동시 하회 풍산 류씨 충효당 구장. 한국국학진흥원 소장. 한국학중앙연구원 장서각 한국학자료센터 홈페이지 & 한국국학진흥원 유교넷 홈페이지 원문 이미지와 텍스트 보기. 한국정신문화연구원 편(1994) 참고>

1828-02-14. **김시대 토지매매명문**(金時大土地賣買明文), 답주 상전 박(畓主上典朴).

<1장. 한자+이두. 조선 필사 이두 자료. 대전·청양 안동 김씨 삼당 후손가 소장. 한국학중앙연구원 장서각 한국고문서자료관 홈페이지 원문 이미지 보기. 한국정신문화연구원 편(2003) 참고>

1828-02-00. **옥산계당 수노 시동 소지**(玉山溪堂首奴時同所志),[257] 시동. <1장. 한자+이두. 조선 필사 이두 자료. 경북 경주시 안강읍 옥산리 여주 이씨 독락당 소장. 한국학중앙연구원 장서각 한국고문서자료관 홈페이지 원문 이미지 보기. 한국정신문화연구원 편(2003) 참고>

1828-02-00. **유풍천 댁 노 해손 소지**(柳豊川宅奴亥孫所志) 1, 해손. <1장. 한자+이두. 조선 필사 이두 자료. 전남 구례군 토지면 오미리 문화 류씨 운조루 소장. 한국학중앙연구원 장서각 한국고문서자료관 홈페이지 원문 이미지와 텍스트 보기. 한국정신문화연구원 편(1998) 참고>

1828-02-00. **유풍천 댁 노 해손 소지**(柳豊川宅奴亥孫所志) 2, 해손. <1장. 한자+이두. 조선 필사 이두 자료. 전남 구례군 토지면 오미리 문화 류씨 운조루 소장. 한국학중앙연구원 장서각 한국고문서자료관 홈페이지 원문 이미지와 텍스트 보기. 한국정신문화연구원 편(1998) 참고>

1828-02-00. **임지방·정세립 등 소지**(林之芳鄭世立等所志) 1, 임지방·정세립 등. <1장. 한자+이두. 조선 필사 이두 자료. 경남 거창 강동 초계 정씨 동계 종가 구장. 한국학중앙연구원 장서각 한국고문서자료관 홈페이지 원문 이미지와 텍스트 보기. 한국정신문화연구원 편(1995, 2005), 박병련·김학수(2001), 김성갑(2006) 참고>

1828-02-00. **임지방 등 의송**(林之芳等議送), 임지방 등. <1장. 한자+이두. 조선 필사 이두 자료. 경남 거창 강동 초계 정씨 동계 종가 구장. 한국학중앙연구원 장서각 한국학자료센터 홈페이지 원문 이미지와 텍스트 보기. 한국정신문화연구원 편(1995, 2005), 박병련·김학수(2001), 김성갑(2006) 참고>

1828-02-00. **한백조 등 상서**(韓百祚等上書), 한백조 등. <1장. 한자+이두. 조선 필사

---

[257] 한국학중앙연구원 장서각 한국고문서자료관 홈페이지에서는 '1828년 계정(溪亭) 수노(首奴) 소지(所志)'로 잘못 적었다.

이두 자료. 남원·구례 삭녕 최씨 구장. 한국학중앙연구원 장서각 한국고문서자료관 홈페이지 원문 이미지 보기. 한국정신문화연구원 편(2004) 참고>

1828-03-03. **이항규 토지매매명문**(李恒奎土地賣買明文), 답주 유학 신계(畓主幼學辛桂). <1장. 한자+이두. 조선 필사 이두 자료. 전남 영광군 입석 영월 신씨 소장. 한국학중앙연구원 장서각 한국고문서자료관 홈페이지 원문 이미지와 텍스트 보기. 한국정신문화연구원 편(1996) 참고>

1828-03-14. **시장문기**(柴場文記), 시장주 유학 한명희(柴場主幼學韓明禧). <1장. 한자+이두. 조선 필사 이두 자료. 전남 영광군 입석 영월 신씨 소장. 한국학중앙연구원 장서각 한국고문서자료관 홈페이지 원문 이미지와 텍스트 보기. 한국정신문화연구원 편(1996) 참고>

1828-03-30. **이 생원 댁 노 무자 토지매매명문**(李生員宅奴戊孖土地賣買明文),[258] 답주 자필 백 생원 댁 노 언력(畓主自筆白生員宅奴彦力). <1장. 한자+이두. 조선 필사 이두 자료. 경북 영해 인량 재령 이씨 충효당 소장. 한국학중앙연구원 장서각 한국고문서자료관 홈페이지 원문 이미지 보기. 한국정신문화연구원 편(2004) 참고>

1828-03-00. **고인기 소지**(高仁基所志), 고인기. <1장. 한자+이두. 조선 필사 이두 자료. 전북 부안 청호 제주 고씨 문중 구장. 전북 부안 청호 효충사 소장. 호남권 한국학자료센터 홈페이지 원문 이미지와 텍스트 보기. 최승희(1989), 김경숙(2002) 참고>

1828-03-00. **김두남 등 등장**(金斗南等等狀) 1, 김두남 등. <1장. 한자+이두. 조선 필사 이두 자료. 전북 부안군 취성재 소장. 호남권 한국학자료센터 홈페이지 원문 이미지와 텍스트 보기. 박병호(1974ㄱ), 최승희(1989), 전경목(2001), 정구복(2002) 참고>

1828-03-00. **임지방·정세립 등 소지**(林之芳鄭世立等所志) 2, 임지방·정세립 등. <1장. 한자+이두. 조선 필사 이두 자료. 경남 거창 강동 초계 정씨 동계 종가 구장.

---

[258] 한국학중앙연구원 장서각 한국고문서자료관 홈페이지에서는 '1828년 이상희(李相羲) 토지매매명문(土地賣買明文)'으로 적었다.

한국학중앙연구원 장서각 한국고문서자료관 홈페이지 & 한국학중앙연구원 장서각 한국학자료센터 홈페이지 원문 이미지와 텍스트 보기. 한국정신문화연구원 편(1995, 2005), 박병련·김학수(2001), 김성갑(2006) 참고>

1828-04-00. **김두남 등 등장**(金斗南等等狀) 2, 김두남 등. <1장. 한자+이두. 조선 필사 이두 자료. 전북 부안군 취성재 소장. 호남권 한국학자료센터 홈페이지 원문 이미지와 텍스트 보기. 박병호(1974ㄱ), 최승희(1989), 전경목(2001), 정구복(2002) 참고>

1828-06-00. **노봉서원 재임 품목**(露峯書院齋任稟目), 노봉서원. <1장. 한자+이두. 조선 필사 이두 자료. 남원·구례 삭녕 최씨 구장. 한국학중앙연구원 장서각 한국고문서자료관 홈페이지 원문 이미지 보기. 한국정신문화연구원 편(2004) 참고>

1828-08-11. **돌업 토지매매명문**(乭業土地賣買明文), 답주 유학 김(畓主幼學金). <1장. 한자+이두. 조선 필사 이두 자료. 경북 예천군 감천면 강릉 유씨 벌방 종가 구장. 한국국학진흥원 소장. 한국학자료센터 영남권역센터 홈페이지 원문 이미지와 텍스트 보기. 김성갑(2013) 참고>

1828-08-12. **진주 강씨 강상욱 등 통문**(晋州姜氏姜尙郁等通文), 강상욱 등. <1장. 한자+이두. 조선 필사 이두 자료. 제주 어도내산 진주 강씨 구장. 제주 한림 강우석 소장. 호남권 한국학자료센터 홈페이지 원문 이미지와 텍스트 보기. 최승희(1989) 참고>

1828-08-26. **집강 이 서목**(執綱李書目), 집강. <1장. 한자+이두. 조선 필사 이두 자료. 함안 두릉 순흥 안씨 소장. 한국학중앙연구원 장서각 한국고문서자료관 홈페이지 원문 이미지 보기. 한국학중앙연구원 편(2006) 참고>

1828-08-26. **집강 이 첩정**(執綱李書牒呈), 집강. <1장. 한자+이두. 조선 필사 이두 자료. 함안 두릉 순흥 안씨 소장. 한국학중앙연구원 장서각 한국고문서자료관 홈페이지 원문 이미지 보기. 한국학중앙연구원 편(2006) 참고>

1828-08-00. **김광열 등 등장**(金光烈等等狀), 김광열 등. <1장. 한자+이두. 조선 필사 이두 자료. 전북 부안군 취성재 소장. 호남권 한국학자료센터 홈페이지 원문 이미지와 텍스트 보기. 박병호(1974ㄱ), 최승희(1989), 전경목(1997), 정구복(2002), 이수건 외(2004), 김경숙(2012) 참고>

1828-08-00. **김두남 등 등장**(金斗南等等狀) 3, 김두남 등. <1장. 한자+이두. 조선 필사 이두 자료. 전북 부안군 취성재 소장. 호남권 한국학자료센터 홈페이지 원문 이미지와 텍스트 보기. 박병호(1974ㄱ), 최승희(1989), 전경목(2001), 정구복(2002) 참고>

1828-08-00. **김두남 등 등장**(金斗南等等狀) 4, 김두남 등. <1장. 한자+이두. 조선 필사 이두 자료. 전북 부안군 취성재 소장. 호남권 한국학자료센터 홈페이지 원문 이미지와 텍스트 보기. 박병호(1974ㄱ), 최승희(1989), 전경목(2001), 정구복(2002) 참고>

1828-08-00. **이치문 등 상서**(李致文等上書), 이치문. <1장. 한자+이두. 조선 필사 이두 자료. 남원·구례 삭녕 최씨 구장. 한국학중앙연구원 장서각 한국고문서자료관 홈페이지 원문 이미지 보기. 한국정신문화연구원 편(2004) 참고>

1828-08-00. **토지매매명문**(土地賣買明文),[259] 자필 답주 유학 정철원(自筆畓主幼學鄭哲源), <1장. 한자+이두. 조선 필사 이두 자료. 전북대학교 박물관 소장. 호남권 한국학자료센터 홈페이지 원문 이미지와 텍스트 보기. 최승희(1989), 정구복 외(1999), 이재수(2003) 참고>

1828-09-00. **안이진·안원 등 소지**(安爾鎭安愿等所志) 2, 안이진·안원 등. <1장. 한자+이두. 조선 필사 이두 자료. 경북 안동시 갈전 순흥 안씨가 소장. 한국학중앙연구원 장서각 한국고문서자료관 홈페이지 원문 이미지 보기. 한국정신문화연구원 편(1999) 참고>

1828-09-00. **유중화 소지**(柳重和所志), 유중화. <1장. 한자+이두. 조선 필사 이두 자료. 안산 부곡 진주 류씨 경성당 소장. 장서각 한국고문서자료관 홈페이지 원문 이미지 보기. 한국정신문화연구원 편(2002) 참고>

1828-09-00. **조명윤 등 상서**(趙命允等上書), 조명윤 등. <1장. 한자+이두. 조선 필사 이두 자료. 전남 강진군 한양 조씨 조경철 소장. 호남권 한국학자료센터 홈페이지 참고. 최승희(1989) 참고>

---

[259] 호남권 한국학자료센터 홈페이지에서는 '1828년 정철원(鄭哲源) 방매 토지매매명문(土地賣買明文)'으로 표시하였다.

1828-10-01. **김시범 다짐**(金時範侤音), 김시범. <1장. 한자+이두. 조선 필사 이두 자료. 경북 안동시 갈전 순흥 안씨 소장. 한국학중앙연구원 장서각 한국고문서자료관 홈페이지 원문 이미지 보기. 한국정신문화연구원 편(1999) 참고>

1828-10-30. **조얼박 토지매매명문**(趙㓌朴土地賣買明文), 전주 유 생원(田主柳生員). <1장. 한자+이두. 조선 필사 이두 자료. 전북 부안군 우반 부안 김씨 세덕각 소장. 한국학중앙연구원 장서각 한국학자료센터 홈페이지 & 호남권 한국학자료센터 홈페이지 원문 이미지와 텍스트 보기. 박병호(1974ㄱ), 한국정신문화연구원 편(1983, 1998), 이재수(2003), 한국학중앙연구원 편(2017) 참고>

1828-10-00. **안윤식 소지**(安潤植所志), 안윤식. <1장. 한자+이두. 조선 필사 이두 자료. 함안 두릉 순흥 안씨 소장. 한국학중앙연구원 장서각 한국고문서자료관 홈페이지 원문 이미지 보기. 한국학중앙연구원 편(2006) 참고>

1828-11-15. **유학 김상백 토지매매명문**(幼學金尙白土地賣買明文),[260] 산주 유학 김성국(山主幼學金聲國). <1장. 한자+이두. 조선 필사 이두 자료. 광주광역시 광산구 용곡동 김해 김씨 소장. 호남권 한국학자료센터 홈페이지 참고. 이재수(2003), 이수건 외(2004) 참고>

1828-11-16. **유학 이현적 별급문기**(幼學李顯勣別給文記),[261] 이현적. <1장. 한자+이두. 조선 필사 이두 자료. 안동 천전 의성 김씨 지촌 종택 소장. 한국학중앙연구원 장서각 한국고문서자료관 홈페이지 원문 이미지 보기. 한국정신문화연구원 편(1990) 참고>

1828-11-17. **삼종숙 이일순 토지매매명문**(三從叔李一淳土地賣買明文), 전주 삼종질 이휘전(田主三從侄李彙典). <1장. 한자+이두. 조선 필사 이두 자료. 경북 안동시 도산면 의촌리 은졸재 고택 구장. 한국국학진흥원 소장. 한국학자료센터 영남권 역센터 홈페이지 원문 이미지와 텍스트 보기>

1828-11-19. **김복손 토지매매명문**(金福孫土地賣買明文), 답주 용산재사 성상 김득(畓

---

[260] 호남권 한국학자료센터 홈페이지에서는 '1828년 김상백(金尙白) 송추문기(松楸文記)'로 표시하였다.

[261] 한국학중앙연구원 장서각 한국고문서자료관 홈페이지에서는 '1828년 이■■(李■■) 별급문기(別給文記)'로 표시하였다.

主龍山齋舍城上金得). <1장. 한자+이두. 조선 필사 이두 자료. 경북 안동시 주촌 진성 이씨 경류정 소장. 한국학중앙연구원 장서각 한국고문서자료관 홈페이지 원문 이미지와 텍스트 보기. 한국정신문화연구원 편(1999) 참고>

1828-11-00~1829-03-23(도광 8년 戊子~己丑). 「감동어기전말등록(監董漁基顚末謄錄)」, 동래부(東萊府) 편(編). <1책. 20장. 필사본. 한자+이두. 조선 필사 이두 자료. 서울대학교 규장각 한국학연구원 홈페이지 원문 이미지 보기> <영인본:「각사등록」 13(경상도편 3)(국사편찬위원회 편, 1984)>

1828-12-01. **강익수·강흥철 토지매매명문**(姜益壽姜興哲土地賣買明文), 강익수·강흥철. <1장. 한자+이두. 조선 필사 이두 자료. 경북 안동시 주촌 진성 이씨 경류정 소장. 한국학중앙연구원 장서각 한국고문서자료관 홈페이지 원문 이미지와 텍스트 보기. 한국정신문화연구원 편(1999) 참고>

1828-12-02. **권도일 토지매매명문**(權道一土地賣買明文), 전주 유학 손영대(田主幼學孫永大). <1장. 한자+이두. 조선 필사 이두 자료. 경북 안동시 법흥동 고성 이씨 탑동 종가 구장. 한국국학진흥원 소장. 한국학자료센터 영남권역센터 홈페이지 원문 이미지와 텍스트 보기. 박병호(1974ㄱ), 최승희(1989), 이재수(2003), 이수건 외(2004) 참고>

1828-12-07. **남백용 토지매매명문**(南白用土地賣買明文), 전주 자필 이재천(田主自筆李在天). <1장. 한자+이두. 조선 필사 이두 자료. 경북 예천군 감천면 강릉 유씨 벌방 종가 구장. 한국국학진흥원 소장. 한국학자료센터 영남권역센터 홈페이지 원문 이미지와 텍스트 보기. 김성갑(2013) 참고>

1828-12-15. **양복윤 시장문기**(梁福潤柴場文記), 경묘주 심달주(境墓主瀋達周). <1장. 한자+이두. 조선 필사 이두 자료. 전남 나주시 나주 정씨 정문찬 소장. 호남권 한국학자료센터 홈페이지 원문 이미지와 텍스트 보기. 최승희(1989), 국립민속박물관 편(1991) 참고>

1828-12-16. **윤재오 고목**(尹在五告目), 윤재오. <1장. 한자+이두. 조선 필사 이두 자료. 전남 구례군 토지면 오미리 문화 류씨 운조루 소장. 한국학중앙연구원 장서각 한국고문서자료관 홈페이지 원문 이미지와 텍스트 보기. 한국정신문화연구원 편(1998) 참고>

1828-12-18. **천원손 토지매매명문**(千元孫土地賣買明文), 전주 자필 진우윤(田主自筆 秦雨潤). <1장. 한자+이두. 조선 필사 이두 자료. 경북 예천군 감천면 강릉 유씨 벌방 종가 구장. 한국국학진흥원 소장. 한국학자료센터 영남권역센터 홈페이지 원문 이미지와 텍스트 보기. 김성갑(2013) 참고>

1828-12-20. **김치문 토지매매명문**(金致文土地賣買明文), 답주 박춘발(畓主朴春發). <1장. 한자+이두. 조선 필사 이두 자료. 전남 나주시 남내 밀양 박씨 청재 종가 소장. 호남권 한국학자료센터 홈페이지 원문 이미지와 텍스트 보기. 고창석(1993) 참고>

1828-12-24. **이 생원 댁 노 해운 토지매매명문**(李生員宅奴亥云土地賣買明文), 답주 동몽 이인보(畓主童蒙李寅甫). <1장. 한자+이두. 조선 필사 이두 자료. 전남 보성 박실 제주 양씨 구장. 원광대학교 박물관 소장. 호남권 한국학자료센터 홈페이지 원문 이미지와 텍스트 보기. 박병호(1974ㄱ), 이재수(2003) 참고>

1828-12-00. **안동 하회 유 승지 노 돌이 소지**(安東河回柳承旨露乙伊所志), 돌이. <1장. 한자+이두. 조선 필사 이두 자료. 풍산 류씨 하회 화경당(북촌댁) 구장. 한국국학 진흥원 소장. 한국학자료센터 영남권역센터 홈페이지 원문 이미지와 텍스트 보기. 전경목(1996), 김경숙(2002) 참고>

1828-00-00. 「국당유고(**菊堂遺稿**)」, 박흥생(朴興生, 1374년~1446년), <초간본. 1612년 5대손 박이겸(朴以謙)이 삼암서사(三巖書舍)에 간직해 둔 박흥생의 유고를 간행. 3권 1책. 한자+이두. 박흥생의 시문집. 한국고전종합DB 홈페이지 원문 이미지 보기> <이본: 1888-00-00~1894-00-00(14대손 박중호 중간본)>

1828-00-00. **노 동이 배지**(奴同伊牌旨), 상전 박(上典朴). <1장. 한자+이두. 조선 필사 이두 자료. 대전·청양 안동 김씨 삼당 후손가 소장. 한국학중앙연구원 장서각 한국고문서자료관 홈페이지 원문 이미지 보기. 한국정신문화연구원 편(2003) 참고>

1828-00-00. 「부연일기(**赴燕日記**)」, 이구(李球)의 비장(裨將)(또는 저자 미상). <1권 1책. 95장. 필사본. 연행록. 중국 사행일기. 서울대학교 규장각 한국학연구원 홈페이지 원문 이미지 보기> <「연행록선집」 하(성균관대학교 대동문화연구원 편, 1961), 「연행록선집」 9(민족문화추진회 편, 1982)>

1828-00-00.「진작의궤(進爵儀軌)」, 의궤감인청(儀軌監印廳) 편(編). <3권 2책. 56장(총목, 권수)+90장(권지1, 권지2, 부편). 금속활자본. 초주정리자본. 권지1의 권수제는 '進爵儀軌卷之一'. 한자+이두. 조선 인쇄 이두 자료. 서울대학교 규장각 한국학연구원, 미국 버클리대학교 동아시아도서관, 일본 동양문고 등 소장. 서울대학교 규장각 한국학연구원 의궤 종합정보 홈페이지 '奎14364' 원문 이미지 보기>

1828-00-00.「진작의궤(進爵儀軌)」, 의궤청(儀軌廳) 편(編). <2책. 59장+91장. 금속활자본. 정리자본. 권1의 표제는 '(戊子)進爵儀軌 一'. 권수제는 '進爵儀軌'. 한자+이두. 조선 인쇄 이두 자료. 한국학중앙연구원 디지털장서각 홈페이지 'K2-2859' 원문 이미지 보기>

1828-00-00.「효의왕후태묘도감의궤(孝懿王后太廟都監儀軌)」, 부묘도감(祔廟都監). <1책. 145장. 필사본. 한자+이두. 조선 필사 이두 자료. 한국학중앙연구원 장서각 소장. 한국학중앙연구원 한국학 디지털 아카이브 홈페이지 원문 이미지와 텍스트 보기>

1829년

<기축(己丑), 순조 29년, 도광 9년>

1829-01-01~1829-12-29.「결속색등록(結束色謄錄)」, 병조(兵曹) 편(編). <1책(42). 187장. 필사본. 한자+이두. 조선 필사 이두 자료. 서울대학교 규장각 한국학연구원 홈페이지 1787년~1891년 낙질본 107책(1792년(건륭 57년), 1811년(가경 16년)하, 1816년(가경 21년), 1817년(가경 22년), 1824년(도광 4년), 1831(도광 11년), 1871년(동치 10년), 1885년(광서 11년) 없음) 원문 이미지 보기>

1829-01-01~1829-12-30(己丑).「전객사일기(典客司日記)」 73, 예조(禮曹) 전객사(典客司) 편(編). <1책(73/99). 102장. 필사본. 한자+이두. 조선 필사 이두 자료. 서울대학교 규장각 한국학연구원 홈페이지 원문 이미지 보기> <1640-01-22~1641-12-23(1)>

1829-01-02. **김태손 토지매매명문**(金太孫土地賣買明文), 답주 자필 강원암(畓主自筆

姜願嚴). <1장. 한자+이두. 조선 필사 이두 자료. 경북 안동시 주촌 진성 이씨 경류정 구장. 서울역사박물관 소장. 한국학중앙연구원 장서각 한국고문서자료관 홈페이지 원문 이미지와 텍스트 보기. 한국정신문화연구원 편(1999) 참고>

1829-01-04. **김 생원 댁 노 막돌 토지매매명문**(金生員宅奴莫乭土地賣買明文),[262] 답주 역리 박흥대(畓主驛吏朴興垈大). <1장. 한자+이두. 조선 필사 이두 자료. 안동 천전 의성 김씨 지촌 종택 소장. 한국학중앙연구원 장서각 한국고문서자료관 홈페이지 & 한국국학진흥원 유교넷 홈페이지 원문 이미지 보기. 한국정신문화연구원 편(1990) 참고>

1829-01-13. **연포 윤씨 문중 토지매매명문**(蓮浦尹氏門中土地賣買明文), 답주 백치척기 이시현(畓主白峙戚紀李是鉉). <1장. 한자+이두. 조선 필사 이두 자료. 전남 해남 연동 해남 윤씨 녹우당 소장. 한국학중앙연구원 장서각 한국고문서자료관 홈페이지 원문 이미지와 텍스트 보기. 박병호(1974ㄱ), 한국정신문화연구원 편(1986), 이재수(2003), 김소은(2004) 참고>

1829-01-17. **이용택 수기**(李龍澤手記), 표주 유학 유도근(標主幼學柳道根). <1장. 점련 문서(5장). 한자+이두. 조선 필사 이두 자료. 경북 안동시 풍산읍 오미리 풍산 김씨 허백당 종택 구장. 한국국학진흥원 소장. 한국학자료센터 영남권역센터 홈페이지 원문 이미지와 텍스트 보기. 박병호(1974ㄱ), 최승희(1989), 김소은(2004), 최연숙(2005) 참고>

1829-01-19. **김용태 토지매매명문**(金龍太土地賣買明文), 전답주 노 득룡(田畓主奴得龍). <1장. 한자+이두. 조선 필사 이두 자료. 경북 안동시 오천 광산 김씨 후조당 소장. 한국학중앙연구원 장서각 한국고문서자료관 홈페이지 원문 이미지와 텍스트 보기. 한국정신문화연구원 편(1982) 참고>

1829-01-24. **동계 유사 유학 이석기·유학 최우한 토지매매명문**(洞楔有司幼學李錫杞幼學崔遇翰土地賣買明文), 답주 자필 유학 이기연(畓主自筆幼學李基淵). <1장. 한자+이두. 조선 필사 이두 자료. 전북 임실군 오수 삼계강사 소장. 호남권 한국학

---

[262] 한국국학진흥원 유교넷 홈페이지에서는 문서명을 '의성김씨 지촌종택 1829년에 역리 박흥대와 김생원**택**노 막돌 사이에 작성된 명문(明文)(田畓賣買文書)[06556]'으로 표시하였다.

자료센터 홈페이지 원문 이미지와 텍스트 보기. 박병호(1974ㄱ), 최승희(1989), 정구복 외(1999) 참고>

1829-01-26. **조언관 토지매매명문**(趙彥觀土地賣買明文),[263] 답주 자필 박수춘(畓主自筆朴壽春). <1장. 한자+이두. 조선 필사 이두 자료. 경북 영양군 영양읍 삼지리 한양 조씨 하담 고택 구장. 한국국학진흥원 소장. 한국학자료센터 영남권역센터 홈페이지 & 한국국학진흥원 유교넷 홈페이지 원문 이미지와 텍스트 보기. 박병호(1974ㄱ), 최승희(1989), 이재수(2003), 이수건 외(2004) 참고>

1829-01-29. **김 생원 주택 재실직 서천석 토지매매명문**(金生員主宅齋室直徐千石土地賣買明文), 전주 액청 고직 배용채(田主額廳庫直裵龍彩). <1장. 한자+이두. 조선 필사 이두 자료. 전북 부안군 취성재 소장. 호남권 한국학자료센터 홈페이지 원문 이미지와 텍스트 보기. 최승희(1989), 정구복 외(1999), 전경목(2001), 이재수(2003) 참고>

1829-01-29. **호노 필삼 상전 삼호 댁 자매명문**(戶奴必三上典三湖宅自賣明文), 소생부 조수돌(所生父趙壽乭). <1장. 한자+이두. 조선 필사 이두 자료. 경북 영해 인량 재령 이씨 충효당 소장. 한국학중앙연구원 장서각 한국고문서자료관 홈페이지 원문 이미지와 텍스트 보기. 한국정신문화연구원 편(1997) 참고>

1829-01-00. **김의유 등 소지**(金懿儒等所志), 김의유 등. <1장. 한자+이두. 조선 필사 이두 자료. 경북 안동시 오천 광산 김씨 후조당 소장. 한국학중앙연구원 장서각 한국고문서자료관 홈페이지 원문 이미지와 텍스트 보기. 한국정신문화연구원 편(1982) 참고>

1829-01-00. **안동 유 보덕댁**[264] **노 돌이 소지**(安東柳輔德宅奴乭伊所志), 돌이. <1장. 한자+이두. 조선 필사 이두 자료. 풍산 류씨 하회 화경당(북촌댁) 구장. 한국국학진흥원 소장. 한국학자료센터 영남권역센터 홈페이지 원문 이미지와 텍스트 보

---

[263] 한국학자료센터 영남권역센터 홈페이지에서는 '1829년 박수춘(朴壽春) 토지매매명문(土地賣買明文)'으로 표시하였다. 그리고 한국국학진흥원 유교넷 홈페이지에서는 문서명을 '1829년 박수춘이 조언관에게 논을 팔았음을 증명한 전답매매문기'로 표시하였다.

[264] 보덕(輔德)은 조선 시대에 세자시강원에 속하여 경사와 도의를 가르치던 종3품의 벼슬이다(「표준국어대사전」).

기. 전경목(1996), 김경숙(2002) 참고>

1829-01-00. **예안현 입지**(禮安縣立旨), 예안현. <1장. 한자+이두. 조선 필사 이두 자료. 경북 안동시 오천 광산 김씨 후조당 소장. 한국학중앙연구원 장서각 한국고문서자료관 홈페이지 원문 이미지와 텍스트 보기. 한국정신문화연구원 편(1982) 참고>

1829-02-03. **김두남 등 등장**(金斗南等等狀) 1, 김두남 등. <1장. 한자+이두. 조선 필사 이두 자료. 전북 부안군 취성재 소장. 호남권 한국학자료센터 홈페이지 원문 이미지와 텍스트 보기. 박병호(1974ㄱ), 최승희(1989), 전경목(2001), 정구복(2002) 참고>

1829-02-03. **한 생원 댁 노 만이 토지매매명문**(韓生員宅奴万伊土地賣買明文), 전주 최계갑(出主崔季甲). <1장. 한자+이두. 조선 필사 이두 자료. 제천 한수 연안 이씨 소장. 한국학중앙연구원 장서각 한국고문서자료관 홈페이지 원문 이미지 보기. 한국정신문화연구원 편(2001) 참고>

1829-02-08. **족손 유학 신윤현 토지매매명문**(族孫幼學辛潤鉉土地賣買明文), 답주 자필 족조 유학 신한섭(畓主自筆族祖幼學辛翰燮). <1장. 한자+이두. 조선 필사 이두 자료. 전남 영광군 입석 영월 신씨 소장. 한국학중앙연구원 장서각 한국고문서자료관 홈페이지 원문 이미지와 텍스트 보기. 한국정신문화연구원 편(1996) 참고>

1829-02-10. **강재명 토지매매명문**(姜在明土地賣買明文), 전주 자필집 홍상순(出主自筆執洪尙淳). <1장. 한자+이두. 조선 필사 이두 자료. 제주 어도내산 진주 강씨가 구장. 제주 한림 강우석 소장. 호남권 한국학자료센터 홈페이지 원문 이미지와 텍스트 보기. 오성찬(1994), 이재수(2003), 오창명(2007) 참고>

1829-02-11. **중형 박시순 토지매매명문**(仲兄朴時淳土地賣買明文), 전주 자필 사제 박시우(出主自筆舍弟朴時遇). <1장. 한자+이두. 조선 필사 이두 자료. 경북 영주시 문수면 수도리 반남 박씨 오헌 고택 구장. 한국국학진흥원 소장. 한국학자료센터 영남권역센터 홈페이지 원문 이미지와 텍스트 보기. 김성갑(2013) 참고>

1829-02-14. **유학 정일환 토지매매명문**(幼學鄭一煥土地賣買明文), 자필 답주 유학 조재의(自筆畓主幼學趙在義). <1장. 한자+이두. 조선 필사 이두 자료. 전남 순천 황전 경주 정씨가 구장. 광주광역시 이정옥 소장. 호남권 한국학자료센터 홈페이

지 원문 이미지와 텍스트 보기. 최승희(1989) 참고>

1829-02-15. **도잠서원 망회정 고자 토지매매명문**(道岑書院忘懷亭庫子土地賣買明文),[265] 답주 이 노 연심(畓主李奴連心). <1장. 한자+이두. 조선 필사 이두 자료. 창녕 조씨 지산 종택 구장. 한국국학진흥원 소장. 한국국학진흥원 유교넷 홈페이지 원문 이미지 보기>

1829-02-15. **도잠서원 별고 고자 토지매매명문**(道岑書院別庫庫子土地賣買明文)[266] 1, 답주 이 노 연심(畓主李奴連心). <1장. 한자+이두. 조선 필사 이두 자료. 창녕 조씨 지산 종택 구장. 한국국학진흥원 소장. 한국국학진흥원 유교넷 홈페이지 원문 이미지 보기>

1829-02-15. **유학 이병화 토지매매명문**(幼學李秉和土地賣買明文), 전주 자필 유학 임병순(田主自筆幼學林炳淳). <1장. 한자+이두. 조선 필사 이두 자료. 경북 예천군 감천면 강릉 유씨 벌방 종가 구장. 한국국학진흥원 소장. 한국학자료센터 영남권역센터 홈페이지 원문 이미지와 텍스트 보기. 김성갑(2013) 참고>

1829-02-21. **도잠서원 별고 고자 토지매매명문**(道岑書院別庫庫子土地賣買明文)[267] 2, 답주 이 노 달삼(畓主李奴達三). <1장. 한자+이두. 조선 필사 이두 자료. 창녕 조씨 지산 종택 구장. 한국국학진흥원 소장. 한국국학진흥원 유교넷 홈페이지 원문 이미지 보기>

1829-02-27. **김두남 등 등장**(金斗南等等狀) 2, 김두남 등. <1장. 한자+이두. 조선 필사 이두 자료. 전북 부안군 취성재 소장. 호남권 한국학자료센터 홈페이지 원문 이미지와 텍스트 보기. 박병호(1974ㄱ), 최승희(1989), 전경목(2001), 정구복(2002) 참고>

1829-02-27. **김두남 등 등장**(金斗南等等狀) 3, 김두남 등. <1장. 한자+이두. 조선

---

[265] 한국국학진흥원 유교넷 홈페이지에서는 문서명을 '1829년 연심이 도잠서원에서 논을 매도한 사실을 증명하는 전답매매문기'로 표시하였다.

[266] 한국국학진흥원 유교넷 홈페이지에서는 문서명을 '1829년 연심이 도잠서원에서 논을 매도한 사실을 증명하는 전답매매문기'로 표시하였다.

[267] 한국국학진흥원 유교넷 홈페이지에서는 문서명을 '1829년 달삼이 도잠서원에 논을 매도한 사실을 증명하는 전답매매문기'로 표시하였다.

필사 이두 자료. 전북 부안군 취성재 소장. 호남권 한국학자료센터 홈페이지 원문 이미지와 텍스트 보기. 박병호(1974ㄱ), 최승희(1989), 전경목(2001), 정구복(2002) 참고>

1829-02-29. **전고두 두이 토지매매명문**(錢古斗頭伊土地賣買明文), 자필 답주 최계두(自筆畓主崔啓斗). <1장. 한자+이두. 조선 필사 이두 자료. 전남 나주시 남내 밀양 박씨 청재 종가 소장. 호남권 한국학자료센터 홈페이지 원문 이미지와 텍스트 보기. 고창석(1996) 참고>

1829-02-00. **상언 초**(上言草) <1장. 점련문서. 전반부 결락. 한자+이두. 조선 필사 이두 자료. 충남 공주시 전주 이씨 숭선군파 종가 소장. 장서각 한국고문서자료관 홈페이지 원문 이미지 보기>

1829-02-00. **유학 족형 박진곤 토지매매명문**(幼學族兄朴鎭坤土地賣買明文), 전주 유학 박귀곤(田主幼學朴貴坤). <1장. 한자+이두. 조선 필사 이두 자료. 전북대학교 박물관 소장. 호남권 한국학자료센터 홈페이지 원문 이미지와 텍스트 보기. 박병호(1974ㄱ), 이재수(2003) 참고>

1829-03-02. **토지매매명문**(土地賣買明文),[268] 전답주 당숙 이중득(田畓主堂叔李仲得). <1장. 한자+이두. 조선 필사 이두 자료. 전남 영광 마산 경주 이씨가 구장. 진안 용담호미술관 소장. 호남권 한국학자료센터 홈페이지 원문 이미지와 텍스트 보기. 박병호(1974ㄱ), 최승희(1989), 정구복 외(1999), 이재수(2003) 참고>

1829-03-06. **유학 유응로 토지매매명문**(幼學劉應魯土地賣買明文), 전주 자필 유학 이정화(田主自筆幼學李鼎和). <1장. 한자+이두. 조선 필사 이두 자료. 경북 예천군 감천면 강릉 유씨 벌방 종가 구장. 한국국학진흥원 소장. 한국학자료센터 영남권역센터 홈페이지 원문 이미지와 텍스트 보기. 김성갑(2013) 참고>

1829-03-25. **유학 곽학묵 토지매매명문**(幼學郭學默土地賣買明文), 답주 자필 유학 유일호(畓主自筆幼學柳日浩). <1장. 한자+이두. 조선 필사 이두 자료. 전남 구례군 토지면 오미리 문화 류씨 운조루 소장. 장서각 한국고문서자료관 홈페이지 원문

---

[268] 호남권 한국학자료센터 홈페이지에서는 '이중득(李仲得) 방매(放賣) 토지매매명문(土地賣買明文)'으로 표시하였다.

이미지와 텍스트 보기. 한국정신문화연구원 편(1998) 참고>

1829-03-30. **이씨 종계 유사 노 순흥 토지매매명문**(李氏宗稧有司宅奴順興土地賣買明文), 전주 이중철(田主李重喆). <1장. 한자+이두. 조선 필사 이두 자료. 제천 한수 연안 이씨 소장. 한국학중앙연구원 장서각 한국고문서자료관 홈페이지 원문 이미지 보기. 한국정신문화연구원 편(2001) 참고>

1829-03-00. **박시채 소지**(朴時采所志), 박시채. <1장. 한자+이두. 조선 필사 이두 자료. 전북 임실군 청웅 밀양 박씨가 소장. 호남권 한국학자료센터 홈페이지 원문 이미지와 텍스트 보기. 최승희(1989), 김경숙(2002) 참고>

1829-03-00. **백태주 소지**(白兌周所志), 백태주. <1장. 한자+이두. 조선 필사 이두 자료. 경북 영해 인량 재령 이씨 충효당 소장. 한국학중앙연구원 장서각 한국고문서자료관 홈페이지 원문 이미지 보기. 한국정신문화연구원 편(1997) 참고>

1829-03-00. **안연로 등 상서**(安挺魯等上書), 안연로 등. <1장. 한자+이두. 조선 필사 이두 자료. 무안 광산 김씨 모충사 소장. 호남권 한국학자료센터 홈페이지 원문 이미지 보기. 최승희(1989), 국립민속박물관 편(1991), 정구복 외(1999), 전경목 외(2006) 참고>

1829-03-00. **이석기 등 상서**(李錫杞等上書), 이석기 등. <1장. 한자+이두. 조선 필사 이두 자료. 남원·구례 삭녕 최씨 구장. 한국학중앙연구원 장서각 소장. 장서각 한국고문서자료관 홈페이지 원문 이미지 보기. 한국정신문화연구원 편(2004) 참고>

1829-03-00 & 1829-04-20. **산천재 재직 완문**(山天齋齋直完文), 진주목(晋州牧). <1책. 6장. 한자+이두. 조선 필사 이두 자료. 경남 산청 덕천서원 소장. 한국학중앙연구원 장서각 한국고문서자료관 홈페이지 원문 이미지와 텍스트 보기. 한국정신문화연구원 편(1995) 참고>

1829-04-02. **강릉 유씨 문중 토지매매명문**(江陵劉氏門中土地賣買明文), 대주 자필 유응벽(垈主自筆劉應璧). <1장. 한자+이두. 조선 필사 이두 자료. 경북 예천군 감천면 강릉 유씨 별방 종가 구장. 한국국학진흥원 소장. 한국학자료센터 영남권역센터 홈페이지 원문 이미지와 텍스트 보기. 김성갑(2013) 참고>

1829-04-07. **김성옥 토지매매명문**(金聲玉土地賣買明文), 답주 자필 유학 남시진(畓主

自筆幼學南始鎭). <1장. 한자+이두. 조선 필사 이두 자료. 경북 예천군 용문면 대제리 원동 권씨 춘우재 고택 구장. 한국국학진흥원 소장. 한국학자료센터 영남권역센터 홈페이지 원문 이미지와 텍스트 보기. 김성갑(2013) 참고>

1829-04-11. **김두남 등 등장**(金斗南等等狀) 4, 김두남 등. <1장. 한자+이두. 조선 필사 이두 자료. 전북 부안군 취성재 소장. 호남권 한국학자료센터 홈페이지 원문 이미지와 텍스트 보기. 박병호(1974ㄱ), 최승희(1989), 전경목(2001), 정구복(2002) 참고>

1829-04-16. **김두남 등 등장**(金斗南等等狀) 5, 김두남 등. <1장. 한자+이두. 조선 필사 이두 자료. 전북 부안군 취성재 소장. 호남권 한국학자료센터 홈페이지 원문 이미지와 텍스트 보기. 박병호(1974ㄱ), 최승희(1989), 전경목(2001), 정구복(2002) 참고>

1829-04-17~1866-06-12(도광 9년 기축~동치 5년 병인).[269] 「삼성추국일기(三省推鞫日記)」 1-2, 승정원(承政院). <2책. 필사본. 한자+이두.[270] 조선 필사 이두 자료. 한국학중앙연구원 한국학 디지털 아카이브 홈페이지 원문 이미지와 텍스트 보기>

1829-04-23. **김두남 등 등장**(金斗南等等狀) 6, 김두남 등. <1장. 한자+이두. 조선 필사 이두 자료. 전북 부안군 취성재 소장. 호남권 한국학자료센터 홈페이지 원문 이미지와 텍스트 보기. 박병호(1974ㄱ), 최승희(1989), 전경목(2001), 정구복(2002) 참고>

1829-04-24. **이시영 토지매매명문**(李時永土地賣買明文), 답주 김안복(畓主金安復). <1장. 한자+이두. 조선 필사 이두 자료. 전북 부안군 우반 부안 김씨 세덕각 소장. 한국학중앙연구원 장서각 한국학자료센터 홈페이지 & 호남권 한국학자료

---

[269] 한국학중앙연구원 한국학 디지털 아카이브 홈페이지에서는 '간행년'을 '1929년'으로 잘못 적었다. 권1의 본문 마지막 '열함(列銜)'에는 '소화 4년 4월 1일 정기민(鄭琦民)'과 '소화 4년 5월 30일 검사(檢査) 이중현(李中鉉)'이 기록되어 있다. 그리고 권2의 본문 마지막에는 '소화 4년 4월 1일 김석빈(金碩彬)'과 '소화 4년 5월 30일 검사(檢査) 이중현(李中鉉)'이 기록되어 있다.

[270] 한국학중앙연구원 한국학 디지털 아카이브 홈페이지 '서지'의 '언어'에서는 '한문'으로 잘못 적었다.

센터 홈페이지 원문 이미지와 텍스트 보기. 박병호(1974ㄱ), 한국정신문화연구원 편(1983, 1998), 이재수(2003), 한국학중앙연구원 편(2017) 참고>

1829-04-26. **유학 박순갑 토지매매명문**(幼學朴順甲土地賣買明文), 시장주 자필 유학 성경조(柴場主自筆幼學成景祚). <1장. 한자+이두. 조선 필사 이두 자료. 전북 고창 석호 담양 국씨가 구장. 전북대학교 박물관 소장. 호남권 한국학자료센터 홈페이지 원문 이미지와 텍스트 보기. 박병호(1974ㄱ), 최승희(1989), 정구복 외(1999) 참고>

1829-04-00. **고부 광산 김씨가 입안**(古阜光山金氏家立案), 예조(禮曹). <1장. 한자+이두. 조선 필사 이두 자료. 전북 고창·고부 광산 김씨 소장. 한국학중앙연구원 고문서자료관 홈페이지 원문 이미지 보기. 한국학중앙연구원 편(2009) 참고>

1829-04-00. **김제령 등 상서**(金濟寧等上書), 김제령 등. <1장. 한자+이두. 조선 필사 이두 자료. 경북 안동시 오천 광산 김씨 후조당 소장. 한국학중앙연구원 장서각 한국고문서자료관 홈페이지 원문 이미지와 텍스트 보기. 한국정신문화연구원 편(1982) 참고>

1829-04-00. **삭녕군수 삭녕 최씨 선산 수호 완문**(朔寧郡守朔寧崔氏先山守護完文), 삭녕군수. <1책. 3장. 한자+이두. 조선 필사 이두 자료. 남원·구례 삭녕 최씨 구장. 한국학중앙연구원 장서각 한국고문서자료관 홈페이지 원문 이미지 보기. 한국정신문화연구원 편(2004) 참고>

1829-04-00. **재령 이씨 재위토 분쟁 관련 입안**(載寧李氏齋位土紛爭關聯立案), 영해도호부(寧海都護府). <1장. 한자+이두. 조선 필사 이두 자료. 영해 인량 재령 이씨 우계 종택 구장. 한국국학진흥원 소장. 한국학자료센터 영남권역센터 홈페이지 원문 이미지와 텍스트 보기>

1829-05-01. **자매명문**(自賣明文), 김용석(金用石). <1장. 한자+이두. 조선 필사 이두 자료. 경북 경주시 내남면 이조리 경주 최씨·용산서원 소장. 한국학중앙연구원 장서각 한국고문서자료관 홈페이지 원문 이미지 보기. 한국정신문화연구원 편(2000) 참고>

1829-05-05. **강영로 토지매매명문**(姜永老土地賣買明文), 전주 진 씨(田主秦氏). <1장. 한자+이두. 조선 필사 이두 자료. 제주 어도내산 진주 강씨가 구장. 제주 한림

강우석 소장. 호남권 한국학자료센터 홈페이지 원문 이미지와 텍스트 보기. 이재수(2003), 오창명(2007) 참고>

1829-05-06. **선혜청 공사지 공인권 매매명문**(宣惠廳公事紙貢人權賣買明文), 재주 안동윤(財主安東潤). <1장. 한자+이두. 조선 필사 이두 자료. 일본 경도대학 가와이문고 소장. 고려대학교 해외한국학자료센터 홈페이지 원문 이미지 보기>

1829-05-23. **이동규 토지매매명문**(李東奎土地賣買明文), 답주 유학 자필 안호순(畓主幼學自筆安浩淳). <1장. 한자+이두. 조선 필사 이두 자료. 전북 고창 석호 담양 국씨가 구장. 전북대학교 박물관 소장. 호남권 한국학자료센터 홈페이지 원문 이미지와 텍스트 보기. 최승희(1989), 정구복 외(1999), 이재수(2003) 참고>

1829-06-00. **이정전 등 등장**(李正銓等等狀), 이정전 등. <1장. 한자+이두. 조선 필사 이두 자료. 전북 남원 둔덕 전주 이씨가 구장. 전북대학교 박물관 소장. 호남권 한국학자료센터 홈페이지 원문 이미지와 텍스트 보기. 박병호(1974ㄱ), 최승희(1989), 정구복 외(1999) 참고>

1829-06-00. **임만동 소지**(林萬東所志)[271] 1, 임만동. <1장. 한자+이두. 조선 필사 이두 자료. 경북 예천 임씨 금양파 금포 고택 구장. 한국국학진흥원 소장. 한국국학진흥원 유교넷 홈페이지 원문 이미지와 텍스트 보기>

1829-07-25. **제 세룡 토지매매명문**(弟勢龍土地賣買明文),[272] 답주 형 천득(畓主兄千得). <1장. 한자+이두. 조선 필사 이두 자료. 영양 남씨 난고 종택 구장. 한국국학진흥원 소장. 한국국학진흥원 유교넷 홈페이지 원문 이미지와 텍스트 보기>

1829-08-10~1829-11-21(己丑. 도광 9년). 「전라감사 조인영 계록(全羅監司趙寅永啓錄)」 제2권, 비변사(備邊司) 편(編). <1책. 제1/7. 151장. 필사본. 표제는 '全羅監營啓錄'. 한자+이두. 조선 필사 이두 자료. 서울대학교 규장각 한국학연구원 홈페이지 낙질본 원문 이미지 보기. 「각사등록」 18(전라도편 1)(국사편찬위원회, 1985) 영인> <1845-07-22~1845-12-20(2/7), 1847-03-21~1847-05-18(3/7), 1849-03-12~

---

271 한국국학진흥원 유교넷 홈페이지에서는 문서명을 '기축년 임만동이 동중에게 대금 납부 증서에 대해 올린 소지'로 표시하였다.

272 한국국학진흥원 유교넷 홈페이지에서는 문서명을 '영양남씨 난고종택 도광 9년에 형 천득과 제 세룡 사이에 작성된 명문(明文)(田畓賣買)[11038]'로 표시하였다.

1849-07-27(4/7), 1854-02-08~1855-02-16(5/7), 1876-02-14~1876-07-28(6/7), 1885-04-14~1889-04-21(7/7)>

1829-08-18. **김의조 등 상서**(金宜祖等上書), 김의조 등. <1장. 한자+이두. 조선 필사 이두 자료. 전북 부안군 우반 부안 김씨 세덕각 소장. 한국학중앙연구원 장서각 한국학자료센터 홈페이지 & 호남권 한국학자료센터 홈페이지 원문 이미지와 텍스트 보기. 박병호(1974ㄱ), 한국정신문화연구원 편(1983, 1998), 최승희(1989), 전경목(2001), 정구복(2002), 한국학중앙연구원 편(2017) 참고>

1829-08-22. **입하면 풍헌 첩정**(立下面風憲牒呈), 풍헌. <1장. 한자+이두. 조선 필사 이두 자료. 전북 부안군 우반 부안 김씨 세덕각 소장. 호남권 한국학자료센터 홈페이지 원문 이미지와 텍스트 보기. 박병호(1974ㄱ), 최승희(1989), 전경목(2001) 참고>

1829-08-00. **강명규 소지**(姜命奎所志), 강명규. <1장. 한자+이두. 조선 필사 이두 자료. 봉화 법전 진주 강씨 고암 강암 후손가 소장. 장서각 한국고문서자료관 홈페이지 원문 이미지 보기>

1829-08-00. **김정식 소지**(金鼎植所志), 김정식. <1장. 한자+이두. 조선 필사 이두 자료. 해남 노송 김해 김씨 노송사 소장. 한국학중앙연구원 장서각 한국고문서자료관 홈페이지 원문 이미지와 텍스트 보기. 한국정신문화연구원 편(1998) 참고>

1829-08-00. **김정식 의송**(金鼎植議送), 김정식. <1장. 한자+이두. 조선 필사 이두 자료. 해남 노송 김해 김씨 노송사 소장. 호남권 한국학자료센터 홈페이지 원문 이미지 보기. 최승희(1989), 조정곤(2013) 참고>

1829-09-09. **사령 이만근 초사**(使令李萬根招辭), 이만근. <1장. 한자+이두. 조선 필사 이두 자료. 전남 구례군 토지면 오미리 문화 류씨 운조루 소장. 한국학중앙연구원 장서각 한국고문서자료관 홈페이지 원문 이미지와 텍스트 보기. 한국정신문화연구원 편(1998) 참고>

1829-09-09. **형리 강필양 초사**(刑吏姜必陽招辭), 강필양. <1장. 한자+이두. 조선 필사 이두 자료. 전남 구례군 토지면 오미리 문화 류씨 운조루 소장. 한국학중앙연구원 장서각 한국고문서자료관 홈페이지 원문 이미지와 텍스트 보기. 한국정신문화연구원 편(1998) 참고>

1829-09-09. **형리 윤치민 초사**(刑吏尹致敏招辭), 윤치민. <1장. 한자+이두. 조선 필사 이두 자료. 전남 구례군 토지면 오미리 문화 류씨 운조루 소장. 한국학중앙연구원 장서각 한국고문서자료관 홈페이지 원문 이미지와 텍스트 보기. 한국정신문화연구원 편(1998) 참고>

1829-09-00. **박인휴 등 상서**(朴寅休等上書), 박인휴 등. <1장. 한자+이두. 조선 필사 이두 자료. 전북 순창 청계 문화 유씨가 소장. 호남권 한국학자료센터 홈페이지 원문 이미지와 텍스트 보기. 박병호(1974ㄱ), 최승희(1989), 정구복 외(1999) 참고>

1829-09-00. **한백조 등 상서**(韓百祚等上書), 한백조 등. <1장. 한자+이두. 조선 필사 이두 자료. 남원·구례 삭녕 최씨 구장. 한국학중앙연구원 장서각 소장. 장서각 한국고문서자료관 홈페이지 원문 이미지 보기. 한국정신문화연구원 편(2004) 참고>

1829-09-00. **화민 유억 소지**(化民柳億所志) 1, 유억. <1장. 한자+이두. 조선 필사 이두 자료. 전남 구례군 토지면 오미리 문화 류씨 운조루 소장. 장서각 한국고문서자료관 홈페이지 원문 이미지와 텍스트 보기. 한국정신문화연구원 편(1998) 참고>

1829-09-00. **화민 유억 소지**(化民柳億所志) 2, 유억. <1장. 한자+이두. 조선 필사 이두 자료. 전남 구례군 토지면 오미리 문화 류씨 운조루 소장. 한국학중앙연구원 장서각 한국고문서자료관 홈페이지 원문 이미지와 텍스트 보기. 한국정신문화연구원 편(1998) 참고>

1829-10-03. **김두남 등 등장**(金斗南等等狀) 7, 김두남 등. <1장. 한자+이두. 조선 필사 이두 자료. 전북 부안군 취성재 소장. 호남권 한국학자료센터 홈페이지 원문 이미지와 텍스트 보기. 박병호(1974ㄱ), 한국정신문화연구원 편(1983, 1998), 최승희(1989), 전경목(2001), 정구복(2002) 참고>

1829-10-04. **장종욱·구갑손 다짐**(張宗郁具甲孫侤音), 장종욱·구갑손. <1장. 한자+이두. 조선 필사 이두 자료. 영해 인량 재령 이씨 우계 종택 구장. 한국국학진흥원 소장. 한국학자료센터 영남권역센터 홈페이지 원문 이미지와 텍스트 보기>

1829-10-10. **영남 대소호지계 도중 가사매매명문**(嶺南大小好紙契都中家舍賣買明文), 재주 최희(財主崔㬢). <1장. 한자+이두. 조선 필사 이두 자료. 한국학중앙연구원

장서각 한국고문서자료관 홈페이지 & 한국학중앙연구원 한국학 디지털 아카이브 홈페이지 원문 이미지와 텍스트 보기. 한국정신문화연구원 편(1992) 참고>

1829-10-13. **김두남 등 등장**(金斗南等等狀) 8, 김두남 등. <1장. 한자+이두. 조선 필사 이두 자료. 전북 부안군 취성재 소장. 호남권 한국학자료센터 홈페이지 원문 이미지와 텍스트 보기. 박병호(1974ㄱ), 최승희(1989), 전경목(2001), 정구복(2002) 참고>

1829-10-14. **해남 윤씨가 소지**(海南尹氏家所志), 해남 윤씨가. <1장. 한자+이두. 조선 필사 이두 자료. 전남 강진 해남 윤씨 윤동기 구장. 목포대학교 도서문화연구원 소장. 호남권 한국학자료센터 홈페이지 원문 이미지 보기. 최승희(1989) 참고>

1829-10-17. **최봉조 토지매매명문**(崔奉祚土地賣買明文), 자필 답주 유학 김종후(自筆畓主幼學金鍾厚). <1장. 한자+이두. 조선 필사 이두 자료. 전남 순천 황전 경주 정씨가 구장. 광주광역시 이정옥 소장. 호남권 한국학자료센터 홈페이지 원문 이미지와 텍스트 보기. 최승희(1989) 참고>

1829-10-18. **김두남 등 등장**(金斗南等等狀) 9, 김두남 등. <1장. 한자+이두. 조선 필사 이두 자료. 전북 부안군 취성재 소장. 호남권 한국학자료센터 홈페이지 원문 이미지와 텍스트 보기. 박병호(1974ㄱ), 최승희(1989), 전경목(2001), 정구복(2002) 참고>

1829-10-24. **막선 토지매매명문**(莫先土地賣買明文), 전주 노 복금(田主奴卜金). <1장. 한자+이두. 조선 필사 이두 자료. 아산 선교 장흥 임씨 구장. 한국학중앙연구원 장서각 한국고문서자료관 홈페이지 원문 이미지 보기. 한국학중앙연구원 편(2008) 참고>

1829-10-00. **김창교 등 상서**(金昌教等上書), 김창교 등. <1장. 한자+이두. 조선 필사 이두 자료. 경북 안동시 오천 광산 김씨 후조당 소장. 한국학중앙연구원 장서각 한국고문서자료관 홈페이지 원문 이미지와 텍스트 보기. 한국정신문화연구원 편(1982) 참고>

1829-10-00. **화민 이조영 소지**(化民李祖榮所志) 1, 이조영. <1장. 한자+이두. 조선 필사 이두 자료. 영해 인량 재령 이씨 우계 종택 구장. 한국국학진흥원 소장. 한국학자료센터 영남권역센터 홈페이지 원문 이미지와 텍스트 보기>

1829-11-09. **한량 임철수 토지매매명문**(閑良任喆守土地賣買明文), 답주 유학 임양준(畓主幼學林良俊). <1장. 한자+이두. 조선 필사 이두 자료. 전남 보성 박실 제주 양씨가 구장. 원광대학교 박물관 소장. 호남권 한국학자료센터 홈페이지 원문 이미지와 텍스트 보기. 최승희(1989), 정구복 외(1999), 이재수(2003) 참고>

1829-11-12. **동성 고모 엄 조이 토지매매명문**(同姓姑母嚴召史土地賣買明文), 전주 질 엄의(田主姪嚴義).[273] <1장. 한자+이두. 조선 필사 이두 자료. 경북 영양군 영양읍 삼지리 한양 조씨 하담 고택 구장. 한국국학진흥원 소장. 한국학자료센터 영남권역센터 홈페이지 원문 이미지와 텍스트 보기. 박병호(1974ㄱ), 최승희(1989), 이재수(2003), 이수건 외(2004) 참고>

1829-11-15. **석수영 군기시 약환 공인권 매매명문**(石壽永軍器寺藥丸貢人權賣買明文), 곽재창(郭再昌). <1장. 한자+이두. 조선 필사 이두 자료. 일본 경도대학 가와이문고 소장. 고려대학교 해외한국학자료센터 홈페이지 원문 이미지 보기>

1829-11-23. **박윤옥 토지매매명문**(朴允玉土地賣買明文), 답주 자필 문달일(畓主自筆文達日). <1장. 한자+이두. 조선 필사 이두 자료. 전남 보성 박실 제주 양씨가 구장. 원광대학교 박물관 소장. 호남권 한국학자료센터 홈페이지 원문 이미지와 텍스트 보기. 박병호(1974ㄱ), 최승희(1989), 이재수(2003) 참고>

1829-11-24. **임응호 토지매매명문**(林應虎土地賣買明文)[274] 1, 전주 김 노 귀복(田主金奴貴卜). <1장. 한자+이두. 조선 필사 이두 자료. 경북 예천 임씨 금양파 금포 고택 구장. 한국국학진흥원 소장. 한국국학진흥원 유교넷 홈페이지 원문 이미지와 텍스트 보기>

1829-11-28. **안 생원 댁 노 수덕 토지매매명문**(安生員宅奴水德土地賣買明文), 답주 김춘담(畓主金春淡). <1장. 한자+이두. 조선 필사 이두 자료. 전남 보성군 택촌 죽산 안씨 은봉 종가 소장. 호남권 한국학자료센터 홈페이지 원문 이미지와 텍스트 보기. 김현영(2003) 참고>

---

[273] 한국학자료센터 영남권역센터 홈페이지에서는 '엄장(嚴藏)'으로 잘못 적었다.
[274] 한국국학진흥원 유교넷 홈페이지에서는 문서명을 '1829년 귀복이 임응호에게 전답을 팔았음을 증명하는 전답매매문기'로 표시하였다.

1829-11-29. **김성옥 토지매매명문**(金成玉土地賣買明文), 전주 자필집 이귀금(田主自筆執李龜禁). <1장. 한자+이두. 조선 필사 이두 자료. 경북 상주 낙동 풍양 조씨 양진당 소장. 장서각 한국고문서자료관 홈페이지 원문 이미지 보기>

1829-11-29. **임응호 토지매매명문**(林應虎土地賣買明文)[275] 2, 사촌 삼산댁 수노 말득(沙村三山宅首奴䒳得). <1장. 한자+이두. 조선 필사 이두 자료. 경북 예천 임씨 금양파 금포 고택 구장. 한국국학진흥원 소장. 한국국학진흥원 유교넷 홈페이지 원문 이미지와 텍스트 보기>

1829-11-00. **화민 이조영 소지**(化民李祖榮所志) 2, 이조영. <1장. 한자+이두. 조선 필사 이두 자료. 영해 인량 재령 이씨 우계 종택 구장. 한국국학진흥원 소장. 한국학자료센터 영남권역센터 홈페이지 원문 이미지와 텍스트 보기>

1829-12-06. **김 비 득매 댁 토지매매명문**(金婢得每宅土地賣買明文), 전주 사노 권순득(田主私奴權順得). <1장. 한자+이두. 조선 필사 이두 자료. 경북 안동시 오천 광산 김씨 후조당 소장. 한국학중앙연구원 장서각 한국고문서자료관 홈페이지 원문 이미지와 텍스트 보기. 한국정신문화연구원 편(1982) 참고>

1829-12-06. **김인택 토지환퇴명문**(金仁宅土地還退明文), 답주 박은흘(畓主朴殷吃).[276] <1장. 한자+이두. 조선 필사 이두 자료. 경북 예천군 용문면 대제리 원동 권씨 춘우재 고택 구장. 한국국학진흥원 소장. 한국학자료센터 영남권역센터 홈페이지 원문 이미지와 텍스트 보기. 김성갑(2013) 참고>

1829-12-07. **임응호 토지매매명문**(林應虎土地賣買明文)[277] 3, 답주 유학 김(畓主幼學金). <1장. 한자+이두. 조선 필사 이두 자료. 경북 예천 임씨 금양파 금포 고택 구장. 한국국학진흥원 소장. 한국국학진흥원 유교넷 홈페이지 원문 이미지와 텍스트 보기>

1829-12-11. **유학 임훈재 토지매매명문**(幼學任勛材土地賣買明文), 답주 유학 황영희

---

275 한국국학진흥원 유교넷 홈페이지에서는 문서명을 '1829년 수노 말득이 임응호에게 논을 팔았음을 증명하는 전답매매문기'로 표시하였다.

276 한국학자료센터 영남권역센터 홈페이지에서는 '박단국(朴段國)'으로 적었다.

277 한국국학진흥원 유교넷 홈페이지에서는 문서명을 '1829년 김 아무개가 임응호에게 논을 팔았음을 증명하는 전답매매문기'로 표시하였다.

(畓主幼學黃英熙). <1장. 한자+이두. 조선 필사 이두 자료. 전남 보성군 능묵리 장흥 임씨가 구장. 전북대학교 박물관 소장. 호남권 한국학자료센터 홈페이지 원문 이미지와 텍스트 보기. 최승희(1989), 이재수(2003) 참고>

1829-12-14. **밀성 박씨 완문**(密城朴氏完文), 박상열 등(朴祥列等). <1장. 한자+이두. 조선 필사 이두 자료. 경남 밀양 신호 밀성 박씨·덕남서원 소장. 한국학중앙연구원 장서각 한국고문서자료관 홈페이지 원문 이미지 보기. 한국정신문화연구원 편(2004) 참고>

1829-12-16. **염장문기**(鹽場文記), 염대주 조성인(鹽垈主曺聖仁). <1장. 한자+이두. 조선 필사 이두 자료. 아산 선교 장흥 임씨 구장. 한국학중앙연구원 장서각 한국고문서자료관 홈페이지 원문 이미지 보기. 한국학중앙연구원 편(2008) 참고>

1829-12-22. **불양답 종손 임응화·불양전 종손 김화춘 토지매매명문**(佛養畓宗孫林應華佛養田宗孫金和春土地賣買明文),[278] 사위 답주 방장승 혜옥(寺位畓主房長僧惠玉). <1장. 한자+이두. 조선 필사 이두 자료. 경북 예천 임씨 금양파 금포 고택 구장. 한국국학진흥원 소장. 한국국학진흥원 유교넷 홈페이지 원문 이미지와 텍스트 보기>

1829-12-22. **신정구 시장문기**(申正九柴場文記), 입석동 중험원 박운만(立石洞中僉員朴云萬). <1장. 한자+이두. 조선 필사 이두 자료. 전남 순창군 좌부 천안 전씨가 구장. 순창장류박물관 소장. 호남권 한국학자료센터 홈페이지 원문 이미지와 텍스트 보기. 박병호(1974ㄱ), 최승희(1989), 전북향토문화연구회 편(1993) 참고>

1829-12-26. **김상복 토지매매명문**(金象卜土地賣買明文), 전주 이 원생 노 안득태(田主李生員奴安得太). <1장. 한자+이두. 조선 필사 이두 자료. 경북 영해 인량 재령 이씨 갈암 종택 소장. 한국학자료센터 영남권역센터 홈페이지 원문 이미지와 텍스트 보기>

1829-12-28. **사자 관평 깃급문기**(四子寬平衿給文記),[279] 필집 유학 신지택(筆執幼學辛

---

278 한국국학진흥원 유교넷 홈페이지에서는 문서명을 '1829년 방장승 혜옥이 임응화, 김화춘에게 전답을 팔았음을 증명하는 전답매매문기'로 표시하였다.

279 문서의 끝에서는 '寬平'이 아닌 '官平'으로 적었다.

智宅). <1장. 한자+이두. 조선 필사 이두 자료. 삼척시립박물관 소장. 한국학자료센터 강원권역센터 홈페이지 원문 이미지와 텍스트 보기. 최승희(1989), 전경목(2010), 채현경(2011), 김세민(2013) 참고>

1829-12-00. **임만동 소지**(林萬東所志),[280] 2, 임만동. <1장. 한자+이두. 조선 필사 이두 자료. 경북 예천 임씨 금양파 금포 고택 구장. 한국국학진흥원 소장. 한국국학진흥원 유교넷 홈페이지 원문 이미지와 텍스트 보기>

1829-12-00. **정국량 차첩**(鄭國良差帖), 경기도관찰사(京畿道觀察使). <1장. 한자+이두. 조선 필사 이두 자료. 무주 장기 연안 이씨가 소장. 호남권 한국학자료센터 홈페이지 원문 이미지와 텍스트 보기. 심우준(1989), 최승희(1989), 유지영(2007) 참고>

1829-■■-00. **화민 유진억 소지**(化民柳震億所志), 유진억. <1장. 한자+이두. 조선 필사 이두 자료. 전남 구례군 토지면 오미리 문화 류씨 운조루 소장. 한국학중앙연구원 장서각 한국고문서자료관 홈페이지 원문 이미지와 텍스트 보기. 한국정신문화연구원 편(1998) 참고>

1829-00-00. **임양준 수기**(林良俊手記), 임양준. <1장. 한자+이두. 조선 필사 이두 자료. 전남 보성 박실 제주 양씨가 구장. 원광대학교 박물관 소장. 호남권 한국학자료센터 홈페이지 원문 이미지와 텍스트 보기. 최승희(1989), 정구복 외(1999) 참고>

1829-00-00. 「진찬의궤(**進饌儀軌**)」,[281] 진연도감(進宴都監) 편(編). <4책. 금속활자본. 정리자본. 권1의 표제는 '己丑進饌儀軌 一'. 권수제는 '進饌儀軌'. 한자+이두. 조선 인쇄 이두 자료. 한국학중앙연구원 디지털장서각 홈페이지 'K2-2873' 원문 이미지 보기>

1829-00-00. 「진찬의궤(**進饌儀軌**)」 1~4, 의궤감인청(儀軌監印廳) 편(編). <4책. 금속활자본. 정리자본. 권수의 권수제는 '進饌儀軌卷首'. 한자+이두. 조선 인쇄 이두

---

[280] 한국국학진흥원 유교넷 홈페이지에서는 문서명을 '기축년 임만동이 동중에게 대금 납부 증서에 대해 올린 소지'로 표시하였다.

[281] 한국학중앙연구원 디지털장서각 홈페이지에서는 서명을 '[기축]진찬의궤[己丑]進饌儀軌]'로 적었다.

자료. 서울대학교 규장각 한국학연구원 의궤 종합정보 홈페이지 '奎14370' 원문 이미지 보기>

1829-00-00(또는 1830년) 추정. 「이두편람(吏讀便覽)」, 편자 미상, 운각(芸閣) 인쇄 추정. <1책. 활자본. '이두편람', '집람이문(輯覽吏文)', '행용이문(行用吏文)' 3편으로 이루어져 있다. 이두+한글. 약 330개의 이두를 자수별로 수록. 조선 필사 이두 자료. 이문 어휘 자료. 안병희(2001ㄱ, 2009) 참고> <이본: ① 19세기 추정(필사본. 마에마 교사쿠(前間恭作) 구장본을 일본 도쿄대학 동양문고 'VII-2-279' 소장) ② 19세기 후반~20세기 초반(또는 1860년대~1870년대) 추정. 「진람(震覽)」(1책. 42장. 필사본. 서울대학교 규장각 한국학연구원 홈페이지 '가람古903-J563' 원문 이미지 보기) ③ 19세기 추정(필사본. 일본 고마자와대학(駒澤大學) '駒足359' 소장) ④ 19세기 추정(필사본. 전주고등학교 구장. 분실)> <영인본: 아세아문화사(1975)>

1829-00-00 이후 기입 추정. 「불설아미타경요해(佛說阿彌陀經要解)」, 구마라집(鳩摩羅什) 역(譯), 지욱(智旭) 해(解), 관북(關北) 학성(鶴城): 설봉(雪峯) 석왕사(釋王寺) 개간(開刊). <개간본. 1책. 50장. 목판본. 본문에 생획토 기입. 불교 서적. 조선 묵서 구결 자료. 국립중앙도서관 홈페이지 원문 이미지 보기>

1830년

<경인(庚寅), 순조 30년, 도광 10년>

1830-01-01~1830-07-28. 「결속색등록(結束色謄錄)」, 병조(兵曹) 편(編). <1책(43). 109장. 필사본. 한자+이두. 조선 필사 이두 자료. 서울대학교 규장각 한국학연구원 홈페이지 1787년~1891년 낙질본 107책(1792년(건륭 57년), 1811년(가경 16년) 하, 1816년(가경 21년), 1817년(가경 22년), 1824년(도광 4년), 1831(도광 11년), 1871년(동치 10년), 1885년(광서 11년) 없음) 원문 이미지 보기>

1830-01-01~1830-12-16(庚寅). 「전객사일기(典客司日記)」 74, 예조(禮曹) 전객사(典客司) 편(編). <1책(74/99). 119장. 필사본. 한자+이두. 조선 필사 이두 자료. 서울대

학교 규장각 한국학연구원 홈페이지 원문 이미지 보기> <1640-01-22~1641-12-23(1)>

1830-01-06. **남복련 토지매매명문**(南福連土地賣買明文), 강성진(姜聖臻). <1장. 한자+이두. 조선 필사 이두 자료. 남원·구례 삭녕 최씨 구장. 한국학중앙연구원 장서각 한국고문서자료관 홈페이지 원문 이미지 보기. 한국정신문화연구원 편(2004) 참고>

1830-01-09. **유학 유응로 토지매매명문**(幼學劉應魯土地賣買明文), 전주 유학 김문흠(田主幼學金文欽). <1장. 한자+이두. 조선 필사 이두 자료. 경북 예천군 감천면 강릉 유씨 벌방 종가 구장. 한국국학진흥원 소장. 한국학자료센터 영남권역센터 홈페이지 원문 이미지와 텍스트 보기. 김성갑(2013) 참고>

1830-01-13. **이 생원 노 언남 토지매매명문**(李生員奴彦男土地賣買明文), 전주 김영득(田主金永得). <1장. 한자+이두. 조선 필사 이두 자료. 경북 영해 인량 재령 이씨 충효당 소장. 한국학중앙연구원 장서각 한국고문서자료관 홈페이지 원문 이미지와 텍스트 보기. 한국정신문화연구원 편(1997) 참고>

1830-01-16. **토지매매명문**(土地賣買明文),[282] 자필 답주 유학 정일환(自筆畓主幼學鄭一煥). <1장. 한자+이두. 조선 필사 이두 자료. 전남 순천 황전 경주 정씨가 구장. 광주광역시 이정옥 소장. 호남권 한국학자료센터 홈페이지 원문 이미지와 텍스트 보기. 최승희(1989) 참고>

1830-01-19. **유 노 춘녀 토지매매명문**(柳奴春女土地賣買明文), 전주 자필 유학 유도근(田主自筆幼學柳道根). <1장. 점련문서(5장). 한자+이두. 조선 필사 이두 자료. 경북 안동시 풍산읍 오미리 풍산 김씨 허백당 종택 구장. 한국국학진흥원 소장. 한국학자료센터 영남권역센터 홈페이지 원문 이미지와 텍스트 보기. 박병호(1974ㄱ), 김소은(2004), 최연숙(2005) 참고>

1830-01-29. **유학 신항업 토지매매명문**(幼學辛恒懱土地賣買明文), 답주 자필 상인 오정린(畓主自筆喪人吳廷麟). <1장. 한자+이두. 조선 필사 이두 자료. 전남 영광

---

[282] 호남권 한국학자료센터 홈페이지에서는 '1830년 정일환(鄭一煥) 방매(放賣) 토지매매명문(土地賣買明文)'으로 표시하였다.

군 입석 영월 신씨 소장. 한국학중앙연구원 장서각 한국고문서자료관 홈페이지 원문 이미지와 텍스트 보기. 한국정신문화연구원 편(1996) 참고>

1830-01-00. **김두남 등 등장**(金斗南等等狀) 1, 김두남 등. <1장. 한자+이두. 조선 필사 이두 자료. 전북 부안군 취성재 소장. 호남권 한국학자료센터 홈페이지 원문 이미지와 텍스트 보기. 박병호(1974ㄱ), 최승희(1989), 전경목(1997), 정구복(2002), 김경숙(2012) 참고>

1830-01-00. **유 참군 노 개동 소지**(柳參軍奴价東所志), 개동. <1장. 한자+이두. 조선 필사 이두 자료. 전남 구례군 토지면 오미리 문화 류씨 운조루 소장. 한국학중앙연구원 장서각 한국고문서자료관 홈페이지 원문 이미지와 텍스트 보기. 한국정신문화연구원 편(1998) 참고>

1830-01-00. **유재홍 등 통문**(柳在洪等通文), 유재홍 등. <1장. 한자+이두. 조선 필사 이두 자료. 무안 광산 김씨 모충사 소장. 호남권 한국학자료센터 홈페이지 원문 이미지 보기. 최승희(1989), 국립민속박물관 편(1991), 정구복 외(1999), 전경목 외(2006) 참고>

1830-01-00. **유택환 등 소지**(柳宅煥等所志) 1, 유택환 등. <1장. 한자+이두. 조선 필사 이두 자료. 담양 모헌관 소장. 호남권 한국학자료센터 홈페이지 원문 이미지와 텍스트 보기. 최승희(1989), 정구복 외(1999) 참고>

1830-01-00. **이 노 늧남 소지**(李奴苾男所志),[283] 늧남. <1장. 한자+이두. 조선 필사 이두 자료. 영해 인량 재령 이씨 우계 종택 구장. 한국국학진흥원 소장. 한국학자료센터 영남권역센터 홈페이지 원문 이미지와 텍스트 보기>

1830-01-00~1830-12-00(庚寅).「추조결옥록(**秋曹決獄錄**)」제55, 형조(刑曹) 편(編). <1책(2/낙질본 43). 60장. 필사본. 한자+이두. 조선 필사 이두 자료. 서울대학교 규장각 한국학연구원 홈페이지 원문 이미지 보기> <1822-01-00~1822-12-00 (1/43)>

1830-02-01. **김두남 등 등장**(金斗南等等狀) 2, 김두남 등. <1장. 한자+이두. 조선

---

[283] 한국학자료센터 영남권역센터 홈페이지에서는 '1830년 이노(李奴) 닙남(苾男) 소지(所志)'로 표시하였다.

필사 이두 자료. 전북 부안군 취성재 소장. 호남권 한국학자료센터 홈페이지 원문 이미지와 텍스트 보기. 박병호(1974ㄱ), 최승희(1989), 전경목(1997), 정구복(2002), 김경숙(2012) 참고>

1830-02-03. **진효현 토지매매명문**(陳孝顯土地賣買明文), 답주 자필 유학 최덕형(畓主自筆幼學崔德馨). <1장. 한자+이두. 조선 필사 이두 자료. 전북대학교 박물관 소장. 호남권 한국학자료센터 홈페이지 원문 이미지와 텍스트 보기. 박병호(1974ㄱ), 이재수(2003) 참고>

1830-02-04. **토지매매명문**(土地賣買明文),[284] 1, 자필 답주 유학 조재의(自筆畓主幼學趙在義). <1장. 한자+이두. 조선 필사 이두 자료. 전남 순천 황전 경주 정씨가 구장. 광주광역시 이정옥 소장. 호남권 한국학자료센터 홈페이지 원문 이미지와 텍스트 보기. 최승희(1989) 참고>

1830-02-07. **유학 임시원 토지매매명문**(幼學任時元土地賣買明文) 1, 답주 유학 진효현(畓主幼學陳孝顯). <1장. 한자+이두. 조선 필사 이두 자료. 전북대학교 박물관 소장. 호남권 한국학자료센터 홈페이지 원문 이미지와 텍스트 보기. 박병호(1974ㄱ), 최승희(1989), 이재수(2003), 박준호(2004), 전경목 외(2006) 참고>

1830-02-10. **정정언 댁 노 순금 수기**(鄭正言宅奴順金手記), 순금. <1장. 한자+이두. 조선 필사 이두 자료. 경기도 용인시 오산 해주 오씨 추탄 종가 구장. 한국학중앙연구원 장서각 한국고문서자료관 홈페이지 원문 이미지와 텍스트 보기. 한국정신문화연구원 편(1998) 참고>

1830-02-11. **■■■ 토지매매명문**(■■■土地賣買明文),[285] 답주 유학 김대유(畓主幼學金大有). <1장. 한자+이두. 조선 필사 이두 자료. 전북대학교 박물관 소장. 호남권 한국학자료센터 홈페이지 원문 이미지와 텍스트 보기. 박병호(1974ㄱ), 이재수(2003) 참고>

1830-02-12. **종택 토지매매명문**(宗宅土地賣買明文), 전주 자필 김제동(田主自筆金濟

---

[284] 호남권 한국학자료센터 홈페이지에서는 '1830년 조재의(趙在義) 방매(放賣) 토지매매명문(土地賣買明文)'으로 표시하였다.

[285] 호남권 한국학자료센터 홈페이지에서는 '1830년 송예진(宋禮鎭) 토지매매명문(土地賣買明文)'으로 잘못 적었다.

東). <1장. 한자+이두. 조선 필사 이두 자료. 경북 안동시 오천 광산 김씨 후조당 소장. 한국학중앙연구원 장서각 한국고문서자료관 홈페이지 원문 이미지와 텍스트 보기. 박병호(1974ㄱ), 한국정신문화연구원 편(1982), 최승희(1989) 참고>

1830-02-13. **유학 이 토지매매명문**(幼學李土地賣買明文), 전주 자필 김계순(田主自筆金啓淳). <1장. 한자+이두. 조선 필사 이두 자료. 경북 예천군 감천면 강릉 유씨 벌방 종가 구장. 한국국학진흥원 소장. 한국학자료센터 영남권역센터 홈페이지 원문 이미지와 텍스트 보기. 김성갑(2013) 참고>

1830-02-13. **유학 정인찬 토지매매명문**(幼學鄭仁贊土地賣買明文), 자필 답주 유학 조재의(自筆畓主幼學趙在義). <1장. 한자+이두. 조선 필사 이두 자료. 전남 순천 황전 경주 정씨가 구장. 광주광역시 이정옥 소장. 호남권 한국학자료센터 홈페이지 원문 이미지와 텍스트 보기. 최승희(1989) 참고>

1830-02-18. **토지매매명문**(土地賣買明文)[286] 2, 자필 답주 유학 조재의(自筆畓主幼學趙在義). <1장. 한자+이두. 조선 필사 이두 자료. 전남 순천 황전 경주 정씨가 구장. 광주광역시 이정옥 소장. 호남권 한국학자료센터 홈페이지 원문 이미지와 텍스트 보기. 최승희(1989) 참고>

1830-02-19. **대감댁 노 토지매매명문**(大監宅奴土地賣買明文), 전주 사여 댁 노 임복(田主沙呂宅奴壬卜). <1장. 한자+이두. 조선 필사 이두 자료. 경북 안동시 하회 풍산 류씨 충효당 소장. 한국학중앙연구원 장서각 한국고문서자료관 홈페이지 원문 이미지와 텍스트 보기. 한국정신문화연구원 편(1994) 참고>

1830-02-00. **김상보 등 상서**(金相輔等上書), 김상보 등. <1장. 한자+이두. 조선 필사 이두 자료. 무안 광산 김씨 모충사 소장. 호남권 한국학자료센터 홈페이지 원문 이미지 보기. 최승희(1989), 국립민속박물관 편(1991), 정구복 외(1999), 전경목 외(2006) 참고>

1830-02-00. **노 인수 소지**(奴仁水所志) 1, 인수. <1장. 한자+이두. 조선 필사 이두 자료. 전남 화순 해주 최씨가 소장. 호남권 한국학자료센터 홈페이지 원문 이미지

---

[286] 호남권 한국학자료센터 홈페이지에서는 '1830년 조재의(趙在義) 방매(放賣) 토지매매명문(土地賣買明文)'으로 표시하였다.

보기. 최승희(1989), 정구복 외(1999) 참고>

1830-02-00. **종형 정수 노비매매명문**(從兄定秀奴婢賣買明文), 재주 자필 삼종제 기수(財主三從弟其秀). <1장. 한자+이두. 조선 필사 이두 자료. 경북 안동시 법흥동 고성 이씨 탑동 종가 구장. 한국국학진흥원 소장. 한국학자료센터 영남권역센터 홈페이지 원문 이미지와 텍스트 보기. 박병호(1974ㄱ), 최승희(1989), 이재수(2003), 이수건 외(2004) 참고>

1830-윤2-00. **노 인수 소지**(奴仁水所志) 2, 인수. <1장. 한자+이두. 조선 필사 이두 자료. 전남 화순 해주 최씨가 소장. 호남권 한국학자료센터 홈페이지 원문 이미지 보기. 최승희(1989), 정구복 외(1999) 참고>

1830-윤2-00. **노 인수 소지**(奴仁水所志) 3, 인수. <1장. 한자+이두. 조선 필사 이두 자료. 전남 화순 해주 최씨가 소장. 호남권 한국학자료센터 홈페이지 원문 이미지 보기. 최승희(1989), 정구복 외(1999) 참고>

1830-03-13. **김백문 토지매매명문**(金百文土地賣買明文),[287] 진주 엄광옥(田主嚴光玉). <1장. 한자+이두. 조선 필사 이두 자료. 경북 영양군 영양읍 삼지리 한양 조씨 하담 고택 구장. 한국국학진흥원 소장. 한국학자료센터 영남권역센터 홈페이지 원문 이미지와 텍스트 보기. 박병호(1974ㄱ), 최승희(1989), 이재수(2003) 참고>

1830-03-13. **용산서원 별고 유사 주 토지매매명문**(龍山書院別庫有司主土地賣買明文),[288] 답주 김정손(畓主金丁孫). <1장. 한자+이두. 조선 필사 이두 자료. 경북 경주시 내남면 이조리 경주 최씨·용산서원 소장. 한국학중앙연구원 장서각 한국고문서자료관 홈페이지 원문 이미지 보기. 한국정신문화연구원 편(2000) 참고>

1830-03-15. **강 생원 댁 토지매매명문**(姜生員宅土地賣買明文), 답주 자필 최순복(畓主自筆崔順鯒). <1장. 한자+이두. 조선 필사 이두 자료. 전북 무장 원송 진주 강씨가 구장. 전북대학교 박물관 소장. 호남권 한국학자료센터 홈페이지 원문 이미지와 텍스트 보기. 박병호(1974ㄱ), 최승희(1989), 이재수(2003) 참고>

---

287 한국학자료센터 영남권역센터 홈페이지에서는 '1830년 엄광옥(嚴光玉) 토지매매명문(土地賣買明文)'으로 잘못 적었다.

288 한국학중앙연구원 장서각 한국고문서자료관 홈페이지에서는 '1830년 용원별고(龍院別庫) 유사(有司) 토지매매명문(土地賣買明文)'으로 표시하였다.

1830-03-18. **부곡재사 유사 남곤수 토지매매명문**(釜谷齋舍有司南崑壽土地賣買明文) 1, 답주 족숙 남경기(畓主族叔南景基). <1장. 한자+이두. 조선 필사 이두 자료. 경북 영덕군 영해면 괴시리 영양 남씨 괴시파 영감댁 구장. 한국국학진흥원 소장. 한국학자료센터 영남권역센터 홈페이지 원문 이미지와 텍스트 보기>

1830-03-22. **가사매매명문**(家舍賣買明文),[289] 재주 이지영(財主李枝英). <1장. 한자+이두. 조선 필사 이두 자료. 경남 거창 강동 초계 정씨 동계 종가 구장. 한국학중앙연구원 장서각 한국고문서자료관 홈페이지 & 한국학중앙연구원 장서각 한국학자료센터 홈페이지 원문 이미지와 텍스트 보기. 김태영(1983), 최승희(1989), 한국정신문화연구원 편(1995, 2005), 이재수(2003), 정구복(2005) 참고>

1830-03-22.[290] **유학 이진형 토지매매명문**(幼學李鎭衡土地賣買明文), 답주 자필 유학 안성득(畓主自筆幼學安性得). <1장. 한자+이두. 조선 필사 이두 자료. 전남 보성 박실 제주 양씨가 구장. 원광대학교 박물관 소장. 호남권 한국학자료센터 홈페이지 원문 이미지와 텍스트 보기. 박병호(1974ㄱ), 이재수(2003) 참고>

1830-03-00. **안홍영·안우·안순 등 등장**(安弘永安瑀安珣等等狀), 안홍영·안우·안순 등. <1장. 한자+이두. 조선 필사 이두 자료. 함안 두릉 순흥 안씨 소장. 한국학중앙연구원 장서각 한국고문서자료관 홈페이지 원문 이미지 보기. 한국학중앙연구원 편(2006) 참고>

1830-04-06. **유학 김노흠 토지매매명문**(幼學金魯欽土地賣買明文), 전주 유진영(田主 柳進榮). <1장. 점련문서(5장). 한자+이두. 조선 필사 이두 자료. 경북 안동시 풍산읍 오미리 풍산 김씨 허백당 종택 구장. 한국국학진흥원 소장. 한국학자료센터 영남권역센터 홈페이지 원문 이미지와 텍스트 보기. 박병호(1974ㄱ), 이재수(2003), 김소은(2004), 최연숙(2005) 참고>

1930-04-07. **종유사 유학 박형채 토지매매명문**(宗有司幼學朴馨采土地賣買明文), 답주 과부 양 씨(畓主寡婦梁氏). <1장. 한자+이두. 조선 필사 이두 자료. 전북 장수군

---
[289] 한국학중앙연구원 장서각 한국학자료센터 홈페이지에서는 '1830년 이지영(李枝英) 가사매매명문(家舍賣買明文)'으로 잘못 적었다.
[290] 호남권 한국학자료센터 홈페이지 '안내 정보'에서는 '3월 20일'로 잘못 적었다.

침곡 충주 박씨가 소장. 호남권 한국학자료센터 홈페이지 원문 이미지와 텍스트 보기. 최승희(1989), 이재수(2003), 채현경(2011) 참고>

1830-04-24. **박 생원 댁 노 응복 토지매매명문**(朴生員宅奴應福土地賣買明文), 답주 김선철(畓主金先哲). <1장. 한자+이두. 조선 필사 이두 자료. 영해 도곡 무안 박씨 무의공 종택 소장. 한국학중앙연구원 장서각 한국고문서자료관 홈페이지 원문 이미지 보기. 박병호(1974ㄱ), 이재수(2003), 한국학중앙연구원 편(2008) 참고>

1830-04-28. **토지매매명문**(土地賣買明文),[291] 답주 자필 최 노 복지(畓主自筆崔奴卜只). <1장. 한자+이두. 조선 필사 이두 자료. 대구 칠계 경주 최씨 백불암 종중 구장. 안동대학교 박물관 소장. 한국학자료센터 영남권역센터 홈페이지 원문 이미지와 텍스트 보기. 박병호(1974ㄱ), 최승희(1989), 이재수(2003), 이수건 외(2004) 참고>

1830-04-00. **김노흠 소지**(金魯欽所志), 김노흠. <1장. 점련문서(5장). 한자+이두. 조선 필사 이두 자료. 경북 안동시 풍산읍 오미리 풍산 김씨 허백당 종택 구장. 한국국학진흥원 소장. 한국학자료센터 영남권역센터 홈페이지 원문 이미지와 텍스트 보기. 박병호(1974ㄱ), 전경목(1996), 김경숙(2002), 최연숙(2005) 참고>

1830-04-00. **부곡 재사 유사 남곤수 토지매매명문**(釜谷齋舍有司南崑壽土地賣買明文) 2, 전주 족인 유학 남기익(田主族人南猉翼). <1장. 한자+이두. 조선 필사 이두 자료. 경북 영덕군 영해면 괴시리 영양 남씨 괴시파 영감댁 구장. 한국국학진흥원 소장. 한국학자료센터 영남권역센터 홈페이지 원문 이미지와 텍스트 보기>

1830-04-00. **안효순·안철순 소지**(安孝淳安哲淳所志), 안효순·안철순. <1장. 한자+이두. 조선 필사 이두 자료. 함안 두릉 순흥 안씨 소장. 장서각 한국고문서자료관 홈페이지 원문 이미지 보기. 한국학중앙연구원 편(2006) 참고>

1830-04-00. **안효순·안철순 등 소지**(安孝淳安哲淳等所志), 안효순·안철순 등. <1장. 한자+이두. 조선 필사 이두 자료. 함안 두릉 순흥 안씨 소장. 한국학중앙연구원 장서각 한국고문서자료관 홈페이지 원문 이미지 보기. 한국학중앙연구원 편

---

[291] 한국학자료센터 영남권역센터 홈페이지에서는 '1830년 최노(崔奴) 복지(卜只) 토지매매명문(土地賣買明文)'으로 표시하였다.

(2006) 참고>

1830-윤4-12. **이응종 토지매매명문**(李應宗土地賣買明文) 1, 답주 표인득(畓主表仁得). <1장. 한자+이두. 조선 필사 이두 자료. 전남 영광군 입석 영월 신씨 소장. 한국학중앙연구원 장서각 한국고문서자료관 홈페이지 원문 이미지와 텍스트 보기. 한국정신문화연구원 편(1996) 참고>

1830-윤4-12. **이응종 토지매매명문**(李應宗土地賣買明文) 2, 답주 표인득(畓主表仁得). <1장. 한자+이두. 조선 필사 이두 자료. 전남 영광군 입석 영월 신씨 소장. 한국학중앙연구원 장서각 한국고문서자료관 홈페이지 원문 이미지와 텍스트 보기. 한국정신문화연구원 편(1996) 참고>

1830-윤4-00. **김종해 소지**(金宗海所志) 1, 김종해. <1장. 한자+이두. 조선 필사 이두 자료. 광주 상산 김씨 김용호 소장. 호남권 한국학자료센터 홈페이지 원문 이미지 보기. 최승희(1989), 국립민속박물관 편(1991), 정구복 외(1999) 참고>

1830-윤4-00. **김종해 소지**(金宗海所志) 2, 김종해. <1장. 한자+이두. 조선 필사 이두 자료. 광주 상산 김씨 김용호 소장. 호남권 한국학자료센터 홈페이지 원문 이미지 보기. 최승희(1989), 국립민속박물관 편(1991), 정구복 외(1999) 참고>

1830-윤4-00. **안효순 등 소지**(安孝淳等所志), 안효순 등. <1장. 한자+이두. 조선 필사 이두 자료. 함안 두릉 순흥 안씨 소장. 한국학중앙연구원 장서각 한국고문서자료관 홈페이지 원문 이미지 보기. 한국학중앙연구원 편(2006) 참고>

1830-05-01. **이진택 노비매매명문**(李眞宅奴婢賣買明文), 이무(李鶩). <1장. 한자+이두. 조선 필사 이두 자료. 경북 경주시 안강읍 옥산리 여주 이씨 장산서원·치암종택 구장. 한국학중앙연구원 장서각 한국고문서자료관 홈페이지 원문 이미지 보기. 한국정신문화연구원 편(2003) 참고>

1830-05-07~1864-06-17(庚寅~甲子).「종부시등록(宗簿寺謄錄)」, 종부시(宗簿寺) 편(編). <1책. 26장. 필사본. 한자+이두. 조선 필사 이두 자료. 서울대학교 규장각 한국학연구원 홈페이지 원문 이미지 보기>

1830-05-13~1831-04-29.「국휼등록(國恤謄錄)」, 편자 미상. <1책. 11장. 필사본. 한자+이두. 서울대학교 규장각 한국학연구원 홈페이지 '奎12320' 원문 이미지와 텍스트 보기>

1830-07-00. **권종모 등 산송 관련 소지**(權宗模等山訟關聯所志) 1, 권종모 등. <1장. 한자+이두. 조선 필사 이두 자료. 경북 예천군 용문면 대제리 원동 권씨 춘우재 고택 구장. 한국국학진흥원 소장. 한국학자료센터 영남권역센터 홈페이지 원문 이미지와 텍스트 보기>

1830-08-01~1830-12-29. 「결속색등록(**結束色謄錄**)」, 병조(兵曹) 편(編). <1책(44). 90장. 필사본. 필사 시기 미상. 한자+이두. 조선 필사 이두 자료. 서울대학교 규장각 한국학연구원 홈페이지 1787년~1891년 낙질본 107책(1792년(건륭 57년), 1811년(가경 16년) 하, 1816년(가경 21년), 1817년(가경 22년), 1824년(도광 4년), 1831(도광 11년), 1871(동치 10년), 1885년(광서 11년) 없음) 원문 이미지 보기>

1830-08-12~1830-12-30(庚寅). 「평안감영계록(**平安監營啓錄**)」, 비변사(備邊司) 편(編). <1책(1/전37책). 69장. 필사본. 표제는 '平安監營啓錄'. 한자+이두. 조선 필사 이두 자료. 서울대학교 규장각 한국학연구원 홈페이지 원문 이미지 보기> <영인본: 「각사등록」 29(평안도편 1)(국사편찬위원회, 1988)> <1833-01-10~1833-06-29(2/37), 1833-01-10~1833-06-29(3/37), 1833-07-08~1833-12-13(4/37), 1834-07-01~1834-12-24(5/37), 1835-01-03~1835-07-19(6/37), 1835-08-01~1836-06-26(7/37), 1838-06-14~1839-05-19(8/37), 1840-05-07~1840-05-00(9/37), 1840-11-11~1841-03-29(10/37), 1841-윤3-15~1841-05-00(11/37), 1842-05-05~1847-09-10(12/37), 1842-10-15~1843-06-28(13/37), 1844-09-14~1845-04-07(14/37), 1844-05-12~1845-07-25(15/37), 1847-09-11~1848-01-28(16/37), 1848-03-03~1848-05-25(17/37), 1848-05-28~1848-12-29(18/37), 1849-01-10~1850-01-25(19/37), 1850-05-00~1850-07-29(20/37), 1850-08-12~1850-12-29(21/37), 1851-09-17~1851-12-29(22/37), 1852-06-24~1852-11-04(23/37), 1852-12-04~1853-01-10(24/37), 1855-10-16~1857-03-18(25/37), 1857-04-06~1858-03-06(26/37), 1858-03-12~1859-02-20(27/37), 1860-07-29~1860-10-28(28/37), 1861-05-18~1862-06-30(29/37), 1863-12-28~1864-12-25(30/37), 1865-01-02~1866-03-21(31/37), 1866-03-28~1867-05-28(32/37), 1867-06-01~1869-05-15(33/37), 1869-05-15~1870-12-24(34/37), 1872-11-10~1873-12-13(35/37), 1873-12-23~1874-10-22(36/37), 1883-01-17~1884-08-28(37/37)>

1830-08-14. **강재명 토지매매명문**(姜在明土地賣買明文), 전주 자필 강재악(田主自筆

姜在岳). <1장. 한자+이두. 조선 필사 이두 자료. 제주 어도내산 진주 강씨가 구장. 제주 한림 강우석 소장. 호남권 한국학자료센터 홈페이지 원문 이미지와 텍스트 보기. 오성찬(1994), 이재수(2003), 오창명(2007) 참고>

1830-08-00. **문유택 등 상서**(文有澤等上書), 문유택 등. <1장. 한자+이두. 조선 필사 이두 자료. 영암 장암 남평 문씨 소장. 호남권 한국학자료센터 홈페이지 원문 이미지와 텍스트 보기. 최승희(1989), 한국정신문화연구원 편(1995) 참고>

1830-08-00. **유택환 등 소지**(柳宅煥等所志) 2, 유택환 등. <1장. 한자+이두. 조선 필사 이두 자료. 담양 모헌관 소장. 호남권 한국학자료센터 홈페이지 원문 이미지와 텍스트 보기. 최승희(1989), 정구복 외(1999) 참고>

1830-08-00. **장백휘 등 상서**(張伯輝等上書), 장백휘 등. <1장. 한자+이두. 조선 필사 이두 자료. 남원·구례 삭녕 최씨 구장. 한국학중앙연구원 장서각 한국고문서자료관 홈페이지 원문 이미지 보기. 한국정신문화연구원 편(2004) 참고>

1830-08-00. **화민 유학 문교택 등 상서**(化民幼學文教澤等上書), 문교택 등. <1장. 한자+이두. 조선 필사 이두 자료. 전남 영암군 장암 남평 문씨 문창집 소장. 호남권 한국학자료센터 홈페이지 원문 이미지와 텍스트 보기. 최승희(1989), 한국정신문화연구원 편(1995) 참고>

1830-09-00. **김구운 소지**(金龜運所志) 1, 김구운. <1장. 한자+이두. 조선 필사 이두 자료. 안동 천전 의성 김씨 지촌 종택 소장. 한국학중앙연구원 장서각 한국고문서자료관 홈페이지 & 한국국학진흥원 유교넷 홈페이지 원문 이미지 보기. 한국정신문화연구원 편(1989) 참고>

1830-09-00. **이석기 등 상서**(李錫杞等上書), 이석기 등. <1장. 한자+이두. 조선 필사 이두 자료. 남원·구례 삭녕 최씨 구장. 한국학중앙연구원 장서각 한국고문서자료관 홈페이지 원문 이미지 보기. 한국정신문화연구원 편(2004) 참고>

1830-09-00. **이석기·김성언 상서**(李錫杞金星彦上書) 1, 이석기·김성언. <1장. 한자+이두. 조선 필사 이두 자료. 남원·구례 삭녕 최씨 구장. 한국학중앙연구원 장서각 한국고문서자료관 홈페이지 원문 이미지 보기. 한국정신문화연구원 편(2004) 참고>

1830-09-00. **이석기·김성언 상서**(李錫杞金星彦上書) 2, 이석기·김성언. <1장. 한자+

이두. 조선 필사 이두 자료. 남원·구례 삭녕 최씨 구장. 한국학중앙연구원 장서각 한국고문서자료관 홈페이지 원문 이미지 보기. 한국정신문화연구원 편(2004) 참고>

1830-10-00. **권종모 등 산송 관련 소지**(權宗模等山訟關聯所志) 2, 권종모 등. <1장. 한자+이두. 조선 필사 이두 자료. 경북 예천군 용문면 대제리 원동 권씨 춘우재 고택 구장. 한국국학진흥원 소장. 한국학자료센터 영남권역센터 홈페이지 원문 이미지와 텍스트 보기>

1830-10-00. **김구운 소지**(金龜運所志) 2, 김구운. <1장. 한자+이두. 조선 필사 이두 자료. 안동 천전 의성 김씨 지촌 종택 소장. 한국학중앙연구원 장서각 한국고문서자료관 홈페이지 & 한국국학진흥원 유교넷 홈페이지 원문 이미지 보기. 한국정신문화연구원 편(1989) 참고>

1830-10-00. **김구운 소지**(金龜運所志) 3, 김구운. <1장. 한자+이두. 조선 필사 이두 자료. 안동 천전 의성 김씨 지촌 종택 소장. 한국학중앙연구원 장서각 한국고문서자료관 홈페이지 & 한국국학진흥원 유교넷 홈페이지 원문 이미지 보기. 한국정신문화연구원 편(1989) 참고>

1830-10-00. **김구운 소지**(金龜運所志) 4, 김구운. <1장. 한자+이두. 조선 필사 이두 자료. 안동 천전 의성 김씨 지촌 종택 소장. 한국학중앙연구원 장서각 한국고문서자료관 홈페이지 & 한국국학진흥원 유교넷 홈페이지 원문 이미지 보기. 한국정신문화연구원 편(1989) 참고>

1830-10-00. **노봉서원 재임 품목**(露峯書院齋任稟目) 1, 노봉서원. <1장. 한자+이두. 조선 필사 이두 자료. 남원·구례 삭녕 최씨 구장. 한국학중앙연구원 장서각 한국고문서자료관 홈페이지 원문 이미지 보기. 한국정신문화연구원 편(2004) 참고>

1830-10-00. **돈엽 등 완의**(頓曄等完議), 돈엽 등. <1장. 한자+이두. 조선 필사 이두 자료. 풍산 류씨 하회 화경당(북촌댁) 구장. 한국국학진흥원 소장. 한국학자료센터 영남권역센터 홈페이지 원문 이미지와 텍스트 보기. 전경목(1996), 김경숙(2002) 참고>

1830-10-00~1841-08-00(도광 10년 庚寅~辛丑). 「수진궁등록(**壽進宮謄錄**)」 황(黃), 수진궁(壽進宮) 편(編). <1책(3/5 낙질본). 78장. 필사본. 표제는 '壽進宮謄錄'. 내제는

'(庚寅十月 日)內需司公事謄錄'. 한자+이두. 조선 필사 이두 자료. 서울대학교 규장각 한국학연구원 홈페이지 원문 보기> <1628-07-00~1828-07-09(地. 1/5)>

1830-11-02. **하한귀 토지매매명문**(河漢貴土地賣買明文), 답주 자필 오찬규(畓主自筆 吳贊奎). <1장. 한자+이두. 조선 필사 이두 자료. 전남 보성 박실 제주 양씨가 구장. 원광대학교 박물관 소장. 호남권 한국학자료센터 홈페이지 원문 이미지와 텍스트 보기. 박병호(1974ㄱ), 최승희(1989), 이재수(2003) 참고>

1830-11-04. **김효재 토지매매명문**(金孝才土地賣買明文), 답주 맹일관(畓主孟日官). <1장. 한자+이두. 조선 필사 이두 자료. 경북 영해 인량 재령 이씨 충효당 소장. 한국학중앙연구원 장서각 한국고문서자료관 홈페이지 원문 이미지와 텍스트 보기. 한국정신문화연구원 편(1997) 참고>

1830-11-17. **이상희 토지매매명문**(李相曦土地賣買明文), 전주 자필 박진근(田主自筆 朴震根). <1장. 한자+이두. 조선 필사 이두 자료. 경북 영해 인량 재령 이씨 충효당 소장. 한국학중앙연구원 장서각 한국고문서자료관 홈페이지 원문 이미지 보기. 한국정신문화연구원 편(2004) 참고>

1830-11-19. **유학 박 생원 댁 역■ 토지매매명문**(幼學朴生員宅役■土地賣買明文), 전 답주 박등거이(田畓主朴登去伊). <1장. 한자+이두. 조선 필사 이두 자료. 전북 무장 원송 진주 강씨가 구장. 전북대학교 박물관 소장. 호남권 한국학자료센터 홈페이지 원문 이미지와 텍스트 보기. 최승희(1989), 정구복 외(1999), 이재수(2003) 참고>

1830-11-20. **장인 엄효산 토지매매명문**(匠人嚴曉山土地賣買明文), 전주 조용재(田主 趙龍才). <1장. 한자+이두. 조선 필사 이두 자료. 경북 봉화군 명호면 도천리 안동 김씨 해헌 고택 구장. 한국국학진흥원 소장. 한국학자료센터 영남권역센터 홈페이지 원문 이미지와 텍스트 보기. 박병호(1974ㄱ), 최승희(1989), 이재수(2003), 이수건 외(2004) 참고>

1830-11-22. **권 생원 댁 노 영돌 토지매매명문**(權生員宅奴英乭土地賣買明文), 답주 김쾌문(畓主金快文). <1장. 한자+이두. 조선 필사 이두 자료. 경북 예천군 용문면 대제리 원동 권씨 춘우재 고택 구장. 한국국학진흥원 소장. 한국학자료센터 영남권역센터 홈페이지 원문 이미지와 텍스트 보기. 김성갑(2013) 참고>

1830-11-30. **이 생원 광헌 토지매매명문**(李生員匡憲土地賣買明文), 답주 유정봉(畓主 庚廷鳳). <1장. 한자+이두. 조선 필사 이두 자료. 전남 함평군 함평 이씨 이건풍 구장. 목포대학교 도서문화연구원 소장. 호남권 한국학자료센터 홈페이지 원문 이미지와 텍스트 보기. 최승희(1989) 참고>

1830-11-00. **권종모 등 산송 관련 소지**(權宗模等山訟關聯所志) 3, 권종모 등. <1장. 한자+이두. 조선 필사 이두 자료. 경북 예천군 용문면 대제리 원동 권씨 춘우재 고택 구장. 한국국학진흥원 소장. 한국학자료센터 영남권역센터 홈페이지 원문 이미지와 텍스트 보기>

1830-11-00. **노봉서원 재임 품목**(露峯書院齋任稟目) 2, 노봉서원. <1장. 한자+이두. 조선 필사 이두 자료. 남원·구례 삭녕 최씨 구장. 한국학중앙연구원 장서각 한국고문서자료관 홈페이지 원문 이미지 보기. 한국정신문화연구원 편(2004) 참고>

1830-12-01. **모득 토지매매명문**(牟得土地賣買明文), 전주 김금태(出主金太). <1장. 한자+이두. 조선 필사 이두 자료. 경북 예천군 감천면 강릉 유씨 벌방 종가 구장. 한국국학진흥원 소장. 한국학자료센터 영남권역센터 홈페이지 원문 이미지와 텍스트 보기. 김성갑(2013) 참고>

1830-12-10. **유학 임시원 토지매매명문**(幼學任時元土地賣買明文) 2, 전주 김원호(出主金元浩). <1장. 한자+이두. 조선 필사 이두 자료. 전북대학교 박물관 소장. 호남권 한국학자료센터 홈페이지 원문 이미지와 텍스트 보기. 박병호(1974ㄱ), 이재수(2003) 참고>

1830-12-11. **두암 김 생원 문중 토지매매명문**(斗巖金生員門中土地賣買明文),[292] 답주 천석복(畓主千碩福). <1장. 한자+이두. 조선 필사 이두 자료. 의성 김씨 함집당 종택 구장. 한국국학진흥원 소장. 한국국학진흥원 유교넷 홈페이지 원문 이미지 보기>

1830-12-15. **재노 박달문 토지매매명문**(齋奴朴達文土地賣買明文), 답주 김 노 이단(畓主金奴二丹). <1장. 한자+이두. 조선 필사 이두 자료. 경북 예천군 용문면 대제리

---

[292] 한국국학진흥원 유교넷 홈페이지에서는 문서명을 '1830년 천석복**가** 김생원 댁 문중에**게** 논을 팔았음을 증명하는 매매계약서'로 표시하였다.

원동 권씨 춘우재 고택 구장. 한국국학진흥원 소장. 한국학자료센터 영남권역센터 홈페이지 원문 이미지와 텍스트 보기. 김성갑(2013) 참고>

1830-12-16. **김 생원 댁 노 막돌 토지매매명문**(金生員宅奴莫乭土地賣買明文), 답주 손영업(畓主孫永業). <1장. 한자+이두. 조선 필사 이두 자료. 안동 천전 의성 김씨 지촌 종택 소장. 한국학중앙연구원 장서각 한국고문서자료관 홈페이지 원문 이미지 보기. 한국정신문화연구원 편(1990) 참고>

1830-12-17. **유학 이■■ 토지매매명문**(幼學李■■土地賣買明文), 답주 자필 유학 남명일(畓主自筆幼學南溟一). <1장. 한자+이두. 조선 필사 이두 자료. 경북 영해 인량 재령 이씨 갈암 종택 소장. 한국학자료센터 영남권역센터 홈페이지 원문 이미지와 텍스트 보기>

1830-12-20. **노 맹대 토지매매명문**(奴孟大土地賣買明文) 1, 전주 양인 권만근(田主良人權萬根). <1장. 한자+이두. 조선 필사 이두 자료. 경북 안동시 오천 광산 김씨 후조당 소장. 한국학중앙연구원 장서각 한국고문서자료관 홈페이지 원문 이미지와 텍스트 보기. 박병호(1974ㄱ), 한국정신문화연구원 편(1982), 최승희(1989) 참고>

1830-12-20. **노 맹대 토지매매명문**(奴孟大土地賣買明文) 2, 전주 양인 권만근(田主良人權萬根). <1장. 한자+이두. 조선 필사 이두 자료. 경북 안동시 오천 광산 김씨 후조당 소장. 한국학중앙연구원 장서각 한국고문서자료관 홈페이지 원문 이미지와 텍스트 보기. 박병호(1974ㄱ), 한국정신문화연구원 편(1982), 최승희(1989) 참고>

1830-12-22. **작산정사 별소도감주 토지매매명문**(鵲山精舍別所都監主土地賣買明文),[293] 답주 묘직 김태손(畓主墓直金太孫). <1장. 한자+이두. 조선 필사 이두 자료. 경북 안동시 주촌 진성 이씨 경류정 소장. 한국학중앙연구원 장서각 한국고문서자료관 홈페이지 원문 이미지와 텍스트 보기. 한국정신문화연구원 편(1999) 참고>

1830-12-23. **박계복 가사매매명문**(朴啓福家舍賣買明文), 가사주 손삭불(家舍主孫朔

---

[293] 한국학중앙연구원 장서각 한국고문서자료관 홈페이지에서는 '1830년 작산정사(鵲山精舍) 토지매매명문(土地賣買明文)'으로 표시하였다.

不). <1장. 한자+이두. 조선 필사 이두 자료. 전북 익산 용화 전주 이씨가 구장. 전북대학교 박물관 소장. 호남권 한국학자료센터 홈페이지 원문 이미지와 텍스트 보기. 박병호(1974ㄱ), 최승희(1989), 정구복 외(1999) 참고>

1830-12-24. **용산서원 별고 고자 달손 토지매매명문**(龍山書院別庫庫子達孫土地賣買明文),[294] 답주 박월삼(畓主朴月彡). <1장. 한자+이두. 조선 필사 이두 자료. 경북 경주시 내남면 이조리 경주 최씨·용산서원 소장. 한국학중앙연구원 장서각 한국고문서자료관 홈페이지 원문 이미지 보기. 한국정신문화연구원 편(2000) 참고>

1830-12-00. **노봉서원 재임 품목**(露峯書院齋任稟目) 3, 노봉서원. <1장. 한자+이두. 조선 필사 이두 자료. 남원·구례 삭녕 최씨 구장. 한국학중앙연구원 장서각 한국고문서자료관 홈페이지 원문 이미지 보기. 한국정신문화연구원 편(2004) 참고>

1830-00-00. 「복온공주가례등록(福溫公主嘉禮謄錄)」, 예조(禮曹). <1책. 133장. 필사본. 한자+이두. 조선 필사 이두 자료. 한국학중앙연구원 장서각 한국학자료센터 홈페이지 원문 이미지와 텍스트 보기>

1830-00-00. 「복온공주가례등록(福溫公主嘉禮謄錄)(1)」, 예조(禮曹). <1책. 102장. 필사본. 한자+이두. 조선 필사 이두 자료. 한국학중앙연구원 장서각 한국학자료센터 홈페이지 원문 이미지와 텍스트 보기>

1830-00-00. 「선원보략수정의궤(璿源譜略修正儀軌)」, 종부시(宗簿寺) 편. <1책. 26장. 필사본. 표제는 '(庚寅九月 日 純宗三十年)璿源譜略修正儀軌'. 권수제는 '(道光十年庚寅九月十五日)璿源譜略修正儀軌'. 한자+이두. 조선 필사 이두 자료. 서울대학교 규장각 한국학연구원 의궤 종합정보 홈페이지 '奎14103' 원문 이미지 보기>

1830-00-00. 「연경묘묘소도감의궤(延慶墓墓所都監儀軌)」[295] 상·하, 묘소도감 편. <2책. 135장+176장. 필사본. 상권의 표제는 '(道光十年庚寅五月 日 五臺山上)孝明世子延慶墓墓所都監儀軌上'. 권수제는 '延慶墓墓所都監儀軌上'. 한자+이두. 조선 필사 이두 자료. 서울대학교 규장각 한국학연구원 의궤 종합정보 홈페이지 '奎13728'

---

[294] 한국학중앙연구원 장서각 한국고문서자료관 홈페이지에서는 '1830년 용원고자(龍院庫子) 달손(達孫) 토지매매명문(土地賣買明文)'으로 표시하였다.

[295] 서울대학교 규장각 한국학연구원 의궤 종합정보 홈페이지에서는 서명을 '효명세자연경묘묘소도감의궤(孝明世子延慶墓墓所都監儀軌)'로 적었다.

원문 이미지 보기>

1830-00-00. 「왕세손책저도감의궤(王世孫冊儲都監儀軌)」,²⁹⁶ 책저도감 편. <1책. 156장. 필사본. 표제는 '冊儲都監儀軌 全'. 권수제는 '王世孫冊儲都監儀軌'. 한자+이두. 조선 필사 이두 자료. 한국학중앙연구원 디지털장서각 홈페이지 'K2-2724' 원문 이미지와 텍스트 보기>

1830-00-00. 「왕세손책저도감의궤(王世孫冊儲都監儀軌)」,²⁹⁷ 책저도감 편. <6권 1책. 155장. 필사본. 표제는 '(道光十年庚寅九月 日 憲宗世孫受冊時禮都監儀軌)'. 권수제는 '王世孫冊儲都監儀軌卷之一'. 한자+이두. 조선 필사 이두 자료. 서울대학교 규장각 한국학연구원 의궤 종합정보 홈페이지 '奎14910' 원문 이미지 보기>

1830-00-00. 「효명세자빈궁혼궁도감의궤(孝明世子殯宮魂宮都監儀軌)」 상·중·하, 빈궁혼궁도감 편. <3책. 필사본. 상권의 표제는 '(道光十年庚寅五月 日 五臺山上) 孝明世子 殯宮魂宮都監儀軌 上'. 목록제는 '孝明世子殯宮魂宮都監儀軌目錄'. 한자+이두. 조선 필사 이두 자료. 서울대학교 규장각 한국학연구원 소장. 서울대학교 규장각 한국학연구원 의궤 종합정보 홈페이지 '奎13721' 원문 이미지 보기>

1830-00-00. 「효명세자장례도감의궤(孝明世子葬禮都監儀軌)」²⁹⁸ 1~4, 장례도감(葬禮都監) 편. <4책. 필사본. 권1의 표제는 '(道光十年庚寅五月 日 五臺山上)孝明世子葬禮都監儀軌一'. 권수제는 '孝明世子葬禮都監儀軌卷首'. 한자+이두. 조선 필사 이두 자료. 서울대학교 규장각 한국학연구원 의궤 종합정보 홈페이지 '奎13718' 원문 이미지 보기>

1830-00-00. 「효명세자장례도감의궤(孝明世子葬禮都監儀軌)」 1, 장례도감 편. <1책. 150장. 필사본. 표제지 결락. 권수제는 '孝明世子葬禮都監儀軌卷首'. 한자+이두. 조선 필사 이두 자료. 국립중앙박물관 외규장각 의궤 홈페이지 '외규261' 원문

---

296 한국학중앙연구원 디지털장서각 홈페이지에서는 서명을 '책저도감의궤(冊儲都監儀軌)'로 적었다.

297 서울대학교 규장각 한국학연구원 의궤 종합정보 홈페이지에서는 서명을 '헌종왕세손책저도감의궤(憲宗王世孫冊儲都監儀軌)'로 적었다.

298 서울대학교 규장각 한국학연구원 의궤 종합정보 홈페이지에서는 서명을 표제나 권수제와는 달리 '효명세자예장도감의궤(孝明世子禮葬都監儀軌)'로 적었다.

이미지와 텍스트 보기>

1830-00-00~1834-00-00. 「창경궁영건도감의궤(昌慶宮營建都監儀軌)」, 영건도감 편. <1책. 124장. 필사본. 표제는 '(春秋館上)昌慶宮營建都監儀軌'. 목록제는 '昌慶宮營建都監儀軌目錄'. 한자+이두. 조선 필사 이두 자료. 서울대학교 규장각 한국학연구원 의궤 종합정보 홈페이지 '奎14324', '奎14325', '奎14326', '奎14327' 원문 이미지와 텍스트 보기>

1830-00-00~1834-00-00. 「창경궁영건도감의궤(昌慶宮營建都監儀軌)」, 영건도감 편. <1책. 124장. 필사본. 한자+이두. 조선 필사 이두 자료. 한국학중앙연구원 한국학디지털 아카이브 홈페이지 원문 이미지와 텍스트 보기>

1831년

<신묘(辛卯), 순조 31년, 도광 11년>

1831-01-01~1831-12-30(辛卯). 「전객사일기(典客司日記)」 75, 예조(禮曹) 전객사(典客司) 편(編). <1책(75/99). 130장. 필사본. 한자+이두. 조선 필사 이두 자료. 서울대학교 규장각 한국학연구원 홈페이지 원문 이미지 보기> <1640-01-22~1641-12-23(1)>

1831-01-16. **유학 한영주 토지매매명문**(幼學韓永柱土地賣買明文), 전주 유학 진효충(田主幼學陳孝忠). <1장. 한자+이두. 조선 필사 이두 자료. 전북대학교 박물관 소장. 호남권 한국학자료센터 홈페이지 원문 이미지와 텍스트 보기. 박병호(1974ㄱ), 이재수(2003) 참고>

1831-01-19. **신 생원 토지매매명문**(辛生員土地賣買明文), 답주 김원옥(畓主金元玉). <1장. 한자+이두. 조선 필사 이두 자료. 전남 영광군 입석 영월 신씨 소장. 한국학중앙연구원 장서각 한국고문서자료관 홈페이지 원문 이미지와 텍스트 보기. 한국정신문화연구원 편(1996) 참고>

1831-01-00. **김성언 등 상서**(金星彦等上書), 김성언 등. <1장. 한자+이두. 조선 필사 이두 자료. 남원·구례 삭녕 최씨 구장. 한국학중앙연구원 장서각 한국고문서자료

관 홈페이지 원문 이미지 보기. 한국정신문화연구원 편(2004) 참고>

1831-01-00. **이석기 등 상서**(李錫杞等上書) 1, 이석기 등. <1장. 한자+이두. 조선 필사 이두 자료. 남원·구례 삭녕 최씨 구장. 한국학중앙연구원 장서각 한국고문서자료관 홈페이지 원문 이미지 보기. 한국정신문화연구원 편(2004) 참고>

1831-02-07. **임유갑 토지매매명문**(林有甲土地賣買明文), 답주 이흥영(畓主李興英). <1장. 한자+이두. 조선 필사 이두 자료. 경북 예천군 감천면 강릉 유씨 벌방 종가 구장. 한국국학진흥원 소장. 한국학자료센터 영남권역센터 홈페이지 원문 이미지와 텍스트 보기. 김성갑(2013) 참고>

1831-02-17. **장익권 토지매매명문**(張翼權土地賣買明文), 답주 유학 김세현(畓主幼學金世絃). <1장. 한자+이두. 조선 필사 이두 자료. 전남 순천 월등 목천 장씨가 구장. 전북대학교 박물관 소장. 호남권 한국학자료센터 홈페이지 원문 이미지와 텍스트 보기. 최승희(1989), 정구복 외(1999), 이재수(2003) 참고>

1831-02-00. **강재진 시장문기**(姜在振柴場文記), 산주 강기회(山主姜錤會). <1장. 한자+이두. 조선 필사 이두 자료. 전북 무장 원송 진주 강씨가 구장. 전북대학교 박물관 소장. 호남권 한국학자료센터 홈페이지 원문 이미지와 텍스트 보기. 박병호(1974ㄱ), 최승희(1989), 이재수(2003) 참고>

1831-02-00. **노봉서원 재임 서목**(露峯書院齋任書目) 1, 노봉서원. <1장. 한자+이두. 조선 필사 이두 자료. 남원·구례 삭녕 최씨 구장. 한국학중앙연구원 장서각 한국고문서자료관 홈페이지 원문 이미지 보기. 한국정신문화연구원 편(2004) 참고>

1831-02-00. **서대형 소지**(徐大亨所志), 서대형. <1장. 한자+이두. 조선 필사 이두 자료. 전북 순창 청계 문화 유씨가 소장. 호남권 한국학자료센터 홈페이지 원문 이미지와 텍스트 보기. 박병호(1974ㄱ), 최승희(1989), 정구복 외(1999) 참고>

1831-03-02. **유학 이갑철 토지매매명문**(幼學李甲哲土地賣買明文), 답주 자필 전금(畓主自筆田金). <1장. 한자+이두. 조선 필사 이두 자료. 전북 무장 원송 진주 강씨가 구장. 전북대학교 박물관 소장. 호남권 한국학자료센터 홈페이지 원문 이미지와 텍스트 보기. 박병호(1974ㄱ), 최승희(1989), 이재수(2003) 참고>

1831-03-06. **삼종질 언관 토지매매명문**(三從侄彦觀土地賣買明文),[299] 전주 자필 삼종숙 윤복(田主自筆三從叔胤復). <1장. 한자+이두. 조선 필사 이두 자료. 경북 영양

군 영양읍 삼지리 한양 조씨 하담 고택 구장. 한국국학진흥원 소장. 한국학자료센터 영남권역센터 홈페이지 원문 이미지와 텍스트 보기. 박병호(1974ㄱ), 최승희(1989), 이재수(2003), 이수건 외(2004) 참고>

1831-03-11. **권성모 산송 관련 다짐**(權省模山訟關聯侤音), 권성모. <1장. 한자+이두. 조선 필사 이두 자료. 경북 예천군 용문면 대제리 원동 권씨 춘우재 고택 구장. 한국국학진흥원 소장. 한국학자료센터 영남권역센터 홈페이지 원문 이미지와 텍스트 보기. 김성갑(2013) 참고>

1831-03-16. **문장 유학 성임 토지매매명문**(門長幼學性任土地賣買明文),[300] 답주 족손 유학 안업(畓主族孫幼學安業). <1장. 한자+이두. 조선 필사 이두 자료. 전남 보성군 택촌 죽산 안씨 은봉 종가 소장. 호남권 한국학자료센터 홈페이지 원문 이미지와 텍스트 보기. 김현영(2003) 참고>

1831-03-21. **장천손 가사매매명문**(張千孫家舍賣買明文), 가주 김 노 맹대(家主金奴孟大). <1장. 한자+이두. 조선 필사 이두 자료. 경북 안동시 오천 광산 김씨 후조당 소장. 한국학중앙연구원 장서각 한국고문서자료관 홈페이지 원문 이미지와 텍스트 보기. 박병호(1974ㄱ), 한국정신문화연구원 편(1982), 최승희(1989) 참고>

1831-03-21. **장천손 토지매매명문**(張千孫土地賣買明文), 전주 김 노 맹대(田主金奴孟大). <1장. 한자+이두. 조선 필사 이두 자료. 경북 안동시 오천 광산 김씨 후조당 소장. 장서각 한국고문서자료관 홈페이지 원문 이미지와 텍스트 보기. 박병호(1974ㄱ), 한국정신문화연구원 편(1982), 최승희(1989) 참고>

1831-03-00. **계정 수노 득발 소지**(溪亭首奴得發所志)[301] 1, 득발. <1장. 한자+이두. 조선 필사 이두 자료. 경북 경주시 안강읍 옥산리 여주 이씨 독락당 소장. 한국학중앙연구원 장서각 한국고문서자료관 홈페이지 원문 이미지 보기. 한국정신문화

---

299 한국학자료센터 영남권역센터 홈페이지에서는 '1831년 윤복(胤復) 토지매매명문(土地賣買明文)'으로 표시하였다.
300 호남권 한국학자료센터 홈페이지에서는 '1831년 은봉종가(隱峰宗家) 문중(門中) 토지매매명문(土地賣買明文)'으로 표시하였다.
301 한국학중앙연구원 장서각 한국고문서자료관 홈페이지에서는 '1831년 계정(溪亭) 수노(首奴) 소지(所志)'로 표시하였다.

연구원 편(2003) 참고>

1831-03-00. **권종모 등 산송 관련 소지**(權宗模等山訟關聯所志), 권종모 등. <1장. 한자+이두. 조선 필사 이두 자료. 경북 예천군 용문면 대제리 원동 권씨 춘우재 고택 구장. 한국국학진흥원 소장. 한국학자료센터 영남권역센터 홈페이지 원문 이미지와 텍스트 보기>

1831-03-00. **권하언 등 산송 관련 소지**(權河彥等山訟關聯所志) 1, 권하언 등. <1장. 한자+이두. 조선 필사 이두 자료. 경북 예천군 용문면 대제리 원동 권씨 춘우재 고택 구장. 한국국학진흥원 소장. 한국학자료센터 영남권역센터 홈페이지 원문 이미지와 텍스트 보기>

1831-03-00. **이석기 등 상서**(李錫杞等上書) 2, 이석기 등. <1장. 한자+이두. 조선 필사 이두 자료. 남원·구례 삭녕 최씨 구장. 한국학중앙연구원 장서각 한국고문서자료관 홈페이지 원문 이미지 보기. 한국정신문화연구원 편(2004) 참고>

1831-03-00. **이시득 차첩**(李時得差帖), 선원록청(璿源錄廳). <1장. 한자+이두. 조선 필사 이두 자료. 삼척시립박물관 소장. 한국학자료센터 강원권역센터 홈페이지 원문 이미지와 텍스트 보기. 최승희(1989), 박준호(2006), 송철호(2008, 2009) 참고>

1831-04-09. **재노 막봉 토지매매명문**(齋奴莫奉土地賣買明文), 답주 신대행(畓主申大幸). <1장. 한자+이두. 조선 필사 이두 자료. 영해 도곡 무안 박씨 무의공 종택 소장. 한국학중앙연구원 장서각 한국고문서자료관 홈페이지 원문 이미지 보기. 박병호(1974ㄱ), 최승희(1989), 이재수(2003), 정구복(2005), 한국학중앙연구원 편(2008) 참고>

1831-04-15. **조병규 수기**(曺丙圭手記), 오권익(吳權益). <1장. 한자+이두. 조선 필사 이두 자료. 영암 미암 창녕 조씨 태호 후손가 소장. 호남권 한국학자료센터 홈페이지 원문 이미지 보기. 최승희(1989) 참고>

1831-04-20. **구례현감 서목**(求禮縣監書目), 전라도 구례현. <1장. 한자+이두. 조선 필사 이두 자료. 남원·구례 삭녕 최씨 구장. 한국학중앙연구원 장서각 한국고문서자료관 홈페이지 원문 이미지 보기. 한국정신문화연구원 편(2004) 참고>

1831-04-29. **유학 박시채 토지매매명문**(幼學朴時采土地賣買明文), 산주 유학 장세휘

(山主幼學張世輝). <1장. 한자+이두. 조선 필사 이두 자료. 전북 임실군 청웅 밀양 박씨가 소장. 호남권 한국학자료센터 홈페이지 원문 이미지와 텍스트 보기. 박병호(1974ㄱ), 최승희(1989), 전경목 외(2006), 채현경(2011) 참고>

1831-04-00. **권하언 등 산송 관련 소지**(權河彦等山訟關聯所志) 2, 권하언 등. <1장. 한자+이두. 조선 필사 이두 자료. 경북 예천군 용문면 대제리 원동 권씨 춘우재 고택 구장. 한국국학진흥원 소장. 한국학자료센터 영남권역센터 홈페이지 원문 이미지와 텍스트 보기>

1831-04-00. **노봉서원 재임 서목**(露峯書院齋任書目) 2, 노봉서원. <1장. 한자+이두. 조선 필사 이두 자료. 남원·구례 삭녕 최씨 구장. 한국학중앙연구원 장서각 한국고문서자료관 홈페이지 원문 이미지 보기. 한국정신문화연구원 편(2004) 참고>

1831-04-00. **노봉서원 재임 서목**(露峯書院齋任書目) 3, 노봉서원. <1장. 한자+이두. 조선 필사 이두 자료. 남원·구례 삭녕 최씨 구장. 한국학중앙연구원 장서각 한국고문서자료관 홈페이지 원문 이미지 보기. 한국정신문화연구원 편(2004) 참고>

1831-04-00. **노봉서원 재임 서목**(露峯書院齋任書目) 4, 노봉서원. <1장. 한자+이두. 조선 필사 이두 자료. 남원·구례 삭녕 최씨 구장. 한국학중앙연구원 장서각 한국고문서자료관 홈페이지 원문 이미지 보기. 한국정신문화연구원 편(2004) 참고>

1831-04-00. **박 노 진태 지세 관련 소지**(朴奴辰太地稅關聯所志), 진태. <1장. 한자+이두. 조선 필사 이두 자료. 경북 영주시 문수면 수도리 반남 박씨 오헌 고택 구장. 한국국학진흥원 소장. 한국학자료센터 영남권역센터 홈페이지 원문 이미지와 텍스트 보기>

1831-04-00. **박시채 소지**(朴時采所志), 박시채. <1장. 한자+이두. 조선 필사 이두 자료. 전북 임실군 청웅 밀양 박씨가 소장. 호남권 한국학자료센터 홈페이지 원문 이미지와 텍스트 보기. 최승희(1989), 김선경(1993), 김경숙(2002) 참고>

1831-04-00. **이석기 등 상서**(李錫杞等上書) 3, 이석기 등. <1장. 한자+이두. 조선 필사 이두 자료. 남원·구례 삭녕 최씨 구장. 한국학중앙연구원 장서각 한국고문서자료관 홈페이지 원문 이미지 보기. 한국정신문화연구원 편(2004) 참고>

1831-04-00. **최우정 등 단자**(崔遇廷等單子), 최우정 등. <1장. 한자+이두. 조선 필사 이두 자료. 남원·구례 삭녕 최씨 구장. 한국학중앙연구원 장서각 한국고문서자료

관 홈페이지 원문 이미지 보기. 한국정신문화연구원 편(2004) 참고>

1831-04-00. **한경식 군기시 약환 공인권 매매명문**(韓景植軍器寺藥丸貢人權賣買明文), 재주 석수영(財主石壽永). <1장. 한자+이두. 조선 필사 이두 자료. 일본 경도대학 가와이문고 소장. 고려대학교 해외한국학자료센터 홈페이지 원문 이미지 보기>

1831-06-10. **최시화 토지매매명문**(崔始華土地賣買明文), 답주 오도일(畓主吳道一). <1장. 한자+이두. 조선 필사 이두 자료. 전북 부안군 우반 부안 김씨 세덕각 소장. 한국학중앙연구원 장서각 한국고문서자료관 홈페이지 & 호남권 한국학자료센터 홈페이지 원문 이미지와 텍스트 보기. 박병호(1974ㄱ), 한국정신문화연구원 편(1983, 1998), 이재수(2003), 한국학중앙연구원 편(2017) 참고>

1831-06-30. **승 도윤 토지매매명문**(僧道玧土地賣買明文), 답주 별임 오광춘(畓主別任吳光春). <1장. 한자+이두. 조선 필사 이두 자료. 대구 칠계 경주 최씨 백불암 종중 구장. 안동대학교 박물관 소장. 한국학자료센터 영남권역센터 홈페이지 원문 이미지와 텍스트 보기. 박병호(1974ㄱ), 최승희(1989), 이재수(2003), 이수건 외(2004) 참고>

1831-06-00. **예조 완문**(禮曹完文), 예조. <1장. 한자+이두. 조선 필사 이두 자료. 무주 장기 연안 이씨가 소장. 호남권 한국학자료센터 홈페이지 원문 이미지와 텍스트 보기. 최승희(1989), 정구복(1996), 김혁(2008) 참고>

1831-07-17. **유 생원 댁 노 오대 토지매매명문**(劉生員宅奴五大土地賣買明文), 전답주 남백룡(田畓主南白龍). <1장. 한자+이두. 조선 필사 이두 자료. 경북 예천군 감천면 강릉 유씨 벌방 종가 구장. 한국국학진흥원 소장. 한국학자료센터 영남권역센터 홈페이지 원문 이미지와 텍스트 보기. 김성갑(2013) 참고>

1831-07-00. **노봉서원 재임 서목**(露峯書院齋任書目) 5, 노봉서원. <1장. 한자+이두. 조선 필사 이두 자료. 남원·구례 삭녕 최씨 구장. 한국학중앙연구원 장서각 한국고문서자료관 홈페이지 원문 이미지 보기. 한국정신문화연구원 편(2004) 참고>

1831-08-02. **토지매매명문**(土地賣買明文),[302] 답주 김덕하(畓主金德河). <1장. 한자+

---

[302] 한국학자료센터 영남권역센터 홈페이지에서는 '1831년 김덕하(金德河) 방매 토지매매명문(土地賣買明文)'으로 표시하였다.

이두. 조선 필사 이두 자료. 경북 고령군 대가야읍 본관 1리 홍와 고택 구장. 한국국학진흥원 소장. 한국학자료센터 영남권역센터 홈페이지 원문 이미지와 텍스트 보기. 김성갑(2013) 참고>

1831-08-17~1832-05-15(도광 11년~도광 12년).「강원감영계록(江原監營啓錄)」, 비변사(備邊司) 편(編). <3책. 필사본. 한자+이두. 조선 필사 이두 자료. 서울대학교 규장각 한국학연구원 홈페이지 원문 이미지 보기> <영인본:「각사등록」27(강원도편 1)(국사편찬위원회 편, 1988)> <1856-08-24~1858-01-04(2/3), 1860-01-03~1861-01-12(3/3)>

1831-08-19. **진주 강씨 문중 강수범 등 통문**(晋州姜氏門中姜守範等通文), 강수범 등. <1장. 한자+이두. 조선 필사 이두 자료. 제주 어도내산 진주 강씨가 구장. 제주 한림 강우석 소장. 호남권 한국학자료센터 홈페이지 원문 이미지와 텍스트 보기. 최승희(1989) 참고>

1831-08-31. **강씨 문중 완문**(姜氏門中完文), 당손 강재보 등(當孫姜載輔等). <1장. 한자+이두. 조선 필사 이두 자료. 제주시 제주교육박물관 소장. 사이버 제주교육박물관 홈페이지 원문 이미지와 텍스트 보기>

1831-08-00. **노봉서원 재임 서목**(露峯書院齋任書目) 6, 노봉서원. <1장. 한자+이두. 조선 필사 이두 자료. 남원·구례 삭녕 최씨 구장. 한국학중앙연구원 장서각 한국고문서자료관 홈페이지 원문 이미지 보기. 한국정신문화연구원 편(2004) 참고>

1831-08-00. **류이좌 등 상서**(柳台佐等上書), 류이좌 등. <1장. 한자+이두. 조선 필사 이두 자료. 풍산 류씨 하회 화경당(북촌댁) 구장. 한국국학진흥원 소장. 한국학자료센터 영남권역센터 홈페이지 원문 이미지와 텍스트 보기. 전경목(1996), 김경숙(2002) 참고>

1831-08-00. **이석기 등 상서**(李錫杞等上書) 4, 이석기 등. <1장. 한자+이두. 조선 필사 이두 자료. 남원·구례 삭녕 최씨 구장. 한국학중앙연구원 장서각 한국고문서자료관 홈페이지 원문 이미지 보기. 한국정신문화연구원 편(2004) 참고>

1831-09-01. **신구 초사**(申球招辭), 신구. <1장. 점련문서. 한자+이두. 조선 필사 이두 자료. 경북 경주시 안강읍 옥산리 여주 이씨 장산서원·치암 종택 구장. 한국학중앙연구원 장서각 한국고문서자료관 홈페이지 원문 이미지 보기. 한국정신문화연

구원 편(2003) 참고>

1831-09-01. **이무 초사**(李鰲招辭), 이무. <1장. 점련문서. 한자+이두. 조선 필사 이두 자료. 경북 경주시 안강읍 옥산리 여주 이씨 장산서원·치암 종택 구장. 한국학중앙연구원 장서각 한국고문서자료관 홈페이지 원문 이미지 보기. 한국정신문화연구원 편(2003) 참고>

1831-09-01. **이수 초사**(李䜇招辭), 이수. <1장. 점련문서. 한자+이두. 조선 필사 이두 자료. 경북 경주시 안강읍 옥산리 여주 이씨 장산서원·치암 종택 구장. 한국학중앙연구원 장서각 한국고문서자료관 홈페이지 원문 이미지 보기. 한국정신문화연구원 편(2003) 참고>

1831-09-01. **이진택 입안**(李眞宅立案) 1, 영일현(迎日縣). <1장. 점련문서. 한자+이두. 조선 필사 이두 자료. 경북 경주시 안강읍 옥산리 여주 이씨 장산서원·치암 종택 구장. 한국학중앙연구원 장서각 한국고문서자료관 홈페이지 원문 이미지 보기. 한국정신문화연구원 편(2003) 참고>

1831-09-01. **이진택 입안**(李眞宅立案) 2, 영일현(迎日縣). <1장. 점련문서. 한자+이두. 조선 필사 이두 자료. 경북 경주시 안강읍 옥산리 여주 이씨 장산서원·치암 종택 구장. 한국학중앙연구원 장서각 한국고문서자료관 홈페이지 원문 이미지 보기. 한국정신문화연구원 편(2003) 참고>

1831-09-19. **김재상 차첩**(金載相差帖), 부안현(扶安縣). <1장. 한자+이두. 조선 필사 이두 자료. 전북 부안군 우반 부안 김씨 세덕각 소장. 호남권 한국학자료센터 홈페이지 원문 이미지와 텍스트 보기. 한국정신문화연구원 편(1983, 1998), 한국학중앙연구원 편(2017) 참고>

1831-09-20. **유학 김태종 토지매매명문**(幼學金兌宗土地賣買明文), 자필 답주 유학 유언(自筆畓主幼學劉彥). <1장. 한자+이두. 조선 필사 이두 자료. 전남 순천 월등 목천 장씨가 구장. 전북대학교 박물관 소장. 호남권 한국학자료센터 홈페이지 원문 이미지와 텍스트 보기. 최승희(1989), 정구복 외(1999), 이재수(2003) 참고>

1831-09-00. **경주 최씨 예부 등급**(慶州崔氏禮府謄給), 예조(禮曹). <1장. 한자+이두. 조선 필사 이두 자료. 경북 경주시 내남면 이조리 경주 최씨·용산서원 소장. 한국학중앙연구원 장서각 한국고문서자료관 홈페이지 원문 이미지 보기. 한국정신문

화연구원 편(2000) 참고>

1831-09-00. **유주하 등 면역 관련 소지**(劉柱夏等免疫關聯所志), 유주하 등. <1장. 한자+이두. 조선 필사 이두 자료. 경북 예천군 감천면 강릉 유씨 벌방 종가 구장. 한국국학진흥원 소장. 한국학자료센터 영남권역센터 홈페이지 원문 이미지와 텍스트 보기>

1831-09-00. **이야 등 상서**(李埜等上書) 1, 이야 등. <1장. 한자+이두. 조선 필사 이두 자료. 경북 경주시 안강읍 옥산리 여주 이씨 독락당 소장. 한국학중앙연구원 장서각 한국고문서자료관 홈페이지 원문 이미지 보기. 한국정신문화연구원 편(2003) 참고>

1831-09-00. **이야 등 상서**(李埜等上書) 2, 이야 등. <1장. 한자+이두. 조선 필사 이두 자료. 경북 경주시 안강읍 옥산리 여주 이씨 독락당 소장. 한국학중앙연구원 장서각 한국고문서자료관 홈페이지 원문 이미지 보기. 한국정신문화연구원 편(2003) 참고>

1831-09-00. **이진택 소지**(李眞宅所志), 이진택. <1장. 점련문서. 한자+이두. 조선 필사 이두 자료. 경북 경주시 안강읍 옥산리 여주 이씨 장산서원·치암 종택 구장. 한국학중앙연구원 장서각 한국고문서자료관 홈페이지 원문 이미지 보기. 한국정신문화연구원 편(2003) 참고>

1831-10-11. **종식 등 완문**(宗湜等完文), 종식 등 10명. <1장. 한자+이두. 조선 필사 이두 자료. 풍산 류씨 하회 화경당(북촌댁) 구장. 한국국학진흥원 소장. 한국학자료센터 영남권역센터 홈페이지 원문 이미지와 텍스트 보기. 전경목(1996), 김경숙(2002) 참고>

1831-10-13. **이야 등 상서**(李埜等上書) 3, 이야 등. <1장. 한자+이두. 조선 필사 이두 자료. 경북 경주시 안강읍 옥산리 여주 이씨 독락당 소장. 한국학중앙연구원 장서각 한국고문서자료관 홈페이지 원문 이미지 보기. 한국정신문화연구원 편(2003) 참고>

1831-10-20. **을손 토지매매명문**(乙孫土地賣買明文), 전주 김 노 고백흥(田主金奴高白興). <1장. 한자+이두. 조선 필사 이두 자료. 경북 안동시 오천 광산 김씨 후조당 소장. 한국학중앙연구원 장서각 한국고문서자료관 홈페이지 원문 이미지와 텍스

트 보기. 박병호(1974ㄱ), 한국정신문화연구원 편(1982), 최승희(1989) 참고>

1831-10-25. **용공철 토지매매명문**(龍公徹土地賣買明文), 답주 장형(畓主長兄). <1장. 한자+이두. 조선 필사 이두 자료. 전북대학교 박물관 소장. 호남권 한국학자료센터 홈페이지 원문 이미지와 텍스트 보기. 박병호(1974ㄱ), 최승희(1989), 이재수(2003), 박준호(2004), 전경목 외(2006) 참고>

1831-10-00. **노봉서원 재임 서목**(露峯書院齋任書目) 7, 노봉서원. <1장. 한자+이두. 조선 필사 이두 자료. 남원·구례 삭녕 최씨 구장. 한국학중앙연구원 장서각 한국고문서자료관 홈페이지 원문 이미지 보기. 한국정신문화연구원 편(2004) 참고>

1831-10-00. **노봉서원 재임 서목**(露峯書院齋任書目) 8, 노봉서원. <1장. 한자+이두. 조선 필사 이두 자료. 남원·구례 삭녕 최씨 구장. 한국학중앙연구원 장서각 한국고문서자료관 홈페이지 원문 이미지 보기. 한국정신문화연구원 편(2004) 참고>

1831-11-01. **고극추 등 등장**(高極樞等等狀), 고극추 등. <1장. 한자+이두. 조선 필사 이두 자료. 전북 군산시 임피면 갈운 제주 고씨가 구장. 군산근대역사박물관 소장. 호남권 한국학자료센터 홈페이지 원문 이미지와 텍스트 보기. 박병호(1974ㄱ), 최승희(1989), 전경목(1997), 정구복(2002), 김경숙(2012) 참고>

1831-11-02. **권 생원 자매명문**(權生員自賣明文),[303] 윤백이(尹白伊). <1장. 한자+이두. 조선 필사 이두 자료. 경북 예천군 용문면 대제리 원동 권씨 춘우재 고택 구장. 한국국학진흥원 소장. 한국학자료센터 영남권역센터 홈페이지 원문 이미지와 텍스트 보기. 김성갑(2013) 참고>

1831-11-07. **안염수 토지매매명문**(安念守土地賣買明文), 답주 안화춘(畓主安和春). <1장. 한자+이두. 조선 필사 이두 자료. 안동 친전 의성 김씨 지촌 종택 소장. 한국학중앙연구원 장서각 한국고문서자료관 홈페이지 원문 이미지 보기. 한국정신문화연구원 편(1990) 참고>

1831-11-25. **문중 유사 유학 김영규 토지매매명문**(門中有司幼學金瑛奎土地賣買明文), 답주 자필 유학 김헌(畓主自筆幼學金{火+獻}). <1장. 한자+이두. 조선 필사 이두

---

[303] 한국학자료센터 영남권역센터 홈페이지에서는 '1831년 윤백이(尹白伊) 자매명문'으로 표시하였다.

자료. 전북 부안군 취성재 소장. 호남권 한국학자료센터 홈페이지 원문 이미지와 텍스트 보기. 최승희(1989), 전북향토문화연구회 편(1993), 정구복 외(1999) 참고>

1831-11-00. **김시연 의송**(金始演議送), 김시연. <1장. 한자+이두. 조선 필사 이두 자료. 대전·청양 안동 김씨 삼당 후손가 소장. 한국학중앙연구원 장서각 한국고문서자료관 홈페이지 원문 이미지 보기. 한국정신문화연구원 편(2003) 참고>

1831-12-02. **조명근 토지매매명문**(趙命根土地賣買明文) 1, 답주 유학 김중일(畓主幼學金重一). <1장. 한자+이두. 조선 필사 이두 자료. 경북 예천군 감천면 강릉 유씨 벌방 종가 구장. 한국국학진흥원 소장. 한국학자료센터 영남권역센터 홈페이지 원문 이미지와 텍스트 보기. 김성갑(2013) 참고>

1831-12-02. **조명근 토지매매명문**(趙命根土地賣買明文) 2, 답주 자필 김종벽(畓主自筆金宗壁). <1장. 한자+이두. 조선 필사 이두 자료. 경북 예천군 감천면 강릉 유씨 벌방 종가 구장. 한국국학진흥원 소장. 한국학자료센터 영남권역센터 홈페이지 원문 이미지와 텍스트 보기. 김성갑(2013) 참고>

1831-12-02. **조명근 토지매매명문**(趙命根土地賣買明文) 3, 답주 자필 김종벽(畓主自筆金宗壁). <1장. 한자+이두. 조선 필사 이두 자료. 경북 예천군 감천면 강릉 유씨 벌방 종가 구장. 한국국학진흥원 소장. 한국학자료센터 영남권역센터 홈페이지 원문 이미지와 텍스트 보기. 김성갑(2013) 참고>

1831-12-07. **김돌거 토지매매명문**(金乧去土地賣買明文), 자필 답주 임철수(自筆畓主任喆守). <1장. 한자+이두. 조선 필사 이두 자료. 전남 보성 박실 제주 양씨가 구장. 원광대교 박물관 소장. 호남권 한국학자료센터 홈페이지 원문 이미지와 텍스트 보기. 최승희(1989), 정구복 외(1999), 이재수(2003) 참고>

1831-12-07. **문중 유사 유학 박형문 토지매매명문**(門中有司幼學朴馨文土地賣買明文), 답주 자필 유학 박지환(畓主自筆幼學朴祉煥). <1장. 한자+이두. 조선 필사 이두 자료. 전북 장수군 침곡 충주 박씨가 소장. 호남권 한국학자료센터 홈페이지 원문 이미지와 텍스트 보기. 최승희(1989), 이재수(2003), 채현경(2011) 참고>

1831-12-08. **유학 임계엽 토지매매명문**(幼學林桂燁土地賣買明文), 답주 유학 김광오(畓主幼學金光午). <1장. 한자+이두. 조선 필사 이두 자료. 전남 나주시 남내 밀양 박씨 청재 종가 소장. 호남권 한국학자료센터 홈페이지 원문 이미지와 텍스트

보기. 김용만(1997) 참고>

1831-12-15. **종종질 제녕 토지매매명문**(宗從侄濟寧土地賣買明文), 전주 칠촌숙 이교 (田主七寸叔彝教). <1장. 한자+이두. 조선 필사 이두 자료. 경북 안동시 오천 광산 김씨 후조당 소장. 한국학중앙연구원 장서각 한국고문서자료관 홈페이지 원문 이미지와 텍스트 보기. 박병호(1974ㄱ), 한국정신문화연구원 편(1982), 최승희 (1989) 참고>

1831-12-16. **정사 별소도감 주 토지매매명문**(精舍別所都監主土地賣買明文), 답주 구 묘직 임인삼(畓主舊墓直林仁三). <1장. 한자+이두. 조선 필사 이두 자료. 경북 안동시 주촌 진성 이씨 경류정 구장. 서울역사박물관 소장. 한국학중앙연구원 장서각 한국고문서자료관 홈페이지 원문 이미지와 텍스트 보기. 한국정신문화연 구원 편(1999) 참고>

1831-12-17. **박만석 토지매매명문**(朴萬石土地賣買明文), 답주 김복기(畓主金福起). <1장. 한자+이두. 조선 필사 이두 자료. 전남 해남 연동 해남 윤씨 녹우당 소장. 한국학중앙연구원 장서각 한국고문서자료관 홈페이지 원문 이미지와 텍스트 보 기. 한국정신문화연구원 편(1986), 이재수(2003) 참고>

1831-12-20. **오준행 가사매매명문**(吳準行家舍賣買明文), 가사 방매주 김인복(家舍放 賣主金仁卜).[304] <1장. 한자+이두. 조선 필사 이두 자료. 전북대학교 박물관 소장. 호남권 한국학자료센터 홈페이지 원문 이미지와 텍스트 보기. 박병호(1974ㄱ), 최승희(1989), 이재수(2003), 박준호(2004), 전경목 외(2006) 참고>

1831-12-20. **동성 유학 이식 토지매매명문**(同姓幼學李植土地賣買明文), 답주 동성 유 학 이윤승(畓主同姓幼學李潤昇). <1장. 한자+이두. 조선 필사 이두 자료. 전남 나주시 남내 밀양 박씨 청재 종가 소장. 호남권 한국학자료센터 홈페이지 원문 이미지와 텍스트 보기. 김태영(1983), 고창석(1999), 김현영(2003) 참고>

1831-12-20. **재노 달문 토지매매명문**(齋奴達文土地賣買明文), 답주 노 임삼이(畓主奴 林三伊). <1장. 한자+이두. 조선 필사 이두 자료. 경북 예천군 용문면 대제리 원동 권씨 춘우재 고택 구장. 한국국학진흥원 소장. 한국학자료센터 영남권역센

---

[304] 호남권 한국학자료센터 홈페이지에서는 '김인**박**(金仁朴)'으로 잘못 적었다.

터 홈페이지 원문 이미지와 텍스트 보기. 김성갑(2013) 참고>

1831-12-21. **김상진 시장문기**(金尙振柴場文記), 시장주 자필 유학 유장원(柴場主自筆幼學柳章源). <1장. 한자+이두. 조선 필사 이두 자료. 광주광역시 광산구 김해 김씨 소장. 호남권 한국학자료센터 홈페이지 원문 이미지와 텍스트 보기. 김재문(1986), 이수건 외(2004) 참고>

1831-12-21. **추산 별고 유사 유학 조상근·기중진 토지매매명문**(秋山別庫有司幼學趙尙勤奇重鎭土地賣買明文),[305] 답주 유학 자필 김지영(畓主儒學者必金志榮). <1장. 한자+이두. 조선 필사 이두 자료. 전남 장성군 행주 기씨 금강 종가 소장. 호남권 한국학자료센터 홈페이지 원문 이미지와 텍스트 보기. 김재문(1986), 이수건 외(2004) 참고>

1831-12-24. **권 생원 댁 노 성암 토지매매명문**(權生員宅奴盛嚴土地賣買明文), 답주 자필 정지윤(畓主自筆鄭之潤). <1장. 한자+이두. 조선 필사 이두 자료. 경북 예천군 용문면 대제리 원동 권씨 춘우재 고택 구장. 한국국학진흥원 소장. 한국학자료센터 영남권역센터 홈페이지 원문 이미지와 텍스트 보기. 김성갑(2013) 참고>

1831-12-24. **유학 최창석 토지매매명문**(幼學崔昌碩土地賣買明文), 답주 자필 유학 이진문(畓主自筆幼學李鎭文). <1장. 한자+이두. 조선 필사 이두 자료. 전남 보성 박실 제주 양씨가 구장. 원광대학교 박물관 소장. 호남권 한국학자료센터 홈페이지 원문 이미지와 텍스트 보기. 박병호(1974ㄱ), 최승희(1989), 이재수(2003) 참고>

1831-12-24. **한량 곽복룡 토지매매명문**(閑良郭福龍土地賣買明文), 답주 한량 조두성(畓主閑良趙斗成). <1장. 한자+이두. 조선 필사 이두 자료. 전남 보성 박실 제주 양씨가 구장. 원광대학교 박물관 소장. 호남권 한국학자료센터 홈페이지 원문 이미지와 텍스트 보기. 최승희(1989), 정구복 외(1999), 이재수(2003) 참고>

1831-12-27. **김학원 토지매매명문**(金學願土地賣買明文), 전주 유학 남석홍(出主幼學南錫共). <1장. 한자+이두. 조선 필사 이두 자료. 강원도 원주시 이정동 소장. 한국학자료센터 강원권역센터 홈페이지 원문 이미지 보기. 최승희(1989), 전경목

---

[305] 호남권 한국학자료센터 홈페이지에서는 '1831년 추산서원(秋山書院) 토지매매명문(土地賣買明文)'으로 표시하였다.

(2010, 2014), 박준호(2016) 참고>

1831-12-00. **계정 수노 득발 소지**(溪亭首奴得發所志)³⁰⁶ 2, 득발. <1장. 한자+이두. 조선 필사 이두 자료. 경북 경주시 안강읍 옥산리 여주 이씨 독락당 소장. 한국학중앙연구원 장서각 한국고문서자료관 홈페이지 원문 이미지 보기. 한국정신문화연구원 편(2003) 참고>

1831-12-00. **정 씨 계후입안**(鄭氏繼後立案), 예조(禮曹). <1장. 한자+이두. 조선 필사 이두 자료. 양주 안흥 광주 정씨 소장. 한국학중앙연구원 장서각 한국고문서자료관 홈페이지 원문 이미지 보기. 한국정신문화연구원 편(2004) 참고>

1831-12-00. **호노 응복 소지**(戶奴應卜所志), 응복. <1장. 한자+이두. 조선 필사 이두 자료. 영해 도곡 무안 박씨 무의공 종택 소장. 한국학중앙연구원 장서각 한국고문서자료관 홈페이지 원문 이미지 보기. 한국학중앙연구원 편(2008) 참고>

1832년

<임진(壬辰), 순조 32년, 도광 12년>

1832-01-01~1832-12-00. 「결속색등록(**結束色謄錄**)」, 병조(兵曹) 편(編). <1책(45). 180장. 필사본. 한자+이두. 조선 필사 이두 자료. 서울대학교 규장각 한국학연구원 홈페이지 1787년~1891년 낙질본 107책(1792년(건륭 57년), 1811년(가경 16년) 하, 1816년(가경 21년), 1817년(가경 22년), 1824년(도광 4년), 1831년(도광 11년), 1871년(동치 10년), 1885년(광서 11년) 없음) 원문 이미지 보기>

1832-01-08. **권 생원 댁 노 성암 토지매매명문**(權生員宅奴成岩土地賣買明文) 1, 답주 임관일(畓主林觀日). <1장. 한자+이두. 조선 필사 이두 자료. 경북 예천군 용문면 대제리 원동 권씨 춘우재 고택 구장. 한국국학진흥원 소장. 한국학자료센터 영남권역센터 홈페이지 원문 이미지와 텍스트 보기. 김성갑(2013) 참고>

---

306 한국학중앙연구원 장서각 한국고문서자료관 홈페이지에서는 '1831년 계정(溪亭) 수노(首奴) 소지(所志)'로 표시하였다.

1832-01-24~1833-음4-00(壬辰~癸巳). 「공사수록(公私隨錄)」, 이능수(李能修) 편(編). <1책. 92장. 필사본. 한자+이두. 조선 필사 이두 자료. 서울대학교 규장각 한국학연구원 홈페이지 원문 이미지 보기> <영인본: 「각사등록」 54(전라도 보유편 2)(국사편찬위원회 편, 1991)>

1832-01-26. **손귀련쇠 토지매매명문**(孫貴連金土地賣買明文), 답주 김학궁(畓主金學宮). <1장. 한자+이두. 조선 필사 이두 자료. 전남 보성 박실 제주 양씨가 구장. 원광대학교 박물관 소장. 호남권 한국학자료센터 홈페이지 원문 이미지와 텍스트 보기. 최승희(1989), 정구복 외(1999), 이재수(2003) 참고>

1832-01-29. **종형 토지매매명문**(從兄土地賣買明文),[307] 답주 종제 진경록(畓主從弟晉敬祿). <1장. 한자+이두. 조선 필사 이두 자료. 전북 임실군 지사 협계태 씨가 소장. 호남권 한국학자료센터 홈페이지 원문 이미지와 텍스트 보기. 박병호(1974ㄱ), 최승희(1989), 이재수(2003) 참고>

1832-01-00. **박 노 진태 지세 관련 입지**(朴奴辰太地稅關聯立旨), 영천군(永川郡). <1장. 한자+이두. 조선 필사 이두 자료. 경북 영주시 문수면 수도리 반남 박씨 오헌 고택 구장. 한국국학진흥원 소장. 한국학자료센터 영남권역센터 홈페이지 원문 이미지와 텍스트 보기>

1832-02-07. **홍명록 토지매매명문**(洪命祿土地賣買明文), 답주 자필 강만손(畓主自筆姜萬孫). <1장. 한자+이두. 조선 필사 이두 자료. 경북 안동시 주촌 진성 이씨 경류정 소장. 한국학중앙연구원 장서각 한국고문서자료관 홈페이지 원문 이미지와 텍스트 보기. 한국정신문화연구원 편(1999) 참고>

1832-02-18. **옥산계정 수노 만수 토지매매명문**(玉山溪亭首奴萬守土地賣買明文), 전주 한량 황치중(出主閑良黃致仲). <1장. 한자+이두. 조선 필사 이두 자료. 경북 경주시 안강읍 옥산리 여주 이씨 독락당 소장. 한국학중앙연구원 장서각 한국고문서자료관 홈페이지 원문 이미지 보기. 한국정신문화연구원 편(2003) 참고>

1832-02-20. **박득룡 토지매매명문**(朴得龍土地賣買明文), 답주 박삼복(畓主朴三卜).

---

[307] 호남권 한국학자료센터 홈페이지에서는 '1832년 진경록(晉敬祿) 방매(放賣) 토지매매명문(土地賣買明文)'으로 표시하였다.

<1장. 한자+이두. 조선 필사 이두 자료. 경북 예천군 용문면 대제리 원동 권씨 춘우재 고택 구장. 한국국학진흥원 소장. 한국학자료센터 영남권역센터 홈페이지 원문 이미지와 텍스트 보기. 김성갑(2013) 참고>

1832-02-21. **강재명 토지매매명문**(姜在明土地賣買明文) 1, 전주 진형복(田主秦亨福). <1장. 한자+이두. 조선 필사 이두 자료. 제주 어도내산 진주 강씨가 구장. 제주 한림 강우석 소장. 호남권 한국학자료센터 홈페이지 원문 이미지와 텍스트 보기. 오성찬(1994), 이재수(2003), 오창명(2007) 참고>

1832-02-29. **정 생원 댁 노 득용 토지매매명문**(鄭生員宅奴得用土地賣買明文) 1, 답주 유학 이득룡(畓主幼學伊得龍). <1장. 한자+이두. 조선 필사 이두 자료. 전북 임실군 지사 협계태 씨가 소장. 호남권 한국학자료센터 홈페이지 원문 이미지와 텍스트 보기. 최승희(1989), 정수환·이헌창(2008), 채현경(2011) 참고>

1832-02-00. **신조남·신조승 등 소지**(申祖楠申祖承等所志), 신조남·신조승 등. <1장. 한자+이두. 조선 필사 이두 자료. 의성 아주 신씨 오봉 가문 소장. 한국학중앙연구원 장서각 한국고문서자료관 홈페이지 원문 이미지 보기. 한국학중앙연구원 편(2005) 참고>

1832-02-00. **정성일 등 상서**(鄭性一等上書), 정성일 등. <1장. 한자+이두. 조선 필사 이두 자료. 전북 부안군 우반 부안 김씨 세덕각 소장. 한국학중앙연구원 장서각 한국고문서자료관 홈페이지 & 호남권 한국학자료센터 홈페이지 원문 이미지와 텍스트 보기. 박병호(1974ㄱ), 한국정신문화연구원 편(1983, 1998), 최승희(1989), 전경목(2001), 정구복(2002), 한국학중앙연구원 편(2017) 참고>

1832-02-00. **화민 최세기 소지**(化民崔世器所志), 최세기. <1장. 한자+이두. 조선 필사 이두 자료. 경북 경주시 내남면 이조리 경주 최씨·용산서원 소장. 한국학중앙연구원 장서각 한국고문서자료관 홈페이지 원문 이미지 보기. 한국정신문화연구원 편(2000) 참고>

1832-03-07. **유학 김성규 토지매매명문**(幼學金星奎土地賣買明文), 산주 유학 이경윤(山主幼學李敬允). <1장. 한자+이두. 조선 필사 이두 자료. 전북 임실군 청웅 밀양 박씨가 소장. 호남권 한국학자료센터 홈페이지 원문 이미지와 텍스트 보기. 박병호(1974ㄱ), 최승희(1989), 전경목 외(2006), 채현경(2011) 참고>

1832-03-12. **박 생원 댁 노 덕량 토지매매명문**(朴生員宅奴德良土地賣買明文), 답주 정덕중(畓主鄭德中). <1장. 한자+이두. 조선 필사 이두 자료. 부여 은산 함양 박씨 소장. 한국학중앙연구원 장서각 한국고문서자료관 홈페이지 원문 이미지 보기. 한국정신문화연구원 편(2000) 참고>

1832-03-15. **종중 유사 박세환 토지매매명문**(宗中有司朴世煥土地賣買明文), 답주 유학 박형철(畓主幼學朴謦喆). <1장. 한자+이두. 조선 필사 이두 자료. 전북 장수군 침곡 충주 박씨가 소장. 호남권 한국학자료센터 홈페이지 원문 이미지와 텍스트 보기. 최승희(1989), 이재수(2003), 채현경(2011) 참고>

1832-03-21. **종씨 토지매매명문**(宗氏土地賣買明文), 답주 유학 신덕태(畓主幼學辛德泰). <1장. 한자+이두. 조선 필사 이두 자료. 전남 영광군 입석 영월 신씨 소장. 장서각 한국고문서자료관 홈페이지 원문 이미지와 텍스트 보기. 한국정신문화연구원 편(1996) 참고>

1832-03-00. **무주부사 완문**(茂朱府使完文), 무주부. <1장. 한자+이두. 조선 필사 이두 자료. 무주 장기 연안 이씨가 소장. 호남권 한국학자료센터 홈페이지 원문 이미지와 텍스트 보기. 최승희(1989), 정구복(1996), 김혁(2008) 참고>

1832-03-00. **박동귀 등 단자**(朴東龜等單子), 박동귀 등. <1장. 한자+이두. 조선 필사 이두 자료. 전북 남원 풍산 밀양 박씨가 구장. 남원향토박물관 소장. 호남권 한국학자료센터 홈페이지 원문 이미지와 텍스트 보기. 최승희(1989), 전경목 외(2006) 참고>

1832-03-00. **신조남·신문협 등 소지**(申祖楠申文協等所志), 신조남·신문협 등. <1장. 한자+이두. 조선 필사 이두 자료. 의성 아주 신씨 오봉 가문 소장. 한국학중앙연구원 장서각 한국고문서자료관 홈페이지 원문 이미지 보기. 한국학중앙연구원 편(2005) 참고>

1832-03-00. **화민 신대원 등 소지**(化民辛大元等所志), 신대원 등. <1장. 한자+이두. 조선 필사 이두 자료. 전남 영광군 입석 영월 신씨 소장. 한국학중앙연구원 장서각 한국고문서자료관 홈페이지 원문 이미지와 텍스트 보기. 한국정신문화연구원 편(1996) 참고>

1832-04-07. **강재명 토지매매명문**(姜在明土地賣買明文) 2, 진주 자필 신승겸(田主自

筆申承儉). <1장. 한자+이두. 조선 필사 이두 자료. 제주 어도내산 진주 강씨가 구장. 제주 한림 강우석 소장. 호남권 한국학자료센터 홈페이지 원문 이미지와 텍스트 보기. 오성찬(1994), 이재수(2003), 오창명(2007) 참고>

1832-04-07. **유학 정기필 토지매매명문**(幼學鄭慶弼土地賣買明文),[308] 산주 척 유학 홍극표(山主戚幼學洪極標). <1장. 한자+이두. 조선 필사 이두 자료. 경남 거창 강동 초계 정씨 동계 종가 구장. 한국학중앙연구원 장서각 한국고문서자료관 홈페이지 & 장서각 한국학자료센터 홈페이지 원문 이미지와 텍스트 보기. 김태영(1983), 최승희(1989), 한국정신문화연구원 편(1995, 2005), 이재수(2003) 참고>

1832-04-08. **박세언 토지매매명문**(朴世彦土地賣買明文),[309] 전주 자필 이상익(出主自筆李相益). <1장. 한자+이두. 조선 필사 이두 자료. 경북 영해 인량 재령 이씨 충효당 소장. 한국학중앙연구원 장서각 한국고문서자료관 홈페이지 원문 이미지 보기. 한국정신문화연구원 편(2004) 참고>

1832-04-11. **유 생원 댁 노 일금 토지매매명문**(柳生員宅奴日今土地賣買明文), 답주 정달문(畓主丁達文). <1장. 한자+이두. 조선 필사 이두 자료. 전북 임실군 지사 협계태 씨가 소장. 호남권 한국학자료센터 홈페이지 원문 이미지와 텍스트 보기. 최승희(1989), 정수환·이헌창(2008), 채현경(2011) 참고>

1832-04-27. **이상희 토지매매명문**(李相曦土地賣買明文) 1, 답주 자필 권도빈(畓主自筆權度彬). <1장. 한자+이두. 조선 필사 이두 자료. 경북 영해 인량 재령 이씨 충효당 소장. 한국학중앙연구원 장서각 한국고문서자료관 홈페이지 원문 이미지 보기. 한국정신문화연구원 편(2004) 참고>

1832-04-00. **김종해 소지**(金宗海所志), 김종해. <1장. 한자+이두. 조선 필사 이두 자료. 광주 상산 김씨 김용호 소장. 호남권 한국학자료센터 홈페이지 원문 이미지와 텍스트 보기. 최승희(1989), 국립민속박물관 편(1991), 정구복 외(1999) 참고>

1832-04-00. **양재휴 등 상서**(楊在休等上書), 양재휴 등. <1장. 한자+이두. 조선 필사

---

308 한국학중앙연구원 장서각 한국학자료센터 홈페이지에서는 '1832년 홍극표(洪極標) 산지매매명문(山地賣買明文)'으로 표시하였다.
309 한국학중앙연구원 장서각 한국고문서자료관 홈페이지에서는 '박언세(朴**彦世**)'로 잘못 적었다.

이두 자료. 전북 순창 청계 문화 유씨가 소장. 호남권 한국학자료센터 홈페이지 원문 이미지와 텍스트 보기. 박병호(1974ㄱ), 최승희(1989), 정구복 외(1999) 참고>

1823-04-00. **임 생원 댁 노 막선 토지매매명문**(任生員宅奴莫先土地賣買明文), 답주 김광수(畓主金光秀). <1장. 한자+이두. 조선 필사 이두 자료. 아산 선교 장흥 임씨 구장. 한국학중앙연구원 장서각 한국고문서자료관 홈페이지 원문 이미지 보기. 한국학중앙연구원 편(2008) 참고>

1832-04-00. **토지매매명문**(土地賣買明文),³¹⁰ 답주 김창문(畓主金昌文). <1장. 한자+이두. 조선 필사 이두 자료. 전남 광양시 광양읍 인덕면 밀양 손씨가 구장. 전북대학교 박물관 소장. 호남권 한국학자료센터 홈페이지 원문 이미지와 텍스트 보기. 박병호(1974ㄱ), 이재수(2003) 참고>

1832-05-02. **유학 신항업 노비매매명문**(幼學辛恒㸙奴婢賣買明文), 비주 유학 김윤황(婢主幼學金潤黃). <1장. 한자+이두. 조선 필사 이두 자료. 전남 영광군 입석 영월 신씨 소장. 한국학중앙연구원 장서각 한국고문서자료관 홈페이지 원문 이미지와 텍스트 보기. 한국정신문화연구원 편(1996) 참고>

1832-05-08. **노 팔남 배지**(奴八男牌旨), 상전 임(上典林). <1장. 한자+이두. 조선 필사 이두 자료. 전남 나주시 회진 나주 임씨 창계 후손가 소장. 한국학중앙연구원 장서각 한국고문서자료관 홈페이지 원문 이미지 보기. 한국정신문화연구원 편(2003) 참고>

1832-05-16. **유학 장흠 토지매매명문**(幼學張欽土地賣買明文), 전주 유학 김치영(田主幼學金致泳). <1장. 한자+이두. 조선 필사 이두 자료. 전남 화순 내서 흥성 장씨가 구장. 광주광역시 이정옥 소장. 호남권 한국학자료센터 홈페이지 원문 이미지와 텍스트 보기. 최승희(1989), 정구복 외(1999) 참고>

1832-05-26~1833-06-13(壬辰~癸巳). 「명온공주방상장례등록(**明溫公主房喪葬禮謄錄**)」,³¹¹ 편자 미상. <1책. 79장. 필사본. 한자+이두. 조선 필사 이두 자료. 서울대

---

310 호남권 한국학자료센터 홈페이지에서는 '1832년 김창문(金昌文) 방매 토지매매명문(土地賣買明文)'으로 표시하였다.

311 표제는 '壬辰 明溫公主房禮葬謄錄'이다.

학교 규장각 한국학연구원 홈페이지 원문 이미지 보기>

1832-05-00. **김시연 소지**(金始演所志) 1, 김시연. <1장. 한자+이두. 조선 필사 이두 자료. 대전·청양 안동 김씨 삼당 후손가 소장. 한국학중앙연구원 장서각 한국고문서자료관 홈페이지 원문 이미지 보기. 한국정신문화연구원 편(2003) 참고>

1832-05-00. **김시연 소지**(金始演所志) 2, 김시연. <1장. 한자+이두. 조선 필사 이두 자료. 대전·청양 안동 김씨 삼당 후손가 소장. 한국학중앙연구원 장서각 한국고문서자료관 홈페이지 원문 이미지 보기. 한국정신문화연구원 편(2003) 참고>

1832-05-00. **영광군수 입지**(靈光郡守立旨), 영광군. <1장. 한자+이두. 조선 필사 이두 자료. 전남 영광군 입석 영월 신씨 소장. 한국학중앙연구원 장서각 한국고문서자료관 홈페이지 원문 이미지와 텍스트 보기. 한국정신문화연구원 편(1996) 참고>

1832-06-00. **정기필 소지**(鄭夒弼所志)[312] 1, 정기필. <1장. 한자+이두. 조선 필사 이두 자료. 경남 거창 강동 초계 정씨 동계 종가 구장. 한국학중앙연구원 장서각 한국고문서자료관 홈페이지 & 장서각 한국학자료센터 홈페이지 원문 이미지와 텍스트 보기. 한국정신문화연구원 편(1995, 2005), 박병련·김학수(2001), 김성갑(2006) 참고>

1832-07-02~1832-12-30(壬辰). 「(도광 12년 7월 일)황해감영장계등록(道光十二年七月 日黃海監營狀啓謄錄)」, 비변사(備邊司) 편(編). <1책(1/22). 166장. 필사본. 표제는 '黃海監營啓錄'. 한자+이두. 조선 필사 이두 자료. 서울대학교 규장각 한국학연구원 홈페이지 원문 이미지 보기> <영인본: 「각사등록」 22(황해도편 1)(국사편찬위원회, 1985)> <1833-05-02~1833-05-15(2/22), 1833-05-18?~1833-10-29(3/22), 1833-11-01~1834-06-29(4/22), 1838-01-07~1838-12-17(5/22), 1845-02-12~1845-12-29(6/22), 1848-04-09~1848-08-08(7/22), 1848-08-12~1849-02-29(8/22), 1850-01-03~1851-01-24(9/22), 1851-04-30~1852-00-00(10/22), 1853-09-17~1854-05-29(11/22), 1855-04-20~1855-11-10(12/22), 1860-03-30~1860-00-00(13/22), 1860-02-11~

---

[312] 한국학중앙연구원 장서각 한국학자료센터 홈페이지에서는 '1832년 정기필(鄭夒弼) 단자(單子)'로 표시하였다.

1861-02-06(14/22), 1863-01-29~1864-02-00(15/22), 1866-08-23~1867-03-29(16/22), 1866-06-15~1868-02-22(17/22), 1882-02-21~1882-03-10(18/22), 1883-04-15~1884-00-00(19/22), 1887-12-17~1889-06-18(20/22), 1899-07-08~1899-08-29(21/22), 1898-12-22~1899-06-29(22/22)>

1832-07-27. **용연서원 완의**(龍淵書院完議), 용연서원. <1장. 한자+이두. 조선 필사 이두 자료. 경남 합천 용연서원 소장. 한국학중앙연구원 장서각 한국고문서자료관 홈페이지 원문 이미지 보기. 한국정신문화연구원 편(1996) 참고>

1832-08-19. **사형 박시순 토지매매명문**(舍兄朴時淳土地賣買明文), 전주 자필 사제 박시영(田主自筆舍弟朴時永). <1장. 한자+이두. 조선 필사 이두 자료. 경북 영주시 문수면 수도리 반남 박씨 오헌 고택 구장. 한국국학진흥원 소장. 한국학자료센터 영남권역센터 홈페이지 원문 이미지와 텍스트 보기. 김성갑(2013) 참고>

1832-08-22. **이대갑 토지매매명문**(李大甲土地賣買明文) 1, 답주 자필 유학 이지문(畓主自筆幼學李之文). <1장. 한자+이두. 조선 필사 이두 자료. 전북 임실군 지사 협계태 씨가 소장. 호남권 한국학자료센터 홈페이지 원문 이미지와 텍스트 보기. 박병호(1974ㄱ), 최승희(1989), 이재수(2003) 참고>

1832-08-00. **강사공 차첩**(姜師孔差帖), 현감(縣監). <1장. 한자+이두. 조선 필사 이두 자료. 제주시 제주교육박물관 소장. 사이버 제주교육박물관 홈페이지 원문 이미지와 텍스트 보기>

1832-08-00. **임가산 댁 양근 산소 묘직 최손이 토지매매명문**(任嘉山宅楊根山所墓直崔孫伊土地賣買明文), 답주 김 생원 댁 노 개손(畓主金生員宅奴介孫). <1장. 한자+이두. 조선 필사 이두 자료. 아산 선교 장흥 임씨 구장. 한국학중앙연구원 장서각 한국고문서자료관 홈페이지 원문 이미지 보기. 한국학중앙연구원 편(2008) 참고>

1832-09-06. **김지근 토지매매명문**(金志根土地賣買明文), 산주 자필 박대중(山主自筆朴大中). <1장. 한자+이두. 조선 필사 이두 자료. 전북 고창 석호 담양 국씨가 구장. 전북대학교 박물관 소장. 호남권 한국학자료센터 홈페이지 원문 이미지와 텍스트 보기. 박병호(1974ㄱ), 최승희(1989), 정구복 외(1999) 참고>

1832-09-15. **유학 오재욱 토지매매명문**(幼學吳在郁土地賣買明文), 답주 유학 자필 오

인환(畓主幼學自筆吳仁煥). <1장. 한자+이두. 조선 필사 이두 자료. 전북 부안군 우반 부안 김씨 세덕각 소장. 한국학중앙연구원 장서각 한국고문서자료관 홈페이지 & 호남권 한국학자료센터 홈페이지 원문 이미지와 텍스트 보기. 박병호(1974ㄱ), 한국정신문화연구원 편(1983, 1998), 이재수(2003), 한국학중앙연구원 편(2017) 참고>

1832-09-17. **정 생원 댁 노 득용 토지매매명문**(鄭生員宅奴得用土地賣買明文) 2, 답주 유학 이득룡(畓主幼學伊得龍). <1장. 한자+이두. 조선 필사 이두 자료. 전북 임실군 지사 협계태 씨가 소장. 호남권 한국학자료센터 홈페이지 원문 이미지와 텍스트 보기. 최승희(1989), 정수환·이헌창(2008), 채현경(2011) 참고>

1832-09-18. **이 생원 댁 노 해운 토지매매명문**(李生員宅奴亥云土地賣買明文), 답주 이득채(畓主李得采). <1장. 한자+이두. 조선 필사 이두 자료. 전남 보성 박실 제주 양씨가 구장. 원광대학교 박물관 소장. 호남권 한국학자료센터 홈페이지 원문 이미지와 텍스트 보기. 박병호(1974ㄱ), 이재수(2003) 참고>

1832-09-20. **이대갑 토지매매명문**(李大甲土地賣買明文) 2, 답주 자필 유학 이지문(畓主自筆幼學李之文). <1장. 한자+이두. 조선 필사 이두 자료. 전북 임실군 지사 협계태 씨가 소장. 호남권 한국학자료센터 홈페이지 원문 이미지와 텍스트 보기. 박병호(1974ㄱ), 최승희(1989), 이재수(2003) 참고>

1832-09-24. **구례현감 전령**(求禮縣監傳令), 구례현. <1장. 한자+이두. 조선 필사 이두 자료. 남원·구례 삭녕 최씨 구장. 한국학중앙연구원 장서각 한국고문서자료관 홈페이지 원문 이미지 보기. 한국정신문화연구원 편(2004) 참고>

1832-09-30. **남 생원 댁 노 복득 토지매매명문**(南生員宅奴福得土地賣買明文), 대주 신 생원 댁 노 동산(垈主辛 生員宅奴東山). <1장. 한자+이두. 조선 필사 이두 자료. 원주시 무릉박물관 소장. 한국학자료센터 강원권역센터 홈페이지 원문 이미지 보기. 박병호(1974ㄱ), 최승희(1989), 김소은(2004), 김성갑(2013) 참고>

1832-09-00. **고부 광산 김씨가 입안**(古阜光山金氏家立案), 예조(禮曹). <1장. 한자+이두. 조선 필사 이두 자료. 전북 고창·고부 광산 김씨 소장. 한국학중앙연구원 고문서자료관 홈페이지 원문 이미지 보기. 한국학중앙연구원 편(2009) 참고>

1832-09-00. **김시연 소지**(金始演所志) 3, 김시연. <1장. 한자+이두. 조선 필사 이두

자료. 대전·청양 안동 김씨 삼당 후손가 소장. 한국학중앙연구원 장서각 한국고문서자료관 홈페이지 원문 이미지 보기. 한국정신문화연구원 편(2003) 참고>

1832-09-00. **김윤문 노 춘득 소지**(金允文奴春得所志), 춘득. <1장. 한자+이두. 조선 필사 이두 자료. 전북 고창·고부 광산 김씨 소장. 한국학중앙연구원 고문서자료관 홈페이지 원문 이미지 보기. 한국학중앙연구원 편(2009) 참고>

1832-09-00. **김지근 소지**(金志根所志), 김지근. <1장. 한자+이두. 조선 필사 이두 자료. 전북 고창 석호 담양 국씨가 구장. 전북대학교 박물관 소장. 호남권 한국학자료센터 홈페이지 원문 이미지와 텍스트 보기. 박병호(1974ㄱ), 최승희(1989), 정구복 외(1999) 참고>

1832-09-00. **이정전 등 단자**(李正銓等單子) 1, 이정전 등. <1장. 한자+이두. 조선 필사 이두 자료. 전북 남원 둔덕 전주 이씨가 구장. 전북대학교 박물관 소장. 호남권 한국학자료센터 홈페이지 원문 이미지와 텍스트 보기. 박병호(1974ㄱ), 최승희(1989), 정구복 외(1999) 참고>

1832-09-00. **이정전 등 단자**(李正銓等單子) 2, 이정전 등. <1장. 한자+이두. 조선 필사 이두 자료. 전북 남원 둔덕 전주 이씨가 구장. 전북대학교 박물관 소장. 호남권 한국학자료센터 홈페이지 원문 이미지와 텍스트 보기. 박병호(1974ㄱ), 최승희(1989), 정구복 외(1999) 참고>

1832-09-00. **정기필 소지**(鄭夔弼所志) 2, 정기필. <1장. 한자+이두. 조선 필사 이두 자료. 경남 거창 강동 초계 정씨 동계 종가 구장. 한국학중앙연구원 장서각 한국고문서자료관 홈페이지 원문 이미지와 텍스트 보기. 한국정신문화연구원 편(1995, 2005), 박병련·김학수(2001), 김성갑(2006) 참고>

1832-09-00. **최우정 등 단자**(崔遇廷等單子), 최우정 등. <1장. 한자+이두. 조선 필사 이두 자료. 남원·구례 삭녕 최씨 구장. 한국학중앙연구원 장서각 한국고문서자료관 홈페이지 원문 이미지 보기. 한국정신문화연구원 편(2004) 참고>

1832-윤9-27. **유학 임형수 토지매매명문**(幼學林馨洙土地賣買明文), 산주 송명철(山主宋明喆). <1장. 한자+이두. 조선 필사 이두 자료. 전북 김제시 남산 임창종 구장. 전북대학교 박물관 소장. 호남권 한국학자료센터 홈페이지 원문 이미지와 텍스트 보기. 최승희(1989), 김소은(2004) 참고>

1832-윤9-00. **숭선군방 노 충성 의송**(崇善君房奴忠誠議送). 충성. <1장. 한자+이두. 조선 필사 이두 자료. 충남 공주시 전주 이씨 숭선군파 종가 소장. 한국학중앙연구원 장서각 한국고문서자료관 홈페이지 원문 이미지 보기>

1832-윤9-00. **정기필 소지**(鄭夔㢸所志) 3, 정기필. <1장. 한자+이두. 조선 필사 이두 자료. 경남 거창 강동 초계 정씨 동계 종가 구장. 한국학중앙연구원 장서각 한국고문서자료관 홈페이지 & 한국학중앙연구원 장서각 한국학자료센터 홈페이지 원문 이미지와 텍스트 보기. 한국정신문화연구원 편(1995, 2005), 박병련·김학수(2001), 김성갑(2006) 참고>

1832-윤9-00. **정종필 소지**(鄭宗㢸所志), 정종필. <1장. 한자+이두. 조선 필사 이두 자료. 경남 거창 강동 초계 정씨 동계 종가 구장. 한국학중앙연구원 장서각 한국고문서자료관 홈페이지 원문 이미지와 텍스트 보기. 한국정신문화연구원 편(1995, 2005), 박병련·김학수(2001), 김성갑(2006) 참고>

1832-10-13. **김용대 토지매매명문**(金龍大土地賣買明文), 답주 자필 박성근(畓主自筆朴盛根). <1장. 한자+이두. 조선 필사 이두 자료. 경북 안동시 오천 광산 김씨 후조당 소장. 한국학중앙연구원 장서각 한국고문서자료관 홈페이지 원문 이미지와 텍스트 보기. 박병호(1974ㄱ), 한국정신문화연구원 편(1982), 최승희(1989) 참고>

1832-10-18. **김경옥 토지매매명문**(金瓊玉土地賣買明文), 답주 이유기(畓主李有基). <1장. 한자+이두. 조선 필사 이두 자료. 전북대학교 박물관 소장. 호남권 한국학자료센터 홈페이지 원문 이미지와 텍스트 보기. 최승희(1989), 정구복 외(1999), 이재수(2003) 참고>

1832-10-21~1833-06-25(壬辰~癸巳). 「감결보초등서책(**甘結報草謄書冊**)」,[313] 충청감영(忠淸監營) 편(編). <1책. 49장. 필사본. 한자+이두. 조선 필사 이두 자료. 서울대학교 규장각 한국학연구원 홈페이지 원문 이미지 보기> <영인본: 「각사등록」 48(충청도 보유편)(국사편찬위원회 편, 1990)>

---

[313] 권수제는 '甘結謄書'이다. 서울대학교 규장각 한국학연구원 홈페이지에서는 책명을 '[忠淸道]甘結報草謄書冊 [충청도]감결보초등서책'으로 표시하였다.

1832-10-25. **이 생원 노 삼성 토지매매명문**(李生員奴三成土地賣買明文), 답주 고 이봉선 모 김 조이(畓主故李鳳仙母金召史). <1장. 한자+이두. 조선 필사 이두 자료. 전남 보성 박실 제주 양씨가 구장. 원광대학교 박물관 소장. 호남권 한국학자료센터 홈페이지 원문 이미지와 텍스트 보기. 최승희(1989), 정구복 외(1999), 채현경(2011) 참고>

1832-10-25. **정본룡 토지매매명문**(鄭本龍土地賣買明文), 답주 김 노 세중(畓主金奴世重). <1장. 한자+이두. 조선 필사 이두 자료. 전남 보성 박실 제주 양씨가 구장. 원광대학교 박물관 소장. 호남권 한국학자료센터 홈페이지 원문 이미지와 텍스트 보기. 박병호(1974ㄱ), 최승희(1989), 이재수(2003) 참고>

1832-10-26. **독락당 승청 완문**(獨樂堂僧廳完文), 경주부(慶州府). <1장. 한자+이두. 조선 필사 이두 자료. 경북 경주시 안강읍 옥산리 여주 이씨 독락당 소장. 한국학중앙연구원 장서각 한국고문서자료관 홈페이지 원문 이미지 보기. 한국정신문화연구원 편(2003) 참고>

1832-10-29. **김흥귀 토지매매명문**(金興貴土地賣買明文), 답주 문중 유사 강창대(畓主門中有司姜昌大). <1장. 한자+이두. 조선 필사 이두 자료. 경북 안동시 주촌 진성 이씨 경류정 소장. 한국학중앙연구원 장서각 한국고문서자료관 홈페이지 원문 이미지와 텍스트 보기. 한국정신문화연구원 편(1999) 참고>

1832-10-29. **이상희 토지매매명문**(李相曦土地賣買明文) 2, 전주 박세언(田主朴世彦). <1장. 한자+이두. 조선 필사 이두 자료. 경북 영해 인량 재령 이씨 충효당 소장. 한국학중앙연구원 장서각 한국고문서자료관 홈페이지 원문 이미지 보기. 한국정신문화연구원 편(2004) 참고>

1832-10-00. **과녀 안 씨 토지매매명문**(寡女安氏土地賣買明文), 율산주 이 노 끝매(栗山主李奴㐚毎).³¹⁴ <1장. 한자+이두. 조선 필사 이두 자료. 경기도 용인시 오산 해주 오씨 추탄 종가 구장. 한국학중앙연구원 장서각 한국고문서자료관 홈페이지 원문 이미지와 텍스트 보기. 한국정신문화연구원 편(1998) 참고>

---

314 한국학중앙연구원 장서각 한국고문서자료관 홈페이지 '작성 주체'에서는 '끝각(㐚角)'으로 적었고, '원문 텍스트'에서는 '㐚毎'로 적었다.

1832-10-00. **문필택 등 등장**(文弼澤等等狀), 문필택 등. <1장. 한자+이두. 조선 필사 이두 자료. 전남 영암군 장암 남평 문씨 문창집 소장. 호남권 한국학자료센터 홈페이지 원문 이미지와 텍스트 보기. 최승희(1989), 국립민속박물관 편(1991), 한국정신문화연구원 편(1995) 참고>

1832-10-00. 「예조수교등록(禮曹受敎謄錄)」, 예조(禮曹) 편(編). <1책. 6장. 필사본. 한자+이두. 이두 자료. 서울대학교 규장각 한국학연구원 홈페이지 원문 이미지 보기>

1832-10-00. **이태수 입안**(李泰壽立案), 울산부(蔚山府). <1장. 한자+이두. 조선 필사 이두 자료. 경북 경주시 안강읍 옥산리 여주 이씨 독락당 소장. 한국학중앙연구원 장서각 한국고문서자료관 홈페이지 원문 이미지 보기. 한국정신문화연구원 편(2003) 참고>

1832-10-00. **화민 유학 문규택 등 소지**(化民幼學文奎澤等所志), 문규택 등. <1장. 한자+이두. 조선 필사 이두 자료. 전남 영암군 장암 남평 문씨 문창집 소장. 한국학중앙연구원 장서각 한국고문서자료관 홈페이지 원문 이미지와 텍스트 보기. 한국정신문화연구원 편(1995) 참고>

1832-11-10. **유학 홍익헌 토지매매명문**(幼學洪益憲土地賣買明文), 전주 자필 유학 정달원(田主自筆幼學鄭達源). <1장. 한자+이두. 조선 필사 이두 자료. 춘천 김현식 소장. 한국학자료센터 강원권역센터 홈페이지 원문 이미지 보기. 최승희(1989), 전경목(2010), 김성갑(2013), 박준호(2016) 참고>

1832-11-10. **황 씨 노 만복 토지매매명문**(黃氏奴萬卜土地賣買明文) 1, 전주 유학 홍익헌(田主幼學洪益憲). <1장. 한자+이두. 조선 필사 이두 자료. 춘천 김현식 소장. 한국학자료센터 강원권역센터 홈페이지 원문 이미지 보기. 최승희(1989), 전경목(2010), 김성갑(2013), 박준호(2016) 참고>

1832-11-10. **황 씨 노 만복 토지매매명문**(黃氏奴萬卜土地賣買明文) 2, 전주 유학 홍익헌(田主幼學洪益憲). <1장. 한자+이두. 조선 필사 이두 자료. 춘천 김현식 소장. 한국학자료센터 강원권역센터 홈페이지 원문 이미지 보기. 최승희(1989), 전경목(2010), 김성갑(2013), 박준호(2016) 참고>

1832-11-16. **유 노 백춘 토지매매명문**(柳奴白春土地賣買明文), 전주 이득잉(田主李得

仍). <1장. 한자+이두. 조선 필사 이두 자료. 경북 안동시 하회 풍산 류씨 충효당 소장. 한국학중앙연구원 장서각 한국고문서자료관 홈페이지 원문 이미지와 텍스트 보기. 한국정신문화연구원 편(1994) 참고>

1832-11-20. **남이장 토지매매명문**(南里張土地賣買明文), 전주 강득복(田主姜得卜). <1장. 한자+이두. 조선 필사 이두 자료. 경북 예천군 감천면 강릉 유씨 벌방 종가 구장. 한국국학진흥원 소장. 한국학자료센터 영남권역센터 홈페이지 원문 이미지와 텍스트 보기. 김성갑(2013) 참고>

1832-11-24. **진 노 훗씨 토지매매명문**(秦奴{厚+叱}氏土地賣買明文),³¹⁵ ■…■. <1장. 한자+이두. 조선 필사 이두 자료. 경북 예천군 감천면 강릉 유씨 벌방 종가 구장. 한국국학진흥원 소장. 한국학자료센터 영남권역센터 홈페이지 원문 이미지와 텍스트 보기. 김성갑(2013) 참고>

1832-11-27. **권 생원 댁 노 성암 토지매매명문**(權生員宅奴成岩土地賣買明文) 2, 전주 정택기(田主鄭宅基). <1장. 한자+이두. 조선 필사 이두 자료. 경북 예천군 용문면 대제리 원동 권씨 춘우재 고택 구장. 한국국학진흥원 소장. 한국학자료센터 영남권역센터 홈페이지 원문 이미지와 텍스트 보기. 김성갑(2013) 참고>

1832-11-27. **문중 유사 박세환 토지매매명문**(門中有司朴世煥土地賣買明文), 답주 자필 유학 양계동(畓主自筆幼學梁啓東). <1장. 한자+이두. 조선 필사 이두 자료. 전북 장수군 침곡 충주 박씨가 소장. 호남권 한국학자료센터 홈페이지 원문 이미지와 텍스트 보기. 최승희(1989), 이재수(2003), 채현경(2011) 참고>

1832-11-00. **박필수 등 소지**(朴苾洙等所志). 박필수 등. <1장. 한자+이두. 조선 필사 이두 자료. 경남 거창 강동 초계 정씨 동계 종가 구장. 한국학중앙연구원 장서각 한국고문서자료관 홈페이지 & 한국학중앙연구원 장서각 한국학자료센터 홈페이지 원문 이미지와 텍스트 보기. 한국정신문화연구원 편(1995, 2005), 박병련·김학수(2001), 김성갑(2006) 참고>

1832-11-00. **서추복 소지**(徐秋卜所志), 서추복. <1장. 한자+이두. 조선 필사 이두 자료. 경북 경주시 안강읍 옥산리 여주 이씨 장산서원·치암 종택 구장. 한국학중

---

315 한국학자료센터 영남권역센터 홈페이지에서는 '후질씨(厚叱氏)'로 표시하였다.

앙연구원 장서각 한국고문서자료관 홈페이지 원문 이미지 보기. 한국정신문화연구원 편(2003) 참고>

1832-11-00. **유응구 등 면역 관련 소지**(劉應矩等免疫關聯所志), 유응구 등. <1장. 한자+이두. 조선 필사 이두 자료. 경북 예천군 감천면 강릉 유씨 벌방 종가 구장. 한국국학진흥원 소장. 한국학자료센터 영남권역센터 홈페이지 원문 이미지와 텍스트 보기>

1832-11-00. **임지방 등 의송**(林之芳等議送),³¹⁶ 임지방 등. <1장. 한자+이두. 조선 필사 이두 자료. 경남 거창 강동 초계 정씨 동계 종가 구장. 한국학중앙연구원 장서각 한국고문서자료관 홈페이지 & 한국학중앙연구원 장서각 한국학자료센터 홈페이지 원문 이미지와 텍스트 보기. 한국정신문화연구원 편(1995, 2005), 박병련·김학수(2001), 김성갑(2006) 참고>

1832-11-00. **최국구 단자**(崔局九單子), 최국구. <1장. 한자+이두. 조선 필사 이두 자료. 남원·구례 삭녕 최씨 구장. 한국학중앙연구원 장서각 한국고문서자료관 홈페이지 원문 이미지 보기. 한국정신문화연구원 편(2004) 참고>

1832-12-02. **대계서원 토지매매명문**(大溪書院土地賣買明文), 답주 이추성(畓主李秋星). <1장. 한자+이두. 조선 필사 이두 자료. 전남 보성군 택촌 죽산 안씨 은봉 종가 소장. 호남권 한국학자료센터 홈페이지 원문 이미지와 텍스트 보기. 이재수(2003) 참고>

1832-12-07. **노 천득 배지**(奴千得牌旨), 상전 김(上典金). <1장. 한자+이두. 조선 필사 이두 자료. 전남 장성군 행주 기씨 금강 종가 소장. 호남권 한국학자료센터 홈페이지 원문 이미지와 텍스트 보기. 김재문(1986), 이수건 외(2004) 참고>

1832-12-07. **유학 고득종 토지매매명문**(幼學高得宗土地賣買明文), 답주 유학 최봉조(畓主幼學崔奉祚). <1장. 한자+이두. 조선 필사 이두 자료. 전남 순천 황전 경주 정씨가 구장. 광주광역시 이정옥 소장. 호남권 한국학자료센터 홈페이지 원문 이미지와 텍스트 보기. 최승희(1989) 참고>

---

316 한국학중앙연구원 장서각 한국고문서자료관 홈페이지에서는 '1832년 임지방(林之芳) 소지(所志)'로 표시하였다.

1832-12-07. **유학 양한영 토지매매명문**(幼學梁漢永土地賣買明文), 답주 유학 최정택(畓主幼學崔正宅). <1장. 한자+이두. 조선 필사 이두 자료. 전남 순천 황전 경주 정씨가 구장. 광주광역시 이정옥 소장. 호남권 한국학자료센터 홈페이지 원문 이미지와 텍스트 보기. 최승희(1989) 참고>

1832-12-10. **김수신 토지매매명문**(金秀信土地賣買明文), 답주 김 생원 댁 노 천득(畓主金生員宅奴千得). <1장. 한자+이두. 조선 필사 이두 자료. 전남 장성군 행주 기씨 금강 종가 소장. 호남권 한국학자료센터 홈페이지 원문 이미지와 텍스트 보기. 김재문(1986), 이수건 외(2004) 참고>

1832-12-15. **강재명 길거문**(姜在明拮据文), 강재명. <1장. 한자+이두. 조선 필사 이두 자료. 제주 어도내산 진주 강씨가 구장. 제주 한림 강우석 소장. 호남권 한국학자료센터 홈페이지 원문 이미지와 텍스트 보기. 최승희(1989), 고창석(2002) 참고>

1832-12-15. **권 생원 댁 노 성암 토지매매명문**(權生員宅奴成岩土地賣買明文) 3, 전답주 임 노 금돌(田畓主林奴金乭). <1장. 한자+이두. 조선 필사 이두 자료. 경북 예천군 용문면 대제리 원동 권씨 춘우재 고택 구장. 한국국학진흥원 소장. 한국학자료센터 영남권역센터 홈페이지 원문 이미지와 텍스트 보기. 김성갑(2013) 참고>

1832-12-16. **현촌 사문계 유사 유학 안비 토지매매명문**(玄村私門契有司幼學安秘土地賣買明文),[317] 답주 자필 유학 안혁(畓主自筆幼學安奕). <1장. 한자+이두. 조선 필사 이두 자료. 전남 보성군 택촌 죽산 안씨 은봉 종가 소장. 호남권 한국학자료센터 홈페이지 원문 이미지와 텍스트 보기. 김태영(1983), 김현영(2003) 참고>

1832-12-19. **강 씨 토지매매명문**(姜氏土地賣買明文), 답주 자필 송기호(畓主自筆宋基浩). <1장. 한자+이두. 조선 필사 이두 자료. 전북 무장 원송 진주 강씨가 구장. 전북대학교 박물관 소장. 호남권 한국학자료센터 홈페이지 원문 이미지와 텍스트 보기. 박병호(1974ㄱ), 최승희(1989), 이재수(2003) 참고>

---

[317] 호남권 한국학자료센터 홈페이지에서는 문서명을 '1832년 현촌 사문계(玄村私門契) 토지매매명문(土地賣買明文)'으로 적었다.

1832-12-26. **국문원 토지매매명문**(鞠文元土地賣買明文), 신영진(愼永鎭). <1장. 한자
+이두. 조선 필사 이두 자료. 전북 고창 석호 담양 국씨가 구장. 전북대학교 박물
관 소장. 호남권 한국학자료센터 홈페이지 원문 이미지와 텍스트 보기. 박병호
(1974ㄱ), 최승희(1989), 정구복 외(1999) 참고>

1832-12-27. **김 진사 댁 노 토지매매명문**(金進士宅奴土地賣買明文), 답주 정 생원 댁
노 한성(畓主鄭生員宅奴漢星). <1장. 한자+이두. 조선 필사 이두 자료. 부여 은산
함양 박씨 소장. 한국학중앙연구원 장서각 한국고문서자료관 홈페이지 원문 이미
지 보기. 한국정신문화연구원 편(2000) 참고>

1832-12-29. **유학 임시원 토지매매명문**(幼學任時元土地賣買明文), 답주 유학 손흥량
(畓主幼學孫興良). <1장. 한자+이두. 조선 필사 이두 자료. 전북대학교 박물관
소장. 호남권 한국학자료센터 홈페이지 원문 이미지와 텍스트 보기. 박병호(1974
ㄱ), 이재수(2003) 참고>

1832-12-00. **김성탁 등 소지**(金性濯等所志), 김성탁 등. <1장. 한자+이두. 조선 필사
이두 자료. 전북 고창·고부 광산 김씨 소장. 한국학중앙연구원 고문서자료관 홈페
이지 원문 이미지 보기. 한국학중앙연구원 편(2009) 참고>

1832-12-00. **노 개손 배지**(奴介孫牌旨), 상전 김(上典金). <1장. 한자+이두. 조선 필사
이두 자료. 아산 선교 장흥 임씨 구장. 한국학중앙연구원 장서각 한국고문서자료
관 홈페이지 원문 이미지 보기. 한국학중앙연구원 편(2008) 참고>

1832-00-27. **승 연홍 토지매매명문**(僧衍弘土地賣買明文),[318] 전주 권도일(田主權道一).
<1장. 한자+이두. 조선 필사 이두 자료. 경북 안동시 법흥동 고성 이씨 탑동
종가 구장. 한국국학진흥원 소장. 한국학자료센터 영남권역센터 홈페이지 원문
이미지와 텍스트 보기. 박병호(1974ㄱ), 최승희(1989), 이재수(2003), 김성갑(2013)
참고>

1832-■■-10. **■■■ 토지매매명문**(■■■土地賣買明文),[319] 답주 상인 김영철(畓主喪

---

[318] 한국학자료센터 영남권역센터 홈페이지에서는 문서명을 '1832년 연홍(衍弘) 토지매매명문(土地
賣買明文)'으로 적었다.

[319] 호남권 한국학자료센터 홈페이지에서는 문서명을 '1832년 김영철(金永喆) 방매 토지매매명문(土
地賣買明文)'으로 적었다.

人金永喆). <1장. 한자+이두. 조선 필사 이두 자료. 전북 고창 석호 담양 국씨가 구장. 전북대학교 박물관 소장. 호남권 한국학자료센터 홈페이지 원문 이미지와 텍스트 보기. 박병호(1974ㄱ), 이재수(2003) 참고>

1832-00-00.「경종태실석물수개의궤(景宗胎室石物修改儀軌)」, 편자 미상. <1책. 9장. 필사본. 표제는 '景宗大王胎室石物修改儀軌'. 권수제는 '(道光十二年二月 一公忠道忠州地)景宗大王胎室石物修改儀軌'. 한자+이두. 조선 필사 이두 자료. 서울대학교 규장각 한국학연구원 의궤 종합정보 홈페이지 '奎13965' 원문 이미지 보기>

1832-00-00.「서궐영건도감의궤(西闕營建都監儀軌)」, 서궐영건도감 편. <1책. 140장. 필사본. 표제는 '道光十二年壬辰四月 日 純祖三十二年西闕營建都監儀軌 全'. 목록제는 '西闕營建都監儀軌目錄'. 한자+이두. 조선 필사 이두 자료. 한국학중앙연구원 디지털장서각 홈페이지 'K2-3564' 원문 이미지와 텍스트 보기>

1832-00-00.「서궐영건도감의궤(西闕營建都監儀軌)」, 영건도감 편. <1책. 138장. 필사본. 표제는 '西闕營建都監儀軌'. 목록제는 '西闕營建都監儀軌目錄'. 한자+이두. 조선 필사 이두 자료. 서울대학교 규장각 한국학연구원 의궤 종합정보 홈페이지 '奎14350' 원문 이미지와 텍스트 보기>

1832-00-00.「서궐영건도감의궤(西闕營建都監儀軌)」, 영건도감 편. <1책. 139장. 필사본. 표제는 '西闕營建都監儀軌'. 목록제는 '西闕營建都監儀軌目錄'. 한자+이두. 조선 필사 이두 자료. 국립중앙박물관 외규장각 의궤 홈페이지 '외규262' 원문 이미지와 텍스트 보기>

1832-00-00.「어우집(於于集)」, 유몽인(柳夢寅) 저, 유금(柳琴) 편. <12권 6책. 목활자본. 시문집. 국립중앙도서관 홈페이지 원문 이미지 보기>

1832-00-00.「효명세자상례등록(孝明世子喪禮謄錄)」, 예조(禮曹). <1책. 74장. 필사본. 한자+이두. 조선 필사 이두 자료. 한국학중앙연구원 장서각 소장. 장서각 한국학자료센터 홈페이지 & 한국학중앙연구원 한국학 디지털 아카이브 홈페이지 원문 이미지와 텍스트 보기>

1832-00-00.「효명세자상례등록(孝明世子喪禮謄錄)」, 예조(禮曹). <1책. 60장. 필사본. 한자+이두. 조선 필사 이두 자료. 한국학중앙연구원 장서각 소장. 장서각 한국학자료센터 홈페이지 원문 이미지 보기>

1832-00-00.「효명세자상례의주등록(孝明世子喪禮儀註謄錄)」, 예조(禮曹). <1책. 74장. 필사본. 한자+이두. 조선 필사 이두 자료. 한국학중앙연구원 장서각 한국학자료센터 홈페이지 & 한국학중앙연구원 한국학 디지털 아카이브 홈페이지 원문 이미지와 텍스트 보기>

1832-00-00.「효명세자상례초등록(孝明世子喪禮草謄錄)」, 예조(禮曹). <1책. 98장. 필사본. 한자+이두. 조선 필사 이두 자료. 한국학중앙연구원 장서각 한국학자료센터 홈페이지 & 한국학중앙연구원 한국학 디지털 아카이브 홈페이지 원문 이미지와 텍스트 보기>

1832-00-00.「효명세자입묘도감의궤(孝明世子入廟都監儀軌)」, 입묘도감 편. <1책. 140장. 필사본. 표제는 '道光十二年壬辰七月 日 純祖三十二年孝明世子入廟都監儀軌全'. 권수제는 '孝明世子入廟都監儀軌'. 한자+이두. 조선 필사 이두 자료. 한국학중앙연구원 디지털장서각 홈페이지 'K2-2216' 원문 이미지와 텍스트 보기>

1832-00-00.「효명세자입묘도감의궤(孝明世子入廟都監儀軌)」, 입묘도감 편. <1책. 139장. 필사본. 표제는 '道光十二年壬辰七月 日 太白山上孝明世子入廟都監儀軌全'. 권수제는 '孝明世子入廟都監儀軌'. 한자+이두. 조선 필사 이두 자료. 서울대학교 규장각 한국학연구원 의궤 종합정보 홈페이지 '奎13729' 원문 이미지와 텍스트 보기>

1832-00-00.「효명세자입묘도감의궤(孝明世子入廟都監儀軌)」, 입묘도감 편. <1책. 145장. 필사본. 원표지의 표제지 결락. 권수제는 '孝明世子入廟都監儀軌'. 한자+이두. 조선 필사 이두 자료. 국립중앙박물관 외규장각 의궤 홈페이지 '외규263' 원문 이미지와 텍스트 보기>

1833년

<계사(癸巳), 순조 33년, 도광 13년>

1833-01-01~1833-12-22(癸巳).「전객사일기(典客司日記)」76, 예조(禮曹) 전객사(典客司) 편(編). <1책(76/99). 98장. 필사본. 한자+이두. 조선 필사 이두 자료. 서울대학교 규장각 한국학연구원 홈페이지 원문 이미지 보기>

1833-01-01~1833-12-29. 「결속색등록(結束色謄錄)」, 병조(兵曹) 편(編). <1책(46). 133장. 필사본. 한자+이두. 조선 필사 이두 자료. 서울대학교 규장각 한국학연구원 홈페이지 1787년~1891년 낙질본 107책(1792년(건륭 57년), 1811년(가경 16년) 하, 1816년(가경 21년), 1817년(가경 22년), 1824년(도광 4년) 1831(도광 11년) 없음) 원문 이미지 보기>

1833-01-06. **독락당 완문**(獨樂堂完文) 1, 진영(鎭營). <1장. 한자+이두. 조선 필사 이두 자료. 경북 경주시 안강읍 옥산리 여주 이씨 독락당 소장. 한국학중앙연구원 장서각 한국고문서자료관 홈페이지 원문 이미지 보기. 한국정신문화연구원 편(2003) 참고>

1833-01-10~1833-06-29(癸巳). 「평안감영계록(平安監營啓錄)」, 비변사(備邊司) 편(編). <1책(3/37).[320] 129장. 필사본. 표제는 '平安監營啓錄'. 한자+이두. 조선 필사 이두 자료. 서울대학교 규장각 한국학연구원 홈페이지 원문 이미지 보기> <영인본: 「각사등록」29(평안도편 1)(국사편찬위원회 편, 1988)> <1830-08-12~1830-12-30(1/37)>

1833-01-13. **공충도 병마절도사 관**(公忠道兵馬節度使關), 공충도 병마절도사. <1장. 첩련문서. 한자+이두. 조선 필사 이두 자료. 전남 구례군 토지면 오미리 문화 류씨 운조루 소장. 장서각 한국고문서자료관 홈페이지 원문 이미지와 텍스트 보기. 한국정신문화연구원 편(1998) 참고>

1833-01-19. **학계 성상 후씨 토지매매명문**(學稧城上後氏土地賣買明文), 답주 조한문(畓主趙漢門). <1장. 한자+이두. 조선 필사 이두 자료. 경북 안동시 하회 풍산 류씨 충효당 소장. 한국학중앙연구원 장서각 한국고문서자료관 홈페이지 원문 이미지와 텍스트 보기. 한국정신문화연구원 편(1994) 참고>

1833-01-20. **박지방 등 소지**(朴之芳等所志), 박지방 등. <1장. 한자+이두. 조선 필사 이두 자료. 경남 거창 강동 초계 정씨 동계 종가 구장. 한국학중앙연구원 장서각 한국고문서자료관 홈페이지 & 한국학중앙연구원 장서각 한국학자료센터 홈페이지 원문 이미지와 텍스트 보기. 한국정신문화연구원 편(1995, 2005), 박병련·김학

---

[320] 기록된 내용의 시기에 따르면 2/37은 3/37로, 3/37은 2/37로 권수를 바꾸어야 한다.

수(2001), 김성갑(2006) 참고>

1833-01-22. **최 생원 댁 도산직 김순철 토지매매명문**(崔生員宅都山直金順哲土地賣買明文), 답주 김원걸(畓主金元傑). <1장. 한자+이두. 조선 필사 이두 자료. 남원·구례 삭녕 최씨 구장. 한국학중앙연구원 장서각 한국고문서자료관 홈페이지 원문 이미지 보기. 한국정신문화연구원 편(2004) 참고>

1833-01-24. **신재회 토지매매명문**(辛在晦土地賣買明文), 전답주 김상운(田畓主金尙雲). <1장. 한자+이두. 조선 필사 이두 자료. 경북 안동시 주촌 진성 이씨 경류정 소장. 한국학중앙연구원 장서각 한국고문서자료관 홈페이지 원문 이미지와 텍스트 보기. 한국정신문화연구원 편(1999) 참고>

1833-01-24. **정곡별소 토지매매명문**(井谷別所土地賣買明文), 답주 종손 계수(畓主宗孫啓壽). <1장. 한자+이두. 조선 필사 이두 자료. 안동 천전 의성 김씨 지촌 종택 소장. 한국학중앙연구원 장서각 한국고문서자료관 홈페이지 원문 이미지 보기. 한국정신문화연구원 편(1990) 참고>

1833-01-25. **유학 임시원 토지매매명문**(幼學任時元土地賣買明文), 답주 유학 진응철(畓主幼學陳應喆). <1장. 한자+이두. 조선 필사 이두 자료. 전북대학교 박물관 소장. 호남권 한국학자료센터 홈페이지 원문 이미지와 텍스트 보기. 박병호(1974ㄱ), 이재수(2003) 참고>

1833-01-27. **유학 신항업 토지매매명문**(幼學辛恒懹土地賣買明文), 답주 유학 정백규(畓主幼學丁伯奎). <1장. 한자+이두. 조선 필사 이두 자료. 전남 영광군 입석 영월 신씨 소장. 한국학중앙연구원 장서각 한국고문서자료관 홈페이지 원문 이미지와 텍스트 보기. 한국정신문화연구원 편(1996) 참고>

1833-01-00. **호조 관**(戶曹關), 호조. <1장. 점련문서. 한자+이두. 조선 필사 이두 자료. 전남 구례군 토지면 오미리 문화 류씨 운조루 소장. 한국학중앙연구원 장서각 한국고문서자료관 홈페이지 원문 이미지와 텍스트 보기. 한국정신문화연구원 편(1998) 참고>

1833-02-06. **토지매매명문**(土地賣買明文), 답주 정운철(畓主鄭雲喆). <1장. 한자+이두. 조선 필사 이두 자료. 경북 고령군 대가야읍 본관 1리 홍와 고택 구장. 한국국학진흥원 소장. 한국학자료센터 영남권역센터 홈페이지 원문 이미지와 텍스트

보기. 김성갑(2013) 참고>

1833-02-12. **권 노 성암회 토지매매명문**(權奴成岩回土地賣買明文),³²¹ 답주 자필 권 노 도심(畓主自筆權奴道心). <1장. 한자+이두. 조선 필사 이두 자료. 경북 예천군 용문면 대제리 원동 권씨 춘우재 고택 구장. 한국국학진흥원 소장. 한국학자료센터 영남권역센터 홈페이지 원문 이미지와 텍스트 보기. 김성갑(2013) 참고>

1833-02-14. **이숙 등 상서**(李塾等上書), 이숙 등. <1장. 한자+이두. 조선 필사 이두 자료. 경북 경주시 안강읍 옥산리 여주 이씨 독락당 소장. 한국학중앙연구원 장서각 한국고문서자료관 홈페이지 원문 이미지 보기. 한국정신문화연구원 편(2003) 참고>

1833-02-16. **동성제 신황근 토지매매명문**(同姓弟申黃根土地賣買明文),³²² 전주 장형 신황수(田主長兄申璜秀). <1장. 한자+이두. 조선 필사 이두 자료. 삼척시립박물관 소장. 한국학자료센터 강원권역센터 홈페이지 원문 이미지와 텍스트 보기. 최승희(1989), 채현경(2011), 김세민(2013), 김영란(2017) 참고>

1833-02-17. **노봉서원 유사 유학 이일전·김복 토지매매명문**(露峯書院有司幼學李一銓金鍑土地賣買明文), 매산주 자필 유학 양종원(賣山主自筆幼學楊宗源). <1장. 한자+이두. 조선 필사 이두 자료. 남원·구례 삭녕 최씨 구장. 한국학중앙연구원 장서각 한국고문서자료관 홈페이지 원문 이미지 보기. 한국정신문화연구원 편(2004) 참고>

1833-02-00. **국문원 토지매매명문**(鞠文元土地賣買明文), 산주 유학 박시중(山主幼學朴時中). <1장. 한자+이두. 조선 필사 이두 자료. 전북 고창 석호 담양 국씨가 구장. 전북대학교 박물관 소장. 호남권 한국학자료센터 홈페이지 원문 이미지와 텍스트 보기. 박병호(1974ㄱ), 최승희(1989), 정구복 외(1999) 참고>

1833-02-00. **유월금 소지**(六月金所志), 유월금. <1장. 한자+이두. 조선 필사 이두 자료. 전북 담양군 모현관 소장. 호남권 한국학자료센터 홈페이지 원문 이미지와

---

321 한국학자료센터 영남권역센터 홈페이지에서는 문서명을 '1833년 권생원댁(權生員宅) 노(奴) 성암(成岩) 토지매매명문'으로 적었다.

322 원문 '同生'을 '同姓'으로 바꾸어 적었다.

텍스트 보기. 최승희(1989), 정구복 외(1999) 참고>

1833-03-04. **박인철 토지매매명문**(朴仁哲土地賣買明文), 답주 황덕언(畓主黃德彦). <1장. 한자+이두. 조선 필사 이두 자료. 전남 보성 박실 제주 양씨가 구장. 원광대학교 박물관 소장. 호남권 한국학자료센터 홈페이지 원문 이미지와 텍스트 보기. 박병호(1974ㄱ), 이재수(2003) 참고>

1833-03-13. **정원일 토지매매명문**(鄭元日土地賣買明文), 답주 자필 박계윤(畓主自筆朴啓闰). <1장. 한자+이두. 조선 필사 이두 자료. 전북 익산 용화 전주 이씨가 구장. 전북대학교 박물관 소장. 호남권 한국학자료센터 홈페이지 원문 이미지와 텍스트 보기. 최승희(1989), 이재수(2003) 참고>

1833-03-15. **곡강서원 통문**(曲江書院通文), 곡강서원. <1장. 한자+이두. 조선 필사 이두 자료. 경북 경주시 내남면 이조리 경주 최씨·용산서원 소장. 한국학중앙연구원 장서각 한국고문서자료관 홈페이지 원문 이미지 보기. 한국정신문화연구원 편(2000) 참고>

1833-03-29. **이규헌 다짐**(李圭憲侤音), 이규헌. <1장. 한자+이두. 조선 필사 이두 자료. 전남 장성군 행주 기씨 금강 종가 소장. 호남권 한국학자료센터 홈페이지 원문 이미지와 텍스트 보기>

1833-03-00. **기재효 등 소지**(奇在孝等所志), 기재효 등. <1장. 한자+이두. 조선 필사 이두 자료. 전남 장성군 행주 기씨 금강 종가 소장. 호남권 한국학자료센터 홈페이지 원문 이미지와 텍스트 보기. 김경숙(2008), 국사편찬위원회 편(2009) 참고>

1833-03-00. **한경식 양도월과계 첩문**(韓景植兩道月課契帖文), 양도월과계. <1장. 한자+이두. 조선 필사 이두 자료. 일본 경도대학 가와이문고 소장. 고려대학교 해외한국학자료센터 홈페이지 원문 이미지 보기>

1833-04-03. **독락당 완문**(獨樂堂完文) 2, 진영(鎭營). <1장. 한자+이두. 조선 필사 이두 자료. 경북 경주시 안강읍 옥산리 여주 이씨 독락당 소장. 한국학중앙연구원 장서각 한국고문서자료관 홈페이지 원문 이미지 보기. 한국정신문화연구원 편(2003) 참고>

1833-04-10~1834-12-30. 「완영일록(完營日錄)」, 서유구(徐有榘, 1764년~1845년) 저(著). <8책. 필사본. 한자+이두.[323] 공무 수행 일기. 성균관대학교 존경각 소장.

한국학중앙연구원 디지털장서각 홈페이지 원문 이미지와 텍스트 보기>

1833-04-11. **유학 최시화 토지매매명문**(幼學崔始華土地賣買明文), 답주 유학 자필 강용회(畓主幼學自筆姜龍會). <1장. 한자+이두. 조선 필사 이두 자료. 전북 부안군 우반 부안 김씨 세덕각 소장. 한국학중앙연구원 장서각 한국고문서자료관 홈페이지 & 호남권 한국학자료센터 홈페이지 원문 이미지와 텍스트 보기. 박병호(1974ㄱ), 한국정신문화연구원 편(1983, 1998), 이재수(2003), 한국학중앙연구원 편(2017) 참고>

1833-04-12. **토지매매명문**(土地賣買明文),[324] 답주 상인 김덕하(畓主喪人金德河). <1장. 한자+이두. 조선 필사 이두 자료. 경북 고령군 대가야읍 본관 1리 홍와 고택 구장. 한국국학진흥원 소장. 한국학자료센터 영남권역센터 홈페이지 원문 이미지와 텍스트 보기. 김성갑(2013) 참고>

1833-04-22. **8촌형 남정구 토지매매명문**(八寸兄南鼎耈土地賣買明文), 답주 남상구(畓主南相耈). <1장. 한자+이두. 조선 필사 이두 자료. 김포 의령 남씨 서윤공 남두장 후손가 소장. 한국학중앙연구원 장서각 한국고문서자료관 홈페이지 원문 이미지 보기>

1833-04-00. **김조연 의송**(金肇演議送), 김조연. <1장. 한자+이두. 조선 필사 이두 자료. 대전·청양 안동 김씨 삼당 후손가 소장. 한국학중앙연구원 장서각 한국고문서자료관 홈페이지 원문 이미지 보기. 한국정신문화연구원 편(2003) 참고>

1833-05-02~1833-05-15(癸巳). 「(도광 13년 정월 일)황해감영장계등록(道光十三年正月 日黃海監營狀啓謄錄)」, 비변사(備邊司) 편(編). <1책(2/22). 144장. 필사본. 표제는 '黃海監營啓錄'. 한자+이두. 조선 필사 이두 자료. 서울대학교 규장각 한국학연구원 홈페이지 원문 이미지 보기> <영인본: 「각사등록」 22(황해도편 1)(국사편찬위원회, 1985)> <1832-07-02~1832-12-30(1/22)>

1833-05-07. **심옥득 노비매매명문**(沈玉得奴婢賣買明文), 노주 김 생원 노 금덕(奴主金

---

323 한국학중앙연구원 디지털장서각 홈페이지 '서지정보'의 '언어'에서는 '한문'으로 적었다.
324 한국학자료센터 영남권역센터 홈페이지에서는 '1833년 김덕하(金德河) 방매 토지매매명문(土地賣買明文)'으로 표시하였다.

生員奴金德). <1장. 한자+이두. 조선 필사 이두 자료. 경북 영해 인량 재령 이씨 충효당 소장. 한국학중앙연구원 장서각 한국고문서자료관 홈페이지 원문 이미지 보기. 한국정신문화연구원 편(2004) 참고>

1833-05-18?~1833-10-29(癸巳). 「(도광 15년 2월 일)황해감영장계등록(道光十三年正月 日黃海監營狀啓謄錄)」, 비변사(備邊司) 편(編). <1책(3/22). 102장. 필사본. 표제는 '黃海監營啓錄'. 한자+이두. 조선 필사 이두 자료. 서울대학교 규장각 한국학연구원 홈페이지 원문 이미지 보기> <영인본:「각사등록」 22(황해도편 1)(국사편찬위원회, 1985)> <1832-07-02~1832-12-30(1/22)>

1833-05-19. **황학성 토지매매명문**(黃學成土地賣買明文),[325] 전주 자필 조형복(田主自筆趙亨復). <1장. 한자+이두. 조선 필사 이두 자료. 경북 영양군 영양읍 삼지리 한양 조씨 하담 고택 구장. 한국국학진흥원 소장. 한국학자료센터 영남권역센터 홈페이지 원문 이미지와 텍스트 보기. 박병호(1974ㄱ), 최승희(1989), 이재수(2003) 참고>

1833-05-00. **김시인 소지**(金始仁所志), 김시인. <1장. 한자+이두. 조선 필사 이두 자료. 대전·청양 안동 김씨 삼당 후손가 소장. 한국학중앙연구원 장서각 한국고문서자료관 홈페이지 원문 이미지 보기. 한국정신문화연구원 편(2003) 참고>

1833-06-29. **조명근 전답허급수기**(趙命根田畓許給手記), 답주 유학 조명근(畓主幼學趙命根). <1장. 한자+이두. 조선 필사 이두 자료. 경북 예천군 감천면 강릉 유씨 벌방 종가 구장. 한국국학진흥원 소장. 한국학자료센터 영남권역센터 홈페이지 원문 이미지와 텍스트 보기>

1833-07-01~1831-12-25(癸巳~辛卯). 「평안감영계록(平安監營啓錄)」, 비변사(備邊司) 편(編). <1책(2/전37책). 116장. 필사본. 표제는 '平安監營啓錄'. 한자+이두. 조선 필사 이두 자료. 서울대학교 규장각 한국학연구원 홈페이지 원문 이미지 보기> <영인본:「각사등록」 29(평안도편 1)(국사편찬위원회 편, 1988)> <1830-08-12~1830-12-30(1/37)>

---

[325] 한국학자료센터 영남권역센터 홈페이지에서는 '1833년 조형복(趙亨復) 토지매매명문(土地賣買明文)'으로 표시하였다.

1833-07-08~1833-12-13(癸巳). 「평안감영계록(平安監營啓錄)」, 비변사(備邊司) 편(編). <1책(4/전37책). 95장. 필사본. 표제는 '各道啓錄'. 한자+이두. 조선 필사 이두 자료. 서울대학교 규장각 한국학연구원 홈페이지 원문 이미지 보기> <영인본: 「각사등록」 29(평안도편 1)(국사편찬위원회 편, 1988)> <1830-08-12~1830-12-30(1/37)>

1833-07-00. **박계림 노 백담 소지**(朴啓林奴伯淡所志), 백담. <1장. 한자+이두. 조선 필사 이두 자료. 전북 임실군 청웅 밀양 박씨가 소장. 호남권 한국학자료센터 홈페이지 원문 이미지와 텍스트 보기. 최승희(1989), 김선경(1993), 김경숙(2002) 참고>

1833-07-00. **박용대 가사매매명문**(朴龍大家舍賣買明文), 재주 강대한(財主姜大漢). <1장. 한자+이두. 조선 필사 이두 자료. 한국학중앙연구원 장서각 한국고문서자료관 홈페이지 원문 이미지와 텍스트 보기. 한국정신문화연구원 편(1992) 참고>

1833-08-04. **유학 김상백 시장문기**(幼學金尙白土地賣買明文), 시장주 유학 김윤갑(柴場主幼學金允甲). <1장. 한자+이두. 조선 필사 이두 자료. 광주광역시 광산구 김해 김씨 소장. 호남권 한국학자료센터 홈페이지 원문 이미지와 텍스트 보기. 이재수(2003), 이수건 외(2004) 참고>

1833-08-06. **유학 김용관 토지매매명문**(幼學金用觀土地賣買明文) 1, 답주 유학 오재욱(畓主幼學吳在郁). <1장. 한자+이두. 조선 필사 이두 자료. 전북 부안군 우반 부안 김씨 세덕각 소장. 한국학중앙연구원 장서각 한국고문서자료관 홈페이지 & 호남권 한국학자료센터 홈페이지 원문 이미지와 텍스트 보기. 박병호(1974ㄱ), 한국정신문화연구원 편(1983, 1998), 이재수(2003), 한국학중앙연구원 편(2017) 참고>

1833-08-00. **안몽백·안윤식 등 소지**(安夢伯安潤植等所志), 안몽백·안윤식 등. <1장. 한자+이두. 조선 필사 이두 자료. 함안 두릉 순흥 안씨 소장. 한국학중앙연구원 장서각 한국고문서자료관 홈페이지 원문 이미지 보기. 한국학중앙연구원 편(2006) 참고>

1833-08-00. **안정 등 상서**(安珵等上書), 안장 등. <1장. 점련문서. 한자+이두. 조선 필사 이두 자료. 전북 남원 안터 순흥 안씨 사제당 종가 구장. 한국학중앙연구원

디지털장서각 홈페이지 원문 이미지 보기. 한국학중앙연구원 편(2010) 참고>

1833-08-00. **안석일 등 소지**(安錫一等所志), 안석일 등. <1장. 점련문서. 한자+이두. 조선 필사 이두 자료. 전북 남원 안터 순흥 안씨 사제당 종가 구장. 한국학중앙연구원 디지털장서각 홈페이지 원문 이미지 보기. 한국학중앙연구원 편(2010) 참고>

1833-08-00. **안정 등 소지**(安珵等所志), 안장 등 10명. <1장. 점련문서. 한자+이두. 조선 필사 이두 자료. 전북 남원 안터 순흥 안씨 사제당 종가 구장. 한국학중앙연구원 디지털장서각 홈페이지 원문 이미지 보기. 한국학중앙연구원 편(2010) 참고>

1833-08-00. **의송**(議送). <1장. 한자+이두. 조선 필사 이두 자료. 대전·청양 안동 김씨 삼당 후손가 소장. 한국학중앙연구원 장서각 한국고문서자료관 홈페이지 원문 이미지 보기. 한국정신문화연구원 편(2003) 참고>

1833-08-00. **이 씨가 수노 득발 소지**(李氏家首奴得發所志) 1, 득발. <1장. 한자+이두. 조선 필사 이두 자료. 경북 경주시 안강읍 옥산리 여주 이씨 장산서원·치암 종택 구장. 한국학중앙연구원 장서각 한국고문서자료관 홈페이지 원문 이미지 보기. 한국정신문화연구원 편(2003) 참고>

1833-08-00. **이 씨가 수노 득발 소지**(李氏家首奴得發所志) 2, 득발. <1장. 한자+이두. 조선 필사 이두 자료. 경북 경주시 안강읍 옥산리 여주 이씨 장산서원·치암 종택 구장. 한국학중앙연구원 장서각 한국고문서자료관 홈페이지 원문 이미지 보기. 한국정신문화연구원 편(2003) 참고>

1833-09-17. **도호부사 하체**(都護府使下帖), 밀양부(密陽府). <1장. 한자+이두. 조선 필사 이두 자료. 경남 밀양 신호 밀성 박씨·덕남서원 소장. 한국학중앙연구원 장서각 한국고문서자료관 홈페이지 원문 이미지 보기. 한국정신문화연구원 편(2004) 참고>

1833-09-25. **서인천 토지매매명문**(徐仁天土地賣買明文), 답주 왕재경(畓主王在京). <1장. 한자+이두. 조선 필사 이두 자료. 전북대학교 박물관 소장. 호남권 한국학 자료센터 홈페이지 원문 이미지와 텍스트 보기>

1833-09-27. **독락당 완문**(獨樂堂完文) 3, 진영(鎭營). <1장. 한자+이두. 조선 필사

이두 자료. 경북 경주시 안강읍 옥산리 여주 이씨 독락당 소장. 한국학중앙연구원 장서각 한국고문서자료관 홈페이지 원문 이미지 보기. 한국정신문화연구원 편(2003) 참고>

1833-09-30. **상전댁 수노 박돌몽 토지매매명문**(上典宅首奴朴㐃夢土地賣買明文), 자필 전주 상전 댁 사노 조얼박(自筆田主上典宅私奴趙㐒博). <1장. 한자+이두. 조선 필사 이두 자료. 전북 부안군 우반 부안 김씨 세덕각 소장. 한국학중앙연구원 장서각 한국고문서자료관 홈페이지 & 호남권 한국학자료센터 홈페이지 원문 이미지와 텍스트 보기. 박병호(1974ㄱ), 한국정신문화연구원 편(1983, 1998), 이재수(2003), 한국학중앙연구원 편(2017) 참고>

1833-09-00. **김진우 소지**(金振羽所志), 김진우. <1장. 한자+이두. 조선 필사 이두 자료. 대전·청양 안동 김씨 삼당 후손가 소장. 한국학중앙연구원 장서각 한국고문서자료관 홈페이지 원문 이미지 보기. 한국정신문화연구원 편(2003) 참고>

1833-09-00. **옥산 이 노 소지**(玉山李奴所志), 이 노. <1장. 한자+이두. 조선 필사 이두 자료. 경북 경주시 안강읍 옥산리 여주 이씨 독락당 소장. 한국학중앙연구원 장서각 한국고문서자료관 홈페이지 원문 이미지 보기. 한국정신문화연구원 편(2003) 참고>

1833-09-00. **정규 소지**(鄭珪所志) 1, 정규. <1장. 한자+이두. 조선 필사 이두 자료. 경남 거창 강동 초계 정씨 동계 종가 구장. 한국학중앙연구원 장서각 한국고문서자료관 홈페이지 & 한국학중앙연구원 장서각 한국학자료센터 홈페이지 원문 이미지와 텍스트 보기. 한국정신문화연구원 편(1995, 2005), 박병련·김학수(2001), 김성갑(2006) 참고>

1833-10-17. **김양신 토지매매명문**(金良臣土地賣買明文), 답주 손망신(畓主孫{口+玉}信). <1장. 한자+이두. 조선 필사 이두 자료. 전남 보성 박실 제주 양씨가 구장. 원광대학교 박물관 소장. 호남권 한국학자료센터 홈페이지 원문 이미지와 텍스트 보기. 박병호(1974ㄱ), 이재수(2003) 참고>

1833-10-22. **서창감관 첩정**(西倉監官牒呈), 서창감관. <1장. 한자+이두. 조선 필사 이두 자료. 영암 미암 창녕 조씨 태호 후손가 소장. 호남권 한국학자료센터 홈페이지 원문 이미지 보기. 최승희(1989) 참고>

1833-10-22. **유학 김노흠 토지매매명문**(幼學金魯欽土地賣買明文), 산주 유학 안은국 (山主幼學安恩國). <1장. 점련문서(5장). 한자+이두. 조선 필사 이두 자료. 경북 안동시 풍산읍 오미리 풍산 김씨 허백당 종택 구장. 한국국학진흥원 소장. 한국학 자료센터 영남권역센터 홈페이지 원문 이미지와 텍스트 보기. 박병호(1974ㄱ), 이재수(2003), 김소은(2004), 최연숙(2005) 참고>

1833-10-22. **유학 조영형 수기**(幼學曺榮亨手記), 수기주 유학 김찬(手記主幼學金瓉). <1장. 한자+이두. 조선 필사 이두 자료. 영암 미암 창녕 조씨 태호 후손가 소장. 호남권 한국학자료센터 홈페이지 원문 이미지 보기. 최승희(1989) 참고>

1833-10-25. **유학 권홍모 노비매매명문**(幼學權弘模奴婢賣買明文), 비주 유학 홍세표 (婢主幼學弘世標). <1장. 한자+이두. 조선 필사 이두 자료. 경북 예천군 용문면 대제리 원동 권씨 춘우재 고택 구장. 한국국학진흥원 소장. 한국학자료센터 영남 권역센터 홈페이지 원문 이미지와 텍스트 보기. 김성갑(2013) 참고>

1833-10-27~1834-09-28. 「창덕궁영건도감의궤(**昌德宮營建都監儀軌**)」, 창덕궁영건 도감 편. <1책. 136장. 필사본. 표제는 '道光十三年癸巳十月 日 純祖三十三年昌德宮營建 都監儀軌 全'. 목록제는 '昌德宮營建都監儀軌目錄'. 한자+이두. 조선 필사 이두 자 료. 한국학중앙연구원 디지털장서각 홈페이지 'K2-3600' 원문 이미지와 텍스트 보기>

1833-10-00. **김종윤 차첩**(金宗允差帖), 전라도 적상진 수성장(全羅道赤裳鎭守城將). <1장. 한자+이두. 조선 필사 이두 자료. 무주 초리 김해 김씨가 소장. 호남권 한국학자료센터 홈페이지 원문 이미지와 텍스트 보기. 박병호(1974ㄱ), 최승희 (1989), 정구복 외(1999) 참고>

1833-10-00. **박재원 등 단자**(朴載元等單子), 박재원. <1장. 한자+이두. 조선 필사 이두 자료. 부여 은산 함양 박씨 소장. 한국학중앙연구원 장서각 한국고문서자료 관 홈페이지 원문 이미지 보기. 한국정신문화연구원 편(2000) 참고>

1833-10-00. **유응범 묘위전 입지**(劉應範墓位田立旨), 문경 성주(聞慶城主). <1장. 한자 +이두. 조선 필사 이두 자료. 경북 예천군 감천면 강릉 유씨 벌방 종가 구장. 한국국학진흥원 소장. 한국학자료센터 영남권역센터 홈페이지 원문 이미지와 텍스트 보기. 최연숙(2005) 참고>

1833-10-00. **이태수 상서**(李泰壽上書), 이태수. <1장. 한자+이두. 조선 필사 이두 자료. 경북 경주시 안강읍 옥산리 여주 이씨 독락당 소장. 한국학중앙연구원 장서각 한국고문서자료관 홈페이지 원문 이미지 보기. 한국정신문화연구원 편(2003) 참고>

1833-10-00. **정규 소지**(鄭珪所志) 2, 정규. <1장. 한자+이두. 조선 필사 이두 자료. 경남 거창 강동 초계 정씨 동계 종가 구장. 한국학중앙연구원 장서각 한국고문서자료관 홈페이지 & 한국학중앙연구원 장서각 한국학자료센터 홈페이지 원문 이미지와 텍스트 보기. 한국정신문화연구원 편(1995, 2005), 박병련·김학수(2001), 김성갑(2006) 참고>

1833-10-00. **정의현 유학 오장국 입안**(旌義縣幼學吳章國立案), 한성부(漢城府). <1장. 한자+이두. 필사 이두 자료. 제주교육박물관 소장. 사이버 제주교육박물관 홈페이지 원문 이미지와 텍스트 보기>

1833-10-00. **조영형 상서**(曺榮亨上書), 조영형. <1장. 한자+이두. 조선 필사 이두 자료. 영암 미암 창녕 조씨 태호 후손가 소장. 호남권 한국학자료센터 홈페이지 원문 이미지 보기. 최승희(1989) 참고>

1833-11-01~1834-06-29(癸巳~甲午). 「황해감영장계등록(**黃海監營狀啓謄錄**)」, 비변사(備邊司) 편(編). <1책(4/22). 211장. 필사본. 표제는 '黃海監營啓錄'. 한자+이두. 조선 필사 이두 자료. 서울대학교 규장각 한국학연구원 홈페이지 원문 이미지 보기> <영인본: 「각사등록」 22(황해도편 1)(국사편찬위원회 편, 1985)> <1832-07-02~1832-12-30(1/22)>

1833-11-03. **권성흔 수표**(權聖欣手標), 권성흔. <1장. 한자+이두. 조선 필사 이두 자료. 전남 장성군 행주 기씨 금강 종가 소장. 호남권 한국학자료센터 홈페이지 원문 이미지와 텍스트 보기. 이재수(2003), 이수건 외(2004) 참고>

1833-11-03. **종형 임민 토지매매명문**(從兄任旻土地賣買明文), 답주 자필 종제 임복(畓主自筆從弟任馥). <1장. 한자+이두. 조선 필사 이두 자료. 전남 보성군 능묵리 장흥 임씨가 구장. 전북대학교 박물관 소장. 호남권 한국학자료센터 홈페이지 원문 이미지와 텍스트 보기. 최승희(1989), 이재수(2003) 참고>

1833-11-10. **유학 남경괄 토지매매명문**(幼學南景适土地賣買明文), 전주 자필 권치(田

主自筆權織). <1장. 한자+이두. 조선 필사 이두 자료. 경북 영덕군 영해면 괴시리 영양 남씨 괴시파 영감댁 구장. 한국국학진흥원 소장. 한국학자료센터 영남권역센터 홈페이지 원문 이미지와 텍스트 보기>

1833-11-12. **문중 유사 유학 안비 토지매매명문**(門中有司幼學安柲土地賣買明文),[326] 답주 자필 유학 재종제 안숭(畓主自筆幼學再從弟安崧). <1장. 한자+이두. 조선 필사 이두 자료. 전남 보성군 택촌 죽산 안씨 은봉 종가 소장. 호남권 한국학자료센터 홈페이지 원문 이미지와 텍스트 보기. 김태영(1983), 김현영(2003) 참고>

1833-11-15. **이응종 토지매매명문**(李應宗土地賣買明文), 답주 자필 신응두(畓主自筆辛應斗). <1장. 한자+이두. 조선 필사 이두 자료. 전남 영광군 입석 영월 신씨 소장. 한국학중앙연구원 장서각 한국고문서자료관 홈페이지 원문 이미지와 텍스트 보기. 한국정신문화연구원 편(1996) 참고>

1833-11-15. **임 생원 댁 노 막선 토지매매명문**(任生員宅奴莫先土地賣買明文), 전주 김광언(田主金光彦). <1장. 한자+이두. 조선 필사 이두 자료. 아산 선교 장흥 임씨 구장. 한국학중앙연구원 장서각 한국고문서자료관 홈페이지 원문 이미지 보기. 한국학중앙연구원 편(2008) 참고>

1833-11-00. **양장의 표문**(梁掌儀表文), 장무 송한복 등(場撫宋漢伏等). <1장. 한자+이두. 조선 필사 이두 자료. 제주시 일도 2동 제주민속자연사박물관 소장. 호남권 한국학자료센터 홈페이지 원문 이미지와 텍스트 보기>

1833-12-03. **임승기 토지매매명문**(林勝起土地賣買明文), 전주 김성일(田主金成日). <1장. 한자+이두. 조선 필사 이두 자료. 경북 안동시 주촌 진성 이씨 경류정 소장. 한국학중앙연구원 장서각 한국고문서자료관 홈페이지 원문 이미지와 텍스트 보기. 한국정신문화연구원 편(1999) 참고>

1833-12-04. **유학 유주하 토지매매명문**(幼學劉柱夏土地賣買明文), 전주 유학 권흠규(田主幼學權欽揆). <1장. 한자+이두. 조선 필사 이두 자료. 경북 예천군 감천면 강릉 유씨 벌방 종가 구장. 한국국학진흥원 소장. 한국학자료센터 영남권역센터

---

[326] 호남권 한국학자료센터 홈페이지에서는 '1833년 은봉종가(隱峰宗家) 문중(門中) 토지매매명문(土地賣買明文)'으로 표시하였다.

홈페이지 원문 이미지와 텍스트 보기. 김성갑(2013) 참고>

1833-12-05. **진사 기윤진 송추문기**(進士奇允鎭松楸文記), 산지주 유학 권성흔(山地主 幼學權聖欣). <1장. 한자+이두. 조선 필사 이두 자료. 전남 장성군 행주 기씨 금강 종가 소장. 호남권 한국학자료센터 홈페이지 원문 이미지와 텍스트 보기. 이재수(2003), 이수건 외(2004) 참고>

1833-12-13. **유학 김도환 토지매매명문**(幼學金道煥土地賣買明文), 답주 유학 임섬(畓主幼學任暹). <1장. 한자+이두. 조선 필사 이두 자료. 전남 여수 좌수영박물관 소장. 호남권 한국학자료센터 홈페이지 원문 이미지와 텍스트 보기. 최승희(1989), 국립민속박물관 편(1991) 참고>

1833-12-15. **유학 김용관 토지매매명문**(幼學金用觀土地賣買明文) 2, 답주 유학 박제곤(畓主幼學朴齊坤). <1장. 한자+이두. 조선 필사 이두 자료. 전북 부안군 우반 부안 김씨 세덕각 소장. 한국학중앙연구원 장서각 한국고문서자료관 홈페이지 & 호남권 한국학자료센터 홈페이지 원문 이미지와 텍스트 보기. 박병호(1974ㄱ), 한국정신문화연구원 편(1983, 1998), 이재수(2003), 한국학중앙연구원 편(2017) 참고>

1833-12-17. **김이기 토지매매명문**(金以麒土地賣買明文), 답주 유학 자필 강수룡(畓主幼學自筆康壽龍). <1장. 한자+이두. 조선 필사 이두 자료. 전남 영광군 입석 영월 신씨 소장. 한국학중앙연구원 장서각 한국고문서자료관 홈페이지 원문 이미지와 텍스트 보기. 한국정신문화연구원 편(1996) 참고>

1833-12-21. **신 생원 토지매매명문**(辛生員土地賣買明文),[327] 답주 자필 이직헌(畓主自筆李直憲). <1장. 한자+이두. 조선 필사 이두 자료. 전남 영광군 입석 영월 신씨 소장. 한국학중앙연구원 장서각 한국고문서자료관 홈페이지 원문 이미지와 텍스트 보기. 한국정신문화연구원 편(1996) 참고>

1833-12-21. **안 생원 댁 문노 김팔만 토지매매명문**(安生員宅門奴金八萬土地賣買明文), 답주 양인 김복삼(畓主良人金卜三). <1장. 한자+이두. 조선 필사 이두 자료.

---

[327] 한국학중앙연구원 장서각 한국고문서자료관 홈페이지에서는 '1833년 생원(生員) 신(辛) 토지매매명문(土地賣買明文)'으로 표시하였다.

전남 보성 옥암 죽산 안씨가 구장. 광주광역시 이정옥 소장. 호남권 한국학자료센터 홈페이지 원문 이미지와 텍스트 보기. 최승희(1989) 참고>

1833-12-24. **노진숙 토지매매명문**(盧振淑土地賣買明文), 답주 강성원(畓主姜成元). <1장. 한자+이두. 조선 필사 이두 자료. 전남 보성 박실 제주 양씨가 구장. 원광대학교 박물관 소장. 호남권 한국학자료센터 홈페이지 원문 이미지와 텍스트 보기. 박병호(1974ㄱ), 이재수(2003) 참고>

1833-12-28. **시장문기**(柴場文記), 시장주 자필 유학 유장원(柴場主自筆幼學柳章源). <1장. 한자+이두. 조선 필사 이두 자료. 광주광역시 광산구 김해 김씨 소장. 호남권 한국학자료센터 홈페이지 원문 이미지와 텍스트 보기. 김재문(1986), 이수건 외(2004) 참고>

1833-■■-■■. **정기필 소지**(鄭慶弼所志), 정기필. <1장. 한자+이두. 조선 필사 이두 자료. 경남 거창 강동 초계 정씨 동계 종가 구장. 한국학중앙연구원 장서각 한국고문서자료관 홈페이지 & 한국학중앙연구원 장서각 한국학자료센터 홈페이지 원문 이미지와 텍스트 보기. 한국정신문화연구원 편(1995, 2005), 박병련·김학수(2001), 김성갑(2006) 참고>

1833-00-00~1834-00-00. 「창덕궁영건도감의궤(**昌德宮營建都監儀軌**)」, 호조(戶曹) 편(編). <1책. 135장. 필사본. 한자+이두. 조선 필사 이두 자료. 한국학중앙연구원 장서각 한국학 디지털 아카이브 홈페이지 원문 이미지와 텍스트 보기>

1833-00-00~1834-00-00. 「창덕궁영건도감의궤(**昌德宮營建都監儀軌**)」, 영건도감 편(編). <1책. 135장. 필사본. 표제는 '(禮曹上)昌德宮營建都監儀軌'. 목록제는 '昌德宮營建都監儀軌目錄'. 한자+이두. 조선 필사 이두 자료. 서울대학교 규장각 한국학연구원 의궤 종합정보 홈페이지 '奎14321' 원문 이미지 보기>

1834년

<갑오(甲午), 순조 34년, 도광 14년>

1834-01-01~1834-12-01. 「결속색등록(**結束色謄錄**)」, 병조(兵曹) 편(編). <1책(47).

130장. 필사본. 한자+이두. 조선 필사 이두 자료. 서울대학교 규장각 한국학연구원 홈페이지 1787년~1891년 낙질본 107책(1792년(건륭 57년), 1811년(가경 16년) 하, 1816년(가경 21년), 1817년(가경 22년), 1824년(도광 4년), 1831년(도광 11년), 1871년(동치 10년), 1885년(광서 11년) 없음) 원문 이미지 보기>

1834-01-01~1834-12-17(甲午). 「전객사일기(典客司日記)」 77, 예조(禮曹) 전객사(典客司) 편(編). <1책(77/99). 125장. 필사본. 한자+이두. 조선 필사 이두 자료. 서울대학교 규장각 한국학연구원 홈페이지 원문 이미지 보기> <1640-01-22~1641-12-23(1)>

1834-01-07. **권 생원 댁 노 성암 토지매매명문**(權生員宅老成岩土地賣買明文), 답주 과녀 고 조이(畓主寡女高召史). <1장. 한자+이두. 조선 필사 이두 자료. 경북 예천군 용문면 대제리 원동 권씨 춘우재 고택 구장. 한국국학진흥원 소장. 한국학자료센터 영남권역센터 홈페이지 원문 이미지와 텍스트 보기. 김성갑(2013) 참고>

1834-01-11. **장계갑 토지매매명문**(張啓甲土地賣買明文), 답주 자필 서정회(畓主自筆徐正回). <1장. 한자+이두. 조선 필사 이두 자료. 전남 영광군 입석 영월 신씨 소장. 한국학중앙연구원 장서각 한국고문서자료관 홈페이지 원문 이미지와 텍스트 보기. 한국정신문화연구원 편(1996) 참고>

1834-01-20. **임시원 노비매매명문**(任時元奴婢賣買明文), 노비주 장진규(奴婢主張軫奎). <1장. 한자+이두. 조선 필사 이두 자료. 전북대학교 도서관 소장. 하우봉 외(2005) 참고>

1834-01-20. **토지매매명문**(土地賣買明文),[328] 답주 이녹손(畓主李祿遜). <1장. 한자+이두. 조선 필사 이두 자료. 경북 고령군 대가야읍 본관 1리 홍와 고택 구장. 한국국학진흥원 소장. 한국학자료센터 영남권역센터 홈페이지 원문 이미지와 텍스트 보기. 김성갑(2013) 참고>

1834-01-24~1835-06-01(도광 14년~도광 15년). 「도광 15년 12월 일 호남병영장계등록(道光十五年十二月日湖南兵營狀啓謄錄)」, 전라병영(全羅兵營) 편(編). <1책(1/4).

---

[328] 한국학자료센터 영남권역센터 홈페이지에서는 '이녹손(李祿遜) 방매 토지매매명문(土地賣買明文)'으로 표시하였다.

35장. 필사본. 표제는 '全羅左右營啓錄'. 한자+이두. 조선 필사 이두 자료. 서울대학교 규장각 한국학연구원 홈페이지 낙질본 4책 원문 이미지 보기> <영인본: 「각사등록」 19(전라도편 2)(국사편찬위원회 편, 1986)> <1870-윤10-16~1874-10-11(2/4), 1885-07-06~1889-11-11(3/4), 1889-11-25~1893-04-07(4/4)>

1834-01-27. **정 생원 댁 노 업동 토지매매명문**(鄭生員宅奴業同土地賣買明文) 1, 답주 민 생원 댁 노 칠만(閔生員宅奴七万).[329] <1장. 한자+이두. 조선 필사 이두 자료. 부여 은산 함양 박씨 소장. 한국학중앙연구원 장서각 한국고문서자료관 홈페이지 원문 이미지 보기. 한국정신문화연구원 편(2000) 참고>

1834-01-27. **진주 강씨 문중 강봉의 등 통문**(晉州姜氏門中姜鳳儀等通文), 강봉의 등. <1장. 한자+이두. 조선 필사 이두 자료. 제주 어도내산 진주 강씨가 구장. 제주 한림 강우석 소장. 호남권 한국학자료센터 홈페이지 원문 이미지와 텍스트 보기. 최승희(1989) 참고>

1834-01-28. **박영화 토지매매명문**(朴永和土地賣買明文), 가대주 자필 장일록(家垈主自筆張一祿). <1장. 한자+이두. 조선 필사 이두 자료. 전남 구례군 토지면 오미리 문화 류씨 운조루 소장. 한국학중앙연구원 장서각 한국고문서자료관 홈페이지 원문 이미지와 텍스트 보기. 한국정신문화연구원 편(1998) 참고>

1834-01-29. **작산정사 별소 토지매매명문**(鵲山精舍別所土地賣買明文), 답주 김흥귀(畓主金興貴). <1장. 한자+이두. 조선 필사 이두 자료. 경북 안동시 주촌 진성 이씨 경류정 소장. 한국학중앙연구원 장서각 한국고문서자료관 홈페이지 원문 이미지와 텍스트 보기. 한국정신문화연구원 편(1999) 참고>

1834-01-00. **기재효 등 소지**(奇在孝等所志), 기재효 등. <1장. 한자+이두. 조선 필사 이두 자료. 전남 장성군 행주 기씨 금강 종가 소장. 호남권 한국학자료센터 홈페이지 원문 이미지와 텍스트 보기>

1834-01-00. **정운현 등 상서**(鄭雲賢等上書), 정운현 등. <1장. 한자+이두. 조선 필사 이두 자료. 경남 진주시 단목 진양 하씨 창주 후손가 소장. 한국학중앙연구원 장서각 한국고문서자료관 홈페이지 원문 이미지 보기. 한국정신문화연구원 편

---

[329] 한국학중앙연구원 장서각 한국고문서자료관 홈페이지에서는 발급자를 '기성(奇成)'으로 적었다.

(2000) 참고>

1834-01-00~1834-12-00(甲午). 「목장색등록(牧場色謄錄)」, 사복시(司僕寺) 편(編). <1책(1/5. 낙질본). 78장. 필사본. 한자+이두. 조선 필사 이두 자료. 서울대학교 규장각 한국학연구원 홈페이지 원문 이미지 보기> <1854-06-00~1855-12-00(2/5), 1861-07-00~1862-11-00(3/5), 1867-12-00~1869-11-00(4/5), 1871-07-00~1873-06-00(5/5)>

1834-01-00~1834-12-00(甲午). 「추조결옥록(秋曹決獄錄)」 제59, 형조(刑曹) 편(編). <1책(3/낙질본 43). 49장. 필사본. 한자+이두. 조선 필사 이두 자료. 서울대학교 규장각 한국학연구원 홈페이지 원문 이미지 보기> <1822-01-00~1822-12-00(1/43)>

1834-02-01. **박광은 토지매매명문**(朴光殷土地賣買明文), 답주 과부 주 씨(畓主寡婦朱氏). <1장. 한자+이두. 조선 필사 이두 자료. 전북대학교 박물관 소장. 호남권 한국학자료센터 홈페이지 원문 이미지와 텍스트 보기. 최승희(1989), 정구복 외(1999), 이재수(2003) 참고>

1834-02-10. **유학 이용원 가사매매명문**(幼學李容願家舍賣買明文), 가대주 유학 최우하(家垈主幼學崔禹河). <1장. 한자+이두. 조선 필사 이두 자료. 남원 대곡 장수 황씨 문중 소장. 호남권 한국학자료센터 홈페이지 원문 이미지와 텍스트 보기. 박병호(1974ㄱ), 최승희(1989), 전북향토문화연구회 편(1993) 참고>

1834-02-11. **토지매매명문**(土地賣買明文),[330] 답주 이대갑(畓主李大甲). <1장. 한자+이두. 조선 필사 이두 자료. 전북 임실군 지사 협계태 씨가 소장. 호남권 한국학자료센터 홈페이지 원문 이미지와 텍스트 보기. 박병호(1974ㄱ), 최승희(1989), 이재수(2003) 참고>

1834-02-29. **신항업 시장문기**(辛恒僕柴場文記), 시장주 동성 상인 신기복(柴場主同姓喪人辛基復). <1장. 한자+이두. 조선 필사 이두 자료. 전남 영광군 입석 영월 신씨 소장. 한국학중앙연구원 장서각 한국고문서자료관 홈페이지 원문 이미지와

---

[330] 호남권 한국학자료센터 홈페이지에서는 '1834년 이대갑(李大甲) 방매(放賣) 토지매매명문(土地賣買明文)'으로 표시하였다.

텍스트 보기. 한국정신문화연구원 편(1996) 참고>

1834-02-29. **유학 신항업 토지매매명문**(幼學辛恒懍土地賣買明文), 답주 자필 유학 오준협(畓主自筆幼學吳俊協). <1장. 한자+이두. 조선 필사 이두 자료. 전남 영광군 입석 영월 신씨 소장. 한국학중앙연구원 장서각 한국고문서자료관 홈페이지 원문 이미지와 텍스트 보기. 한국정신문화연구원 편(1996) 참고>

1834-02-00. **강응신 차정**(姜應新差定), 겸방어사(兼防禦使). <1장. 한자+이두. 조선 필사 이두 자료. 제주 장전리 진주 강씨 강태복가 소장. 호남권 한국학자료센터 홈페이지 원문 이미지와 텍스트 보기. 최승희(1989) 참고>

1834-02-00. **김성운 소지**(金聲運所志), 김성운. <1장. 한자+이두. 조선 필사 이두 자료. 안동 천전 의성 김씨 지촌 종택 소장. 한국학중앙연구원 장서각 한국고문서자료관 홈페이지 원문 이미지 보기. 한국정신문화연구원 편(1989) 참고>

1834-02-00. **박정악 등 의송**(朴鼎岳等議送), 박정악 등. <1장. 한자+이두. 조선 필사 이두 자료. 경남 밀양 신호 밀성 박씨·덕남서원 소장. 한국학중앙연구원 장서각 한국고문서자료관 홈페이지 원문 이미지 보기. 한국정신문화연구원 편(2004) 참고>

1834-02-00. **유택환 소지**(柳宅煥所志), 유택환. <1장. 한자+이두. 조선 필사 이두 자료. 전북 담양군 모현관 소장. 호남권 한국학자료센터 홈페이지 원문 이미지와 텍스트 보기. 최승희(1989), 정구복 외(1999) 참고>

1834-03-01. **경상도 남해현 남면 관전목록 완문**(慶尙道南海縣南面官錢目錄完文), 남면 향약계(南面鄕約契). <8장. 한자+이두. 조선 필사 이두 자료. 경남 남해군 남면 율곡사 소장. 한국학자료센터 영남권역센터 홈페이지 원문 이미지와 텍스트 보기. 오세창 외(1986) 참고>

1834-03-02. **예림서원 품목**(禮林書院稟目), 밀양부(密陽府). <1장. 한자+이두. 조선 필사 이두 자료. 경남 밀양 신호 밀성 박씨·덕남서원 소장. 한국학중앙연구원 장서각 한국고문서자료관 홈페이지 원문 이미지 보기. 한국정신문화연구원 편(2004) 참고>

1834-03-04. **주인 이상철 토지매매명문**(主人李相哲土地賣買明文), 모곡 이두락 주 홍조이(牟谷二斗落主洪召史). <1장. 한자+이두. 조선 필사 이두 자료. 전남 영광

마산 경주 이씨가 구장. 진안 용담호미술관 소장. 호남권 한국학자료센터 홈페이지 원문 이미지와 텍스트 보기. 박병호(1974ㄱ), 최승희(1989), 정구복 외(1999), 이재수(2003) 참고>

1834-03-08. **독락당 완문**(獨樂堂完文), 진영(鎭營). <1장. 한자+이두. 조선 필사 이두 자료. 경북 경주시 안강읍 옥산리 여주 이씨 독락당 소장. 한국학중앙연구원 장서각 한국고문서자료관 홈페이지 원문 이미지 보기. 한국정신문화연구원 편(2003) 참고>

1834-03-10. **덕남사 품목**(德南祠稟目), 덕남사. <1장. 한자+이두. 조선 필사 이두 자료. 경남 밀양 신호 밀성 박씨·덕남서원 소장. 한국학중앙연구원 장서각 한국고문서자료관 홈페이지 원문 이미지 보기. 한국정신문화연구원 편(2004) 참고>

1834-03-13. **계정 완문**(溪亭完文), 경주부(慶州府). <1장. 한자+이두. 조선 필사 이두 자료. 경북 경주시 안강읍 옥산리 여주 이씨 독락당 소장. 한국학중앙연구원 장서각 한국고문서자료관 홈페이지 원문 이미지 보기. 한국정신문화연구원 편(2003) 참고>

1834-03-29. **토지매매명문**(土地賣買明文),[331] 답주 박천이(畓主朴千伊). <1장. 한자+이두. 조선 필사 이두 자료. 경북 고령군 대가야읍 본관 1리 홍와 고택 구장. 한국국학진흥원 소장. 한국학자료센터 영남권역센터 홈페이지 원문 이미지와 텍스트 보기. 김성갑(2013) 참고>

1834-03-00. **계정 수노 득발 소지**(溪亭首奴得發所志), 득발. <1장. 한자+이두. 조선 필사 이두 자료. 경북 경주시 안강읍 옥산리 여주 이씨 독락당 소장. 한국학중앙연구원 장서각 한국고문서자료관 홈페이지 원문 이미지 보기. 한국정신문화연구원 편(2003) 참고>

1834-03-00. **김조연 의송**(金肇演議送), 김조연. <1장. 한자+이두. 조선 필사 이두 자료. 대전·청양 안동 김씨 삼당 후손가 소장. 한국학중앙연구원 장서각 한국고문서자료관 홈페이지 원문 이미지 보기. 한국정신문화연구원 편(2003) 참고>

---

[331] 한국학자료센터 영남권역센터 홈페이지에서는 '1834년 박천이(朴千伊) 방매 토지매매명문(土地賣買明文)'으로 표시하였다.

1834-03-00. **박재원 등 소지**(朴載元等所志), 박재원 등. <1장. 한자+이두. 조선 필사 이두 자료. 부여 은산 함양 박씨 소장. 한국학중앙연구원 장서각 한국고문서자료관 홈페이지 원문 이미지 보기. 한국정신문화연구원 편(2000) 참고>

1834-04-22. **임청각 토지매매명문**(臨淸閣土地賣買明文), 산주 정석희(山主鄭錫熙). <1장. 한자+이두. 조선 필사 이두 자료. 경북 안동시 법흥동 고성 이씨 임청각 구장. 한국학중앙연구원 장서각 한국고문서자료관 홈페이지 원문 이미지 보기. 한국정신문화연구원 편(2000) 참고>

1834-04-00. **기윤진·기익진 소지**(奇允鎭奇益鎭所志) 1, 기윤진·기익진. <1장. 한자+이두. 조선 필사 이두 자료. 전남 장성군 행주 기씨 금강 종가 소장. 호남권 한국학자료센터 홈페이지 원문 이미지와 텍스트 보기. 김재문(1986), 이재수(2003) 참고>

1834-04-00. **김연수 상서**(金鍊壽上書), 김연수. <1장. 한자+이두. 조선 필사 이두 자료. 안동 천전 의성 김씨 지촌 종택 소장. 한국학중앙연구원 장서각 한국고문서자료관 홈페이지 원문 이미지 보기. 한국정신문화연구원 편(1989) 참고>

1834-04-00. **노봉서원 재임 품목**(露峯書院齋任稟目), 노봉서원. <1장. 한자+이두. 조선 필사 이두 자료. 남원·구례 삭녕 최씨 구장. 한국학중앙연구원 장서각 한국고문서자료관 홈페이지 원문 이미지 보기. 한국정신문화연구원 편(2004) 참고>

1834-04-00. **이조 첩정**(吏曹牒呈), 이조. <1장. 한자+이두. 조선 필사 이두 자료. 경북 안동시 하회 풍산 류씨 충효당 소장. 한국학중앙연구원 장서각 한국고문서자료관 홈페이지 원문 이미지와 텍스트 보기. 한국정신문화연구원 편(1994) 참고>

1834-05-02. **정 생원 댁 노 업동 토지매매명문**(鄭生員宅奴業同土地賣買明文) 2, 답주 민 생원 댁 노 기성(閔生員宅奴奇成). <1장. 한자+이두. 조선 필사 이두 자료. 부여 은산 함양 박씨 소장. 한국학중앙연구원 장서각 한국고문서자료관 홈페이지 원문 이미지 보기. 한국정신문화연구원 편(2000) 참고>

1834-05-03. **토지매매명문**(土地賣買明文),[332] 답주 자필 유학 김하열(畓主自筆幼學金

---

[332] 호남권 한국학자료센터 홈페이지에서는 '1834년 김하열(金夏烈) 방매 토지매매명문(土地賣買明

夏烈). <1장. 한자+이두. 조선 필사 이두 자료. 전북대학교 박물관 소장. 호남권 한국학자료센터 홈페이지 원문 이미지와 텍스트 보기. 최승희(1989), 정구복 외(1999), 이재수(2003) 참고>

1834-05-11. **국문원 토지매매명문**(鞠文元土地賣買明文), 자필 산지주 유학 신영진(自筆山地主幼學愼永鎭). <1장. 한자+이두. 조선 필사 이두 자료. 전북 고창 석호 담양 국씨가 구장. 전북대학교 박물관 소장. 호남권 한국학자료센터 홈페이지 원문 이미지와 텍스트 보기. 박병호(1974ㄱ), 최승희(1989), 정구복 외(1999) 참고>

1834-05-15. **토지매매명문**(土地賣買明文), 답주 강댁노미(畓主姜충老昧). <1장. 한자+이두. 조선 필사 이두 자료. 전남 보성 박실 제주 양씨가 구장. 원광대학교 박물관 소장. 호남권 한국학자료센터 홈페이지 원문 이미지와 텍스트 보기. 최승희(1989), 정구복 외(1999), 채현경(2011) 참고>

1834-05-15. **토지매매명문**(土地賣買明文), 답주 한량 신성모(畓主閑良申成模). <1장. 한자+이두. 조선 필사 이두 자료. 전남 보성 박실 제주 양씨가 구장. 원광대학교 박물관 소장. 호남권 한국학자료센터 홈페이지 원문 이미지와 텍스트 보기. 최승희(1989), 전북향토문화연구회 편(1993), 정구복 외(1999) 참고>

1834-05-28. **구우면 풍헌 서목**(舊右面風憲書目), 동장 강 등(洞長姜等). <1장. 한자+이두. 조선 필사 이두 자료. 제주시 제주교육박물관 소장. 사이버 제주교육박물관 홈페이지 원문 이미지와 텍스트 보기>

1834-05-00. **권처인 등 상서**(權處仁等上書), 권처인 등. <1장. 한자+이두. 조선 필사 이두 자료. 전북 순창 청계 문화 유씨가 소장. 호남권 한국학자료센터 홈페이지 원문 이미지와 텍스트 보기. 최승희(1989), 김경숙(2002), 심재우(2013) 참고>

1834-05-00. **기윤진·기익진 소지**(奇允鎭奇益鎭所志) 2, 기윤진·기익진. <1장. 한자+이두. 조선 필사 이두 자료. 전남 장성군 행주 기씨 금강 종가 소장. 호남권 한국학자료센터 홈페이지 원문 이미지와 텍스트 보기. 김재문(1986), 이재수(2003) 참고>

1834-06-23. **유학 임시원 토지매매명문**(幼學任時元土地賣買明文), 답주 자필 정래상

文'으로 표시하였다.

(畓主自筆鄭來祥). <1장. 한자+이두. 조선 필사 이두 자료. 전북대학교 박물관 소장. 호남권 한국학자료센터 홈페이지 원문 이미지와 텍스트 보기. 박병호(1974ㄱ), 이재수(2003) 참고>

1834-06-00. **김종윤 차첩**(金宗允差帖), 적상진 수성장(赤裳鎭守城將). <1장. 한자+이두. 조선 필사 이두 자료. 무주 초리 김해 김씨가 소장. 호남권 한국학자료센터 홈페이지 원문 이미지와 텍스트 보기. 박병호(1974ㄱ), 최승희(1989), 정구복 외(1999) 참고>

1834-07-01~1834-12-24(甲午). 「평안감영계록(平安監營啓錄)」, 비변사(備邊司) 편(編). <1책(5/37). 148장. 필사본. 표제는 '平安監營啓錄'. 한자+이두. 조선 필사 이두 자료. 서울대학교 규장각 한국학연구원 홈페이지 원문 이미지 보기> <영인본: 「각사등록」 29(평안도편 1)(국사편찬위원회 편, 1988)> <1830-08-12~1830-12-30(1/37)>

1834-07-13. **시장문기**(柴場文記), 시장주 유학 강현회(柴場主幼學姜賢會). <1장. 한자+이두. 조선 필사 이두 자료. 전남 영광군 입석 영월 신씨 소장. 한국학중앙연구원 장서각 한국고문서자료관 홈페이지 원문 이미지와 텍스트 보기. 한국정신문화연구원 편(1996) 참고>

1834-07-00. **고상희 등 소지**(高相熙等所志) 1, 고상희 등. <1장. 한자+이두. 조선 필사 이두 자료. 전북 군산시 임피면 갈운 제주 고씨가 구장. 군산근대역사박물관 소장. 호남권 한국학자료센터 홈페이지 원문 이미지와 텍스트 보기. 박병호(1974ㄱ), 최승희(1989), 전경목(1997), 정구복(2002), 김경숙(2012) 참고>

1834-07-00. **고상희 등 소지**(高相熙等所志) 2, 고상희 등. <1장. 한자+이두. 조선 필사 이두 자료. 전북 군산시 임피면 갈운 제주 고씨가 구장. 군산근대역사박물관 소장. 호남권 한국학자료센터 홈페이지 원문 이미지와 텍스트 보기. 박병호(1974ㄱ), 최승희(1989), 전경목(1997), 정구복(2002), 김경숙(2012) 참고>

1834-07-00. **이규록 등 소지**(李圭祿等所志) 1, 이규록. <1장. 한자+이두. 조선 필사 이두 자료. 경북 성주 명곡 벽진 이씨 완석정 종택 소장. 한국학중앙연구원 장서각 한국고문서자료관 홈페이지 원문 이미지 보기. 한국학중앙연구원 편(2009) 참고>

1834-07-00. **이규록 등 소지**(李圭祿等所志) 2, 이규록. <1장. 한자+이두. 조선 필사 이두 자료. 경북 성주 명곡 벽진 이씨 완석정 종택 소장. 한국학중앙연구원 장서각 한국고문서자료관 홈페이지 원문 이미지 보기. 한국학중앙연구원 편(2009) 참고>

1834-08-00. **고달제 등 소지**(高達濟等所志), 고달제 등. <1장. 한자+이두. 조선 필사 이두 자료. 전북 군산시 임피면 갈운 제주 고씨가 구장. 군산근대역사박물관 소장. 호남권 한국학자료센터 홈페이지 원문 이미지와 텍스트 보기. 박병호(1974ㄱ), 최승희(1989), 전경목(1997), 정구복(2002), 김경숙(2012) 참고>

1834-08-00. **김진항 소지**(金鎭恒所志), 김진항. <1장. 한자+이두. 조선 필사 이두 자료. 전남 영암 밀양 김씨 김상회 소장. 호남권 한국학자료센터 홈페이지 원문 이미지와 텍스트 보기. 최승희(1989) 참고>

1834-08-00. **■…■ 가사매매명문**(■…■家舍賣買明文),[333] 재주 김광현(財主金光賢). <1장. 한자+이두. 조선 필사 이두 자료. 경남 거창 강동 초계 정씨 동계 종가 구장. 한국학중앙연구원 장서각 한국고문서자료관 홈페이지 & 한국학중앙연구원 장서각 한국학자료센터 홈페이지 원문 이미지와 텍스트 보기. 김태영(1983), 최승희(1989), 한국정신문화연구원 편(1995, 2005), 이재수(2003) 참고>

1834-09-26. **태자산 회중 완의**(太慈山會中完議), 김제정 등. <1장. 한자+이두. 조선 필사 이두 자료. 경북 안동시 오천 광산 김씨 후조당 소장. 한국학중앙연구원 장서각 한국고문서자료관 홈페이지 원문 이미지와 텍스트 보기. 한국정신문화연구원 편(1982) 참고>

1834-10-02. **기윤진 토지매매명문**(奇允鎭土地賣買明文), 산지주 자필 유학 조상현(山地主自筆幼學趙尙玹). <1장. 한자+이두. 조선 필사 이두 자료. 전남 장성군 행주 기씨 금강 종가 소장. 호남권 한국학자료센터 홈페이지 원문 이미지와 텍스트 보기. 김재문(1986), 이재수(2003) 참고>

1834-10-06. **진사 기윤진 송추문기**(進士奇允鎭松楸文記), 산지주 유학 최응순(山地主

---

[333] 한국학중앙연구원 장서각 한국고문서자료관 홈페이지와 장서각 한국학자료센터 홈페이지에서는 '1834년 김광현(金光賢) 가사매매명문(家舍賣買明文)'으로 표시하였다.

幼學崔應淳). <1장. 한자+이두. 조선 필사 이두 자료. 전남 장성군 행주 기씨 금강 종가 소장. 호남권 한국학자료센터 홈페이지 원문 이미지와 텍스트 보기. 김재문(1986), 이재수(2003) 참고>

1834-10-07. **안시혁 장흥고 공상지 공인권 매매명문**(安時赫長興庫供上紙貢人權賣買明文),[334] 재주 안동로(財主安東魯). <1장. 한자+이두. 조선 필사 이두 자료. 일본 경도대학 가와이문고 소장. 고려대학교 해외한국학자료센터 홈페이지 원문 이미지 보기>

1834-10-07. **차첩**(差帖), 이조(吏曹). <1장. 한자+이두. 조선 필사 이두 자료. 안동 금계 의성 김씨 학봉 종가 소장. 한국학중앙연구원 장서각 한국고문서자료관 홈페이지 원문 이미지와 텍스트 보기. 한국정신문화연구원 편(1989) 참고>

1834-10-09. **산주 이 생원 수표**(山主李生員手標),[335] 수기주 김인기(手記主金仁起). <1장. 한자+이두. 조선 필사 이두 자료. 영광 함안 이씨 이기태 구장. 영광농업기술센터 영인본 소장. 호남권 한국학자료센터 홈페이지 원문 이미지와 텍스트 보기. 최승희(1989), 전경목 외(2006) 참고>

1834-10-20. **이태수 등 완의**(李泰壽等完議), 이태수 등. <1장. 한자+이두. 조선 필사 이두 자료. 경북 경주시 안강읍 옥산리 여주 이씨 독락당 소장. 한국학중앙연구원 장서각 한국고문서자료관 홈페이지 원문 이미지 보기. 한국정신문화연구원 편(2003) 참고>

1834-10-25. **유억 소지**(柳億所志) 1, 유억. <1장. 한자+이두. 조선 필사 이두 자료. 전남 구례군 토지면 오미리 문화 류씨 운조루 소장. 한국학중앙연구원 장서각 한국고문서자료관 홈페이지 원문 이미지와 텍스트 보기. 한국정신문화연구원 편(1998) 참고>

1834-10-28. **김원득 토지매매명문**(金元得土地賣買明文), 답주 손귀련(畓主孫貴連). <1장. 한자+이두. 조선 필사 이두 자료. 전남 보성 박실 제주 양씨가 구장. 원광대

---

[334] 고려대학교 해외한국학자료센터 홈페이지에서는 '1834년 안시혁(安時赫) 장흥고(長興庫) 종이 공인권(貢人權) 매매명문(賣買明文)'으로 표시하였다.

[335] 호남권 한국학자료센터 홈페이지에서는 '1834년 김인기(金仁起) 수기(手記)'로 표시하였다.

학교 박물관 소장. 호남권 한국학자료센터 홈페이지 원문 이미지와 텍스트 보기. 최승희(1989), 정구복 외(1999), 이재수(2003) 참고>

1834-10-30. **장한익 다짐**(張漢翼侤音), 장한익. <1장. 한자+이두. 조선 필사 이두 자료. 전남 구례군 토지면 오미리 문화 류씨 운조루 소장. 한국학중앙연구원 장서각 한국고문서자료관 홈페이지 원문 이미지와 텍스트 보기. 한국정신문화연구원 편(1998) 참고>

1834-10-00. **가사매매명문**(家舍賣買明文),[336] 재주 정경수(財主鄭景洙). <1장. 한자+이두. 조선 필사 이두 자료. 일본 경도대학 가와이문고 소장. 고려대학교 해외한국학자료센터 홈페이지 원문 이미지 보기>

1834-10-00. **유억 소지**(柳億所志) 2, 유억. <1장. 한자+이두. 조선 필사 이두 자료. 전남 구례군 토지면 오미리 문화 류씨 운조루 소장. 한국학중앙연구원 장서각 한국고문서자료관 홈페이지 원문 이미지와 텍스트 보기. 한국정신문화연구원 편(1998) 참고>

1834-10-00. **유억 소지**(柳億所志) 3, 유억. <1장. 한자+이두. 조선 필사 이두 자료. 전남 구례군 토지면 오미리 문화 류씨 운조루 소장. 한국학중앙연구원 장서각 한국고문서자료관 홈페이지 원문 이미지와 텍스트 보기. 한국정신문화연구원 편(1998) 참고>

1834-10-00. **유억 소지**(柳億所志) 4, 유억. <1장. 한자+이두. 조선 필사 이두 자료. 전남 구례군 토지면 오미리 문화 류씨 운조루 소장. 한국학중앙연구원 장서각 한국고문서자료관 홈페이지 원문 이미지와 텍스트 보기. 한국정신문화연구원 편(1998) 참고>

1834-10-00. **이상순 소지**(李相淳所志), 이상순. <1장. 한자+이두. 조선 필사 이두 자료. 영광 함안 이씨 이기태 구장. 영광농업기술센터 영인본 소장. 호남권 한국학자료센터 홈페이지 원문 이미지와 텍스트 보기. 최승희(1989), 전경목 외(2006) 참고>

---

[336] 고려대학교 해외한국학자료센터 홈페이지에서는 '1834년 정경수(鄭景洙) 방매(放賣) 가사(家舍) 매매명문(賣買明文)'으로 표시하였다.

1834-10-00. **혜민서 약재 공인권 매매명문**(惠民署藥材貢人權賣買明文),[337] 재주 박인기(財主朴仁基). <1장. 한자+이두. 조선 필사 이두 자료. 일본 경도대학 가와이문고 소장. 고려대학교 해외한국학자료센터 홈페이지 원문 이미지 보기>

1834-11-03. **유학 김광후 토지매매명문**(幼學金光垕土地賣買明文), 자필 김학궁(自筆金學宮). <1장. 한자+이두. 조선 필사 이두 자료. 전남 보성 박실 제주 양씨가 구장. 원광대학교 박물관 소장. 호남권 한국학자료센터 홈페이지 원문 이미지와 텍스트 보기. 최승희(1989), 정구복 외(1999), 이재수(2003) 참고>

1834-11-04. **유 생원 댁 노 일금 토지매매명문**(柳生員宅奴日今土地賣買明文), 답주 박명환(畓主朴明桓). <1장. 한자+이두. 조선 필사 이두 자료. 전북 임실군 지사 협계태 씨가 소장. 호남권 한국학자료센터 홈페이지 원문 이미지와 텍스트 보기. 최승희(1989), 정수환·이헌창(2008), 채현경(2011) 참고>

1834-11-13~1835-04-00. 「인릉산릉도감의궤(**仁陵山陵都監儀軌**)」[338] 상·하, 산릉도감 편(編). <2책. 256장+264장. 필사본. 표제는 '道光十四年甲午十一月 日 春秋館上)純宗大王仁陵山陵都監儀軌'. 상권 권수제는 '仁陵山陵都監儀軌上'. 한자+이두. 서울대학교 규장각 한국학연구원 홈페이지 '奎13678' 원문 이미지와 텍스트 보기>

1834-11-21~1835-05-19. 「추숭도감의궤(**追 崇都監儀軌**)」,[339] 존숭도감(尊崇都監) 편(編). <2권 2책. 129장+115장. 필사본. 상권의 표제는 '道光十五年乙未五月 日 憲宗元年)追 崇都監儀軌 上'. 권수제는 '追 崇都監儀軌'. 한자+이두. 1834년 11월 21일부터 1835년 5월 19일까지 효명세자를 추숭하는 일에 관한 기록. 조선 필사 이두 자료. 한국학중앙연구원 디지털장서각 홈페이지 'K2-2851' 원문 이미지와 텍스트 보기>

---

337 고려대학교 해외한국학자료센터 홈페이지에서는 '1834년 박인기(朴仁基) 방매 혜민서(惠民署) 약재 공인권(貢人權) 매매명문(賣買明文)'으로 표시하였다.

338 서울대학교 규장각 한국학연구원 홈페이지에서는 서명을 '[純祖]仁陵山陵都監儀軌 [순조]인릉산릉도감의궤'로 적었다.

339 한국학중앙연구원 디지털장서각 홈페이지에서는 서명을 '추숭도감의궤(追崇都監儀軌)'로 붙여 썼다.

1834-11-25. **고정채 다짐**(高貞采侤音), 고정채. <1장. 한자+이두. 조선 필사 이두 자료. 전남 구례군 토지면 오미리 문화 류씨 운조루 소장. 한국학중앙연구원 장서각 한국고문서자료관 홈페이지 원문 이미지와 텍스트 보기. 한국정신문화연구원 편(1998) 참고>

1834-11-25. **추산서원 한녀 서둘달 토지매매명문**(秋山書院汗女徐乭達土地賣買明文),[340] 답주 표인 심수신(畓主表人金秀信). <1장. 한자+이두. 조선 필사 이두 자료. 전남 장성군 행주 기씨 금강 종가 소장. 호남권 한국학자료센터 홈페이지 원문 이미지와 텍스트 보기. 김재문(1986), 이재수(2003) 참고>

1834-11-27. **최관현 통문**(崔寬賢通文), 최관현. <1장. 한자+이두. 조선 필사 이두 자료. 남원·구례 삭녕 최씨 구장. 한국학중앙연구원 장서각 한국고문서자료관 홈페이지 원문 이미지 보기. 한국정신문화연구원 편(2004) 참고>

1834-11-00. **「경상도 선산부 일선향약 절목**(慶尙道善山府一善鄕約節目)」, 경상도 선산부. <1책. 11장. 영남대학교 민족문화연구소 소장. 한국학자료센터 영남권역센터 홈페이지 원문 이미지와 텍스트 보기. 오세창 외(1986) 참고>

1834-11-00. **위영엽·위영우·위한조 등장**(魏榮曄魏榮禹魏韓祚等狀), 위영엽·위영우·위한조. <1장. 한자+이두. 조선 필사 이두 자료. 전남 장흥 방촌 존재 후손가 소장. 호남권 한국학자료센터 홈페이지 원문 이미지 보기. 최승희(1989), 전경목(1997), 전경목 외(2006), 김경숙(2008) 참고>

1834-11-00. **이숙 등 상서**(李塾等上書), 이숙 등. <1장. 한자+이두. 조선 필사 이두 자료. 경북 경주시 안강읍 옥산리 여주 이씨 독락당 소장. 한국학중앙연구원 장서각 한국고문서자료관 홈페이지 원문 이미지 보기. 한국정신문화연구원 편(2003) 참고>

1834-11-00. **이화 등 소지**(李鏵等所志), 이화 등. <1장. 한자+이두. 조선 필사 이두 자료. 경북 성주 명곡 벽진 이씨 완석정 종택 소장. 한국학중앙연구원 장서각 한국고문서자료관 홈페이지 원문 이미지 보기. 한국학중앙연구원 편(2009) 참

---

[340] 호남권 한국학자료센터 홈페이지에서는 '1834년 추산서원(秋山書院) 토지매매명문(土地賣買明文)'으로 표시하였다.

고>

1834-11-00. **전 우후 유역 소지**(前虞侯柳億所志), 유역. <1장. 한자+이두. 조선 필사 이두 자료. 전남 구례군 토지면 오미리 문화 류씨 운조루 소장. 한국학중앙연구원 장서각 한국고문서자료관 홈페이지 원문 이미지와 텍스트 보기. 한국정신문화연구원 편(1998) 참고>

1834-11-00. **화민 유역 소지**(化民柳億所志), 유역. <1장. 한자+이두. 조선 필사 이두 자료. 전남 구례군 토지면 오미리 문화 류씨 운조루 소장. 한국학중앙연구원 장서각 한국고문서자료관 홈페이지 원문 이미지와 텍스트 보기. 한국정신문화연구원 편(1998) 참고>

1834-12-07. **홍 토지매매명문**(洪土地賣買明文), 답주 김명근(畓主金命根). <1장. 한자+이두. 조선 필사 이두 자료. 경북 안동시 주촌 진성 이씨 경류정 소장. 한국학중앙연구원 장서각 한국고문서자료관 홈페이지 원문 이미지와 텍스트 보기. 한국정신문화연구원 편(1999) 참고>

1834-12-09. **담헌 유사 토지매매명문**(潭軒有司土地賣買明文),[341] 전주 자필 상인 조형복(田主自筆喪人趙亨復). <1장. 한자+이두. 조선 필사 이두 자료. 경북 영양군 영양읍 삼지리 한양 조씨 하담 고택 구장. 한국국학진흥원 소장. 한국학자료센터 영남권역센터 홈페이지 원문 이미지와 텍스트 보기. 박병호(1974ㄱ), 최승희(1989), 이재수(2003), 이수건 외(2004) 참고>

1834-12-11. **장자 신부 별급문기**(長子新婦別給文記),[342] 재주 부친(財主父親). <1장. 한자+이두. 조선 필사 이두 자료. 전남 보성 박실 제주 양씨가 구장. 원광대학교 박물관 소장. 호남권 한국학자료센터 홈페이지 원문 이미지와 텍스트 보기. 최승희(1989), 정구복 외(1999), 이재수(2003) 참고>

1834-12-20. **재주 부친 박시운 분재기**(財主父親朴時運分財記), 박시운. <1장. 한자+이두. 조선 필사 이두 자료. 전북 임실군 청웅 밀양 박씨가 소장. 호남권 한국학자

---

341 한국학자료센터 영남권역센터 홈페이지에서는 '1834년 조형복(趙亨復) 토지매매명문(土地賣買明文)'으로 표시하였다.
342 호남권 한국학자료센터 홈페이지에서는 '1834년 보성(寶城) 박실 제주양씨가(濟州梁氏家) 별급문기(別給文記)'로 표시하였다.

료센터 홈페이지 원문 이미지와 텍스트 보기. 박병호(1974ㄱ), 최승희(1989), 전경목 외(2006), 채현경(2011) 참고>

1834-12-23. **정완연 토지매매명문**(鄭完硯土地賣買明文), 답주 한량 이진성(畓主閑良李進成). <1장. 한자+이두. 조선 필사 이두 자료. 전남 보성 박실 제주 양씨가 구장. 원광대학교 박물관 소장. 호남권 한국학자료센터 홈페이지 원문 이미지와 텍스트 보기. 박병호(1974ㄱ), 최승희(1989), 이재수(2003) 참고>

1834-12-00. **김상백 소지**(金尙白所志), 김상백. <1장. 한자+이두. 조선 필사 이두 자료. 광주광역시 광산구 김해 김씨 소장. 호남권 한국학자료센터 홈페이지 원문 이미지와 텍스트 보기. 김선경(1993), 국사편찬위원회 편(2009) 참고>

1834-12-00. **용산서원 완문**(龍山書院完文), 경주부(慶州府). <1장. 한자+이두. 조선 필사 이두 자료. 경북 경주시 내남면 이조리 경주 최씨·용산서원 소장. 한국학중앙연구원 장서각 한국고문서자료관 홈페이지 원문 이미지 보기. 한국정신문화연구원 편(2000) 참고>

1834-■■-03. **유학 강재일 토지매매명문**(幼學姜在馹土地賣買明文), 답주 자필 유학 나학도(畓主自筆幼學羅學道). <1장. 한자+이두. 조선 필사 이두 자료. 전북 무장 원송 진주 강씨가 구장. 전북대학교 박물관 소장. 호남권 한국학자료센터 홈페이지 원문 이미지와 텍스트 보기. 박병호(1974ㄱ), 최승희(1989), 이재수(2003) 참고>

1834-00-00. 「성재유고(醒齋遺稿)」, 신익상(申翼相, 1634년~1697년) 저(著), 신숙(申潚) 편(編). <10책. 필사본. 한자+이두. 시문집. 국립중앙도서관 홈페이지 원문 이미지 보기>

1834-00-00. 「소경원등록(昭慶園謄錄)」 <1책. 28장. 필사본, 한자+이두. 조선 필사 이두 자료. 한국학중앙연구원 장서각 소장. 한국학중앙연구원 한국학 디지털 아카이브 홈페이지 원문 이미지 보기>

1834-00-00. **이정렬 공물 문서**(李定烈貢物文書), 한성: 이두빈(李斗彬) 발급, <1장. 필사본. 이정렬 수급, 이규열 필집, 최재승 증인, 한자+이두. 국립중앙도서관 협약도서관 홈페이지 원문 보기>

1834-00-00~1837-00-00. 「순종대왕국휼등록(純宗大王國恤謄錄)」, 예조(禮曹). <2책. 필사본, 한자+이두. 조선 필사 이두 자료. 한국학중앙연구원 장서각 소장. 한국학

중앙연구원 한국학 디지털 아카이브 홈페이지 원문 이미지 보기>

1834-00-00~1849-00-00 사이(헌종 연간).「이두방언(吏讀方言)」, 이규경 찬. <필사본. 이두 자료>

1834-00-00~1849-00-00.「일성록(日省錄)」, 규장각(奎章閣) 편(編). <199책. 필사본. 12책 낙질본. 한자+이두. 조선 필사 이두 자료. 국보 제153호 서울대학교 규장각 한국학연구원 홈페이지 '奎12814' 원문 이미지와 텍스트 보기> <① 1760-00-00~1800-00-00(676책. '奎12811') ② 1792-00-00~1800-00-00(2책. 별책. '奎12812') ③ 1800-00-00~1834-00-00(637책. '奎12813') ④ 1834-00-00~1849-00-00(199책. '奎12814') ⑤ 1849-00-00~1863-00-00(220책. '奎12815') ⑥ 1863-00-00~1907-00-00(562책. '奎12816')>

1834-00-00~1884-00-00.「어영청성역등록(御營廳城役謄錄)」, 어영청. <3책. 필사본. 한자+이두. 조선 필사 이두 자료. 한국학중앙연구원 장서각 소장. 한국학중앙연구원 한국학 디지털 아카이브 홈페이지 원문 이미지 보기>

1835년

<을미(乙未), 헌종(憲宗) 1년, 도광 15년>

1835-01-01~1835-12-27(乙未).「전객사일기(典客司日記)」78, 예조(禮曹) 전객사(典客司) 편(編). <1책(78/99). 133장. 필사본. 한자+이두. 조선 필사 이두 자료. 서울대학교 규장각 한국학연구원 홈페이지 원문 이미지 보기> <1640-01-22~1641-12-23(1)>

1835-01-01~1835-12-29.「결속색등록(結束色謄錄)」, 병조(兵曹) 편(編). <1책(48). 118장. 필사본. 필사 시기 미상. 한자+이두. 조선 필사 이두 자료. 서울대학교 규장각 한국학연구원 홈페이지 1787년~1891년 낙질본 107책(1792년(건륭 57년), 1811년(가경 16년) 하, 1816년(가경 21년), 1817년(가경 22년), 1824년(도광 4년), 1831년(도광 11년), 1871년(동치 10년), 1885년(광서 11년) 없음) 원문 이미지 보기>

1835-01-03~1835-07-19(乙未).「평안감영계록(平安監營啓錄)」, 비변사(備邊司) 편

(編). <1책(6/37). 185장. 필사본. 표제는 '平安監營啓錄'. 한자+이두. 이두 자료. 서울대학교 규장각 한국학연구원 홈페이지 원문 이미지 보기> <영인본: 「각사등록」 29(평안도편 1)(국사편찬위원회 편, 1988)> <1830-08-12~1830-12-30(1/37)>

1835-01-15. **이험상 토지매매명문**(李險尙土地賣買明文), 전주 한명신(田主韓命信). <1장. 한자+이두. 조선 필사 이두 자료. 서산 대교 경주 김씨 소장. 한국학중앙연구원 장서각 한국고문서자료관 홈페이지 원문 이미지 보기. 한국학중앙연구원 편(2007) 참고>

1835-01-20. **박 상인 댁 노 춘대 가사매매명문**(朴喪人宅奴春大家舍賣買明文), 가주 손완손(家主孫完孫). <1장. 한자+이두. 조선 필사 이두 자료. 부여 은산 함양 박씨 소장. 한국학중앙연구원 장서각 한국고문서자료관 홈페이지 원문 이미지 보기. 한국정신문화연구원 편(2000) 참고>

1835-01-00. **고득운 토지매매명문**(高得雲土地賣買明文), 전주 이금손(田主李金孫). <1장. 한자+이두. 조선 필사 이두 자료. 한국학중앙연구원 장서각 한국고문서자료관 홈페이지 원문 이미지와 텍스트 보기. 한국정신문화연구원 편(1992) 참고>

1835-01-00. **장산 유림 상서**(章山儒林上書), 장산 유림. <1장. 한자+이두. 조선 필사 이두 자료. 경북 경주시 안강읍 옥산리 여주 이씨 독락당 소장. 한국학중앙연구원 장서각 한국고문서자료관 홈페이지 원문 이미지 보기. 한국정신문화연구원 편(2003) 참고>

1835-01-00. **화민 김한유 소지**(化民金漢裕所志), 김한유. <1장. 한자+이두. 조선 필사 이두 자료. 전북 고창군 장두 광산 김씨가 소장. 호남권 한국학자료센터 홈페이지 원문 이미지와 텍스트 보기. 최승희(1989), 전경목(1997), 이수건 외(2004) 참고>

1835-02-06. **조언관 토지매매명문**(趙彦觀土地賣買明文),[343] 전주 자필 조형복(田主自筆趙亨復). <1장. 한자+이두. 조선 필사 이두 자료. 경북 영양군 영양읍 삼지리 한양 조씨 하담 고택 구장. 한국국학진흥원 소장. 한국학자료센터 영남권역센터 홈페이지 원문 이미지와 텍스트 보기. 박병호(1974ㄱ), 최승희(1989), 이재수

---

[343] 한국학자료센터 영남권역센터 홈페이지에서는 '1835년 조형복(趙亨復) 가옥(家屋) 및 토지매맴명문(土地賣買明文)'으로 표시하였다.

(2003), 이수건 외(2004) 참고>

1835-02-11. **본사 별소 토지매매명문**(本舍別所土地賣買明文), 답주 승기(畓主勝己). <1장. 한자+이두. 조선 필사 이두 자료. 경북 안동시 주촌 진성 이씨 경류정 소장. 한국학중앙연구원 장서각 한국고문서자료관 홈페이지 원문 이미지와 텍스트 보기. 한국정신문화연구원 편(1999) 참고>

1835-02-11. **처모 양 씨 분재기**(妻母樑氏分財記),[344] 답주 처모 양 성(畓主妻母樑姓). <1장. 한자+이두. 조선 필사 이두 자료. 전북대학교 박물관 소장. 호남권 한국학자료센터 홈페이지 원문 이미지와 텍스트 보기. 박병호(1974ㄱ), 이재수(2003) 참고>

1835-02-12. **토지매매명문**(土地賣買明文), 답주 자필 이배근(畓主自筆李培根). <1장. 한자+이두. 조선 필사 이두 자료. 경북 고령군 대가야읍 본관 1리 홍와 고택 구장. 한국국학진흥원 소장. 한국학자료센터 영남권역센터 홈페이지 원문 이미지와 텍스트 보기. 김성갑(2013) 참고>

1835-02-15. **시장문기**(柴場文記), 시장주 자필 신응룡(柴場主自筆辛應龍). <1장. 한자+이두. 조선 필사 이두 자료. 전남 영광군 입석 영월 신씨 소장. 한국학중앙연구원 장서각 한국고문서자료관 홈페이지 원문 이미지와 텍스트 보기. 한국정신문화연구원 편(1996) 참고>

1835-02-16. **한량 김성우 토지매매명문**(閑良金聖佑土地賣買明文), 별계 하유사 답주 한량 김석파회(別契下有司畓主閑良金石破回). <1장. 한자+이두. 조선 필사 이두 자료. 전남 보성 박실 제주 양씨가 구장. 원광대학교 박물관 소장. 호남권 한국학자료센터 홈페이지 원문 이미지와 텍스트 보기. 박병호(1974ㄱ), 최승희(1989), 이재수(2003) 참고>

1835-02-00. **계정 수노 득발 소지**(溪亭首奴得發所志), 득발. <1장. 한자+이두. 조선 필사 이두 자료. 경북 경주시 안강읍 옥산리 여주 이씨 장산서원·치암 종택 구장. 한국학중앙연구원 장서각 한국고문서자료관 홈페이지 원문 이미지 보기. 한국정신문화연구원 편(2003) 참고>

---

[344] 문서에서는 '壻郎余興用前明文'으로 적었다.

1835-02-00. **김찬우 소지**(金燦禹所志) 1, 김찬우. <1장. 한자+이두. 조선 필사 이두 자료. 전북 고창군 장두 광산 김씨가 소장. 호남권 한국학자료센터 홈페이지 원문 이미지와 텍스트 보기. 최승희(1989), 전경목(1997), 이수건 외(2004) 참고>

1835-02-00. **성동 풍헌 문보**(星洞風憲文報), 풍헌 유■■. <1장. 한자+이두. 조선 필사 이두 자료. 전북 고창군 장두 광산 김씨가 소장. 호남권 한국학자료센터 홈페이지 원문 이미지와 텍스트 보기. 최승희(1989), 전경목(1997), 이수건 외(2004) 참고>

1835-02-00. **유억 소지**(柳億所志), 유억. <1장. 한자+이두. 조선 필사 이두 자료. 전남 구례군 토지면 오미리 문화 류씨 운조루 소장. 한국학중앙연구원 장서각 한국고문서자료관 홈페이지 원문 이미지와 텍스트 보기. 한국정신문화연구원 편(1998) 참고>

1835-02-00. **장봉의 토지매매명문**(張鳳意土地賣買明文), 답주 김경필(畓主金瓊弼). <1장. 한자+이두. 조선 필사 이두 자료. 전북대학교 박물관 소장. 호남권 한국학자료센터 홈페이지 원문 이미지와 텍스트 보기. 최승희(1989), 정구복 외(1999), 이재수(2003) 참고>

1835-03-04. **김정렬 완문**(金貞烈完文), 영해부(寧海府). <1장. 점련문서. 한자+이두. 조선 필사 이두 자료. 경북 영해 인량 재령 이씨 충효당 소장. 한국학중앙연구원 장서각 한국고문서자료관 홈페이지 원문 이미지와 텍스트 보기. 한국정신문화연구원 편(1997) 참고>

1835-03-04. **김정렬 표기**(金貞烈表記), 김정렬. <1장. 점련문서. 한자+이두. 조선 필사 이두 자료. 경북 영해 인량 재령 이씨 충효당 소장. 한국학중앙연구원 장서각 한국고문서자료관 홈페이지 원문 이미지와 텍스트 보기. 한국정신문화연구원 편(1997) 참고>

1835-03-11. **고 생원 댁 노 소종용 토지매매명문**(高生員宅奴小種龍土地賣買明文), 전주 고 상인 댁 노 이용(田主高喪人宅奴已用). <1장. 한자+이두. 조선 필사 이두 자료. 강원도 양양 제주 고씨 소장. 한국학자료센터 강원권역센터 홈페이지 원문 이미지와 텍스트 보기. 최승희(1989), 김소은(2004), 김세민(2013), 김영란(2017) 참고>

1835-03-18. **구봉별소 고자 정득 토지매매명문**(九峯別所庫子丁得土地賣買明文), 답주 운 노 금석이(畓主云奴수石伊). <1장. 한자+이두. 조선 필사 이두 자료. 영해 도곡 무안 박씨 무의공 종택 소장. 한국학중앙연구원 장서각 한국고문서자료관 홈페이지 원문 이미지 보기. 한국학중앙연구원 편(2008) 참고>

1835-03-25. **조상웅 수표**(趙尚雄手標), 조상웅. <1장. 한자+이두. 조선 필사 이두 자료. 전남 장성군 행주 기씨 금강 종가 소장. 호남권 한국학자료센터 홈페이지 원문 이미지와 텍스트 보기. 김재문(1986), 이재수(2003) 참고>

1835-03-27. **가사매매명문**(家舍賣買明文), 가대주 자필 유학 신영섭(家垈主自筆幼學辛永燮). <1장. 한자+이두. 조선 필사 이두 자료. 전남 영광군 입석 영월 신씨 소장. 한국학중앙연구원 장서각 한국고문서자료관 홈페이지 원문 이미지와 텍스트 보기. 한국정신문화연구원 편(1996) 참고>

1835-03-00. **김찬우 소지**(金燦禹所志) 2, 김찬우. <1장. 한자+이두. 조선 필사 이두 자료. 전북 고창군 장두 광산 김씨가 소장. 호남권 한국학자료센터 홈페이지 원문 이미지와 텍스트 보기. 최승희(1989), 전경목(1997), 이수건 외(2004) 참고>

1835-03-00. **양일영 등 소지**(梁一永等所志) 1, 양일영 등. <1장. 한자+이두. 조선 필사 이두 자료. 전남 화순 능주 제주 양씨가 구장. 광주광역시 이정옥 소장. 호남권 한국학자료센터 홈페이지 원문 이미지와 텍스트 보기. 최승희(1989) 참고>

1835-03-00. **양직영 소지**(梁直永所志), 양직영. <1장. 한자+이두. 조선 필사 이두 자료. 전남 화순 능주 제주 양씨가 구장. 광주광역시 이정옥 소장. 호남권 한국학자료센터 홈페이지 원문 이미지와 텍스트 보기. 최승희(1989) 참고>

1835-03-00. **이진택 등 소지**(李眞宅等所志) 1, 이진택 등. <1장. 한자+이두. 조선 필사 이두 자료. 경북 경주시 안강읍 옥산리 여주 이씨 장산서원·치암 종택 구장. 한국학중앙연구원 장서각 한국고문서자료관 홈페이지 원문 이미지 보기. 한국정신문화연구원 편(2003) 참고>

1835-03-00. **이진택 등 소지**(李眞宅等所志) 2, 이진택 등. <1장. 한자+이두. 조선 필사 이두 자료. 경북 경주시 안강읍 옥산리 여주 이씨 장산서원·치암 종택 구장. 한국학중앙연구원 장서각 한국고문서자료관 홈페이지 원문 이미지 보기. 한국정

신문화연구원 편(2003) 참고>

1835-03-00. **전 우후 유억 소지**(前虞候柳億所志) 1, 유억. <1장. 한자+이두. 조선 필사 이두 자료. 전남 구례군 토지면 오미리 문화 류씨 운조루 소장. 한국학중앙연구원 장서각 한국고문서자료관 홈페이지 원문 이미지와 텍스트 보기. 한국정신문화연구원 편(1998) 참고>

1835-03-00. **토지매매명문**(土地賣買明文),[345] 전주 박용대(田主朴龍大). <1장. 한자+이두. 조선 필사 이두 자료. 한국학중앙연구원 장서각 한국고문서자료관 홈페이지 원문 이미지와 텍스트 보기. 한국정신문화연구원 편(1992) 참고>

1835-03-00. **풍헌 첩정**(風憲牒呈), 풍헌 정(鄭). <1장. 한자+이두. 조선 필사 이두 자료. 전남 화순 능주 제주 양씨가 구장. 광주광역시 이정옥 소장. 호남권 한국학 자료센터 홈페이지 원문 이미지와 텍스트 보기. 최승희(1989) 참고>

1835-03-00 추정. **옥산 이 상인 댁 노 정손 소지**(玉山李喪人宅奴丁孫所志),[346] 정손. <1장. 한자+이두. 조선 필사 이두 자료. 경북 경주시 안강읍 옥산리 여주 이씨 장산서원·치암 종택 구장. 한국학중앙연구원 장서각 한국고문서자료관 홈페이지 원문 이미지 보기. 한국정신문화연구원 편(2003) 참고>

1835-04-04. **종숙 강수 토지매매명문**(從叔綱壽土地賣買明文), 전주 종질 정진(田主從姪廷鎭). <1장. 한자+이두. 조선 필사 이두 자료. 안동 천전 의성 김씨 지촌 종택 소장. 한국학중앙연구원 장서각 한국고문서자료관 홈페이지 원문 이미지 보기. 한국정신문화연구원 편(1990) 참고>

1835-04-06. **김칠손 토지매매명문**(金七孫土地賣買明文), 답주 과부 이 씨(畓主寡婦李氏). <1장. 한자+이두. 조선 필사 이두 자료. 전남 보성 박실 제주 양씨가 구장. 원광대학교 박물관 소장. 호남권 한국학자료센터 홈페이지 원문 이미지와 텍스트 보기. 박병호(1974ㄱ), 최승희(1989), 전북향토문화연구회 편(1993) 참고>

1835-04-11. **김복찬 토지매매명문**(金卜贊土地賣買明文), 전주 노 마공(田主奴馬公).

---

[345] 한국학중앙연구원 장서각 한국고문서자료관 홈페이지에서는 '1835년 박용대(朴龍大) 방매 토지매매명문(土地賣買明文)'으로 표시하였다.

[346] 한국학중앙연구원 장서각 한국고문서자료관 홈페이지에서는 '1835년(?) 이씨가(李氏家) 수노(首奴) 정손(丁孫) 소지(所志)'로 표시하였다.

<1장. 한자+이두. 조선 필사 이두 자료. 경북 안동시 하회 풍산 류씨 충효당 소장. 한국학중앙연구원 장서각 한국고문서자료관 홈페이지 원문 이미지와 텍스트 보기. 한국정신문화연구원 편(1994) 참고>

1835-04-11. **옥산 이 생원 댁 토지매매명문**(玉山李生員宅土地賣買明文),[347] 전주 함상욱(田主咸相郁). <1장. 한자+이두. 조선 필사 이두 자료. 경북 경주시 안강읍 옥산리 여주 이씨 장산서원·치암 종택 구장. 한국학중앙연구원 장서각 한국고문서자료관 홈페이지 원문 이미지 보기. 한국정신문화연구원 편(2003) 참고>

1835-04-24. **이수정 수표**(李壽貞手標), 이수정. <1장. 점련문서. 한자+이두. 조선 필사 이두 자료. 경북 영해 인량 재령 이씨 충효당 소장. 한국학중앙연구원 장서각 한국고문서자료관 홈페이지 원문 이미지와 텍스트 보기. 한국정신문화연구원 편(1997) 참고>

1835-04-00. **김찬우 소지**(金燦禹所志) 3, 김찬우. <1장. 한자+이두. 조선 필사 이두 자료. 전북 고창군 장두 광산 김씨가 소장. 호남권 한국학자료센터 홈페이지 원문 이미지와 텍스트 보기. 최승희(1989), 전경목(1997), 이수건 외(2004) 참고>

1835-04-00. **김찬우 소지**(金燦禹所志) 4, 김찬우. <1장. 한자+이두. 조선 필사 이두 자료. 전북 고창군 장두 광산 김씨가 소장. 호남권 한국학자료센터 홈페이지 원문 이미지와 텍스트 보기. 최승희(1989), 전경목(1997), 이수건 외(2004) 참고>

1835-04-00. **양일영 등 소지**(梁一永等所志) 2, 양일영 등. <1장. 한자+이두. 조선 필사 이두 자료. 전남 화순 능주 제주 양씨가 구장. 광주광역시 이정옥 소장. 호남권 한국학자료센터 홈페이지 원문 이미지와 텍스트 보기. 최승희(1989) 참고>

1835-04-00. **이진택 등 소지**(李眞宅等所志) 3, 이진택 등. <1장. 한자+이두. 조선 필사 이두 자료. 경북 경주시 안강읍 옥산리 여주 이씨 장산서원·치암 종택 구장. 한국학중앙연구원 장서각 한국고문서자료관 홈페이지 원문 이미지 보기. 한국정신문화연구원 편(2003) 참고>

---

347 한국학중앙연구원 장서각 한국고문서자료관 홈페이지에서는 '1835년 이씨가(李氏家) 토지매매명문(土地賣買明文)'으로 표시하였다.

1835-05-06. **김칠언 토지매매명문**(金柒彦土地賣買明文), 자필 공원 한량 박만귀(自筆 公員閑良朴萬貴). <1장. 한자+이두. 조선 필사 이두 자료. 전남 보성 박실 제주 양씨가 구장. 원광대학교 박물관 소장. 호남권 한국학자료센터 홈페이지 원문 이미지와 텍스트 보기. 박병호(1974ㄱ), 최승희(1989), 채현경(2011) 참고>

1835-05-06. **하공원과 고직 배지**(下公員及庫直牌旨),[348] 상유사 이(上有司李). <1장. 한자+이두. 조선 필사 이두 자료. 전남 보성 박실 제주 양씨가 구장. 원광대학교 박물관 소장. 호남권 한국학자료센터 홈페이지 원문 이미지와 텍스트 보기. 최승희(1989), 정구복 외(1999), 이재수(2003) 참고>

1835-05-00. **양일영 등 소지**(梁一永等所志) 3, 양일영 등. <1장. 한자+이두. 조선 필사 이두 자료. 전남 화순 능주 제주 양씨가 구장. 광주광역시 이정옥 소장. 호남권 한국학자료센터 홈페이지 원문 이미지와 텍스트 보기. 최승희(1989) 참고>

1835-05-00. **양일영 등 소지**(梁一永等所志) 4, 양일영 등. <1장. 한자+이두. 조선 필사 이두 자료. 전남 화순 능주 제주 양씨가 구장. 광주광역시 이정옥 소장. 호남권 한국학자료센터 홈페이지 원문 이미지와 텍스트 보기. 최승희(1989) 참고>

1835-05-00. **이상순 소지**(李相淳所志), 이상순. <1장. 한자+이두. 조선 필사 이두 자료. 영광 함안 이씨 이기태 구장. 영광농업기술센터 영인본 소장. 호남권 한국학자료센터 홈페이지 원문 이미지와 텍스트 보기. 최승희(1989), 전경목 외(2006) 참고>

1835-06-07. **별계 하유사 김성우 배지**(別契下有司金成右牌旨),[349] 계상사 김 생원(契上司金生員). <1장. 한자+이두. 조선 필사 이두 자료. 전남 보성 박실 제주 양씨가 구장. 원광대학교 박물관 소장. 호남권 한국학자료센터 홈페이지 원문 이미지와 텍스트 보기. 박병호(1974ㄱ), 최승희(1989), 이재수(2003) 참고>

---

[348] 호남권 한국학자료센터 홈페이지에서는 '1835년 하공원(下公員)과 고직(庫直) 패지(牌旨)'로 표시 하였다.

[349] 호남권 한국학자료센터 홈페이지에서는 '1835년 김성우(金成右) 패지(牌旨)'로 표시하였다.

1835-06-07~1835-09-16(乙未).「을미년 금영등록(乙未年 禁營謄錄)」하(下), 금위영(禁衛營) 편(編). <1책(13/15. 낙질본). 44장. 필사본. 한자+이두. 조선 필사 이두 자료. 서울대학교 규장각 한국학연구원 홈페이지 원문 이미지 보기> <1682-02-29~1682-10-09(1/15)>

1835-06-■■. ■주옥 토지매매명문(■周玉土地賣買明文), 전주 배득준(出主裵得俊). <1장. 한자+이두. 조선 필사 이두 자료. 경북 안동시 주촌 진성 이씨 경류정 소장. 한국학중앙연구원 장서각 한국고문서자료관 홈페이지 원문 이미지와 텍스트 보기. 한국정신문화연구원 편(1999) 참고>

1835-윤6-17~1835-윤6-29.「도산서원 묘우 수리시 일기(陶山書院 廟宇 修理時 日記)」<1753년, 1779년에 작성한 도산서원 묘우 수리시 일기도 있다. 한국국학진흥원 유교넷 일기 자료 사이트 참고>

1835-윤6-27. 계정 완문(溪亭完文), 경주부(慶州府). <1장. 한자+이두. 조선 필사 이두 자료. 경북 경주시 안강읍 옥산리 여주 이씨 독락당 소장. 한국학중앙연구원 장서각 한국고문서자료관 홈페이지 원문 이미지 보기. 한국정신문화연구원 편(2003) 참고>

1835-윤6-00. 가사매매명문(家舍賣買明文),[350] 재주 이의조(財主李儀朝). <1장. 한자+이두. 조선 필사 이두 자료. 일본 경도대학 가와이문고 소장. 고려대학교 해외한국학자료센터 홈페이지 원문 이미지 보기>

1835-윤6-00. 계정 수노 득발 소지(溪亭首奴得發所志),[351] 득발. <1장. 한자+이두. 조선 필사 이두 자료. 경북 경주시 안강읍 옥산리 여주 이씨 독락당 소장. 한국학중앙연구원 장서각 한국고문서자료관 홈페이지 원문 이미지 보기. 한국정신문화연구원 편(2003) 참고>

1835-윤6-00. 이진택 등 소지(李眞宅等所志) 4, 이진택 등. <1장. 한자+이두. 조선 필사 이두 자료. 경북 경주시 안강읍 옥산리 여주 이씨 장산서원·치암 종택 구장.

---

[350] 고려대학교 해외한국학자료센터 홈페이지에서는 '1835년 이의조(李儀朝) 방매(放賣) 가사(家舍) 매매명문(賣買明文)'으로 표시하였다.

[351] 한국학중앙연구원 장서각 한국고문서자료관 홈페이지에서는 '1835년 계정(溪亭) 수노(首奴) 소지(所志)'로 표시하였다.

한국학중앙연구원 장서각 한국고문서자료관 홈페이지 원문 이미지 보기. 한국정신문화연구원 편(2003) 참고>

1835-07-10. **장흥고 공상지 공인권 매매명문**(長興庫供上紙貢人權賣買明文),[352] 재주 한수덕(財主韓守德). <1장. 한자+이두. 조선 필사 이두 자료. 일본 경도대학 가와이문고 소장. 고려대학교 해외한국학자료센터 홈페이지 원문 이미지 보기>

1835-07-11. **남준흥 다짐**(南俊興侤音), 남준흥. <1장. 한자+이두. 조선 필사 이두 자료. 전남 화순 능주 제주 양씨가 구장. 광주광역시 이정옥 소장. 호남권 한국학자료센터 홈페이지 원문 이미지와 텍스트 보기. 최승희(1989) 참고>

1835-07-29. **장흥고 공상지 공인권 매매명문**(長興庫供上紙貢人權賣買明文),[353] 재주 한응소(財主韓應炤). <1장. 한자+이두. 조선 필사 이두 자료. 일본 경도대학 가와이문고 소장. 고려대학교 해외한국학자료센터 홈페이지 원문 이미지 보기>

1835-07-00. **양일영 등 소지**(梁一永等所志) 5, 양일영 등. <1장. 한자+이두. 조선 필사 이두 자료. 전남 화순 능주 제주 양씨가 구장. 광주광역시 이정옥 소장. 호남권 한국학자료센터 홈페이지 원문 이미지와 텍스트 보기. 최승희(1989) 참고>

1835-07-00. **재종제 한응소 장흥고 공상지 공인권 양도수표**(再從弟韓應炤長興庫供上紙貢人權讓渡手標) 자필 재종형 한응환(自筆再從兄韓應煥). <1장. 한자+이두. 조선 필사 이두 자료. 일본 경도대학 가와이문고 소장. 고려대학교 해외한국학자료센터 홈페이지 원문 이미지 보기>

1835-08-01~1836-06-26(乙未~丙申). 「평안감영계록(平安監營啓錄)」, 비변사(備邊司) 편(編). <1책(7/37). 119장. 필사본. 표제는 '平安監營啓錄'. 한자+이두. 조선 필사 이두 자료. 서울대학교 규장각 한국학연구원 홈페이지 원문 이미지 보기> <영인본:「각사등록」30(평안도편 2)(국사편찬위원회 편, 1988)> <1830-08-12~1830-12-30(1/37)>

---

[352] 고려대학교 해외한국학자료센터 홈페이지에서는 '1835년 한수덕(韓守德) 방매 장흥고(長興庫) 공상지(供上紙) 공인권(貢人權) 매매명문(賣買明文)'으로 표시하였다.

[353] 고려대학교 해외한국학자료센터 홈페이지에서는 '1835년 한응소(韓應炤) 방매 장흥고(長興庫) 공상지(供上紙) 공인권(貢人權) 매매명문(賣買明文)'으로 표시하였다.

1835-08-10. **류문검 장계**(柳文儉狀啓), 류문검. <1장. 한자+이두. 조선 필사 이두 자료. 공주 진주 류씨 절도사 유성기 후손가 소장. 한국학중앙연구원 장서각 한국고문서자료관 홈페이지 원문 이미지 보기>

1835-08-00. **박정석 소지**(朴鼎錫所志), 박정석. <1장. 한자+이두. 조선 필사 이두 자료. 부여 은산 함양 박씨 소장. 한국학중앙연구원 장서각 한국고문서자료관 홈페이지 원문 이미지 보기. 한국정신문화연구원 편(2000) 참고>

1835-09-06. **김천대 토지매매명문**(金千大土地賣買明文), 답주 노 삼이(畓主奴三伊). <1장. 한자+이두. 조선 필사 이두 자료. 영해 도곡 무안 박씨 무의공 종택 소장. 한국학중앙연구원 장서각 한국고문서자료관 홈페이지 원문 이미지 보기. 박병호(1974ㄱ), 최승희(1989), 이재수(2003), 정구복(2005), 한국학중앙연구원 편(2008) 참고>

1835-09-09~1837-02-07(乙未~丁酉)[354] 추정.「각조보사(**各條報辭**)」,[355] 철산부(鐵山府) 편(編). <1책. 98장. 필사본. 한자+이두. 조선 필사 이두 자료. 서울대학교 규장각 한국학연구원 홈페이지 원문 이미지 보기>

1835-09-11. **김장수 토지매매명문**(金長守土地賣買明文), 전답주 노 삼이(田畓主奴三伊). <1장. 한자+이두. 조선 필사 이두 자료. 영해 도곡 무안 박씨 무의공 종택 소장. 한국학중앙연구원 장서각 한국고문서자료관 홈페이지 원문 이미지 보기. 박병호(1974ㄱ), 최승희(1989), 이재수(2003), 정구복(2005), 한국학중앙연구원 편(2008) 참고>

1835-09-00. **신준모 등 소지**(申浚模等所志), 신준모 등. <1장. 한자+이두. 조선 필사 이두 자료. 전남 순창군 좌부 천안 전씨가 구장. 순창장류박물관 소장. 호남권 한국학자료센터 홈페이지 원문 이미지와 텍스트 보기. 박병호(1974ㄱ), 최승희(1989), 전경목(2001), 정구복(2002) 참고>

1835-09-00. **양시영 등 소지**(梁始永等所志), 양시영 등. <1장. 한자+이두. 조선 필사

---

[354] 서울대학교 규장각 한국학연구원의 홈페이지에서는 '발행년도'는 1776년으로 표시하고, '간행연도'는 1776년과 1836년으로 적었다.

[355] 개장한 표지의 표제는 원래의 표제와는 달리 '各條報辭'이다. 서울대학교 규장각 한국학연구원의 홈페이지에서는 책명을 '各條報辭 각조보사'로 표시하였다.

이두 자료. 전남 화순 능주 제주 양씨가 구장. 광주광역시 이정옥 소장. 호남권 한국학자료센터 홈페이지 원문 이미지와 텍스트 보기. 최승희(1989) 참고>

1835-09-00. **최강범 등 소지**(崔綱範等所志),[356] 1, 최강범. <1장. 한자+이두. 조선 필사 이두 자료. 전북 남원 풍산 밀양 박씨가 구장. 남원향토박물관 소장. 호남권 한국학자료센터 홈페이지 원문 이미지와 텍스트 보기. 박병호(1974ㄱ), 최승희(1989), 김경숙(2002), 전경목 외(2006) 참고>

1835-10-04. **김인범 등 회문**(金仁範等回文), 김인범 등. <1장. 한자+이두. 조선 필사 이두 자료. 해남 노송 김해 김씨 노송사 소장. 한국학중앙연구원 장서각 한국고문서자료관 홈페이지 원문 이미지와 텍스트 보기. 한국정신문화연구원 편(1998) 참고>

1835-10-04. **종질 김진화 가사매매명문**(宗侄金鎭華家舍賣買明文), 가대주 족숙 김양수(家垈主族叔金養壽). <1장. 한자+이두. 조선 필사 이두 자료. 안동 금계 의성 김씨 학봉 종가 소장. 한국학중앙연구원 장서각 한국고문서자료관 홈페이지 원문 이미지와 텍스트 보기. 한국정신문화연구원 편(1989) 참고>

1835-10-04. **집강 김행원 등 통문**(執綱金行源等通文), 김행원 등. <1장. 한자+이두. 조선 필사 이두 자료. 해남 노송 김해 김씨 노송사 소장. 한국학중앙연구원 장서각 한국고문서자료관 홈페이지 원문 이미지와 텍스트 보기. 최승희(1989), 국립민속박물관 편(1991), 한국정신문화연구원 편(1998), 전경목 외(2006) 참고>

1835-10-16. **이재웅 가사매매명문**(李載雄家舍賣買明文), 초가주 유학 소휘순(草家主幼學蘇輝旬). <1장. 한자+이두. 조선 필사 이두 자료. 전북 익산 용화 진주 이씨가 구장. 전북대학교 박물관 소장. 호남권 한국학자료센터 홈페이지 원문 이미지와 텍스트 보기. 최승희(1989), 이재수(2003) 참고>

1835-10-27. **박만갑 토지매매명문**(朴萬甲土地賣買明文), 답주 관대계 유사 유학 신정록(畓主冠帶稧有司幼學申正祿). <1장. 한자+이두. 조선 필사 이두 자료. 전남 순천 월등 목천 장씨가 구장. 전북대학교 박물관 소장. 호남권 한국학자료센터 홈페이지 원문 이미지와 텍스트 보기. 최승희(1989), 정구복 외(1999), 이재수(2003) 참

---

356 호남권 한국학자료센터 홈페이지에서는 '1835년 최광범(崔綱範) 등 소지(所志)'로 표시하였다.

고>

1835-10-00. **박종휴 등 등장**(朴琮休等等狀), 박종휴 등. <1장. 한자+이두. 조선 필사 이두 자료. 전북 순창 청계 문화 유씨가 소장. 호남권 한국학자료센터 홈페이지 원문 이미지와 텍스트 보기. 최승희(1989), 김경숙(2002), 심재우(2013) 참고>

1835-10-00. **양영희 등 상서**(楊永熙等上書), 양영희 등. <1장. 한자+이두. 조선 필사 이두 자료. 전북 순창 청계 문화 유씨가 소장. 호남권 한국학자료센터 홈페이지 원문 이미지와 텍스트 보기. 최승희(1989), 김경숙(2002), 심재우(2013) 참고>

1835-10-00. **위도영·위도근·위한조 등장**(魏道英魏道根魏韓祚等狀), 위도영·위도근·위한조. <1장. 한자+이두. 조선 필사 이두 자료. 전남 장흥 방촌 존재 후손가 소장. 호남권 한국학자료센터 홈페이지 원문 이미지 보기. 최승희(1989), 전경목(1997), 전경목 외(2006), 김경숙(2008) 참고>

1835-10-00. **최강범 등 소지**(崔綱範等所志)[357] 2, 최강범. <1장. 한자+이두. 조선 필사 이두 자료. 전북 남원 풍산 밀양 박씨가 구장. 남원향토박물관 소장. 호남권 한국학자료센터 홈페이지 원문 이미지와 텍스트 보기. 박병호(1974ㄱ), 최승희(1989), 김경숙(2002), 전경목 외(2006) 참고>

1835-11-02. **이만대 토지매매명문**(李萬大土地賣買明文), 답주 김 노 원득(畓主金奴願得). <1장. 한자+이두. 조선 필사 이두 자료. 경북 안동시 오천 광산 김씨 후조당 소장. 한국학중앙연구원 장서각 한국고문서자료관 홈페이지 원문 이미지와 텍스트 보기. 박병호(1974ㄱ), 한국정신문화연구원 편(1982), 최승희(1989) 참고>

1835-11-17. **토지매매명문**(土地賣買明文),[358] 답주 자필 강치회(畓主自筆姜致會). <1장. 한자+이두. 조선 필사 이두 자료. 전북 무장 원송 진주 강씨가 구장. 전북대학교 박물관 소장. 호남권 한국학자료센터 홈페이지 원문 이미지와 텍스트 보기. 최승희(1989), 김소은(2004) 참고>

1835-11-20. **종유사 최윤효 토지매매명문**(宗有司崔允孝土地賣買明文), 답주 최우섭

---

[357] 호남권 한국학자료센터 홈페이지에서는 '1835년 최광범(崔綱範) 등 소지(所志)'로 표시하였다.
[358] 호남권 한국학자료센터 홈페이지에서는 '1835년 강치회(姜致會) 방매(放賣) 토지매매명문(土地賣買明文)'으로 표시하였다.

(畓主崔遇燮). <1장. 한자+이두. 조선 필사 이두 자료. 남원·구례 삭녕 최씨 구장. 한국학중앙연구원 장서각 한국고문서자료관 홈페이지 원문 이미지 보기. 한국정신문화연구원 편(2004) 참고>

1835-11-29. **토지매매명문**(土地賣買明文),[359] 답주 전학길(畓主全學吉). <1장. 한자+이두. 조선 필사 이두 자료. 경북 고령군 대가야읍 본관 1리 홍와 고택 구장. 한국국학진흥원 소장. 한국학자료센터 영남권역센터 홈페이지 원문 이미지와 텍스트 보기. 김성갑(2013) 참고>

1835-11-00. **기복 소지**(起福所志), 기복. <1장. 한자+이두. 조선 필사 이두 자료. 경북 안동시 하회 풍산 류씨 충효당 소장. 한국학중앙연구원 장서각 한국고문서자료관 홈페이지 원문 이미지와 텍스트 보기. 한국정신문화연구원 편(1994) 참고>

1835-11-00. **위도경·위영징·위도천 등장**(魏道經魏榮徵魏道天等狀), 위도경·위영징·위도천. <1장. 한자+이두. 조선 필사 이두 자료. 전남 장흥 방촌 존재 후손가 소장. 호남권 한국학자료센터 홈페이지 원문 이미지 보기. 최승희(1989), 전경목(1997), 전경목 외(2006), 김경숙(2008) 참고>

1835-11-00. **유택환 등 소지**(柳宅煥等所志) 1, 유택환 등. <1장. 한자+이두. 조선 필사 이두 자료. 전북 담양군 모현관 소장. 호남권 한국학자료센터 홈페이지 원문 이미지와 텍스트 보기. 최승희(1989), 정구복 외(1999) 참고>

1835-11-00. **유택환 등 소지**(柳宅煥等所志) 2, 유택환 등. <1장. 한자+이두. 조선 필사 이두 자료. 전북 담양군 모현관 소장. 호남권 한국학자료센터 홈페이지 원문 이미지와 텍스트 보기. 최승희(1989), 정구복 외(1999) 참고>

1835-12-01. **황윤종 차첩**(黃潤鍾差帖), 겸사(兼司使). <1장. 한자+이두. 조선 필사 이두 자료. 부여·강화·영주 창원 황씨 소장. 한국학중앙연구원 장서각 한국고문서자료관 홈페이지 원문 이미지와 텍스트 보기. 한국정신문화연구원 편(1990) 참고>

---

[359] 한국학자료센터 영남권역센터 홈페이지에서는 '1835년 전학길(全學吉) 방매 토지매매명문(土地賣買明文)'으로 표시하였다.

1835-12-06. **서지성 토지매매명문**(徐至誠土地賣買明文), 답주 유학 김윤택(畓主幼學 金潤澤). <1장. 한자+이두. 조선 필사 이두 자료. 전남 순천 황전 경주 정씨가 구장. 광주광역시 이정옥 소장. 호남권 한국학자료센터 홈페이지 원문 이미지와 텍스트 보기. 최승희(1989) 참고>

1835-12-22. **이 생원 댁 노 임득 토지매매명문**(李生員宅奴任得土地賣買明文), 답주 박 생원 서원 고자 장대철(畓主朴生員書院庫子張大喆). <1장. 한자+이두. 조선 필사 이두 자료. 경북 영해 인량 재령 이씨 충효당 소장. 한국학중앙연구원 장서각 한국고문서자료관 홈페이지 원문 이미지 보기. 한국정신문화연구원 편(2004) 참고>

1835-12-28. **족질 김제녕 토지매매명문**(族姪金濟寧土地賣買明文), 답주 족숙 김면교 (畓主族叔金冕教). <1장. 한자+이두. 조선 필사 이두 자료. 경북 안동시 오천 광산 김씨 후조당 소장. 한국학중앙연구원 장서각 한국고문서자료관 홈페이지 원문 이미지와 텍스트 보기. 한국정신문화연구원 편(1982) 참고>

1835-12-00. **김상백 소지**(金尙白所志), 김상백. <1장. 한자+이두. 조선 필사 이두 자료. 광주광역시 광산구 김해 김씨 소장. 호남권 한국학자료센터 홈페이지 원문 이미지와 텍스트 보기. 김선경(1993), 국사편찬위원회 편(2009) 참고>

1835-12-00. **양일영 등 소지**(梁一永等所志) 5, 양일영 등. <1장. 한자+이두. 조선 필사 이두 자료. 전남 화순 능주 제주 양씨가 구장. 광주광역시 이정옥 소장. 호남권 한국학자료센터 홈페이지 원문 이미지와 텍스트 보기. 최승희(1989) 참고>

1835-■■-■5. **독락당 토지매매명문**(獨樂堂土地賣買明文), 답주 황 조이(畓主黃召史). <1장. 한자+이두. 조선 필사 이두 자료. 경북 경주시 안강읍 옥산리 여주 이씨 독락당 소장. 한국학중앙연구원 장서각 한국고문서자료관 홈페이지 원문 이미지 보기. 한국정신문화연구원 편(2003) 참고>

1835-■■-00. **전 우후 유억 소지**(前虞侯柳億所志) 2, 유억. <1장. 한자+이두. 조선 필사 이두 자료. 전남 구례군 토지면 오미리 문화 류씨 운조루 소장. 한국학중앙연구원 장서각 한국고문서자료관 홈페이지 원문 이미지와 텍스트 보기. 한국정신문화연구원 편(1998) 참고>

1835-00-00. 「선원보략수정의궤(璿源譜略修正儀軌)」, 종부시(宗簿寺) 편. <1책, 27
장. 필사본. 표제는 '(乙未本寺 憲宗朝)璿源譜略修正儀軌'. 권수제는 '(道光十五年乙未五
月十二日)璿源譜略修正儀軌'. 한자+이두. 조선 필사 이두 자료. 서울대학교 규장
각 한국학연구원 의궤 종합정보 홈페이지 '奎14104' 원문 이미지 보기>

1835-00-00. 「순종대왕국장도감의궤(純宗大王國葬都監儀軌)」[360] 1~4, 국장도감 편.
<4책. 필사본. 권1의 표제는 '(道光十四年甲午十一月 日 春秋館上)純宗大王 國葬都
監儀軌一'. 권수제는 '純宗大王國葬都監儀軌卷首'. 한자+이두. 조선 필사 이두 자
료. 서울대학교 규장각 한국학연구원 의궤 종합정보 홈페이지 '奎13669' 원문
이미지 보기>

1835-00-00. 「순종대왕국장도감의궤(純宗大王國葬都監儀軌)」[361] 2~3, 국장도감 편.
<2책. 212장+172장. 필사본. 권2의 표제는 '純宗大王國葬都監儀軌二'. 권수제는
'純宗大王國葬都監儀軌卷之二'. 한자+이두. 조선 필사 이두 자료. 국립중앙박물관
외규장각 의궤 홈페이지 '외규265~266' 원문 이미지와 텍스트 보기>

1835-00-00. 「순종대왕국휼등록(純宗大王國恤謄錄)」, 장생전(長生殿) 편. <1책. 37
장. 필사본. 한자+이두. 조선 필사 이두 자료. 한국학중앙연구원 장서각 한국학자
료센터 홈페이지 원문 이미지 보기>

1835-00-00. 「순종대왕빈전혼전도감의궤(純宗大王殯殿魂殿都監儀軌)」[362] 상·중·하,
빈전혼전도감 편. <3책. 필사본. 상권의 표제는 '(道光十四年甲午十一月 日 五臺山城
上)純宗大王 殯殿魂殿都監儀軌上'. 목록제는 '純宗大王殯殿魂殿都監儀軌目錄'. 한자
+이두. 조선 필사 이두 자료. 서울대학교 규장각 한국학연구원 의궤 종합정보
홈페이지 '奎13672' 원문 이미지 보기>

1835-00-00. 「순종대왕실록산절청의궤(純宗大王實錄刪節廳儀軌)」, 실록산정청 편.

---

[360] 서울대학교 규장각 한국학연구원 의궤 종합정보 홈페이지에서는 서명을 표제나 권수제와는 달
리 '순조국장도감의궤(純祖國葬都監儀軌)'로 적었다.

[361] 국립중앙박물관 외규장각 의궤 홈페이지에서는 서명을 표제나 권수제와는 달리 '순조국조도감
의궤(純祖國葬都監儀軌)'로 적었다.

[362] 서울대학교 규장각 한국학연구원 의궤 종합정보 홈페이지에서는 서명을 표제나 목록제와는 달
리 '순조빈전혼전도감의궤(純祖殯殿魂殿都監儀軌)'로 적었다.

<1책. 110장. 필사본. 표제는 '實錄儀軌'. 한자+이두. 조선 필사 이두 자료. 한국학중앙연구원 장서각 한국학자료센터 홈페이지 원문 이미지 보기>

1835-00-00. 「인릉산릉도감의궤(仁陵山陵都監儀軌)」[363] 상·하, 산릉도감 편. <2책. 254장+264장. 필사본. 상권의 표제는 '(道光十四年甲午十一月 日 春秋館上 純宗大王)仁陵山陵都監儀軌上'. 권수제는 '仁陵山陵都監儀軌上'. 한자+이두. 조선 필사 이두 자료. 서울대학교 규장각 한국학연구원 소장. 서울대학교 규장각 한국학연구원 의궤 종합정보 홈페이지 '奎13678' 원문 이미지 보기>

1835-00-00. 「인릉산릉도감의궤(仁陵山陵都監儀軌)」[364] 상(上), 산릉도감 편. <1책. 256장. 필사본. 표제는 '■宗大王仁陵山陵都監儀軌'. 권수제는 '仁陵山陵都監儀軌上'. 한자+이두. 조선 필사 이두 자료. 국립중앙박물관 외규장각 의궤 홈페이지 '외규263' 원문 이미지와 텍스트 보기>

1835-00-00. 「추숭도감의궤(追 崇都監儀軌)」[365] 상·하, 추숭도감 편. <2책. 128장+114장. 필사본. 상권의 표제는 '(道光十五年乙未五月 日 太白山上)追 崇稻竿儀軌上'. 권수제는 '追 崇稻竿儀軌'. 한자+이두. 조선 필사 이두 자료. 서울대학교 규장각 한국학연구원 의궤 종합정보 홈페이지 '奎13396' 원문 이미지와 텍스트 보기>

1835-00-00~1836-00-00. 「종묘 영녕전증수도감의궤(宗廟 永寧殿增修都監儀軌)」[366] 하(下), 의궤청(儀軌廳) 편(編). <1책. 필사본. 표제는 '道光十六年丙申九月 日 禮曹上)宗廟永寧殿增修都監儀軌 下'. 권수제는 '宗廟 永寧殿增修都監儀軌'. 한자+이두. 조선 필사 이두 자료. 한국학중앙연구원 디지털장서각 홈페이지 'K2-2189' 원문 이미지와 텍스트 보기>

1835-00-00~1849-00-00 추정. '어록변증설(語錄辯證說)', 「오주연문전장산고(五洲

---

[363] 서울대학교 규장각 한국학연구원 의궤 종합정보 홈페이지에서는 서명을 표제나 권수제와는 달리 '순조인릉산릉도감의궤(純祖仁陵山陵都監儀軌)'로 적었다.
[364] 국립중앙박물관 외규장각 의궤 홈페이지에서는 서명을 표제나 권수제와는 달리 '순조인릉산릉도감의궤(상)(純祖仁陵山陵都監儀軌(上))'로 적었다.
[365] 서울대학교 규장각 한국학연구원 의궤 종합정보 홈페이지에서는 서명을 표제나 권수제와는 달리 '익종추숭도감의궤(翼宗追崇都監儀軌)'로 적었다.
[366] 한국학중앙연구원 디지털장서각 홈페이지에서는 서명을 '종묘영녕전증수도감의궤(宗廟永寧殿增修都監儀軌)'로 붙여 썼다.

衍文長箋散稿)」, 이규경(李圭景, 1788년~1863년). <60권 60책. 필사본. 권40 '어록변증설'에 '이두 방언 약간자(吏讀方言若干字)'라고 하여 약 80개의 이두에 한글 독음을 달아 자수별로 수록. 조선 필사 이두 자료. 김태균(1968), 배대온(1993, 2003), 남풍현(1998, 2000: 46, 2009: 61-62), 고정의(2003), 오창명(2017) 참고> <영인본: 동국문화사(1958), 아세아문화사(1975), 명문당(1982), 고전간행회(1993)>

1836년

<병신(丙申), 헌종 2년, 도광 16년>

1836-01-01~1836-12-22(丙申).「전객사일기(**典客司日記**)」79, 예조(禮曹) 전객사(典客司) 편(編). <1책(79/99). 89장. 필사본. 한자+이두. 조선 필사 이두 자료. 서울대학교 규장각 한국학연구원 홈페이지 원문 이미지 보기> <1640-01-22~1641-12-23(1)>

1836-01-01~1836-12-28.「결속색등록(**結束色謄錄**)」, 병조(兵曹) 편(編). <1책(49/전107책). 65장. 필사본. 한자+이두. 이두 자료. 서울대학교 규장각 한국학연구원 홈페이지 1787년~1891년 낙질본 107책(1792년(건륭 57년), 1811년(가경 16년) 하, 1816년(가경 21년), 1817년(가경 22년), 1824년(도광 4년), 1831(도광 11년), 1871(동치 10년), 1885년(광서 11년) 없음) 원문 이미지 보기>

1836-01-08. **김계종 토지매매명문**(金啓宗土地賣買明文), 답주 자필 공생 김도원(畓主自筆貢生金道源). <1장. 한자+이두. 조선 필사 이두 자료. 경북 안동시 법흥동 고성 이씨 탑동 종가 구장. 한국국학진흥원 소장. 한국학자료센터 영남권역센터 홈페이지 원문 이미지와 텍스트 보기. 박병호(1974ㄱ), 최승희(1989), 이재수(2003), 이수건 외(2004) 참고>

1836-01-13. **유학 이태수 토지매매명문**(幼學李泰壽土地賣買明文), 전주 자필 유학 이해연(田主自筆幼學李海淵). <1장. 한자+이두. 조선 필사 이두 자료. 경북 경주시 안강읍 옥산리 여주 이씨 독락당 소장. 한국학중앙연구원 장서각 한국고문서자료관 홈페이지 원문 이미지 보기. 한국정신문화연구원 편(2003) 참고>

1836-01-16. **호 흥석 토지매매명문**(戶興石土地賣買明文), 답주 호 양선(畓主戶良先). <1장. 한자+이두. 조선 필사 이두 자료. 경북 영해 인량 재령 이씨 충효당 구장. 한국국학진흥원 소장. 한국학중앙연구원 장서각 한국고문서자료관 홈페이지 원문 이미지와 텍스트 보기. 한국정신문화연구원 편(1997) 참고>

1836-01-19. **김달문 토지매매명문**(金達文土地賣買明文), 답주 한량 정완석(畓主閑良鄭完碩). <1장. 한자+이두. 조선 필사 이두 자료. 전남 보성 박실 제주 양씨가 구장. 원광대학교 박물관 소장. 호남권 한국학자료센터 홈페이지 원문 이미지와 텍스트 보기. 박병호(1974ㄱ), 최승희(1989), 이재수(2003) 참고>

1836-01-20. **족제 이규빈 토지매매명문**(族弟李奎彬土地賣買明文), 답주 자필 유학 이기문(畓主自筆幼學李基文). <1장. 한자+이두. 조선 필사 이두 자료. 전남 보성 박실 제주 양씨가 구장. 원광대학교 박물관 소장. 호남권 한국학자료센터 홈페이지 원문 이미지와 텍스트 보기. 박병호(1974ㄱ), 이재수(2003) 참고>

1836-01-26. **유학 박계문 토지매매명문**(幼學朴啓文土地賣買明文), 자필 산주 유학 김성후(自筆山主幼學金星垕). <1장. 한자+이두. 조선 필사 이두 자료. 전북 임실군 청웅 밀양 박씨가 소장. 호남권 한국학자료센터 홈페이지 원문 이미지와 텍스트 보기. 최승희(1989), 이재수(2003), 채현경(2011) 참고>

1836-01-00. **가사매매명문**(家舍賣買明文),[367] 가주 한창엽(家主韓昌燁). <1장. 한자+이두. 조선 필사 이두 자료. 한국학중앙연구원 장서각 한국고문서자료관 홈페이지 원문 이미지와 텍스트 보기. 한국정신문화연구원 편(1992) 참고>

1836-01-00. **김상백 소지**(金尙白所志) 1, 김상백. <1장. 한자+이두. 조선 필사 이두 자료. 광주광역시 광산구 김해 김씨 소장. 호남권 한국학자료센터 홈페이지 원문 이미지와 텍스트 보기. 김선경(1993), 국사편찬위원회 편(2009) 참고>

1836-01-00. **김상백 소지**(金尙白所志) 2, 김상백. <1장. 한자+이두. 조선 필사 이두 자료. 광주광역시 광산구 김해 김씨 소장. 호남권 한국학자료센터 홈페이지 원문 이미지와 텍스트 보기. 김선경(1993), 국사편찬위원회 편(2009) 참고>

---

[367] 한국학중앙연구원 장서각 한국고문서자료관 홈페이지에서는 '1836년 한창엽(韓昌燁) 방매 가사매매명문(家舍賣買明文)'으로 표시하였다.

1836-01-00. **박시채 소지**(朴時采所志), 박시채. <1장. 한자+이두. 조선 필사 이두 자료. 전북 임실군 청웅 밀양 박씨가 소장. 호남권 한국학자료센터 홈페이지 원문 이미지와 텍스트 보기. 최승희(1989), 김선경(1993), 김경숙(2002) 참고>

1836-02-02. **이용 가사매매명문**(李鎔家舍賣買明文), 재주 영남 대소호지계 도중(財主 嶺南大小好紙契都中). <1장. 한자+이두. 조선 필사 이두 자료. 한국학중앙연구원 장서각 한국고문서자료관 홈페이지 원문 이미지와 텍스트 보기. 한국정신문화연구원 편(1992) 참고>

1836-02-03. **토지 문기**(土地文記), 답주(畓主) 이두노(李斗老). <1장. 한자+이두. 국립중앙도서관 홈페이지 원문 이미지 보기>

1836-02-09. **유학 이중효 시장문기**(幼學李重孝柴場文記), 시장주 유학 김수규(柴場主 幼學金壽奎). <1장. 한자+이두. 조선 필사 이두 자료. 전북대학교 박물관 소장. 호남권 한국학자료센터 홈페이지 원문 이미지와 텍스트 보기>

1836-02-15~1837-12-19(丙申~丁酉). 「금영계록(**錦營啓錄**)」, 비변사(備邊司) 편(編). <1책. 제1/9. 169장. 필사본. 표제는 '各道啓錄'. 한자+이두. 조선 필사 이두 자료. 서울대학교 규장각 한국학연구원 홈페이지 원문 이미지 보기> <영인본:「각사등록」6(국사편찬위원회 편, 1982)> <1843-11-26~1845-10-29(제2/9), 1852-01-30~1853-02-08(제3/9), 1853-02-12~1855-12-17(제4/9), 1861-02-04~1861-11-10(제5/9), 1870-00-00~1873-00-00(제6/9), 1873-03-15~1876-04-03(제7/9), 1876-04-19~1878-02-23(제8/9), 1895-01-14~1896-01-27(제9/9)>

1836-02-16. **권도수 토지매매명문**(權度壽土地賣買明文), 전주 상인 탁흥렴(田主喪人 卓興廉). <1장. 한자+이두. 조선 필사 이두 자료. 안동 천전 의성 김씨 지촌 종택 소장. 한국학중앙연구원 장서각 한국고문서자료관 홈페이지 원문 이미지 보기. 한국정신문화연구원 편(1990) 참고>

1836-02-16. **유학 이계화 토지매매명문**(幼學李啓華土地賣買明文), 답주 자필 유학 김도남(畓主自筆幼學金道南). <1장. 한자+이두. 조선 필사 이두 자료. 전남 함평군 함평 이씨 이건풍 구장. 목포대학교 도서문화연구원 소장. 호남권 한국학자료센터 홈페이지 원문 이미지와 텍스트 보기. 최승희(1989) 참고>

1836-02-17. **권 생원 댁 노 윤만 토지매매명문**(權生員宅奴尹萬土地賣買明文) 1, 답주

김 노 귀내(畓主金奴貴乃). <1장. 한자+이두. 조선 필사 이두 자료. 경북 예천군 용문면 대제리 원동 권씨 춘우재 고택 구장. 한국국학진흥원 소장. 한국학자료센터 영남권역센터 홈페이지 원문 이미지와 텍스트 보기. 김성갑(2013) 참고>

1836-02-23. **유학 임시원 수기**(幼學任時元手記),[368] 수기주 유학 최택화(手記主幼學崔宅華). <1장. 한자+이두. 조선 필사 이두 자료. 전북대학교 박물관 소장. 호남권 한국학자료센터 홈페이지 원문 이미지와 텍스트 보기. 박병호(1974ㄱ), 이재수(2003) 참고>

1836-02-24. **삼계향 고직 김엇쇠 토지매매명문**(三溪鄕庫直金㐋金土地賣買明文), 답주 최태산(畓主崔泰山). <1장. 한자+이두. 조선 필사 이두 자료. 전북 임실군 오수 삼계강사 소장. 호남권 한국학자료센터 홈페이지 원문 이미지와 텍스트 보기. 박병호(1974ㄱ), 최승희(1989), 정구복 외(1999) 참고>

1836-02-24. **작산 섬학소 토지매매명문**(鵲山贍學所土地賣買明文),[369] 답주 자필 이형백(畓主自筆李馨栢). <1장. 한자+이두. 조선 필사 이두 자료. 경북 안동시 주촌 진성 이씨 경류정 소장. 한국학중앙연구원 장서각 한국고문서자료관 홈페이지 원문 이미지와 텍스트 보기. 한국정신문화연구원 편(1999) 참고>

1836-02-00. **윤주현 등 상서**(尹周鉉等上書), 윤주현 등. <1장. 한자+이두. 조선 필사 이두 자료. 전북 순창 청계 문화 유씨가 소장. 호남권 한국학자료센터 홈페이지 원문 이미지와 텍스트 보기. 최승희(1989), 김경숙(2002), 심재우(2013) 참고>

1836-03-01. **이석추 다짐**(伊碩秋侤音), 이석추. <1장. 한자+이두. 조선 필사 이두 자료. 전북 담양군 모현관 소장. 호남권 한국학자료센터 홈페이지 원문 이미지와 텍스트 보기. 최승희(1989), 정구복 외(1999) 참고>

1836-03-13. **권 생원 댁 노 윤만 토지매매명문**(權生員宅奴尹萬土地賣買明文) 2, 답주 박득룡(畓主朴得龍). <1장. 한자+이두. 조선 필사 이두 자료. 경북 예천군 용문면 대제리 원동 권씨 춘우재 고택 구장. 한국국학진흥원 소장. 한국학자료센터 영남

---

[368] 호남권 한국학자료센터 홈페이지에서는 '1836년 최택화(崔宅華) 수기(手記)'로 표시하였다.

[369] 한국학중앙연구원 장서각 한국고문서자료관 홈페이지에서는 '1836년 작산학계(鵲山學稧) 토지매매명문(土地賣買明文)'으로 표시하였다.

권역센터 홈페이지 원문 이미지와 텍스트 보기. 김성갑(2013) 참고>

1836-03-14. **차첩**(差帖), 이조(吏曹). <1장. 한자+이두. 조선 필사 이두 자료. 안동 금계 의성 김씨 학봉 종가 소장. 한국학중앙연구원 장서각 한국고문서자료관 홈페이지 원문 이미지와 텍스트 보기. 한국정신문화연구원 편(1989) 참고>

1836-03-00. **토지매매명문**(土地賣買明文),[370] 답주 자필 장지덕(畓主自筆張之德). <1장. 한자+이두. 조선 필사 이두 자료. 전북대학교 박물관 소장. 호남권 한국학자료센터 홈페이지 원문 이미지와 텍스트 보기. 최승희(1989), 정구복 외(1999), 이재수(2003) 참고>

1836-04-09. **덕남서원 완문**(德南書院完文), 밀양부(密陽府). <1장. 한자+이두. 조선 필사 이두 자료. 경남 밀양 신호 밀성 박씨·덕남서원 소장. 한국학중앙연구원 장서각 한국고문서자료관 홈페이지 원문 이미지 보기. 한국정신문화연구원 편(2004) 참고>

1836-04-25. **이 생원 댁호 유한 토지매매명문**(李生員宅戶有汗土地賣買明文), 답주 자필 송용이(畓主自筆宋龍伊). <1장. 한자+이두. 조선 필사 이두 자료. 경북 영덕 인량 재령 이씨 갈암 종택 구장. 한국국학진흥원 소장. 한국학자료센터 영남권역센터 홈페이지 원문 이미지와 텍스트 보기>

1836-04-28. ■■ **토지매매명문**(■■土地賣買明文), 답주 유학 안■■(畓主幼學安■■). <1장. 한자+이두. 조선 필사 이두 자료. 전북 임실군 지사 협계태 씨가 소장. 호남권 한국학자료센터 홈페이지 원문 이미지와 텍스트 보기. 최승희(1989), 정수환·이헌창(2008), 채현경(2011) 참고>

1836-04-30. **정산현감 서목**(定山縣監書目), 정산현감. <1장. 한자+이두. 조선 필사 이두 자료. 대전·청양 안동 김씨 삼당 후손가 소장. 한국학중앙연구원 장서각 한국고문서자료관 홈페이지 원문 이미지 보기. 한국정신문화연구원 편(2003) 참고>

1836-04-00. **김조연 의송**(金肇演議送) 1, 김조연. <1장. 한자+이두. 조선 필사 이두

---

[370] 호남권 한국학자료센터 홈페이지에서는 '1836년 장지덕(張之德) 방매 토지매매명문(土地賣買明文)'으로 표시하였다.

자료. 대전·청양 안동 김씨 삼당 후손가 소장. 한국학중앙연구원 장서각 한국고문서자료관 홈페이지 원문 이미지 보기. 한국정신문화연구원 편(2003) 참고>

1836-04-00. **남응규 등장**(南應奎等狀), 남응규. <1장. 한자+이두. 조선 필사 이두 자료. 경남 밀양 사촌 의령 남씨 침류정 소장. 한국학중앙연구원 장서각 한국고문서자료관 홈페이지 원문 이미지 보기. 한국정신문화연구원 편(2004) 참고>

1836-04-00. **조인수 소지**(趙璘洙所志), 조인수. <1장. 한자+이두. 조선 필사 이두 자료. 경북 상주 낙동 풍양 조씨 양진당 소장. 한국학중앙연구원 장서각 한국고문서자료관 홈페이지 원문 이미지 보기>

1836-04-00. **토지매매명문**(土地賣買明文),[371] 답주 유학 자필 이장환(畓主幼學自筆李章煥). <1장. 한자+이두. 조선 필사 이두 자료. 전북대학교 박물관 소장. 호남권 한국학자료센터 홈페이지 원문 이미지와 텍스트 보기. 최승희(1989), 정구복 외(1999), 이재수(2003) 참고>

1836-05-03. **군기시 약환 공인권 매매명문**(軍器寺藥丸貢人權賣買明文),[372] 재주 한경식(財主韓景植). <1장. 한자+이두. 조선 필사 이두 자료. 일본 경도대학 가와이문고 소장. 고려대학교 해외한국학자료센터 홈페이지 원문 이미지 보기>

1836-05-24. **김일철 토지매매명문**(金日鐵土地賣買明文), 전주 자필 안호영(田主自筆安好英). <1장. 한자+이두. 조선 필사 이두 자료. 경북 안동시 오천 광산 김씨 후조당 소장. 한국학중앙연구원 장서각 한국고문서자료관 홈페이지 원문 이미지와 텍스트 보기. 박병호(1974ㄱ), 한국정신문화연구원 편(1982), 최승희(1989) 참고>

1836-05-00. **이종병 차첩**(李宗秉差帖), 이조(吏曹). <1장. 한자+이두. 조선 필사 이두 자료. 예산 한곡 한산 이씨 수당 고택 소장. 한국학중앙연구원 장서각 한국고문서자료관 홈페이지 원문 이미지 보기. 한국정신문화연구원 편(2002) 참고>

1836-05-00. **이진택 소지**(李眞宅所志), 이진택. <1장. 한자+이두. 조선 필사 이두

---

[371] 호남권 한국학자료센터 홈페이지에서는 '1836년 이장환(李章煥) 방매 토지매매명문(土地賣買明文)'으로 표시하였다.
[372] 고려대학교 해외한국학자료센터 홈페이지에서는 '1836년 한경식(韓景植) 방매 군기시(軍器寺) 약환(藥丸) 공인권(貢人權) 매매명문(賣買明文)'으로 표시하였다.

자료. 경북 경주시 안강읍 옥산리 여주 이씨 장산서원·치암 종택 구장. 한국학중앙연구원 장서각 한국고문서자료관 홈페이지 원문 이미지 보기. 한국정신문화연구원 편(2003) 참고>

1836-07-10. **석천년 토지매매명문**(昔千年土地賣買明文) 1, 답주 상인 박후정 자필(畓主喪人朴厚正自筆). <1장. 한자+이두. 조선 필사 이두 자료. 전북 임실군 지사 협계태 씨가 소장. 호남권 한국학자료센터 홈페이지 원문 이미지와 텍스트 보기. 최승희(1989), 정수환·이헌창(2008), 채현경(2011) 참고>

1836-07-10. **석천년 토지매매명문**(昔千年土地賣買明文) 2, 답주 상인 박후정 자필(畓主喪人朴厚正自筆). <1장. 한자+이두. 조선 필사 이두 자료. 전북 임실군 지사 협계태 씨가 소장. 호남권 한국학자료센터 홈페이지 원문 이미지와 텍스트 보기. 최승희(1989), 정수환·이헌창(2008), 채현경(2011) 참고>

1836-07-22. **시장문기**(柴場文記), 시장주 이영(柴場主李英). <1장. 한자+이두. 조선 필사 이두 자료. 전남 영광 마산 경주 이씨가 구장. 진안 용담호미술관 소장. 호남권 한국학자료센터 홈페이지 원문 이미지와 텍스트 보기. 최승희(1989), 정구복 외(1999), 채현경(2011) 참고>

1836-07-00. **유경두 소지**(柳慶斗所志), 유경두. <1장. 한자+이두. 조선 필사 이두 자료. 전북 담양군 모현관 소장. 호남권 한국학자료센터 홈페이지 원문 이미지와 텍스트 보기. 최승희(1989), 정구복 외(1999) 참고>

1836-08-21. **노 임득 토지매매명문**(奴任得土地賣買明文), 전주 노 황대성(田主奴黃大成). <1장. 한자+이두. 조선 필사 이두 자료. 경북 영해 인량 재령 이씨 충효당 소장. 장서각 한국고문서자료관 홈페이지 원문 이미지 보기. 한국정신문화연구원 편(2004) 참고>

1836-09-24. **용공철 토지매매명문**(龍公哲土地賣買明文), 전주 진담석(田主陳談碩). <1장. 한자+이두. 조선 필사 이두 자료. 전북대학교 박물관 소장. 호남권 한국학자료센터 홈페이지 원문 이미지와 텍스트 보기. 박병호(1974ㄱ), 최승희(1989), 이재수(2003), 박준호(2004), 진경목 외(2006) 참고>

1836-09-00. **박병주 등 소지**(朴秉周等所志), 박병주 등. <1장. 한자+이두. 조선 필사 이두 자료. 영해 도곡 무안 박씨 무의공 종택 소장. 한국학중앙연구원 장서각

재 고택 구장. 한국국학진흥원 소장. 한국학자료센터 영남권역센터 홈페이지 원문 이미지와 텍스트 보기. 김성갑(2013) 참고>

1836-12-11. **박 노 진태 토지매매명문**(朴奴辰太土地賣買明文), 전주 유학 박성소(田主 幼學朴成韶). <1장. 한자+이두. 조선 필사 이두 자료. 경북 영주시 문수면 수도리 반남 박씨 오헌 고택 구장. 한국국학진흥원 소장. 한국학자료센터 영남권역센터 홈페이지 원문 이미지와 텍스트 보기. 김성갑(2013) 참고>

1836-12-11. **원중 가사매매명문**(院中家舍賣買明文), 가대주 강창득(家垈主姜昌得). <1장. 한자+이두. 조선 필사 이두 자료. 남원·구례 삭녕 최씨 구장. 한국학중앙연구원 장서각 한국고문서자료관 홈페이지 원문 이미지 보기. 한국정신문화연구원 편(2004) 참고>

1836-12-18. **김정득 토지매매명문**(金正得土地賣買明文), 답주 자필 유치경(畓主自筆 劉致敬). <1장. 한자+이두. 조선 필사 이두 자료. 경북 안동시 도산면 의촌리 은졸재 고택 구장. 한국국학진흥원 소장. 한국학자료센터 영남권역센터 홈페이지 원문 이미지와 텍스트 보기>

1836-12-24. **유학 이식 토지매매명문**(幼學李植土地賣買明文), 답주 유학 이윤승(畓主 幼學李潤昇). <1장. 한자+이두. 조선 필사 이두 자료. 전남 나주시 남내 밀양 박씨 청재 종가 소장. 호남권 한국학자료센터 홈페이지 원문 이미지와 텍스트 보기. 김재문(1986), 김영나(2007) 참고>

1836-12-24. **한량 천승원 토지매매명문**(閑良千乘元土地賣買明文), 답주 유학 김도익 (畓主幼學金道益). <1장. 한자+이두. 조선 필사 이두 자료. 전북대학교 박물관 소장. 호남권 한국학자료센터 홈페이지 원문 이미지와 텍스트 보기. 최승희(1989), 정구복 외(1999), 이재수(2003) 참고>

1836-12-25. **작산섬학 유사 유학 이인숙 토지매매명문**(鵲山贍學有司幼學李寅夙土地 賣買明文), 답주 유학 정래학(畓主幼學鄭來學). <1장. 한자+이두. 조선 필사 이두 자료. 경북 안동시 주촌 진성 이씨 경류정 소장. 한국학중앙연구원 장서각 한국고

---

374 한국학자료센터 영남권역센터 홈페이지에서는 '1836년 함취정(咸聚亭) 이건도청(移建都廳) 방매 토지매매명문'으로 표시하였다.

문서자료관 홈페이지 원문 이미지와 텍스트 보기. 한국정신문화연구원 편(1999) 참고>

1836-12-27. **족형 기수 토지매매명문**(族兄氣壽土地賣買明文), 전주 종제 봉수(田主從弟鳳壽). <1장. 한자+이두. 조선 필사 이두 자료. 안동 의인 진성 이씨 종택 소장. 한국학중앙연구원 장서각 한국고문서자료관 홈페이지 원문 이미지 보기. 한국정신문화연구원 편(1990) 참고>

1836-12-00. **김행교 등 상서**(金行敎等上書) 2, 김행교 등. <1장. 한자+이두. 조선 필사 이두 자료. 경북 안동시 오천 광산 김씨 후조당 소장. 한국학중앙연구원 장서각 한국고문서자료관 홈페이지 원문 이미지와 텍스트 보기. 한국정신문화연구원 편(1982) 참고>

1836-12-00. **토지매매명문**(土地賣買明文),[375] 답주 유학 이창인(畓主幼學李昌仁). <1장. 한자+이두. 조선 필사 이두 자료. 전남 보성 용문 낭주 최씨가 구장. 광주광역시 이정옥 소장. 호남권 한국학자료센터 홈페이지 원문 이미지와 텍스트 보기. 최승희(1989), 정구복 외(1999) 참고>

1836-■■-■■ **김조연 소지**(金肇演所志) 1, 김조연. <1장. 한자+이두. 조선 필사 이두 자료. 대전·청양 안동 김씨 삼당 후손가 소장. 한국학중앙연구원 장서각 한국고문서자료관 홈페이지 원문 이미지 보기. 한국정신문화연구원 편(2003) 참고>

1836-■■-■■ **김조연 소지**(金肇演所志) 2, 김조연. <1장. 한자+이두. 조선 필사 이두 자료. 대전·청양 안동 김씨 삼당 후손가 소장. 한국학중앙연구원 장서각 한국고문서자료관 홈페이지 원문 이미지 보기. 한국정신문화연구원 편(2003) 참고>

1836-■■-■■ **김조연 의송**(金肇演議送) 2, 김조연. <1장. 한자+이두. 조선 필사 이두 자료. 대전·청양 안동 김씨 삼당 후손가 소장. 한국학중앙연구원 장서각 한국고문서자료관 홈페이지 원문 이미지 보기. 한국정신문화연구원 편(2003) 참

---

[375] 호남권 한국학자료센터 홈페이지에서는 '1836년 이창인(李昌仁) 방매(放賣) 토지매매명문(土地賣買明文)'으로 표시하였다.

1836-■■-■■ **김조연 의송**(金肇演議送) 3, 김조연. <1장. 한자+이두. 조선 필사 이두 자료. 대전·청양 안동 김씨 삼당 후손가 소장. 한국학중앙연구원 장서각 한국고문서자료관 홈페이지 원문 이미지 보기. 한국정신문화연구원 편(2003) 참고>

1836-00-00. **박정석 소지**(朴鼎錫所志), 박정석. <1장. 한자+이두. 조선 필사 이두 자료. 부여 은산 함양 박씨 소장. 한국학중앙연구원 장서각 한국고문서자료관 홈페이지 원문 이미지 보기. 한국정신문화연구원 편(2000) 참고>

1836-00-00. 「익종대왕태실가봉석난간조배의궤(翼宗大王胎室加封石欄干造排儀軌)」,[376] 편자 미상. <1책. 10장. 필사본. 권수제는 '道光十六年丙申三月 日京畿永平縣翼宗大王胎室加封石欄干造排儀軌'. 한자+이두. 조선 필사 이두 자료. 서울대학교 규장각 한국학연구원 소장. 서울대학교 규장각 한국학연구원 의궤 종합정보 홈페이지 '奎13970' 원문 이미지 보기>

1836-00-00. 「종묘 영녕전증수도감의궤(宗廟 永寧殿增修都監儀軌)」[377] 2, 개수도감(改修都監) 편(編). <1책/전2책. 174장. 필사본. 권수제는 '宗廟 永寧殿增修都監儀軌'. 한자+이두. 1835년부터 1836년까지 종묘와 영녕전의 증수에 관련된 일을 기록. 조선 필사 이두 자료. 한국학중앙연구원 디지털장서각 홈페이지 'K2-3588' 원문 이미지 보기>

1836-00-00. 「종묘 영녕전증수도감의궤(宗廟 永寧殿增修都監儀軌)」[378] 상·하, 개수도감(改修都監) 편(編). <2책. 202장+173장. 필사본. 상권 표제는 '道光十六年丙申九月 日 憲宗二年宗廟 永寧殿增修都監儀軌 上'. 권수제는 '宗廟 永寧殿增修都監儀軌'. 한자+이두. 1835년부터 1836년까지 종묘와 영녕전의 증수에 관련된 일을 기록. 조선

376　서울대학교 규장각 한국학연구원 의궤 종합정보 홈페이지에서는 서명을 '익종태실가봉석난간조배의궤(翼宗胎室加封石欄干造排儀軌)'로 적었다.

377　한국학중앙연구원 디지털장서각 홈페이지에서는 서명을 '종묘영녕전증수도감의궤(宗廟永寧殿增修都監儀軌)'로 붙여 썼다.

378　한국학중앙연구원 디지털장서각 홈페이지에서는 서명을 '종묘영녕전증수도감의궤(宗廟永寧殿增修都監儀軌)'로 붙여 썼다.

필사 이두 자료. 한국학중앙연구원 디지털장서각 홈페이지 'K2-3589' 원문 이미지 보기>

1836-00-00. 「종묘 영녕전증수도감의궤(宗廟 永寧殿增修都監儀軌)」,[379] 증수도감 편. <2책. 202장+171장. 필사본. 표제는 '(道光十六年丙申九月 日 春秋館上)宗廟 永寧殿增修都監儀軌'. 권수제는 '宗廟 永寧殿增修都監儀軌卷之一'. 한자+이두. 조선 필사 이두 자료. 서울대학교 규장각 한국학연구원 의궤 종합정보 홈페이지 '奎14226' 원문 이미지 보기>

1837년

<정유(丁酉), 헌종 3년, 도광 17년>

1837-01-01~1837-12-28(丁酉). 「전객사일기(典客司日記)」 80, 예조(禮曹) 전객사(典客司) 편(編). <1책(80/전99책). 110장. 필사본. 한자+이두. 조선 필사 이두 자료. 서울대학교 규장각 한국학연구원 홈페이지 원문 이미지 보기> <1640-01-22~1641-12-23(제1/99)>

1837-01-01~1837-12-00. 「결속색등록(結束色謄錄)」, 병조(兵曹) 편(編). <1책(50/전107책). 134장. 필사본. 필사 시기 미상. 한자+이두. 조선 필사 이두 자료. 서울대학교 규장각 한국학연구원 홈페이지 1787년~1891년 낙질본 107책(1792년(건륭57년), 1811년(가경 16년) 하, 1816년(가경 21년), 1817년(가경 22년), 1824년(도광 4년), 1831년(도광 11년), 1871년(동치 10년), 1885년(광서 11년) 없음) 원문 이미지 보기>

1837-01-08. **학계 성상 손후읍 토지매매명문**(學稧城上孫後邑土地賣買明文), 답주 조대룡(畓主趙大龍). <1장. 한자+이두. 조선 필사 이두 자료. 경북 안동시 하회 풍산 류씨 충효당 소장. 한국학중앙연구원 장서각 한국고문서자료관 홈페이지 원문

---

[379] 서울대학교 규장각 한국학연구원 의궤 종합정보 홈페이지에서는 서명을 '종묘영녕전증수도감의궤(宗廟永寧殿增修都監儀軌)'로 붙여 썼다.

이미지와 텍스트 보기. 한국정신문화연구원 편(1994) 참고>

1837-01-16. **이 생원 노 병남 토지매매명문**(李生員奴丙男土地賣買明文), 답주 박상득(畓主朴尙得). <1장. 한자+이두. 조선 필사 이두 자료. 경북 영해 인량 재령 이씨 충효당 구장. 한국국학진흥원 소장. 한국학중앙연구원 장서각 한국고문서자료관 홈페이지 원문 이미지와 텍스트 보기. 한국정신문화연구원 편(1997) 참고>

1837-01-19. **유사 최석관·최근효 토지매매명문**(有司崔錫寬崔根孝土地賣買明文), 답주 자필 표인 최석승(畓主自筆表人崔錫升). <1장. 한자+이두. 조선 필사 이두 자료. 남원·구례 삭녕 최씨 구장. 한국학중앙연구원 장서각 한국고문서자료관 홈페이지 원문 이미지 보기. 한국정신문화연구원 편(2004) 참고>

1837-01-19. **임재호 토지매매명문**(林載浩土地賣買明文), 답주 김천득(畓主金千得). <1장. 한자+이두. 조선 필사 이두 자료. 안동 천전 의성 김씨 지촌 종택 소장. 한국학중앙연구원 장서각 한국고문서자료관 홈페이지 원문 이미지 보기. 한국정신문화연구원 편(1990) 참고>

1837-01-00. **호노 응복 소지**(戶奴應福所志), 응복. <1장. 한자+이두. 조선 필사 이두 자료. 영해 도곡 무안 박씨 무의공 종택 소장. 한국학중앙연구원 장서각 한국고문서자료관 홈페이지 원문 이미지 보기. 한국학중앙연구원 편(2008) 참고>

1837-02-03. **동계 유사 이치홍 토지매매명문**(洞稧有司李致洪土地賣買明文), 전주 자필 유학 김일범(田主自筆幼學金壹範). <1장. 한자+이두. 조선 필사 이두 자료. 전북 임실군 오수 삼계강사 소장. 호남권 한국학자료센터 홈페이지 원문 이미지와 텍스트 보기. 박병호(1974ㄱ), 최승희(1989), 정구복 외(1999) 참고>

1837-02-07. **김 생원 댁 노 논향 토지매매명문**(金生員宅奴論香土地賣買明文), 답주 석천년(畓主昔千年). <1장. 한자+이두. 조선 필사 이두 자료. 전북 임실군 지사 협계태 씨가 소장. 호남권 한국학자료센터 홈페이지 원문 이미지와 텍스트 보기. 최승희(1989), 정수환·이헌창(2008), 채현경(2011) 참고>

1837-02-07. **사제 임창국 토지매매명문**(舍弟任昌國土地賣買明文), 답주 자필 사형 임창신(畓主自筆舍兄任昌臣). <1장. 한자+이두. 조선 필사 이두 자료. 전남 보성군 능묵리 장흥 임씨가 구장. 전북대학교 박물관 소장. 호남권 한국학자료센터 홈페이지 원문 이미지와 텍스트 보기>

1837-02-07. **충주 박씨 종유사 토지매매명문**(忠州朴氏宗有司土地賣買明文), 답주 자필 족형 유학 박형홍(畓主自筆族兄幼學朴馨洪). <1장. 한자+이두. 조선 필사 이두 자료. 전북 장수군 침곡 충주 박씨가 소장. 호남권 한국학자료센터 홈페이지 원문 이미지와 텍스트 보기. 최승희(1989), 이재수(2003), 채현경(2011) 참고>

1837-02-13. **토지매매명문**(土地賣買明文),[380] 답주 손사문(畓主孫思文). <1장. 한자+이두. 조선 필사 이두 자료. 경북 고령군 대가야읍 본관 1리 홍와 고택 구장. 한국국학진흥원 소장. 한국학자료센터 영남권역센터 홈페이지 원문 이미지와 텍스트 보기. 김성갑(2013) 참고>

1837-02-14. **토지매매명문**(土地賣買明文),[381] 답주 진광일(畓主陳光日). <1장. 한자+이두. 조선 필사 이두 자료. 경북 고령군 대가야읍 본관 1리 홍와 고택 구장. 한국국학진흥원 소장. 한국학자료센터 영남권역센터 홈페이지 원문 이미지와 텍스트 보기. 김성갑(2013) 참고>

1837-02-17. **토지매매명문**(土地賣買明文),[382] 답주 유학 윤태명(畓主幼學尹泰命). <1장. 한자+이두. 조선 필사 이두 자료. 전북대학교 박물관 소장. 호남권 한국학자료센터 홈페이지 원문 이미지와 텍스트 보기. 최승희(1989), 정구복 외(1999), 이재수(2003) 참고>

1837-02-18. **토지매매명문**(土地賣買明文),[383] 답주 유학 진필방(畓主幼學陳弼邦). <1장. 한자+이두. 조선 필사 이두 자료. 경북 고령군 대가야읍 본관 1리 홍와 고택 구장. 한국국학진흥원 소장. 한국학자료센터 영남권역센터 홈페이지 원문 이미지와 텍스트 보기. 김성갑(2013) 참고>

1837-02-20. **토지매매명문**(土地賣買明文),[384] 답주 김수범(畓主金壽範). <1장. 한자+

---

[380] 한국학자료센터 영남권역센터 홈페이지에서는 '1837년 손사문(孫思文) 방매 토지매매명문(土地賣買明文)'으로 표시하였다.

[381] 한국학자료센터 영남권역센터 홈페이지에서는 '1837년 진광일(陳光日) 방매 토지매매명문(土地賣買明文)'으로 표시하였다.

[382] 호남권 한국학자료센터 홈페이지에서는 '1837년 윤태명(尹泰命) 방매 토지매매명문(土地賣買明文)'으로 표시하였다.

[383] 한국학자료센터 영남권역센터 홈페이지에서는 '1837년 유학(幼學) 진필방(陳弼邦) 방매 토지매매명문(土地賣買明文)'으로 표시하였다.

이두. 조선 필사 이두 자료. 경북 고령군 대가야읍 본관 1리 홍와 고택 구장. 한국국학진흥원 소장. 한국학자료센터 영남권역센터 홈페이지 원문 이미지와 텍스트 보기. 김성갑(2013) 참고>

1837-02-25. **유학 임시원 토지매매명문**(幼學任時元土地賣買明文), 답주 문장 유학 백동준(畓主門長幼學白東俊). <1장. 한자+이두. 조선 필사 이두 자료. 전북대학교 박물관 소장. 호남권 한국학자료센터 홈페이지 원문 이미지와 텍스트 보기. 박병호(1974ㄱ), 이재수(2003) 참고>

1837-02-26. **유학 김종해 토지매매명문**(幼學金宗海土地賣買明文), 답주 유학 정창신(畓主幼學鄭昌臣). <1장. 한자+이두. 조선 필사 이두 자료. 전북대학교 박물관 소장. 호남권 한국학자료센터 홈페이지 원문 이미지와 텍스트 보기. 박병호(1974ㄱ), 최승희(1989), 이재수(2003), 박준호(2004), 전경목 외(2006) 참고>

1837-02-00. **임시원 소지**(任時元所志) <1장. 한자+이두. 조선 필사 이두 자료. 전북대학교 박물관 소장. 하우봉 외(2005) 참고>

1837-03-01. **토지매매명문**(土地賣買明文),[385] 답주 강재진(畓主姜在振). <1장. 한자+이두. 조선 필사 이두 자료. 전북 무장 원송 진주 강씨가 구장. 전북대학교 박물관 소장. 호남권 한국학자료센터 홈페이지 원문 이미지와 텍스트 보기. 최승희(1989), 김소은(2004) 참고>

1837-03-05. **토지매매명문**(土地賣買明文),[386] 답주 최 노 이계봉(畓主崔奴李啓奉). <1장. 한자+이두. 조선 필사 이두 자료. 경북 고령군 대가야읍 본관 1리 홍와 고택 구장. 한국국학진흥원 소장. 한국학자료센터 영남권역센터 홈페이지 원문 이미지와 텍스트 보기. 김성갑(2013) 참고>

1837-03-09. **권동 토지매매명문**(權埬土地賣買明文), 답주 권회전(畓主權會銓). <1장.

---

[384] 한국학자료센터 영남권역센터 홈페이지에서는 '1837년 김수범(金壽範) 방매 토지매매명문(土地賣買明文)'으로 표시하였다.

[385] 호남권 한국학자료센터 홈페이지에서는 '1837년 강재진(姜在振) 방매(放賣) 토지매매명문(土地賣買明文)'으로 표시하였다.

[386] 한국학자료센터 영남권역센터 홈페이지에서는 '1837년 최노(崔奴) 이계봉(李啓奉) 방매 토지매매명문(土地賣買明文)'으로 표시하였다.

한자+이두. 조선 필사 이두 자료. 대전시 무수동 안동 권씨 유회당 종택 소장. 한국학중앙연구원 장서각 한국고문서자료관 홈페이지 원문 이미지 보기. 한국학중앙연구원 편(2007) 참고>

1837-03-09. **이응종 토지매매명문**(李應宗土地賣買明文), 답주 자필 신응두(畓主自筆辛應斗). <1장. 한자+이두. 조선 필사 이두 자료. 전남 영광군 입석 영월 신씨 소장. 한국학중앙연구원 장서각 한국고문서자료관 홈페이지 원문 이미지와 텍스트 보기. 한국정신문화연구원 편(1996) 참고>

1837-03-11. **엄정삼 토지매매명문**(嚴貞三土地賣買明文), 전주 김연홍(田主金衍弘). <1장. 한자+이두. 조선 필사 이두 자료. 경북 안동시 법흥동 고성 이씨 탑동 종가 구장. 한국국학진흥원 소장. 한국학자료센터 영남권역센터 홈페이지 원문 이미지와 텍스트 보기. 박병호(1974ㄱ), 최승희(1989), 이재수(2003), 김성갑(2013) 참고>

1837-03-17. **신 생원 토지매매명문**(辛生員土地賣買明文),[387] 답주 자필 박의행(畓主自筆朴義行). <1장. 한자+이두. 조선 필사 이두 자료. 전남 영광군 입석 영월 신씨 소장. 한국학중앙연구원 장서각 한국고문서자료관 홈페이지 원문 이미지와 텍스트 보기. 한국정신문화연구원 편(1996) 참고>

1837-03-00. **고 조이 준호구**(高召史准戶口), 제주목(濟州牧). <1장. 한자+이두. 필사 이두 자료. 제주교육박물관 소장. 사이버 제주교육박물관 홈페이지 원문 이미지와 텍스트 보기>

1837-03-00. **도문기 초**(都文記草),[388] 재주 내야 자초(財主乃爺自草). <1장. 한자+이두. 조선 필사 이두 자료. 해남 노송 김해 김씨 노송사 소장. 한국학중앙연구원 장서각 한국고문서자료관 홈페이지 & 호남권 한국학자료센터 홈페이지 원문 이미지와 텍스트 보기. 최승희(1989), 조정곤(2013) 참고>

---

387 한국학중앙연구원 장서각 한국고문서자료관 홈페이지에서는 '1837년 생원(生員) 신(辛) 토지매매명문(土地賣買明文)'으로 표시하였다.

388 한국학중앙연구원 장서각 한국고문서자료관 홈페이지에서는 '1837년 김인범(金仁範)(?) 도문기(都文記) 초(草)'로 표시하였다. 그리고 호남권 한국학자료센터 홈페이지에서는 '1837년 김인범(金仁範) 분재기(分財記) 초안(草案)'으로 표시하였다.

1837-04-06. **토지매매명문**(土地賣買明文),[389] 답주 유학 진석주(畓主幼學陳錫周). <1장. 한자+이두. 조선 필사 이두 자료. 경북 고령군 대가야읍 본관 1리 홍와 고택 구장. 한국국학진흥원 소장. 한국학자료센터 영남권역센터 홈페이지 원문 이미지와 텍스트 보기. 김성갑(2013) 참고>

1837-04-06. **토지매매명문**(土地賣買明文),[390] 답주 이윤옥(畓主李潤玉). <1장. 한자+이두. 조선 필사 이두 자료. 경북 고령군 대가야읍 본관 1리 홍와 고택 구장. 한국국학진흥원 소장. 한국학자료센터 영남권역센터 홈페이지 원문 이미지와 텍스트 보기. 김성갑(2013) 참고>

1837-04-11. **토지매매명문**(土地賣買明文),[391] 답주 유학 이명욱(畓主幼學李鳴旭). <1장. 한자+이두. 조선 필사 이두 자료. 경북 고령군 대가야읍 본관 1리 홍와 고택 구장. 한국국학진흥원 소장. 한국학자료센터 영남권역센터 홈페이지 원문 이미지와 텍스트 보기. 김성갑(2013) 참고>

1837-04-12. **강재성 토지매매명문**(姜在成土地賣買明文), 답주 자필 강치회(畓主自筆姜致會). <1장. 한자+이두. 조선 필사 이두 자료. 전북 무장 원송 진주 강씨가 구장. 전북대학교 박물관 소장. 호남권 한국학자료센터 홈페이지 원문 이미지와 텍스트 보기. 최승희(1989), 김소은(2004) 참고>

1837-04-13. **토지매매명문**(土地賣買明文),[392] 전주 유학 이두형(田主幼學李斗衡). <1장. 한자+이두. 조선 필사 이두 자료. 경북 고령군 대가야읍 본관 1리 홍와 고택 구장. 한국국학진흥원 소장. 한국학자료센터 영남권역센터 홈페이지 원문 이미지와 텍스트 보기. 김성갑(2013) 참고>

1837-04-20. **의부 상전댁 자매명문**(矣夫上典宅自賣明文),[393] 사노 현개중(私奴玄介

---

[389] 한국학자료센터 영남권역센터 홈페이지에서는 '1837년 유학(幼學) 진석주(陳錫周) 방매 토지매매명문(土地賣買明文)'으로 표시하였다.

[390] 한국학자료센터 영남권역센터 홈페이지에서는 '1837년 이윤옥(李潤玉) 방매 토지매매명문(土地賣買明文)'으로 표시하였다.

[391] 한국학자료센터 영남권역센터 홈페이지에서는 '1837년 유학(幼學) 이명욱(李鳴旭) 방매 토지매매명문(土地賣買明文)'으로 표시하였다.

[392] 한국학자료센터 영남권역센터 홈페이지에서는 '1837년 유학(幼學) 이두형(李斗衡) 방매 토지매매명문(土地賣買明文)'으로 표시하였다.

中)·양녀 김윤절(養女金潤節). <1장. 한자+이두. 조선 필사 이두 자료. 경북 영주시 문수면 수도리 반남 박씨 오헌 고택 구장. 한국국학진흥원 소장. 한국학자료센터 영남권역센터 홈페이지 원문 이미지와 텍스트 보기. 김성갑(2013) 참고>

1837-04-24. **박 노 월삼 토지매매명문**(朴奴月參土地賣買明文), 전주 김상순(田主金上舜). <1장. 한자+이두. 조선 필사 이두 자료. 경북 영주시 문수면 수도리 반남 박씨 오헌 고택 구장. 한국국학진흥원 소장. 한국학자료센터 영남권역센터 홈페이지 원문 이미지와 텍스트 보기. 김성갑(2013) 참고>

1837-04-24. **유학 김성환 토지매매명문**(幼學金成煥土地賣買明文), 동임 유학 김시오(洞任幼學金始五). <1장. 한자+이두. 조선 필사 이두 자료. 전남 보성 박실 제주 양씨가 구장. 원광대학교 박물관 소장. 호남권 한국학자료센터 홈페이지 원문 이미지와 텍스트 보기>

1837-04-25. **■■태 토지매매명문**(■■台土地賣買明文),[394] 답주 유학 이명신(畓主幼學李命臣). <1장. 한자+이두. 조선 필사 이두 자료. 경북 고령군 대가야읍 본관 1리 홍와 고택 구장. 한국국학진흥원 소장. 한국학자료센터 영남권역센터 홈페이지 원문 이미지와 텍스트 보기. 김성갑(2013) 참고>

1837-04-28. **토지매매명문**(土地賣買明文),[395] 답주 이광국(畓主李光國). <1장. 한자+이두. 조선 필사 이두 자료. 경북 고령군 대가야읍 본관 1리 홍와 고택 구장. 한국국학진흥원 소장. 한국학자료센터 영남권역센터 홈페이지 원문 이미지와 텍스트 보기. 김성갑(2013) 참고>

1837-04-00. **김찬우 소지**(金燦禹所志), 김찬우. <1장. 한자+이두. 조선 필사 이두 자료. 전북 고창군 장두 광산 김씨가 소장. 호남권 한국학자료센터 홈페이지 원문 이미지와 텍스트 보기. 최승희(1989), 전경목(1997), 이수건 외(2004) 참고>

---

393 한국학자료센터 영남권역센터 홈페이지에서는 '1837년 김윤절(金潤節) 자매명문(自賣明文)'으로 표시하였다.

394 한국학자료센터 영남권역센터 홈페이지에서는 '1837년 유학(幼學) 이명신(李命臣) 방매 토지매매명문(土地賣買明文)'으로 표시하였다.

395 한국학자료센터 영남권역센터 홈페이지에서는 '1837년 이광국(李光國) 방매 토지매매명문(土地賣買明文)'으로 표시하였다.

1837-04-00. **이원달 등 상서**(李源達等上書), 이원달 등. <1장. 한자+이두. 조선 필사 이두 자료. 전북 부안군 우반 부안 김씨 세덕각 소장. 호남권 한국학자료센터 홈페이지 원문 이미지와 텍스트 보기. 박병호(1974ㄱ), 최승희(1989), 전경목(2001), 정구복(2002) 참고>

1837-05-01. **표종형 토지매매명문**(表從兄土地賣買明文), 전주 유학 강기회(田主幼學姜璣會). <1장. 한자+이두. 조선 필사 이두 자료. 전남 영광군 입석 영월 신씨 소장. 한국학중앙연구원 장서각 한국고문서자료관 홈페이지 원문 이미지와 텍스트 보기. 한국정신문화연구원 편(1996) 참고>

1837-05-07. **김조운 표문**(金祚運表文),[396] 산주 유학 권한일(山主幼學權漢一). <1장. 한자+이두. 조선 필사 이두 자료. 안동 천전 의성 김씨 지촌 종택 소장. 한국학중앙연구원 장서각 한국고문서자료관 홈페이지 원문 이미지 보기. 한국정신문화연구원 편(1989) 참고>

1837-05-08. **김양신 토지매매명문**(金良臣土地賣買明文), 답주 김선이(畓主金先伊). <1장. 한자+이두. 조선 필사 이두 자료. 전남 보성 박실 제주 양씨가 구장. 원광대학교 박물관 소장. 호남권 한국학자료센터 홈페이지 원문 이미지와 텍스트 보기. 박병호(1974ㄱ), 이재수(2003) 참고>

1837-05-10. **김일철 토지매매명문**(金日哲土地賣買明文), 답주 자필 안호영(畓主自筆安好英). <1장. 한자+이두. 조선 필사 이두 자료. 경북 안동시 오천 광산 김씨 후조당 소장. 한국학중앙연구원 장서각 한국고문서자료관 홈페이지 원문 이미지와 텍스트 보기. 박병호(1974ㄱ), 한국정신문화연구원 편(1982), 최승희(1989) 참고>

1837-05-10. **토지매매명문**(土地賣買明文),[397] 답주 신운집(畓主申雲集). <1장. 한자+이두. 조선 필사 이두 자료. 경북 고령군 대가야읍 본관 1리 홍와 고택 구장. 한국국학진흥원 소장. 한국학자료센터 영남권역센터 홈페이지 원문 이미지와

---

[396] 한국학중앙연구원 장서각 한국고문서자료관 홈페이지에서는 '1837년 김조운(金祚運) 토지매매명문(土地賣買明文)'으로 표시하였다.

[397] 한국학자료센터 영남권역센터 홈페이지에서는 '1837년 신운집(申雲集) 방매 토지매매명문(土地賣買明文)'으로 표시하였다.

텍스트 보기. 김성갑(2013) 참고>

1837-05-15. **박 노 진태 토지매매명문**(朴奴辰太土地賣買明文), 전주 김쾌응(田主金快應). <1장. 한자+이두. 조선 필사 이두 자료. 경북 영주시 문수면 수도리 반남 박씨 오헌 고택 구장. 한국국학진흥원 소장. 한국학자료센터 영남권역센터 홈페이지 원문 이미지와 텍스트 보기. 김성갑(2013) 참고>

1837-05-19. **김준식 가대문기**(金俊植家垈文記), 가대주 과부 이(家垈主寡婦李). <1장. 한자+이두. 조선 필사 이두 자료. 해남 노송 김해 김씨 노송사 소장. 한국학중앙연구원 장서각 한국고문서자료관 홈페이지 & 호남권 한국학자료센터 홈페이지 원문 이미지와 텍스트 보기. 최승희(1989), 한국정신문화연구원 편(1998), 조정곤(2013) 참고>

1837-05-22. **박■■ 토지매매명문**(朴■■土地賣買明文),[398] 답주 조고 ■■■(畓主祖姑■■■). <1장. 한자+이두. 조선 필사 이두 자료. 전남 나주시 남내 밀양 박씨 청재 종가 소장. 호남권 한국학자료센터 홈페이지 원문 이미지와 텍스트 보기. 최승희(1989) 참고>

1837-05-00. **김조운 소지**(金祚運所志), 김조운. <1장. 점련문서. 한자+이두. 조선 필사 이두 자료. 안동 천전 의성 김씨 지촌 종택 소장. 한국학중앙연구원 장서각 한국고문서자료관 홈페이지 원문 이미지 보기. 한국정신문화연구원 편(1989) 참고>

1837-05-00. **박성소 채무 관련 소지**(朴成韶債務關聯所志), 박성소. <1장. 한자+이두. 조선 필사 이두 자료. 경북 영주시 문수면 수도리 반남 박씨 오헌 고택 구장. 한국국학진흥원 소장. 한국학자료센터 영남권역센터 홈페이지 원문 이미지와 텍스트 보기. 김성갑(2013) 참고>

1837-05-00. **이복영 등 소지**(李復榮等所志) 1, 이복영 등. <1장. 한자+이두. 조선 필사 이두 자료. 경북 영해 인량 재령 이씨 충효당 소장. 한국학중앙연구원 장서각 한국고문서자료관 홈페이지 원문 이미지 보기. 한국학중앙연구원 편(2008) 참

---

[398] 호남권 한국학자료센터 홈페이지에서는 '1837년 박씨(朴氏) 토지매매명문(土地賣買明文)'으로 표시하였다.

고>

1837-05-00. **이복영 등 소지**(李復榮等所志) 2, 이복영 등. <1장. 한자+이두. 조선 필사 이두 자료. 경북 영해 인량 재령 이씨 충효당 소장. 한국학중앙연구원 장서각 한국고문서자료관 홈페이지 원문 이미지 보기. 한국학중앙연구원 편(2008) 참고>

1837-05-00. **최우정 등 단자**(崔遇錠等單子) 1, 최우정 등. <1장. 한자+이두. 조선 필사 이두 자료. 남원·구례 삭녕 최씨 구장. 한국학중앙연구원 장서각 한국고문서자료관 홈페이지 원문 이미지 보기. 한국정신문화연구원 편(2004) 참고>

1837-05-00. **최우정 등 단자**(崔遇錠等單子) 2, 최우정 등. <1장. 한자+이두. 조선 필사 이두 자료. 남원·구례 삭녕 최씨 구장. 한국학중앙연구원 장서각 한국고문서자료관 홈페이지 원문 이미지 보기. 한국정신문화연구원 편(2004) 참고>

1837-06-17. **토지매매명문**(土地賣買明文),[399] 답주 고 생원 댁 노 부록(畓主高生員宅奴夫彔). <1장. 한자+이두. 조선 필사 이두 자료. 전북 부안군 우반 부안 김씨 세덕각 소장. 호남권 한국학자료센터 홈페이지 원문 이미지와 텍스트 보기. 박병호(1974ㄱ), 이재수(2003) 참고>

1837-06-00. **김소수 소지**(金邵壽所志), 김소수. <1장. 한자+이두. 조선 필사 이두 자료. 안동 천전 의성 김씨 지촌 종택 소장. 한국학중앙연구원 장서각 한국고문서자료관 홈페이지 원문 이미지 보기. 한국정신문화연구원 편(1989) 참고>

1837-06-00. **이종병 차첩**(李宗秉差帖), 이조(吏曹). <1장. 한자+이두. 조선 필사 이두 자료. 예산 한곡 한산 이씨 수당 고택 소장. 한국학중앙연구원 장서각 한국고문서자료관 홈페이지 원문 이미지 보기. 한국정신문화연구원 편(2002) 참고>

1837-08-02. **토지매매명문**(土地賣買明文),[400] 전주 백도완(田主白道完). <1장. 한자+이두. 조선 필사 이두 자료. 한국학중앙연구원 장서각 한국고문서자료관 홈페이지 원문 이미지와 텍스트 보기. 한국정신문화연구원 편(1992) 참고>

---

[399] 호남권 한국학자료센터 홈페이지에서는 '1837년 고생원댁노(高生員宅奴) 부록(夫彔) 방매(放賣) 토지매매명문(土地賣買明文)'으로 표시하였다.

[400] 한국학중앙연구원 장서각 한국고문서자료관 홈페이지에서는 '1837년 백도완(白道完) 방매 토지매매명문(土地賣買明文)'으로 표시하였다.

1837-09-22. **이시란 토지매매명문**(李時欄土地賣買明文), 산주 유학 나득의(山主幼學 羅得儀). <1장. 한자+이두. 조선 필사 이두 자료. 전북대학교 박물관 소장. 호남권 한국학자료센터 홈페이지 원문 이미지와 텍스트 보기. 박병호(1974ㄱ), 최승희 (1989), 이재수(2003), 박준호(2004), 전경목 외(2006) 참고>

1837-09-00. **나진원 등 상서**(羅珎元等上書), 나진원 등. <1장. 한자+이두. 조선 필사 이두 자료. 전북 부안군 우반 부안 김씨 세덕각 소장. 호남권 한국학자료센터 홈페이지 원문 이미지와 텍스트 보기. 박병호(1974ㄱ), 최승희(1989), 전경목 (2001), 정구복(2002) 참고>

1837-10-29. **위봉위회전소 첨좌 토지매매명문**(爲峰位會奠所僉座土地賣買明文),[401] 답주 직강위 종손 유학 이장곤 등(畓主直講位從孫幼學李章坤等). <1장. 한자+이두. 조선 필사 이두 자료. 경북 안동시 주촌 진성 이씨 경류정 구장. 서울역사박물관 소장. 한국학중앙연구원 장서각 한국고문서자료관 홈페이지 원문 이미지와 텍스트 보기. 한국정신문화연구원 편(1999) 참고>

1837-10-00. **김회수 소지**(金會壽所志), 김회수. <1장. 한자+이두. 조선 필사 이두 자료. 안동 천전 의성 김씨 지촌 종택 소장. 장서각 한국고문서자료관 홈페이지 원문 이미지 보기. 한국정신문화연구원 편(1989) 참고>

1837-11-16. **유사 족인 박지일 토지매매명문**(有司族人朴之一土地賣買明文), 답주 박용서(畓主朴龍瑞). <1장. 한자+이두. 조선 필사 이두 자료. 경남 합천 용연서원 소장. 한국학중앙연구원 장서각 한국고문서자료관 홈페이지 원문 이미지 보기. 한국정신문화연구원 편(1996) 참고>

1837-11-26. **밀양부사 전령**(密陽府使傳令), 밀양부사. <1장. 한자+이두. 조선 필사 이두 자료. 경남 밀양 사촌 의령 남씨 침류정 소장. 한국학중앙연구원 장서각 한국고문서자료관 홈페이지 원문 이미지 보기. 한국정신문화연구원 편(2004) 참고>

1837-11-27. **진산댁 자녀 자매문기**(珍山宅子女自賣文記),[402] 김 진산댁(金珎山宅)·소

---

[401] 한국학중앙연구원 장서각 한국고문서자료관 홈페이지에서는 문서명을 '1837년 위봉위회전소(爲峰位會奠所) 토지매매명문(土地賣買明文)'으로 적었다.

녀 박가(小女朴哥)). <1장. 한자+이두. 조선 필사 이두 자료. 안동 금계 의성 김씨 학봉 종가 소장. 한국학중앙연구원 장서각 한국고문서자료관 홈페이지 원문 이미지와 텍스트 보기. 한국정신문화연구원 편(1990) 참고>

1837-11-00. **남택륜 등 등장**(南宅倫等等狀) 1, 남택륜 등. <1장. 한자+이두. 조선 필사 이두 자료. 경남 밀양 사촌 의령 남씨 침류정 소장. 한국학중앙연구원 장서각 한국고문서자료관 홈페이지 원문 이미지 보기. 한국정신문화연구원 편(2004) 참고>

1837-11-00. **남택륜 등 등장**(南宅倫等等狀) 2, 남택륜 등. <1장. 한자+이두. 조선 필사 이두 자료. 경남 밀양 사촌 의령 남씨 침류정 소장. 한국학중앙연구원 장서각 한국고문서자료관 홈페이지 원문 이미지 보기. 한국정신문화연구원 편(2004) 참고>

1837-12-05. **유학 김상백 송추문기**(幼學金尙白松楸文記), 산주 유학 손종수(山主幼學孫宗壽). <1장. 한자+이두. 조선 필사 이두 자료. 광주광역시 광산구 김해 김씨 소장. 호남권 한국학자료센터 홈페이지 원문 이미지와 텍스트 보기>

1837-12-08. **임로보 수표**(任魯甫手標), 표주 임로보(標主任魯甫). <1장. 한자+이두. 조선 필사 이두 자료. 전북 고창군 읍내 안동 권씨가 소장. 호남권 한국학자료센터 홈페이지 원문 이미지와 텍스트 보기. 최승희(1989), 전경목(1991), 전북향토문화연구회 편(1993), 정구복 외(1999) 참고>

1837-12-09. **유학 이형만 노비매매명문**(幼學李亨萬奴婢賣買明文), 노주 동몽 이재현(奴主童蒙李再玄). <1장. 한자+이두. 조선 필사 이두 자료. 경북 안동시 주촌 진성 이씨 경류정 구장. 서울역사박물관 소장. 한국학중앙연구원 장서각 한국고문서자료관 홈페이지 원문 이미지와 텍스트 보기. 한국정신문화연구원 편(1999) 참고>

1837-12-13. **동몽 김원옥 토지매매명문**(童蒙金元玉土地賣買明文), 답주 박성복(畓主朴性卜). <1장. 한자+이두. 조선 필사 이두 자료. 경남 합천 용연서원 소장. 한국학중앙연구원 장서각 한국고문서자료관 홈페이지 원문 이미지 보기. 한국정신문

---

402 한국학중앙연구원 장서각 한국고문서자료관 홈페이지에서는 '1837년 소녀박가(小女朴哥) 자녀자매문기'로 표시하였다.

화연구원 편(1996) 참고>

1837-12-24. **유학 전학의 토지매매명문**(幼學全學議土地賣買明文), 답주 유학 양학모(畓主幼學梁學模). <1장. 한자+이두. 조선 필사 이두 자료. 전남 순천 황전 경주 정씨가 구장. 광주광역시 이정옥 소장. 호남권 한국학자료센터 홈페이지 원문 이미지와 텍스트 보기. 최승희(1989) 참고>

1837-12-27. **박기흥 다짐**(朴基興侤音), 박기흥. <1장. 한자+이두. 조선 필사 이두 자료. 경남 밀양 사촌 의령 남씨 침류정 소장. 한국학중앙연구원 장서각 한국고문서자료관 홈페이지 원문 이미지 보기. 한국정신문화연구원 편(2004) 참고>

1837-12-30. **족질 토지매매명문**(族侄土地賣買明文),[403] 전주 자필 상인 족숙 성질(田主自筆喪人族叔成質). <1장. 한자+이두. 조선 필사 이두 자료. 경북 영주시 문수면 수도리 반남 박씨 오헌 고택 구장. 한국국학진흥원 소장. 한국학자료센터 영남권역센터 홈페이지 원문 이미지와 텍스트 보기. 김성갑(2013) 참고>

1837-12-00. **권대현 소지**(權大賢所志) 1, 권대현. <1장. 한자+이두. 조선 필사 이두 자료. 전북 고창 읍내 안동 권씨가 소장. 호남권 한국학자료센터 홈페이지 원문 이미지와 텍스트 보기. 최승희(1989), 전북향토문화연구회 편(1993), 정구복 외 (1999), 전경목(2001) 참고>

1837-12-00. **권대현 소지**(權大賢所志) 2, 권대현. <1장. 한자+이두. 조선 필사 이두 자료. 전북 고창 읍내 안동 권씨가 소장. 호남권 한국학자료센터 홈페이지 원문 이미지와 텍스트 보기. 최승희(1989), 전북향토문화연구회 편(1993), 정구복 외 (1999), 전경목(2001) 참고>

1837-■■-04. **박성천 토지매매명문**(朴聖天土地賣買明文), 답주 과부 이 씨(畓主寡婦李氏). <1장. 한자+이두. 조선 필사 이두 자료. 전남 나주시 남내 밀양 박씨 청재 종가 소장. 호남권 한국학자료센터 홈페이지 원문 이미지와 텍스트 보기. 최승희(1989), 조윤선(2002) 참고>

1837-00-00. 「가례도감의궤(**嘉禮都監儀軌**)」[404] 상·하, 가례도감 편. <2책. 246장

---

[403] 한국학자료센터 영남권역센터 홈페이지에서는 '1837년 족숙(族叔) 성질(成質) 방매 토지매매명문(土地賣買明文)'으로 표시하였다.

+181장. 표제는 '道光十七年丁酉三月 日 憲宗三年嘉禮都監儀軌'. 권수제는 '嘉禮都監儀軌'. 한자+이두. 조선 필사 이두 자료. 한국학중앙연구원 디지털장서각 홈페이지 'K2-2596' 원문 이미지와 텍스트 보기>

1837-00-00. 「가례도감의궤(嘉禮都監儀軌)」[405] 상·하, 가례도감 편. <2책. 245장 +180장. 필사본. 상권의 표제와 권수제는 '嘉禮都監儀軌上'. 한자+이두. 조선 필사 이두 자료. 국립중앙박물관 외규장각 의궤 홈페이지 '외규268~269' 원문 이미지와 텍스트 보기>

1837-00-00. 「가례도감의궤(嘉禮都監儀軌)」[406] 상·하, 가례도감 편. <2책. 242장 +180장. 필사본. 상권의 표제는 '道光十七年丁酉三月 日 太白山城嘉禮都監儀軌上'. 권수제는 '嘉禮都監儀軌上'. 한자+이두. 조선 필사 이두 자료. 서울대학교 규장각 한국학연구원 의궤 종합정보 홈페이지 '奎13139' 원문 이미지 보기>

1837-00-00. 「대왕대비전 왕대비전존숭도감의궤(大王大妃殿 王大妃殿尊崇都監儀軌)」,[407] 존숭도감 편. <1책. 146장. 필사본. 표제는 '尊崇都監儀軌全'. 권수제는 '道光十六年丙申十月 日)大王大妃殿 王大妃殿尊崇都監儀軌'. 한자+이두. 조선 필사 이두 자료. 국립중앙박물관 외규장각 의궤 홈페이지 '외규267' 원문 이미지와 텍스트 보기>

1837-00-00. 「대왕대비전 왕대비전존숭도감의궤(大王大妃殿 王大妃殿尊崇都監儀軌)」,[408] 존숭도감 편. <1책. 147장. 필사본. 권수제는 '道光十六年丙申十月 日)大王大妃殿 王大妃殿尊崇都監儀軌'. 한자+이두. 1836년 10월 21일부터 1837년 1월 10

---

404 한국학중앙연구원 디지털장서각 홈페이지에서는 서명을 '[헌종효현왕후]가례도감의궤([憲宗孝顯王后]嘉禮都監儀軌)'로 적었다.
405 국립중앙박물관 외규장각 의궤 홈페이지에서는 서명을 표제나 권수제와는 달리 '헌종효현왕후가례도감의궤(憲宗孝顯王后嘉禮都監儀軌)'로 적었다.
406 서울대학교 규장각 한국학연구원 의궤 종합정보 홈페이지에서는 서명을 표제나 권수제와는 달리 '헌종효현왕후가례도감의궤(憲宗孝顯王后嘉禮都監儀軌)'로 적었다.
407 국립중앙박물관 외규장각 의궤 홈페이지에서는 서명을 표제나 권수제와는 달리 '순원왕후시정왕후존숭도감의궤(純元王后神貞王后尊崇都監儀軌)'로 적었다.
408 한국학중앙연구원 디지털장서각 홈페이지에서는 서명을 '대왕대비전왕대비전존숭도감의궤(大王大妃殿 王大妃殿尊崇都監儀軌)'로 붙여 썼다.

일까지 순원왕후와 신정왕후에게 존호를 올린 과정을 기록. 조선 필사 이두 자료 한국학중앙연구원 디지털장서각 홈페이지 'K2-2844' 원문 이미지와 텍스트 보기>

1837-00-00. 「대왕대비전 왕대비전존숭도감의궤(大王大妃殿 王大妃殿尊崇都監儀軌)」,[409] 존숭도감 편. <1책. 144장. 필사본. 표제는 '(道光十七年丁酉七月 日 五臺山上)尊崇都監儀軌全'. 권수제는 '(道光十六年丙申十月 日)大王大妃殿 王大妃殿尊崇都監儀軌'. 한자+이두. 조선 필사 이두 자료. 서울대학교 규장각 한국학연구원 의궤 종합정보 홈페이지 '奎13376' 원문 이미지와 텍스트 보기>

1837-00-00. 「덕온공주가례등록(德溫公主嘉禮謄錄)」, 예조(禮曹) 편. <1책. 100장. 필사본. 한자+이두. 조선 필사 이두 자료. 한국학중앙연구원 장서각 한국학자료센터 홈페이지 원문 이미지와 텍스트 보기>

1837-00-00. 「부묘도감의궤(祔 廟都監儀軌)」,[410] 부묘도감 편. <1책. 239장. 필사본. 표제는 '(道光十六年丙申十月 日 憲宗二年)祔廟都監儀軌 全'. 권수제는 '(道光十六年丙申十月)純宗大王 翼宗大王祔 廟都監儀軌'. 한자+이두. 조선 필사 이두 자료. 한국학중앙연구원 디지털장서각 홈페이지 'K2-2243' 원문 이미지와 텍스트 보기>

1837-00-00. 「부묘도감의궤(祔 廟都監儀軌)」,[411] 부묘도감 편. <1책. 239장. 필사본. 표제는 '(道光十七年丁酉七月 日 宗廟署上)祔廟都監儀軌 全'. 목록제는 '祔 廟都監儀軌目錄'. 한자+이두. 조선 필사 이두 자료. 한국학중앙연구원 디지털장서각 홈페이지 'K2-2249' 원문 이미지 보기>

1837-00-00. 「부묘도감의궤(祔 廟都監儀軌)」,[412] 부묘도감. <1책. 238장. 필사본. 표제는 '祔廟都監儀軌'. 앞부분 일부 결락으로 권수제는 확인할 수 없다. 한자+이두.

---

[409] 서울대학교 규장각 한국학연구원 의궤 종합정보 홈페이지에서는 서명을 '순원왕후신정왕후존숭도감의궤(純原王后神貞王后尊崇都監儀軌)'로 적었다.

[410] 한국학중앙연구원 디지털장서각 홈페이지에서는 서명을 '[순종대왕익종대왕]부묘도감의궤([純宗大王翼宗大王]祔廟都監儀軌)'로 적었다.

[411] 한국학중앙연구원 디지털장서각 홈페이지에서는 서명을 '[순종대왕익종대왕]부묘도감의궤([純宗大王翼宗大王]祔廟都監儀軌)'로 적었다.

[412] 서울대학교 규장각 한국학연구원 의궤 종합정보 홈페이지에서는 서명을 '순조익종부묘도감의궤(純祖翼宗祔廟都監儀軌)'로 적었다.

조선 필사 이두 자료. 서울대학교 규장각 한국학연구원 의궤 종합정보 홈페이지 '奎25039' 원문 이미지 보기>

1837-00-00. 「선원보략수정의궤(璿源譜略修正儀軌)」, 종부시(宗簿寺) 편. <1책. 23장. 필사본. 결락된 표지의 표제는 '(本寺)丁酉璿源寶鑑修正儀軌'. 권수제는 '(道光十七年丁酉三月二十七日)璿源寶鑑修正儀軌'. 한자+이두. 조선 필사 이두 자료. 서울대학교 규장각 한국학연구원 의궤 종합정보 홈페이지 '奎14105' 원문 이미지 보기>

1837-00-00. 「순원왕후신정왕후존숭도감의궤(純源王后神貞王后尊崇都監儀軌)」, 존숭도감 편. <1책. 144장. 필사본. 표제는 '尊崇都監儀軌'. 한자+이두. 조선 필사 이두 자료. 한국학중앙연구원 한국학 디지털 아카이브 홈페이지 원문 이미지와 텍스트 보기>

1837-00-00. 「순종대왕국휼등록(純宗大王國恤謄錄)」, 예조 계제사(禮曹稽制司). <3책. 필사본. 한자+이두. 조선 필사 이두 자료. 한국학중앙연구원 장서각 한국학자료센터 홈페이지 원문 이미지 보기>

1837-00-00. 「순종대왕국휼의주등록(純宗大王國恤儀註謄錄)」, 예조(禮曹). <1책. 1000장. 필사본. 한자+이두. 조선 필사 이두 자료. 한국학중앙연구원 장서각 한국학자료센터 홈페이지 & 한국학중앙연구원 한국학 디지털 아카이브 홈페이지 원문 이미지와 텍스트 보기>

1837-00-00 추정. 「율례요람(律例要覽)」 <1책. 50장. 필사본. 한자+이두. 조선 필사 이두 자료. 형률판례집. 서울대학교 규장각 한국학연구원 홈페이지 '奎 12408' 원문 이미지 보기>

1838년

<무술(戊戌), 헌종 4년, 도광 18년>

1838-01-01~1838-12-20(戊戌). 「전객사일기(典客司日記)」 81, 예조(禮曹) 전객사(典客司) 편(編). <1책(81/99). 154장. 필사본. 한자+이두. 조선 필사 이두 자료. 서울대

학교 규장각 한국학연구원 홈페이지 원문 이미지 보기> <1640-01-22~1641-12-23(1)>

1838-01-01~1838-12-00.「결속색등록(結束色謄錄)」, 병조(兵曹) 편(編). <1책(51). 99장. 필사본. 필사 시기 미상. 한자+이두. 조선 필사 이두 자료. 서울대학교 규장각 한국학연구원 홈페이지 1787년~1891년 낙질본 107책(1792년(건륭 57년), 1811년(가경 16년) 하, 1816년(가경 21년), 1817년(가경 22년), 1824년(도광 4년), 1831(도광 11년), 1871(동치 10년), 1885년(광서 11년) 없음) 원문 이미지 보기>

1838-01-06. **천일남 토지매매명문**(千日南土地賣買明文),[413] 답주 유득복(畓主劉得福). <1장. 한자+이두. 조선 필사 이두 자료. 영해 도곡 무안 박씨 무의공 종택 소장. 한국학중앙연구원 장서각 한국고문서자료관 홈페이지 원문 이미지 보기. 한국학중앙연구원 편(2008) 참고>

1838-01-07~1838-12-17(戊戌).「황해감영전등장계등록(黃海監營前等狀啓謄錄)」, 비변사(備邊司) 편(編). <1책(5/22). 172장. 필사본. 표제는 '黃海監營啓錄'. 한자+이두. 조선 필사 이두 자료. 서울대학교 규장각 한국학연구원 홈페이지 원문 이미지 보기> <영인본:「각사등록」 22(황해도편 1)(국사편찬위원회 편, 1985)> <1832-07-02~1832-12-30(1/22)>

1838-01-11. **노 무손 토지매매명문**(奴戊孫土地賣買明文), 전주 노 양선(田主奴良先). <1장. 한자+이두. 조선 필사 이두 자료. 경북 영해 인량 재령 이씨 충효당 소장. 한국학중앙연구원 장서각 한국고문서자료관 홈페이지 원문 이미지 보기. 한국정신문화연구원 편(2004) 참고>

1838-01-16. **경상도관찰사 관**(慶尙道觀察使關), 경상도 관찰사. <1장. 한자+이두. 조선 필사 이두 자료. 풍산 류씨 하회 화경당(북촌댁) 구장. 한국국학진흥원 소장. 한국학자료센터 영남권역센터 홈페이지 원문 이미지와 텍스트 보기. 전경목(1996), 김경숙(2002) 참고>

1838-01-27. **송첨 종손 토지매매명문**(松簷從孫土地賣買明文), 답주 종손 유학 성현(畓

---

[413] 한국학중앙연구원 장서각 한국고문서자료관 홈페이지에서는 '1838년 천■■(千■■) 토지매매명문(土地賣買明文)'으로 표시하였다.

主從孫幼學星賢). <1장. 한자+이두. 조선 필사 이두 자료. 원주시 무릉박물관 소장. 한국학자료센터 강원권역센터 홈페이지 원문 이미지 보기. 최승희(1989), 전경목(2010), 김성갑(2013), 박준호(2016) 참고>

1838-01-28. **김성준 토지매매명문**(金聖俊土地賣買明文),[414] 전주 자필 김은수(田主自筆金銀壽). <1장. 한자+이두. 조선 필사 이두 자료. 경북 영양군 영양읍 삼지리 한양 조씨 하담 고택 구장. 한국국학진흥원 소장. 한국학자료센터 영남권역센터 홈페이지 원문 이미지와 텍스트 보기. 박병호(1974ㄱ), 최승희(1989), 이재수(2003) 참고>

1838-01-00. **김호 등 등장**(金壕等等狀), 김호 등. <1장. 한자+이두. 조선 필사 이두 자료. 전북 부안군 취성재 소장. 호남권 한국학자료센터 홈페이지 원문 이미지와 텍스트 보기. 박병호(1974ㄱ), 최승희(1989), 전경목(2001), 정구복(2002) 참고>

1838-02-09. **박 노 박손 토지매매명문**(朴奴朴孫土地賣買明文), 답주 재 노 늦덕(畓主齋奴莅德).[415] <1장. 한자+이두. 조선 필사 이두 자료. 영해 도곡 무안 박씨 무의공 종택 소장. 한국학중앙연구원 장서각 한국고문서자료관 홈페이지 원문 이미지 보기. 한국학중앙연구원 편(2008) 참고>

1838-02-15. **김천탁 토지매매명문**(金千卓土地賣買明文), 답주 순돌(畓主順乭). <1장. 한자+이두. 조선 필사 이두 자료. 영해 인량 재령 이씨 우계 종택 구장. 한국국학진흥원 소장. 한국학자료센터 영남권역센터 홈페이지 원문 이미지와 텍스트 보기>

1838-02-19. **유학 이 토지매매명문**(幼學李土地賣買明文),[416] 답주 유학 김희진(畓主幼學金熙鎭). <1장. 한자+이두. 조선 필사 이두 자료. 전북대학교 박물관 소장. 호남권 한국학자료센터 홈페이지 원문 이미지와 텍스트 보기. 최승희(1989), 정구복

---

414 한국학자료센터 영남권역센터 홈페이지에서는 '1838년 김은수(金銀壽) 토지매매명문(土地賣買明文)'으로 표시하였다.

415 한국학중앙연구원 장서각 한국고문서자료관 홈페이지에서는 발급자를 '화질덕(花叱德)'으로 적었다.

416 호남권 한국학자료센터 홈페이지에서는 '1838년 김희진(金熙鎭) 방매 토지매매명문(土地賣買明文)'으로 표시하였다.

외(1999), 이재수(2003) 참고>

1838-02-29. **이지평 댁 토지매매명문**(李持平宅土地賣買明文), 산주 과녀 장 조이(山主寡女張召史). <1장. 한자+이두. 조선 필사 이두 자료. 경북 경주시 소정리 경주 이씨 소장. 한국학중앙연구원 장서각 한국고문서자료관 홈페이지 원문 이미지 보기. 한국정신문화연구원 편(2002) 참고>

1838-02-00. **김진항 소지**(金鎭恒所志) 1, 김진항. <1장. 한자+이두. 조선 필사 이두 자료. 전남 영암 밀양 김씨 김상회 소장. 호남권 한국학자료센터 홈페이지 원문 이미지와 텍스트 보기. 최승희(1989) 참고>

1838-02-00. **조남식 등 증장**(趙南軾等等狀), 조남식 등. <1장. 한자+이두. 조선 필사 이두 자료. 경북 상주 낙동 풍양 조씨 양진당 소장. 한국학중앙연구원 장서각 한국고문서자료관 홈페이지 원문 이미지 보기>

1838-03-10. **밀양부사 전령**(密陽府使傳令), 밀양부사. <1장. 한자+이두. 조선 필사 이두 자료. 경남 밀양 사촌 의령 남씨 침류정 소장. 한국학중앙연구원 장서각 한국고문서자료관 홈페이지 원문 이미지 보기. 한국정신문화연구원 편(2004) 참고>

1838-03-23. **화민 신항준 수기**(化民辛恒俊手記), 신항준. <1장. 한자+이두. 조선 필사 이두 자료. 전남 영광군 입석 영월 신씨 소장. 한국학중앙연구원 장서각 한국고문서자료관 홈페이지 원문 이미지와 텍스트 보기. 한국정신문화연구원 편(1996) 참고>

1838-03-25. **유학 토지매매명문**(幼學土地賣買明文),[417] 답주 유학 나학칠(畓主幼學羅學匕). <1장. 한자+이두. 조선 필사 이두 자료. 전북 무장 원송 진주 강씨가 구장. 전북대학교 박물관 소장. 호남권 한국학자료센터 홈페이지 원문 이미지와 텍스트 보기. 박병호(1974ㄱ), 최승희(1989), 이재수(2003) 참고>

1838-03-28. **김제녕 토지매매명문**(金濟寧土地賣買明文), 진주 유학 김영기(田主幼學金永耆). <1장. 한자+이두. 조선 필사 이두 자료. 경북 안동시 오천 광산 김씨

---

[417] 호남권 한국학자료센터 홈페이지에서는 '1838년 라학칠(羅學匕) 방매(放賣) 토지매매명문(土地賣買明文)'으로 표시하였다.

후조당 소장. 한국학중앙연구원 장서각 한국고문서자료관 홈페이지 원문 이미지와 텍스트 보기. 박병호(1974ㄱ), 한국정신문화연구원 편(1982) 참고>

1838-03-28. **박명우 토지매매명문**(朴命佑土地賣買明文), 답주 배치성(畓主裵致成). <1장. 한자+이두. 조선 필사 이두 자료. 전남 나주시 남내 밀양 박씨 청재 종가 소장. 호남권 한국학자료센터 홈페이지 원문 이미지와 텍스트 보기. 김재문(1986) 참고>

1838-03-00. **공원 수본**(公員手本), 공원. <1장. 점련문서. 한자+이두. 조선 필사 이두 자료. 전남 영광군 입석 영월 신씨 소장. 한국학중앙연구원 장서각 한국고문서자료관 홈페이지 원문 이미지와 텍스트 보기. 한국정신문화연구원 편(1996) 참고>

1838-03-00. **남응규 등 등장**(南應奎等等狀) 1, 남응규 등. <1장. 한자+이두. 조선 필사 이두 자료. 경남 밀양 사촌 의령 남씨 침류정 소장. 한국학중앙연구원 장서각 한국고문서자료관 홈페이지 원문 이미지 보기. 한국정신문화연구원 편(2004) 참고>

1838-03-00. **돌이 소지**(乭伊所志), 돌이. <1장. 한자+이두. 조선 필사 이두 자료. 풍산 류씨 하회 화경당(북촌댁) 구장. 한국국학진흥원 소장. 한국학자료센터 영남권역센터 홈페이지 원문 이미지와 텍스트 보기. 전경목(1996), 김경숙(2002) 참고>

1838-03-00. **화민 신항업 소지**(化民辛恒懼所志) 1, 신항업. <1장. 한자+이두. 조선 필사 이두 자료. 전남 영광군 입석 영월 신씨 소장. 한국학중앙연구원 장서각 한국고문서자료관 홈페이지 원문 이미지와 텍스트 보기. 한국정신문화연구원 편(1996) 참고>

1838-03-00. **화민 신항업 소지**(化民辛恒懼所志) 2, 신항업. <1장. 한자+이두. 조선 필사 이두 자료. 전남 영광군 입석 영월 신씨 소장. 한국학중앙연구원 장서각 한국고문서자료관 홈페이지 원문 이미지와 텍스트 보기. 한국정신문화연구원 편(1996) 참고>

1838-04-08. **강재명 토지매매명문**(姜在明土地賣買明文), 전주 자필 신승검(田主自筆申承儉). <1장. 한자+이두. 조선 필사 이두 자료. 제주 어도내산 진주 강씨가 구장. 제주 한림 강우석 소장. 호남권 한국학자료센터 홈페이지 원문 이미지와

텍스트 보기. 오성찬(1994), 이재수(2003), 오창명(2007) 참고>

1838-04-22. **황학성 토지매매명문**(黃鶴成土地賣買明文),[418] 전주 자필 조향복(田主自筆趙享復). <1장. 한자+이두. 조선 필사 이두 자료. 경북 영양군 영양읍 삼지리 한양 조씨 하담 고택 구장. 한국국학진흥원 소장. 한국학자료센터 영남권역센터 홈페이지 원문 이미지와 텍스트 보기. 박병호(1974ㄱ), 최승희(1989), 이재수(2003), 이수건 외(2004) 참고>

1838-04-27. **조 노 춘단 노비매매명문**(趙奴春丹奴婢賣買明文), 비주 심 노 춘매(婢主沈奴春每). <1장. 한자+이두. 조선 필사 이두 자료. 경북 영양군 영양읍 삼지리 한양 조씨 하담 고택 구장. 한국국학진흥원 소장. 한국학자료센터 영남권역센터 홈페이지 원문 이미지와 텍스트 보기. 박병호(1974ㄱ), 최승희(1989), 이재수(2003), 이수건 외(2004) 참고>

1838-04-30. **송계 토지매매명문**(松稧土地賣買明文), 답주 전일곤(畓主全日坤). <1장. 한자+이두. 조선 필사 이두 자료. 대구 칠계 경주 최씨 백불암 종중 구장. 안동대학교 박물관 소장. 한국학자료센터 영남권역센터 홈페이지 원문 이미지와 텍스트 보기. 박병호(1974ㄱ), 최승희(1989), 이재수(2003), 이수건 외(2004) 참고>

1838-04-00. **토지매매명문**(土地賣買明文),[419] 전주 김경진(田主金慶鎭). <1장. 한자+이두. 조선 필사 이두 자료. 한국학중앙연구원 장서각 소장. 한국학중앙연구원 장서각 한국고문서자료관 홈페이지 원문 이미지와 텍스트 보기. 한국정신문화연구원 편(1992) 참고>

1838-04-00. **김진항 소지**(金鎭恒所志) 2, 김진항. <1장. 한자+이두. 조선 필사 이두 자료. 전남 영암 밀양 김씨 김상회 소장. 호남권 한국학자료센터 홈페이지 원문 이미지와 텍스트 보기. 최승희(1989) 참고>

1838-04-00. **김찬우 소지**(金燦禹所志), 김찬우. <1장. 한자+이두. 조선 필사 이두 자료. 전북 고창군 장두 광산 김씨가 소장. 호남권 한국학자료센터 홈페이지 원문

---

[418] 한국학자료센터 영남권역센터 홈페이지에서는 '1838년 조향복(趙享復) 토지매매명문(土地賣買明文)'으로 표시하였다.

[419] 한국학중앙연구원 장서각 한국고문서자료관 홈페이지에서는 '1838년 김경진(金慶鎭) 방매 토지매매명문(土地賣買明文)'으로 표시하였다.

이미지와 텍스트 보기. 최승희(1989), 전경목(1997), 이수건 외(2004) 참고>

1838-윤4-21. **종인 토지매매명문**(宗人土地賣買明文), 답주 유학 신항준(畓主幼學辛恒俊). <1장. 한자+이두. 조선 필사 이두 자료. 전남 영광군 입석 영월 신씨 소장. 한국학중앙연구원 장서각 한국고문서자료관 홈페이지 원문 이미지와 텍스트 보기. 한국정신문화연구원 편(1996) 참고>

1838-05-00. **화민 이조영 소지**(化民李祖榮所志), 이조영. <1장. 한자+이두. 조선 필사 이두 자료. 영해 인량 재령 이씨 우계 종택 구장. 한국국학진흥원 소장. 한국학자료센터 영남권역센터 홈페이지 원문 이미지와 텍스트 보기>

1838-06-14~1839-05-19(戊戌). 「평안감영계록(平安監營啓錄)」, 비변사(備邊司) 편(編). <1책(8/37). 171장. 필사본. 표제는 '各道啓錄'. 한자+이두. 이두 자료. 서울대학교 규장각 한국학연구원 홈페이지 원문 이미지 보기> <영인본: 「각사등록」 30(평안도편 2)(국사편찬위원회 편, 1988)> <1830-08-12~1830-12-30(1/37)>

1838-06-00. **위도영·위도근·위영우 등장**(魏道英魏道根魏榮禹等狀), 위도영·위도근·위영우. <1장. 한자+이두. 조선 필사 이두 자료. 전남 장흥 방촌 존재 후손가 소장. 호남권 한국학자료센터 홈페이지 원문 이미지 보기. 최승희(1989), 전경목(1997), 전경목 외(2006), 김경숙(2008) 참고>

1838-06-00. **하석삼 소지**(河錫三所志), 하석삼. <1장. 한자+이두. 조선 필사 이두 자료. 경남 진주시 운문 진양 하씨 소장. 장서각 한국고문서자료관 홈페이지 원문 이미지 보기. 한국정신문화연구원 편(2001) 참고>

1838-윤6-03~1840-06-02(戊戌~庚子). 「명양잡록(鳴陽雜錄)」, 전라도(全羅道) 편(編). <1책. 75장. 필사본. 표제는 '鳴陽雜錄'. 권수제는 '戊戌閏六月初三日順天府致死人金道觀會査結辭'. 한자+이두. 조선 필사 이두 자료. 서울대학교 규장각 한국학연구원 홈페이지 원문 이미지 보기>

1838-07-04. **시장문기**(柴場文記), 시장주 신영섭(柴場主辛永燮). <1장. 한자+이두. 조선 필사 이두 자료. 전남 영광군 입석 영월 신씨 소장. 한국학중앙연구원 장서각 한국고문서자료관 홈페이지 원문 이미지와 텍스트 보기. 한국정신문화연구원 편(1996) 참고>

1838-07-10. **청송부사 첩정**(靑松府使牒呈), 청송부사. <1장. 한자+이두. 조선 필사

이두 자료. 안동 금계 의성 김씨 학봉 종가 소장. 한국학중앙연구원 장서각 한국고 문서자료관 홈페이지 원문 이미지와 텍스트 보기. 한국정신문화연구원 편(1989) 참고>

1838-07-20~1838-07-30(戊戌).「영암군소지등서책(靈巖郡所志謄書冊)」[420] 1, 영암군 (靈巖郡) 편(編). <1책. 27장. 필사본. 한자+이두. 조선 필사 이두 자료. 서울대학교 규장각한국학연구원 홈페이지 원문 이미지 보기>

1838-08-17. **정 생원 댁 노 삼동 토지매매명문**(鄭生員宅奴三同土地賣買明文), 답주 전 생원 댁 노 득금(畓主田生員宅奴得金). <1장. 한자+이두. 조선 필사 이두 자료. 부여 은산 함양 박씨 소장. 한국학중앙연구원 장서각 한국고문서자료관 홈페이지 원문 이미지 보기. 한국정신문화연구원 편(2000) 참고>

1838-08-24. **신 생원 토지매매명문**(辛生員土地賣買明文),[421] 답주 자필 박명량(畓主自 筆朴命良). <1장. 한자+이두. 조선 필사 이두 자료. 전남 영광군 입석 영월 신씨 소장. 한국학중앙연구원 장서각 한국고문서자료관 홈페이지 원문 이미지와 텍스 트 보기. 한국정신문화연구원 편(1996) 참고>

1838-08-00. **가사매매명문**(家舍賣買明文), 재주 조춘석(財主趙春錫). <1장. 한자+이 두. 조선 필사 이두 자료. 경남 거창 강동 초계 정씨 동계 종가 구장. 한국학중앙연 구원 장서각 한국고문서자료관 홈페이지 & 한국학중앙연구원 장서각 한국학자 료센터 홈페이지 원문 이미지와 텍스트 보기. 김태영(1983), 최승희(1989), 한국정 신문화연구원 편(1995, 2005), 이재수(2003) 참고>

1838-09-00. **김조연 의송**(金肇演議送), 김조연. <1장. 한자+이두. 조선 필사 이두 자료. 대전·청양 안동 김씨 삼당 후손가 소장. 한국학중앙연구원 장서각 한국고문 서자료관 홈페이지 원문 이미지 보기. 한국정신문화연구원 편(2003) 참고>

1838-09-00. **남응규 등 등장**(南應奎等等狀) 2, 남응규 등. <1장. 한자+이두. 조선

---

[420] 표제는 '(戊戌七月二十日以三十日至)靈巖郡所志謄書冊'이고, 권수제는 '(戊戌七月二十日)靈巖郡所 志謄書冊'이다. 서울대학교 규장각한국학연구원 홈페이지에서는 책명을 '靈巖郡所志謄書冊 영 암군소지등서책'으로 표시하였다.

[421] 한국학중앙연구원 장서각 한국고문서자료관 홈페이지에서는 '1838년 생원(生員) 신(辛) 토지매 매명문(土地賣買明文)'으로 표시하였다.

필사 이두 자료. 경남 밀양 사촌 의령 남씨 침류정 소장. 한국학중앙연구원 장서각 한국고문서자료관 홈페이지 원문 이미지 보기. 한국정신문화연구원 편(2004) 참고>

1838-10-08. **황 생원 댁 노 문득 토지매매명문**(黃生員宅奴文得土地賣買明文), 전주 박복철(田主朴福哲). <1장. 한자+이두. 조선 필사 이두 자료. 대전·청양 안동 김씨 삼당 후손가 소장. 한국학중앙연구원 장서각 한국고문서자료관 홈페이지 원문 이미지 보기. 한국정신문화연구원 편(2003) 참고>

1838-10-09. **박광조 다짐**(朴光祚侤音), 박광조. <1장. 한자+이두. 조선 필사 이두 자료. 경남 밀양 사촌 의령 남씨 침류정 소장. 한국학중앙연구원 장서각 한국고문서자료관 홈페이지 원문 이미지 보기. 한국정신문화연구원 편(2004) 참고>

1838-10-20. **청송도호부 첩정**(靑松都護府牒呈) 1, 청송도호부. <1장. 한자+이두. 조선 필사 이두 자료. 안동 금계 의성 김씨 학봉 종가 소장. 한국학중앙연구원 장서각 한국고문서자료관 홈페이지 원문 이미지와 텍스트 보기. 한국정신문화연구원 편(1989) 참고>

1838-10-20. **청송도호부 첩정**(靑松都護府牒呈) 2, 청송도호부. <1장. 한자+이두. 조선 필사 이두 자료. 안동 금계 의성 김씨 학봉 종가 소장. 한국학중앙연구원 장서각 한국고문서자료관 홈페이지 원문 이미지와 텍스트 보기. 한국정신문화연구원 편(1989) 참고>

1838-10-22. **외북면임 심 씨 첩정**(外北面任沈氏牒呈), 심 씨. <1장. 한자+이두. 조선 필사 이두 자료. 원주시 무릉박물관 소장. 한국학자료센터 강원권역센터 홈페이지 원문 이미지 보기. 최승희(1989), 박성종(2003ㄱ), 박준호(2016) 참고>

1838-10-28. **박재화 소지**(朴載華所志), 박재화. <1장. 한자+이두. 조선 필사 이두 자료. 부여 은산 함양 박씨 소장. 장서각 한국고문서자료관 홈페이지 원문 이미지 보기. 한국정신문화연구원 편(2000) 참고>

1838-10-00. **관 송추문기**(官松楸文記), 송주 이상유(松主李相儒). <1장. 한자+이두. 조선 필사 이두 자료. 경북 영해 인량 재령 이씨 충효당 소장. 한국학중앙연구원 장서각 한국고문서자료관 홈페이지 원문 이미지 보기. 한국학중앙연구원 편(2008) 참고>

1838-10-00. **관기서원 재임 품목**(舘基書院齋任稟目), 관기서원. <1장. 한자+이두. 조선 필사 이두 자료. 전북 임실 관곡서원 소장. 호남권 한국학자료센터 홈페이지 원문 이미지와 텍스트 보기. 박병호(1974ㄱ), 정구복(2002) 참고>

1838-10-00. **김두상 등 상서**(金斗相等上書), 김두상 등. <1장. 한자+이두. 조선 필사 이두 자료. 경북 안동시 오천 광산 김씨 후조당 소장. 한국학중앙연구원 장서각 한국고문서자료관 홈페이지 원문 이미지와 텍스트 보기. 한국정신문화연구원 편(1982) 참고>

1838-10-00. **양재주 소지**(楊在周所志), 양재주. <1장. 한자+이두. 조선 필사 이두 자료. 순천 귀미 남원 양씨가 구장. 전주 송천 양병철가 소장. 호남권 한국학자료센터 홈페이지 원문 이미지와 텍스트 보기>

1838-10-00. **이상근 등 소지**(李相瑾等所志), 이상근 등. <1장. 한자+이두. 조선 필사 이두 자료. 경북 영해 인량 재령 이씨 충효당 소장. 한국학중앙연구원 장서각 한국고문서자료관 홈페이지 원문 이미지 보기. 한국학중앙연구원 편(2008) 참고>

1838-10-00. **최우홍 등 단자**(崔遇洪等單子), 최우홍 등. <1장. 한자+이두. 조선 필사 이두 자료. 남원·구례 삭녕 최씨 구장. 한국학중앙연구원 장서각 한국고문서자료관 홈페이지 원문 이미지 보기. 한국정신문화연구원 편(2004) 참고>

1838-11-20. **김상백 송추문기**(金尙白松楸文記), 산주 유학 자필 오재휴(山主幼學自筆吳在休). <1장. 한자+이두. 조선 필사 이두 자료. 광주광역시 광산구 김해 김씨 소장. 호남권 한국학자료센터 홈페이지 원문 이미지와 텍스트 보기. 이재수(2003), 이수건 외(2004) 참고>

1838-11-26. **원계 유사 조상렴·기재명 토지매매명문**(院稧有司趙尙廉奇在明土地賣買明文),[422] 답주 진사 기봉진(畓主進士奇鳳鎭). <1장. 한자+이두. 조선 필사 이두 자료. 전남 장성군 행주 기씨 금강 종가 소장. 호남권 한국학자료센터 홈페이지 원문 이미지와 텍스트 보기. 김재문(1986), 이수건 외(2004) 참고>

---

[422] 호남권 한국학자료센터 홈페이지에서는 '1838년 추산서원(秋山書院) 토지매매명문(土地賣買明文)'으로 표시하였다.

1838-11-29. **박대연 수표**(朴大淵手標), 박대연. <1장. 한자+이두. 조선 필사 이두 자료. 전북 임실군 청웅 밀양 박씨가 소장. 호남권 한국학자료센터 홈페이지 원문 이미지와 텍스트 보기. 박병호(1974ㄱ), 최승희(1989), 김경숙(2002), 전경목 외 (2006) 참고>

1838-11-00. **최우홍·최진우 등 단자**(崔遇洪崔鎭宇等單子), 최우홍·최진우 등. <1장. 한자+이두. 조선 필사 이두 자료. 남원·구례 삭녕 최씨 구장. 한국학중앙연구원 장서각 한국고문서자료관 홈페이지 원문 이미지 보기. 한국정신문화연구원 편 (2004) 참고>

1838-12-01. **유학 토지매매명문**(幼學土地賣買明文),[423] 1, 답주 자필 유학 양기모(畓主自筆幼學梁夔模). <1장. 한자+이두. 조선 필사 이두 자료. 전남 순천 황전 경주 정씨가 구장. 광주광역시 이정옥 소장. 호남권 한국학자료센터 홈페이지 원문 이미지와 텍스트 보기. 최승희(1989) 참고>

1838-12-01. **유학 토지매매명문**(幼學土地賣買明文),[424] 2, 답주 자필 유학 양기모(畓主自筆幼學梁夔模). <1장. 한자+이두. 조선 필사 이두 자료. 전남 순천 황전 경주 정씨가 구장. 광주광역시 이정옥 소장. 호남권 한국학자료센터 홈페이지 원문 이미지와 텍스트 보기. 최승희(1989) 참고>

1838-12-04. **유학 토지매매명문**(幼學土地賣買明文),[425] 답주 유학 고우진(畓主幼學高禹鎭). <1장. 한자+이두. 조선 필사 이두 자료. 전북 부안군 우반 부안 김씨 세덕각 소장. 호남권 한국학자료센터 홈페이지 원문 이미지와 텍스트 보기. 박병호 (1974ㄱ), 이재수(2003) 참고>

1838-12-12. **토지매매명문**(土地賣買明文),[426] 답주 유학 김두연(畓主幼學金斗淵). <1

---

[423] 호남권 한국학자료센터 홈페이지에서는 '1838년 양기모(梁夔模) 방매(放賣) 토지매매명문(土地賣買明文)'으로 표시하였다.

[424] 호남권 한국학자료센터 홈페이지에서는 '1838년 양기모(梁夔模) 방매(放賣) 토지매매명문(土地賣買明文)'으로 표시하였다.

[425] 호남권 한국학자료센터 홈페이지에서는 '1838년 고우진(高禹鎭) 방매(放賣) 토지매매명문(土地賣買明文)'으로 표시하였다.

[426] 호남권 한국학자료센터 홈페이지에서는 '1838년 김두연(金斗淵) 방매(放賣) 토지매매명문(土地賣買明文)'으로 표시하였다.

장. 한자+이두. 조선 필사 이두 자료. 전북 임실군 지사 협계태 씨가 소장. 호남권 한국학자료센터 홈페이지 원문 이미지와 텍스트 보기. 최승희(1989), 정수환·이헌창(2008), 채현경(2011) 참고>

1838-12-13. **유 생원 댁 노 택준 토지매매명문**(柳生員宅奴宅準土地賣買明文), 답주 우남준(畓主禹南俊). <1장. 한자+이두. 조선 필사 이두 자료. 경북 안동시 오천 광산 김씨 후조당 소장. 한국학중앙연구원 장서각 한국고문서자료관 홈페이지 원문 이미지와 텍스트 보기. 박병호(1974ㄱ), 한국정신문화연구원 편(1982), 최승희(1989) 참고>

1838-12-15. **유학 김도상 토지매매명문**(幼學金道常土地賣買明文), 가대 전답주 유학 유희조(家垈田畓主幼學柳熙祚). <1장. 한자+이두. 조선 필사 이두 자료. 경북 안동시 와룡면 가구리 광산 김씨 유일재 종택 구장. 한국국학진흥원 소장. 한국학자료센터 영남권역센터 홈페이지 원문 이미지와 텍스트 보기>

1838-12-15. **정성대 토지매매명문**(鄭成大土地賣買明文), 답주 심득룡(畓主沈得龍). <1장. 한자+이두. 조선 필사 이두 자료. 경북 상주 낙동 풍양 조씨 양진당 소장. 장서각 한국고문서자료관 홈페이지 원문 이미지 보기>

1838-12-22. **토지매매명문**(土地賣買明文),[427] 답주 유학 이종백(畓主幼學李宗白). <1장. 한자+이두. 조선 필사 이두 자료. 전북대학교 박물관 소장. 호남권 한국학자료센터 홈페이지 원문 이미지와 텍스트 보기. 최승희(1989), 정구복 외(1999), 이재수(2003) 참고>

1838-12-26. **추산서원 계중 조상렴·기재명 토지매매명문**(秋山書院稧中趙尙廉奇在明土地賣買明文),[428] 답주 유학 기태직(畓主幼學奇泰稷). <1장. 한자+이두. 조선 필사 이두 자료. 전남 장성군 행주 기씨 금강 종가 소장. 호남권 한국학자료센터 홈페이지 원문 이미지와 텍스트 보기. 이재수(2003), 이수건 외(2004) 참고>

1838-12-28. **보본계 유사 토지매매명문**(報本契有司土地賣買明文), 답주 유학 안균(畓

---

[427] 호남권 한국학자료센터 홈페이지에서는 '1838년 이종백(李宗白) 방매 토지매매명문(土地賣買明文)'으로 표시하였다.

[428] 호남권 한국학자료센터 홈페이지에서는 '1838년 추산서원(秋山書院) 토지매매명문(土地賣買明文)'으로 표시하였다.

主幼學安柄). <1장. 한자+이두. 조선 필사 이두 자료. 전남 보성군 택촌 죽산 안씨 은봉 종가 소장. 호남권 한국학자료센터 홈페이지 원문 이미지와 텍스트 보기. 최승희(1989) 참고>

1838-12-00. **김상백 소지**(金尙白所志), 김상백. <1장. 한자+이두. 조선 필사 이두 자료. 광주광역시 광산구 김해 김씨 소장. 호남권 한국학자료센터 홈페이지 원문 이미지와 텍스트 보기. 김선경(1993), 국사편찬위원회 편(2009) 참고>

1838-12-00. **남필륜 등 상서**(南必倫等上書), 남필륜 등. <1장. 한자+이두. 조선 필사 이두 자료. 경남 밀양 사촌 의령 남씨 침류정 소장. 한국학중앙연구원 장서각 한국고문서자료관 홈페이지 원문 이미지 보기. 한국정신문화연구원 편(2004) 참고>

1838-00-00. 「순종대왕실록산절청의궤(**純宗大王實錄刪節廳儀軌**)」, 실록청(實錄廳) 편(編). <1책. 112장. 필사본. 표제는 '(純宗朝 赤裳山城上)實錄儀軌'. 권수제는 '純宗大王實錄刪節廳儀軌'. 한자+이두. 1835년부터 838년까지 진행된 「순조실록(純祖實錄)」의 찬수 과정을 기록. 조선 필사 이두 자료. 한국학중앙연구원 디지털장서각 홈페이지 'K2-3725' 원문 이미지와 텍스트 보기>

1838-00-00. 「순조실록(**純祖實錄**)」 <34권 36책. 어휘 표기 자료. 1997년에 유네스코 세계기록유산으로 등록. 정족산, 태백산 소장. 조선왕조실록 홈페이지 원문 이미지와 텍스트 보기>

1838-00-00. 「순종대왕실록산절청의궤(**純宗大王實錄刪節廳儀軌**)」,[429] 실록청(實錄廳) 편. <1책. 110장. 필사본. 표제는 '(純宗朝 鼎足山城上)實錄儀軌全'. 권수제는 '純宗大王實錄刪節廳儀軌'. 한자+이두. 조선 필사 이두 자료. 서울대학교 규장각 한국학연구원 의궤 종합정보 홈페이지 '奎14179' 원문 이미지 보기>

1838-00-00. 「영정모사도감도청의궤(**太祖影幀模寫都監廳儀軌**)」,[430] 영정모사도감 편. <1책. 150장. 필사본. 표제는 '(道光十八年戊戌二月 日 春秋館上)影幀模寫都

---

[429] 서울대학교 규장각 한국학연구원 의궤 종합정보 홈페이지에서는 서명을 표제나 권수제와는 달리 '순조실록의궤(純祖實錄儀軌)'로 적었다.

[430] 서울대학교 규장각 한국학연구원 의궤 종합정보 홈페이지에서는 서명을 표제나 권수제와는 달리 '태조영정모사도감의궤(太祖影幀模寫都監儀軌)'로 적었다.

監儀軌'. 권수제는 '(道光十七年丁酉十一月 日)影幀模寫都監都廳儀軌'. 한자+이두. 조선 필사 이두 자료. 서울대학교 규장각 한국학연구원 소장. 서울대학교 규장각 한국학연구원 의궤 종합정보 홈페이지 '奎1381' 원문 이미지 보기>

1839년

<기해(己亥), 헌종 5년, 도광 19년>

1839-01-01~1839-12-10(己亥).「전객사일기(典客司日記)」82, 예조(禮曹) 전객사(典客司) 편(編). <1책(82/99). 98장. 필사본. 한자+이두. 조선 필사 이두 자료. 서울대학교 규장각 한국학연구원 홈페이지 원문 이미지 보기> <1640-01-22~1641-12-23(1)>

1839-01-01~1839-12-23.「결속색등록(結束色謄錄)」, 병조(兵曹) 편(編). <1책(52). 84장. 필사본. 필사 시기 미상. 한자+이두. 조선 필사 이두 자료. 서울대학교 규장각 한국학연구원 홈페이지 1787년~1891년 낙질본 107책(1792년(건륭 57년), 1811년(가경 16년) 하, 1816년(가경 21년), 1817년(가경 22년), 1824년(도광 4년), 1831(도광 11년), 1871년(동치 10년), 1885년(광서 11년) 없음) 원문 이미지 보기>

1839-01-10. **벌방리 유학 홍인후 표문**(閥芳里幼學洪仁厚標文),[431] 구폐도감 유학 이선호 등(捄弊都監幼學李善浩等). <1장. 한자+이두. 조선 필사 이두 자료. 경북 예천군 감천면 강릉 유씨 벌방 종가 구장. 한국국학진흥원 소장. 한국학자료센터 영남권역센터 홈페이지 원문 이미지와 텍스트 보기>

1839-01-10. **유학 양희모 토지매매명문**(幼學梁希模土地賣買明文), 답주 한량 최무생(畓主閑良崔武生). <1장. 한자+이두. 조선 필사 이두 자료. 전남 순천 황전 경주 정씨가 구장. 광주광역시 이정옥 소장. 호남권 한국학자료센터 홈페이지 원문 이미지와 텍스트 보기. 최승희(1989) 참고>

---

[431] 한국학자료센터 영남권역센터 홈페이지에서는 '1839년 구폐도감(捄弊都監) 환곡 면제 관련 수표(手標)'로 표시하였다.

1839-01-17. **유학 정방호 토지매매명문**(幼學鄭方浩土地賣買明文), 답주 유학 전학의
(畓主幼學全學義). <1장. 한자+이두. 조선 필사 이두 자료. 전남 순천 황전 경주
정씨가 구장. 광주광역시 이정옥 소장. 호남권 한국학자료센터 홈페이지 원문
이미지와 텍스트 보기. 최승희(1989) 참고>

1839-01-24. **작산 이씨 문중 토지매매명문**(鵲山李氏門中土地賣買明文), 답주 유학 박
규환(畓主幼學朴奎煥). <1장. 한자+이두. 조선 필사 이두 자료. 경북 안동시 주촌
진성 이씨 경류정 소장. 장서각 한국고문서자료관 홈페이지 원문 이미지와 텍스
트 보기. 한국정신문화연구원 편(1999) 참고>

1839-01-00. **김찬우 소지**(金燦禹所志) 1, 김찬우. <1장. 한자+이두. 조선 필사 이두
자료. 전북 고창군 장두 광산 김씨가 소장. 호남권 한국학자료센터 홈페이지 원문
이미지와 텍스트 보기. 최승희(1989), 전경목(1997), 이수건 외(2004) 참고>

1839-01-00. **김한유 소지**(金漢裕所志), 김한유. <1장. 한자+이두. 조선 필사 이두
자료. 전북 고창군 장두 광산 김씨가 소장. 호남권 한국학자료센터 홈페이지 원문
이미지와 텍스트 보기. 최승희(1989), 전경목(1997), 이수건 외(2004) 참고>

1839-01-00. **유택환 등 소지**(柳宅煥等所志) 1, 유택환 등. <1장. 한자+이두. 조선
필사 이두 자료. 전북 담양군 모현관 소장. 호남권 한국학자료센터 홈페이지 원문
이미지와 텍스트 보기. 최승희(1989), 정구복 외(1999) 참고>

1839-01-00. **화민 신굉규 등 소지**(化民辛㻎珪等所志), 신굉규 등. <1장. 한자+이두.
조선 필사 이두 자료. 전남 영광군 입석 영월 신씨 소장. 한국학중앙연구원 장서각
한국고문서자료관 홈페이지 원문 이미지와 텍스트 보기. 한국정신문화연구원
편(1996) 참고>

1839-02-06. **옥산서원 사림 서목**(玉山書院士林書目), 옥산서원 사림. <1장. 한자+이
두. 조선 필사 이두 자료. 경북 경주시 안강읍 옥산서원 소장. 한국학자료센터
영남권역센터 홈페이지 원문 이미지와 텍스트 보기. 이수환(2001) 참고>

1839-02-07. **정처중 토지매매명문**(丁處中土地賣買明文), 답주 자필 최상익(畓主自筆
崔相翼). <1장. 한자+이두. 조선 필사 이두 자료. 전북대학교 박물관 소장. 호남권
한국학자료센터 홈페이지 원문 이미지와 텍스트 보기. 최승희(1989), 정구복 외
(1999), 이재수(2003) 참고>

1839-02-10. **조갑룡 송추문기**(趙甲龍松楸文記), 산주 백일휴(山主白日休). <1장. 한자+이두. 조선 필사 이두 자료. 광주광역시 광산구 김해 김씨 소장. 호남권 한국학자료센터 홈페이지 원문 이미지와 텍스트 보기. 이재수(2003), 이수건 외(2004) 참고>

1839-02-11. **안검 송추문기**(安檢松楸文記), 산지주 유학 박유영(山地主幼學朴由英). <1장. 한자+이두. 조선 필사 이두 자료. 전남 보성군 복내면 죽산 안씨 죽곡정사 소장. 호남권 한국학자료센터 홈페이지 원문 이미지와 텍스트 보기. 김태영(1983), 이수건 외(2004) 참고>

1839-02-13. **경주 사림 상서**(慶州士林上書), 경주 사림. <1장. 한자+이두. 조선 필사 이두 자료. 경북 경주시 안강읍 옥산서원 소장. 한국학자료센터 영남권역센터 홈페이지 원문 이미지와 텍스트 보기. 이수환(2001) 참고>

1839-02-15. **김한유 토지매매명문**(金漢裕土地賣買明文), 시장주 유학 김찬우(柴場主幼學金燦禹). <1장. 한자+이두. 조선 필사 이두 자료. 전북 고창군 장두 광산 김씨가 소장. 호남권 한국학자료센터 홈페이지 원문 이미지와 텍스트 보기. 최승희(1989), 전경목(1997), 이수건 외(2004) 참고>

1839-02-25. **진동엽 다짐**(陳東燁侤音), 진동엽. <1장. 한자+이두. 조선 필사 이두 자료. 전북 담양군 모현관 소장. 호남권 한국학자료센터 홈페이지 원문 이미지와 텍스트 보기. 최승희(1989), 정구복 외(1999) 참고>

1839-02-00. **경주 옥산서원 서목**(慶州玉山書院書目), 옥산서원 사림(士林). <1장. 한자+이두. 조선 필사 이두 자료. 경북 경주시 안강읍 옥산서원 소장. 한국학자료센터 영남권역센터 홈페이지 원문 이미지와 텍스트 보기. 이수환(2001) 참고>

1839-02-00. **김찬우 소지**(金燦禹所志) 2, 김찬우. <1장. 한자+이두. 조선 필사 이두 자료. 전북 고창군 장두 광산 김씨가 소장. 호남권 한국학자료센터 홈페이지 원문 이미지와 텍스트 보기. 최승희(1989), 전경목(1997), 이수건 외(2004) 참고>

1839-02-00. **노봉서원 재임 품목**(露峯書院齋任稟目), 노봉서원. <1장. 한자+이두. 조선 필사 이두 자료. 남원·구례 삭녕 최씨 구장. 한국학중앙연구원 장서각 한국고문서자료관 홈페이지 원문 이미지 보기. 한국정신문화연구원 편(2004) 참고>

1839-02-00. **양지문 등 등장**(楊志文等等狀), 양지문 등. <1장. 한자+이두. 조선 필사

이두 자료. 전북 순창 청계 문화 유씨가 소장. 호남권 한국학자료센터 홈페이지 원문 이미지와 텍스트 보기. 최승희(1989), 김경숙(2002), 심재우(2013) 참고>

1839-02-00. **유택환 등 소지**(柳宅煥等所志) 2, 유택환 등. <1장. 한자+이두. 조선 필사 이두 자료. 전북 담양군 모현관 소장. 호남권 한국학자료센터 홈페이지 원문 이미지와 텍스트 보기. 최승희(1989), 정구복 외(1999) 참고>

1839-02-00. **최강주 등 상서**(崔綱宙等上書), 최강주 등. <1장. 한자+이두. 조선 필사 이두 자료. 남원·구례 삭녕 최씨 구장. 한국학중앙연구원 장서각 한국고문서자료관 홈페이지 원문 이미지 보기. 한국정신문화연구원 편(2004) 참고>

1839-03-02. **수성소계 토지매매명문**(水城所稧土地賣買明文), 답주 자필(畓主自筆). <1장. 한자+이두. 조선 필사 이두 자료. 대구광역시 수성구 만촌동 전주 류씨 종가 소장. 한국학자료센터 영남권역센터 홈페이지 원문 이미지와 텍스트 보기. 최승희(1989), 이재수(2003), 전경목(2010), 정수환(2012) 참고>

1839-03-17. **토지매매명문**(土地賣買明文), 답주 최성득(畓主崔成得). <1장. 한자+이두. 조선 필사 이두 자료. 남원·구례 삭녕 최씨 구장. 한국학중앙연구원 장서각 한국고문서자료관 홈페이지 원문 이미지 보기. 한국정신문화연구원 편(2004) 참고>

1839-03-18. **서당계회소 유사 유학 서문경 토지매매명문**(書堂契會所有司幼學西門熲土地賣買明文), 답주 상인 송상규(畓主喪人宋相圭). <1장. 한자+이두. 조선 필사 이두 자료. 전북 장수군 침곡 충주 박씨가 소장. 호남권 한국학자료센터 홈페이지 원문 이미지와 텍스트 보기. 박병호(1974ㄱ), 최승희(1989), 이재수(2003) 참고>

1839-03-00. **가사매매명문**(家舍賣買明文),[432] 재주 김광현(財主金光賢). <1장. 한자+이두. 조선 필사 이두 자료. 경남 거창 강동 초계 정씨 동계 종가 구장. 한국학중앙연구원 장서각 한국고문서자료관 홈페이지 & 한국학중앙연구원 장서각 한국학자료센터 홈페이지 원문 이미지와 텍스트 보기. 김태영(1983), 최승희(1989), 한국정신문화연구원 편(1995, 2005), 이재수(2003) 참고>

---

[432] 한국학중앙연구원 장서각 한국학자료센터 홈페이지에서는 '1839년 김광현(金光賢) 가사매매명문(家舍賣買明文)'으로 표시하였다.

1839-03-00. **김진항 소지**(金鎭恒所志), 김진항. <1장. 한자+이두. 조선 필사 이두 자료. 전남 영암 밀양 김씨 김상회 소장. 호남권 한국학자료센터 홈페이지 원문 이미지와 텍스트 보기. 최승희(1989) 참고>

1839-03-00. **황재수 등 소지**(黃再洙等所志), 황재수 등. <1장. 한자+이두. 조선 필사 이두 자료. 남원 대곡 장수 황씨 문중 소장. 호남권 한국학자료센터 홈페이지 원문 이미지와 텍스트 보기. 최승희(1989), 전북향토문화연구회 편(1993) 참고>

1839-04-09. **시장문기**(柴場文記), 시장주 자필 유학 신영섭(柴場主自筆幼學辛永燮). <1장. 한자+이두. 조선 필사 이두 자료. 전남 영광군 입석 영월 신씨 소장. 한국학중앙연구원 장서각 한국고문서자료관 홈페이지 원문 이미지와 텍스트 보기. 한국정신문화연구원 편(1996) 참고>

1839-04-15. **옥산서원 사림 첩정**(玉山書院士林牒呈), 옥산서원 사림. <1장. 한자+이두. 조선 필사 이두 자료. 경북 경주시 안강읍 옥산서원 소장. 한국학자료센터 영남권역센터 홈페이지 원문 이미지와 텍스트 보기. 이수환(2001) 참고>

1839-04-22. **정 씨 노비 순복 토지매매명문**(鄭氏奴婢順福土地賣買明文), 답주 이 씨 노비 순삼(畓主李氏奴婢順三). <1장. 한자+이두. 조선 필사 이두 자료. 대구광역시 수성구 만촌동 전주 류씨 종가 소장. 한국학자료센터 영남권역센터 홈페이지 원문 이미지와 텍스트 보기. 최승희(1989), 이재수(2003), 전경목(2010), 정수환(2012) 참고>

1839-04-00. **나학효 소지**(羅學孝所志), 나학효. <1장. 한자+이두. 조선 필사 이두 자료. 전북 고창군 장두 광산 김씨가 소장. 호남권 한국학자료센터 홈페이지 원문 이미지와 텍스트 보기. 최승희(1989), 전경목(1997), 이수건 외(2004) 참고>

1839-05-00. **나학칠 소지**(羅學七所志), 나학칠. <1장. 한자+이두. 조선 필사 이두 자료. 전북 고창군 장두 광산 김씨가 소장. 호남권 한국학자료센터 홈페이지 원문 이미지와 텍스트 보기. 최승희(1989), 전경목(1997), 이수건 외(2004) 참고>

1839-05-00. **남필륜 등 등장**(南必倫等等狀), 남필륜 등. <1장. 한자+이두. 조선 필사 이두 자료. 경남 밀양 사촌 의령 남씨 침류정 소장. 한국학중앙연구원 장서각 한국고문서자료관 홈페이지 원문 이미지 보기. 한국정신문화연구원 편(2004) 참고>

1839-05-00. **박광조 다짐**(朴光祚侤音), 박광조. <1장. 한자+이두. 조선 필사 이두 자료. 경남 밀양 사촌 의령 남씨 침류정 소장. 한국학중앙연구원 장서각 한국고문서자료관 홈페이지 원문 이미지 보기. 한국정신문화연구원 편(2004) 참고>

1839-06-03. **장손 부 김 씨 허급문기**(長孫婦金氏許給文記),[433] 자필 구조부 강재명(自筆舅祖父姜在明). <1장. 한자+이두. 조선 필사 이두 자료. 제주 어도내산 진주 강씨가 구장. 제주 한림 강우석 소장. 호남권 한국학자료센터 홈페이지 원문 이미지와 텍스트 보기. 최승희(1989), 고창석(2002) 참고>

1839-06-00. **박휘주 등 소지**(朴彙周等所志), 박휘주 등. <1장. 한자+이두. 조선 필사 이두 자료. 영해 도곡 무안 박씨 무의공 종택 소장. 한국학중앙연구원 장서각 한국고문서자료관 홈페이지 원문 이미지 보기. 한국학중앙연구원 편(2008) 참고>

1839-06-00. **토지매매명문**(土地賣買明文),[434] 답주 유학 이종준(畓主幼學李宗俊). <1장. 한자+이두. 조선 필사 이두 자료. 전북대학교 박물관 소장. 호남권 한국학자료센터 홈페이지 원문 이미지와 텍스트 보기. 최승희(1989), 정구복 외(1999), 이재수(2003) 참고>

1839-07-14. **임청발 전당수표**(林靑發典當手標), 임청발. <1장. 한자+이두. 조선 필사 이두 자료. 경북 예천군 감천면 강릉 유씨 벌방 종가 구장. 한국국학진흥원 소장. 한국학자료센터 영남권역센터 홈페이지 원문 이미지와 텍스트 보기>

1839-07-00. **대구 유문규 등 상서**(大邱柳文奎等上書) 1, 유문규 등. <1장. 한자+이두. 조선 필사 이두 자료. 전남 구례군 토지면 오미리 문화 류씨 운조루 소장. 한국학중앙연구원 장서각 한국고문서자료관 홈페이지 원문 이미지와 텍스트 보기. 한국정신문화연구원 편(1998) 참고>

1839-07-00. **박경춘 등 소지**(朴敬春等所志), 박경춘. <1장. 한자+이두. 조선 필사 이두 자료. 경남 밀양 사촌 의령 남씨 침류정 소장. 한국학중앙연구원 장서각

---

[433] 호남권 한국학자료센터 홈페이지에서는 '1839년 강영노(姜永老) 처 김씨(金氏) 별급기(別給記)'로 표시하였다.

[434] 호남권 한국학자료센터 홈페이지에서는 '1839년 이종준(李宗俊) 방매 토지매매명문(土地賣買明文)'으로 표시하였다.

한국고문서자료관 홈페이지 원문 이미지 보기. 한국정신문화연구원 편(2004) 참고>

1839-07-00. **화민 이종모 등 발괄**(化民李宗模等白活), 이종모 등. <1장. 한자+이두. 조선 필사 이두 자료. 경북 성주 명곡 벽진 이씨 완석정 종택 소장. 한국학중앙연구원 장서각 한국고문서자료관 홈페이지 원문 이미지 보기. 한국학중앙연구원 편(2009) 참고>

1839-08-17. **최덕구·최병희 통문**(崔德九崔炳熙通文), 최덕구·최병희. <1장. 한자+이두. 조선 필사 이두 자료. 남원·구례 삭녕 최씨 구장. 한국학중앙연구원 장서각 한국고문서자료관 홈페이지 원문 이미지 보기. 한국정신문화연구원 편(2004) 참고>

1839-08-00. **문정택 등 상서**(文正澤等上書), 문정택 등. <1장. 한자+이두. 조선 필사 이두 자료. 전남 영암군 장암 남평 문씨 문창집 소장. 한국학중앙연구원 장서각 한국고문서자료관 홈페이지 원문 이미지와 텍스트 보기. 최승희(1989), 한국정신문화연구원 편(1995) 참고>

1839-09-00. **구암서원 재임 최목흠 의송**(龜巖書院齋任崔穆欽議送), 구암서원. <1장. 한자+이두. 조선 필사 이두 자료. 전남 영암군 장암 남평 문씨 문창집 소장. 한국학중앙연구원 장서각 한국고문서자료관 홈페이지 원문 이미지와 텍스트 보기. 한국정신문화연구원 편(1995) 참고>

1839-09-00. **이은 등 상서**(李垠等上書) 1, 이은 등. <1장. 한자+이두. 조선 필사 이두 자료. 경북 경주시 안강읍 옥산리 여주 이씨 독락당 소장. 한국학중앙연구원 장서각 한국고문서자료관 홈페이지 원문 이미지 보기. 한국정신문화연구원 편(2003) 참고>

1839-10-17. **박준근 토지매매명문**(朴俊根土地賣買明文), 답주 김학흥(畓主金學興). <1장. 한자+이두. 조선 필사 이두 자료. 대구광역시 수성구 만촌동 전주 류씨 종가 소장. 한국학자료센터 영남권역센터 홈페이지 원문 이미지와 텍스트 보기. 최승희(1989), 이재수(2003), 전경목(2010), 정수환(2012) 참고>

1839-10-18. **영암 구암서원 완문**(靈巖龜巖書院完文), 절도사(節度使). <1장. 한자+이두. 조선 필사 이두 자료. 전남 영암군 장암 남평 문씨 문창집 소장. 한국학중앙연

구원 장서각 한국고문서자료관 홈페이지 원문 이미지와 텍스트 보기. 한국정신문화연구원 편(1995) 참고>

1839-10-00. **박정석 단자**(朴鼎錫單子), 박정석. <1장. 한자+이두. 조선 필사 이두 자료. 부여 은산 함양 박씨 소장. 한국학중앙연구원 장서각 한국고문서자료관 홈페이지 원문 이미지 보기. 한국정신문화연구원 편(2000) 참고>

1839-10-00. **안우룡·안영순·안윤식 등 소지**(安㺚龍安永淳安潤植等所志), 안우룡·안영순·안윤식 등. <1장. 한자+이두. 조선 필사 이두 자료. 함안 두릉 순흥 안씨 소장. 한국학중앙연구원 장서각 한국고문서자료관 홈페이지 원문 이미지 보기. 한국학중앙연구원 편(2006) 참고>

1839-10-00. **오택선 전령**(吳宅善傳令), 금위대장(禁衛大將). <1장. 한자+이두. 조선 필사 이두 자료. 성남 해주 오씨 월곡공파 소장. 한국학중앙연구원 장서각 한국고문서자료관 홈페이지 원문 이미지 보기>

1839-11-26. **김원택 토지매매명문**(金元澤土地賣買明文), 답주 한량 서철억(畓主閑良徐哲億). <1장. 한자+이두. 조선 필사 이두 자료. 전남 보성 박실 제주 양씨가 구장. 원광대학교 박물관 소장. 호남권 한국학자료센터 홈페이지 원문 이미지와 텍스트 보기. 홍성찬(1981) 참고>

1839-11-26. **토지매매명문**(土地賣買明文), 답주 유학 오포(畓主幼學吳浦). <1장. 한자+이두. 조선 필사 이두 자료. 전북대학교 박물관 소장. 호남권 한국학자료센터 홈페이지 원문 텍스트 보기.[435] 최승희(1989), 정구복 외(1999), 이재수(2003) 참고>

1839-11-28. **족제 이규빈 토지매매명문**(族弟李奎彬土地賣買明文), 답주 족형 이기문(畓主族兄李基文). <1장. 한자+이두. 조선 필사 이두 자료. 전남 보성 박실 제주 양씨가 구장. 원광대학교 박물관 소장. 호남권 한국학자료센터 홈페이지 원문 이미지와 텍스트 보기. 박병호(1974ㄱ), 이재수(2003) 참고>

1839-11-00. **권응모 등 산송 관련 소지**(權應模等山訟關聯所志), 권응모 등. <1장. 한자+이두. 조선 필사 이두 자료. 경북 예천군 용문면 대제리 원동 권씨 춘우재 고택

---

[435] 원문 이미지와 본문의 내용이 다르다.

구장. 한국국학진흥원 소장. 한국학자료센터 영남권역센터 홈페이지 원문 이미지
와 텍스트 보기>

1839-11-00. **남응규 등 소지**(南應奎等所志), 남응규 등. <1장. 한자+이두. 조선 필사
이두 자료. 경남 밀양 사촌 의령 남씨 침류정 소장. 한국학중앙연구원 장서각
한국고문서자료관 홈페이지 원문 이미지 보기. 한국정신문화연구원 편(2004) 참
고>

1839-11-00. **남필륜 등 소지**(南必倫等所志), 남필륜 등. <1장. 한자+이두. 조선 필사
이두 자료. 경남 밀양 사촌 의령 남씨 침류정 소장. 한국학중앙연구원 장서각
한국고문서자료관 홈페이지 원문 이미지 보기. 한국정신문화연구원 편(2004) 참
고>

1839-11-00. **대구 유문규 등 상서**(大邱柳文奎等上書) 2, 유문규 등. <1장. 한자+이두.
조선 필사 이두 자료. 전남 구례군 토지면 오미리 문화 류씨 운조루 소장. 한국학
중앙연구원 장서각 한국고문서자료관 홈페이지 원문 이미지와 텍스트 보기. 한국
정신문화연구원 편(1998) 참고>

1839-11-00. **대구 유학 최영진 등 상서**(大邱幼學崔永鎭等上書), 최영진 등. <1장. 한자
+이두. 조선 필사 이두 자료. 경북 경주시 안강읍 옥산서원 소장. 한국학자료센터
영남권역센터 홈페이지 원문 이미지와 텍스트 보기. 이수환(2001) 참고>

1839-11-00. **이은 등 상서**(李垠等上書) 2, 이은 등. <1장. 한자+이두. 조선 필사 이두
자료. 경북 경주시 안강읍 옥산리 여주 이씨 독락당 소장. 한국학중앙연구원 장서
각 한국고문서자료관 홈페이지 원문 이미지 보기. 한국정신문화연구원 편(2003)
참고>

1839-11-00. **토지매매명문**(土地賣買明文),[436] 답주 정달인(畓主鄭達仁). <1장. 한자+
이두. 조선 필사 이두 자료. 전북대학교 박물관 소장. 호남권 한국학자료센터
홈페이지 원문 텍스트 보기. 최승희(1989), 정구복 외(1999), 이재수(2003) 참고>

1839-12-07. **최동수 토지매매명문**(崔東秀土地賣買明文), 전주 자필 김용택(田主自筆

---

[436] 호남권 한국학자료센터 홈페이지에서는 '1839년 정달인(鄭達仁) 방매 토지매매명문(土地賣買明
文)'으로 표시하였다.

金龍澤). <1장. 한자+이두. 조선 필사 이두 자료. 광주광역시 광산구 김해 김씨 소장. 호남권 한국학자료센터 홈페이지 원문 이미지와 텍스트 보기. 이재수(2003), 이수건 외(2004) 참고>

1839-12-19. **유학 오현상 토지매매명문**(幼學吳顯常土地賣買明文), 답주 유학 자필 최우홍(畓主幼學自筆崔遇鴻). <1장. 한자+이두. 조선 필사 이두 자료. 남원·구례 삭녕 최씨 구장. 한국학중앙연구원 장서각 한국고문서자료관 홈페이지 원문 이미지 보기. 한국정신문화연구원 편(2004) 참고>

1839-12-21~1843-01-28(己亥~癸卯). 「우포청등록(右捕廳謄錄)」, 포도청(捕盜廳) 편(編). <1책(2/30). 64장. 필사본. 표제는 '右捕廳謄錄'. 한자+이두. 조선 필사 이두 자료. 서울대학교 규장각 한국학연구원 홈페이지 원문 이미지 보기> <1807-01-13~1808-06-12(1/30)>

1839-12-24. **조 씨 댁 종계 토지매매명문**(趙氏宅宗稧土地賣買明文), 전답주 차택근(田畓主車澤根). <1장. 한자+이두. 조선 필사 이두 자료. 경북 상주 낙동 풍양 조씨 양진당 소장. 한국학중앙연구원 장서각 한국고문서자료관 홈페이지 원문 이미지 보기>

1839-12-24. **하■ 가사 유사 토지매매명문**(下■家舍有司土地賣買明文),[437] 전주 족인 이조영(田主族人李祖榮). <1장. 한자+이두. 조선 필사 이두 자료. 경북 영해 인량 재령 이씨 충효당 소장. 한국학중앙연구원 장서각 한국고문서자료관 홈페이지 원문 이미지 보기. 한국정신문화연구원 편(1997) 참고>

1839-12-28. **이규영 노비매매명문**(李奎榮奴婢賣買明文), 비주 족숙 유학 이상류(婢主族叔幼學李相綸). <1장. 한자+이두. 조선 필사 이두 자료. 경북 영해 인량 재령 이씨 충효당 소장. 한국학중앙연구원 장서각 한국고문서자료관 홈페이지 원문 이미지 보기. 한국정신문화연구원 편(2004) 참고>

1839-12-30. **시장문기**(柴場文記),[438] 시장주 주귀봉(柴場主朱貴奉). <1장. 한자+이두.

---

[437] 한국학중앙연구원 디지털장서각 홈페이지에서는 문서명을 '1839년 가사유사(家舍有司) 토지매매명문(土地賣買明文)'으로 적었다.

[438] 호남권 한국학자료센터 홈페이지에서는 '1839년 주귀봉(朱貴奉) 방매(放賣) 시장문기(柴場文記)'로 표시하였다.

조선 필사 이두 자료. 전남 영광군 염소면 원주 이씨가 구장. 광주광역시 이정옥 소장. 호남권 한국학자료센터 홈페이지 원문 이미지와 텍스트 보기. 최승희(1989), 정구복 외(1999) 참고>

1839-12-00. **대구 유영진 등 상서**(大邱柳永震等上書), 유영진 등. <1장. 한자+이두. 조선 필사 이두 자료. 전남 구례군 토지면 오미리 문화 류씨 운조루 소장. 한국학중앙연구원 장서각 한국고문서자료관 홈페이지 원문 이미지와 텍스트 보기. 한국정신문화연구원 편(1998) 참고>

1839-00-00. 「송은 선생 문집(**松隱先生文集**)」, 박익(朴翊, 1332년~1398년) 저(著). <초간본. 4권 1책. 목판본. 한자+이두. 서울대학교 규장각 한국학연구원 '古 3428-286' 소장. 국립중앙도서관 홈페이지 원문 이미지 보기. 한국고전종합DB 홈페이지 원문 이미지와 텍스트 보기> <이본: ① 1862-00-00(한국학중앙연구원 디지털장서각 원문 이미지 보기) ② 1935-00-00(3권 1책. 목판본. 국립중앙도서관 홈페이지 원문 이미지 보기)>

1839-00-00 추정. **옥산서원 사림 이태원·권치복·손영덕 등 상서**(玉山書院士林李泰元權致福孫永德等上書), 이태원·권치복·손영덕 등. <1장. 한자+이두. 조선 필사 이두 자료. 경북 경주시 안강읍 옥산리 여주 이씨 독락당 소장. 한국학중앙연구원 장서각 한국고문서자료관 홈페이지 원문 이미지 보기. 한국정신문화연구원 편(2003) 참고>

1840년

<경자(庚子), 헌종 6년, 도광 20년>

1840-01-01~1840-12-27. 「결속색등록(**結束色謄錄**)」, 병조(兵曹) 편(編). <1책(53). 111장. 필사본. 한자+이두. 조선 필사 이두 자료. 서울대학교 규장각 한국학연구원 홈페이지 1787년~1891년 낙질본 107책(1792년(건륭 57년), 1811년(가경 16년) 하, 1816년(가경 21년), 1817년(가경 22년), 1824년(도광 4년), 1831(도광 11년), 1871년(동치 10년), 1885년(광서 11년) 없음) 원문 이미지 보기>

1840-01-01~1840-12-27(庚子).「전객사일기(典客司日記)」83, 예조(禮曹) 전객사(典客司) 편(編). <1책(83/99). 121장. 필사본. 한자+이두. 조선 필사 이두 자료. 서울대학교 규장각 한국학연구원 홈페이지 원문 이미지 보기> <1640-01-22~1641-12-23(1)>

1840-01-13. **옥산서원 사림 서목**(玉山書院士林書目), 옥산서원 사림. <1장. 한자+이두. 조선 필사 이두 자료. 경북 경주시 안강읍 옥산서원 소장. 한국학자료센터 영남권역센터 홈페이지 원문 이미지와 텍스트 보기. 이수환(2001) 참고>

1840-01-20. **정사 별소 토지매매명문**(精舍別所土地賣買明文), 답주 자필 강도치(畓主自筆姜道治). <1장. 한자+이두. 조선 필사 이두 자료. 경북 안동시 주촌 진성 이씨 경류정 소장. 한국학중앙연구원 장서각 한국고문서자료관 홈페이지 원문 이미지와 텍스트 보기. 한국정신문화연구원 편(1999) 참고>

1840-01-26. **유학 사종형 박재기 토지매매명문**(幼學四從兄朴在璣土地賣買明文), 가대주 자필 유학 사종제 박재룡(家垈主自筆幼學四從弟朴在龍). <1장. 한자+이두. 조선 필사 이두 자료. 전북대학교 박물관 소장. 호남권 한국학자료센터 홈페이지 원문 텍스트 보기. 최승희(1989), 정구복 외(1999), 이재수(2003) 참고>

1840-01-00. **옥산서원 사림문보**(玉山書院士林文報), 옥산서원 사림. <1장. 한자+이두. 조선 필사 이두 자료. 경북 경주시 안강읍 옥산서원 소장. 한국학자료센터 영남권역센터 홈페이지 원문 이미지와 텍스트 보기. 이수환(2001) 참고>

1840-01-00. **화민 김두일 등 소지**(化民金斗一等所志),[439] 김두일 등. <1장. 한자+이두. 조선 필사 이두 자료. 전북 부안군 취성재 소장. 호남권 한국학자료센터 홈페이지 원문 이미지와 텍스트 보기. 최승희(1989), 전경목(1997), 이수건 외(2004) 참고>

1840-01-00. **최세빈 등 소지**(崔世彬等所志), 최세빈 등. <1장. 한자+이두. 조선 필사 이두 자료. 경북 경주시 내남면 이조리 경주 최씨·용산서원 소장. 한국학중앙연구원 장서각 한국고문서자료관 홈페이지 원문 이미지 보기. 한국정신문화연구원 편(2000) 참고>

---

[439] 호남권 한국학자료센터 홈페이지에서는 '1840년 김일두(金斗一) 등 소지(所志)'로 잘못 표시하였다.

1840-01-00 추정. **옥산 이 노 정손 소지**(玉山李奴丁孫所志),⁴⁴⁰ 정손. <1장. 한자+이두. 조선 필사 이두 자료. 경북 경주시 안강읍 옥산리 여주 이씨 장산서원·치암 종택 구장. 한국학중앙연구원 장서각 한국고문서자료관 홈페이지 원문 이미지 보기. 한국정신문화연구원 편(2003) 참고>

1840-02-03. **첩보**(牒報) <1장. 한자+이두. 조선 필사 이두 자료. 한국학중앙연구원 장서각 한국고문서자료관 홈페이지 원문 텍스트 보기. 한국정신문화연구원 편(1992) 참고>

1840-02-10. **유학 탄장문기**(幼學炭場文記),⁴⁴¹ 탄장주 유학 최규한(炭場主幼學崔圭翰). <1장. 한자+이두. 조선 필사 이두 자료. 전남 화순 내서 흥성 장씨가 구장. 광주광역시 이정옥 소장. 호남권 한국학자료센터 홈페이지 원문 이미지와 텍스트 보기. 최승희(1989), 정구복 외(1999) 참고>

1840-02-21. **이계화 토지매매명문**(李啓華土地賣買明文), 답주 촌 유사 유학 이돈백(畓主村有司幼學李敦白). <1장. 한자+이두. 조선 필사 이두 자료. 전남 함평군 함평 이씨 이건풍 구장. 목포대학교 도서문화연구원 소장. 호남권 한국학자료센터 홈페이지 원문 이미지와 텍스트 보기. 최승희(1989) 참고>

1840-02-27. **유학 토지매매명문**(幼學土地賣買明文),⁴⁴² 답주 한량 천옥이(畓主閑良千玉伊). <1장. 한자+이두. 조선 필사 이두 자료. 전북대학교 박물관 소장. 호남권 한국학자료센터 홈페이지 원문 이미지와 텍스트 보기. 최승희(1989), 정구복 외(1999), 이재수(2003) 참고>

1840-02-00. **박진완 등 소지**(朴鎭完等所志), 박진완 등. <1장. 한자+이두. 조선 필사 이두 자료. 영해 도곡 무안 박씨 무의공 종택 소장. 한국학중앙연구원 장서각 한국고문서자료관 홈페이지 원문 이미지 보기. 한국학중앙연구원 편(2008) 참

440　한국학중앙연구원 장서각 한국고문서자료관 홈페이지에서는 '1840년(?) 이씨가(李氏家) 수노(首奴) 정손(丁孫) 소지(所志)'로 표시하였다.
441　호남권 한국학자료센터 홈페이지에서는 '1840년 최규한(崔圭翰) 방매(放賣) 탄장문기(炭場文記)'로 표시하였다.
442　호남권 한국학자료센터 홈페이지에서는 '1840년 천옥이(千玉伊) 방매 토지매매명문(土地賣買明文)'으로 표시하였다.

1840-02-00. **이상국 등 발괄**(李相國等白活), 이상국 등. <1장. 한자+이두. 조선 필사 이두 자료. 경북 안동시 주촌 진성 이씨 경류정 소장. 한국학중앙연구원 장서각 한국고문서자료관 홈페이지 원문 이미지와 텍스트 보기. 한국정신문화연구원 편(1999) 참고>

1840-02-00. **이수운·이조수 등 발괄**(李樹運李肇秀等白活), 이수운·이조수 등. <1장. 한자+이두. 조선 필사 이두 자료. 경북 칠곡 석전 광주 이씨 구장. 한국학중앙연구원 장서각 한국고문서자료관 홈페이지 원문 이미지 보기. 한국학중앙연구원 편(2009) 참고>

1840-03-02. **유학 정 토지매매명문**(幼學鄭土地賣買明文), 답주 자필 유학 신윤현(畓主自筆幼學辛潤鉉). <1장. 한자+이두. 조선 필사 이두 자료. 전남 영광군 입석 영월 신씨 소장. 한국학중앙연구원 장서각 한국고문서자료관 홈페이지 원문 이미지와 텍스트 보기. 한국정신문화연구원 편(1996) 참고>

1840-03-04. **시장문기**(柴場文記), 시장주 자필 박석윤(柴場主自筆朴錫潤). <1장. 한자+이두. 조선 필사 이두 자료. 전남 영광군 입석 영월 신씨 소장. 한국학중앙연구원 장서각 한국고문서자료관 홈페이지 원문 이미지와 텍스트 보기. 한국정신문화연구원 편(1996) 참고>

1840-03-13. **권봉모 등 산송 관련 소지**(權鳳模等山訟關聯所志), 권봉모 등. <1장. 한자+이두. 조선 필사 이두 자료. 경북 예천군 용문면 대제리 원동 권씨 춘우재 고택 구장. 한국국학진흥원 소장. 한국학자료센터 영남권역센터 홈페이지 원문 이미지와 텍스트 보기>

1840-03-14. **김원택 토지매매명문**(金元澤土地賣買明文), 답주 서철억(畓主徐哲億). <1장. 한자+이두. 조선 필사 이두 자료. 전남 보성 박실 제주 양씨가 구장. 원광대학교 박물관 소장. 호남권 한국학자료센터 홈페이지 원문 이미지와 텍스트 보기. 박병호(1974ㄱ), 최승희(1989), 이재수(2003) 참고>

1840-03-20. **토지매매명문**(土地賣買明文),[443] 답주 유학 서창석(畓主幼學徐昌石). <1

---

[443] 호남권 한국학자료센터 홈페이지에서는 '1840년 서창석(徐昌石) 방매(放賣) 토지매매명문(土地賣

장. 한자+이두. 조선 필사 이두 자료. 전남 영광 마산 경주 이씨가 구장. 진안 용담호미술관 소장. 호남권 한국학자료센터 홈페이지 원문 이미지와 텍스트 보기. 최승희(1989), 김소은(2004) 참고>

1840-03-22. **염돌이 토지매매명문**(廉乭伊土地賣買明文), 답주 김재원(畓主金才元). <1장. 한자+이두. 조선 필사 이두 자료. 경북 영해 인량 재령 이씨 충효당 소장. 한국학중앙연구원 장서각 한국고문서자료관 홈페이지 원문 이미지 보기. 한국정신문화연구원 편(1992) 참고>

1840-03-00. **김정진 소지**(金廷鎭所志), 김정진. <1장. 한자+이두. 조선 필사 이두 자료. 안동 천전 의성 김씨 지촌 종택 소장. 한국학중앙연구원 장서각 한국고문서자료관 홈페이지 원문 이미지 보기. 한국정신문화연구원 편(1989) 참고>

1840-03-00. **유학 신항룡 등 의송**(幼學辛恒龍等議送), 신항룡 등. <1장. 한자+이두. 조선 필사 이두 자료. 전남 영광군 입석 영월 신씨 소장. 한국학중앙연구원 장서각 한국고문서자료관 홈페이지 원문 이미지와 텍스트 보기. 한국정신문화연구원 편(1996) 참고>

1840-04-02. **수성계소 토지매매명문**(水成稧所土地賣買明文), 답주 유치호(畓主柳致 鎬). <1장. 한자+이두. 조선 필사 이두 자료. 경북 안동시 수곡면 전주 류씨 삼산 종가 구장. 한국국학진흥원 소장. 한국학자료센터 영남권역센터 홈페이지 원문 이미지와 텍스트 보기. 최승희(1989), 이재수(2003), 전경목(2010), 정수환(2012) 참고>

1840-04-08. **토지매매명문**(土地賣買明文)[444] 1, 답주 강재일(畓主姜在一). <1장. 한자+이두. 조선 필사 이두 자료. 전남 나주시 남내 밀양 박씨 청재 종가 소장. 호남권 한국학자료센터 홈페이지 원문 이미지와 텍스트 보기>

1840-04-29. **유학 김찬순 송추문기**(幼學金燦淳松楸文記), 산주 유학 김성국(山主幼學 金聲國).[445] <1장. 한자+이두. 조선 필사 이두 자료. 광주광역시 광산구 김해 김씨

買明文'으로 표시하였다.

[444] 호남권 한국학자료센터 홈페이지에서는 '1840년 강재일(姜在一) 방매(放賣) 토지매매명문(土地賣 買明文)'으로 표시하였다.

[445] 호남권 한국학자료센터 홈페이지의 '작성 주체'에서는 '김성(金聲國)'으로 잘못 적었다.

소장. 호남권 한국학자료센터 홈페이지 원문 이미지와 텍스트 보기. 이재수(2003), 이수건 외(2004) 참고>

1840-04-00. **나학칠 소지**(羅學七所志) 1, 나학칠. <1장. 한자+이두. 조선 필사 이두 자료. 전북 고창군 장두 광산 김씨가 소장. 호남권 한국학자료센터 홈페이지 원문 이미지와 텍스트 보기. 최승희(1989), 전경목(1997), 이수건 외(2004) 참고>

1840-04-00. **영광 겸민 신항정 등 소지**(靈光兼民辛恒禎等所志),[446] 신항정 등. <1장. 한자+이두. 조선 필사 이두 자료. 전남 영광군 입석 영월 신씨 소장. 한국학중앙연구원 장서각 한국고문서자료관 홈페이지 원문 이미지와 텍스트 보기. 한국정신문화연구원 편(1996) 참고>

1840-04-00. **임호원 등 등장**(林浩源等等狀), 임호원 등. <1장. 한자+이두. 조선 필사 이두 자료. 경남 거창 갈계 은진 임씨 소장. 한국학중앙연구원 장서각 한국고문서자료관 홈페이지 원문 이미지 보기. 한국학중앙연구원 편(2005) 참고>

1840-04-00. **조격재 등 상서**(趙格齋等上書), 조격재 등. <1장. 한자+이두. 조선 필사 이두 자료. 경북 상주 낙동 풍양 조씨 양진당 소장. 한국학중앙연구원 장서각 한국고문서자료관 홈페이지 원문 이미지 보기>

1840-05-01. **토지매매명문**(土地賣買明文)[447] 2, 답주 강재일(畓主姜在一). <1장. 한자+이두. 조선 필사 이두 자료. 전남 나주시 남내 밀양 박씨 청재 종가 소장. 호남권 한국학자료센터 홈페이지 원문 이미지와 텍스트 보기. 박성종(1999), 박준호(2004), 박한설(2006) 참고>

1840-05-07~1840-05-00(庚子). 「평안감영계록(平安監營啓錄)」, 비변사(備邊司) 편(編). <1책(9/37). 91장. 필사본. 표제는 '平安監營啓錄'. 한자+이두. 이두 자료. 서울대학교 규장각 한국학연구원 홈페이지 원문 이미지 보기> <영인본: 「각사등록」 30(평안도편 2)(국사편찬위원회 편, 1988)> <1830-08-12~1830-12-30(1/37)>

---

[446] 한국학중앙연구원 장서각 한국고문서자료관 홈페이지에서는 '1840년 겸민(兼民) 신굉규(辛㲑珪) 소지(所志)'로 표시하였다.

[447] 호남권 한국학자료센터 홈페이지에서는 '1840년 강재일(姜在一) 방매(放賣) 토지매매명문(土地賣買明文)'으로 표시하였다.

1840-05-12. **유 승지댁 노비 험암회 가사매매명문**(柳承旨宅奴婢驗巖回家舍賣買明文), 가주 유학 우진헌(家主幼學禹鎭憲). <1장. 한자+이두. 조선 필사 이두 자료. 경북 안동시 수곡면 전주 류씨 삼산 종가 구장. 한국국학진흥원 소장. 한국학자료센터 영남권역센터 홈페이지 원문 이미지와 텍스트 보기. 최승희(1989), 이재수(2003), 전경목(2010), 정수환(2012) 참고>

1840-05-00. **옥산계정 이 노 천만 소지**(玉山溪亭李奴千萬所志),[448] 천만. <1장. 한자+이두. 조선 필사 이두 자료. 경북 경주시 안강읍 옥산리 여주 이씨 독락당 소장. 한국학중앙연구원 장서각 한국고문서자료관 홈페이지 원문 이미지 보기. 한국정신문화연구원 편(2003) 참고>

1840-05-00. **토지매매명문**(土地賣買明文),[449] 답주 이도용(畓主李島用). <1장. 한자+이두. 조선 필사 이두 자료. 전북대학교 박물관 소장. 호남권 한국학자료센터 홈페이지 원문 텍스트 보기. 최승희(1989), 정구복 외(1999), 이재수(2003) 참고>

1840-07-17. **토지매매명문**(土地賣買明文),[450] 재주 이용(財主李鎔). <1장. 한자+이두. 조선 필사 이두 자료. 한국학중앙연구원 장서각 한국고문서자료관 홈페이지 원문 이미지와 텍스트 보기. 한국정신문화연구원 편(1992) 참고>

1840-07-27. **유학 이운영 토지매매명문**(幼學李運榮土地賣買明文), 전주 자필 유학 박상건(田主自筆幼學朴尙健). <1장. 한자+이두. 조선 필사 이두 자료. 경북 영해 인량 재령 이씨 충효당 소장. 한국학중앙연구원 장서각 한국고문서자료관 홈페이지 원문 이미지 보기. 한국정신문화연구원 편(2004) 참고>

1840-07-00. **전 우후 유억 소지**(前虞侯柳億所志), 유억. <1장. 한자+이두. 조선 필사 이두 자료. 전남 구례군 토지면 오미리 문화 류씨 운조루 소장. 한국학중앙연구원 장서각 한국고문서자료관 홈페이지 원문 이미지와 텍스트 보기. 한국정신문화연

---

[448] 한국학중앙연구원 장서각 한국고문서자료관 홈페이지에서는 '1840년 계정(溪亭) 수노(首奴) 소지(所志)'로 표시하였다.

[449] 호남권 한국학자료센터 홈페이지에서는 '1840년 이도용(李島用) 방매 토지매매명문(土地賣買明文)'으로 표시하였다.

[450] 한국학중앙연구원 장서각 한국고문서자료관 홈페이지에서는 '1840년 이용(李鎔) 방매 가사매매명문(家舍賣買明文)'으로 표시하였다.

구원 편(1998) 참고>

1840-07-00. **최씨 종중 완문**(崔氏宗中完文), 구례현(求禮縣). <1장. 한자+이두. 조선 필사 이두 자료. 남원·구례 삭녕 최씨 구장. 한국학중앙연구원 장서각 한국고문서자료관 홈페이지 원문 이미지 보기. 한국정신문화연구원 편(2004) 참고>

1840-07-00. **하경순 등 소지**(河景舜等所志), 하경순 등. <1장. 한자+이두. 조선 필사 이두 자료. 안동 송파 진주 하씨 하위지 후손가 소장. 한국학중앙연구원 장서각 한국고문서자료관 홈페이지 원문 이미지 보기. 한국정신문화연구원 편(2002) 참고>

1840-07-00. **화민 유억 소지**(化民柳億所志), 유억. <1장. 한자+이두. 조선 필사 이두 자료. 전남 구례군 토지면 오미리 문화 류씨 운조루 소장. 한국학중앙연구원 장서각 한국고문서자료관 홈페이지 원문 이미지와 텍스트 보기. 한국정신문화연구원 편(1998) 참고>

1840-08-08~1841-10-29(庚子~辛丑).「의주부장계등록(**義州府狀啓謄錄**)」, 비변사(備邊司) 편(編). <1책(1/6). 29장. 필사본. 표제는 '各道啓錄'. 한자+이두. 조선 필사 이두 자료. 서울대학교 규장각 한국학연구원 홈페이지 원문 이미지 보기> <1852-02-29~1853-02-28(2/6), 1854-06-20~1860-06-06(3/6), 1860-06-15~1868-08-21(4/6), 1874-02-20~1876-04-27(5/6), 1884-10-17~1893-04-16(6/6)>

1840-08-17. **족질 신광규 시장문기**(族姪辛光珪柴場文記), 시장주 유학 9촌숙 신항룡(柴場主幼學九寸叔辛恒龍). <1장. 한자+이두. 조선 필사 이두 자료. 전남 영광군 입석 영월 신씨 소장. 한국학중앙연구원 장서각 한국고문서자료관 홈페이지 원문 이미지와 텍스트 보기. 한국정신문화연구원 편(1996) 참고>

1840-08-20. **풍헌 첩정**(風憲牒呈), 풍헌. <1장. 한자+이두. 조선 필사 이두 자료. 안동 송파 진주 하씨 하위지 후손가 소장. 한국학중앙연구원 장서각 한국고문서자료관 홈페이지 원문 이미지 보기. 한국정신문화연구원 편(2002) 참고>

1840-08-00. **관곡서원 첩정**(館谷書院牒呈) 교량감관 박(橋梁監官朴). <1장. 한자+이두. 조선 필사 이두 자료. 전북 임실 관곡서원 소장. 호남권 한국학자료센터 홈페이지 원문 이미지와 텍스트 보기. 박병호(1974ㄱ), 정구복(2002) 참고>

1840-08-00. **노봉서원 재임 서목**(露峯書院齋任書目), 노봉서원. <1장. 한자+이두.

조선 필사 이두 자료. 남원·구례 삭녕 최씨 구장. 한국학중앙연구원 장서각 한국고문서자료관 홈페이지 원문 이미지 보기. 한국정신문화연구원 편(2004) 참고>

1840-08-00. **여수영 등 상서**(呂守永等上書), 여수영 등. <1장. 한자+이두. 조선 필사 이두 자료. 전북 완주군 비봉 반곡서원 소장. 호남권 한국학자료센터 홈페이지 원문 이미지와 텍스트 보기. 박병호(1974ㄱ), 최승희(1989) 참고>

1840-09-00. **윤 감역댁[451] 노 일순 의송**(尹監役宅奴日順議送), 일순. <1장. 한자+이두. 조선 필사 이두 자료. 전남 해남 연동 해남 윤씨 녹우당 소장. 한국학중앙연구원 장서각 한국고문서자료관 홈페이지 원문 이미지와 텍스트 보기. 한국정신문화연구원 편(1986) 참고>

1840-10-20. **김한유 다짐**(金漢裕侤音), 김한유. <1장. 한자+이두. 조선 필사 이두 자료. 전북 고창군 장두 광산 김씨가 소장. 호남권 한국학자료센터 홈페이지 원문 이미지와 텍스트 보기. 박병호(1974ㄱ), 최승희(1989), 전경목(1997), 정구복(2002), 이수건 외(2004), 김경숙(2012) 참고>

1840-10-00. **김회수 소지**(金會壽所志), 김회수. <1장. 한자+이두. 조선 필사 이두 자료. 안동 천전 의성 김씨 지촌 종택 소장. 한국학중앙연구원 장서각 한국고문서자료관 홈페이지 원문 이미지 보기. 한국정신문화연구원 편(1989) 참고>

1840-10-00. **나학칠 소지**(羅學七所志) 2, 나학칠. <1장. 한자+이두. 조선 필사 이두 자료. 전북 고창군 장두 광산 김씨가 소장. 호남권 한국학자료센터 홈페이지 원문 이미지와 텍스트 보기. 최승희(1989), 전경목(1997), 이수건 외(2004) 참고>

1840-10-00. **조 노 익암 소지**(趙奴益巖所志), 익암. <1장. 한자+이두. 조선 필사 이두 자료. 경북 상주 낙동 풍양 조씨 양진당 소장. 한국학중앙연구원 장서각 한국고문서자료관 홈페이지 원문 이미지 보기>

1840-11-11~1841-03-29(庚子~辛丑). 「평안감영계록(平安監營啓錄)」, 비변사(備邊司) 편(編). <1책(10/37). 155장. 필사본. 표제는 '平安監營啓錄'. 한자+이두. 조선 필사 이두 자료. 서울대학교 규장각 한국학연구원 홈페이지 원문 이미지 보기>

---

451 감역(監役)은 조선 시대에 선공감에서 토목이나 건축 공사를 감독하던 종9품의 벼슬아치이다(「표준국어대사전」).

<영인본:「각사등록」30(평안도편 2)(국사편찬위원회 편, 1988)> <1830-08-12~1830-12-30(1/37)>

1840-11-15. **지귀문 토지매매명문**(池龜文土地賣買明文), 답주 정 노 근이(畓主鄭奴根伊).[452] <1장. 한자+이두. 조선 필사 이두 자료. 경북 안동시 주촌 진성 이씨 경류정 소장. 한국학중앙연구원 장서각 한국고문서자료관 홈페이지 원문 이미지와 텍스트 보기. 한국정신문화연구원 편(1999) 참고>

1840-11-19. **문회 완의**(門會完議), 문회. <1장. 한자+이두. 조선 필사 이두 자료. 경북 경주시 안강읍 옥산리 여주 이씨 독락당 소장. 한국학중앙연구원 장서각 한국고문서자료관 홈페이지 원문 이미지 보기. 한국정신문화연구원 편(2003) 참고>

1840-11-29. **관**(關), 겸도순찰사(兼都巡察使). <1장. 첩련문서. 한자+이두. 조선 필사 이두 자료. 안동 금계 의성 김씨 학봉 종가 소장. 한국학중앙연구원 장서각 한국고문서자료관 홈페이지 원문 이미지와 텍스트 보기. 한국정신문화연구원 편(1989) 참고>

1840-11-00. **김문급 등 소지**(金文級等所志), 김문급 등. <1장. 한자+이두. 조선 필사 이두 자료. 전남 보성 박실 제주 양씨가 구장. 원광대학교 박물관 소장. 호남권 한국학자료센터 홈페이지 원문 이미지와 텍스트 보기. 이수건 외(2004), 전경목(2006) 참고>

1840-11-00. **이현정 등 발괄**(李顯禎等白活), 이현정 등. <1장. 한자+이두. 조선 필사 이두 자료. 경북 안동시 주촌 진성 이씨 경류정 소장. 한국학중앙연구원 장서각 한국고문서자료관 홈페이지 원문 이미지와 텍스트 보기. 한국정신문화연구원 편(1999) 참고>

1840-12-11. **토지매매명문**(土地賣買明文),[453] 답주 유학 김명찬(畓主幼學金明贊). <1장. 한자+이두. 조선 필사 이두 자료. 전북대학교 박물관 소장. 호남권 한국학자

---

452 한국학중앙연구원 장서각 한국고문서자료관 홈페이지 '작성 주체'에서는 발급자를 '지만경(池晩京)'으로 잘못 적었다.

453 호남권 한국학자료센터 홈페이지에서는 '1840년 김명찬(金明贊) 방매 토지매매명문(土地賣買明文)'으로 표시하였다.

료센터 홈페이지 원문 텍스트 보기. 최승희(1989), 정구복 외(1999), 이재수(2003) 참고>

1840-12-12. 김 **토지매매명문**(金土地賣買明文), 답주 김흥항(畓主金興亢). <1장. 한자+이두. 조선 필사 이두 자료. 경북 경주시 안강읍 옥산리 여주 이씨 독락당 소장. 한국학중앙연구원 장서각 한국고문서자료관 홈페이지 원문 이미지 보기. 한국정신문화연구원 편(2003) 참고>

1840-12-16. **토지매매명문**(土地賣買明文),[454] 답주 박후석(畓主朴厚錫). <1장. 한자+이두. 조선 필사 이두 자료. 전북 임실군 지사 협계태 씨가 소장. 호남권 한국학자료센터 홈페이지 원문 이미지와 텍스트 보기. 최승희(1989), 정수환·이헌창(2008), 채현경(2011) 참고>

1840-12-17. **이현발 노비매매명문**(李鉉發奴婢賣買明文), 노주 남유화(奴主南有華). <1장. 한자+이두. 조선 필사 이두 자료. 경북 영해 인량 재령 이씨 충효당 소장. 한국학중앙연구원 장서각 한국고문서자료관 홈페이지 원문 이미지와 텍스트 보기. 한국정신문화연구원 편(1997) 참고>

1840-12-18. **남필륜 등 등장**(南必倫等等狀), 남필륜 등. <1장. 한자+이두. 조선 필사 이두 자료. 경남 밀양 사촌 의령 남씨 침류정 소장. 한국학중앙연구원 장서각 한국고문서자료관 홈페이지 원문 이미지 보기. 한국정신문화연구원 편(2004) 참고>

1840-12-22. **토지매매명문**(土地賣買明文),[455] 전주 자필 유학 이기홍(田主自筆幼學李基弘). <1장. 한자+이두. 조선 필사 이두 자료. 경북 고령군 대가야읍 본관 1리 홍와 고택 구장. 한국국학진흥원 소장. 한국학자료센터 영남권역센터 홈페이지 원문 이미지와 텍스트 보기. 김성갑(2013) 참고>

1840-12-24. **고 노 선득 토지매매명문**(高奴先得土地賣買明文), 답주 자필 유학 최재영(畓主自筆幼學崔在永). <1장. 한자+이두. 조선 필사 이두 자료. 전북 부안군 우반

---

[454] 호남권 한국학자료센터 홈페이지에서는 '1840년 박후석(朴厚錫) 방매(放賣) 토지매매명문(土地賣買明文)'으로 표시하였다.

[455] 한국학자료센터 영남권역센터 홈페이지에서는 '1840년 유학(幼學) 이기홍(李基弘) 방매 토지매매명문(土地賣買明文)'으로 표시하였다.

부안 김씨 세덕각 소장. 한국학중앙연구원 장서각 한국고문서자료관 홈페이지 & 호남권 한국학자료센터 홈페이지 원문 이미지와 텍스트 보기. 박병호(1974ㄱ), 한국정신문화연구원 편(1983, 1998), 이재수(2003), 한국학중앙연구원 편(2017) 참고>

1840-12-24. **임하복 토지매매명문**(林夏馥土地賣買明文), 답주 박경훈(畓主朴璟勳). <1장. 한자+이두. 조선 필사 이두 자료. 전남 나주시 남내 밀양 박씨 청재 종가 소장. 호남권 한국학자료센터 홈페이지 원문 이미지와 텍스트 보기. 이수건 외(2004) 참고>

1840-12-26. **종질 이규빈 토지매매명문**(宗侄李奎彬土地賣買明文), 답주 자필 동성 오촌숙 이진경(畓主自筆同姓五寸叔李鎭京). <1장. 한자+이두. 조선 필사 이두 자료. 전남 보성 박실 제주 양씨가 구장. 원광대학교 박물관 소장. 호남권 한국학자료센터 홈페이지 원문 이미지와 텍스트 보기. 이수건 외(2004), 전경목(2006) 참고>

1840-12-00. **이진용 등 소지**(李眞鏞等所志), 이진용 등. <1장. 한자+이두. 조선 필사 이두 자료. 경북 경주시 안강읍 옥산리 여주 이씨 독락당 소장. 한국학중앙연구원 장서각 한국고문서자료관 홈페이지 원문 이미지 보기. 한국정신문화연구원 편(2003) 참고>

1840-00-00. **화민 오인수 등 단자 초**(化民吳仁秀等單子草), 오인수 등. <1장. 한자+이두. 조선 필사 이두 자료. 경기도 용인시 오산 해주 오씨 추탄 종가 구장. 한국학중앙연구원 장서각 한국고문서자료관 홈페이지 원문 이미지와 텍스트 보기. 한국정신문화연구원 편(1998) 참고>

1841년

<신축(辛丑), 헌종 7년, 도광 21년>

1841-01-01~1841-12-12(辛丑). 「전객사일기(**典客司日記**)」 84, 예조(禮曹) 전객사(典客司) 편(編). <1책(84/99). 112장. 필사본. 한자+이두. 조선 필사 이두 자료. 서울대학교 규장각 한국학연구원 홈페이지 원문 이미지 보기> <1640-01-22~1641-12-

23(1)>

1841-01-01~1841-12-00. 「결속색등록(結束色謄錄)」, 병조(兵曹) 편(編). <1책(54). 164장. 필사본. 한자+이두. 조선 필사 이두 자료. 서울대학교 규장각 한국학연구원 홈페이지 1787년~1891년 낙질본 107책(1792년(건륭 57년), 1811년(가경 16년) 하, 1816년(가경 21년), 1817년(가경 22년), 1824년(도광 4년), 1831년(도광 11년), 1871(동치 10년), 1885년(광서 11년) 없음) 원문 이미지 보기>

1841-01-15. ■...■ 토지매매명문(■...■土地賣買明文),[456] 답주 김영매(畓主金永每). <1장. 한자+이두. 조선 필사 이두 자료. 전북 부안 석동 류절재 소장. 호남권 한국학자료센터 홈페이지 원문 이미지와 텍스트 보기. 박병호(1974ㄱ), 최승희(1989), 이재수(2003) 참고>

1841-01-20. **유학 신항업 토지매매명문**(幼學辛恒懾土地賣買明文), 답주 자필 박률(畓主自筆朴律). <1장. 한자+이두. 조선 필사 이두 자료. 전남 영광군 입석 영월 신씨 소장. 한국학중앙연구원 장서각 한국고문서자료관 홈페이지 원문 이미지와 텍스트 보기. 한국정신문화연구원 편(1996) 참고>

1841-01-22. **최 생원 댁 별고 토지매매명문**(崔生員宅別庫土地賣買明文), 답주 자필 오창석(畓主自筆吳昌錫). <1장. 한자+이두. 조선 필사 이두 자료. 남원·구례 삭녕 최씨 구장. 한국학중앙연구원 장서각 한국고문서자료관 홈페이지 원문 이미지 보기. 한국정신문화연구원 편(2004) 참고>

1841-01-00. **대종가 완문**(大宗家完文), 문장 박세경(門長朴世經). <1장. 한자+이두. 조선 필사 이두 자료. 경남 밀양 신호 밀성 박씨·덕남서원 소장. 한국학중앙연구원 장서각 한국고문서자료관 홈페이지 원문 이미지 보기. 한국정신문화연구원 편(2004) 참고>

1841-01-00. **이야 등 상서**(李埜等上書), 이야 등. <1장. 한자+이두. 조선 필사 이두 자료. 경북 경주시 안강읍 옥산리 여주 이씨 독락당 소장. 한국학중앙연구원 장서각 한국고문서자료관 홈페이지 원문 이미지 보기. 한국정신문화연구원 편(2003)

---

[456] 호남권 한국학자료센터 홈페이지에서는 '1841년 김영매(金永每) 방매(放賣) 토지매매명문(土地賣買明文)'으로 표시하였다.

참고>

1841-02-07. **도덕암 토지매매명문**(道德菴土地賣買明文), 답주 상좌 환속 이월룡(畓主上佐還俗李月龍). <1장. 한자+이두. 조선 필사 이두 자료. 경북 경주시 안강읍 옥산리 여주 이씨 독락당 소장. 한국학중앙연구원 장서각 한국고문서자료관 홈페이지 원문 이미지 보기. 한국정신문화연구원 편(2003) 참고>

1841-02-20. **임응호 토지매매명문**(林應虎土地賣買明文),[457] 답주 남연사 화상 덕문(畓主南淵寺和尚德文). <1장. 한자+이두. 조선 필사 이두 자료. 경북 예천 임씨 금양파 금포 고택 구장. 한국국학진흥원 소장. 한국국학진흥원 유교넷 홈페이지 원문 이미지와 텍스트 보기>

1841-02-00. **이진만 단자**(李擔萬單子), 이진만. <1장. 한자+이두. 조선 필사 이두 자료. 전북 익산 왕궁 이인승 소장. 호남권 한국학자료센터 홈페이지 원문 이미지와 텍스트 보기. 박병호(1974ㄱ), 최승희(1989) 참고>

1841-02-00. **장백능 등 상서**(張百能等上書), 장백능 등. <1장. 한자+이두. 조선 필사 이두 자료. 경북 경주시 안강읍 옥산리 여주 이씨 독락당 소장. 한국학중앙연구원 장서각 한국고문서자료관 홈페이지 원문 이미지 보기. 한국정신문화연구원 편(2003) 참고>

1841-03-08. **이광직 등 소지**(李光職等所志), 이광직 등. <1장. 한자+이두. 조선 필사 이두 자료. 경북 영해 인량 재령 이씨 충효당 소장. 한국학중앙연구원 장서각 한국고문서자료관 홈페이지 원문 이미지와 텍스트 보기. 한국정신문화연구원 편(1997) 참고>

1841-03-11. **김■■ 토지매매명문**(김■■土地賣買明文), 답주 김행철(畓主金幸哲). <1장. 한자+이두. 조선 필사 이두 자료. 안동 천전 의성 김씨 지촌 종택 소장. 한국학중앙연구원 장서각 한국고문서자료관 홈페이지 원문 이미지와 텍스트 보기. 한국정신문화연구원 편(1990) 참고>

1841-03-24. **이신 장흥고 공상지 공인권 매매명문**(李莘長興庫供上紙貢人權賣買明文),

---

[457] 한국국학진흥원 유교넷 홈페이지에서는 문서명을 '1841년 덕문 등 3명이 임응호에게 밭을 팔았음을 증명하는 전답매매문기'로 표시하였다.

재주 강주(財主康周). <1장. 한자+이두. 조선 필사 이두 자료. 일본 경도대학 가와이문고 소장. 고려대학교 해외한국학자료센터 홈페이지 원문 이미지 보기>

1841-03-24~1855-07-13(辛丑~함풍 5년). 「호서병영장계등록(**湖西兵營狀啓謄錄**)」, 비변사(備邊司) 편(編). <1책. 제2/3. 148장. 필사본. 표제는 '忠淸兵營啓錄'. 한자+이두. 조선 필사 이두 자료. 서울대학교 규장각 한국학연구원 홈페이지 원문 이미지 보기> <영인본:「각사등록」7(충청도편 2)(국사편찬위원회 편, 1983)> <1818-01-22~1826-04-25(제1/3)>

1841-03-00. **김령 등 상서**(金欞等上書), 김령 등. <1장. 한자+이두. 조선 필사 이두 자료. 경북 경주시 안강읍 옥산리 여주 이씨 독락당 소장. 한국학중앙연구원 장서각 한국고문서자료관 홈페이지 원문 이미지 보기. 한국정신문화연구원 편(2003) 참고>

1841-03-00. **이문환 등 상서**(李文煥等上書), 이문환 등. <1장. 한자+이두. 조선 필사 이두 자료. 경북 경주시 안강읍 옥산리 여주 이씨 독락당 소장. 한국학중앙연구원 장서각 한국고문서자료관 홈페이지 원문 이미지 보기. 한국정신문화연구원 편(2003) 참고>

1841-03-00. **조병연 등 상서**(曺秉淵等上書), 조병연 등. <1장. 한자+이두. 조선 필사 이두 자료. 경북 경주시 안강읍 옥산리 여주 이씨 독락당 소장. 한국학중앙연구원 장서각 한국고문서자료관 홈페이지 원문 이미지 보기. 한국정신문화연구원 편(2003) 참고>

1841-윤3-13. **전라우수영 수군절도사 첩정**(全羅右水營水軍節度使牒呈) 1, 전라우수영. <1장. 한자+이두. 조선 필사 이두 자료. 전남 영광군 입석 영월 신씨 소장. 한국학중앙연구원 장서각 한국고문서자료관 홈페이지 원문 이미지와 텍스트 보기. 한국정신문화연구원 편(1996) 참고>

1841-윤3-13. **전라우수영 수군절도사 첩정**(全羅右水營水軍節度使牒呈) 2, 전라우수영. <1장. 한자+이두. 조선 필사 이두 자료. 전남 영광군 입석 영월 신씨 소장. 한국학중앙연구원 장서각 한국고문서자료관 홈페이지 원문 이미지와 텍스트 보기. 한국정신문화연구원 편(1996) 참고>

1841-윤3-15~1841-05-00(辛丑). 「평안감영계록(**平安監營啓錄**)」, 비변사(備邊司) 편

(編). <1책(11/37). 132장. 필사본. 표제는 '平安監營啓錄'. 한자+이두. 조선 필사 이두 자료. 서울대학교 규장각 한국학연구원 홈페이지 원문 이미지 보기> <영인본: 「각사등록」 30(평안도편 2)(국사편찬위원회 편, 1988)> <1830-08-12~1830-12-30(1/37)>

1841-윤3-16. **영광군수 서목**(靈光郡守書目), 영광군수. <1장. 한자+이두. 조선 필사 이두 자료. 전남 영광군 입석 영월 신씨 소장. 한국학중앙연구원 장서각 한국고문서자료관 홈페이지 원문 이미지와 텍스트 보기. 한국정신문화연구원 편(1996) 참고>

1841-윤3-22. **수군절도사 관**(水軍節度使關), 수군절도사. <1장. 한자+이두. 조선 필사 이두 자료. 전남 영광군 입석 영월 신씨 소장. 한국학중앙연구원 장서각 한국고문서자료관 홈페이지 원문 이미지와 텍스트 보기. 한국정신문화연구원 편(1996) 참고>

1841-윤3-22~1841-10-01(도광 21년). 「통신사청래대차왜귤질신접대경접위관등록(**通信使請來大差倭橘質信接待京接慰官謄錄**)」, 심승택(沈承澤). <1책. 28장. 東萊府接待謄錄」(奎18108-v.8). 필사본. 표제는 '(道光二十一年十月 日)通信使請來大差倭橘質信接待謄錄'. 한자+이두. 이두 자료. 서울대학교 규장각 한국학연구원 홈페이지 원문 이미지 보기> <영인본: 「각사등록」 13(경상도편 3)(국사편찬위원회 편, 1984)> <1653-11-17~1654-01-09(「東萊府接待謄錄」(奎18108-v.1))>

1841-윤3-00. **고진호 등 소지**(高鎭皞等所志), 고진호 등. <1장. 한자+이두. 조선 필사 이두 자료. 전북 부안 청호 제주 고씨 문중 구장. 전북 부안 청호 효충사 소장. 호남권 한국학자료센터 홈페이지 원문 이미지와 텍스트 보기. 최승희(1989), 김경숙(2002), 심재우(2013) 참고>

1841-윤3-00. **노광석 등 소지**(盧光奭等所志) 1, 노광석 등. <1장. 한자+이두. 조선 필사 이두 자료. 전북 남원 풍산 밀양 박씨가 구장. 남원향토박물관 소장. 호남권 한국학자료센터 홈페이지 원문 이미지와 텍스트 보기. 박병호(1974ㄱ), 최승희(1989), 김경숙(2002), 전경목 외(2006) 참고>

1841-윤3-00. **노광석 등 소지**(盧光奭等所志) 2, 노광석 등. <1장. 한자+이두. 조선 필사 이두 자료. 전북 남원 풍산 밀양 박씨가 구장. 남원향토박물관 소장. 호남권

한국학자료센터 홈페이지 원문 이미지와 텍스트 보기. 박병호(1974ㄱ), 최승희 (1989), 김경숙(2002), 전경목 외(2006) 참고>

1841-윤3-00. **화민 신경 소지**(化民辛儆所志), 신경. <1장. 한자+이두. 조선 필사 이두 자료. 전남 영광군 입석 영월 신씨 소장. 한국학중앙연구원 장서각 한국고문서자료관 홈페이지 원문 이미지와 텍스트 보기. 한국정신문화연구원 편(1996) 참고>

1841-윤3-00. **화민 신기년 등 소지**(化民辛基年等所志), 신기년 등. <1장. 한자+이두. 조선 필사 이두 자료. 전남 영광군 입석 영월 신씨 소장. 한국학중앙연구원 장서각 한국고문서자료관 홈페이지 원문 이미지와 텍스트 보기. 한국정신문화연구원 편(1996) 참고>

1841-윤3-00. **화민 신명도 소지**(化民辛命道所志), 신명도. <1장. 한자+이두. 조선 필사 이두 자료. 전남 영광군 입석 영월 신씨 소장. 한국학중앙연구원 장서각 한국고문서자료관 홈페이지 원문 이미지와 텍스트 보기. 한국정신문화연구원 편(1996) 참고>

1841-윤3-00. **화민 신태익 소지**(化民辛兌翊所志), 신태익. <1장. 한자+이두. 조선 필사 이두 자료. 전남 영광군 입석 영월 신씨 소장. 한국학중앙연구원 장서각 한국고문서자료관 홈페이지 원문 이미지와 텍스트 보기. 한국정신문화연구원 편(1996) 참고>

1841-윤3-00. **화민 신항언 소지**(化民辛恒彦所志) 1, 신항언. <1장. 한자+이두. 조선 필사 이두 자료. 전남 영광군 입석 영월 신씨 소장. 한국학중앙연구원 장서각 한국고문서자료관 홈페이지 원문 이미지와 텍스트 보기. 한국정신문화연구원 편(1996) 참고>

1841-윤3-00. **화민 신항업 소지**(化民辛恒㦲所志) 1, 신항업. <1장. 한자+이두. 조선 필사 이두 자료. 전남 영광군 입석 영월 신씨 소장. 한국학중앙연구원 장서각 한국고문서자료관 홈페이지 원문 이미지와 텍스트 보기. 한국정신문화연구원 편(1996) 참고>

1841-04-02. **이 호 홍석 소지**(李戶興石所志), 홍석. <1장. 한자+이두. 조선 필사 이두 자료. 경북 영해 인량 재령 이씨 충효당 소장. 한국학중앙연구원 장서각 한국고문서자료관 홈페이지 원문 이미지와 텍스트 보기. 한국정신문화연구원 편(1997)

참고>

1841-04-21. **박수민 초사**(朴守敏招辭) 1, 박수민. <1장. 한자+이두. 조선 필사 이두 자료. 함안 두릉 순흥 안씨 소장. 한국학중앙연구원 장서각 한국고문서자료관 홈페이지 원문 이미지 보기. 한국학중앙연구원 편(2006) 참고>

1841-04-25. **유학 김기백 수기**(幼學金箕伯手記), 김기백. <1장. 한자+이두. 조선 필사 이두 자료. 전남 영광군 입석 영월 신씨 소장. 한국학중앙연구원 장서각 한국고문서자료관 홈페이지 원문 이미지와 텍스트 보기. 한국정신문화연구원 편(1996) 참고>

1841-04-00. **안우·안철순·안효순 등 소지**(安瑀安哲淳安孝淳等所志), 안우·안철순·안효순 등. <1장. 한자+이두. 조선 필사 이두 자료. 함안 두릉 순흥 안씨 소장. 한국학중앙연구원 장서각 한국고문서자료관 홈페이지 원문 이미지 보기. 한국학중앙연구원 편(2006) 참고>

1841-04-00. **조목영 상서**(趙木榮上書), 조목영. <1장. 한자+이두. 조선 필사 이두 자료. 경북 상주 낙동 풍양 조씨 양진당 소장. 한국학중앙연구원 장서각 한국고문서자료관 홈페이지 원문 이미지 보기>

1841-04-00. **호조 관**(戶曹關), 호조. <1장. 첩련문서. 한자+이두. 조선 필사 이두 자료. 안동 금계 의성 김씨 학봉 종가 소장. 한국학중앙연구원 장서각 한국고문서자료관 홈페이지 원문 이미지와 텍스트 보기. 한국정신문화연구원 편(1989) 참고>

1841-05-00. **수옥민 신항업 소지**(囚獄民辛恒懼所志), 신항업. <1장. 한자+이두. 조선 필사 이두 자료. 전남 영광군 입석 영월 신씨 소장. 한국학중앙연구원 장서각 한국고문서자료관 홈페이지 원문 이미지와 텍스트 보기. 한국정신문화연구원 편(1996) 참고>

1841-05-00. **화민 신영규 소지**(化民辛齡奎所志), 신영규. <1장. 한자+이두. 조선 필사 이두 자료. 전남 영광군 입석 영월 신씨 소장. 한국학중앙연구원 장서각 한국고문서자료관 홈페이지 원문 이미지와 텍스트 보기. 한국정신문화연구원 편(1996) 참고>

1841-06-00. **화민 신규현 등 소지**(化民辛圭鉉等所志), 신규현 등. <1장. 한자+이두.

조선 필사 이두 자료. 전남 영광군 입석 영월 신씨 소장. 한국학중앙연구원 장서각 한국고문서자료관 홈페이지 원문 이미지와 텍스트 보기. 한국정신문화연구원 편(1996) 참고>

1841-06-00. **화민 신항언 소지**(化民辛恒彦所志) 2, 신항언. <1장. 한자+이두. 조선 필사 이두 자료. 전남 영광군 입석 영월 신씨 소장. 한국학중앙연구원 장서각 한국고문서자료관 홈페이지 원문 이미지와 텍스트 보기. 한국정신문화연구원 편(1996) 참고>

1841-07-24. **유학 임훈재 토지매매명문**(幼學任勛材土地賣買明文), 답주 유학 서창국(多夫幼學徐昌國). <1장. 한자+이두. 조선 필사 이두 자료. 전남 보성군 능묵리 장흥 임씨가 구장. 전북대학교 박물관 소장. 호남권 한국학자료센터 홈페이지 원문 이미지와 텍스트 보기. 최승희(1989), 이재수(2003) 참고>

1841-07-00. **노광석 등 소지**(盧光奭等所志) 3, 노광석 등. <1장. 한자+이두. 조선 필사 이두 자료. 전북 남원 풍산 밀양 박씨가 구장. 남원향토박물관 소장. 호남권 한국학자료센터 홈페이지 원문 이미지와 텍스트 보기. 박병호(1974ㄱ), 최승희(1989), 김경숙(2002), 전경목 외(2006) 참고>

1841-08-03. **계당 완문**(溪堂完文), 경주부(慶州府). <1장. 한자+이두. 조선 필사 이두 자료. 경북 경주시 안강읍 옥산리 여주 이씨 독락당 소장. 한국학중앙연구원 장서각 한국고문서자료관 홈페이지 원문 이미지 보기. 한국정신문화연구원 편(2003) 참고>

1841-08-03. **계정 완문**(溪亭完文), 진영(鎭營). <1장. 한자+이두. 조선 필사 이두 자료. 경북 경주시 안강읍 옥산리 여주 이씨 독락당 소장. 한국학중앙연구원 장서각 한국고문서자료관 홈페이지 원문 이미지 보기. 한국정신문화연구원 편(2003) 참고>

1841-08-23. **경상도 관**(慶尙道關), 경상도. <1장. 점련문서. 한자+이두. 조선 필사 이두 자료. 안동 금계 의성 김씨 학봉 종가 소장. 한국학중앙연구원 장서각 한국고문서자료관 홈페이지 원문 이미지와 텍스트 보기. 한국정신문화연구원 편(1989) 참고>

1841-08-23. **박수민 초사**(朴守敏招辭) 2, 박수민. <1장. 한자+이두. 조선 필사 이두

자료. 함안 두릉 순흥 안씨 소장. 한국학중앙연구원 장서각 한국고문서자료관 홈페이지 원문 이미지 보기. 한국학중앙연구원 편(2006) 참고>

1841-08-27. **안동 김계 원주댁 표기**(安東金溪原州宅表記),[458] 표기주 도장 황창오(表記主都長黃昌午). <1장. 한자+이두. 조선 필사 이두 자료. 안동 금계 의성 김씨 학봉 종가 소장. 한국학중앙연구원 장서각 한국고문서자료관 홈페이지 원문 이미지와 텍스트 보기. 한국정신문화연구원 편(1990) 참고>

1841-08-00. **경상도 첩정**(慶尙道牒呈), 경상도 <1장. 점련문서. 한자+이두. 조선 필사 이두 자료. 안동 금계 의성 김씨 학봉 종가 소장. 한국학중앙연구원 장서각 한국고문서자료관 홈페이지 원문 이미지와 텍스트 보기. 한국정신문화연구원 편(1989) 참고>

1841-09-15. **토지매매명문**(土地賣買明文),[459] 자필 답주 유학 서영찬(自筆畓主幼學徐永贊). <1장. 한자+이두. 조선 필사 이두 자료. 전남 순천 황전 경주 정씨가 구장. 광주광역시 이정옥 소장. 호남권 한국학자료센터 홈페이지 원문 이미지와 텍스트 보기. 최승희(1989) 참고>

1841-09-27. **이 생원 댁 노 작구 토지매매명문**(李生員宅奴作九土地賣買明文), 답주 유학 박문표(畓主幼學朴文杓). <1장. 한자+이두. 조선 필사 이두 자료. 전남 보성 박실 제주 양씨가 구장. 원광대학교 박물관 소장. 호남권 한국학자료센터 홈페이지 원문 이미지와 텍스트 보기. 박병호(1974ㄱ), 이재수(2003) 참고>

1841-09-00. **김진화 정사**(金鎭華呈辭), 김진화. <1장. 한자+이두. 조선 필사 이두 자료. 안동 금계 의성 김씨 학봉 종가 소장. 한국학중앙연구원 장서각 한국고문서자료관 홈페이지 원문 이미지와 텍스트 보기. 한국정신문화연구원 편(1989) 참고>

1841-10-20. **토지매매명문**(土地賣買明文),[460] 답주 손여옥(畓主孫汝玉). <1장. 한자+

---

[458] 한국학중앙연구원 장서각 한국고문서자료관 홈페이지에서는 '1841년 김영운(金瑛云) 표기(表記)'로 표시하였다.

[459] 호남권 한국학자료센터 홈페이지에서는 '1841년 서영찬(徐永贊) 방매(放賣) 토지매매명문(土地賣買明文)'으로 표시하였다.

[460] 호남권 한국학자료센터 홈페이지에서는 '1841년 손여옥(孫汝玉) 방매(放賣) 토지매매명문(土地賣

이두. 조선 필사 이두 자료. 전남 나주시 남내 밀양 박씨 청재 종가 소장. 호남권 한국학자료센터 홈페이지 원문 이미지와 텍스트 보기. 김태영(1983), 오인택(1996) 참고>

1841-10-00. **관곡서원 재임 품목**(舘谷書院齋任禀目), 관곡서원 재임. <1장. 한자+이두. 조선 필사 이두 자료. 전북 임실군 관곡서원 소장. 호남권 한국학자료센터 홈페이지 원문 이미지와 텍스트 보기. 박병호(1974ㄱ), 정구복(2002) 참고>

1841-10-00. **김회수 소지**(金會壽所志), 김회수. <1장. 한자+이두. 조선 필사 이두 자료. 안동 천전 의성 김씨 지촌 종택 소장. 한국학중앙연구원 장서각 한국고문서자료관 홈페이지 원문 이미지와 텍스트 보기. 한국정신문화연구원 편(1989) 참고>

1841-10-00. **화민 신태명 소지**(化民辛兌明所志), 신태영. <1장. 한자+이두. 조선 필사 이두 자료. 전남 영광군 입석 영월 신씨 소장. 한국학중앙연구원 장서각 한국고문서자료관 홈페이지 원문 이미지와 텍스트 보기. 한국정신문화연구원 편(1996) 참고>

1841-10-00. **화민 신항업 소지**(化民辛恒懌所志) 2, 신항업. <1장. 한자+이두. 조선 필사 이두 자료. 전남 영광군 입석 영월 신씨 소장. 한국학중앙연구원 장서각 한국고문서자료관 홈페이지 원문 이미지와 텍스트 보기. 한국정신문화연구원 편(1996) 참고>

1841-11-07. **남원부사 전령**(南原府使傳令), 남원부사. <1장. 한자+이두. 조선 필사 이두 자료. 전북 임실군 관곡서원 소장. 호남권 한국학자료센터 홈페이지 원문 이미지와 텍스트 보기. 박병호(1974ㄱ), 정구복(2002) 참고>

1841-11-08. **종손 이현발 토지매매명문**(宗孫李鉉發土地賣買明文), 답주 이진발(畓主 李鎭發). <1장. 한자+이두. 조선 필사 이두 자료. 경북 영해 인량 재령 이씨 충효당 소장. 한국학중앙연구원 장서각 한국고문서자료관 홈페이지 원문 이미지와 텍스트 보기. 한국정신문화연구원 편(1997) 참고>

1841-11-17. **유학 양 토지매매명문**(幼學梁土地賣買明文),[461] 답주 자필 유학 박두환(畓

買明文'으로 표시하였다.

主自筆幼學朴斗煥). <1장. 한자+이두. 조선 필사 이두 자료. 전남 보성 박실 제주 양씨가 구장. 원광대학교 박물관 소장. 호남권 한국학자료센터 홈페이지 원문 이미지와 텍스트 보기. 최승희(1989), 전북향토문화연구회 편(1993), 이수건 외 (2004) 참고>

1841-11-22. **토지매매명문**(土地賣買明文),[462] 답주 겸 필집 김제담(畓主兼筆執金濟淡). <1장. 한자+이두. 조선 필사 이두 자료. 전남 광양시 광양읍 인덕면 밀양 손씨가 구장. 전북대학교 박물관 소장. 호남권 한국학자료센터 홈페이지 원문 이미지와 텍스트 보기. 박병호(1974ㄱ), 이재수(2003) 참고>

1841-11-23. **박익신 토지매매명문**(朴益新土地賣買明文), 답주 김성진(畓主金聲振). <1장. 한자+이두. 조선 필사 이두 자료. 경남 합천 용연서원 소장. 한국학중앙연구원 장서각 한국고문서자료관 홈페이지 원문 이미지 보기. 한국정신문화연구원 편(1996) 참고>

1841-11-24. **김정언 댁 재사 노 권만 토지매매명문**(金正言宅齋舍奴權萬土地賣買明文),[463] 답주 자필 장성익(畓主自筆張星翼). <1장. 한자+이두. 조선 필사 이두 자료. 의성 김씨 함집당 종택 구장. 한국국학진흥원 소장. 한국국학진흥원 유교넷 홈페이지 원문 이미지와 텍스트 보기>

1841-11-00. **김두상 소지**(金斗相所志), 김두상. <1장. 한자+이두. 조선 필사 이두 자료. 경북 안동시 오천 광산 김씨 후조당 소장. 한국학중앙연구원 장서각 한국고문서자료관 홈페이지 원문 이미지와 텍스트 보기. 한국정신문화연구원 편(1982) 참고>

1841-11-00. **남응규 등 상서**(南應奎等上書), 남응규 등. <1장. 한자+이두. 조선 필사 이두 자료. 경남 밀양 사촌 의령 남씨 침류정 소장. 한국학중앙연구원 장서각

---

461 호남권 한국학자료센터 홈페이지에서는 '1841년 양아무개(梁) 토지매매명문(土地賣買明文)'으로 표시하였다.

462 호남권 한국학자료센터 홈페이지에서는 '1841년 김제담(金濟淡) 방매 토지매매명문(土地賣買明文)'으로 표시하였다.

463 한국국학진흥원 유교넷 홈페이지에서는 문서명을 '1841년 장성익가 권만손에게 논을 팔았음을 증명하는 매매계약서'로 표시하였다.

한국고문서자료관 홈페이지 원문 이미지 보기. 한국정신문화연구원 편(2004) 참고>

1841-11-00. **박이길 등 등장**(朴履吉等等狀), 박이길 등. <1장. 한자+이두. 조선 필사 이두 자료. 전남 영암군 군서면 죽정서원 소장. 호남권 한국학자료센터 홈페이지 원문 이미지 보기. 최승희(1989) 참고>

1841-12-03. **경주 옥산서원 사림 품목**(慶州玉山書院士林稟目), 옥산서원 사림. <1장. 한자+이두. 조선 필사 이두 자료. 경북 경주시 안강읍 옥산서원 소장. 한국학자료센터 영남권역센터 홈페이지 원문 이미지와 텍스트 보기. 이수환(2001) 참고>

1841-12-04. **홍병간 토지매매명문**(洪秉幹土地賣買明文), 전답주 자필 신재회(田畓主自筆辛在晦). <1장. 한자+이두. 조선 필사 이두 자료. 경북 안동시 주촌 진성 이씨 경류정 소장. 한국학중앙연구원 장서각 한국고문서자료관 홈페이지 원문 이미지와 텍스트 보기. 한국정신문화연구원 편(1999) 참고>

1841-12-16. **유학 김정식 토지매매명문**(幼學金鼎植土地賣買明文), 답주 유학 김내화(畓主幼學金乃和). <1장. 한자+이두. 조선 필사 이두 자료. 해남 노송 김해 김씨 노송사 소장. 한국학중앙연구원 장서각 한국고문서자료관 홈페이지 & 호남권 한국학자료센터 홈페이지 원문 이미지와 텍스트 보기. 최승희(1989), 한국정신문화연구원 편(1998), 조정곤(2013) 참고>

1841-12-19. **종손 김두상 토지매매명문**(宗孫金斗相土地賣買明文), 답주 자필 족종 김중교(畓主自筆族從金中敎). <1장. 한자+이두. 조선 필사 이두 자료. 경북 안동시 오천 광산 김씨 후조당 소장. 한국학중앙연구원 장서각 한국고문서자료관 홈페이지 원문 이미지와 텍스트 보기. 박병호(1974ㄱ), 한국정신문화연구원 편(1982), 이재수(2003) 참고>

1841-12-00. **화민 신항업 소지**(化民辛恒懆所志) 3, 신항업. <1장. 한자+이두. 조선 필사 이두 자료. 전남 영광군 입석 영월 신씨 소장. 한국학중앙연구원 장서각 한국고문서자료관 홈페이지 원문 이미지와 텍스트 보기. 한국정신문화연구원 편(1996) 참고>

1841-00-00. 「대왕대비전가상존호도감의궤(**大王大妃殿加上 尊號都監儀軌**)」,[464] 존호도감 편. <1책. 179장. 필사본. 권수제는 '(道光二十一年辛丑正月 日)大王大妃殿

加上 尊號都監儀軌'. 한자+이두. 순원왕후(純元王后)에게 존호를 가상한 과정을 기록. 조선 필사 이두 자료. 한국학중앙연구원 디지털장서각 홈페이지 'K2-2815' 원문 이미지와 텍스트 보기>

1841-00-00. 「대왕대비전가상존호도감의궤(大王大妃殿加上 尊號都監儀軌)」,[465] 상호도감 편. <1책. 208장. 필사본. 표제는 '道光二十一年辛丑正月 日 太白山上 號都監儀軌全'. 권수제는 '(道光二十一年辛丑正月 日)大王大妃殿加上 尊號都監儀軌'. 한자+이두. 조선 필사 이두 자료. 서울대학교 규장각 한국학연구원 의궤 종합정보 홈페이지 '奎13381' 원문 이미지 보기>

1841-00-00. 「대왕대비전가상존호도감의궤(大王大妃殿加上 尊號都監儀軌)」,[466] 상호도감 편. <1책. 178장. 필사본. 원표지의 표제지는 결락. 권수제는 '(道光二十一年辛丑正月 日)大王大妃殿加上 尊號都監儀軌'. 한자+이두. 조선 필사 이두 자료. 국립중앙박물관 외규장각 의궤 홈페이지 '외규270' 원문 이미지와 텍스트 보기>

1841-00-00. 「상호도감의궤(上號都監儀軌)」, 상호도감. <1책. 176장. 필사본. 한자+이두. 조선 필사 이두 자료. 한국학중앙연구원 한국학 디지털 아카이브 홈페이지 원문 이미지와 텍스트 보기>

1841-00-00. 「왕세손책저등록(王世孫冊儲謄錄)」, 예조(禮曹). <1책. 86장. 필사본. 한국학중앙연구원 장서각 한국학자료센터 홈페이지 & 한국학중앙연구원 한국학 디지털 아카이브 홈페이지 원문 이미지와 텍스트 보기>

1841-00-00 추정. 「삼죽금보(三竹琴譜)」, 이승무(李升懋) 편. <1책. 114장. 필사본. 악보. 악보는 목판으로 찍은 다음에 필사하였다. 국립국악원 소장. 국립국악원 홈페이지 한국음악학자료총서 33(국립국악원, 1998) 원문 이미지 보기>

1841-00-00 이후 추정. 「변례집요(邊例集要)」, 예조 전객사(典客司) 편. <18권 18책.

---

[464] 한국학중앙연구원 디지털장서각 홈페이지에서는 서명을 '상호도감의궤(上號都監儀軌)'로 적었다.

[465] 서울대학교 규장각 한국학연구원 의궤 종합정보 홈페이지에서는 서명을 표제나 권수제와는 달리 '순원왕후상호도감의궤(純元王后上號都監儀軌)'로 적었다.

[466] 국립중앙박물관 외규장각 의궤 홈페이지에서는 서명을 표제나 권수제와는 달리 '순원왕후상호도감의궤(純元王后上號都監儀軌)'로 적었다.

필사본. 임진왜란 이후 1598년부터 1841년까지 조선과 일본의 교린 관계를 항목별로 분류하여 기록한 책. 서울대학교 규장각 한국학연구원 홈페이지 권2 1책 낙질본 '奎貴2089' 원문 이미지 보기>

1841-00-00 이후 기입 추정. 「불설대목련경(佛說大目連經)」, 송나라 법천(法天) 역(譯). <1책. 42장. 필사본. 표제는 '目連經'. 본문에 묵서 생획토 기입. 불교 서적. 묵서 구결 자료. 서울대학교 규장각 한국학연구원 소장. 서울대학교 규장각 한국학연구원 '奎中2204'의 원문 이미지 보기> <이본: 1536-12-00(연기사 개판본) 참고>

1842년

<임인(壬寅), 헌종 8년, 도광 22년>

1842-01-01~1842-12-20(壬寅).「전객사일기(典客司日記)」85, 예조(禮曹) 전객사(典客司) 편(編). <1책(85/99). 111장. 필사본. 한자+이두. 조선 필사 이두 자료. 서울대학교 규장각 한국학연구원 홈페이지 원문 이미지 보기> <1640-01-22~1641-12-23(1)>

1842-01-01~1842-12-00.「결속색등록(結束色謄錄)」, 병조(兵曹) 편(編). <1책(55). 188장. 필사본. 필사 시기 미상. 한자+이두. 조선 필사 이두 자료. 서울대학교 규장각 한국학연구원 홈페이지 1787년~1891년 낙질본 107책(1792년(건륭 57년), 1811년(가경 16년) 하, 1816년(가경 21년), 1817년(가경 22년), 1824년(도광 4년), 1831(도광 11년), 1871(동치 10년), 1885년(광서 11년) 없음) 원문 이미지 보기>

1842-01-29. **김창효 토지매매명문**(金昌孝土地賣買明文), 답주 자필 백유문(畓主自筆白有文). <1장. 한자+이두. 조선 필사 이두 자료. 전북 장수군 침곡 충주 박씨가 소장. 호남권 한국학자료센터 홈페이지 원문 이미지와 텍스트 보기. 박병호(1974ㄱ), 최승희(1989), 이재수(2003) 참고>

1842-01-00. **김주수 소지**(金柱壽所志), 김주수. <1장. 한자+이두. 조선 필사 이두 자료. 안동 천전 의성 김씨 지촌 종택 소장. 한국학중앙연구원 장서각 한국고문서

자료관 홈페이지 원문 이미지와 텍스트 보기. 한국정신문화연구원 편(1989) 참고>

1842-01-00. **도산서원 주사당 완문**(陶山書院廚舍堂完文),[467] 은진 후학 송단화(恩津後學宋端和). <1장. 한자+이두. 조선 필사 이두 자료. 경북 안동시 주촌 진성 이씨 경류정 구장. 서울역사박물관 소장. 한국학중앙연구원 장서각 한국고문서자료관 홈페이지 원문 이미지와 텍스트 보기. 한국정신문화연구원 편(1999) 참고>

1842-01-00. **안효순·안영순 등 소지**(安孝淳安永淳等所志), 안효순·안영순 등. <1장. 한자+이두. 조선 필사 이두 자료. 함안 두릉 순흥 안씨 소장. 한국학중앙연구원 장서각 한국고문서자료관 홈페이지 원문 이미지 보기. 한국학중앙연구원 편(2006) 참고>

1842-01-00. **호조 관**(戶曹關), 호조. <1장. 한자+이두. 조선 필사 이두 자료. 안동 금계 의성 김씨 학봉 종가 소장. 한국학중앙연구원 장서각 한국고문서자료관 홈페이지 원문 이미지와 텍스트 보기. 한국정신문화연구원 편(1989) 참고>

1842-02-11. **노 석철 토지매매명문**(奴{石+ㄱ}哲土地賣買明文), 답주 정금옥(畓主鄭今玉). <1장. 한자+이두. 조선 필사 이두 자료. 전남 보성 박실 제주 양씨가 구장. 원광대학교 박물관 소장. 호남권 한국학자료센터 홈페이지 원문 이미지와 텍스트 보기. 박병호(1974), 최승희(1989), 이재수(2003) 참고>

1842-02-12. **기주 신두업 수기**(記主辛斗業手記), 신두업. <1장. 한자+이두. 조선 필사 이두 자료. 전남 영광군 입석 영월 신씨 소장. 한국학중앙연구원 장서각 한국고문서자료관 홈페이지 원문 이미지와 텍스트 보기. 한국정신문화연구원 편(1996) 참고>

1842-02-17. **강인영 토지매매명문**(姜仁永土地賣買明文), 전주 부종주(田主夫宗朱).[468] <1장. 한자+이두. 조선 필사 이두 자료. 제주 장전리 진주 강씨 강태복가 소장. 호남권 한국학자료센터 홈페이지 원문 이미지와 텍스트 보기. 최승희(1989) 참

---

[467] 한국학중앙연구원 장서각 한국고문서자료관 홈페이지에서는 '1842년 송단화(宋端和) 완문'으로 표시하였다.
[468] 호남권 한국학자료센터 홈페이지 '작성 주체'에서는 '송종주(宋宗周)'로 잘못 적었다.

고>

1842-02-00. **유학 신태명 소지**(幼學辛兌明所志), 신태명. <1장. 한자+이두. 조선 필사 이두 자료. 전남 영광군 입석 영월 신씨 소장. 한국학중앙연구원 장서각 한국고문서자료관 홈페이지 원문 이미지와 텍스트 보기. 한국정신문화연구원 편(1996) 참고>

1842-02-00. **유학 신항업 의송**(幼學辛恒懍議送), 신항업. <1장. 한자+이두. 조선 필사 이두 자료. 전남 영광군 입석 영월 신씨 소장. 장서각 한국고문서자료관 홈페이지 원문 이미지와 텍스트 보기. 한국정신문화연구원 편(1996) 참고>

1842-02-00. **이형 등 의송**(李瀅等議送), 이형 등. <1장. 한자+이두. 조선 필사 이두 자료. 전북 남원 둔덕 전주 이씨가 구장. 전북대학교 박물관 소장. 호남권 한국학자료센터 홈페이지 원문 이미지와 텍스트 보기. 박병호(1974ㄱ), 최승희(1989), 정구복 외(1999) 참고>

1842-02-00. **죄민 신기원 소지**(罪民辛基元所志), 신기원. <1장. 한자+이두. 조선 필사 이두 자료. 전남 영광군 입석 영월 신씨 소장. 한국학중앙연구원 장서각 한국고문서자료관 홈페이지 원문 이미지와 텍스트 보기. 한국정신문화연구원 편(1996) 참고>

1842-02-00. **토지매매명문**(土地賣買明文),[469] 답주 김하열(畓主金夏烈). <1장. 한자+이두. 조선 필사 이두 자료. 전북대학교 박물관 소장. 호남권 한국학자료센터 홈페이지 원문 이미지와 텍스트 보기. 최승희(1989), 정구복 외(1999), 이재수(2003) 참고>

1842-02-00. **화민 신항업 소지**(化民辛恒懍所志) 1, 신항업. <1장. 한자+이두. 조선 필사 이두 자료. 전남 영광군 입석 영월 신씨 소장. 한국학중앙연구원 장서각 한국고문서자료관 홈페이지 원문 이미지와 텍스트 보기. 한국정신문화연구원 편(1996) 참고>

1842-03-13. **이상문 수표**(李相文手標), 이상문. <1장. 한자+이두. 조선 필사 이두

---

[469] 호남권 한국학자료센터 홈페이지에서는 '1842년 김하열(金夏烈) 방매 토지매매명문(土地賣買明文)'으로 표시하였다.

자료. 경북 영해 인량 재령 이씨 충효당 소장. 한국학중앙연구원 장서각 한국고문 서자료관 홈페이지 원문 이미지와 텍스트 보기. 한국정신문화연구원 편(1997) 참고>

1842-03-15. **신기복 수표**(辛基復手標), 신기복. <1장. 한자+이두. 조선 필사 이두 자료. 전남 영광군 입석 영월 신씨 소장. 한국학중앙연구원 장서각 한국고문서자 료관 홈페이지 원문 이미지와 텍스트 보기. 한국정신문화연구원 편(1996) 참고>

1842-03-00. **경상도 남해현 작청 완문**(慶尙道南海縣作廳完文), 남해현 작청. <5장. 한자+이두. 조선 필사 이두 자료. 경남 남해군 남면 율곡사 소장. 한국학자료센터 영남권역센터 홈페이지 원문 이미지와 텍스트 보기. 오세창 외(1986) 참고>

1842-03-00. **수옥 죄인 신영규 소지**(囚獄罪人辛齡奎所志), 신영규. <1장. 한자+이두. 조선 필사 이두 자료. 전남 영광군 입석 영월 신씨 소장. 한국학중앙연구원 장서각 한국고문서자료관 홈페이지 원문 이미지와 텍스트 보기. 한국정신문화연구원 편(1996) 참고>

1842-03-00. **시장문기**(柴場文記),[470] 시장주 정흥성(柴場主鄭興成). <1장. 한자+이두. 조선 필사 이두 자료. 전남 나주시 나주 정씨 정문찬 소장. 호남권 한국학자료센터 홈페이지 원문 이미지와 텍스트 보기. 최승희(1989), 국립민속박물관 편(1991) 참 고>

1842-03-00. **최명량 소지**(崔命良所志), 최명량. <1장. 한자+이두. 조선 필사 이두 자료. 전북 김제 행촌 최완덕 구장. 전북대학교 박물관 소장. 호남권 한국학자료센 터 홈페이지 원문 이미지와 텍스트 보기. 최승희(1989) 참고>

1842-03-00. **화민 신영규 소지**(化民辛齡奎所志) 1, 신영규. <1장. 한자+이두. 조선 필사 이두 자료. 전남 영광군 입석 영월 신씨 소장. 한국학중앙연구원 장서각 한국고문서자료관 홈페이지 원문 이미지와 텍스트 보기. 한국정신문화연구원 편(1996) 참고>

1842-03-00. **화민 신영규 소지**(化民辛齡奎所志) 2, 신영규. <1장. 한자+이두. 조선

---

[470] 호남권 한국학자료센터 홈페이지에서는 '1842년 정흥성(鄭興成) 방매(放賣) 시장문기(柴場文記)' 로 표시하였다.

필사 이두 자료. 전남 영광군 입석 영월 신씨 소장. 한국학중앙연구원 장서각 한국고문서자료관 홈페이지 원문 이미지와 텍스트 보기. 한국정신문화연구원 편(1996) 참고>

1842-04-11. **전라우수영 수군절도사 첩정**(全羅右水營水軍節度使牒呈) 1, 전라우수영. <1장. 한자+이두. 조선 필사 이두 자료. 전남 영광군 입석 영월 신씨 소장. 한국학중앙연구원 장서각 한국고문서자료관 홈페이지 원문 이미지와 텍스트 보기. 한국정신문화연구원 편(1996) 참고>

1842-04-19~1842-11-16(壬寅. 道光 22년). 「경상감영계록(**慶尙監營啓錄**)」, 경상감영(慶尙監營) 편(編). <1책(6/7). 98장. 필사본. 표제는 '慶尙監營啓錄'. 한자+이두. 조선 필사 이두 자료. 서울대학교 규장각 한국학연구원 홈페이지 원문 이미지 보기> <1863-04-01~1864-02-20(1/7), 1868-윤4-13~1873-05-13(7/7), 1869-00-00~1870-00-00(2/7), 1872-01-01~1872-12-20(3/7), 1886-09-17~1888-01-06(4/7), 1890-07-10~1891-02-12(5/7)>

1842-04-25. **유학 강재진 토지매매명문**(幼學姜在振土地賣買明文), 답주 자필 유학 나학원(畓主自筆幼學羅學元). <1장. 한자+이두. 조선 필사 이두 자료. 전북 무장 원송 진주 강씨가 구장. 전북대학교 박물관 소장. 호남권 한국학자료센터 홈페이지 원문 이미지와 텍스트 보기. 박병호(1974ㄱ), 최승희(1989), 이재수(2003) 참고>

1842-04-00. **권정기 등 상서**(權廷基等上書), 권정기 등. <1장. 한자+이두. 조선 필사 이두 자료. 전북 부안군 우반 부안 김씨 세덕각 소장. 한국학중앙연구원 장서각 한국고문서자료관 홈페이지 & 호남권 한국학자료센터 원문 이미지와 텍스트 보기. 한국정신문화연구원 편(1983, 1998), 한국학중앙연구원 편(2017) 참고>

1842-04-00. **유학 신영규 소지**(幼學辛齡奎所志), 신영규. <1장. 한자+이두. 조선 필사 이두 자료. 전남 영광군 입석 영월 신씨 소장. 한국학중앙연구원 장서각 한국고문서자료관 홈페이지 원문 이미지와 텍스트 보기. 한국정신문화연구원 편(1996) 참고>

1842-04-00. **최정학 소지**(崔廷鶴所志), 최정학. <1장. 한자+이두. 조선 필사 이두 자료. 전북 김제 행촌 최완덕 구장. 전북대학교 박물관 소장. 호남권 한국학자료센터 홈페이지 원문 이미지와 텍스트 보기. 최승희(1989) 참고>

1842-04-00. **화민 신영규 소지**(化民辛齡奎所志) 3, 신영규. <1장. 한자+이두. 조선 필사 이두 자료. 전남 영광군 입석 영월 신씨 소장. 한국학중앙연구원 장서각 한국고문서자료관 홈페이지 원문 이미지와 텍스트 보기. 한국정신문화연구원 편(1996) 참고>

1842-05-05~1847-09-10(壬寅~丁未). 「평안감영계록(**平安監營啓錄**)」, 비변사(備邊司) 편(編). <1책(12/37). 188장. 필사본. 표제는 '平安監營啓錄'. 한자+이두. 조선 필사 이두 자료. 서울대학교 규장각 한국학연구원 홈페이지 원문 이미지 보기> <영인본: 「각사등록」 30(평안도편 2)(국사편찬위원회, 1988)> <1830-08-12~1830-12-30(1/37)>

1842-05-09. **시장문기**(柴場文記), 시장주 자필 유학 신항룡(柴場主自筆幼學辛恒龍). <1장. 한자+이두. 조선 필사 이두 자료. 전남 영광군 입석 영월 신씨 소장. 한국학중앙연구원 장서각 한국고문서자료관 홈페이지 원문 이미지와 텍스트 보기. 한국정신문화연구원 편(1996) 참고>

1842-05-00. **노 성록 의송**(奴聖祿議送), 성록. <1장. 한자+이두. 조선 필사 이두 자료. 전남 해남 연동 해남 윤씨 녹우당 소장. 한국학중앙연구원 장서각 한국고문서자료관 홈페이지 원문 이미지와 텍스트 보기. 한국정신문화연구원 편(1986) 참고>

1842-05-00. **윤 생원 댁 노 성록 소지**(尹生員宅奴聖祿所志) 1, 성록. <1장. 한자+이두. 조선 필사 이두 자료. 전남 해남 연동 해남 윤씨 녹우당 소장. 한국학중앙연구원 장서각 한국고문서자료관 홈페이지 원문 이미지와 텍스트 보기. 한국정신문화연구원 편(1986) 참고>

1842-05-00. **윤 생원 댁 노 성록 소지**(尹生員宅奴聖祿所志) 2, 성록. <1장. 한자+이두. 조선 필사 이두 자료. 전남 해남 연동 해남 윤씨 녹우당 소장. 한국학중앙연구원 장서각 한국고문서자료관 홈페이지 원문 이미지와 텍스트 보기. 한국정신문화연구원 편(1986) 참고>

1842-05-00. **화민 신경 소지**(化民辛橄所志), 신경. <1장. 한자+이두. 조선 필사 이두 자료. 전남 영광군 입석 영월 신씨 소장. 한국학중앙연구원 장서각 한국고문서자료관 홈페이지 원문 이미지와 텍스트 보기. 한국정신문화연구원 편(1996) 참고>

1842-05-00~1848-02-00(壬寅~戊申). 「금영등록(**禁營謄錄**)」, 금위영(禁衛營) 편(編).

<1책(14/15. 낙질본). 168장. 필사본. 한자+이두. 조선 필사 이두 자료. 서울대학교 규장각 한국학연구원 홈페이지 원문 이미지 보기> <1682-02-29~1682-10-09(1/15)>

1842-06-00. **박원화 등 소지**(朴元華等所志), 박원화 등. <1장. 한자+이두. 조선 필사 이두 자료. 전남 보성군 택촌 죽산 안씨 은봉 종가 소장. 호남권 한국학자료센터 홈페이지 원문 이미지와 텍스트 보기. 김선경(1993), 정구복 외(1999), 문숙자(2000) 참고>

1842-06-00. **유학 신항업 소지**(幼學辛恒懆所志), 신항업. <1장. 한자+이두. 조선 필사 이두 자료. 전남 영광군 입석 영월 신씨 소장. 한국학중앙연구원 장서각 한국고문서자료관 홈페이지 원문 이미지와 텍스트 보기. 한국정신문화연구원 편(1996) 참고>

1842-07-01~1844-03-12(壬寅~甲辰). 「충청수영계록(**忠淸水營啓錄**)」, 비변사(備邊司) 편(編). <1책(제1/전6책). 38장. 필사본. 표제는 '忠淸水營啓錄'. 한자+이두. 조선 필사 이두 자료. 서울대학교 규장각 한국학연구원 홈페이지 '奎15094' 원문 이미지 보기> <영인본: 「각사등록」 8(충청도편 3)(국사편찬위원회 편, 1983)> <1861-01-17~1861-07-27(제2/6), 1863-06-17~1865-09-20(제3/6), 1866-02-18~1869-04-10(제4/6), 1880-06-11~1882-07-09(제5/6), 1882-06-22~1890-03-16(제6/6)>

1842-07-19. **암행어사 관**(暗行御史關), 암행어사. <1장. 한자+이두. 조선 필사 이두 자료. 안동 금계 의성 김씨 학봉 종가 소장. 한국학중앙연구원 장서각 한국고문서자료관 홈페이지 원문 이미지와 텍스트 보기. 한국정신문화연구원 편(1989) 참고>

1842-07-00. **노광석 등 소지**(盧光奭等所志), 노광석 등. <1장. 한자+이두. 조선 필사 이두 자료. 전북 남원 풍산 밀양 박씨가 구장. 남원향토박물관 소장. 호남권 한국학자료센터 홈페이지 원문 이미지와 텍스트 보기. 박병호(1974ㄱ), 최승희(1989), 김경숙(2002), 전경목 외(2006) 참고>

1842-07-00. **안우룡·안윤식·안효순 등 상서**(安狗龍安潤植安孝淳等上書), 안우룡·안윤식·안효순 등. <1장. 한자+이두. 조선 필사 이두 자료. 함안 두릉 순흥 안씨 소장. 한국학중앙연구원 장서각 한국고문서자료관 홈페이지 원문 이미지 보기.

한국학중앙연구원 편(2006) 참고>

1842-07-00. **안윤식·안효순·안영순 등 상서**(安潤植安孝淳安永淳等上書), 안윤식·안효순·안영순 등 상서. <1장. 한자+이두. 조선 필사 이두 자료. 함안 두릉 순흥 안씨 소장. 한국학중앙연구원 장서각 한국고문서자료관 홈페이지 원문 이미지 보기. 한국학중앙연구원 편(2006) 참고>

1842-07-00. **이발 등 의송**(李渤等議送), 이발 등. <1장. 한자+이두. 조선 필사 이두 자료. 전북 남원 둔덕 전주 이씨가 구장. 전북대학교 박물관 소장. 호남권 한국학자료센터 홈페이지 원문 이미지와 텍스트 보기. 박병호(1974ㄱ), 최승희(1989), 정구복 외(1999) 참고>

1842-07-00. **장흥고 공상지 공인권 매매명문**(長興庫供上紙貢人權賣買明文),[471] 재주 안시혁(財主安時赫). <1장. 한자+이두. 조선 필사 이두 자료. 일본 경도대학 가와이문고 소장. 고려대학교 해외한국학자료센터 홈페이지 원문 이미지 보기>

1842-07-00. **화민 유학 유주하 산송 관련 소지**(化民幼學劉柱夏山訟關聯所志), 유주하. <1장. 한자+이두. 조선 필사 이두 자료. 경북 예천군 감천면 강릉 유씨 벌방종가 구장. 한국국학진흥원 소장. 한국학자료센터 영남권역센터 홈페이지 원문 이미지와 텍스트 보기. 전경목(1996), 김경숙(2002) 참고>

1842-08-01~1900-06-07. 「광명실 전장기(光明室傳掌記)」,[472] 도산서원(陶山書院). <8책>

1842-08-00 추정. **최흠수 등 소지**(崔欽秀等所志), 최흠수 등. <1장. 한자+이두. 조선 필사 이두 자료. 전남 화순 해주 최씨가 소장. 호남권 한국학자료센터 홈페이지 원문 이미지 보기. 최승희(1989), 전경목 외(2006) 참고>

1842-08-00. **화민 신연규 소지**(化民辛年奎所志), 신연규. <1장. 한자+이두. 조선 필사

---

471 고려대학교 해외한국학자료센터 홈페이지에서는 '1842년 안시혁(안시혁) 방매 장흥고(長興庫) 종이 공인권(貢人權) 매매명문(賣買明文)'으로 표시하였다.

472 전장기는 서원의 원장이 교체될 때에 인수인계하는 경리 장부의 일종인데, 전임 원장의 재임 기간 동안 서원의 수입과 지출 내용을 적은 것이다. 전여기(傳與記)라고도 한다. 「서책질(書冊秩)」(17세기 중반, 18세기 중반) 2책, 「광명실 서책치부(光明室書冊置簿)」(1775) 1책, '장서전장기(藏書傳掌記)(1787)' 외 1책, 「광명실 전장기(光明室傳掌記)」(1842~1900) 8책 모두 12책이 남아 있다(최우경, 2021, 안동 도산서원 광명실의 장서 관리, 「안동학」 20, 한국국학진흥원. 58-62).

이두 자료. 전남 영광군 입석 영월 신씨 소장. 한국학중앙연구원 장서각 한국고문서자료관 홈페이지 원문 이미지와 텍스트 보기. 한국정신문화연구원 편(1996) 참고>

1842-09-04. **이신근 등 수기**(李新根等手記), 이신근 등. <1장. 한자+이두. 조선 필사 이두 자료. 전북 담양군 모현관 소장. 호남권 한국학자료센터 홈페이지 원문 이미지와 텍스트 보기. 최승희(1989), 정구복 외(1999) 참고>

1842-09-13. **문중 완의**(門中完議), 문중. <1장. 한자+이두. 조선 필사 이두 자료. 경북 경주시 안강읍 옥산리 여주 이씨 독락당 소장. 한국학중앙연구원 장서각 한국고문서자료관 홈페이지 원문 이미지 보기. 한국정신문화연구원 편(2003) 참고>

1842-09-16. **기리 토지매매명문**(己里土地賣買明文), 답주 최 노 귀중(畓主崔奴貴中). <1장. 한자+이두. 조선 필사 이두 자료. 경북 경주시 안강읍 옥산리 여주 이씨 독락당 소장. 한국학중앙연구원 장서각 한국고문서자료관 홈페이지 원문 이미지 보기. 한국정신문화연구원 편(2003) 참고>

1842-09-17. **공충도 병마 우후 첩정**(公忠道兵馬虞候牒呈), 공충도 병마 우후. <1장. 점련문서. 한자+이두. 조선 필사 이두 자료. 전남 구례군 토지면 오미리 문화 류씨 운조루 소장. 한국학중앙연구원 장서각 한국고문서자료관 홈페이지 원문 이미지와 텍스트 보기>

1842-09-17. **우후 유억 관**(虞侯柳億關), 절도사(節度使). <1장. 점련문서. 한자+이두. 조선 필사 이두 자료. 전남 구례군 토지면 오미리 문화 류씨 운조루 소장. 한국학중앙연구원 장서각 한국고문서자료관 홈페이지 원문 이미지와 텍스트 보기>

1842-09-27. **이희문 토지매매명문**(李喜文土地賣買明文), 답주 이득익(畓主李得益). <1장. 한자+이두. 조선 필사 이두 자료. 안동 천전 의성 김씨 지촌 종택 소장. 한국학중앙연구원 장서각 한국고문서자료관 홈페이지 원문 이미지와 텍스트 보기. 한국정신문화연구원 편(1990) 참고>

1842-09-28. **청도향교 향중 품목**(淸道鄕校鄕中稟目) 1, 청도향교. <1장. 한자+이두. 조선 필사 이두 자료. 경북 청도군 화양면 교촌동 청도향교 소장. 한국학자료센터 영남권역센터 홈페이지 원문 이미지와 텍스트 보기. 영남대학교 민족문화연구소

편(1992) 참고>

1842-09-00. **서중보 등 상서**(徐中輔等上書), 서중보 등. <1장. 한자+이두. 조선 필사 이두 자료. 부여 은산 함양 박씨 소장. 한국학중앙연구원 장서각 한국고문서자료관 홈페이지 원문 이미지 보기. 한국정신문화연구원 편(2000) 참고>

1842-10-11. **청도향교 첩보**(淸道鄕校牒報), 청도향교. <1장. 한자+이두. 조선 필사 이두 자료. 경북 청도군 화양면 교촌동 청도향교 소장. 한국학자료센터 영남권역센터 홈페이지 원문 이미지와 텍스트 보기. 영남대학교 민족문화연구소 편(1992) 참고>

1842-10-15~1843-06-28(壬寅~癸卯). 「평안감영계록(平安監營啓錄)」, 비변사(備邊司) 편(編). <1책(13/37). 119장. 필사본. 표제는 '各道啓錄'. 한자+이두. 조선 필사 이두 자료. 서울대학교 규장각 한국학연구원 홈페이지 원문 이미지 보기> <영인본:「각사등록」30(평안도편 2)(국사편찬위원회 편, 1988)> <1830-08-12~1830-12-30(1/37)>

1842-10-22. **동수 이 등 수표**(洞首李等手標), 이 등(李等). <1장. 한자+이두. 조선 필사 이두 자료. 경북 상주 낙동 풍양 조씨 양진당 소장. 한국학중앙연구원 장서각 한국고문서자료관 홈페이지 원문 이미지 보기>

1842-10-22. **신 생원 토지매매명문**(辛生員土地賣買明文),[473] 답주 자필 김영택(畓主自筆金英澤). <1장. 한자+이두. 조선 필사 이두 자료. 전남 영광군 입석 영월 신씨 소장. 한국학중앙연구원 장서각 한국고문서자료관 홈페이지 원문 이미지와 텍스트 보기. 한국정신문화연구원 편(1996) 참고>

1842-10-28. **청도향교 교회 품목**(淸道鄕校校會稟目), 청도향교. <1장. 한자+이두. 조선 필사 이두 자료. 경북 청도군 화양면 교촌동 청도향교 소장. 한국학자료센터 영남권역센터 홈페이지 원문 이미지와 텍스트 보기. 영남대학교 민족문화연구소 편(1992) 참고>

1842-10-00. **진사 이오수 등 상서**(進士李五秀等上書), 이오수 등. <1장. 한자+이두.

---

[473] 한국학중앙연구원 장서각 한국고문서자료관 홈페이지에서는 '1842년 생원(生員) 신(辛) 토지매매명문(土地賣買明文)'으로 표시하였다.

조선 필사 이두 자료. 경북 안동시 법흥동 고성 이씨 탑동 종가 구장. 한국국학진흥원 소장. 한국학자료센터 영남권역센터 홈페이지 원문 이미지와 텍스트 보기>

1842-10-00. **청도향교 상서**(淸道鄕校上書), 청도향교. <1장. 한자+이두. 조선 필사 이두 자료. 경북 청도군 화양면 교촌동 청도향교 소장. 한국학자료센터 영남권역센터 홈페이지 원문 이미지와 텍스트 보기. 영남대학교 민족문화연구소 편(1992) 참고>

1842-11-16. **류 노 백춘 토지매매명문**(柳奴白春土地賣買明文),[474] 전주 이득잉(田主李得仍). <1장. 한자+이두. 조선 필사 이두 자료. 경북 안동시 하회 풍산 류씨 충효당 구장. 한국국학진흥원 소장. 한국국학진흥원 유교넷 홈페이지 원문 이미지 보기>

1842-11-20. **최석승·최진구 통문**(崔錫升崔振九通文), 최석승·최진구. <1장. 한자+이두. 조선 필사 이두 자료. 남원·구례 삭녕 최씨 구장. 한국학중앙연구원 장서각 한국고문서자료관 홈페이지 원문 이미지 보기. 한국정신문화연구원 편(2004) 참고>

1842-11-21. **유학 화민 신항업 수표**(幼學化民辛恒懱手標), 신항업. <1장. 한자+이두. 조선 필사 이두 자료. 전남 영광군 입석 영월 신씨 소장. 한국학중앙연구원 장서각 한국고문서자료관 홈페이지 원문 이미지와 텍스트 보기. 한국정신문화연구원 편(1996) 참고>

1842-11-00. **강원도 관**(江原道關), 강원도. <1장. 한자+이두. 조선 필사 이두 자료. 안동 금계 의성 김씨 학봉 종가 소장. 한국학중앙연구원 장서각 한국고문서자료관 홈페이지 원문 이미지와 텍스트 보기. 한국정신문화연구원 편(1989) 참고>

1842-11-00. **기상충 등 단자**(奇象忠等單子), 기상충 등. <1장. 한자+이두. 조선 필사 이두 자료. 전남 장성군 행주 기씨 금강 종가 소장. 호남권 한국학자료센터 홈페이지 원문 이미지와 텍스트 보기>

1842-11-00. **남 진사 노 정축 소지**(南進士奴貞丑所志),[475] 정축. <1장. 한자+이두.

---

[474] 한국국학진흥원 유교넷 홈페이지에서는 문서명을 '1842년(헌종 8) 11월 16일, 전주(田主) 이득잉(李得仍)이 류씨댁 노 백춘(柳氏宅奴白春) 앞으로 발급한 매매명문(賣買明文)'으로 표시하였다.

조선 필사 이두 자료. 경북 영해 영양 남씨 시암 종택 구장. 한국국학진흥원 소장. 한국국학진흥원 유교넷 홈페이지 원문 이미지 보기>

1842-11-00. **원주판관 첩정**(原州判官牒呈), 원주 판관 이(李). <1장. 점련문서. 한자+이두. 조선 필사 이두 자료. 안동 금계 의성 김씨 학봉 종가 소장. 한국학중앙연구원 장서각 한국고문서자료관 홈페이지 원문 이미지와 텍스트 보기. 한국정신문화연구원 편(1989) 참고>

1842-11-00. **유진명 등 등장**(柳震明等等狀), 유진명 등. <1장. 한자+이두. 조선 필사 이두 자료. 전북 순창 청계 문화 유씨가 소장. 호남권 한국학자료센터 홈페이지 원문 이미지와 텍스트 보기. 박병호(1974ㄱ), 최승희(1989), 정구복 외(1999) 참고>

1842-11-00. **청도향교 성조감 품목**(淸道鄕校成造監稟目), 청도향교. <1장. 한자+이두. 조선 필사 이두 자료. 경북 청도군 화양면 교촌동 청도향교 소장. 한국학자료센터 영남권역센터 홈페이지 원문 이미지와 텍스트 보기. 영남대학교 민족문화연구소 편(1992) 참고>

1842-11-00. **청도향교 향중 품목**(淸道鄕校鄕中稟目) 2, 청도향교. <1장. 한자+이두. 조선 필사 이두 자료. 경북 청도군 화양면 교촌동 청도향교 소장. 한국학자료센터 영남권역센터 홈페이지 원문 이미지와 텍스트 보기. 영남대학교 민족문화연구소 편(1992) 참고>

1842-11-00. **토지매매명문**(土地賣買明文),[476] 자필 답주 유학 전상오(自筆畓主幼學全尙五). <1장. 한자+이두. 조선 필사 이두 자료. 전북대학교 박물관 소장. 호남권 한국학자료센터 홈페이지 원문 이미지와 텍스트 보기. 최승희(1989), 정구복 외(1999), 이재수(2003) 참고>

1842-11-00. **화민 김연진 상서**(化民金延鎭上書), 김연진. <1장. 한자+이두. 조선 필사 이두 자료. 안동 천전 의성 김씨 지촌 종택 소장. 한국학중앙연구원 장서각 한국고

---

[475] 한국국학진흥원 유교넷 홈페이지에서는 문서명을 '1842년(헌종 8) 11월에 남진사(南進士)의 노(奴) 정축(貞丑)이 도둑맞은 책 42권을 책 도둑에게 돌려받게 해달라고 관찰사에게 올린 소지'로 표시하였다.

[476] 호남권 한국학자료센터 홈페이지에서는 '1842년 전상오(全尙五) 방매 토지매매명문(土地賣買明文)'으로 표시하였다.

문서자료관 홈페이지 원문 이미지와 텍스트 보기. 한국정신문화연구원 편(1989) 참고>

1842-12-04. **박대복 토지매매명문**(朴大福土地賣買明文), 원답주 김덕득(元畓主金德得). <1장. 한자+이두. 조선 필사 이두 자료. 전북대학교 박물관 소장. 호남권 한국학자료센터 홈페이지 원문 이미지와 텍스트 보기>

1842-12-12. **토지매매명문**(土地賣買明文),[477] 답주 이억석(畓主李億石). <1장. 한자+이두. 조선 필사 이두 자료. 전북 임실군 지사 협계태 씨가 소장. 호남권 한국학자료센터 홈페이지 원문 이미지와 텍스트 보기. 박병호(1974ㄱ), 최승희(1989), 이재수(2003) 참고>

1842-12-17. **유학 토지매매명문**(幼學土地賣買明文),[478] 답주 유학 정재철(畓主幼學鄭在哲). <1장. 한자+이두. 조선 필사 이두 자료. 전북대학교 박물관 소장. 호남권 한국학자료센터 홈페이지 원문 이미지와 텍스트 보기. 최승희(1989), 정구복 외 (1999), 이재수(2003) 참고>

1842-12-24. **유학 토지매매명문**(幼學土地賣買明文), 답주 김효갑(畓主金孝甲). <1장. 한자+이두. 조선 필사 이두 자료. 전남 영광군 입석 영월 신씨 소장. 한국학중앙연구원 장서각 한국고문서자료관 홈페이지 원문 이미지와 텍스트 보기. 한국정신문화연구원 편(1996) 참고>

1842-12-00. **화민 신굉규 소지**(化民辛宏珪所志), 신굉규. <1장. 한자+이두. 조선 필사 이두 자료. 전남 영광군 입석 영월 신씨 소장. 한국학중앙연구원 장서각 한국고문서자료관 홈페이지 원문 이미지와 텍스트 보기. 한국정신문화연구원 편(1996) 참고>

1842-12-00. **화민 신항업 소지**(化民辛恒憐所志) 2, 신항업. <1장. 한자+이두. 조선 필사 이두 자료. 전남 영광군 입석 영월 신씨 소장. 한국학중앙연구원 장서각 한국고문서자료관 홈페이지 원문 이미지와 텍스트 보기. 한국정신문화연구원

---

[477] 호남권 한국학자료센터 홈페이지에서는 '1842년 이억석(李億石) 방매(放賣) 토지매매명문(土地賣買明文)'으로 표시하였다.

[478] 호남권 한국학자료센터 홈페이지에서는 '1842년 나정필(羅廷弼) 방매(放賣) 토지매매명문(土地賣買明文)'으로 표시하였다.

편(1996) 참고>

1842-12-00. **화민 신항업 소지**(化民辛恒懍所志) 3, 신항업. <1장. 한자+이두. 조선 필사 이두 자료. 전남 영광군 입석 영월 신씨 소장. 한국학중앙연구원 장서각 한국고문서자료관 홈페이지 원문 이미지와 텍스트 보기. 한국정신문화연구원 편(1996) 참고>

1842-00-00. 「송천 선생 유집(**松川先生遺集**)」 권1~3, 송천 양응정(梁應鼎, 1519년~1581년). <초간본. 7권 3책. 목활자본. 16세기 이두 자료. 국립중앙도서관 홈페이지 원문 이미지 보기>

1842-00-00. **전라우수영 수군절도사 첩정**(全羅右水營水軍節度使牒呈) 2, 전라우수영. <1장. 한자+이두. 조선 필사 이두 자료. 전남 영광군 입석 영월 신씨 소장. 한국학중앙연구원 장서각 한국고문서자료관 홈페이지 원문 이미지와 텍스트 보기. 한국정신문화연구원 편(1996) 참고>

1842-00-00. **전라우수영 수군절도사 첩정**(全羅右水營水軍節度使牒呈) 3, 전라우수영. <1장. 한자+이두. 조선 필사 이두 자료. 전남 영광군 입석 영월 신씨 소장. 한국학중앙연구원 장서각 한국고문서자료관 홈페이지 원문 이미지와 텍스트 보기. 한국정신문화연구원 편(1996) 참고>

1842-00-00. 「제등록(**祭謄錄**)」, 예조(禮曹). <6책. 744장. 필사본. 한자+이두. 조선 필사 이두 자료. 한국학중앙연구원 장서각 한국학자료센터 홈페이지 원문 이미지 보기>

1842-00-00. 「종묘의궤(**宗廟儀軌**)」, 의궤청(儀軌廳). <1책. 155장. 필사본. 한자+이두. 조선 필사 이두 자료. 한국학중앙연구원 한국학 디지털 아카이브 홈페이지 원문 이미지와 텍스트 보기>

1842-00-00. 「종묘의궤속록(**宗廟儀軌續錄**)」, 의궤청(儀軌廳) 편(編). <1책. 157장. 필사본. 표제는 '壬寅宗廟儀軌'. 목록제는 '宗廟儀軌續錄目錄'. 한자+이두. 조선 필사 이두 자료. 한국학중앙연구원 디지털장서각 홈페이지 'K2-2200' 원문 이미지와 텍스트 보기>

1842-00-00. 「종묘의궤속록(**宗廟儀軌續錄**)」 상·하, 편자 미상. <2책. 83장+75장. 필사본. 상권의 표제는 '宗廟儀軌續錄上'. 목록제는 '宗廟儀軌續錄上卷目錄'. 한자+

이두. 조선 필사 이두 자료. 서울대학교 규장각 한국학연구원 의궤 종합정보 홈페이지 '奎14223' 원문 이미지 보기>

1842-00-00. **진주 정씨 노비 소지 초**(晉州鄭氏奴婢所志草), 진주 정씨 노비. <1장. 한자+이두. 조선 필사 이두 자료. 경북 상주시 외서면 우산리 진주 정씨 우복 종택 소장. 한국학중앙연구원 장서각 한국고문서자료관 홈페이지 원문 이미지 보기. 한국학중앙연구원 편(2008) 참고>

1843년

<계묘(癸卯), 헌종 9년, 도광 23년>

1843-01-01~1843-12-28(癸卯). 「전객사일기(典客司日記)」 86, 예조(禮曹) 전객사(典客司) 편(編). <1책(86/99). 128장. 필사본. 한자+이두. 조선 필사 이두 자료. 서울대학교 규장각 한국학연구원 홈페이지 원문 이미지 보기> <1640-01-22~1641-12-23(1)>

1843-01-01~1843-12-00. 「결속색등록(結束色謄錄)」, 병조(兵曹) 편(編). <1책(56). 192장. 필사본. 필사 시기 미상. 한자+이두. 조선 필사 이두 자료. 서울대학교 규장각 한국학연구원 홈페이지 1787년~1891년 낙질본 107책(1792년(건륭 57년), 1811년(가경 16년) 하, 1816년(가경 21년), 1817년(가경 22년), 1824년(도광 4년), 1831(도광 11년), 1871(동치 10년), 1885년(광서 11년) 없음) 원문 이미지 보기>

1843-01-22. **유학 강재진 토지매매명문**(幼學姜在振土地賣買明文), 답주 자필 나학원(畓主自筆羅學元). <1장. 한자+이두. 조선 필사 이두 자료. 전북 무장 원송 진주 강씨가 구장. 전북대학교 박물관 소장. 호남권 한국학자료센터 홈페이지 원문 이미지와 텍스트 보기. 박병호(1974ㄱ), 최승희(1989), 정구복 외(1999) 참고>

1843-01-25. **청도향교 첩보**(淸道鄕校牒報) 1, 청도향교. <1장. 한자+이두. 조선 필사 이두 자료. 경북 청도군 화양면 교촌동 청도향교 소장. 한국학자료센터 영남권역센터 홈페이지 원문 이미지와 텍스트 보기. 영남대학교 민족문화연구소 편(1992) 참고>

1843-01-29. **청도군 첩보**(淸道郡牒報), 청도군수(淸道郡守). <1장. 한자+이두. 조선 필사 이두 자료. 경북 청도군 화양면 교촌동 청도향교 소장. 한국학자료센터 영남권역센터 홈페이지 원문 이미지와 텍스트 보기. 영남대학교 민족문화연구소 편(1992) 참고>

1843-01-00. **김동문 준호구**(金東文準戶口), 대정현감(大靜縣監). <1장. 한자+이두. 조선 필사 이두 자료. 제주시 일도 2동 제주민속자연사박물관 소장. 호남권 한국학자료센터 홈페이지 원문 이미지와 텍스트 보기. 최승희(1989), 손병규(2007), 문현주(2011) 참고>

1843-01-00. **남계서원 완문**(灆溪書院完文), 관(官). <1장. 한자+이두. 조선 필사 이두 자료. 경남 함양군 수동면 원평리 남계서원 소장. 한국학중앙연구원 장서각 한국고문서자료관 홈페이지 원문 이미지와 텍스트 보기. 한국정신문화연구원 편(1995) 참고>

1843-01-00. **이상순 소지**(李相淳所志), 이상순. <1장. 한자+이두. 조선 필사 이두 자료. 영광 함안 이씨 이기태 구장. 영광농업기술센터 영인본 소장. 호남권 한국학자료센터 홈페이지 원문 이미지와 텍스트 보기. 최승희(1989), 전경목 외(2006) 참고>

1843-01-00. **화민 신항업 소지**(化民辛恒懞所志) 1, 신항업. <1장. 한자+이두. 조선 필사 이두 자료. 전남 영광군 입석 영월 신씨 소장. 한국학중앙연구원 장서각 한국고문서자료관 홈페이지 원문 이미지와 텍스트 보기. 한국정신문화연구원 편(1996) 참고>

1843-01-00. **화민 신항업 소지**(化民辛恒懞所志) 2, 신항업. <1장. 한자+이두. 조선 필사 이두 자료. 전남 영광군 입석 영월 신씨 소장. 한국학중앙연구원 장서각 한국고문서자료관 홈페이지 원문 이미지와 텍스트 보기. 한국정신문화연구원 편(1996) 참고>

1843-01-00~1843-12-00(癸卯). 「추조결옥록(**秋曹決獄錄**)」 제68, 형조(刑曹) 편(編). <1책(4/낙질본 43). 43장. 필사본. 한자+이두. 조선 필사 이두 자료. 서울대학교 규장각 한국학연구원 홈페이지 원문 이미지 보기> <1822-01-00~1822-12-00 (1/43)>

1843-02-10. **토지매매명문**(土地賣買明文),[479] 답주 엄익백(畓主嚴益白). <1장. 한자+이두. 조선 필사 이두 자료. 전북 임실군 지사 협계태 씨가 소장. 호남권 한국학자료센터 홈페이지 원문 이미지와 텍스트 보기. 박병호(1974ㄱ), 최승희(1989), 이재수(2003) 참고>

1843-02-13. **영광군 완문**(靈光郡完文), 영광군수. <1장. 한자+이두. 조선 필사 이두 자료. 영광 함안 이씨 이기태 구장. 영광농업기술센터 영인본 소장. 호남권 한국학자료센터 홈페이지 원문 이미지와 텍스트 보기. 최승희(1989), 국립민속박물관 편(1991), 정구복 외(1999) 참고>

1843-02-15. **이복륜 등 상납문기**(李復倫等上納文記) 1, 이복륜 등. <1장. 한자+이두. 조선 필사 이두 자료. 경북 경주시 소정리 경주 이씨 소장. 한국학중앙연구원 장서각 한국고문서자료관 홈페이지 원문 이미지 보기. 한국정신문화연구원 편(2002) 참고>

1843-02-17. **이복륜 등 상납문기**(李復倫等上納文記) 2, 이복륜 등. <1장. 한자+이두. 조선 필사 이두 자료. 경북 경주시 소정리 경주 이씨 소장. 한국학중앙연구원 장서각 한국고문서자료관 홈페이지 원문 이미지 보기. 한국정신문화연구원 편(2002) 참고>

1843-02-18. **고조부모 소제조성치기**(高祖父母掃祭條成置記), 현손 강의경 등(玄孫姜衣景). <1장. 한자+이두. 조선 필사 이두 자료. 제주시 제주교육박물관 소장. 사이버 제주교육박물관 홈페이지 원문 이미지와 텍스트 보기>

1843-02-20. **이 호 무손 토지매매명문**(李戸戊孫土地賣買明文), 전주 고 노 명심(出主高奴明心). <1장. 한자+이두. 조선 필사 이두 자료. 경북 영해 인량 재령 이씨 충효당 소장. 한국학중앙연구원 장서각 한국고문서자료관 홈페이지 원문 이미지 보기. 한국정신문화연구원 편(2004) 참고>

1843-02-20. **토지매매명문**(土地賣買明文),[480] 답주 나학원(畓主羅學元). <1장. 한자+

---

[479] 호남권 한국학자료센터 홈페이지에서는 '1843년 엄익백(嚴益白) 방매(放賣) 토지매매명문(土地賣買明文)'으로 표시하였다.

[480] 호남권 한국학자료센터 홈페이지에서는 '1843년 라학원(羅學元) 방매(放賣) 토지매매명문(土地賣買明文)'으로 표시하였다.

이두. 조선 필사 이두 자료. 전북 무장 원송 진주 강씨가 구장. 전북대학교 박물관 소장. 호남권 한국학자료센터 홈페이지 원문 이미지와 텍스트 보기. 박병호(1974 ㄱ), 최승희(1989), 이재수(2003) 참고>

1843-02-29. **청도향교 도유사 품목**(淸道鄕校都有司稟目), 청도향교. <1장. 한자+이 두. 조선 필사 이두 자료. 경북 청도군 화양면 교촌동 청도향교 소장. 한국학자료 센터 영남권역센터 홈페이지 원문 이미지와 텍스트 보기. 영남대학교 민족문화연 구소 편(1992) 참고>

1843-02-29. **최 생원 토지매매명문**(崔生員土地賣買明文), 답주 유학 엄원복(畓主幼學 嚴元福). <1장. 한자+이두. 조선 필사 이두 자료. 전북 임실군 지사 협계태 씨가 소장. 호남권 한국학자료센터 홈페이지 원문 이미지와 텍스트 보기. 박병호(1974 ㄱ), 최승희(1989), 이재수(2003) 참고>

1843-02-00. **안우·안우룡·안철순 등 원정**(安瑀安珝龍安哲淳等原情) 1, 안우·안우룡· 안철순 등. <1장. 한자+이두. 조선 필사 이두 자료. 함안 두릉 순흥 안씨 소장. 한국학중앙연구원 장서각 한국고문서자료관 홈페이지 원문 이미지 보기. 한국학 중앙연구원 편(2006) 참고>

1843-02-00. **조병균 산송 관련 소지**(趙秉均山訟關聯所志), 조병균. <1장. 한자+이두. 조선 필사 이두 자료. 경북 영양군 일월면 주곡리 한양 조씨 옥천 종택 구장. 한국국학진흥원 소장. 한국학자료센터 영남권역센터 홈페이지 원문 이미지와 텍스트 보기>

1843-02-00. **화민 신평규 소지**(化民辛玶珪所志) 1, 신평규. <1장. 한자+이두. 조선 필사 이두 자료. 전남 영광군 입석 영월 신씨 소장. 한국학중앙연구원 장서각 한국고문서자료관 홈페이지 원문 이미지와 텍스트 보기. 한국정신문화연구원 편(1996) 참고>

1843-02-00. **화민 신항업 소지**(化民辛恒懛所志) 3, 신항업. <1장. 한자+이두. 조선 필사 이두 자료. 전남 영광군 입석 영월 신씨 소장. 한국학중앙연구원 장서각 한국고문서자료관 홈페이지 원문 이미지와 텍스트 보기. 한국정신문화연구원 편(1996) 참고>

1843-03-02. **청도향교 첩보**(淸道鄕校牒報) 2, 청도향교. <1장. 한자+이두. 조선 필사

이두 자료. 경북 청도군 화양면 교촌동 청도향교 소장. 한국학자료센터 영남권역센터 홈페이지 원문 이미지와 텍스트 보기. 영남대학교 민족문화연구소 편(1992) 참고>

1843-03-04. **청도향교 첩보**(淸道鄕校牒報) 3, 청도향교. <1장. 한자+이두. 조선 필사 이두 자료. 경북 청도군 화양면 교촌동 청도향교 소장. 한국학자료센터 영남권역센터 홈페이지 원문 이미지와 텍스트 보기. 영남대학교 민족문화연구소 편(1992) 참고>

1843-03-07. **종질 김진화 노비매매명문**(宗侄金鎭華奴婢賣買明文), 비주 재종숙 김능수(婢主再從叔金陵壽). <1장. 한자+이두. 조선 필사 이두 자료. 안동 금계 의성 김씨 학봉 종가 소장. 한국학중앙연구원 장서각 한국고문서자료관 홈페이지 원문 이미지와 텍스트 보기. 한국정신문화연구원 편(1990) 참고>

1843-03-07~1844-08-23(도광 23년 癸卯~甲辰). 「좌포청등록(**左捕廳謄錄**)」, 포도청(捕盜廳) 편(編). <1책(5/18). 84장. 필사본. 한자+이두. 이두 자료. 서울대학교 규장각 한국학연구원 홈페이지 낙질본 원문 이미지 보기> <1775-06-14~1775-윤10-29(1/18)>

1843-03-11. **김욱금 수기**(金旭金手記), 수기주(手記主) 김욱금. <1장. 한자+이두. 조선 필사 이두 자료. 전북 김제시 행촌 최완덕 구장. 전북대학교 박물관 소장. 호남권 한국학자료센터 홈페이지 원문 이미지와 텍스트 보기. 최승희(1989) 참고>

1843-03-16-1844-04-21(癸卯~甲辰). 「우포청등록(**右捕廳謄錄**)」, 포도청(捕盜廳) 편(編). <1책(3/30). 57장. 필사본. 표제는 '右捕廳謄錄'. 한자+이두. 조선 필사 이두 자료. 서울대학교 규장각 한국학연구원 홈페이지 원문 이미지 보기> <1807-01-13~1808-06-12(1/30)>

1843-03-17. **백형 주 토지매매명문**(伯兄主土地賣買明文), 원재주 사제 백수(元財主舍弟伯壽). <1장. 한자+이두. 조선 필사 이두 자료. 경북 경주시 안강읍 옥산리 여주 이씨 독락당 소장. 한국학중앙연구원 장서각 한국고문서자료관 홈페이지 원문 이미지 보기. 한국정신문화연구원 편(2003) 참고>

1843-03-20. **김명언 토지매매명문**(金明言土地賣買明文), 답주 자필 박상운(畓主自筆

朴相雲). <1장. 한자+이두. 조선 필사 이두 자료. 전남 영광군 입석 영월 신씨 소장. 한국학중앙연구원 장서각 한국고문서자료관 홈페이지 원문 이미지와 텍스트 보기. 한국정신문화연구원 편(1996) 참고>

1843-03-24. **김 생원 댁 노 ■복 토지매매명문**(金生員宅奴■福土地賣買明文), 답주 한량 김■■(畓主閑良金■■). <1장. 한자+이두. 조선 필사 이두 자료. 아산 선교 장흥 임씨 구장. 한국학중앙연구원 장서각 한국고문서자료관 홈페이지 원문 이미지 보기. 한국학중앙연구원 편(2008) 참고>

1843-03-28. **오 수표**(吳手標), 오(吳). <1장. 점련문서. 한자+이두. 조선 필사 이두 자료. 전남 영광군 입석 영월 신씨 소장. 한국학중앙연구원 장서각 한국고문서자료관 홈페이지 원문 이미지와 텍스트 보기. 한국정신문화연구원 편(1996) 참고>

1843-03-00. **안우·안우룡·안철순 등 원정**(安瑀安㺀瓏安哲淳等原情) 2, 안우·안우룡·안철순 등. <1장. 한자+이두. 조선 필사 이두 자료. 함안 두릉 순흥 안씨 소장. 한국학중앙연구원 장서각 한국고문서자료관 홈페이지 원문 이미지 보기. 한국학중앙연구원 편(2006) 참고>

1843-03-00. 「왜인지급시탄절목(**倭人支給柴炭節目**)」, 동래부(東萊府) 편(編). <1책. 5장. 필사본. 표제는 '給倭柴炭抹弊節目'. 한자+이두. 이두 자료. 서울대학교 규장각 한국학연구원 홈페이지 원문 이미지 보기>

1843-03-00. **화민 신항업 소지**(化民辛恒懨所志) 4, 신항업. <1장. 한자+이두. 조선 필사 이두 자료. 전남 영광군 입석 영월 신씨 소장. 한국학중앙연구원 장서각 한국고문서자료관 홈페이지 원문 이미지와 텍스트 보기. 한국정신문화연구원 편(1996) 참고>

1843-04-06~1856-12-07(癸卯~丙辰). 「전객사일기(**典客司日記**)」 87, 예조(禮曹) 전객사(典客司) 편(編). <1책(87/99). 110장. 필사본. 한자+이두. 조선 필사 이두 자료. 서울대학교 규장각 한국학연구원 홈페이지 원문 이미지 보기> <1640-01-22~1641-12-23(1)>

1843-04-07. **강 씨 토지매매명문**(姜氏土地賣買明文), 답주 광주 과부 최(畓主光州寡婦崔). <1장. 한자+이두. 조선 필사 이두 자료. 전북 무장 원송 진주 강씨가 구장. 전북대학교 박물관 소장. 호남권 한국학자료센터 홈페이지 원문 이미지와 텍스트

보기. 박병호(1974ㄱ), 최승희(1989), 이재수(2003) 참고>

1843-04-26. **이정식 토지매매명문**(李禎植土地賣買明文), 자필 답주 한량 장지택(自筆畓主閑良張池宅). <1장. 한자+이두. 조선 필사 이두 자료. 전북 무장 원송 진주 강씨가 구장. 전북대학교 박물관 소장. 호남권 한국학자료센터 홈페이지 원문 이미지와 텍스트 보기. 최승희(1989), 정구복 외(1999), 이재수(2003) 참고>

1843-04-00. **안철순·안필순 등 소지**(安哲淳安必淳等所志), 안철순·안필순 등. <1장. 한자+이두. 조선 필사 이두 자료. 함안 두릉 순흥 안씨 소장. 장서각 한국고문서자료관 홈페이지 원문 이미지 보기. 한국학중앙연구원 편(2006) 참고>

1843-04-00. **유경두 소지**(柳慶斗所志), 유경두. <1장. 한자+이두. 조선 필사 이두 자료. 전북 담양군 모현관 소장. 호남권 한국학자료센터 홈페이지 원문 이미지와 텍스트 보기>

1843-05-02. **문중 토지매매명문**(門中土地賣買明文), 답주 유학 이진석(畓主幼學李眞錫). <1장. 한자+이두. 조선 필사 이두 자료. 경북 경주시 안강읍 옥산리 여주 이씨 독락당 소장. 한국학중앙연구원 장서각 한국고문서자료관 홈페이지 원문 이미지 보기. 한국정신문화연구원 편(2003) 참고>

1843-05-02. **청도향교 첩보**(淸道鄕校牒報) 4, 청도향교. <1장. 한자+이두. 조선 필사 이두 자료. 경북 청도군 화양면 교촌동 청도향교 소장. 한국학자료센터 영남권역센터 홈페이지 원문 이미지와 텍스트 보기. 영남대학교 민족문화연구소 편(1992) 참고>

1843-05-06. **영해 유학 남유희 노비매매명문**(寧海幼學南有羲奴婢賣買明文), 상전 안동 유학 이병현(上典安東幼學李秉玹). <1장. 한자+이두. 조선 필사 이두 자료. 대전시 무수동 안동 권씨 유회당 종택 소장. 한국학중앙연구원 장서각 한국고문서자료관 홈페이지 원문 이미지 보기. 한국학중앙연구원 편(2007) 참고>

1843-05-19. **병교 김장철 수표**(兵校金章哲手標), 표주 병교 김장철(標主兵校金章哲). <1장. 한자+이두. 조선 필사 이두 자료. 전남 영광군 입석 영월 신씨 소장. 한국학중앙연구원 장서각 한국고문서자료관 홈페이지 원문 이미지와 텍스트 보기. 한국정신문화연구원 편(1996) 참고>

1843-05-28. **정동명 토지매매명문**(鄭同明土地賣買明文), 답주 김여일(畓主金麗日).

<1장. 한자+이두. 조선 필사 이두 자료. 전남 보성 박실 제주 양씨가 구장. 원광대학교 박물관 소장. 호남권 한국학자료센터 홈페이지 원문 이미지와 텍스트 보기. 박병호(1974ㄱ), 이재수(2003) 참고>

1843-05-00. **경주 옥산서원 사림 품목**(慶州玉山書院士林稟目) 1, 옥산서원 사림. <1장. 한자+이두. 조선 필사 이두 자료. 경북 경주시 안강읍 옥산서원 소장. 한국학자료센터 영남권역센터 홈페이지 원문 이미지와 텍스트 보기. 이수환(2001) 참고>

1843-05-00. **화민 신경 소지**(化民辛檄所志), 신경. <1장. 한자+이두. 조선 필사 이두 자료. 전남 영광군 입석 영월 신씨 소장. 한국학중앙연구원 장서각 한국고문서자료관 홈페이지 원문 이미지와 텍스트 보기. 한국정신문화연구원 편(1996) 참고>

1843-05-00. **화민 신항업 소지**(化民辛恒懍所志) 5, 신항업. <1장. 한자+이두. 조선 필사 이두 자료. 전남 영광군 입석 영월 신씨 소장. 한국학중앙연구원 장서각 한국고문서자료관 홈페이지 원문 이미지와 텍스트 보기. 한국정신문화연구원 편(1996) 참고>

1843-05-00 추정. **이우흥 등 소지**(李宇興等所志), 이우흥 등. <1장. 한자+이두. 조선 필사 이두 자료. 영해 도곡 무안 박씨 무의공 종택 소장. 한국학중앙연구원 장서각 한국고문서자료관 홈페이지 원문 이미지 보기. 한국학중앙연구원 편(2008) 참고>

1843-06-13. **김두흠 차첩**(金斗欽差帖), 이조(吏曹). <1장. 한자+이두. 조선 필사 이두 자료. 경북 안동시 풍산읍 오미리 풍산 김씨 영감댁 구장. 한국국학진흥원 소장. 한국학자료센터 영남권역센터 홈페이지 원문 이미지와 텍스트 보기. 최승희(1989), 정구복(1996), 유지영(2007) 참고>

1843-06-00. **유진렴 등 등장**(柳震濂等等狀), 유진렴 등. <1장. 한자+이두. 조선 필사 이두 자료. 전북 순창 청계 문화 유씨가 소장. 호남권 한국학자료센터 홈페이지 원문 이미지와 텍스트 보기. 최승희(1989), 김경숙(2002), 심재우(2013) 참고>

1843-07-02. **부창■ 토지매매명문**(夫昌■土地賣買明文), 전주 오시범(田主吳始範). <1장. 한자+이두. 조선 필사 이두 자료. 제주시 일도 2동 제주민속자연사박물관 소장. 호남권 한국학자료센터 홈페이지 원문 이미지와 텍스트 보기. 고창석(1997,

1998), 김영란(2010) 참고>

1843-07-00. **관곡서원 재임 품목**(舘谷書院齋任稟目), 관곡서원. <1장. 한자+이두. 조선 필사 이두 자료. 전북 임실군 관곡서원 소장. 호남권 한국학자료센터 홈페이지 원문 이미지와 텍스트 보기. 박병호(1974ㄱ), 정구복(2002) 참고>

1843-윤7-00. **영광군수 입지**(靈光郡守立旨), 귀남(貴南). <1장. 한자+이두. 조선 필사 이두 자료. 전남 영광군 입석 영월 신씨 소장. 한국학중앙연구원 장서각 한국고문서자료관 홈페이지 원문 이미지와 텍스트 보기. 한국정신문화연구원 편(1996) 참고>

1843-윤7-00. **화민 신굉규 소지**(化民辛宏珪所志) 2, 신굉규. <1장. 한자+이두. 조선 필사 이두 자료. 전남 영광군 입석 영월 신씨 소장. 한국학중앙연구원 장서각 한국고문서자료관 홈페이지 원문 이미지와 텍스트 보기. 한국정신문화연구원 편(1996) 참고>

1843-08-03~1844-09-01(도광 23년~도광 24년). 「경상좌수영이등응서시장계등록(**慶尙左水營李等膺緒時狀啓謄錄**)」,[481] 비변사(備邊司) 편(編). <1책. 80장. 필사본. 표제는 '慶尙左水營 水使李膺緒 自癸卯八月至甲辰六月)各道啓錄'. 한자+이두. 조선 필사 이두 자료. 서울대학교 규장각 한국학연구원 홈페이지 원문 이미지 보기> <영인본: 「각사등록」 12(경상도편 2)(국사편찬위원회 편, 1984)>

1843-08-25~1843-12-00(癸卯). 「효현왕후국휼등록(**孝顯王后國恤謄錄**)」, 호조(戶曹) 판적사(版籍司) 편(編). <1책. 61장. 필사본. 한자+이두. 조선 필사 이두 자료. 서울대학교 규장각 한국학연구원 홈페이지 원문 이미지 보기>

1843-08-00. **권경모 등 산송 관련 소지**(權絅模等山訟關聯所志), 권경모 등. <1장. 한자+이두. 조선 필사 이두 자료. 경북 예천군 용문면 대제리 원동 권씨 춘우재 고택 구장. 한국국학진흥원 소장. 한국학자료센터 영남권역센터 홈페이지 원문 이미지와 텍스트 보기>

1843-08-00. **이창대 등 등장**(李昌大等等狀), 이창대 등. <1장. 한자+이두. 조선 필사

---

[481] 서울대학교 규장각 한국학연구원 홈페이지에서는 책명을 '慶尙左水營啓謄錄 경상좌수영계등록'으로 표시하였다.

이두 자료. 전북 순창 구미 남원 양씨가 소장. 호남권 한국학자료센터 홈페이지 원문 이미지와 텍스트 보기. 최승희(1989), 김경숙(2002), 심재우(2013) 참고>

1843-09-01. **용산서원 자매명문**(龍山書院自賣明文, 김박만(金朴萬). <1장. 한자+이두. 조선 필사 이두 자료. 경북 경주시 내남면 이조리 경주 최씨·용산서원 소장. 한국학중앙연구원 장서각 한국고문서자료관 홈페이지 원문 이미지 보기. 한국정신문화연구원 편(2000) 참고>

1843-10-05. **유흥천 토지매매명문**(柳興天土地賣買明文), 답주 고제영(畓主高濟榮). <1장. 한자+이두. 조선 필사 이두 자료. 전북 부안군 우반 부안 김씨 세덕각 소장. 한국학중앙연구원 장서각 한국고문서자료관 홈페이지 원문 이미지와 텍스트 보기. 한국정신문화연구원 편(1983, 1998), 한국학중앙연구원 편(2017) 참고>

1843-10-16. 「만경현 현내면 피척 치사 남인 김소손 복검 문안(萬頃縣縣內面被踢致死男人金少孫覆檢文案)」, 전라북도 만경현(萬頃縣) 편(篇). <1책. 40장. 필사본. 한자+이두. 조선 필사 이두 자료. 서울대학교 규장각 한국학연구원 홈페이지 원문 이미지 보기>

1843-10-19. **별고 유사 박영림 토지매매명문**(別庫有司朴英林土地賣買明文), 답주 권노 박인영(畓主權奴朴寅英). <1장. 한자+이두. 조선 필사 이두 자료. 경남 합천 용연서원 소장. 한국학중앙연구원 장서각 한국고문서자료관 홈페이지 원문 이미지 보기. 한국정신문화연구원 편(1996) 참고>

1843-10-19. **족조 별고 유사 박영림 토지매매명문**(族祖別庫有司朴英林土地賣買明文), 답주 족손 동몽 박경득(畓主族孫童蒙朴慶得). <1장. 한자+이두. 조선 필사 이두 자료. 경남 합천 용연서원 소장. 한국학중앙연구원 장서각 한국고문서자료관 홈페이지 원문 이미지 보기. 한국정신문화연구원 편(1996) 참고>

1843-10-22. **김얼고 토지매매명문**(金얼古土地賣買明文), 답주 한량 김진기(畓主閑良金振其). <1장. 한자+이두. 조선 필사 이두 자료. 전남 보성군 박실 제주 양씨가 구장. 원광대학교 박물관 소장. 호남권 한국학자료센터 홈페이지 원문 이미지와 텍스트 보기. 박병호(1974ㄱ) 참고>

1843-10-25. **고 생원 댁 노비 정축 토지매매명문**(高生員宅奴婢丁丑土地賣買明文), 전주 안 생원 댁 노 춘복(田主安生員宅奴春卜). <1장. 한자+이두. 조선 필사 이두

자료. 강원도 양양군 제주 고씨 소장. 한국학자료센터 강원권역센터 홈페이지 원문 이미지와 텍스트 보기. 최승희(1989), 김소은(2004), 김세민(2013), 김영란(2017) 참고>

1843-10-00. **권봉모 등 산송 관련 소지**(權鳳模等山訟關聯所志), 권봉모 등. <1장. 한자+이두. 조선 필사 이두 자료. 경북 예천군 용문면 대제리 원동 권씨 춘우재 고택 구장. 한국국학진흥원 소장. 한국학자료센터 영남권역센터 홈페이지 원문 이미지와 텍스트 보기>

1843-10-00. **안필순 소지**(安必淳所志), 안필순. <1장. 한자+이두. 조선 필사 이두 자료. 함안 두릉 순흥 안씨 소장. 한국학중앙연구원 장서각 한국고문서자료관 홈페이지 원문 이미지 보기. 한국학중앙연구원 편(2006) 참고>

1843-10-00. **화민 신항업 소지**(化民辛恒㦤所志) 6, 신항업. <1장. 한자+이두. 조선 필사 이두 자료. 전남 영광군 입석 영월 신씨 소장. 한국학중앙연구원 장서각 한국고문서자료관 홈페이지 원문 이미지와 텍스트 보기. 한국정신문화연구원 편(1996) 참고>

1843-11-07. **이 생원 댁 노 철김 토지매매명문**(李生員宅奴哲金土地賣買明文), 재주 임 생원 댁 노 막선(財主任生員宅奴莫先). <1장. 한자+이두. 조선 필사 이두 자료. 아산 선교 장흥 임씨 구장. 한국학중앙연구원 장서각 한국고문서자료관 홈페이지 원문 이미지 보기. 한국학중앙연구원 편(2008) 참고>

1843-11-12. **김진기 토지매매명문**(金振其土地賣買明文), 답주 김선애(畓主金先愛). <1장. 한자+이두. 조선 필사 이두 자료. 전남 보성군 박실 제주 양씨가 구장. 원광대학교 박물관 소장. 호남권 한국학자료센터 홈페이지 원문 이미지와 텍스트 보기. 박병호(1974ㄱ) 참고>

1843-11-15. **유학 김찬순 시장문기**(幼學金燦淳柴場文記), 시장주 김삼용(柴場主金三用). <1장. 한자+이두. 조선 필사 이두 자료. 광주광역시 광산구 김해 김씨 소장. 호남권 한국학자료센터 홈페이지 원문 이미지와 텍스트 보기. 이재수(2003), 이수건 외(2004) 참고>

1843-11-24. **토지매매명문**(土地賣買明文),[482] 답주 상인 김치훈(畓主喪人金致勳). <1장. 한자+이두. 조선 필사 이두 자료. 전북대학교 박물관 소장. 호남권 한국학자

료센터 홈페이지 원문 이미지와 텍스트 보기. 최승희(1989), 정구복 외(1999), 이재수(2003) 참고>

1843-11-26~1845-10-29(癸卯~乙巳). 「금영계록(錦營啓錄)」, 비변사(備邊司) 편(編). <1책. 제2/9. 195장. 필사본. 표제는 '忠淸監營啓錄'. 한자+이두. 조선 필사 이두 자료. 서울대학교 규장각 한국학연구원 홈페이지 원문 이미지 보기> <영인본: 「각사등록」 6-7(국사편찬위원회 편, 1982-1983)> <1836-02-15~1837-12-19(제1/9)>

1843-11-29. **동계 유사 최준구 토지매매명문**(洞楔有司崔峻九土地賣買明文), 답주 유학 장시태(畓主幼學張時泰). <1장. 한자+이두. 조선 필사 이두 자료. 전북 임실군 오수 삼계강사 소장. 호남권 한국학자료센터 홈페이지 원문 이미지와 텍스트 보기. 박병호(1974ㄱ), 최승희(1989), 정구복 외(1999) 참고>

1843-11-00. **경주 옥산서원 사림 품목**(慶州玉山書院士林稟目) 2, 옥산서원 사림. <1장. 한자+이두. 조선 필사 이두 자료. 경북 경주시 안강읍 옥산서원 소장. 한국학자료센터 영남권역센터 홈페이지 원문 이미지와 텍스트 보기. 이수환(2001) 참고>

1843-11-00. **토지매매명문**(土地賣買明文),[483] 전주 최도익(田主崔道益). <1장. 한자+이두. 조선 필사 이두 자료. 한국학중앙연구원 장서각 한국고문서자료관 홈페이지 원문 이미지와 텍스트 보기. 한국정신문화연구원 편(1992) 참고>

1843-11-00. **화민 신광한 소지**(化民辛光漢所志), 신광한. <1장. 한자+이두. 조선 필사 이두 자료. 전남 영광군 입석 영월 신씨 소장. 한국학중앙연구원 장서각 한국고문서자료관 홈페이지 원문 이미지와 텍스트 보기. 한국정신문화연구원 편(1996) 참고>

1843-12-02. **박이천 토지매매명문**(朴二千土地賣買明文), 전주 유학 장치화(田主幼學張致化). <1장. 한자+이두. 조선 필사 이두 자료. 전북 부안군 취성재 소장. 호남

---

[482] 호남권 한국학자료센터 홈페이지에서는 '1843년 김치훈(金致勳) 방매 토지매매명문(土地賣買明文)'으로 표시하였다.

[483] 한국학중앙연구원 장서각 한국고문서자료관 홈페이지에서는 '1843년 최도익(崔道益) 방매 토지매매명문(土地賣買明文)'으로 표시하였다.

권 한국학자료센터 홈페이지 원문 이미지와 텍스트 보기. 박병호(1974ㄱ), 최승희 (1989), 전경목(2001), 이재수(2003) 참고>

1843-12-03. **이동문 토지매매명문**(李東文土地賣買明文), 답주 자증필 유학 이달인(畓主自證筆幼學李達仁). <1장. 한자+이두. 조선 필사 이두 자료. 전북대학교 박물관 소장. 호남권 한국학자료센터 홈페이지 원문 이미지와 텍스트 보기. 박병호(1974ㄱ), 이재수(2003) 참고>

1843-12-04. **최시거 토지매매명문**(崔時車土地賣買明文), 답주 임승(畓主林勝). <1장. 한자+이두. 조선 필사 이두 자료. 경북 안동시 주촌 진성 이씨 경류정 구장. 서울역사박물관 소장. 한국학중앙연구원 장서각 한국고문서자료관 홈페이지 원문 이미지[484] 보기. 한국정신문화연구원 편(1999) 참고>

1843-12-08. **영산 영건소 유사 김병운 현수 토지매매명문**(榮山營建所有司金炳運鉉壽土地賣買明文),[485] 답주 김정진(畓主金廷鎭). <1장. 한자+이두. 조선 필사 이두 자료. 안동 천전 의성 김씨 지촌 종택 소장. 한국학중앙연구원 장서각 한국고문서자료관 홈페이지 원문 이미지와 텍스트 보기. 한국정신문화연구원 편(1990) 참고>

1843-12-09. **남 씨 문중 완문**(南氏門中完文), 완문주 유학 이정섭(完文主幼學李廷燮). <1장. 한자+이두. 조선 필사 이두 자료. 경남 밀양 사촌 의령 남씨 침류정 소장. 한국학중앙연구원 장서각 한국고문서자료관 홈페이지 원문 이미지 보기. 한국정신문화연구원 편(2004) 참고>

1843-12-09. **이장수 수표**(李章秀手標), 이장수. <1장. 한자+이두. 조선 필사 이두 자료. 경남 밀양 사촌 의령 남씨 침류정 소장. 한국학중앙연구원 장서각 한국고문서자료관 홈페이지 원문 이미지 보기. 한국정신문화연구원 편(2004) 참고>

1843-12-16. **종질 김필상 토지매매명문**(宗侄金弼相土地賣買明文), 전주 종숙모 김(田主從叔母金). <1장. 한자+이두. 조선 필사 이두 자료. 경북 안동시 오천 광산 김씨 후조당 소장. 한국학중앙연구원 장서각 한국고문서자료관 홈페이지 원문

---

[484] 원문 이미지와 텍스트가 동일한 문서가 아니다.
[485] 한국학중앙연구원 장서각 한국고문서자료관 홈페이지에서는 '1843년 김병운(金炳運) 토지매매명문(土地賣買明文)'으로 표시하였다.

이미지와 텍스트 보기. 박병호(1974ㄱ), 한국정신문화연구원 편(1982), 이재수(2003) 참고>

1843-12-18. **지산서당 유사 김병운·김동진 토지매매명문**(芝山書堂有司金炳運金東鎭土地賣買明文),[486] 답주 김정진(畓主金廷鎭). <1장. 한자+이두. 조선 필사 이두 자료. 안동 천전 의성 김씨 지촌 종택 소장. 한국학중앙연구원 장서각 한국고문서자료관 홈페이지 원문 이미지와 텍스트 보기. 한국정신문화연구원 편(1990) 참고>

1843-12-00. **별고 유사 유학 최준구 토지매매명문**(別庫有司幼學崔峻九土地賣買明文), 답주 자필 유학 최영택(畓主自筆幼學崔泳澤). <1장. 한자+이두. 조선 필사 이두 자료. 남원·구례 삭녕 최씨 구장. 한국학중앙연구원 장서각 한국고문서자료관 홈페이지 원문 이미지 보기. 한국정신문화연구원 편(2004) 참고>

1843-12-00. **소주 입지**(所主立旨), 귀남(貴南). <1장. 한자+이두. 조선 필사 이두 자료. 전남 영광군 입석 영월 신씨 소장. 한국학중앙연구원 장서각 한국고문서자료관 홈페이지 원문 이미지와 텍스트 보기. 한국정신문화연구원 편(1996) 참고>

1843-12-00. **화민 신기복 등 소지**(化民辛基復等所志), 신기복 등. <1장. 한자+이두. 조선 필사 이두 자료. 전남 영광군 입석 영월 신씨 소장. 한국학중앙연구원 장서각 한국고문서자료관 홈페이지 원문 이미지와 텍스트 보기. 한국정신문화연구원 편(1996) 참고>

1843-12-00. **화민 신항업 소지**(化民辛恒懱所志) 7, 신항업. <1장. 한자+이두. 조선 필사 이두 자료. 전남 영광군 입석 영월 신씨 소장. 한국학중앙연구원 장서각 한국고문서자료관 홈페이지 원문 이미지와 텍스트 보기. 한국정신문화연구원 편(1996) 참고>

1843-12-00. **화민 신항업 소지**(化民辛恒懱所志) 8, 신항업. <1장. 한자+이두. 조선 필사 이두 자료. 전남 영광군 입석 영월 신씨 소장. 한국학중앙연구원 장서각 한국고문서자료관 홈페이지 원문 이미지와 텍스트 보기. 한국정신문화연구원 편(1996) 참고>

---

[486] 한국학중앙연구원 장서각 한국고문서자료관 홈페이지에서는 '1843년 김병운(金炳運) 토지매매명문(土地賣買明文)'으로 표시하였다.

1843-00-00.「경릉산릉도감의궤(景陵山陵都監儀軌)」[487] 상·하, 산릉도감 편. <2책. 208장+252장. 필사본. 상권의 표제는 '(道光二十三年癸卯八月 日 五臺山上)孝顯王后景陵山陵都監儀軌上'. 권수제는 '景陵山陵都監儀軌上'. 한자+이두. 조선 필사 이두 자료. 서울대학교 규장각 한국학연구원 의궤 종합정보 홈페이지 '奎13809' 원문 이미지 보기>

1843-00-00.「경릉산릉도감의궤(景陵山陵都監儀軌)」[488] 상·하, 산릉도감 편. <2책. 208장+252장. 필사본. 원표지의 표제지 결락. 권수제는 '(道光二十三年癸卯八月 日)三物所儀軌'. 한자+이두. 조선 필사 이두 자료. 국립중앙박물관 외규장각 의궤 홈페이지 '외규271~272' 원문 이미지와 텍스트 보기>

1843-00-00. **도산서원 노비안**(陶山書院奴婢案)[489] 1, 도산서원. <1책. 59장. 필사본. 한자+이두. 조선 필사 이두 자료. 경북 안동시 도산서원 구장. 한국국학진흥원 소장. 한국국학진흥원 유교넷 홈페이지 원문 이미지와 텍스트 보기>

1843-00-00. **도산서원 노비안**(陶山書院奴婢案)[490] 2, 도산서원. <1책. 67장. 필사본. 한자+이두. 조선 필사 이두 자료. 경북 안동시 도산서원 구장. 한국국학진흥원 소장. 한국국학진흥원 유교넷 홈페이지 원문 이미지와 텍스트 보기>

1843-00-00.「효현왕후국장도감의궤(**孝顯王后國葬都監儀軌**)」1~4, 국장도감 편. <4책. 필사본. 권1의 표제는 '(道光二十三年癸卯八月 日 五臺山城上)孝顯王后 國葬都監儀軌一'. 권수제는 '孝顯王后國葬都監儀軌卷之一'. 한자+이두. 조선 필사 이두 자료. 서울대학교 규장각 한국학연구원 의궤 종합정보 홈페이지 '奎13802' 원문 이미지 보기>

1843-00-00.「효현왕후국장도감의궤(**孝顯王后國葬都監儀軌**)」1~4, 국장도감 편. <4

---

487 서울대학교 규장각 한국학연구원 의궤 종합정보 홈페이지에서는 서명을 '효현왕후경릉산릉도감의궤(孝顯王后景陵山陵都監儀軌)'로 적었다.

488 국립중앙박물관 외규장각 의궤 홈페이지에서는 서명을 권수제와는 달리 '효현왕후경릉산릉도감의궤(孝顯王后景陵山陵都監儀軌)'로 적었다.

489 한국국학진흥원 유교넷 홈페이지에서는 '1843년 도산서원 녕해·영양·진보·박곡 지역에 거주하는 노비의 명단을 기록한 노비안'으로 표시하였다.

490 한국국학진흥원 유교넷 홈페이지에서는 '1843년 도산서원의 봉화·가구·서북면·의동·상하리·원저 지역에 거주하는 노비의 명단을 기록한 노비안'으로 표시하였다.

책. 필사본. 권1의 원표지의 표제지 결락. 권수제는 '孝顯王后國葬都監儀軌卷之一'. 한자+이두. 조선 필사 이두 자료. 국립중앙박물관 외규장각 의궤 홈페이지 '외규 275~278' 원문 이미지와 텍스트 보기>

1843-00-00. 「효현왕후빈전혼전도감의궤(**孝顯王后殯殿魂殿都監儀軌**)」 상·중·하, 빈전혼전도감 편. <3책. 필사본. 상권의 표제는 '(道光二十三年癸卯八月 日 五臺山 上)孝顯王后 殯殿魂殿都監儀軌上'. 목록제는 '孝顯王后殯殿魂殿都監儀軌目錄'. 한자+이두. 조선 필사 이두 자료. 서울대학교 규장각 한국학연구원 의궤 종합정보 홈페이지 '奎13805' 원문 이미지 보기>

1843-00-00. 「효현왕후빈전혼전도감의궤(**孝顯王后殯殿魂殿都監儀軌**)」 상·중, 빈전 혼전도감 편. <2책. 115장+160장. 필사본. 원표지의 표제지 결락. 목록제는 '孝顯 王后殯殿魂殿都監儀軌目錄'. 한자+이두. 조선 필사 이두 자료. 국립중앙박물관 외규장각 의궤 홈페이지 '외규273~274' 원문 이미지와 텍스트 보기>

1844년

<갑진(甲辰), 헌종 10년, 도광 24년>

1844-01-01~1844-12-27(甲辰).「전객사일기(**典客司日記**)」 88, 예조(禮曹) 전객사(典 客司) 편(編). <1책(88/99). 129장. 필사본. 한자+이두. 조선 필사 이두 자료. 서울대 학교 규장각 한국학연구원 홈페이지 원문 이미지 보기> <1640-01-22~1641-12-23(1)>

1844-01-01~1844-12-00. 「결속색등록(**結束色謄錄**)」, 병조(兵曹) 편(編). <1책(57). 200장. 필사본. 필사 시기 미상. 한자+이두. 조선 필사 이두 자료. 서울대학교 규장각 한국학연구원 홈페이지 1787년~1891년 낙질본 107책(1792년(건륭 57년), 1811년(가경 16년) 하, 1816년(가경 21년), 1817년(가경 22년), 1824년(도광 4년), 1831(도광 11년), 1871(동치 10년), 1885년(광서 11년) 없음) 원문 이미지 보기>

1844-01-15. **강재명 처 정 씨 분재기**(**姜在明妻鄭氏分財記**), 정 씨. <1장. 한자+이두. 조선 필사 이두 자료. 제주 어도내산 진주 강씨가 구장. 제주 한림 강우석 소장.

호남권 한국학자료센터 홈페이지 원문 이미지와 텍스트 보기. 최승희(1989), 고창석(2001) 참고>

1844-01-20. **종제 이유장 토지매매명문**(從弟李儒長土地賣買明文), 답주 자필 종형 이유창(畓主自筆從兄李儒昌). <1장. 한자+이두. 조선 필사 이두 자료. 영암 미암 창녕 조씨 태호 후손가 소장. 호남권 한국학자료센터 홈페이지 원문 이미지 보기. 최승희(1989) 참고>

1844-01-22. **종중 토지매매명문**(宗中土地賣買明文), 전주 종인 박인경(田主宗人朴寅慶). <1장. 한자+이두. 조선 필사 이두 자료. 경남 밀양 신호 밀성 박씨·덕남서원 소장. 한국학중앙연구원 장서각 한국고문서자료관 홈페이지 원문 이미지 보기. 한국정신문화연구원 편(2004) 참고>

1844-01-26. **토지매매명문**(土地賣買明文),[491] 답주 유학 최학환(畓主幼學崔學煥). <1장. 한자+이두. 조선 필사 이두 자료. 전북 임실군 지사 협계태 씨가 소장. 호남권 한국학자료센터 홈페이지 원문 이미지와 텍스트 보기. 박병호(1974ㄱ), 최승희(1989), 이재수(2003) 참고>

1844-01-27. **유학 임진상 수기**(幼學任晉常手記), 임진상. <1장. 한자+이두. 조선 필사 이두 자료. 전남 구례군 토지면 오미리 문화 류씨 운조루 소장. 한국학중앙연구원 장서각 한국고문서자료관 홈페이지 원문 이미지와 텍스트 보기. 한국정신문화연구원 편(1998) 참고>

1844-01-00. **국환문 등 상서**(鞠煥文等上書) 1, 국환문 등. <1장. 한자+이두. 조선 필사 이두 자료. 전북 완주군 비봉 반곡서원 소장. 호남권 한국학자료센터 홈페이지 원문 이미지와 텍스트 보기. 박병호(1974ㄱ), 최승희(1989) 참고>

1844-01-00. **권봉모 등 산송 관련 소지**(權鳳模等山訟關聯所志), 권봉모 등. <1장. 한자+이두. 조선 필사 이두 자료. 경북 예천군 용문면 대제리 원동 권씨 춘우재 고택 구장. 한국국학진흥원 소장. 한국학자료센터 영남권역센터 홈페이지 원문 이미지와 텍스트 보기>

---

[491] 호남권 한국학자료센터 홈페이지에서는 '1844년 최학환(崔學煥) 방매(放賣) 토지매매명문(土地賣買明文)'으로 표시하였다.

1844-01-00. **윤공수 공인권 반납 수기**(尹公壽貢人權返納手記), 윤공수. <1장. 한자+이두. 조선 필사 이두 자료. 일본 경도대학 가와이문고 소장. 고려대학교 해외한국학자료센터 홈페이지 원문 이미지 보기>

1844-01-00. **이징조 소지**(李徵祚所志) 1, 이징조. <1장. 한자+이두. 조선 필사 이두 자료. 영광 함안 이씨 이기태 소장. 영광농업기술센터 영인본 소장. 호남권 한국학자료센터 홈페이지 원문 이미지와 텍스트 보기. 최승희(1989), 전경목 외(2006) 참고>

1844-01-00. **이징조 소지**(李徵祚所志) 2, 이징조. <1장. 한자+이두. 조선 필사 이두 자료. 영광 함안 이씨 이기태 소장. 영광농업기술센터 영인본 소장. 호남권 한국학자료센터 홈페이지 원문 이미지와 텍스트 보기. 최승희(1989), 전경목 외(2006) 참고>

1844-01-00. **이징조 소지**(李徵祚所志) 3, 이징조. <1장. 한자+이두. 조선 필사 이두 자료. 영광 함안 이씨 이기태 소장. 영광농업기술센터 영인본 소장. 호남권 한국학자료센터 홈페이지 원문 이미지와 텍스트 보기. 최승희(1989), 전경목 외(2006) 참고>

1844-02-04. **문장 신광한 등 불망기**(門長辛光漢等不忘記), 신광한 등. <1장. 한자+이두. 조선 필사 이두 자료. 전남 영광군 입석 영월 신씨 소장. 한국학중앙연구원 장서각 한국고문서자료관 홈페이지 원문 이미지와 텍스트 보기. 한국정신문화연구원 편(1996) 참고>

1844-02-07. **이와개 모 토지매매명문**(李瓦介母土地賣買明文), 답주 엄이갑(畓主嚴二甲). <1장. 한자+이두. 조선 필사 이두 자료. 전북 임실군 지사 협계태 씨가 소장. 호남권 한국학자료센터 홈페이지 원문 이미지와 텍스트 보기. 박병호(1974ㄱ), 최승희(1989), 이재수(2003) 참고>

1844-02-10. **서상록 토지매매명문**(徐尙祿土地賣買明文), 답주 서마철(畓主徐馬哲). <1장. 한자+이두. 조선 필사 이두 자료. 전남 보성군 박실 제주 양씨가 구장. 원광대학교 박물관 소장. 호남권 한국학자료센터 홈페이지 원문 이미지와 텍스트 보기. 박병호(1974ㄱ), 이재수(2003) 참고>

1844-02-12. **유 판서댁 묘노 손이 토지매매명문**(柳判書宅墓奴孫伊土地賣買明文) 1,

전답주 윤언국(田畓主尹彦國). <1장. 한자+이두. 조선 필사 이두 자료. 경북 안동시 하회 풍산 류씨 충효당 소장. 한국학중앙연구원 장서각 한국고문서자료관 홈페이지 원문 이미지와 텍스트 보기. 한국정신문화연구원 편(1994) 참고>

1844-02-12. **유 판서댁 묘노 손이 토지매매명문**(柳判書宅墓奴孫伊土地賣買明文) 2, 전주 산주 윤흥두·윤흥운·윤언국(田主山主尹興斗尹興云尹彦國). <1장. 한자+이두. 조선 필사 이두 자료. 경북 안동시 하회 풍산 류씨 충효당 소장. 한국학중앙연구원 장서각 한국고문서자료관 홈페이지 원문 이미지와 텍스트 보기. 한국정신문화연구원 편(1994) 참고>

1844-02-13. **영광군 완문**(靈光郡完文), 묘장 영당(畝長影堂). <1장. 한자+이두. 조선 필사 이두 자료. 영광 함안 이씨 이기태 구장. 영광농업기술센터 영인본 소장. 호남권 한국학자료센터 홈페이지 원문 이미지와 텍스트 보기. 최승희(1989), 국립민속박물관 편(1991), 김혁(2008) 참고>

1844-02-22. **신복현 수표**(辛復鉉手標), 신복현. <1장. 한자+이두. 조선 필사 이두 자료. 전남 영광군 입석 영월 신씨 소장. 한국학중앙연구원 장서각 한국고문서자료관 홈페이지 원문 이미지와 텍스트 보기. 한국정신문화연구원 편(1996) 참고>

1844-02-00. **권태서 등 품목**(權泰瑞等稟目), 권태서 등. <1장. 한자+이두. 조선 필사 이두 자료. 전북 순창 구미 남원 양씨가 소장. 호남권 한국학자료센터 홈페이지 원문 이미지와 텍스트 보기. 최승희(1989), 김경숙(2002), 심재우(2013) 참고>

1844-02-00. **화민 신광한 소지**(化民辛光漢所志), 신광한. <1장. 한자+이두. 조선 필사 이두 자료. 전남 영광군 입석 영월 신씨 소장. 한국학중앙연구원 장서각 한국고문서자료관 홈페이지 원문 이미지와 텍스트 보기. 한국정신문화연구원 편(1996) 참고>

1844-02-00. **화민 신항업 소지**(化民辛恒懌所志), 신항업. <1장. 한자+이두. 조선 필사 이두 자료. 전남 영광군 입석 영월 신씨 소장. 한국학중앙연구원 장서각 한국고문서자료관 홈페이지 원문 이미지와 텍스트 보기. 한국정신문화연구원 편(1996) 참고>

1844-03-27. **이 노 갑록 토지매매명문**(李奴甲祿土地賣買明文), 전주 권말손(田主權末孫). <1장. 한자+이두. 조선 필사 이두 자료. 경북 안동시 법흥동 고성 이씨 탑동

종가 구장. 한국국학진흥원 소장. 한국학자료센터 영남권역센터 홈페이지 원문 이미지와 텍스트 보기. 박병호(1974ㄱ), 최승희(1989), 이재수(2003), 김성갑(2013) 참고>

1844-03-28. **토지매매명문**(土地賣買明文),[492] 답주 신치성(畓主申致成). <1장. 한자+이두. 조선 필사 이두 자료. 전남 영광 마산 경주 이씨가 구장. 진안 용담호미술관 소장. 호남권 한국학자료센터 홈페이지 원문 이미지와 텍스트 보기. 최승희(1989), 김소은(2004) 참고>

1844-03-29~1846-02-00(도광 24년 甲辰~도광 26년 丙午).「함경북병영계록(**咸鏡北兵營啓錄**)」, 비변사(備邊司) 편(編). <1책(1/7). 78장. 필사본. 표제는 '鏡營啓錄'. 한자+이두. 조선 필사 이두 자료. 서울대학교 규장각 한국학연구원 홈페이지 원문 이미지 보기> <영인본:「각사등록」43(함경도편 2)(국사편찬위원회 편, 1990)> <1846-03-28~1861-윤8-20(2/7), 1849-05-09~1853-02-20(3/7), 1859-09-24~1861-04-06(4/7), 1874-04-26~1876-03-16(5/7), 1876-05-06~1878-03-22(6/7), 1888-04-25~1890-08-06(7/7)>

1844-03-00. **관곡서원 재임 품목**(舘谷書院齋任稟目), 관곡서원. <1장. 한자+이두. 조선 필사 이두 자료. 전북 임실군 관곡서원 소장. 호남권 한국학자료센터 홈페이지 원문 이미지와 텍스트 보기. 박병호(1974ㄱ), 정구복(2002) 참고>

1844-03-00. **김종개 차첩**(金宗价差帖), 남원부사(南原府使). <1장. 한자+이두. 조선 필사 이두 자료. 전북 임실군 관곡서원 소장. 호남권 한국학자료센터 홈페이지 원문 이미지와 텍스트 보기. 박병호(1974ㄱ), 정구복(2002) 참고>

1844-03-00. **토지매매명문**(土地賣買明文),[493] 답주 자필 최의권(畓主自筆崔義權). <1장. 한자+이두. 조선 필사 이두 자료. 전남 나주시 남내 밀양 박씨 청재 종가 소장. 호남권 한국학자료센터 홈페이지 원문 이미지와 텍스트 보기. 오인택(1996) 참고>

---

[492] 호남권 한국학자료센터 홈페이지에서는 '1844년 신치성(申致成) 방매(放賣) 토지매매명문(土地賣買明文)'으로 표시하였다.

[493] 호남권 한국학자료센터 홈페이지에서는 '1844년 최의권(崔義權) 방매(放賣) 토지매매명문(土地賣買明文)'으로 표시하였다.

1844-윤3-10 추정. **독락당 완문**(獨樂堂完文), 진영(鎭營). <1장. 한자+이두. 조선 필사 이두 자료. 경북 경주시 안강읍 옥산리 여주 이씨 독락당 소장. 한국학중앙연구원 장서각 한국고문서자료관 홈페이지 원문 이미지 보기. 한국정신문화연구원 편(2003) 참고>

1844-04-25~1845-06-00(甲辰~乙巳).「우포청등록(右捕廳謄錄)」, 포도청(捕盜廳) 편(編). <1책(4/30). 77장. 필사본. 표제는 '右捕廳謄錄'. 한자+이두. 조선 필사 이두 자료. 서울대학교 규장각 한국학연구원 홈페이지 원문 이미지 보기> <1807-01-13~1808-06-12(1/30)>

1844-05-12~1845-07-25(甲辰~乙巳). 「평안감영계록(平安監營啓錄)」, 비변사(備邊司) 편(編). <1책(15/37). 173장. 필사본. 표제는 '平安監營啓錄'. 한자+이두. 조선 필사 이두 자료. 서울대학교 규장각 한국학연구원 홈페이지 원문 이미지 보기> <영인본:「각사등록」31(평안도편 3)(국사편찬위원회 편, 1988)> <1830-08-12~1830-12-30(1/37)>

1844-06-00. **성주 이 승지댁 노 손이 소지**(星州李承旨宅奴孫伊所志) 1, 손이. <1장. 한자+이두. 조선 필사 이두 자료. 경북 성주군 월항면 대산리 성산 이씨 응와 종택 구장. 한국국학진흥원 소장. 한국학자료센터 영남권역센터 홈페이지 원문 이미지와 텍스트 보기>

1844-07-30. **유경두 토지매매명문**(柳慶斗土地賣買明文), 산지 금양주 유학 정구찬(山地禁養主幼學鄭垢燦). <1장. 한자+이두. 조선 필사 이두 자료. 전북 담양군 모현관 소장. 호남권 한국학자료센터 홈페이지 원문 이미지와 텍스트 보기>

1844-07-00. **성주 이 승지댁 노 손이 소지**(星州李承旨宅奴孫伊所志) 2, 손이. <1장. 한자+이두. 조선 필사 이두 자료. 경북 성주군 월항면 대산리 성산 이씨 응와 종택 구장. 한국국학진흥원 소장. 한국학자료센터 영남권역센터 홈페이지 원문 이미지와 텍스트 보기>

1844-07-00. **유경두 소지**(柳慶斗所志), 유경두. <1장. 한자+이두. 조선 필사 이두 자료. 전북 담양군 모현관 소장. 호남권 한국학자료센터 홈페이지 원문 이미지와 텍스트 보기. 최승희(1989), 정구복 외(1999) 참고>

1844-07-00. **이익영 소지**(李益榮所志), 이익영. <1장. 한자+이두. 조선 필사 이두

자료. 경북 영해 인량 재령 이씨 충효당 소장. 한국학중앙연구원 장서각 한국고문
서자료관 홈페이지 원문 이미지 보기. 한국정신문화연구원 편(2004) 참고>

1844-08-03. **진동엽 다짐**(陳東燁侤音), 진동엽. <1장. 한자+이두. 조선 필사 이두
자료. 전북 담양군 모현관 소장. 호남권 한국학자료센터 홈페이지 원문 이미지와
텍스트 보기. 최승희(1989), 정구복 외(1999) 참고>

1844-08-08. **은기경 수기**(殷基敬手記), 은기경. <1장. 한자+이두. 조선 필사 이두
자료. 전남 영광군 입석 영월 신씨 소장. 한국학중앙연구원 장서각 한국고문서자
료관 홈페이지 원문 이미지와 텍스트 보기. 한국정신문화연구원 편(1996) 참고>

1844-08-15. **이■■ 토지매매명문**(李■■土地賣買明文), 전주 자필 최상규(出主自筆
崔相奎). <1장. 한자+이두. 조선 필사 이두 자료. 전북 진안 개화 전주 이씨가
소장. 호남권 한국학자료센터 홈페이지 원문 이미지와 텍스트 보기. 최승희(1989),
이재수(2003), 채현경(2011) 참고>

1844-08-23~1845-12-29(甲辰~乙巳).「좌포청등록(**左捕廳謄錄**)」, 포도청(捕盜廳) 편
(編). <1책(6/18). 75장. 필사본. 한자+이두. 조선 필사 이두 자료. 서울대학교 규장
각 한국학연구원 홈페이지 낙질본 원문 이미지 보기> <1775-06-14~1775-윤
10-29(1/18)>

1844-08-00. **국환문 등 상서**(鞠煥文等上書) 2, 국환문 등. <1장. 한자+이두. 조선
필사 이두 자료. 전북 완주군 비봉 반곡서원 소장. 호남권 한국학자료센터 홈페이
지 원문 이미지와 텍스트 보기. 박병호(1974ㄱ), 최승희(1989) 참고>

1844-08-00. **토지매매명문**(土地賣買明文),[494] 답주 박 비 순랑(畓主朴婢順浪). <1장.
한자+이두. 조선 필사 이두 자료. 전남 나주시 남내 밀양 박씨 청재 종가 소장.
호남권 한국학자료센터 홈페이지 원문 이미지와 텍스트 보기>

1844-08-00. **토지매매명문**(土地賣買明文),[495] 답주 최재명(畓主崔宰明). <1장. 한자+
이두. 조선 필사 이두 자료. 전남 나주시 남내 밀양 박씨 청재 종가 소장. 호남권

---

[494] 호남권 한국학자료센터 홈페이지에서는 '1844년 박비(朴婢) 순낭(順浪) 방매(放賣) 토지매매명문
(土地賣買明文)'으로 표시하였다.

[495] 호남권 한국학자료센터 홈페이지에서는 '1844년 최재명(崔宰明) 방매(放賣) 토지매매명문(土地賣
買明文)'으로 표시하였다.

한국학자료센터 홈페이지 원문 이미지와 텍스트 보기. 최승희(1997), 최윤오 (2000), 한효정(2008) 참고>

1844-08-00. **박중철 차첩**(朴重喆差帖), 총융청(摠戎廳). <1장. 한자+이두. 조선 필사 이두 자료. 전남 여수 좌수영박물관 소장. 호남권 한국학자료센터 홈페이지 원문 이미지와 텍스트 보기. 최승희(1989) 참고>

1844-08-00. **화민 고우진 소지**(化民高佑鎭所志), 고우진. <1장. 한자+이두. 조선 필사 이두 자료. 전남 영광군 입석 영월 신씨 소장. 한국학중앙연구원 장서각 한국고문 서자료관 홈페이지 원문 이미지와 텍스트 보기. 한국정신문화연구원 편(1996) 참고>

1844-09-04. **이운영 노비매매명문**(李運榮奴婢賣買明文), 비주 유학 권영조(婢主幼學 權永祚). <1장. 한자+이두. 조선 필사 이두 자료. 경북 영해 인량 재령 이씨 충효당 소장. 한국학중앙연구원 장서각 한국고문서자료관 홈페이지 원문 이미지 보기. 한국정신문화연구원 편(2004) 참고>

1844-09-14~1845-04-07(甲辰~乙巳). 「평안감영계록(平安監營啓錄)」, 비변사(備邊 司) 편(編). <1책(14/37). 59장. 필사본. 표제는 '各道啓錄'. 한자+이두. 조선 필사 이두 자료. 서울대학교 규장각 한국학연구원 홈페이지 원문 이미지 보기> <영인 본: 「각사등록」 30(평안도편 2)(국사편찬위원회 편, 1988)> <1830-08-12~1830- 12-30(1/37)>

1844-10-04. **유학 박광은 토지매매명문**(幼學朴光殷土地賣買明文), 답주 유학 형유달 (畓主幼學邢有達). <1장. 한자+이두. 조선 필사 이두 자료. 전북대학교 박물관 소장. 호남권 한국학자료센터 홈페이지 원문 이미지와 텍스트 보기. 박병호(1974 ㄱ), 이재수(2003) 참고>

1844-10-19. **문중 표문**(門中標文), 표주 이장곤(標主李章坤). <1장. 한자+이두. 조선 필사 이두 자료. 경북 안동시 주촌 진성 이씨 경류정 구장. 서울역사박물관 소장. 한국학중앙연구원 장서각 한국고문서자료관 홈페이지 원문 이미지[496] 보기. 한국 정신문화연구원 편(1999) 참고>

---

[496] 원문 이미지와 텍스트가 동일한 문서가 아니다.

1844-10-26. **전라도 병마절도사 관**(全羅道兵馬節度使關), 우영장(右營將). <1장. 한자 +이두. 조선 필사 이두 자료. 전남 영암군 장암 남평 문씨 문창집 소장. 한국학중 앙연구원 장서각 한국고문서자료관 홈페이지 원문 이미지와 텍스트 보기. 한국정 신문화연구원 편(1995) 참고>

1844-11-03. **독락당 회중 완의**(獨樂堂會中完議), 독락당 회중. <1장. 한자+이두. 조선 필사 이두 자료. 경북 경주시 안강읍 옥산리 여주 이씨 독락당 소장. 한국학중앙연 구원 장서각 한국고문서자료관 홈페이지 원문 이미지 보기. 한국정신문화연구원 편(2003) 참고>

1844-11-04. **양성직 고목**(梁聖直告目), 양성직. <1장. 한자+이두. 조선 필사 이두 자료. 전남 나주시 회진 나주 임씨 창계 후손가 소장. 한국학중앙연구원 장서각 한국고문서자료관 홈페이지 원문 이미지 보기. 한국정신문화연구원 편(2003) 참 고>

1844-11-05. **나주목사 전령**(羅州牧使傳令) 1, 나주목(羅州牧). <1장. 한자+이두. 조선 필사 이두 자료. 전남 나주시 회진 나주 임씨 창계 후손가 소장. 한국학중앙연구원 장서각 한국고문서자료관 홈페이지 원문 이미지 보기. 한국정신문화연구원 편 (2003) 참고>

1844-11-05. **나주목사 전령**(羅州牧使傳令) 2, 나주목(羅州牧). <1장. 한자+이두. 조선 필사 이두 자료. 전남 나주시 회진 나주 임씨 창계 후손가 소장. 한국학중앙연구원 장서각 한국고문서자료관 홈페이지 원문 이미지 보기. 한국정신문화연구원 편 (2003) 참고>

1844-11-05. **나주목사 전령**(羅州牧使傳令) 3, 나주목(羅州牧). <1장. 한자+이두. 조선 필사 이두 자료. 전남 나주시 회진 나주 임씨 창계 후손가 소장. 한국학중앙연구원 장서각 한국고문서자료관 홈페이지 원문 이미지 보기. 한국정신문화연구원 편 (2003) 참고>

1844-11-21. **신종손 토지매매명문**(申宗孫土地賣買明文), 답주 동몽 이삼표(畓主童蒙 李三杓). <1장. 한자+이두. 조선 필사 이두 자료. 전남 보성군 박실 제주 양씨가 구장. 원광대학교 박물관 소장. 호남권 한국학자료센터 홈페이지 원문 이미지와 텍스트 보기. 박병호(1974ㄱ), 최승희(1989), 채현경(2011) 참고>

1844-11-24. **유학 토지매매명문**(幼學土地賣買明文),[497] 답주 유학 나정필(畓主幼學羅廷弼). <1장. 한자+이두. 조선 필사 이두 자료. 전북대학교 박물관 소장. 호남권 한국학자료센터 홈페이지 원문 이미지와 텍스트 보기. 박병호(1974ㄱ), 최승희(1989), 이재수(2003) 참고>

1844-11-27. **풍헌 박창우 고목**(風憲朴昌祐告目), 풍헌. <1장. 한자+이두. 조선 필사 이두 자료. 전남 나주시 회진 나주 임씨 창계 후손가 소장. 한국학중앙연구원 장서각 한국고문서자료관 홈페이지 원문 이미지 보기. 한국정신문화연구원 편(2003) 참고>

1844-11-28. **풍헌 고목**(風憲告目) 1, 풍헌. <1장. 한자+이두. 조선 필사 이두 자료. 전남 나주시 회진 나주 임씨 창계 후손가 소장. 한국학중앙연구원 장서각 한국고문서자료관 홈페이지 원문 이미지 보기. 한국정신문화연구원 편(2003) 참고>

1844-11-00. **경주 옥산서원 사림 품목**(慶州玉山書院士林稟目), 옥산서원 사림. <1장. 한자+이두. 조선 필사 이두 자료. 경북 경주시 안강읍 옥산서원 소장. 한국학자료센터 영남권역센터 홈페이지 원문 이미지와 텍스트 보기. 이수환(2001) 참고>

1844-11-00. **국환문 등 상서**(鞠煥文等上書) 3, 국환문 등. <1장. 한자+이두. 조선 필사 이두 자료. 전북 완주군 비봉 반곡서원 소장. 호남권 한국학자료센터 홈페이지 원문 이미지와 텍스트 보기. 박병호(1974ㄱ), 최승희(1989) 참고>

1844-11-00. **신처직 등 상서**(愼處直等上書), 신처직 등. <1장. 한자+이두. 조선 필사 이두 자료. 전남 영암군 장암 남평 문씨 문창집 소장. 한국학중앙연구원 장서각 한국고문서자료관 홈페이지 원문 이미지와 텍스트 보기. 최승희(1989), 한국정신문화연구원 편(1995) 참고>

1844-11-00. **심능혁 등 소지**(沈能赫等所志), 심능혁 등. <1장. 한자+이두. 조선 필사 이두 자료. 대전·청양 안동 김씨 삼당 후손가 소장. 한국학중앙연구원 장서각 한국고문서자료관 홈페이지 원문 이미지 보기. 한국정신문화연구원 편(2003) 참고>

---

[497] 호남권 한국학자료센터 홈페이지에서는 '1844년 나정칠(羅廷弼) 방매(放賣) 토지매매명문(土地賣買明文)'으로 표시하였다.

1844-11-00. **옥산계정 수노 세운 소지**(玉山溪亭首奴世云所志), 세운. <1장. 한자+이두. 조선 필사 이두 자료. 경북 경주시 안강읍 옥산리 여주 이씨 독락당 소장. 한국학중앙연구원 장서각 한국고문서자료관 홈페이지 원문 이미지 보기. 한국정신문화연구원 편(2003) 참고>

1844-11-00. **화민 유학 신재량 등 상서**(化民幼學愼在亮燈上書), 신재량 등. <1장. 한자+이두. 조선 필사 이두 자료. 전남 영암군 장암 남평 문씨 문창집 소장. 한국학중앙연구원 장서각 한국고문서자료관 홈페이지 원문 이미지와 텍스트 보기. 최승희(1989), 한국정신문화연구원 편(1995) 참고>

1844-12-01. **풍헌 고목**(風憲告目) 2, 풍헌. <1장. 한자+이두. 조선 필사 이두 자료. 전남 나주시 회진 나주 임씨 창계 후손가 소장. 한국학중앙연구원 장서각 한국고문서자료관 홈페이지 원문 이미지 보기. 한국정신문화연구원 편(2003) 참고>

1844-12-10. **이 생원 댁 노 해운 패자**(李生員宅奴亥云牌子), 상전 이(上典李). <1장. 한자+이두. 조선 필사 이두 자료. 전남 보성군 박실 제주 양씨가 구장. 원광대학교 박물관 소장. 호남권 한국학자료센터 홈페이지 원문 이미지와 텍스트 보기. 박병호(1974ㄱ), 이재수(2003) 참고>

1844-12-11. **학계 성상 후읍 씨 토지매매명문**(學稧城上後邑氏土地賣買明文), 답주 용궁재사 성상 최삼(畓主龍宮齋舍城上崔三). <1장. 한자+이두. 조선 필사 이두 자료. 경북 안동시 하회 풍산 류씨 충효당 소장. 한국학중앙연구원 장서각 한국고문서자료관 홈페이지 원문 이미지와 텍스트 보기. 한국정신문화연구원 편(1994) 참고>

1844-12-23. **이승노 토지매매명문**(李承老土地賣買明文), 전주 김잉동(田主金芿同). <1장. 한자+이두. 조선 필사 이두 자료. 전북 진안 개화 전주 이씨가 소장. 호남권 한국학자료센터 홈페이지 원문 이미지와 텍스트 보기. 최승희(1989), 이재수(2003), 채현경(2011) 참고>

1844-12-26. **이 생원 댁 노 융손 토지매매명문**(李生員宅奴戎孫土地賣買明文), 답주 이 생원 댁 노 해운(畓主李生員宅奴亥云). <1장. 한자+이두. 조선 필사 이두 자료. 전남 보성군 박실 제주 양씨가 구장. 원광대학교 박물관 소장. 호남권 한국학자료센터 홈페이지 원문 이미지와 텍스트 보기. 박병호(1974ㄱ), 이재수(2003) 참고>

1844-12-27. **김연철 어장문기**(金連哲漁場文記), 석전주 양제민(石箭主梁濟民). <1장. 한자+이두. 조선 필사 이두 자료. 전남 무안 김해 김씨 김진호 구장. 광주 김해 김씨 김진호 소장. 호남권 한국학자료센터 홈페이지 원문 이미지와 텍스트 보기. 최승희(1989) 참고>

1844-12-27. **은봉 종가 별고 유사 토지매매명문**(隱峰宗家別庫有司土地賣買明文), 답주 보본계 유사 안담(畓主報本契有司安湛). <1장. 한자+이두. 조선 필사 이두 자료. 전남 보성군 택촌 죽산 안씨 은봉 종가 소장. 호남권 한국학자료센터 홈페이지 원문 이미지와 텍스트 보기. 이재수(2003) 참고>

1844-12-00. **심부솔 댁 점돌 소지**(沈副率宅占乭所志), 점돌. <1장. 한자+이두. 조선 필사 이두 자료. 대전·청양 안동 김씨 삼당 후손가 소장. 한국학중앙연구원 장서각 한국고문서자료관 홈페이지 원문 이미지 보기. 한국정신문화연구원 편(2003) 참고>

1844-12-00. **이희안 상서**(李喜顔上書), 이희안. <1장. 한자+이두. 조선 필사 이두 자료. 전북 완주군 비봉 반곡서원 소장. 호남권 한국학자료센터 홈페이지 원문 이미지와 텍스트 보기. 박병호(1974ㄱ), 최승희(1989) 참고>

1844-00-00. 「가례도감의궤(**嘉禮都監儀軌**)」,[498] 예조(禮曹) 편(編). <1책. 282장. 필사본. 표제는 '道光二十四年甲辰三月 日 憲宗十年嘉禮都監儀軌'. 권수제는 '嘉禮都監儀軌'. 한자+이두. 조선 필사 이두 자료. 한국학중앙연구원 디지털장서각 홈페이지 'K2-2597' 원문 이미지와 텍스트 보기>

1844-00-00. 「선원보략수정의궤(**璿源譜略修正儀軌**)」, 종부시(宗簿寺) 편. <1책, 23장. 필사본. 표제는 '癸卯本寺 孝顯王后因山後設都監 憲宗朝璿源譜略修正儀軌'. 권수제는 '(道光二十三年癸卯十二月十五日)璿源譜略修正儀軌'. 한자+이두. 조선 필사 이두 자료. 서울대학교 규장각 한국학연구원 의궤 종합정보 홈페이지 '奎14106' 원문 이미지 보기>

1844-00-00. 「선원보략수정의궤(**璿源譜略修正儀軌**)」, 종부시(宗簿寺) 편(編). <1책,

---

498 한국학중앙연구원 디지털장서각 홈페이지에서는 서명을 '[헌종효정왕후]가례도감의궤([憲宗孝定王后]嘉禮都監儀軌)'로 적었다.

26장. 필사본. 권수제는 '(道光二十四年甲辰十一月初四日)璿源譜略修正儀軌'. 한자+이두. 조선 필사 이두 자료. 서울대학교 규장각 한국학연구원 의궤 종합정보 홈페이지 '奎14107' 원문 이미지 보기>

1844-00-00. 「왕비가례등록(王妃嘉禮謄錄)」, 예조(禮曹). <1책. 74장. 필사본. 한자+이두. 조선 필사 이두 자료. 한국학중앙연구원 장서각 한국학자료센터 홈페이지 원문 이미지 보기>

1844-00-00. 「헌종효정왕후가례도감의궤(憲宗孝定王后嘉禮都監儀軌)」, 가례도감 편. <2책. 필사본. 한자+이두. 조선 필사 이두 자료. 서울대학교 규장각 한국학연구원 의궤 종합정보 홈페이지 원문 이미지 보기>

1844-00-00 추정. 「유서필지(儒胥必知)」, 편자 미상. <갑진년 맹춘 개간(甲辰年孟春開刊) 무교 신간(武橋新刊). 1권 1책. 목판본. 경판본. 공문서와 사문서 서식을 예시한 사례집. 부록으로 '이두휘편(吏讀彙編)' 수록. 조선 인쇄 이두 자료. 성균관대학교 존경각 소장. 최현배(1940/1961: 224-225), 홍순혁(1946, 1947), 김태균(1968), 강전섭(1972), 최범훈(1974, 1975), 김영만(1980), 유탁일(1984), 박형익(2003), 김봉좌(2005), 전경목(2006), 전경목 외(2006), 오창명(2017) 참고> <이본: ① 1872-00-00(임신 완서 중간본. 서울대학교 규장각 한국학연구원 '想白古031Y98w2', 한국학중앙연구원 장서각 'C1549C' 등 소장) ② 1892-00-00(임진 완서 중간본. 김성배 소장본) ③ 1906-04-00(병오 완서계 신판. 국립중앙도서관 홈페이지 원문 이미지 보기) ④ 1911-08-22(전주 서계서포. 국립중앙도서관 '한古朝31-7-3' 소장)> <영인본: 「이두자료선집」(아세아문화사, 1975)>

1845년

<을사(乙巳), 헌종 11년, 도광 25년>

1845-01-01~1845-12-00. 「결속색등록(結束色謄錄)」, 병조(兵曹) 편(編). <1책(58). 161장. 필사본. 한자+이두. 조선 필사 이두 자료. 서울대학교 규장각 한국학연구원 홈페이지 1787년~1891년 낙질본 107책(1792년(건륭 57년), 1811년(가경 16년)

하, 1816년(가경 21년), 1817년(가경 22년), 1824년(도광 4년), 1831(도광 11년), 1871(동치 10년), 1885년(광서 11년) 없음) 원문 이미지 보기>

1845-01-01~1846-11-16(乙巳~丙午). 「제등록(祭謄錄)」, 편자 미상. <1책(7/7). 140장. 필사본. 필사 시기 미상. 한자+이두. 조선 필사 이두 자료. 서울대학교 규장각 한국학연구원 홈페이지 원문 이미지 보기> <1786-01-01~1787-12-24(1/7)>

1845-01-01~1877-01-15(乙巳~丁丑). 「수원부계록(水原府啓錄)」, 비변사(備邊司) 편(編). <3책.[499] 필사본. 표제는 '華營啓錄'. 한자+이두. 조선 필사 이두 자료. 서울대학교 규장각 한국학연구원 홈페이지 원문 이미지 보기>

1845-01-06~1854-04-29(도광 25년~함풍 4년). 「관보첩 제주목(關報牒 濟州牧)」,[500] 비변사(備邊司) 편(編). <1책. 39장. 필사본. 표제는 '濟州牧關牒'. 한자+이두. 조선 필사 이두 자료. 서울대학교 규장각 한국학연구원 홈페이지 원문 이미지 보기> <영인본: 「각사등록」 20(전라도편 3)(국사편찬위원회, 1986)>

1845-01-12. **원동서당 유사 유학 박형만 토지매매명문**(元洞書堂有司幼學朴馨滿土地賣買明文), 답주 유학 김창효(畓主幼學金昌孝). <1장. 한자+이두. 조선 필사 이두 자료. 전북 장수군 침곡 충주 박씨가 소장. 호남권 한국학자료센터 홈페이지 원문 이미지와 텍스트 보기. 박병호(1974ㄱ), 최승희(1989), 이재수(2003) 참고>

1845-01-15. **고신록 토지매매명문**(高信祿土地賣買明文), 가기 홍 씨(家基洪氏). <1장. 한자+이두. 조선 필사 이두 자료. 제주민속자연사박물관 소장. 호남권 한국학자료센터 홈페이지 원문 이미지와 텍스트 보기. 최승희(1989), 고창석(2002) 참고>

1845-01-20. **유학 이석추 토지매매명문**(幼學李碩秋土地賣買明文), 답주 유학 이한문(畓主幼學李漢文). <1장. 한자+이두. 조선 필사 이두 자료. 영암 미암 창녕 조씨 태호 후손가 소장. 호남권 한국학자료센터 홈페이지 원문 이미지 보기. 최승희(1989) 참고>

1845-01-22. **유학 토지매매명문**(幼學土地賣買明文),[501] 답주 유학 오정기(畓主幼學吳

---

499 서울대학교 규장각 한국학연구원 홈페이지에서는 제1권과 제3권의 순서를 바꾸어 표시하였다.
500 서울대학교 규장각 한국학연구원 홈페이지에서는 책명을 '濟州牧關報牒'으로 표시했다.
501 호남권 한국학자료센터 홈페이지에서는 '1845년 오정기(吳廷琦) 방매(放賣) 토지매매명문(土地賣買明文)'으로 표시하였다.

廷琦). <1장. 한자+이두. 조선 필사 이두 자료. 전남 보성군 박실 제주 양씨가 구장. 원광대학교 박물관 소장. 호남권 한국학자료센터 홈페이지 원문 이미지와 텍스트 보기. 최승희(1989), 이재수(2003) 참고>

1845-01-26.[502] **족질 박지일 토지매매명문**(族姪朴之一土地賣買明文), 전주 자필 족숙 박인신(田主自筆族叔朴仁新). <1장. 한자+이두. 조선 필사 이두 자료. 경남 합천 용연서원 소장. 한국학중앙연구원 장서각 한국고문서자료관 홈페이지 원문 이미지 보기. 한국정신문화연구원 편(1996) 참고>

1845-01-29. **유학 별고 유사 최준구 토지매매명문**(幼學別庫有司崔峻九土地賣買明文), 답주 자필 유학 최영택(畓主自筆幼學崔泳澤). <1장. 한자+이두. 조선 필사 이두 자료. 남원·구례 삭녕 최씨 구장. 한국학중앙연구원 장서각 한국고문서자료관 홈페이지 원문 이미지 보기. 한국정신문화연구원 편(2004) 참고>

1845-01-00. **이진택 등 상서**(李眞宅等上書), 이진택 등. <1장. 한자+이두. 조선 필사 이두 자료. 경북 경주시 안강읍 옥산리 여주 이씨 독락당 소장. 한국학중앙연구원 장서각 한국고문서자료관 홈페이지 원문 이미지 보기. 한국정신문화연구원 편(2003) 참고>

1845-01-00~1845-12-00(乙巳). 「추조결옥록(**秋曹決獄錄**)」 제70, 형조(刑曹) 편(編). <1책(5/낙질본 43). 53장. 필사본. 한자+이두. 조선 필사 이두 자료. 서울대학교 규장각 한국학연구원 홈페이지 원문 이미지 보기> <1822-01-00~1822-12-00 (1/43)>

1845-02-02. **용산서원 수노 토지매매명문**(龍山書院首奴土地賣買明文), 답주 자필 손노 문돌(畓主自筆孫奴文乭). <1장. 한자+이두. 조선 필사 이두 자료. 경북 경주시 내남면 이조리 경주 최씨·용산서원 소장. 한국학중앙연구원 장서각 한국고문서 자료관 홈페이지 원문 이미지 보기. 한국정신문화연구원 편(2000) 참고>

1845-02-10. **토지매매명문**(土地賣買明文),[503] 전주 유학 최봉성(田主幼學崔鳳成). <1

---

502 한국학중앙연구원 장서각 한국고문서자료관 홈페이지에서는 '함풍원년신해11월초2일'로 잘못 적었다.

503 한국학자료센터 영남권역센터 홈페이지에서는 '1845년 유학(幼學) 최봉성(崔鳳成) 토지매매명문 (土地賣買明文)'으로 표시하였다.

장. 한자+이두. 조선 필사 이두 자료. 대구 칠계 경주 최씨 백불암 종중 구장.
안동대학교 박물관 소장. 한국학자료센터 영남권역센터 홈페이지 원문 이미지와
텍스트 보기. 박병호(1974ㄱ), 최승희(1989), 이재수(2003), 이수건 외(2004) 참고>

1845-02-11. **석물계 유사 유학 안영환 토지매매명문**(石物禊有司幼學安永煥土地賣買
明文), 답주 자필 유학 안철형(畓主自筆幼學安喆炯). <1장. 한자+이두. 조선 필사
이두 자료. 전남 보성군 택촌 죽산 안씨 은봉 종가 소장. 호남권 한국학자료센터
홈페이지 원문 이미지와 텍스트 보기. 이재수(2003), 정수환·이헌창(2008) 참고>

1845-02-12~1845-12-29(乙巳). 「(도광 26년 월 일)해영장계등록(**道光二十六年 月 日
海營狀啓謄錄**)」, 비변사(備邊司) 편(編). <1책(6/22). 154장. 필사본. 표제는 '黃海監
營啓錄'. 한자+이두. 조선 필사 이두 자료. 서울대학교 규장각 한국학연구원 홈페
이지 원문 이미지 보기> <영인본:「각사등록」 22(황해도편 1)(국사편찬위원회,
1985)> <1832-07-02~1832-12-30(1/22)>

1845-02-16. **대구도회소 통문**(大邱道會所通文), 대구도회소 공사원 진사 권택하 등(大
邱道會所公事員進士權宅夏等). <1장. 한자+이두. 조선 필사 이두 자료. 경북 경주
시 안강읍 옥산서원 소장. 한국학자료센터 영남권역센터 홈페이지 원문 이미지와
텍스트 보기. 이수환(2001) 참고>

1845-02-16. **양계성 토지매매명문**(梁啓成土地賣買明文), 답주 박재약(畓主朴再葯).
<1장. 한자+이두. 조선 필사 이두 자료. 전남 영광군 입석 영월 신씨 소장. 한국학
중앙연구원 장서각 한국고문서자료관 홈페이지 원문 이미지와 텍스트 보기. 한국
정신문화연구원 편(1996) 참고>

1845-02-25. **국환문 상서**(鞠煥文上書), 국환문. <1장. 한자+이두. 조선 필사 이두
자료. 전북 완주군 비봉 반곡서원 소장. 호남권 한국학자료센터 홈페이지 원문
이미지와 텍스트 보기. 박병호(1974ㄱ), 최승희(1989) 참고>

1845-02-27. **가사매매명문**(家舍賣買明文),[504] 가대주 유학 전용근(家垈主幼學全龍根).
<1장. 한자+이두. 조선 필사 이두 자료. 전남 장흥군 남외리 동학농민기념관

---

[504] 호남권 한국학자료센터 홈페이지에서는 '1845년 전용근(全龍根) 방매 가사매매명문(家舍賣買明
文)'으로 표시하였다.

소장. 호남권 한국학자료센터 홈페이지 원문 이미지와 텍스트 보기. 박병호(1974 ㄱ), 이재수(2003) 참고>

1845-02-00. **고진원 등 소지**(高鎭元燈所志) 1, 고진원. <1장. 한자+이두. 조선 필사 이두 자료. 전북 부안 청호 제주 고씨 문중 구장. 전북 부안 청호 효충사 소장. 호남권 한국학자료센터 홈페이지 원문 이미지와 텍스트 보기. 최승희(1989), 김경숙(2002), 심재우(2013) 참고>

1845-02-00. **김원정 등 상서**(金源鼎燈上書), 김원정 등. <1장. 한자+이두. 조선 필사 이두 자료. 부여 은산 함양 박씨 소장. 한국학중앙연구원 장서각 한국고문서자료관 홈페이지 원문 이미지 보기. 한국정신문화연구원 편(2000) 참고>

1845-03-04. **유학 토지매매명문**(幼學土地賣買明文),[505] 답주 유학 정재경(畓主幼學鄭在慶). <1장. 한자+이두. 조선 필사 이두 자료. 전북대학교 박물관 소장. 호남권 한국학자료센터 홈페이지 원문 이미지와 텍스트 보기. 최승희(1989), 정구복 외(1999), 이재수(2003) 참고>

1845-03-10. **가사매매명문**(家舍賣買明文),[506] 재주 이경수(財主李經修). <1장. 한자+이두. 조선 필사 이두 자료. 일본 경도대학 가와이문고 소장. 고려대학교 해외한국학자료센터 홈페이지 원문 이미지 보기>

1845-03-12. **유학 박광은 토지매매명문**(幼學朴光殷土地賣買明文), 산지주 유학 백관손(山地主幼學白官孫). <1장. 한자+이두. 조선 필사 이두 자료. 전북대학교 박물관 소장. 호남권 한국학자료센터 홈페이지 원문 이미지와 텍스트 보기. 최승희(1989), 정구복 외(1999), 이재수(2003) 참고>

1845-03-17 추정. **용산서원 사림 단자**(龍山書院士林單子), 용산서원 사림. <1장. 한자+이두. 조선 필사 이두 자료. 경북 경주시 내남면 이조리 경주 최씨·용산서원 소장. 한국학중앙연구원 장서각 한국고문서자료관 홈페이지 원문 이미지 보기. 한국정신문화연구원 편(2000) 참고>

---

[505] 호남권 한국학자료센터 홈페이지에서는 '1845년 정재경(鄭在慶) 방매 토지매매명문(土地賣買明文)'으로 표시하였다.

[506] 고려대학교 해외한국학자료센터 홈페이지에서는 '1845년 이경수(李經修) 방매(放賣) 가사(家舍) 매매명문(賣買明文)'으로 표시하였다.

1845-03-23. **김오문 토지매매명문**(金奥文土地賣買明文), 답주 조순영·조상봉(畓主趙順永趙尙奉). <1장. 한자+이두. 조선 필사 이두 자료. 전남 장흥군 남외리 동학농민기념관 소장. 호남권 한국학자료센터 홈페이지 원문 이미지와 텍스트 보기. 박병호(1974ㄱ), 이재수(2003) 참고>

1845-03-00. **이병욱 등 의송**(李秉郁等議送), 이병욱 등. <1장. 한자+이두. 조선 필사 이두 자료. 전북 순창 구미 남원 양씨가 소장. 호남권 한국학자료센터 홈페이지 원문 이미지와 텍스트 보기. 최승희(1989), 김경숙(2002), 심재우(2013) 참고>

1845-04-04. **문 조이 가 좌전매매명문**(文召史家坐田賣買明文), 가주 고원득(家主高元得). <1장. 한자+이두. 조선 필사 이두 자료. 제주시 일도 2동 제주민속자연사박물관 소장. 호남권 한국학자료센터 홈페이지 원문 이미지와 텍스트 보기. 박병호(1974ㄱ), 최승희(1989), 이재수(2003) 참고>

1845-04-07. **문주훈 수기**(文胄勳手記) 1, 수기주 최유기(手記主崔唯基). <1장. 한자+이두. 조선 필사 이두 자료. 전남 영암군 장암 남평 문씨 문창집 소장. 한국학중앙연구원 장서각 한국고문서자료관 홈페이지 원문 이미지와 텍스트 보기. 최승희(1989), 국립민속박물관 편(1991), 한국정신문화연구원 편(1995, 2003) 참고>

1845-04-07. **최유기 수기**(崔唯基手記) 1, 최유기. <1장. 한자+이두. 조선 필사 이두 자료. 전남 영암군 장암 남평 문씨 문창집 소장. 한국학중앙연구원 장서각 한국고문서자료관 홈페이지 원문 이미지와 텍스트 보기. 한국정신문화연구원 편(1995) 참고>

1845-04-00. **국치규 상서**(鞠致奎上書), 국치규. <1장. 한자+이두. 조선 필사 이두 자료. 전북 완주군 비봉 반곡서원 소장. 호남권 한국학자료센터 홈페이지 원문 이미지와 텍스트 보기. 박병호(1974ㄱ), 최승희(1989) 참고>

1845-04-00. **김응현 장흥고 공상지 공인권 매매명문**(金應鉉長興庫供上紙貢人權賣買明文), 재주 이신(財主李莘). <1장. 한자+이두. 조선 필사 이두 자료. 일본 경도대학 가와이문고 소장. 고려대학교 해외한국학자료센터 홈페이지 원문 이미지 보기>

1845-04-00. **담양부사 하체**(潭陽府使下帖), 전라도 담양부사. <1장. 한자+이두. 조선 필사 이두 자료. 전북 완주군 비봉 반곡서원 소장. 호남권 한국학자료센터 홈페이

지 원문 이미지와 텍스트 보기. 박병호(1974ㄱ), 최승희(1989) 참고>

1845-04-00 추정. **정시검 등 소지**(鄭始儉等所志), 정시검 등. <1장. 점련문서. 한자+이두. 조선 필사 이두 자료. 영해 도곡 무안 박씨 무의공 종택 소장. 한국학중앙연구원 장서각 한국고문서자료관 홈페이지 원문 이미지 보기. 한국학중앙연구원 편(2008) 참고>

1845-04-00. **화민 문인택 등 등장**(化民文寅澤等等狀), 문인택 등. <1장. 한자+이두. 조선 필사 이두 자료. 전남 영암군 장암 남평 문씨 문창집 소장. 한국학중앙연구원 장서각 한국고문서자료관 홈페이지 원문 이미지와 텍스트 보기. 최승희(1989), 한국정신문화연구원 편(1995), 전경목 외(2006) 참고>

1845-05-00. **하현복 등 등장**(河顯馥等等狀), 하현복 등. <1장. 한자+이두. 조선 필사 이두 자료. 전북 남원 둔덕 전주 이씨가 구장. 전북대학교 박물관 소장. 호남권 한국학자료센터 홈페이지 원문 이미지와 텍스트 보기. 박병호(1974ㄱ), 최승희(1989), 정구복 외(1999) 참고>

1845-06-27~1847-03-13(乙巳~丁未). 「우포청등록(**右捕廳謄錄**)」, 포도청(捕盜廳) 편(編). <1책(5/30). 78장. 필사본. 표제는 '右捕廳謄錄'. 한자+이두. 조선 필사 이두 자료. 서울대학교 규장각 한국학연구원 홈페이지 원문 이미지 보기> <1807-01-13~1808-06-12(1/30)>

1845-06-00~1846-05-00. 「해서문첩록(**海西文牒錄**)」, 황해 감사 김정집(金鼎集). <1책. 39장. 필사본. 김정집이 작성한 장계와 보고서 10건. 조선 필사 이두 자료. 서울대학교 규장각 한국학연구원 홈페이지 원문 이미지 보기> <영인본: 「각사등록(26.황해도 편 5)」(국사편찬위원회 편, 1987)>

1845-07-22~1845-12-20(도광 25년). 「전라감사 김경선 계록(**全羅監司金景善啓錄**)」 제5권, 비변사(備邊司) 편(編). <1책. 제2/7. 66장. 필사본. 표제는 '全羅監營 監司 金景善 自乙巳七月至十二月 各道啓錄'. 한자+이두. 조선 필사 이두 자료. 서울대학교 규장각 한국학연구원 홈페이지 원문 이미지 보기> <영인본: 「각사등록」 18(전라도 편 1)(국사편찬위원회 편, 1985)> <1829-08-10~1829-11-21(제1/7)>

1845-07-30. **김두흠 차첩**(金斗欽差帖), 이조(吏曹). <1장. 한자+이두. 조선 필사 이두 자료. 경북 안동시 풍산읍 오미리 풍산 김씨 영감댁 구장. 한국국학진흥원 소장.

한국학자료센터 영남권역센터 홈페이지 원문 이미지와 텍스트 보기. 최승희(1989), 정구복(1996), 유지영(2007) 참고>

1845-07-00. **토지매매명문**(土地賣買明文), 답주 자필 선경집(畓主自筆宣敬緝). <1장. 한자+이두. 조선 필사 이두 자료. 전남 나주시 남내 밀양 박씨 청재 종가 소장. 호남권 한국학자료센터 홈페이지 원문 이미지와 텍스트 보기. 조복행(1981), 조석곤(1995), 정두희(1998) 참고>

1845-08-00. **박태원 등 상서**(朴台源等上書), 박태원 등. <1장. 한자+이두. 조선 필사 이두 자료. 부여 은산 함양 박씨 소장. 한국학중앙연구원 장서각 한국고문서자료관 홈페이지 원문 이미지 보기. 한국정신문화연구원 편(2000) 참고>

1845-08-00. **영양향교 첩정**(英陽鄕校牒呈) 1, 영양향교. <1장. 한자+이두. 조선 필사 이두 자료. 경북 영양군 일월면 도계리 영양향교 소장. 한국학자료센터 영남권역센터 홈페이지 원문 이미지와 텍스트 보기. 영남대학교 민족문화연구소 편(1992) 참고>

1845-09-00. **노석장 등 상서**(盧錫璋所志), 노석장 등. <1장. 한자+이두. 조선 필사 이두 자료. 남원 대곡 장수 황씨 문중 소장. 호남권 한국학자료센터 홈페이지 원문 이미지와 텍스트 보기. 최승희(1989), 송준호(1993) 참고>

1845-09-00. **영양향교 첩정**(英陽鄕校牒呈) 2, 영양향교. <1장. 한자+이두. 조선 필사 이두 자료. 경북 영양군 일월면 도계리 영양향교 소장. 한국학자료센터 영남권역센터 홈페이지 원문 이미지와 텍스트 보기. 영남대학교 민족문화연구소 편(1992) 참고>

1845-10-24. **한량 김천옥 토지매매명문**(閑良金千玉土地賣買明文), 답주 오득복(畓主吳得福). <1장. 한자+이두. 조선 필사 이두 자료. 전남 보성군 박실 제주 양씨가 구장. 원광대학교 박물관 소장. 호남권 한국학자료센터 홈페이지 원문 이미지와 텍스트 보기. 박병호(1974ㄱ) 참고>

1845-10-00. **양 노 옥엽 소지**(梁奴玉葉所志), 옥엽. <1장. 한자+이두. 조선 필사 이두 자료. 전남 보성군 박실 제주 양씨가 구장. 원광대학교 박물관 소장. 호남권 한국학자료센터 홈페이지 원문 이미지와 텍스트 보기. 박병호(1974ㄱ), 최승희(1989), 정구복(2002) 참고>

1845-10-00. **이광우 등 소지**(李光羽等所志) 1, 이광우 등. <1장. 한자+이두. 조선 필사 이두 자료. 경북 영해 인량 재령 이씨 충효당 구장. 한국국학진흥원 소장. 한국학중앙연구원 장서각 한국고문서자료관 홈페이지 원문 이미지와 텍스트 보기. 한국정신문화연구원 편(1997) 참고>

1845-11-06. **유학 임효영 토지매매명문**(幼學林孝英土地賣買明文), 답주 정차손(畓主 鄭此孫). <1장. 한자+이두. 조선 필사 이두 자료. 전남 보성군 박실 제주 양씨가 구장. 원광대학교 박물관 소장. 호남권 한국학자료센터 홈페이지 원문 이미지와 텍스트 보기. 박병호(1974ㄱ), 이재수(2003) 참고>

1845-11-09. **정 생원 토지매매명문**(鄭生員土地賣買明文), 답주 홍계백(畓主洪啓百). <1장. 한자+이두. 조선 필사 이두 자료. 경북 안동시 주촌 진성 이씨 경류정 구장. 서울역사박물관 소장. 한국학중앙연구원 장서각 한국고문서자료관 홈페이지 원문 이미지 보기. 한국정신문화연구원 편(1999) 참고>

1845-11-11. **양 생원 댁 토지매매명문**(梁生員宅土地賣買明文), 답주 이여옥(畓主李汝玉). <1장. 한자+이두. 조선 필사 이두 자료. 전남 보성군 박실 제주 양씨가 구장. 원광대학교 박물관 소장. 호남권 한국학자료센터 홈페이지 원문 이미지와 텍스트 보기. 박병호(1974ㄱ), 최승희(1989), 이재수(2003), 이정수·김희호(2011) 참고>

1845-11-21. **종택 토지매매명문**(宗宅土地賣買明文), 전주 제강(田主濟綱). <1장. 한자+이두. 조선 필사 이두 자료. 경북 안동시 오천 광산 김씨 후조당 소장. 한국학중앙연구원 장서각 한국고문서자료관 홈페이지 원문 이미지와 텍스트 보기. 박병호(1974ㄱ), 한국정신문화연구원 편(1982), 최승희(1989) 참고>

1845-11-30. **경광서당 별소 유사 유학 김극수 토지매매명문**(鏡光書堂別所有司幼學金極壽土地賣買明文), 답주 자필 권혁쟁(畓主自筆權赫爭). <1장. 한자+이두. 조선 필사 이두 자료. 경북 안동시 주촌 진성 이씨 경류정 구장. 서울역사박물관 소장. 한국학중앙연구원 장서각 한국고문서자료관 홈페이지 원문 이미지 보기. 한국정신문화연구원 편(1999) 참고>

1845-11-00. **고진원 등 소지**(高鎭元燈所志) 2, 고진원. <1장. 한자+이두. 조선 필사 이두 자료. 전북 부안 청호 제주 고씨 문중 구장. 전북 부안 청호 효충사 소장. 호남권 한국학자료센터 홈페이지 원문 이미지와 텍스트 보기. 최승희(1989), 김경

숙(2002), 심재우(2013) 참고>

1845-11-00. **김기순 등 소지**(金基淳燈所志), 김기순 등. <1장. 한자+이두. 조선 필사 이두 자료. 전북 부안군 우반 부안 김씨 세덕각 소장. 한국학중앙연구원 장서각 한국고문서자료관 홈페이지 & 호남권 한국학자료센터 홈페이지 원문 이미지와 텍스트 보기. 한국정신문화연구원 편(1983, 1998), 전경목(2001), 전경목 외(2006), 한국학중앙연구원 편(2017) 참고>

1845-11-00. **이광우 등 소지**(李光羽等所志) 2, 이광우 등. <1장. 한자+이두. 조선 필사 이두 자료. 경북 영해 인량 재령 이씨 충효당 구장. 한국국학진흥원 소장. 한국학중앙연구원 장서각 한국고문서자료관 홈페이지 원문 이미지와 텍스트 보기. 한국정신문화연구원 편(1997) 참고>

1845-11-00. **이광우 등 소지**(李光羽等所志) 3, 이광우 등. <1장. 한자+이두. 조선 필사 이두 자료. 경북 영해 인량 재령 이씨 충효당 구장. 한국국학진흥원 소장. 한국학중앙연구원 장서각 한국고문서자료관 홈페이지 원문 이미지와 텍스트 보기. 한국정신문화연구원 편(1997) 참고>

1845-12-06. **문주훈 수기**(文冑勳手記) 2, 수기주 최유기(手記主崔唯基). <1장. 한자+이두. 조선 필사 이두 자료. 전남 영암군 장암 남평 문씨 문창집 소장. 장서각 한국고문서자료관 홈페이지 원문 이미지와 텍스트 보기. 최승희(1989), 국립민속박물관 편(1991), 한국정신문화연구원 편(1995, 2003) 참고>

1845-12-06. **최유기 수기**(崔唯基手記) 2, 최유기. <1장. 한자+이두. 조선 필사 이두 자료. 전남 영암군 장암 남평 문씨 문창집 소장. 한국학중앙연구원 장서각 한국고문서자료관 홈페이지 원문 이미지와 텍스트 보기. 한국정신문화연구원 편(1995) 참고>

1845-12-14. **한성백 토지매매명문**(韓晟伯土地賣買明文), 회장주 김흥직(灰場主金興直). <1장. 한자+이두. 조선 필사 이두 자료. 전남 보성군 박실 제주 양씨가 구장. 원광대학교 박물관 소장. 호남권 한국학자료센터 홈페이지 원문 이미지와 텍스트 보기. 최승희(1989), 정구복 외(1999), 이재수(2003) 참고>

1845-12-17. **권승하·김중칠 등 상서**(權承夏金重七燈上書), 권승하·김중칠 등. <1장. 한자+이두. 조선 필사 이두 자료. 경북 안동시 주촌 진성 이씨 경류정 구장. 서울

역사박물관 소장. 한국학중앙연구원 장서각 한국고문서자료관 홈페이지 원문 이미지 보기. 한국정신문화연구원 편(1999) 참고>

1845-12-20. **토지매매명문**(土地賣買明文), 답주 자필 유학 최형국(畓主自筆幼學崔亨國). <1장. 한자+이두. 조선 필사 이두 자료. 전북대학교 박물관 소장. 호남권 한국학자료센터 홈페이지 원문 이미지와 텍스트 보기. 최승희(1989), 정구복 외 (1999), 이재수(2003) 참고>

1845-12-21. **노종인 토지매매명문**(盧鍾仁土地賣買明文), 답주 이정년(畓主李正年). <1장. 한자+이두. 조선 필사 이두 자료. 안동 천전 의성 김씨 지촌 종택 소장. 한국학중앙연구원 장서각 한국고문서자료관 홈페이지 원문 이미지와 텍스트 보기. 한국정신문화연구원 편(1990) 참고>

1845-12-24~1846-05-00. 「결속색등록(**結束色謄錄**)」, 병조(兵曹) 편(編). <1책(59). 166장. 필사본. 한자+이두. 조선 필사 이두 자료. 서울대학교 규장각 한국학연구원 홈페이지 1787년~1891년 낙질본 107책(1792년(건륭 57년), 1811년(가경 16년) 하, 1816년(가경 21년), 1817년(가경 22년), 1824년(도광 4년), 1831(도광 11년), 1871(동치 10년), 1885년(광서 11년) 없음) 원문 이미지 보기>

1845-12-29. **호조 관**(戶曹關), 호조. <1장. 점련문서. 한자+이두. 조선 필사 이두 자료. 상주 연안 이씨 이만부 종가 소장. 한국학중앙연구원 장서각 한국고문서자료관 홈페이지 원문 이미지 보기>

1845-12-00. **문인택 등 상서**(文寅澤等上書), 문인택 등. <1장. 한자+이두. 조선 필사 이두 자료. 전남 영암군 장암 남평 문씨 문창집 소장. 한국학중앙연구원 장서각 한국고문서자료관 홈페이지 원문 텍스트 보기. 최승희(1989), 한국정신문화연구원 편(1995), 전경목 외(2006) 참고>

1845-12-00. **이구운 등 발괄**(李久運等白活), 이구운 등. <1장. 한자+이두. 조선 필사 이두 자료. 경북 칠곡 석전 광주 이씨 구장. 한국학중앙연구원 장서각 한국고문서 자료관 홈페이지 원문 이미지 보기. 한국학중앙연구원 편(2009) 참고>

1845-00-00. 「가례도감의궤(嘉禮都監儀軌)」[507] 상·하, 가례도감 편. <2책. 281장+164

---

[507] 서울대학교 규장각 한국학연구원 의궤 종합정보 홈페이지에서는 서명을 표제나 권수제와는 달

장. 필사본. 상권의 표제는 '(道光二十四年甲辰十月 日 太白山上)嘉禮都監儀軌上'.
권수제는 '嘉禮都監儀軌上'. 한자+이두. 조선 필사 이두 자료. 서울대학교 규장각
한국학연구원 의궤 종합정보 홈페이지 '奎13143' 원문 이미지 보기>

1845-00-00. **안권 등 소지**(安權等所志), 안권 등. <1장. 한자+이두. 조선 필사 이두
자료. 전남 보성군 택촌 죽산 안씨 은봉 종가 소장. 호남권 한국학자료센터 홈페이
지 원문 이미지와 텍스트 보기. 김선경(1993), 정구복 외(1999), 문숙자(2000) 참
고>

1845-00-00. 「효현왕후국휼등록(**孝顯王后國恤謄錄**)」, 예조(禮曹). <1책. 86장. 필사
본. 표제는 '孝顯王后國恤草日記'. 한자+이두. 조선 필사 이두 자료. 한국학중앙연
구원 장서각 한국학자료센터 홈페이지 원문 이미지와 텍스트 보기>

1845-00-00. 「효현왕후국휼등록(**孝顯王后國恤謄錄**)」, 전향사(典享司). <1책. 48장.
표제는 '孝顯王后國恤謄錄'. 한자+이두. 조선 필사 이두 자료. 한국학중앙연구원
장서각 한국학자료센터 홈페이지 원문 이미지와 텍스트 보기>

1845-00-00. 「효현왕후국휼의주등록(**孝顯王后國恤儀註謄錄**)」, 예조 계제사(禮曹稽
制司). <1책. 74장. 필사본. 한자+이두. 조선 필사 이두 자료. 한국학중앙연구원
장서각 한국학자료센터 홈페이지 & 한국학중앙연구원 한국학 디지털 아카이브
홈페이지 원문 이미지와 텍스트 보기>

1846년

<병오(丙午), 헌종 12년, 도광 26년>

1846-01-08. **종회소 이제운 등 완의**(宗會所李濟運等完議), 이제운 등. <1장. 한자+이
두. 조선 필사 이두 자료. 경북 칠곡 석전 광주 이씨 구장. 한국학중앙연구원
장서각 소장. 장서각 한국고문서자료관 홈페이지 원문 이미지 보기. 한국학중앙
연구원 편(2009) 참고>

리 '헌종효정왕후가례도감의궤(憲宗孝定王后嘉禮都監儀軌)'로 적었다.

1846-01-09. **세덕사 유사주 자매명문**(世德祠有司主自賣明文),[508] 자매신 철이(自賣身哲伊). <1장. 한자+이두. 조선 필사 이두 자료. 경북 경주시 세덕사 소장. 한국학자료센터 영남권역센터 홈페이지 원문 이미지와 텍스트 보기. 이수환(2001) 참고>

1846-01-16. **태인현 현내면 풍헌 서목**(泰仁縣縣內面風憲書目) 1, 풍헌 최(崔). <1장. 한자+이두. 조선 필사 이두 자료. 전북 김제시 행촌 최완덕 구장. 전북대학교 박물관 소장. 호남권 한국학자료센터 홈페이지 원문 이미지와 텍스트 보기. 최승희(1989) 참고>

1846-01-17~1849-07-17(丙午~己酉).「역용(亦用)」, 충청도 음성현(陰城縣) 편(編). <2책. 필사본. 한자+이두. 조선 필사 이두 자료. 서울대학교 규장각 한국학연구원 홈페이지 원문 이미지 보기>

1846-01-26~1846-윤5-24(丙午).「수릉천봉예방등록(綏陵遷奉禮房謄錄)」, 편저자 미상. <1책. 95장. 필사본. 한자+이두. 조선 필사 이두 자료. 서울대학교 규장각 한국학연구원 홈페이지 원문 이미지 보기>

1846-01-27. **박명욱 송추문기**(朴明旭松楸文記), 산주 유학 이광하(山主幼學李光夏). <1장. 한자+이두. 조선 필사 이두 자료. 전남 나주시 남내 밀양 박씨 청재 종가 소장. 호남권 한국학자료센터 홈페이지 원문 이미지와 텍스트 보기. 이정수(1999), 정수환·이헌창(2008) 참고>

1846-01-00. **강사공 차첩**(姜師孔差帖) 1, 현감(縣監). <1장. 한자+이두. 조선 필사 이두 자료. 제주시 제주교육박물관 소장. 사이버 제주교육박물관 홈페이지 원문 이미지와 텍스트 보기>

1846-01-00. **송지언 등 상서**(宋持彦等上書) 1, 송지언 등. <1장. 한자+이두. 조선 필사 이두 자료. 전북 완주군 비봉 반곡서원 소장. 호남권 한국학자료센터 홈페이지 원문 이미지와 텍스트 보기. 박병호(1974ㄱ), 최승희(1989) 참고>

1846-01-00. **송지언 등 상서**(宋持彦等上書) 2, 송지언 등. <1장. 한자+이두. 조선

---

508 한국학자료센터 영남권역센터 홈페이지에서는 문서명을 '1846년(헌종 12) 정월 초9일 작성된 자매매매 문서'로 적었다.

필사 이두 자료. 전북 완주군 비봉 반곡서원 소장. 호남권 한국학자료센터 홈페이지 원문 이미지와 텍스트 보기. 박병호(1974ㄱ), 최승희(1989) 참고>

1846-01-00. **안재순·안봉순 등 소지**(安栽淳安鳳淳等所志), 안재순·안봉순 등. <1장. 한자+이두. 조선 필사 이두 자료. 함안 두릉 순흥 안씨 소장. 장서각 한국고문서자료관 홈페이지 원문 이미지 보기. 한국학중앙연구원 편(2006) 참고>

1846-02-02. **토지매매명문**(土地賣買明文),[509] 답주 유학 나창수(畓主幼學羅昌守). <1장. 한자+이두. 조선 필사 이두 자료. 전남 나주시 남내 밀양 박씨 청재 종가 소장. 호남권 한국학자료센터 홈페이지 원문 이미지와 텍스트 보기. 이수건(1987) 참고>

1846-02-04~1858-10-02(도광 26년~함풍 8년). 「제주계록(**濟州啓錄**)」 1, 비변사(備邊司) 편(編). <1책(1/전5책). 186장. 필사본. 표제는 '濟州啓錄'. 한자+이두. 조선 필사 이두 자료. 서울대학교 규장각 한국학연구원 홈페이지 원문 이미지 보기> <영인본: 「각사등록」 19(전라도편 2)(국사편찬위원회 편, 1986)> <1866-08-14~1872-05-26(2/5), 1881-윤7-09~1883-05-08(3/5), 1883-06-19~1884-11-06(4/5), 1883-07-04~1884-10-09(5/5)>

1846-02-10. **박중근 토지매매명문**(朴仲根土地賣買明文), 답주 김학흥(畓主金學興). <1장. 한자+이두. 조선 필사 이두 자료. 경북 안동시 수곡면 전주 류씨 삼산 종가 구장. 한국국학진흥원 소장. 한국학자료센터 영남권역센터 홈페이지 원문 이미지와 텍스트 보기. 최승희(1989), 이재수(2003), 전경목(2010), 정수환(2012) 참고>

1846-02-17. **토지매매명문**(土地賣買明文),[510] 답주 유학 유광표(畓主幼學劉光彪). <1장. 한자+이두. 조선 필사 이두 자료. 전남 순천 황전 경주 정씨가 구장. 광주광역시 이정옥 소장. 호남권 한국학자료센터 홈페이지 원문 이미지와 텍스트 보기. 최승희(1989) 참고>

---

[509] 호남권 한국학자료센터 홈페이지에서는 '1846년 나창수(羅昌守) 방매(放賣) 토지매매명문(土地賣買明文)'으로 표시하였다.

[510] 호남권 한국학자료센터 홈페이지에서는 '1846년 유광표(劉光彪) 방매(放賣) 토지매매명문(土地賣買明文)'으로 표시하였다.

1846-02-22. **박명욱 시장문기**(朴明旭柴場文記), 시장주 유학 김상조(柴場主幼學金相祚). <1장. 한자+이두. 조선 필사 이두 자료. 전남 나주시 남내 밀양 박씨 청재 종가 소장. 호남권 한국학자료센터 홈페이지 원문 이미지와 텍스트 보기. 오인택 (1994, 1996) 참고>

1846-02-27~1853-01-15(도광 26년 丙午~癸丑).「평안병영계록(**平安兵營啓錄**)」, 비변사(備邊司) 편(編). <1책(1/전4책).⁵¹¹ 206장. 필사본. 표제는 '各道啓錄'. 한자+이두. 조선 필사 이두 자료. 서울대학교 규장각 한국학연구원 홈페이지 원문 이미지 보기> <1853-07-01~1856-08-16(2/4), 1856-08-24~1860-11-26(3/4), 1874-02-27~1879-03-10(4/4)>

1846-02-00. **노봉서원 재임 품목**(露峯書院齋任稟目) 1, 노봉서원. <1장. 한자+이두. 조선 필사 이두 자료. 남원·구례 삭녕 최씨 구장. 한국학중앙연구원 장서각 한국고문서자료관 홈페이지 원문 이미지 보기. 한국정신문화연구원 편(2004) 참고>

1846-02-00. **성주 이 승지댁 노 춘삼 소지**(星州李承旨宅奴春三所志), 춘삼. <1장. 한자+이두. 조선 필사 이두 자료. 경북 성주군 월항면 대산리 성산 이씨 응와 종택 구장. 한국국학진흥원 소장. 한국학자료센터 영남권역센터 홈페이지 원문 이미지와 텍스트 보기>

1846-02-00. **유진홍 군기시 약환 공인권 매매명문**(劉鎭洪軍器寺藥丸貢人權賣買明文), 재주 지영우(財主池永祐). <1장. 한자+이두. 조선 필사 이두 자료. 일본 경도대학 가와이문고 소장. 고려대학교 해외한국학자료센터 홈페이지 원문 이미지 보기>

1846-02-00. **이천도호부 관**(利川都護府關), 이천도호부. <1장. 첩련문서. 한자+이두. 조선 필사 이두 자료. 상주 연안 이씨 이만부 종가 소장. 한국학중앙연구원 장서각 한국고문서자료관 홈페이지 원문 이미지 보기>

1846-03-02. **유학 정필생 토지매매명문**(幼學鄭弼生土地賣買明文), 답주 양 노 가례(畓主梁奴可禮). <1장. 한자+이두. 조선 필사 이두 자료. 전남 보성군 박실 제주 양씨가 구장. 원광대학교 박물관 소장. 호남권 한국학자료센터 홈페이지 원문

---

511 서울대학교 규장각 한국학연구원 홈페이지에는 권수를 잘못 표시되어 있다. 기록된 내용의 시기별로 배열하면 4/4는 1/4, 3/4는 2/4로, 1/4는 3/4로, 2/4는 4/4로 고쳐야 한다.

이미지와 텍스트 보기. 박병호(1974ㄱ), 최승희(1989), 이재수(2003) 참고>

1846-03-04. **토지매매명문**(土地賣買明文),[512] 답주 이화신(畓主李化信). <1장. 한자+이두. 조선 필사 이두 자료. 전남 나주시 남내 밀양 박씨 청재 종가 소장. 호남권 한국학자료센터 홈페이지 원문 이미지와 텍스트 보기. 김재문(1986) 참고>

1846-03-17. **토지매매명문**(土地賣買明文),[513] 자필 답주 김하원(自筆畓主金河元). <1장. 한자+이두. 조선 필사 이두 자료. 전남 보성군 박실 제주 양씨가 구장. 원광대학교 박물관 소장. 호남권 한국학자료센터 홈페이지 원문 이미지와 텍스트 보기. 박병호(1974ㄱ), 최승희(1989), 이재수(2003) 참고>

1846-03-22. **김흥석 토지매매명문**(金興石土地賣買明文), 답주 임하댁 자필(畓主臨河宅自筆). <1장. 한자+이두. 조선 필사 이두 자료. 전남 보성군 박실 제주 양씨가 구장. 원광대학교 박물관 소장. 호남권 한국학자료센터 홈페이지 원문 이미지와 텍스트 보기>

1846-03-28~1861-윤8-20(도광 26년 丙午~함풍 원년 辛亥). 「함경북병영계록(**咸鏡北兵營啓錄**)」, 비변사(備邊司) 편(編). <1책(2/7). 116장. 필사본. 표제는 '鏡營啓錄'. 한자+이두. 조선 필사 이두 자료. 서울대학교 규장각 한국학연구원 홈페이지 원문 이미지 보기> <영인본:「각사등록」 43(함경도편 2)(국사편찬위원회 편, 1990)> <1844-03-29~1846-02-00(1/7)>

1846-03-00. **강사공 차첩**(姜師孔差帖) 2, 현감(縣監). <1장. 한자+이두. 조선 필사 이두 자료. 제주시 제주교육박물관 소장. 사이버 제주교육박물관 홈페이지 원문 이미지와 텍스트 보기>

1846-03-00. **김부종 준호구**(金富宗准戶口), 제주목(濟州牧). <1장. 한자+이두. 필사 이두 자료. 제주교육박물관 소장. 사이버 제주교육박물관 홈페이지 원문 이미지와 텍스트 보기>

1846-03-00. **서성재 소지**(徐成才所志) 1, 서성재. <1장. 한자+이두. 조선 필사 이두

---

[512] 호남권 한국학자료센터 홈페이지에서는 '1846년 이화신(李化信) 방매(放賣) 토지매매명문(土地賣買明文)'으로 표시하였다.

[513] 호남권 한국학자료센터 홈페이지에서는 '1846년 김하원(金河元) 방매(放賣) 토지매매명문(土地賣買明文)'으로 표시하였다.

자료. 전북 순창 청계 문화 유씨가 소장. 호남권 한국학자료센터 홈페이지 원문 이미지와 텍스트 보기. 박병호(1974ㄱ), 최승희(1989), 정구복 외(1999) 참고>

1846-03-00. **신 노 귀남 소지**(辛奴貴南所志) 1, 귀남. <1장. 한자+이두. 조선 필사 이두 자료. 전남 영광군 입석 영월 신씨 소장. 한국학중앙연구원 장서각 한국고문서자료관 홈페이지 원문 이미지와 텍스트 보기. 한국정신문화연구원 편(1996) 참고>

1846-03-00. **신면진 등 소지**(申冕瑨等所志) 1, 신면진 등. <1장. 한자+이두. 조선 필사 이두 자료. 의성 아주 신씨 호계 가문 소장. 한국고문서자료관 홈페이지 원문 이미지 보기. 한국학중앙연구원 편(2005) 참고>

1846-03-00. **의암서원 김원 등 품목**(義巖書院金源等稟目), 김원 등. <1장. 한자+이두. 조선 필사 이두 자료. 전북 담양군 모현관 소장. 호남권 한국학자료센터 홈페이지 원문 이미지와 텍스트 보기. 최승희(1989), 정구복 외(1999) 참고>

1846-03-00. **이진현 등 소지**(李鎭鉉等所志), 이진현 등. <1장. 한자+이두. 조선 필사 이두 자료. 경북 성주군 초전면 월곡 1리 벽진 이씨 명암 고택 구장. 한국국학진흥원 소장. 한국학자료센터 영남권역센터 홈페이지 원문 이미지와 텍스트 보기. 김성갑(2013) 참고>

1846-04-00. **서성재 소지**(徐成才所志) 2, 서성재. <1장. 한자+이두. 조선 필사 이두 자료. 전북 순창 청계 문화 유씨가 소장. 호남권 한국학자료센터 홈페이지 원문 이미지와 텍스트 보기. 박병호(1974ㄱ), 최승희(1989), 정구복 외(1999) 참고>

1846-05-02. **전당문기**(典當文記), 답주 풍헌 엄이갑(畓主風憲伊甲). <1장. 한자+이두. 조선 필사 이두 자료. 전북 임실군 지사 협계태 씨가 소장. 호남권 한국학자료센터 홈페이지 원문 이미지와 텍스트 보기. 박병호(1974ㄱ), 최승희(1989), 이재수(2003) 참고>

1846-05-03~1846-12-28.「도광 26년 병오 하 결속색등록(道光二十六年丙午下 **結束色謄錄**)」, 병조(兵曹) 편(編). <1책(60). 145장. 필사본. 한자+이두. 조선 필사 이두 자료. 서울대학교 규장각 한국학연구원 홈페이지 1787년~1891년 낙질본 107책 (1792년(건륭 57년), 1811년(가경 16년) 하, 1816년(가경 21년), 1817년(가경 22년), 1824년(도광 4년), 1831(도광 11년), 1871년(동치 10년), 1885년(광서 11년) 없음) 원문

이미지 보기>

1846-05-08. **임택수 입후성문**(林宅洙立後成文), 임택수. <1장. 한자+이두. 조선 필사 이두 자료. 전남 나주시 회진 나주 임씨 창계 후손가 소장. 한국학중앙연구원 장서각 한국고문서자료관 홈페이지 원문 이미지 보기. 한국정신문화연구원 편(2003) 참고>

1846-05-16. **박한규 초사**(朴漢圭招辭), 박한규. <1장. 한자+이두. 조선 필사 이두 자료. 함안 두릉 순흥 안씨 소장. 한국학중앙연구원 장서각 한국고문서자료관 홈페이지 원문 이미지 보기. 한국학중앙연구원 편(2006) 참고>

1846-05-16. **유학 김찬순 송추문기**(幼學金燦淳松楸文記), 산주 유학 김석환(山主幼學 金碩煥). <1장. 한자+이두. 조선 필사 이두 자료. 광주광역시 광산구 김해 김씨 소장. 호남권 한국학자료센터 홈페이지 원문 이미지와 텍스트 보기. 이재수(2003), 이수건 외(2004) 참고>

1846-05-16. **태인현 현내면 풍헌 첩정**(泰仁縣縣內面風憲牒呈), 풍헌 최(崔). <1장. 한자+이두. 조선 필사 이두 자료. 전북 김제시 행촌 최완덕 구장. 전북대학교 박물관 소장. 호남권 한국학자료센터 홈페이지 원문 이미지와 텍스트 보기. 최승희(1989) 참고>

1846-05-16. **태인현 현내면 풍헌 서목**(泰仁縣縣內面風憲書目) 2, 풍헌 최(崔). <1장. 한자+이두. 조선 필사 이두 자료. 전북 김제시 행촌 최완덕 구장. 전북대학교 박물관 소장. 호남권 한국학자료센터 홈페이지 원문 이미지와 텍스트 보기. 최승희(1989) 참고>

1846-05-24. **관**(關), 현풍현감(玄風縣監). <1장. 점련문서. 한자+이두. 조선 필사 이두 자료. 안동 금계 의성 김씨 학봉 종가 소장. 한국학중앙연구원 장서각 한국고문서자료관 홈페이지 원문 이미지와 텍스트 보기. 한국정신문화연구원 편(1989) 참고>

1846-05-00. **국양오 소지**(鞠養吾所志), 국양오. <1장. 한자+이두. 조선 필사 이두 자료. 전북 고창 석호 담양 국씨가 구장. 전북대학교 박물관 소장. 호남권 한국학자료센터 홈페이지 원문 이미지와 텍스트 보기. 박병호(1974ㄱ), 최승희(1989), 정구복 외(1999) 참고>

1846-05-00. **김기순 등 소지**(金基淳等所志) 1, 김기순 등. <1장. 한자+이두. 조선 필사 이두 자료. 전북 부안군 우반 부안 김씨 세덕각 소장. 한국학중앙연구원 장서각 한국고문서자료관 홈페이지 & 호남권 한국학자료센터 홈페이지 원문 이미지와 텍스트 보기. 한국정신문화연구원 편(1983, 1998), 전경목(2001), 전경목 외(2006), 한국학중앙연구원 편(2017) 참고>

1846-05-00. **김용관 등 소지**(金用觀等所志), 김용관 등. <1장. 한자+이두. 조선 필사 이두 자료. 전북 부안군 우반 부안 김씨 세덕각 소장. 장서각 한국고문서자료관 홈페이지 & 호남권 한국학자료센터 홈페이지 원문 이미지와 텍스트 보기. 한국정신문화연구원 편(1983, 1998), 전경목(2001), 전경목 외(2006), 한국학중앙연구원 편(2017) 참고>

1846-05-00. **노봉서원 재임 품목**(露峯書院齋任稟目) 2, 노봉서원. <1장. 한자+이두. 조선 필사 이두 자료. 남원·구례 삭녕 최씨 구장. 한국학중앙연구원 장서각 한국고문서자료관 홈페이지 원문 이미지 보기. 한국정신문화연구원 편(2004) 참고>

1846-05-00. **신 노 귀남 소지**(辛奴貴南所志) 2, 귀남. <1장. 한자+이두. 조선 필사 이두 자료. 전남 영광군 입석 영월 신씨 소장. 한국학중앙연구원 장서각 한국고문서자료관 홈페이지 원문 이미지와 텍스트 보기. 한국정신문화연구원 편(1996) 참고>

1846-05-00. **신면진 등 소지**(申冕璡等所志) 2, 신면진 등. <1장. 한자+이두. 조선 필사 이두 자료. 의성 아주 신씨 호계 가문 소장. 한국고문서자료관 홈페이지 원문 이미지 보기. 한국학중앙연구원 편(2005) 참고>

1846-05-00. **현풍현감 첩정**(玄風縣監牒呈), 현풍현감. <1장. 첩련문서. 한자+이두. 조선 필사 이두 자료. 안동 금계 의성 김씨 학봉 종가 소장. 장서각 한국고문서자료관 홈페이지 원문 이미지와 텍스트 보기. 한국정신문화연구원 편(1989) 참고>

1846-윤5-28~1846-07-02(丙午). 「민장초개책(**民狀草槩冊**)」, 영천군(榮川郡) 편(編). <1책. 11장. 필사본. 한자+이두. 이두 자료. 서울대학교 규장각 한국학연구원 홈페이지 '古5120-177'의 원문 이미지 보기>

1846-윤5-00. **김기순 등 소지**(金基淳等所志) 2, 김기순 등. <1장. 한자+이두. 조선 필사 이두 자료. 전북 부안군 우반 부안 김씨 세덕각 소장. 한국학중앙연구원

장서각 한국고문서자료관 홈페이지 & 호남권 한국학자료센터 홈페이지 원문 이미지와 텍스트 보기. 한국정신문화연구원 편(1983, 1998), 전경목(2001), 전경목 외(2006), 한국학중앙연구원 편(2017) 참고>

1846-윤5-00. **남원 주포방 정려직 완문**(南原周浦坊旌閭直完文), 남원부사(南原府使). <1장. 한자+이두. 조선 필사 이두 자료. 전북 남원시 대곡 장수 황씨 문중 소장. 호남권 한국학자료센터 홈페이지 원문 이미지와 텍스트 보기. 최승희(1989), 김경숙(2002), 심재우(2013) 참고>

1846-윤5-00. **호조 관**(戶曹關) 1, 호조. <1장. 첩련문서. 한자+이두. 조선 필사 이두 자료. 안동 금계 의성 김씨 학봉 종가 소장. 한국학중앙연구원 장서각 한국고문서자료관 홈페이지 원문 이미지와 텍스트 보기. 한국정신문화연구원 편(1989) 참고>

1846-06-09~1880-06-12(丙午~庚辰).「강화부 전유수 재임시 계록 급 내관(**江華府前留守 在任時啓錄及來關**)」, 비변사(備邊司) 편(編). <5책. 필사본. 제1-4책의 표제는 '江華留營啓錄'. 제5책의 표제는 沁營關. 한자+이두. 조선 필사 이두 자료. 서울대학교 규장각 한국학연구원 홈페이지 원문 이미지 보기> <1846-06-09~1859-03-16(丙午~己未)(제1/5. 86장), 1862-03-10~1863-07-2?(동치 원년~동치 2년)(제2/5. 36장), 1874-08-07~1876-03-13(동치 13년~광서 2년 丙子)「광서 2년 3월 일 강화부 계록 급 내관」(제3/5. 24장), 1876-03-26~1878-06-21(광서 2년~광서 4년)「광서 4년 3월 일 강화부 계록 내관」(제4/5. 36장), 1878-07-06~1880-06-12(광서 4년~광서 6년)「광서 5년 6월 일 강화부 전유수 재임시 계록 급 내관」(제5/5. 21장)>

1846-06-00. **고진효 소지**(高鎭孝所志) 1, 고진효. <1장. 한자+이두. 조선 필사 이두 자료. 전북 부안 청호 제주 고씨 문중 구장. 전북 부안 청호 효충사 소장. 호남권 한국학자료센터 홈페이지 원문 이미지와 텍스트 보기. 최승희(1989), 김경숙(2002), 심재우(2013) 참고>

1846-06-00. **국성춘 상서**(鞠成春上書), 국성춘. <1장. 한자+이두. 조선 필사 이두 자료. 전북 완주군 비봉 반곡서원 소장. 호남권 한국학자료센터 홈페이지 원문 이미지와 텍스트 보기. 박병호(1974ㄱ), 최승희(1989) 참고>

1846-06-00. **수성동 거민 소지**(守城洞居民所志) 1, 수성동 거민. <1장. 한자+이두. 조선 필사 이두 자료. 경북 경주시 안강읍 옥산리 여주 이씨 장산서원·치암 종택 구장. 한국학중앙연구원 장서각 한국고문서자료관 홈페이지 원문 이미지 보기. 한국정신문화연구원 편(2003) 참고>

1846-06-00~1880-12-00. 「강화유영계록(**江華留營啓錄**)」, 이왕직실록편찬회(李王職實錄編纂會) 편(編). <불분권 5책. 필사본. 한자+이두. 한국학중앙연구원 디지털 장서각 홈페이지 원문 이미지와 텍스트 보기>

1846-07-14. **유학 김상웅 토지매매명문**(幼學金相熊土地賣買明文), 답주 유학 이계화(畓主幼學李啓華). <1장. 한자+이두. 조선 필사 이두 자료. 전남 함평군 함평 이씨 이건풍 구장. 목포대학교 도서문화연구원 소장. 호남권 한국학자료센터 홈페이지 원문 이미지와 텍스트 보기. 최승희(1989) 참고>

1846-07-00. **김 노 시손 토지매매명문**(金奴時孫土地賣買明文), 답주 장근덕(畓主張近德). <1장. 한자+이두. 조선 필사 이두 자료. 안동 천전 의성 김씨 지촌 종택 소장. 한국학중앙연구원 장서각 한국고문서자료관 홈페이지 원문 이미지와 텍스트 보기. 한국정신문화연구원 편(1990) 참고>

1846-07-00. **병오년 첩정**(丙午年牒呈), 경북 영양 영양향교(英陽鄉校). <1장. 한자+이두. 조선 필사 이두 자료. 경북 영양군 일월면 도계리 영양향교 소장. 한국학자료센터 영남권역센터 홈페이지 원문 이미지와 텍스트 보기. 영남대학교 민족문화연구소 편(1992) 참고>

1846-07-00. **수성동 거민 소지**(守城洞居民所志) 2, 수성동 거민. <1장. 한자+이두. 조선 필사 이두 자료. 경북 경주시 안강읍 옥산리 여주 이씨 장산서원·치암 종택 구장. 한국학중앙연구원 장서각 한국고문서자료관 홈페이지 원문 이미지 보기. 한국정신문화연구원 편(2003) 참고>

1846-08-20. **상인 유주하 표기**(喪人劉柱厦標記),[514] 표주 유학 자필 박희수(標主幼學自筆朴熙秀). <1장. 한자+이두. 조선 필사 이두 자료. 경북 예천군 감천면 강룡

---

[514] 한국학자료센터 영남권역센터 홈페이지에서는 '1846년 박희수(朴熙秀) 묘역 관련 수표(手標)'로 표시하였다.

유씨 별방 종가 구장. 한국국학진흥원 소장. 한국학자료센터 영남권역센터 홈페이지 원문 이미지와 텍스트 보기. 전경목(1996), 김경숙(2002) 참고>

1846-08-00. **고진효 소지**(高鎭孝所志) 2, 고진효. <1장. 한자+이두. 조선 필사 이두 자료. 전북 부안 청호 제주 고씨 문중 구장. 전북 부안 청호 효충사 소장. 호남권 한국학자료센터 홈페이지 원문 이미지와 텍스트 보기. 최승희(1989), 김경숙(2002), 심재우(2013) 참고>

1846-08-00. **김기순 등 소지**(金基淳等所志) 3, 김기순 등. <1장. 한자+이두. 조선 필사 이두 자료. 전북 부안군 우반 부안 김씨 세덕각 소장. 한국학중앙연구원 장서각 한국고문서자료관 홈페이지 & 호남권 한국학자료센터 홈페이지 원문 이미지와 텍스트 보기. 한국정신문화연구원 편(1983, 1998), 전경목(2001), 전경목 외(2006), 한국학중앙연구원 편(2017) 참고>

1846-08-00. **심석윤 등 상서**(沈錫胤等上書) 심석윤 등. <1장. 한자+이두. 조선 필사 이두 자료. 전북 완주군 비봉 반곡서원 소장. 호남권 한국학자료센터 홈페이지 원문 이미지와 텍스트 보기. 박병호(1974ㄱ), 최승희(1989) 참고>

1846-08-00. **용산서원 고자 토지매매명문**(龍山書院庫子土地賣買明文), 답주 최 노 영복(畓主崔奴英卜). <1장. 한자+이두. 조선 필사 이두 자료. 경북 경주시 내남면 이조리 경주 최씨·용산서원 소장. 한국학중앙연구원 장서각 한국고문서자료관 홈페이지 원문 이미지 보기. 한국정신문화연구원 편(2000) 참고>

1846-08-00. **이완현 등 소지**(李完鉉等所志), 이완현 등. <2장. 한자+이두. 조선 필사 이두 자료. 경북 성주군 초전면 월곡 1리 벽진 이씨 명암 고택 구장. 한국국학진흥원 소장. 한국학자료센터 영남권역센터 홈페이지 원문 이미지와 텍스트 보기. 김성갑(2013) 참고>

1846-08-00. **충훈부 완문**(忠勳府完文), 충훈부. <1장. 한자+이두. 조선 필사 이두 자료. 전북 남원 풍산 밀양 박씨가 구장. 남원향토박물관 소장. 호남권 한국학자료센터 홈페이지 원문 이미지와 텍스트 보기. 최승희(1989), 정구복(1996), 유지영(2007) 참고>

1846-08-00. **통훈대부 행무장현감 김진화 정사**(通訓大夫行茂長縣監金鎭華呈辭), 김진화. <1장. 한자+이두. 조선 필사 이두 자료. 안동 금계 의성 김씨 학봉 종가

소장. 한국학중앙연구원 장서각 한국고문서자료관 홈페이지 원문 이미지와 텍스트 보기. 한국정신문화연구원 편(1989) 참고>

1846-09-06. **김무장 댁 토지매매명문**(金茂長宅土地賣買明文), 전주 자필 강종백(出主自筆姜鍾珀). <1장. 한자+이두. 조선 필사 이두 자료. 안동 금계 의성 김씨 학봉 종가 소장. 한국학중앙연구원 장서각 한국고문서자료관 홈페이지 원문 이미지와 텍스트 보기. 한국정신문화연구원 편(1990) 참고>

1846-09-00. **가사매매명문**(家舍賣買明文),[515] 재주 우치홍(財主禹治洪). <1장. 한자+이두. 조선 필사 이두 자료. 일본 경도대학 가와이문고 소장. 고려대학교 해외한국학자료센터 홈페이지 원문 이미지 보기>

1846-09-00. **김기순 등 소지**(金基淳等所志) 4, 김기순 등. <1장. 한자+이두. 조선 필사 이두 자료. 전북 부안군 우반 부안 김씨 세덕각 소장. 한국학중앙연구원 장서각 한국고문서자료관 홈페이지 & 호남권 한국학자료센터 홈페이지 원문 이미지와 텍스트 보기. 한국정신문화연구원 편(1983, 1998), 전경목(2001), 전경목 외(2006), 한국학중앙연구원 편(2017) 참고>

1846-10-20. **정수길 토지매매명문**(鄭壽吉土地賣買明文), 답주 자필 이근영(畓主自筆李根榮). <1장. 한자+이두. 조선 필사 이두 자료. 아산 선교 장흥 임씨 구장. 한국학중앙연구원 장서각 한국고문서자료관 홈페이지 원문 이미지 보기. 한국학중앙연구원 편(2008) 참고>

1846-10-00. **김기순 등 소지**(金基淳等所志) 5, 김기순 등. <1장. 한자+이두. 조선 필사 이두 자료. 전북 부안군 우반 부안 김씨 세덕각 소장. 한국학중앙연구원 장서각 한국고문서자료관 홈페이지 & 호남권 한국학자료센터 홈페이지 원문 이미지와 텍스트 보기. 한국정신문화연구원 편(1983, 1998), 전경목(2001), 전경목 외(2006), 한국학중앙연구원 편(2017) 참고>

1846-10-00. **안우·안재순·안예순 등 상서**(安瑀安載淳安禮淳等上書) 1, 안우·안재순·안예순 등. <1장. 한자+이두. 조선 필사 이두 자료. 함안 두릉 순흥 안씨 소장.

---

515 고려대학교 해외한국학자료센터 홈페이지에서는 '1846년 우치홍(禹治洪) 방매(放賣) 가사(家舍) 매매명문(賣買明文)'으로 표시하였다.

한국학중앙연구원 장서각 한국고문서자료관 홈페이지 원문 이미지 보기. 한국학중앙연구원 편(2006) 참고>

1846-10-00. **안우·안재순·안윤식 등 소지**(安瑀安裁淳安潤植等所志), 안우·안재순·안윤식 등. <1장. 한자+이두. 조선 필사 이두 자료. 함안 두릉 순흥 안씨 소장. 한국학중앙연구원 장서각 한국고문서자료관 홈페이지 원문 이미지 보기. 한국학중앙연구원 편(2006) 참고>

1846-10-00. **진해관 산도**(鎭海官山圖), 진해관. <1장. 한자+이두. 조선 필사 이두 자료. 함안 두릉 순흥 안씨 소장. 한국학중앙연구원 장서각 한국고문서자료관 홈페이지 원문 이미지 보기. 한국학중앙연구원 편(2006) 참고>

1846-10-00. **화민 신굉규 소지**(化民辛宏珪所志), 신굉규. <1장. 한자+이두. 조선 필사 이두 자료. 전남 영광군 입석 영월 신씨 소장. 한국학중앙연구원 장서각 한국고문서자료관 홈페이지 원문 이미지와 텍스트 보기. 한국정신문화연구원 편(1996) 참고>

1846-11-05. **전라도 관**(全羅道關), 관찰사(觀察使). <1장. 첩련문서. 한자+이두. 조선 필사 이두 자료. 경북 안동시 하회 풍산 류씨 충효당 소장. 한국학중앙연구원 장서각 한국고문서자료관 홈페이지 원문 이미지와 텍스트 보기. 한국정신문화연구원 편(1994) 참고>

1846-11-09. **차정명 토지매매명문**(車正命土地賣買明文), 답주 송 생원 댁 노 복남(畓主宋生員宅奴卜男). <1장. 한자+이두. 조선 필사 이두 자료. 전북 부안 석동 류절재 소장. 호남권 한국학자료센터 홈페이지 원문 이미지와 텍스트 보기. 박병호(1974ㄱ), 최승희(1989), 이재수(2003) 참고>

1846-11-10. **정 과댁 토지매매명문**(丁寡宅土地賣買明文), 답주 오진산(畓主吳賑山). <1장. 한자+이두. 조선 필사 이두 자료. 전남 보성군 박실 제주 양씨가 구장. 원광대학교 박물관 소장. 호남권 한국학자료센터 홈페이지 원문 이미지와 텍스트 보기>

1846-11-14. **유학 송필재 토지매매명문**(幼學宋弼材土地賣買明文), 답주 유학 김진각(畓主幼學金鎭珏). <1장. 한자+이두. 조선 필사 이두 자료. 전북대학교 박물관 소장. 호남권 한국학자료센터 홈페이지 원문 이미지와 텍스트 보기>

1846-11-14. **최학진 토지매매명문**(崔鶴振土地賣買明文), 답주 서오룡(畓主徐五龍). <1장. 한자+이두. 조선 필사 이두 자료. 경북 상주 낙동 풍양 조씨 양진당 소장. 한국학중앙연구원 장서각 한국고문서자료관 홈페이지 원문 이미지 보기>

1846-11-17. **유학 이광효 토지매매명문**(幼學伊光孝土地賣買明文), 전답주 자필 유학 임흥수(田畓主自筆幼學林興洙). <1장. 한자+이두. 조선 필사 이두 자료. 전북 정읍시 동학농민혁명기념관 소장. 호남권 한국학자료센터 홈페이지 원문 이미지와 텍스트 보기. 박병호(1974ㄱ), 이재수(2003) 참고>

1846-11-18. **한량 김일억 토지매매명문**(閑良金一億土地賣買明文), 답주 자필 유학 김경기(畓主自筆幼學金慶基). <1장. 한자+이두. 조선 필사 이두 자료. 전남 보성군 박실 제주 양씨가 구장. 원광대학교 박물관 소장. 호남권 한국학자료센터 홈페이지 원문 이미지와 텍스트 보기. 박병호(1974ㄱ) 참고>

1846-11-20 추정. **독락당 완문**(獨樂堂完文), 진영(鎭營). <1장. 한자+이두. 조선 필사 이두 자료. 경북 경주시 안강읍 옥산리 여주 이씨 독락당 소장. 한국학중앙연구원 장서각 한국고문서자료관 홈페이지 원문 이미지 보기. 한국정신문화연구원 편(2003) 참고>

1846-11-27. **공생 권영준 토지매매명문**(貢生權永俊土地賣買明文), 답주 유학 권칭일(畓主幼學權秤一). <1장. 한자+이두. 조선 필사 이두 자료. 안동 천전 의성 김씨 지촌 종택 소장. 한국학중앙연구원 장서각 한국고문서자료관 홈페이지 원문 이미지와 텍스트 보기. 한국정신문화연구원 편(1990) 참고>

1846-11-28. **양옥제 토지매매명문**(梁玉第土地賣買明文), 답주 신종손(畓主申宗孫). <1장. 한자+이두. 조선 필사 이두 자료. 전남 보성군 박실 제주 양씨가 구장. 원광대학교 박물관 소장. 호남권 한국학자료센터 홈페이지 원문 이미지와 텍스트 보기. 최승희(1989), 정구복 외(1999), 채현경(2011) 참고>

1846-11-29. **박한후 초사**(朴漢煦招辭), 박한후. <1장. 한자+이두. 조선 필사 이두 자료. 함안 두릉 순흥 안씨 소장. 한국학중앙연구원 장서각 한국고문서자료관 홈페이지 원문 이미지 보기. 한국학중앙연구원 편(2006) 참고>

1846-11-29. **별소 토지매매명문**(別所土地賣買明文), 답주 임소록(畓主林小祿). <1장. 한자+이두. 조선 필사 이두 자료. 경북 안동시 주촌 진성 이씨 경류정 구장. 서울

역사박물관 소장. 한국학중앙연구원 장서각 한국고문서자료관 홈페이지 원문 이미지 보기. 한국정신문화연구원 편(1999) 참고>

1846-11-00. **김기순 등 소지**(金基淳等所志) 6, 김기순 등. <1장. 한자+이두. 조선 필사 이두 자료. 전북 부안군 우반 부안 김씨 세덕각 소장. 한국학중앙연구원 장서각 한국고문서자료관 홈페이지 & 호남권 한국학자료센터 홈페이지 원문 이미지와 텍스트 보기. 한국정신문화연구원 편(1983, 1998), 전경목(2001), 전경목 외(2006), 한국학중앙연구원 편(2017) 참고>

1846-11-00. **안우·안재순·안예순 등 상서**(安㻋安載淳安禮淳等上書) 2, 안우·안재순· 안예순 등. <1장. 한자+이두. 조선 필사 이두 자료. 함안 두릉 순흥 안씨 소장. 한국학중앙연구원 장서각 한국고문서자료관 홈페이지 원문 이미지 보기. 한국학중앙연구원 편(2006) 참고>

1846-11-00. **안필순·안이순·안민식 등 소지**(安必淳安彛淳安敏植等所志), 안필순·안이순·안민식 등. <1장. 한자+이두. 조선 필사 이두 자료. 함안 두릉 순흥 안씨 소장. 한국학중앙연구원 장서각 한국고문서자료관 홈페이지 원문 이미지 보기. 한국학중앙연구원 편(2006) 참고>

1846-11-00. **족질 유학 조권진 토지매매명문**(族侄幼學曺權鎭土地賣買明文), 답주 자필 조응규(畓主自筆曺膺圭). <1장. 한자+이두. 조선 필사 이두 자료. 영암 미암 창녕 조씨 태호 후손가 소장. 호남권 한국학자료센터 홈페이지 원문 이미지 보기. 최승희(1989) 참고>

1846-11-00. **화민 신굉규 등 의송**(化民辛玖珪等議送), 신굉규 등. <1장. 한자+이두. 조선 필사 이두 자료. 전남 영광군 입석 영월 신씨 소장. 한국학중앙연구원 장서각 한국고문서자료관 홈페이지 원문 이미지와 텍스트 보기. 한국정신문화연구원 편(1996) 참고>

1846-12-03. **이회근 토지매매명문**(李晦根土地賣買明文), 답주 임회숙(畓主林晦叔). <1장. 한자+이두. 조선 필사 이두 자료. 경북 안동시 주촌 진성 이씨 경류정 소장. 한국학중앙연구원 장서각 한국고문서자료관 홈페이지 원문 이미지와 텍스트 보기. 한국정신문화연구원 편(1999) 참고>

1846-12-06. **처생질 임삭부리 토지매매명문**(妻甥姪林朔夫里土地賣買明文), 답주 강

재숙(畓主姜在叔). <1장. 한자+이두. 조선 필사 이두 자료. 경북 안동시 주촌 진성 이씨 경류정 소장. 한국학중앙연구원 장서각 한국고문서자료관 홈페이지 원문 이미지와 텍스트 보기. 한국정신문화연구원 편(1999) 참고>

1846-12-12. **태학 전령**(太學傳令), 태학. <1장. 한자+이두. 조선 필사 이두 자료. 전남 영암군 장암 남평 문씨 문창집 소장. 한국학중앙연구원 장서각 한국고문서 자료관 홈페이지 원문 이미지와 텍스트 보기. 한국정신문화연구원 편(1995) 참고>

1846-12-20. **노비 정축 토지매매명문**(奴婢丁丑土地賣買明文), 기주 노비 오십봉(記主 奴婢五十奉). <1장. 한자+이두. 조선 필사 이두 자료. 강원도 양양군 제주 고씨 소장. 한국학자료센터 강원권역센터 홈페이지 원문 이미지와 텍스트 보기. 최승희(1989), 김소은(2004ㄱ), 김세민(2013), 김영란(2017) 참고>

1846-12-20. **유학 김윤세 토지매매명문**(幼學金允世土地賣買明文) 답주 자필 유학 조응규(畓主自筆幼學曺膺圭). <1장. 한자+이두. 조선 필사 이두 자료. 영암 미암 창녕 조씨 태호 후손가 소장. 호남권 한국학자료센터 홈페이지 원문 이미지 보기. 최승희(1989) 참고>

1846-12-00. **고진호 소지**(高鑛皞所志), 고진호. <1장. 한자+이두. 조선 필사 이두 자료. 전북 부안 청호 제주 고씨 문중 구장. 전북 부안 청호 효충사 소장. 호남권 한국학자료센터 홈페이지 원문 이미지와 텍스트 보기. 최승희(1989), 김경숙(2002), 심재우(2013) 참고>

1846-12-00. **김기순 등 소지**(金基淳等所志) 7, 김기순 등. <1장. 한자+이두. 조선 필사 이두 자료. 전북 부안군 우반 부안 김씨 세덕각 소장. 한국학중앙연구원 장서각 한국고문서자료관 홈페이지 & 호남권 한국학자료센터 홈페이지 원문 이미지와 텍스트 보기. 한국정신문화연구원 편(1983, 1998), 전경목(2001), 전경목 외(2006), 한국학중앙연구원 편(2017) 참고>

1846-12-00. **도유사 통문**(都有司通文), 도유사. <1장. 한자+이두. 조선 필사 이두 자료. 경북 경주시 내남면 이조리 경주 최씨·용산서원 소장. 한국학중앙연구원 장서각 한국고문서자료관 홈페이지 원문 이미지 보기. 한국정신문화연구원 편(2000) 참고>

1846-12-00. **호조 관**(戶曹關) 2, 호조. <1장. 점련문서. 한자+이두. 조선 필사 이두 자료. 안동 금계 의성 김씨 학봉 종가 소장. 한국학중앙연구원 장서각 한국고문서자료관 홈페이지 원문 이미지와 텍스트 보기. 한국정신문화연구원 편(1989) 참고>

1846-12-00. **화민 신항업 소지**(化民辛恒懼所志), 신항업. <1장. 한자+이두. 조선 필사 이두 자료. 전남 영광군 입석 영월 신씨 소장. 한국학중앙연구원 장서각 한국고문서자료관 홈페이지 원문 이미지와 텍스트 보기. 한국정신문화연구원 편(1996) 참고>

1846-00-00. 「선원보략수정의궤(璿源譜略修正儀軌)」, 종부시(宗簿寺) 편. <1책. 22장. 필사본. 표제는 '(丙午八月 日 本廳 還下)璿源譜略修正儀軌'. 권수제는 '(道光二十六年丙午八月初十日)璿源譜略修正儀軌'. 한자+이두. 조선 필사 이두 자료. 서울대학교 규장각 한국학연구원 의궤 종합정보 홈페이지 '奎14108' 원문 이미지 보기>

1846-00-00. 「수릉산릉도감의궤(綏陵山陵都監儀軌)」[516] 하(下), 산릉도감 편. <1책. 250장. 필사본. 권하의 표제는 '道光二十六年丙午二月 日 五臺山史庫上 翼宗大王綏陵遷奉)綏陵山陵都監儀軌下'. 권수제는 '(道光二十六年丙午二月 日)三物所儀軌'. 한자+이두. 조선 필사 이두 자료. 서울대학교 규장각 한국학연구원 의궤 종합정보 홈페이지 '奎133764' 원문 이미지 보기>

1846-00-00. 「수릉산릉도감의궤(綏陵山陵都監儀軌)」[517] 하(下), 산릉도감 편. <1책. 246장. 필사본. 표제는 '(道光二十六年丙午二月 日 五臺山史庫上 翼宗大王綏陵遷奉)綏陵山陵都監儀軌上'. 목록제는 '綏陵山陵都監儀軌目錄'. 한자+이두. 조선 필사 이두 자료. 서울대학교 규장각 한국학연구원 의궤 종합정보 홈페이지 '奎13768' 원문 이미지 보기>

1846-00-00. 「수릉천봉도감도청의궤(首陵遷奉都監都廳儀軌)」[518] 1~7, 천봉도감 편.

---

516 서울대학교 규장각 한국학연구원 의궤 종합정보 홈페이지에서는 서명을 '익종수릉산릉도감의궤 하(翼宗綏陵山陵都監儀軌 下)'로 적었다.

517 서울대학교 규장각 한국학연구원 의궤 종합정보 홈페이지에서는 서명을 '익종수릉산릉도감의궤 하(翼宗綏陵山陵都監儀軌 下)'로 적었다.

518 국립중앙박물관 외규장각 의궤 홈페이지에서는 서명을 표제나 권수제와는 달리 '익종수릉천봉

<7책. 필사본. 표제는 '綏陵遷奉都監儀軌'. 권수제는 '(道光二十六年丙午閏 五月 日)綏陵遷奉都監都廳儀軌'. 한자+이두. 조선 필사 이두 자료. 국립중앙박물관 외규장각 의궤 홈페이지 '외규280~287' 원문 이미지와 텍스트 보기>

1846-00-00.「수릉천봉도감의궤(綏陵遷奉都監儀軌)」[519] 1~7, 천릉도감(遷陵都監) 편. <7책. 필사본. 권1의 표제는 '(道光二十六年丙午三月 日 五臺山上)綏陵遷奉都監儀軌一'. 권수제는 '綏陵遷奉都監儀軌卷之一'. 한자+이두. 조선 필사 이두 자료. 서울대학교 규장각 한국학연구원 의궤 종합정보 홈페이지 '奎13760' 원문 이미지 보기>

1846-00-00.「수릉천봉등록(綏陵遷奉謄錄)」, 전향사(典享司). <1책. 17장. 필사본. 한자+이두. 조선 필사 이두 자료. 한국학중앙연구원 장서각 한국학자료센터 홈페이지 참고>

1846-00-00.「수릉천봉등록(綏陵遷奉謄錄)」, 산릉도감(山陵都監). <1책. 129장. 필사본. 한국학중앙연구원 장서각 한국학자료센터 홈페이지 & 한국학중앙연구원 한국학 디지털 아카이브 홈페이지 원문 이미지와 텍스트 보기>

1846-00-00.「수릉천봉산릉도감의궤(綏陵遷奉山陵都監儀軌)」[520] 상·하, 천봉산릉도감 편. <2책. 251장+251장. 표제는 '綏陵山陵都監儀軌'. 목록제는 '綏陵遷奉山陵都監儀軌目錄'. 한자+이두. 조선 필사 이두 자료. 국립중앙박물관 외규장각 의궤 홈페이지 '외규279~280' 원문 이미지와 텍스트 보기>

1847년

<정미(丁未), 헌종 13년, 도광 27년>

1847-01-01~1847-12-26(丁未).「전객사일기(丁未年 典客司日記)」89, 예조(禮曹) 전객

도감의궤(翼宗綏陵遷奉都監儀軌)'로 적었다.
[519] 서울대학교 규장각 한국학연구원 의궤 종합정보 홈페이지에서는 서명을 '표제나 권수제와는 달리 '익종수릉천봉도감의궤(翼宗綏陵遷奉都監儀軌)'로 적었다.
[520] 국립중앙박물관 외규장각 의궤 홈페이지에서는 서명을 표제나 목록제와는 달리 '익종수릉천봉산릉도감의궤(翼宗首陵遷奉山陵都監儀軌)'로 적었다.

사(典客司) 편(編). <1책(89/99). 79장. 필사본. 한자+이두. 조선 필사 이두 자료. 서울대학교 규장각 한국학연구원 홈페이지 원문 이미지 보기> <1640-01-22~1641-12-23(1)>

1847-01-01~1847-12-00. 「결속색등록(結束色謄錄)」, 병조(兵曹) 편(編). <1책(61). 203장. 필사본. 필사 시기 미상. 한자+이두. 조선 필사 이두 자료. 서울대학교 규장각 한국학연구원 홈페이지 1787년~1891년 낙질본 107책(1792년(건륭 57년), 1811년(가경 16년) 하, 1816년(가경 21년), 1817년(가경 22년), 1824년(도광 4년), 1831(도광 11년), 1871(동치 10년), 1885년(광서 11년) 없음) 원문 이미지 보기>

1847-01-05. **용원 별치 고자 토지매매명문**(龍院別置庫子土地賣買明文), 답주 별치 고자 춘복(畓主別置庫子春卜). <1장. 한자+이두. 조선 필사 이두 자료. 경북 경주시 내남면 이조리 경주 최씨·용산서원 소장. 한국학중앙연구원 장서각 한국고문서자료관 홈페이지 원문 이미지 보기. 한국정신문화연구원 편(2000) 참고>

1847-01-12. **본소 장의 댁 노 설삼 토지매매명문**(本所掌議宅奴枻三土地賣買明文), 답주 임원춘(畓主林元春). <1장. 한자+이두. 조선 필사 이두 자료. 안동 천전 의성 김씨 지촌 종택 소장. 한국학중앙연구원 장서각 한국고문서자료관 홈페이지 원문 이미지와 텍스트 보기. 한국정신문화연구원 편(1990) 참고>

1847-01-19. **작산별소 토지매매명문**(鵲山別所土地賣買明文), 작엄 별소전 유사 정(鵲巖別所田有司鄭). <1장. 한자+이두. 조선 필사 이두 자료. 경북 안동시 주촌 진성 이씨 경류정 소장. 한국학중앙연구원 장서각 한국고문서자료관 홈페이지 원문 이미지와 텍스트 보기. 한국정신문화연구원 편(1999) 참고>

1847-01-30. **이 노 윤암택 토지매매명문**(李奴尹岩宅土地賣買明文), 답주 김 노 기복(畓主金奴起福). <1장. 한자+이두. 조선 필사 이두 자료. 안동 천전 의성 김씨 지촌 종택 소장. 한국학중앙연구원 장서각 한국고문서자료관 홈페이지 원문 이미지와 텍스트 보기. 한국정신문화연구원 편(1990) 참고>

1847-01-00. **이조수 등 소지**(李肇秀等所志) 1, 이조수 등. <1장. 한자+이두. 조선 필사 이두 자료. 경북 칠곡 석전 광주 이씨 구장. 한국학중앙연구원 장서각 한국고문서자료관 홈페이지 원문 이미지 보기. 한국학중앙연구원 편(2009) 참고>

1847-01-00. **이조수 등 소지**(李肇秀等所志) 2, 이조수 등. <1장. 한자+이두. 조선

필사 이두 자료. 경북 칠곡 석전 광주 이씨 구장. 한국학중앙연구원 장서각 한국고문서자료관 홈페이지 원문 이미지 보기. 한국학중앙연구원 편(2009) 참고>

1847-01-00. **정기상 등 소지**(鄭璣相等所志), 정기상 등. <1장. 한자+이두. 조선 필사 이두 자료. 경남 거창 강동 초계 정씨 동계 종가 구장. 한국학중앙연구원 장서각 한국고문서자료관 홈페이지 & 장서각 한국학자료센터 홈페이지 원문 이미지와 텍스트 보기. 한국정신문화연구원 편(1995, 2005), 박병련·김학수(2001), 김성갑(2006) 참고>

1847-01-00. **화민 신항업 등 소지**(化民辛恒懅等所志), 신항업 등. <1장. 한자+이두. 조선 필사 이두 자료. 전남 영광군 입석 영월 신씨 소장. 한국학중앙연구원 장서각 한국고문서자료관 홈페이지 원문 이미지와 텍스트 보기. 한국정신문화연구원 편(1996) 참고>

1847-01-00~1847-12-00(도광 27년 丁未). 「(도광 27년 정미 정월 일)판적사등록(**道光二十七年丁未正月 日版籍司謄錄**)」, 호조(戶曹) 판적사(版籍司) 편(編). <1책. 124장. 필사본. 표제는 '(道光二十七年)版籍司丁未謄錄'. 한자+이두. 조선 필사 이두 자료. 서울대학교 규장각 한국학연구원 홈페이지 원문 이미지 보기>

1847-02-04~1848-01-27(도광 27년~도광 28년). 「통제영계록(**統制營啓錄**)」, 비변사(備邊司) 편(編). <1책(1/8). 83장. 필사본. 표제는 '統制營啓錄'. 한자+이두. 조선 필사 이두 자료. 서울대학교 규장각 한국학연구원 홈페이지 원문 이미지 보기> <영인본: 「각사등록」 17(경상도편 7)(국사편찬위원회, 1985)> <1853-09-01~1855-03-22(2/8), 1870-03-18~1871-11-29(3/8), 1872-11-02~1874-02-12(4/8), 1881-01-01~1882-04-29(5/8), 1883-01-10~1885-02-25(6/8), 1886-03-30~1888-02-10(7/8), 1888-02-29~1890-03-03(8/8)>

1847-02-11. **향리 김최빈 토지매매명문**(鄕吏金崔彬土地賣買明文), 답주 권귀학(畓主權貴學). <1장. 한자+이두. 조선 필사 이두 자료. 경북 안동시 법흥동 고성 이씨 탑동 종가 구장. 한국국학진흥원 소장. 한국학자료센터 영남권역센터 홈페이지 원문 이미지와 텍스트 보기. 박병호(1974ㄱ), 최승희(1989), 이재수(2003), 이수건 외(2004) 참고>

1847-02-16. **종계 토지매매명문**(宗稧土地賣買明文), 답주 유학 소영술(畓主幼學蘇泳

述). <1장. 한자+이두. 조선 필사 이두 자료. 원주시 무릉박물관 소장. 한국학자료센터 강원권역센터 홈페이지 원문 이미지 보기. 최승희(1989), 전경목(2010), 채현경(2011), 박준호(2016) 참고>

1847-02-21. **토지매매명문**(土地賣買明文),[521] 답주 풍헌 엄이갑(畓主風憲嚴利甲). <1장. 한자+이두. 조선 필사 이두 자료. 전북 임실군 지사 협계태 씨가 소장. 호남권 한국학자료센터 홈페이지 원문 이미지와 텍스트 보기. 박병호(1974ㄱ), 최승희(1989), 이재수(2003) 참고>

1847-02-22. **박한후 초사**(朴漢煦招辭) 1, 박한후. <1장. 한자+이두. 조선 필사 이두 자료. 함안 두릉 순흥 안씨 소장. 장서각 한국고문서자료관 홈페이지 원문 이미지 보기. 한국학중앙연구원 편(2006) 참고>

1847-02-29. **작산 섬학소 토지매매명문**(鵲山贍學所土地賣買明文), 답주 강성원(畓主姜性元). <1장. 한자+이두. 조선 필사 이두 자료. 경북 안동시 주촌 진성 이씨 경류정 소장. 한국학중앙연구원 장서각 한국고문서자료관 홈페이지 원문 이미지와 텍스트 보기. 한국정신문화연구원 편(1999) 참고>

1847-02-00. **박계림 소지**(朴啓林所志) 1, 박계림. <1장. 한자+이두. 조선 필사 이두 자료. 전북 임실군 청웅 밀양 박씨가 소장. 호남권 한국학자료센터 홈페이지 원문 이미지와 텍스트 보기. 최승희(1989), 김선경(1993), 김경숙(2002) 참고>

1847-02-00. **영양향교 상서**(英陽鄕校上書) 1, 영양향교. <1장. 한자+이두. 조선 필사 이두 자료. 경북 영양군 일월면 도계리 영양향교 소장. 한국학자료센터 영남권역센터 홈페이지 원문 이미지와 텍스트 보기. 영남대학교 민족문화연구소 편(1992) 참고>

1847-02-00. **이진현 소지**(李鎭鉉所志), 이진현. <1장. 한자+이두. 조선 필사 이두 자료. 경북 성주군 초전면 월곡 1리 벽진 이씨 명암 고택 구장. 한국국학진흥원 소장. 한국학자료센터 영남권역센터 홈페이지 원문 이미지와 텍스트 보기. 김성갑(2013) 참고>

---

[521] 호남권 한국학자료센터 홈페이지에서는 '1847년 엄이갑(嚴利甲) 방매(放賣) 토지매매명문(土地賣買明文)'으로 표시하였다.

1847-02-00. **자산부사 이원조 호노 신득 소지**(慈山府使李源祚戶奴辛得所志) 1, 신득. <1장. 한자+이두. 조선 필사 이두 자료. 경북 성주군 월항면 대산리 성산 이씨 응와 종택 구장. 한국국학진흥원 소장. 한국학자료센터 영남권역센터 홈페이지 원문 이미지와 텍스트 보기>

1847-03-13. **강종명 토지매매명문**(姜宗明土地賣買明文), 전주 자필집 박한수(田主自筆執朴汗守). <1장. 한자+이두. 조선 필사 이두 자료. 제주 장전리 진주 강씨 강태복가 소장. 호남권 한국학자료센터 홈페이지 원문 이미지와 텍스트 보기. 최승희(1989), 고창석(2002) 참고>

1847-03-13. **박흥신 토지매매명문**(朴興信土地賣買明文), 답주 나성윤(畓主羅聖允). <1장. 한자+이두. 조선 필사 이두 자료. 전남 보성군 박실 제주 양씨가 구장. 원광대학교 박물관 소장. 호남권 한국학자료센터 홈페이지 원문 이미지와 텍스트 보기. 박병호(1974ㄱ), 최승희(1989), 이재수(2003) 참고>

1847-03-21~1847-05-18(도광 27년).「전라감사 홍희석 계록(全羅監司洪羲錫 啓錄)」제1권, 비변사(備邊司) 편(編). <1책. 제3/7. 72장. 필사본. 표제는 '全羅監營 監司 洪羲錫 自丁未三月至五月)各道啓錄'. 한자+이두. 조선 필사 이두 자료. 서울대학교 규장각 한국학연구원 홈페이지 원문 이미지 보기> <영인본:「각사등록」18(전라도편 1)(국사편찬위원회 편, 1985)> <1829-08-10~1829-11-21(제1/7)>

1847-03-23. **박 생원 토지매매명문**(朴生員土地賣買明文), 기지주 승호군 김성록(基址主陞戶軍金成錄). <1장. 한자+이두. 조선 필사 이두 자료. 전북대학교 박물관 소장. 호남권 한국학자료센터 홈페이지 원문 이미지와 텍스트 보기. 박병호(1974ㄱ), 이재수(2003) 참고>

1847-03-27. **재사 유사 토지매매명문**(齋舍有司土地賣買明文), 답주 이천업(畓主李千業). <1장. 한자+이두. 조선 필사 이두 자료. 안동 천전 의성 김씨 지촌 종택 소장. 한국학중앙연구원 장서각 한국고문서자료관 홈페이지 원문 이미지와 텍스트 보기. 한국정신문화연구원 편(1990) 참고>

1847-03-00. **김찬순 소지**(金燦淳所志), 김찬순. <1장. 한자+이두. 조선 필사 이두 자료. 광주광역시 광산구 김해 김씨 소장. 호남권 한국학자료센터 홈페이지 원문 이미지와 텍스트 보기. 김선경(1993), 국사편찬위원회 편(2009) 참고>

1847-03-00. **내관 김홍덕 소지**(內官金弘德所志), 김홍덕. <1장. 한자+이두. 조선 필사 이두 자료. 전남 영광 마산 경주 이씨가 구장. 진안 용담호미술관 소장. 호남권 한국학자료센터 홈페이지 원문 이미지와 텍스트 보기. 박병호(1974ㄱ), 최승희(1989), 정구복 외(1999) 참고>

1847-03-00. **장진 선혜청 공사지 공인권 첩문**(張璡宣惠廳公事紙貢人權帖文), 선혜청 공사지계(宣惠廳公事紙契). <1장. 한자+이두. 조선 필사 이두 자료. 일본 경도대학 가와이문고 소장. 고려대학교 해외한국학자료센터 홈페이지 원문 이미지 보기>

1847-04-02. **의암서원 송흔 등 상서**(義嚴書院宋焮等上書), 송흔 등. <1장. 한자+이두. 조선 필사 이두 자료. 전북 담양군 모현관 소장. 호남권 한국학자료센터 홈페이지 원문 이미지와 텍스트 보기. 최승희(1989), 정구복 외(1999) 참고>

1847-04-10. **풍헌 서목**(風憲書目), 풍헌. <1장. 한자+이두. 조선 필사 이두 자료. 전남 영광군 입석 영월 신씨 소장. 한국학중앙연구원 장서각 한국고문서자료관 홈페이지 원문 이미지와 텍스트 보기. 한국정신문화연구원 편(1996) 참고>

1847-04-11. **오토산 재사 토지매매명문**(五土山齋舍土地賣買明文), 답주 노종인(畓主 盧鍾仁). <1장. 한자+이두. 조선 필사 이두 자료. 안동 천전 의성 김씨 지촌 종택 소장. 한국학중앙연구원 장서각 한국고문서자료관 홈페이지 원문 이미지와 텍스트 보기. 한국정신문화연구원 편(1990) 참고>

1847-04-15. **유학 토지매매명문**(幼學土地賣買明文),[522] 산지주 유학 자필 신윤중(山地主幼學自筆辛潤中). <1장. 한자+이두. 조선 필사 이두 자료. 전북 고창군 장두 광산 김씨가 소장. 호남권 한국학자료센터 홈페이지 원문 이미지와 텍스트 보기. 박병호(1974ㄱ), 최승희(1989), 이재수(2003) 참고>

1847-04-00. **고득의 등 등장**(高得義等等狀), 고득의 등. <1장. 한자+이두. 조선 필사 이두 자료. 전북 군산시 임피면 갈운 제주 고씨가 구장. 군산근대역사박물관 소장. 호남권 한국학자료센터 홈페이지 원문 이미지와 텍스트 보기. 박병호(1974ㄱ),

---

[522] 호남권 한국학자료센터 홈페이지에서는 '1847년 신윤중(辛潤中) 방매(放賣) 토지매매명문(土地賣買明文)'으로 표시하였다.

최승희(1989), 전경목(1997), 정구복(2002), 김경숙(2012) 참고>

1847-04-00. **고진호 소지**(高鎭皥所志), 고진호. <1장. 한자+이두. 조선 필사 이두 자료. 전북 부안 청호 제주 고씨 문중 구장. 전북 부안 청호 효충사 소장. 호남권 한국학자료센터 홈페이지 원문 이미지와 텍스트 보기. 최승희(1989), 김경숙(2002), 심재우(2013) 참고>

1847-04-00. **박계림 소지**(朴啓林所志) 2, 박계림. <1장. 한자+이두. 조선 필사 이두 자료. 전북 임실군 청웅 밀양 박씨가 소장. 호남권 한국학자료센터 홈페이지 원문 이미지와 텍스트 보기. 최승희(1989), 김선경(1993), 김경숙(2002) 참고>

1847-04-00. **유학 화민 신굉규 완문**(幼學化民辛宏珪完文), 전라도 관찰사(全羅道觀察使). <1장. 한자+이두. 조선 필사 이두 자료. 전남 영광군 입석 영월 신씨 소장. 장서각 한국고문서자료관 홈페이지 원문 이미지와 텍스트 보기. 한국정신문화연구원 편(1996) 참고>

1847-04-00. **화민 신경 등 소지**(化民辛檄等所志) 1, 신경 등. <1장. 한자+이두. 조선 필사 이두 자료. 전남 영광군 입석 영월 신씨 소장. 한국학중앙연구원 장서각 한국고문서자료관 홈페이지 원문 이미지와 텍스트 보기. 한국정신문화연구원 편(1996) 참고>

1847-04-00. **화민 신경 등 소지**(化民辛檄等所志) 2, 신경 등. <1장. 한자+이두. 조선 필사 이두 자료. 전남 영광군 입석 영월 신씨 소장. 한국학중앙연구원 장서각 한국고문서자료관 홈페이지 원문 이미지와 텍스트 보기. 한국정신문화연구원 편(1996) 참고>

1847-05-03. **김방신 수표**(金邦臣手標), 김방신. <1장. 한자+이두. 조선 필사 이두 자료. 전남 영광군 입석 영월 신씨 소장. 한국학중앙연구원 장서각 한국고문서자료관 홈페이지 원문 이미지와 텍스트 보기. 한국정신문화연구원 편(1996) 참고>

1847-05-04. **풍헌 문보**(風憲文報), 풍헌. <1장. 한자+이두. 조선 필사 이두 자료. 전남 영광군 입석 영월 신씨 소장. 한국학중앙연구원 장서각 한국고문서자료관 홈페이지 원문 이미지와 텍스트 보기. 한국정신문화연구원 편(1996) 참고>

1847-05-04. **풍헌 전령**(風憲傳令) 1, 무장현감(茂長縣監). <1장. 한자+이두. 조선 필사 이두 자료. 전남 영광군 입석 영월 신씨 소장. 한국학중앙연구원 장서각 한국고

문서자료관 홈페이지 원문 이미지와 텍스트 보기. 한국정신문화연구원 편(1996) 참고>

1847-05-06. **영광군수 관**(靈光郡守關), 영광군수. <1장. 한자+이두. 조선 필사 이두 자료. 전남 영광군 입석 영월 신씨 소장. 한국학중앙연구원 장서각 한국고문서자료관 홈페이지 원문 이미지와 텍스트 보기. 한국정신문화연구원 편(1996) 참고>

1847-05-09. **유학 김성록·엄영호 수기**(幼學金聖祿嚴榮昊手記), 김성록·엄영호. <1장. 한자+이두. 조선 필사 이두 자료. 전남 영광군 입석 영월 신씨 소장. 한국학중앙연구원 장서각 한국고문서자료관 홈페이지 원문 이미지와 텍스트 보기. 한국정신문화연구원 편(1996) 참고>

1847-05-09. **풍헌 전령**(風憲傳令) 2, 무장현감(茂長縣監). <1장. 한자+이두. 조선 필사 이두 자료. 전남 영광군 입석 영월 신씨 소장. 한국학중앙연구원 장서각 한국고문서자료관 홈페이지 원문 이미지와 텍스트 보기. 한국정신문화연구원 편(1996) 참고>

1847-05-10. **신경 산도**(辛橄山圖), 신경. <1장. 한자+이두. 조선 필사 이두 자료. 전남 영광군 입석 영월 신씨 소장. 한국학중앙연구원 장서각 한국고문서자료관 홈페이지 원문 이미지와 텍스트 보기. 한국정신문화연구원 편(1996) 참고>

1847-05-00. **김성록 소지**(金聖祿所志), 김성록. <1장. 한자+이두. 조선 필사 이두 자료. 전남 영광군 입석 영월 신씨 소장. 한국학중앙연구원 장서각 한국고문서자료관 홈페이지 원문 이미지와 텍스트 보기. 한국정신문화연구원 편(1996) 참고>

1847-05-00. **영양향교 상서**(英陽鄕校上書) 2, 영양향교. <1장. 한자+이두. 조선 필사 이두 자료. 경북 영양군 일월면 도계리 영양향교 소장. 한국학자료센터 영남권역센터 홈페이지 원문 이미지와 텍스트 보기. 영남대학교 민족문화연구소 편(1992) 참고>

1847-05-00. **선혜청 공사지 공인권 매매명문**(宣惠廳公事紙貢人權賣買明文),[523] 재주 장진(財主張璡). <1장. 한자+이두. 조선 필사 이두 자료. 일본 경도대학 가와이문

---

[523] 고려대학교 해외한국학자료센터 홈페이지에서는 '1847년 장진(張璡) 방매 선혜청(宣惠廳) 공사지(公事紙) 공인권(貢人權) 매매명문(賣買明文)'으로 표시하였다.

고 소장. 고려대학교 해외한국학자료센터 홈페이지 원문 이미지 보기>

1847-05-00. **정명신 토지매매명문**(鄭命新土地賣買明文), 원림주 이상주 댁 노 석만(園林主李尙州宅奴石萬). <1장. 한자+이두. 조선 필사 이두 자료. 보령 천궁 경주 김씨 소장. 한국학중앙연구원 장서각 한국고문서자료관 홈페이지 원문 이미지와 텍스트 보기. 한국정신문화연구원 편(1990) 참고>

1847-05-00. **화민 신경 등 소지**(化民辛檄等所志) 3, 신경 등. <1장. 한자+이두. 조선 필사 이두 자료. 전남 영광군 입석 영월 신씨 소장. 한국학중앙연구원 장서각 한국고문서자료관 홈페이지 원문 이미지와 텍스트 보기. 한국정신문화연구원 편(1996) 참고>

1847-06-00. **구암사우 재임 상서**(龜巖祠宇齋任上書), 구암사우. <1장. 한자+이두. 조선 필사 이두 자료. 전남 영암군 장암 남평 문씨 문창집 소장. 한국학중앙연구원 장서각 한국고문서자료관 홈페이지 원문 이미지와 텍스트 보기. 한국정신문화연구원 편(1995) 참고>

1847-06-00. **상주 옥동서원 상서**(尙州玉洞書院上書) 1, 옥동서원. <1장. 한자+이두. 조선 필사 이두 자료. 경북 상주시 모동면 수봉리 옥동서원 소장. 한국학자료센터 영남권역센터 홈페이지 원문 이미지와 텍스트 보기. 이수환(2001) 참고>

1847-06-00. **호조 해유 이관**(戶曹解由移關), 호조. <1장. 첩련문서. 한자+이두. 조선 필사 이두 자료. 경북 안동시 하회 풍산 류씨 충효당 소장. 한국학중앙연구원 장서각 한국고문서자료관 홈페이지 원문 이미지와 텍스트 보기. 한국정신문화연구원 편(1994) 참고>

1847-06-00(丁未) 추정. 「부안 강진 검발 심리발 병부(**扶安 康津 檢跋 審理跋幷附**)」, 전라감영(全羅監營) 편(篇). <1책. 50장. 필사본. 한자+이두. 조선 필사 이두 자료. 서울대학교 규장각 한국학연구원 홈페이지 원문 이미지 보기>

1847-07-04~1847-12-00(도광 27년 丁未). 「도광 27년 정미 7월 위시각방각양관문등서(**道光二十七年丁未七月爲始各房各樣關文謄書**)」,[524] 여주목(驪州牧) 편(編). <1

---

[524] 표제는 '丁未 承發隨錄'이고, 권수제는 '道光二十七年丁未七月爲始各房各樣關文謄書'이다. 서울대학교 규장각 한국학연구원 홈페이지에서는 책명을 '承發隨錄 승발수록'으로 표시하였다.

책. 51장. 필사본. 한자+이두. 조선 필사 이두 자료. 서울대학교 규장각 한국학연구원 홈페이지 원문 이미지 보기> <영인본:「각사등록」47(경기도 보유편)(국사편찬위원회 편, 1990)>

1847-07-27. **오토산 재사 유사 유학 김재려 토지매매명문**(五土山齋舍有司幼學金在礪土地賣買明文), 전주 노중석(田主盧仲碩). <1장. 한자+이두. 조선 필사 이두 자료. 안동 천전 의성 김씨 지촌 종택 소장. 한국학중앙연구원 장서각 한국고문서자료관 홈페이지 원문 이미지와 텍스트 보기. 한국정신문화연구원 편(1990) 참고>

1847-07-00. **김학이 등장**(金鶴伊等狀), 김학이. <1장. 한자+이두. 조선 필사 이두 자료. 경남 거창 갈계 은진 임씨 소장. 한국학중앙연구원 장서각 한국고문서자료관 홈페이지 원문 이미지 보기. 한국학중앙연구원 편(2005) 참고>

1847-07-00. **문규호 등 상서**(文主豪等上書) 1, 문규호 등. <1장. 한자+이두. 조선 필사 이두 자료. 전남 영암군 장암 남평 문씨 문창집 소장. 한국학중앙연구원 장서각 한국고문서자료관 홈페이지 원문 이미지와 텍스트 보기. 최승희(1989), 한국정신문화연구원 편(1995, 2003) 참고>

1847-07-00. **박계림 소지**(朴啓林所志) 3, 박계림. <1장. 한자+이두. 조선 필사 이두 자료. 전북 임실군 청웅 밀양 박씨가 소장. 호남권 한국학자료센터 홈페이지 원문 이미지와 텍스트 보기. 최승희(1989), 김선경(1993), 김경숙(2002) 참고>

1847-07-00. **상주 옥동서원 상서**(尙州玉洞書院上書) 2, 옥동서원. <1장. 한자+이두. 조선 필사 이두 자료. 경북 상주시 모동면 수봉리 옥동서원 소장. 한국학자료센터 영남권역센터 홈페이지 원문 이미지와 텍스트 보기. 이수환(2001) 참고>

1847-07-00. **상주 옥동서원 품목**(尙州玉洞書院稟目) 1, 옥동서원. <1장. 한자+이두. 조선 필사 이두 자료. 경북 상주시 모동면 수봉리 옥동서원 소장. 한국학자료센터 영남권역센터 홈페이지 원문 이미지와 텍스트 보기. 이수환(2001) 참고>

1847-07-00. **상주 옥동서원 품목**(尙州玉洞書院稟目) 2, 옥동서원. <1장. 한자+이두. 조선 필사 이두 자료. 경북 상주시 모동면 수봉리 옥동서원 소장. 한국학자료센터 영남권역센터 홈페이지 원문 이미지와 텍스트 보기. 이수환(2001) 참고>

1847-07-00. **신 노 귀남 소지**(辛奴貴南所志), 귀남. <1장. 한자+이두. 조선 필사 이두 자료. 전남 영광군 입석 영월 신씨 소장. 장서각 한국고문서자료관 홈페이지 원문

이미지와 텍스트 보기. 한국정신문화연구원 편(1996) 참고>

1847-07-00. **이내영 등 소지**(李來榮等所志) 1, 이내영 등. <1장. 한자+이두. 조선 필사 이두 자료. 경북 영해 인량 재령 이씨 충효당 소장. 한국학중앙연구원 장서각 한국고문서자료관 홈페이지 원문 이미지 보기. 한국학중앙연구원 편(2008) 참고>

1847-07-00. **이상관 등 소지**(李相觀等所志), 이상관 등. <1장. 한자+이두. 조선 필사 이두 자료. 경북 영해 인량 재령 이씨 충효당 소장. 한국학중앙연구원 장서각 한국고문서자료관 홈페이지 원문 이미지 보기. 한국학중앙연구원 편(2008) 참고>

1847-07-00. **자산부사 이원조 호노 신득 소지**(慈山府使李源祚戶奴辛得所志) 2, 신득. <1장. 한자+이두. 조선 필사 이두 자료. 경북 성주군 월항면 대산리 성산 이씨 응와 종택 구장. 한국국학진흥원 소장. 한국학자료센터 영남권역센터 홈페이지 원문 이미지와 텍스트 보기>

1847-08-28. **유학 송대엽 토지매매명문**(幼學宋大燁土地賣買明文), 전주 유학 김재영(田主幼學金在榮). <1장. 한자+이두. 조선 필사 이두 자료. 전남 곡성군 설옥 최씨가 구장. 전북대학교 박물관 소장. 호남권 한국학자료센터 홈페이지 원문 이미지와 텍스트 보기. 박병호(1974ㄱ), 이재수(2003) 참고>

1847-08-00. **김순기 등 상서**(金順紀等上書), 김순기 등. <1장. 한자+이두. 조선 필사 이두 자료. 전북 순창 구미 남원 양씨가 소장. 호남권 한국학자료센터 홈페이지 원문 이미지와 텍스트 보기. 최승희(1989), 김경숙(2002), 심재우(2013) 참고>

1847-08-00. **김용관 등 소지**(金用觀等所志) 1, 김용관 등. <1장. 한자+이두. 조선 필사 이두 자료. 전북 부안군 우반 부안 김씨 세덕각 소장. 한국학중앙연구원 장서각 한국고문서자료관 홈페이지 & 호남권 한국학자료센터 홈페이지 원문 이미지와 텍스트 보기. 한국정신문화연구원 편(1983, 1998), 전경목(2001), 전경목 외(2006), 한국학중앙연구원 편(2017) 참고>

1847-08-00. **김용관 등 소지**(金用觀等所志) 2, 김용관 등. <1장. 한자+이두. 조선 필사 이두 자료. 전북 부안군 우반 부안 김씨 세덕각 소장. 한국학중앙연구원 장서각 한국고문서자료관 홈페이지 & 호남권 한국학자료센터 홈페이지 원문 이

미지와 텍스트 보기. 한국정신문화연구원 편(1983, 1998), 전경목(2001), 전경목 외(2006), 한국학중앙연구원 편(2017) 참고>

1847-08-00. **송지언 등 상서**(宋持彥等上書), 송지언 등. <1장. 한자+이두. 조선 필사 이두 자료. 전북 완주군 비봉 반곡서원 소장. 호남권 한국학자료센터 홈페이지 원문 이미지와 텍스트 보기. 박병호(1974ㄱ), 최승희(1989) 참고>

1847-08-00. **화민 신굉규 소지**(化民辛宖珪所志) 1, 신굉규. <1장. 한자+이두. 조선 필사 이두 자료. 전남 영광군 입석 영월 신씨 소장. 한국학중앙연구원 장서각 한국고문서자료관 홈페이지 원문 이미지와 텍스트 보기. 한국정신문화연구원 편(1996) 참고>

1847-09-11~1848-01-28(丁未~戊申). 「평안감영계록(平安監營啓錄)」, 비변사(備邊司) 편(編). <1책(16/37). 175장. 필사본. 표제는 '平安監營啓錄'. 한자+이두. 조선 필사 이두 자료. 서울대학교 규장각 한국학연구원 홈페이지 원문 이미지 보기> <영인본: 「각사등록」 31(평안도편 3)(국사편찬위원회 편, 1988)> <1830-08-12~1830-12-30(1/37)>

1847-09-13. **홍희승 차첩**(洪羲升差帖) 1, 이조(吏曹) 판서(判書) 등. <1장. 한자+이두. 조선 필사 이두 자료. 원주역사박물관 소장. 한국학자료센터 강원권역센터 홈페이지 원문 이미지 보기. 최승희(1989), 정구복(1996), 유지영(2014), 전경목(2014) 참고>

1847-09-26. **조득언 토지매매명문**(趙得彥土地賣買明文), 답주 조인석(畓主趙仁碩). <1장. 한자+이두. 조선 필사 이두 자료. 전북대학교 박물관 소장. 호남권 한국학자료센터 홈페이지 원문 이미지와 텍스트 보기. 최승희(1989), 정구복 외(1999), 이재수(2003) 참고>

1847-09-00. **기윤잔·기봉진 소지**(奇允鎭奇鳳鎭所志), 기윤잔·기봉진. <1장. 한자+이두. 조선 필사 이두 자료. 전남 장성군 행주 기씨 금강 종가 소장. 호남권 한국학자료센터 홈페이지 원문 이미지와 텍스트 보기. 김경숙(2008), 국사편찬위원회 편(2009) 참고>

1847-09-00. **김은교 등 등장**(金殷教等等狀), 김은교 등. <1장. 한자+이두. 조선 필사 이두 자료. 경북 안동시 오천 광산 김씨 후조당 소장. 한국학중앙연구원 장서각

한국고문서자료관 홈페이지 원문 이미지와 텍스트 보기. 박병호(1974ㄱ), 한국정신문화연구원 편(1982), 최승희(1989) 참고>

1847-09-00. **남석흥 등 등장**(南碩興等等狀), 남석흥 등. <1장. 한자+이두. 조선 필사 이두 자료. 전북 순창 구미 남원 양씨가 소장. 호남권 한국학자료센터 홈페이지 원문 이미지와 텍스트 보기. 최승희(1989), 김경숙(2002), 심재우(2013) 참고>

1847-09-00. **노석장 등 상서**(盧錫璋等上書), 노석장 등. <1장. 한자+이두. 조선 필사 이두 자료. 전북 남원시 대곡 장수 황씨 문중 소장. 호남권 한국학자료센터 홈페이지 원문 이미지와 텍스트 보기. 최승희(1989), 송준호(1993) 참고>

1847-09-00. **문규호 등 상서**(文圭豪等上書) 2, 문규호 등. <1장. 한자+이두. 조선 필사 이두 자료. 전남 영암군 장암 남평 문씨 문창집 소장. 한국학중앙연구원 장서각 한국고문서자료관 홈페이지 원문 이미지와 텍스트 보기. 최승희(1989), 한국정신문화연구원 편(1995, 2003) 참고>

1847-09-00. **안우·안재순·안상식 소지**(安瑀安載淳安祥植所志), 안우·안재순·안상식. <1장. 한자+이두. 조선 필사 이두 자료. 함안 두릉 순흥 안씨 소장. 한국학중앙연구원 장서각 한국고문서자료관 홈페이지 원문 이미지 보기. 한국학중앙연구원 편(2006) 참고>

1847-10-18. **봉화 삼계서원 답통문**(奉化三溪書院答通文), 삼계서원. <1장. 한자+이두. 조선 필사 이두 자료. 경북 경주시 안강읍 옥산서원 소장. 한국학자료센터 영남권역센터 홈페이지 원문 이미지와 텍스트 보기. 이수환(2001) 참고>

1847-10-23. **박한후 초사**(朴漢煦招辭) 2, 박한후. <1장. 한자+이두. 조선 필사 이두 자료. 함안 두릉 순흥 안씨 소장. 한국학중앙연구원 장서각 한국고문서자료관 홈페이지 원문 이미지 보기. 한국학중앙연구원 편(2006) 참고>

1847-10-24. **홍희승 차첩**(洪羲升差帖) 2, 이조(吏曹) 판서(判書) 등. <1장. 한자+이두. 조선 필사 이두 자료. 원주역사박물관 소장. 한국학자료센터 강원권역센터 홈페이지 원문 이미지 보기. 최승희(1989), 김현영(2006ㄴ), 송철호(2008, 2009) 참고>

1847-10-30. **종자 기복 별급문기**(從子基福別給文記), 기복 <1장. 한자+이두. 조선 필사 이두 자료. 경북 상주 낙동 풍양 조씨 양진당 소장. 한국학중앙연구원 장서각 한국고문서자료관 홈페이지 원문 이미지 보기>

1847-10-00. **김용수 등 상서**(金龍秀等上書), 김용수 등. <1장. 한자+이두. 조선 필사 이두 자료. 전북 김제시 행촌 최완덕 구장. 전북대학교 박물관 소장. 호남권 한국학자료센터 홈페이지 원문 이미지와 텍스트 보기. 최승희(1989) 참고>

1847-10-00. **문인택 등 상서**(文寅澤等上書) 1, 문인택 등. <1장. 한자+이두. 조선 필사 이두 자료. 전남 영암군 장암 남평 문씨 문창집 소장. 한국학중앙연구원 장서각 한국고문서자료관 홈페이지 & 호남권 한국학자료센터 홈페이지 원문 이미지와 텍스트 보기. 최승희(1989), 한국정신문화연구원 편(1995, 2003) 참고>

1847-10-00. **문인택 등 소지**(文寅澤等所志), 문인택 등. <1장. 한자+이두. 조선 필사 이두 자료. 전남 영암군 장암 남평 문씨 문창집 소장. 호남권 한국학자료센터 홈페이지 원문 이미지와 텍스트 보기. 최승희(1989), 한국정신문화연구원 편(1995, 2003) 참고>

1847-10-00. **병마절도사 관**(兵馬節度使關), 병마절도사. <1장. 한자+이두. 조선 필사 이두 자료. 전남 영암군 장암 남평 문씨 문창집 소장. 장서각 한국고문서자료관 홈페이지 & 호남권 한국학자료센터 홈페이지 원문 이미지와 텍스트 보기. 최승희(1989), 한국정신문화연구원 편(1995, 2003) 참고>

1847-10-00. **신처붕 등 소지**(愼處鵬等所志), 신처붕 등. <1장. 한자+이두. 조선 필사 이두 자료. 전남 영암군 장암 남평 문씨 문창집 소장. 한국학중앙연구원 장서각 한국고문서자료관 홈페이지 & 호남권 한국학자료센터 홈페이지 원문 이미지와 텍스트 보기. 최승희(1989), 한국정신문화연구원 편(1995, 2003) 참고>

1847-10-00. **유학 문익택 등 의송**(幼學文益澤等議送), 문익택 등. <1장. 한자+이두. 조선 필사 이두 자료. 전남 영암군 장암 남평 문씨 문창집 소장. 한국학중앙연구원 장서각 한국고문서자료관 홈페이지 원문 이미지와 텍스트 보기. 한국정신문화연구원 편(1995) 참고>

1847-10-00. **이내영 등 소지**(李來榮等所志) 2, 이내영 등. <1장. 한자+이두. 조선 필사 이두 자료. 경북 영해 인량 재령 이씨 충효당 소장. 한국학중앙연구원 장서각 한국고문서자료관 홈페이지 원문 이미지 보기. 한국학중앙연구원 편(2008) 참고>

1847-10-00. **화민 신굉규 소지**(化民辛宏珪所志) 2, 신굉규. < 1장. 한자+이두. 조선

필사 이두 자료. 전남 영광군 입석 영월 신씨 소장. 한국학중앙연구원 장서각 한국고문서자료관 홈페이지 원문 이미지와 텍스트 보기. 한국정신문화연구원 편(1996) 참고>

1847-11-06. **최우복·최천택 통문**(崔遇馥崔天澤通文), 최우복·최천택. <1장. 한자+이두. 조선 필사 이두 자료. 남원·구례 삭녕 최씨 구장. 한국학중앙연구원 장서각 한국고문서자료관 홈페이지 원문 이미지 보기. 한국정신문화연구원 편(2004) 참고>

1847-11-13. **유학 김치려 토지매매명문**(幼學金致麗土地賣買明文), 답주 유학 김일영(畓主幼學金日榮). <1장. 한자+이두. 조선 필사 이두 자료. 전북대학교 박물관 소장. 호남권 한국학자료센터 홈페이지 원문 이미지와 텍스트 보기. 최승희(1989), 정구복 외(1999), 이재수(2003) 참고>

1847-11-00. **박정석 단자**(朴鼎錫單子), 박정석. <1장. 한자+이두. 조선 필사 이두 자료. 부여 은산 함양 박씨 소장. 한국학중앙연구원 장서각 한국고문서자료관 홈페이지 원문 이미지 보기. 한국정신문화연구원 편(2000) 참고>

1847-11-00. **유 생원 댁 노 순천 묘위전 입지**(劉生員宅奴順天墓位田立旨), 문경 사도주(聞慶使道主). <1장. 한자+이두. 조선 필사 이두 자료. 경북 예천군 감천면 강릉 유씨 벌방 종가 구장. 한국국학진흥원 소장. 한국학자료센터 영남권역센터 홈페이지 원문 이미지와 텍스트 보기. 최연숙(2005) 참고>

1847-12-14. **가사매매명문**(家舍賣買明文), 자필 가대주 유학 장남(自筆家垈主幼學張楠). <1장. 한자+이두. 조선 필사 이두 자료. 전남 구례군 토지면 오미리 문화 류씨 운조루 소장. 한국학중앙연구원 장서각 한국고문서자료관 홈페이지 원문 이미지와 텍스트 보기. 한국정신문화연구원 편(1998) 참고>

1847-12-15. **정방호 토지매매명문**(鄭芳浩土地賣買明文), 자필 답주 양상모(自筆畓主梁尙模). <1장. 한자+이두. 조선 필사 이두 자료. 전남 순천 황전 경주 정씨가 구장. 광주광역시 이정옥 소장. 호남권 한국학자료센터 홈페이지 원문 이미지와 텍스트 보기. 최승희(1989) 참고>

1847-12-18. **별고 유사 최준구 토지매매명문**(別庫有司崔峻九土地賣買明文), 답주 천택(畓主天澤). <1장. 한자+이두. 조선 필사 이두 자료. 남원·구례 삭녕 최씨 구장.

한국학중앙연구원 장서각 한국고문서자료관 홈페이지 원문 이미지 보기. 한국정신문화연구원 편(2004) 참고>

1847-12-19. **사야소 유사 족종 이형진·이봉주 토지매매명문**(沙野所有司族從李亨晉李鳳周土地賣買明文), 답주 자필 이오주(畓主自筆李吾周). <1장. 한자+이두. 조선 필사 이두 자료. 경북 안동시 주촌 진성 이씨 경류정 소장. 한국학중앙연구원 장서각 한국고문서자료관 홈페이지 원문 이미지와 텍스트 보기. 한국정신문화연구원 편(1999) 참고>

1847-12-19. **유학 토지매매명문**(幼學土地賣買明文),[525] 산령동중 동수 김달관(山嶺洞中洞首金達官). <1장. 한자+이두. 조선 필사 이두 자료. 전지 원문 이미지와 텍스트 보기. 최승희(1989) 참고>

1847-12-20. **은봉 종가 문중 유사 유학 안찬 가사매매명문**(隱峰宗家門中有司幼學安襸家舍賣買明文), 가대전주 유학 안민환(家垈田主幼學安珉煥). <1장. 한자+이두. 조선 필사 이두 자료. 전남 보성군 택촌 죽산 안씨 은봉 종가 소장. 호남권 한국학자료센터 홈페이지 원문 이미지와 텍스트 보기. 이수건 외(2004) 참고>

1847-12-20. **정차손 토지매매명문**(鄭次孫土地賣買明文), 답주 조달성(畓主曺達成). <1장. 한자+이두. 조선 필사 이두 자료. 전남 보성군 박실 제주 양씨가 구장. 원광대학교 박물관 소장. 호남권 한국학자료센터 홈페이지 원문 이미지와 텍스트 보기. 박병호(1974ㄱ), 이재수(2003) 참고>

1847-12-20. **유학 조권진 토지매매명문**(幼學曺權鎭土地賣買明文), 답주 자필 이도원(畓主自筆李道元). <1장. 한자+이두. 조선 필사 이두 자료. 영암 미암 창녕 조씨 태호 후손가 소장. 호남권 한국학자료센터 홈페이지 원문 이미지 보기. 최승희(1989) 참고>

1847-12-00. **경상감영 완문**(慶尙監營完文), 관찰사 겸 순찰사(觀察使兼巡察使). <1장. 한자+이두. 조선 필사 이두 자료. 경북 상주시 모동면 수봉리 옥동서원 소장. 한국학자료센터 영남권역센터 홈페이지 원문 이미지와 텍스트 보기. 이수환

---

[525] 호남권 한국학자료센터 홈페이지에서는 '1847년 김달관(金達官) 방매(放賣) 토지매매명문(土地賣買明文)'으로 표시하였다.

(2001) 참고>

1847-12-00. **문인택 등 상서**(文寅澤等上書) 2, 문인택 등. <1장. 한자+이두. 조선 필사 이두 자료. 전남 영암군 장암 남평 문씨 문창집 소장. 호남권 한국학자료센터 홈페이지 원문 이미지와 텍스트 보기. 최승희(1989), 한국정신문화연구원 편(1995, 2003) 참고>

1847-12-00. **상주 옥동서원 상서**(尙州玉洞書院上書) 3, 옥동서원. <1장. 한자+이두. 조선 필사 이두 자료. 경북 상주시 모동면 수봉리 옥동서원 소장. 한국학자료센터 영남권역센터 홈페이지 원문 이미지와 텍스트 보기. 이수환(2001) 참고>

1847-12-00. **영광군수 시장문기**(靈光郡守柴場文記), 신복현(辛復鉉). <1장. 한자+이두. 조선 필사 이두 자료. 전남 영광군 입석 영월 신씨 소장. 한국학중앙연구원 장서각 한국고문서자료관 홈페이지 원문 이미지와 텍스트 보기. 한국정신문화연구원 편(1996) 참고>

1847-12-00. **유학 문익택 등 상서**(幼學文益澤等上書), 문익택 등. <1장. 한자+이두. 조선 필사 이두 자료. 전남 영암군 장암 남평 문씨 문창집 소장. 한국학중앙연구원 장서각 한국고문서자료관 홈페이지 원문 이미지와 텍스트 보기. 한국정신문화연구원 편(1995) 참고>

1847-12-00. **참최인 이정백·이정룡 의송**(斬衰人李庭百李庭龍議送), 이정백·이정룡. <1장. 한자+이두. 조선 필사 이두 자료. 경북 안동시 법흥동 고성 이씨 탑동 종가 구장. 한국국학진흥원 소장. 한국학자료센터 영남권역센터 홈페이지 원문 이미지와 텍스트 보기>

1847-12-25. **동계 유사 유학 하진구·장익 토지매매명문**(洞稧有司幼學河鎭九張翼土地賣買明文), 답주 유학 김귀환(畓主幼學金龜煥). <1장. 한자+이두. 조선 필사 이두 자료. 전북 임실군 오수 삼계강사 소장. 호남권 한국학자료센터 홈페이지 원문 이미지와 텍스트 보기. 박병호(1974ㄱ), 최승희(1989), 정구복 외(1999) 참고>

1847-■■-21. **대장 전령**(大將傳令), 대장. <1장. 한자+이두. 조선 필사 이두 자료. 경북 안동시 주촌 진성 이씨 경류정 소장. 한국학중앙연구원 장서각 한국고문서자료관 홈페이지 원문 이미지와 텍스트 보기. 한국정신문화연구원 편(1999) 참고>

1847-00-00.「경빈가례등록(慶嬪嘉禮謄錄)」, 예조(禮曹). <1책. 36장. 필사본. 한자+이두. 조선 필사 이두 자료. 한국학중앙연구원 장서각 한국학자료센터 홈페이지 & 한국학중앙연구원 한국학 디지털 아카이브 홈페이지 원문 이미지와 텍스트 보기>

1847-00-00.「경빈가례시가례청등록(慶嬪嘉禮時嘉禮廳謄錄)」, 가례청. <1책. 필사본. 한자+이두. 조선 필사 이두 자료. 한국학중앙연구원 장서각 한국학자료센터 홈페이지 & 한국학중앙연구원 한국학 디지털 아카이브 홈페이지 원문 이미지와 텍스트 보기>

1847-00-00. **박정석 산도**(朴鼎錫山圖), 박정석. <1장. 한자+이두. 조선 필사 이두 자료. 부여 은산 함양 박씨 소장. 한국학중앙연구원 장서각 한국고문서자료관 홈페이지 원문 이미지 보기. 한국정신문화연구원 편(2000) 참고>

1847-00-00.「성상태실가봉석난간조배의궤(聖上胎室加封石欄干造排儀軌)」,[526] 편자 미상. <1책. 10장. 필사본. 권수제는 '(道光二十七年丁未三月二十一日忠淸道德山地)聖上胎室加封石欄干造排儀軌'. 한자+이두. 조선 필사 이두 자료. 서울대학교 규장각 한국학연구원 의궤 종합정보 홈페이지 '奎13973' 원문 이미지 보기>

1847-00-00. **성주관 산도**(星州官山圖), 이조수(李肇秀). <1장. 한자+이두. 조선 필사 이두 자료. 경북 칠곡 석전 광주 이씨 구장. 한국학중앙연구원 장서각 한국고문서자료관 홈페이지 원문 이미지 보기. 한국학중앙연구원 편(2009) 참고>

1847-00-00.[527]「장방완의(長房完議)」,[528] 개성부(開城府) 편(編). <1책. 37장. 필사본. 한자+이두. 이두 자료. 서울대학교 규장각 한국학연구원 홈페이지 원문 이미지 보기.「각사등록」47(경기도 보유편)(국사편찬위원회 편, 1990) 영인>

---

526 서울대학교 규장각 한국학연구원 의궤 종합정보 홈페이지에서는 서명을 '헌종태실가봉석난간조배의궤(憲宗胎室加封石欄干造排儀軌)'로 적었다.
527 서울대학교 규장각 한국학연구원 홈페이지에서는 '발행년도'를 1845년으로 표시하였다.
528 표제는 '乃成堂完議'이다.

1848년

<무신(戊申), 헌종 14년. 도광 28년>

1848-01-01~1848-12-27(戊申). 「전객사일기(**典客司日記**)」 90, 예조(禮曹) 전객사(典客司) 편(編). <1책(90/99). 98장. 필사본. 한자+이두. 조선 필사 이두 자료. 서울대학교 규장각 한국학연구원 홈페이지 원문 이미지 보기> <1640-01-22~1641-12-23(1)>

1848-01-01~1848-12-00. 「결속색등록(**結束色謄錄**)」, 병조(兵曹) 편(編). <1책(62). 167장. 필사본. 필사 시기 미상. 한자+이두. 조선 필사 이두 자료. 서울대학교 규장각 한국학연구원 홈페이지 1787년~1891년 낙질본 107책(1792년(건륭 57년), 1811년(가경 16년) 하, 1816년(가경 21년), 1817년(가경 22년), 1824년(도광 4년), 1831(도광 11년), 1871(동치 10년), 1885년(광서 11년) 없음) 원문 이미지 보기>

1848-01-08. **노종인 토지매매명문**(盧宗仁土地賣買明文), 답주 김천손(畓主金千孫). <1장. 한자+이두. 조선 필사 이두 자료. 안동 천전 의성 김씨 지촌 종택 소장. 한국학중앙연구원 장서각 한국고문서자료관 홈페이지 원문 이미지와 텍스트 보기. 한국정신문화연구원 편(1990) 참고>

1848-01-09. **유암회 토지매매명문**(柳岩回土地賣買明文), 답주 노종인(畓主盧鍾仁). <1장. 한자+이두. 조선 필사 이두 자료. 안동 천전 의성 김씨 지촌 종택 소장. 한국학중앙연구원 장서각 한국고문서자료관 홈페이지 원문 이미지와 텍스트 보기. 한국정신문화연구원 편(1990) 참고>

1848-01-18. **족숙 토지매매명문**(族叔土地賣買明文), 답주 자필 족질 박상천(畓主自筆族侄朴祥天). <1장. 한자+이두. 조선 필사 이두 자료. 경남 밀양 신호 밀성 박씨·덕남서원 소장. 한국학중앙연구원 장서각 한국고문서자료관 홈페이지 원문 이미지 보기. 한국정신문화연구원 편(2004) 참고>

1848-01-19. **양 노 옥엽 토지매매명문**(梁奴玉葉土地賣買明文), 답주 유학 이문회(畓主幼學李文會). <1장. 한자+이두. 조선 필사 이두 자료. 전남 보성군 박실 제주 양씨가 구장. 원광대학교 박물관 소장. 호남권 한국학자료센터 홈페이지 원문

이미지와 텍스트 보기. 박병호(1974ㄱ), 최승희(1989), 채현경(2011) 참고>

1848-01-00. **김진화 정사**(金鎭華呈辭), 김진화. <1장. 한자+이두. 조선 필사 이두 자료. 안동 금계 의성 김씨 학봉 종가 소장. 한국학중앙연구원 장서각 한국고문서자료관 홈페이지 원문 이미지와 텍스트 보기. 한국정신문화연구원 편(1989) 참고>

1848-01-00. **문인택 등 상서**(文寅澤等上書) 1, 문인택 등. <1장. 한자+이두. 조선 필사 이두 자료. 전남 영암군 장암 남평 문씨 문창집 소장. 한국학중앙연구원 장서각 한국고문서자료관 홈페이지 원문 이미지와 텍스트 보기. 최승희(1989), 한국정신문화연구원 편(1995), 전경목 외(2006) 참고>

1848-01-00. **심석윤 등 상서**(沈錫胤等上書) 1, 심석윤 등. <1장. 한자+이두. 조선 필사 이두 자료. 전북 완주군 비봉 반곡서원 소장. 호남권 한국학자료센터 홈페이지 원문 이미지와 텍스트 보기. 박병호(1974ㄱ), 최승희(1989) 참고>

1848-01-00. **심석윤 등 상서**(沈錫胤等上書) 2, 심석윤 등. <1장. 한자+이두. 조선 필사 이두 자료. 전북 완주군 비봉 반곡서원 소장. 호남권 한국학자료센터 홈페이지 원문 이미지와 텍스트 보기. 박병호(1974ㄱ), 최승희(1989) 참고>

1848-01-00. **유진홍 군기시 약환 공인권 첩문**(劉鎭洪軍器寺藥丸貢人權帖文), 삼남진보 화약계(三南鎭堡火藥契). <1장. 한자+이두. 조선 필사 이두 자료. 일본 경도대학 가와이문고 소장. 고려대학교 해외한국학자료센터 홈페이지 원문 이미지 보기>

1848-01-00. **이 생원 노 복례 소지**(李生員奴卜禮所志) 1, 복례. <1장. 한자+이두. 조선 필사 이두 자료. 전북 익산 용화 전주 이씨가 구장. 전북대학교 박물관 소장. 호남권 한국학자료센터 홈페이지 원문 이미지와 텍스트 보기. 최승희(1989) 참고>

1848-01-00. **이 생원 노 복례 소지**(李生員奴卜禮所志) 2, 복례. <1장. 한자+이두. 조선 필사 이두 자료. 전북 익산 용화 전주 이씨가 구장. 전북대학교 박물관 소장. 호남권 한국학자료센터 홈페이지 원문 이미지와 텍스트 보기. 최승희(1989) 참고>

1848-01-00. **이 생원 노 복례 소지**(李生員奴卜禮所志) 3, 복례. <1장. 한자+이두.

조선 필사 이두 자료. 전북 익산 용화 전주 이씨가 구장. 전북대학교 박물관 소장. 호남권 한국학자료센터 홈페이지 원문 이미지와 텍스트 보기. 최승희(1989) 참고>

1848-01-00. **화민 유학 문인택 등 상서**(化民幼學文寅澤等上書), 문인택 등. <1장. 한자+이두. 조선 필사 이두 자료. 전남 영암군 장암 남평 문씨 문창집 소장. 한국학중앙연구원 장서각 한국고문서자료관 홈페이지 원문 이미지와 텍스트 보기. 한국정신문화연구원 편(1995) 참고>

1848-01-00~1848-12-00(戊申).「추조결옥록(**秋曹決獄錄**)」제73, 형조(刑曹) 편(編). <1책(6/낙질본 43). 72장. 필사본. 한자+이두. 조선 필사 이두 자료. 서울대학교 규장각 한국학연구원 홈페이지 원문 이미지 보기> <1822-01-00~1822-12-00(1/43)> <1822-01-00~1822-12-00(1/43)>

1848-02-07. **임응호 토지매매명문**(林應虎土地賣買明文),[529] 전주 임원필(田主林元弼). <1장. 한자+이두. 조선 필사 이두 자료. 경북 예천 임씨 금양파 금포 고택 구장. 한국국학진흥원 소장. 한국국학진흥원 유교넷 홈페이지 원문 이미지와 텍스트 보기>

1848-02-19. **성포면 풍헌 이 서목**(聲浦面風憲李書目), 풍헌 이. <1장. 한자+이두. 조선 필사 이두 자료. 전북 고창·고부 광산 김씨 소장. 한국학중앙연구원 고문서자료관 홈페이지 원문 이미지 보기. 한국학중앙연구원 편(2009) 참고>

1848-02-22 추정. **용산 고자 배지**(龍山庫子牌旨), 용산서원(龍山書院). <1장. 한자+이두. 조선 필사 이두 자료. 경북 경주시 내남면 이조리 경주 최씨·용산서원 소장. 한국학중앙연구원 장서각 한국고문서자료관 홈페이지 원문 이미지 보기. 한국정신문화연구원 편(2000) 참고>

1848-02-00. **경상도 영양현 향청 첩정**(慶尙道英陽縣鄕廳牒呈), 영양현 향청 유림. <1장. 한자+이두. 조선 필사 이두 자료. 경북 영양군 일월면 도계리 영양향교 소장. 한국학자료센터 영남권역센터 홈페이지 원문 이미지와 텍스트 보기. 영남대학교

---

[529] 한국국학진흥원 유교넷 홈페이지에서는 문서명을 '1848년 임원필이 임응호에게 전답을 팔았음을 증명하는 전답매매문기'로 표시하였다.

민족문화연구소 편(1992), 김선경(1993) 참고>

1848-02-00. **김규원 등 소지**(金奎源等所志), 김규원 등. <1장. 한자+이두. 조선 필사 이두 자료. 전북 고창·고부 광산 김씨 소장. 한국학중앙연구원 고문서자료관 홈페이지 원문 이미지 보기. 한국학중앙연구원 편(2009) 참고>

1848-02-00. **박찬문 등 등장**(朴贊文等等狀), 박찬문 등. <1장. 한자+이두. 조선 필사 이두 자료. 전남 영암군 군서면 죽정서원 소장. 호남권 한국학자료센터 홈페이지 원문 이미지보기. 최승희(1989) 참고>

1848-02-00. **상주 옥동서원 품목**(尙州玉洞書院稟目), 옥동서원 원장 이 등(玉洞書院院長李等). <1장. 한자+이두. 조선 필사 이두 자료. 경북 상주시 모동면 수봉리 옥동서원 소장. 한국학자료센터 영남권역센터 홈페이지 원문 이미지와 텍스트 보기. 이수환(2001) 참고>

1848-02-00. **숭선군방 노자 점백 소지**(崇善君房奴子占白所志), 점백. <1장. 한자+이두. 조선 필사 이두 자료. 충남 공주시 전주 이씨 숭선군파 종가 소장. 한국학중앙연구원 장서각 한국고문서자료관 홈페이지 원문 이미지 보기>

1848-02-00. **이상운 등 소지**(李相運等所志), 이상운 등. <1장. 한자+이두. 조선 필사 이두 자료. 경북 영해 인량 재령 이씨 충효당 소장. 한국학중앙연구원 장서각 한국고문서자료관 홈페이지 원문 이미지 보기. 한국학중앙연구원 편(2008) 참고>

1848-02-00. **장흥고 공상지 공인권 매매명문**(長興庫供上紙貢人權賣買明文), 자필 재주 장한석(自筆財主張漢錫). <1장. 한자+이두. 조선 필사 이두 자료. 일본 경도대학 가와이문고 소장. 고려대학교 해외한국학자료센터 홈페이지 원문 이미지 보기>

1848-03-03~1848-05-25(戊申). 「평안감영계록(**平安監營啓錄**)」, 비변사(備邊司) 편(編). <1책(17/37). 99장. 필사본. 표제는 '平安監營啓錄'. 한자+이두. 조선 필사 이두 자료. 서울대학교 규장각 한국학연구원 홈페이지 원문 이미지 보기> <영인본:「각사등록」 31(평안도편 3)(국사편찬위원회 편, 1988)> <1830-08-12~1830-12-30(1/37)>

1848-03-04. **상인 강재진 시장문기**(喪人姜在振柴場文記), 시장주 정복규(柴場主鄭福

奎). <1장. 한자+이두. 조선 필사 이두 자료. 전북 무장 원송 진주 강씨가 구장. 전북대학교 박물관 소장. 호남권 한국학자료센터 홈페이지 원문 이미지와 텍스트 보기. 박병호(1974ㄱ), 최승희(1989), 이재수(2003) 참고>

1848-03-10. **김관성 토지매매명문**(金官成土地賣買明文), 답주 배후원(畓主裵後元). <1장. 한자+이두. 조선 필사 이두 자료. 경북 안동시 박실 전주 류씨 수정재 고택 구장. 한국국학진흥원 소장. 한국학자료센터 영남권역센터 홈페이지 원문 이미지와 텍스트 보기>

1848-03-12. **토지매매명문**(土地賣買明文),[530] 답주 한량 최수천(畓主閑良崔守千). <1장. 한자+이두. 조선 필사 이두 자료. 전북대학교 박물관 소장. 호남권 한국학자료센터 홈페이지 원문 이미지와 텍스트 보기. 박병호(1974ㄱ), 최승희(1989), 이재수(2003), 박준호(2004), 전경목 외(2006) 참고>

1848-03-17. **토지매매명문**(土地賣買明文),[531] 전주 자필 유학 양준모(田主自筆幼學梁準模). <1장. 한자+이두. 조선 필사 이두 자료. 전남 순천 황전 경주 정씨가 구장. 광주광역시 이정옥 소장. 호남권 한국학자료센터 홈페이지 원문 이미지와 텍스트 보기. 최승희(1989) 참고>

1848-03-18. **김응수 토지매매명문**(金應壽土地賣買明文), 답주 김학문(畓主金學文). <1장. 한자+이두. 조선 필사 이두 자료. 경북 안동시 수곡면 전주 류씨 삼산 종가 구장. 한국국학진흥원 소장. 한국학자료센터 영남권역센터 홈페이지 원문 이미지와 텍스트 보기. 최승희(1989), 이재수(2003), 전경목(2010), 정수환(2012) 참고>

1848-03-20. **고광욱 토지매매명문**(高光旭土地賣買明文), 전주 노 양이(田主奴良伊). <1장. 한자+이두. 조선 필사 이두 자료. 춘천 김현식 소장. 한국학자료센터 강원 권역센터 홈페이지 원문 이미지 보기. 최승희(1989), 전경목(2010), 김성갑(2013), 박준호(2016) 참고>

---

[530] 호남권 한국학자료센터 홈페이지에서는 '1848년 최수천(崔守千) 방매 토지매매명문(土地賣買明文)'으로 표시하였다.
[531] 호남권 한국학자료센터 홈페이지에서는 '1848년 양준모(梁準模) 방매(放賣) 토지매매명문(土地賣買明文)'으로 표시하였다.

1848-03-24. **임시한 토지매매명문**(林時漢土地賣買明文),[532] 산주 배호준(山主裵好俊). <1장. 한자+이두. 조선 필사 이두 자료. 경북 예천 임씨 금양파 금포 고택 구장. 한국국학진흥원 소장. 한국국학진흥원 유교넷 홈페이지 원문 이미지와 텍스트 보기>

1848-03-00. **가사매매명문**(家舍賣買明文), 재주 김명진(財主金明振). <1장. 한자+이두. 조선 필사 이두 자료. 경남 거창 강동 초계 정씨 동계 종가 구장. 한국학중앙연구원 장서각 한국고문서자료관 홈페이지 & 한국학중앙연구원 장서각 한국학자료센터 홈페이지 원문 이미지와 텍스트 보기. 김태영(1983), 최승희(1989), 한국정신문화연구원 편(1995), 이재수(2003), 한국학중앙연구원 편(2005) 참고>

1848-03-00. **이조수 등 소지**(李肇秀等所志) 1, 이조수 등. <1장. 한자+이두. 조선 필사 이두 자료. 경북 칠곡 석전 광주 이씨 구장. 한국학중앙연구원 장서각 한국고문서자료관 홈페이지 원문 이미지 보기. 한국학중앙연구원 편(2009) 참고>

1848-04-09~1848-08-08(戊申). 「황해감사윤등장계등록(**黃海監司尹等狀啓謄錄**)」, 비변사(備邊司) 편(編). <1책(7/22). 96장. 필사본. 표제는 '黃海監營啓錄'. 한자+이두. 조선 필사 이두 자료. 서울대학교 규장각 한국학연구원 홈페이지 원문 이미지 보기> <영인본:「각사등록」22(황해도편 1)(국사편찬위원회 편, 1985)> <1832-07-02~1832-12-30(1/22)>

1848-04-24. **박사영 토지매매명문**(朴思英土地賣買明文), 답주 한량 안처긍(畓主閑良安處兢). <1장. 한자+이두. 조선 필사 이두 자료. 전북대학교 박물관 소장. 호남권 한국학자료센터 홈페이지 원문 이미지와 텍스트 보기. 최승희(1989), 정구복 외(1999), 이재수(2003) 참고>

1848-04-00. **구암사 재임 유학 문병룡 등 상서**(龜巖祠任幼學文秉龍等上書), 문병룡 등. <1장. 한자+이두. 조선 필사 이두 자료. 전남 영암군 장암 남평 문씨 문창집 소장. 한국학중앙연구원 장서각 한국고문서자료관 홈페이지 원문 이미지와 텍스트 보기. 한국정신문화연구원 편(1995) 참고>

---

[532] 한국국학진흥원 유교넷 홈페이지에서는 문서명을 '1848년 배호준이 임**정**한에게 산을 팔았음을 증명하는 산 매매문기'로 잘못 표시하였다.

1848-04-00. **문인택 등 상서**(文寅澤等上書) 2, 문인택 등. <1장. 한자+이두. 조선 필사 이두 자료. 전남 영암군 장암 남평 문씨 문창집 소장. 한국학중앙연구원 장서각 한국고문서자료관 홈페이지 원문 이미지와 텍스트 보기. 최승희(1989), 한국정신문화연구원 편(1995), 전경목 외(2006) 참고>

1848-04-00. **신택수 등 상서**(申宅修等等狀), 신택수 등. <1장. 한자+이두. 조선 필사 이두 자료. 구미 옥산 인동 장씨 여헌 종택 소장. 한국학중앙연구원 장서각 한국고문서자료관 홈페이지 원문 이미지 보기. 한국학중앙연구원 편(2005) 참고>

1848-04-00. **안필순·안지순·안상식 등 소지**(安必淳安止淳安相植等所志), 안필순·안지순·안상식 등. <1장. 한자+이두. 조선 필사 이두 자료. 함안 두룽 순흥 안씨 소장. 한국학중앙연구원 장서각 한국고문서자료관 홈페이지 원문 이미지 보기. 한국학중앙연구원 편(2006) 참고>

1848-04-00. **황재성 차첩**(黃在成差帖), 강화부 유수 겸 진무사(江華府留守兼鎭撫使). <1장. 한자+이두. 조선 필사 이두 자료. 전남 완도 창원 황씨 황정웅 소장. 호남권 한국학자료센터 홈페이지 원문 이미지와 텍스트 보기. 최승희(1989), 국립민속박물관 편(1991), 정구복 외(1999), 전경목 외(2006) 참고>

1848-05-28~1848-12-29(戊申). 「평안감영계록(平安監營啓錄)」, 비변사(備邊司) 편(編). <1책(18/37). 93장. 필사본. 표제는 '箕營啓錄'. 한자+이두. 조선 필사 이두 자료. 서울대학교 규장각 한국학연구원 홈페이지 원문 이미지 보기> <영인본: 「각사등록」 31(평안도편 3)(국사편찬위원회 편, 1988)> <1830-08-12~1830-12-30 (1/37)>

1848-05-28~1889-07-13(戊申~己丑). 「기우제등록(祈雨祭謄錄)」 8, 예조(禮曹) 편(編). <1책. 52장. 필사본. 필사 시기 미상. 한자+이두. 조선 필사 이두 자료. 서울대학교 규장각 한국학연구원 홈페이지 낙질본 6책(1, 3, 4, 6, 7, 8) 원문 이미지 보기> <1636-04-14~1661-윤7-04(丙子~辛丑) 1>

1848-05-00. 「구암사우 제역촌 완문(龜巖祠宇除役村完文)」, 영암군(靈巖郡). <1책. 6장. 한자+이두. 조선 필사 이두 자료. 전남 영암군 장암 남평 문씨 문창집 소장. 한국학중앙연구원 장서각 한국고문서자료관 홈페이지 원문 이미지와 텍스트 보기. 한국정신문화연구원 편(1995) 참고>

1848-05-00. **심석윤 등 상서**(沈錫胤等上書) 3, 심석윤 등. <1장. 한자+이두. 조선 필사 이두 자료. 전북 완주군 비봉 반곡서원 소장. 호남권 한국학자료센터 홈페이지 원문 이미지와 텍스트 보기. 박병호(1974ㄱ), 최승희(1989) 참고>

1848-05-00. **임현풍 등 상서**(任賢豊等上書), 임현풍 등. <1장. 한자+이두. 조선 필사 이두 자료. 전북 완주군 비봉 반곡서원 소장. 호남권 한국학자료센터 홈페이지 원문 이미지와 텍스트 보기. 박병호(1974ㄱ), 최승희(1989) 참고>

1848-06-00. **이은순 등 소지**(李殷淳等所志), 이은순 등. <1장. 한자+이두. 조선 필사 이두 자료. 경남 거창 강동 초계 정씨 동계 종가 구장. 한국학중앙연구원 장서각 한국고문서자료관 홈페이지 & 한국학중앙연구원 장서각 한국학자료센터 홈페이지 원문 이미지와 텍스트 보기. 한국정신문화연구원 편(1995), 박병련·김학수(2001), 한국학중앙연구원 편(2005), 김성갑(2006) 참고>

1848-07-00. **경주 옥산서원 수노 명손 소지**(慶州玉山書院首奴命孫所志), 사도주(使道主). <1장. 한자+이두. 조선 필사 이두 자료. 경북 경주시 안강읍 옥산서원 소장. 한국학자료센터 영남권역센터 홈페이지 원문 이미지와 텍스트 보기. 이수환(2001) 참고>

1848-07-00. **김두상 등 등장**(金斗相等等狀), 김두상 등. <1장. 한자+이두. 조선 필사 이두 자료. 경북 안동시 오천 광산 김씨 후조당 소장. 한국학중앙연구원 장서각 한국고문서자료관 홈페이지 원문 이미지와 텍스트 보기. 한국정신문화연구원 편(1982) 참고>

1848-07-00. **김종휴 등 상서**(金宗烋等上書), 김종휴 등. <1장. 한자+이두. 조선 필사 이두 자료. 구미 옥산 인동 장씨 여헌 종택 소장. 한국학중앙연구원 장서각 한국고문서자료관 홈페이지 원문 이미지 보기. 한국학중앙연구원 편(2005) 참고>

1848-07-00. **김중교 등 상서**(金中敎等上書), 김중교 등. <1장. 한자+이두. 조선 필사 이두 자료. 경북 안동시 오천 광산 김씨 후조당 소장. 장한국학중앙연구원 서각 한국고문서자료관 홈페이지 원문 이미지와 텍스트 보기. 한국정신문화연구원 편(1982) 참고>

1848-07-00. **유현룡 소지**(柳見龍所志), 유현룡. <1장. 한자+이두. 조선 필사 이두 자료. 전남 구례군 토지면 오미리 문화 류씨 운조루 소장. 한국학중앙연구원 장서

각 한국고문서자료관 홈페이지 원문 이미지와 텍스트 보기. 한국정신문화연구원 편(1998) 참고>

1848-08-10. **임현풍 등 품목**(任賢豊等稟目), 임현풍 등. <1장. 한자+이두. 조선 필사 이두 자료. 전북 완주군 비봉 반곡서원 소장. 호남권 한국학자료센터 홈페이지 원문 이미지와 텍스트 보기. 박병호(1974ㄱ), 최승희(1989) 참고>

1848-08-12~1849-02-29(戊申~己酉).「황해감영장계등록(**黃海監營狀啓謄錄**)」8, 비변사(備邊司) 편(編). <1책(8/22). 100장. 필사본. 표제는 '黃海監營啓錄'. 권수제는 '(道光二十九年閏四月 日)黃海監司尹等狀 啓謄錄'. 한자+이두. 조선 필사 이두 자료. 서울대학교 규장각 한국학연구원 홈페이지 '奎15107' 원문 이미지 보기> <영인본:「각사등록」22(황해도편 1)(국사편찬위원회 편, 1985)> <1832-07-02~1832-12-30(1/22)>

1848-09-10. **김종황 등 상서**(金宗煌等上書), 김종황 등. <1장. 한자+이두. 조선 필사 이두 자료. 구미 옥산 인동 장씨 여헌 종택 소장. 한국학중앙연구원 장서각 한국고문서자료관 홈페이지 원문 이미지 보기. 한국학중앙연구원 편(2005) 참고>

1848-09-10. **백학득 토지매매명문**(白學得土地賣買明文),[533] 답주 정득지(畓主鄭得只). <1장. 한자+이두. 조선 필사 이두 자료. 경북 영양군 영양읍 삼지리 한양 조씨 하담 고택 구장. 한국국학진흥원 소장. 한국학자료센터 영남권역센터 홈페이지 원문 이미지와 텍스트 보기. 박병호(1974ㄱ), 최승희(1989), 이재수(2003), 이수건 외(2004) 참고>

1848-09-00. **김세균 호노 만동 소지**(金世均戶奴萬同所志), 만동. <1장. 한자+이두. 조선 필사 이두 자료. 제천 한수 연안 이씨 소장. 한국학중앙연구원 장서각 한국고문서자료관 홈페이지 원문 이미지 보기. 한국정신문화연구원 편(2001) 참고>

1848-09-00. **윤급 등 상서**(尹汲等上書), 윤급 등. <1장. 점련문서. 한자+이두. 조선 필사 이두 자료. 부여 은산 함양 박씨 소장. 한국학중앙연구원 장서각 한국고문서자료관 홈페이지 원문 이미지 보기. 한국정신문화연구원 편(2000) 참고>

---

[533] 한국학자료센터 영남권역센터 홈페이지에서는 '1848년 정득지(鄭得只) 등 토지매매명문(土地賣買明文)'으로 표시하였다.

1848-10-02. **기계면 풍헌 고목**(杞溪面風憲告目), 기계면 풍헌 최치범(崔致範). <1장. 한자+이두. 조선 필사 이두 자료. 경북 경주시 안강읍 옥산서원 소장. 한국학자료센터 영남권역센터 홈페이지 원문 이미지와 텍스트 보기. 이수환(2001) 참고>

1848-10-16. **유학 조삼진 토지매매명문**(幼學曺三振土地賣買明文), 답주 자필 문중 유사 유학 김지년(畓主自筆門中有司幼學金志年). <1장. 한자+이두. 조선 필사 이두 자료. 전남 보성군 능묵리 장흥 임씨가 구장. 전북대학교 박물관 소장. 호남권 한국학자료센터 홈페이지 원문 이미지와 텍스트 보기. 최승희(1989), 이재수(2003) 참고>

1848-10-17. **김동욱 수표**(金東郁手標), 김동욱. <1장. 한자+이두. 조선 필사 이두 자료. 경북 칠곡 석전 광주 이씨 구장. 한국학중앙연구원 장서각 한국고문서자료관 홈페이지 원문 이미지 보기. 한국학중앙연구원 편(2009) 참고>

1848-10-29. **임 생원 댁 노 토지매매명문**(林生員宅奴土地賣買明文), 전주 김 생원 댁 노 순득(田主金生員宅奴順得). <1장. 한자+이두. 조선 필사 이두 자료. 대전·청양 안동 김씨 삼당 후손가 소장. 한국학중앙연구원 장서각 한국고문서자료관 홈페이지 원문 이미지 보기. 한국정신문화연구원 편(2003) 참고>

1848-10-00. **고진호 소지**(高鎭皞所志) 1, 고진호. <1장. 한자+이두. 조선 필사 이두 자료. 전북 부안 청호 제주 고씨 문중 구장. 전북 부안 청호 효충사 소장. 호남권 한국학자료센터 홈페이지 원문 이미지와 텍스트 보기. 최승희(1989), 김경숙(2002), 심재우(2013) 참고>

1848-10-00. **고진호 소지**(高鎭皞所志) 2, 고진호. <1장. 한자+이두. 조선 필사 이두 자료. 전북 부안 청호 제주 고씨 문중 구장. 전북 부안 청호 효충사 소장. 호남권 한국학자료센터 홈페이지 원문 이미지와 텍스트 보기. 최승희(1989), 김경숙(2002), 심재우(2013) 참고>

1848-10-00. **유정환 등 소지**(柳正煥等所志), 유정환 등. <1장. 한자+이두. 조선 필사 이두 자료. 전북 담양군 모현관 소장. 호남권 한국학자료센터 홈페이지 원문 이미지와 텍스트 보기. 최승희(1989), 정구복 외(1999) 참고>

1848-10-00. **이내영 소지**(李來榮所志), 이내영. <1장. 한자+이두. 조선 필사 이두 자료. 경북 영해 인량 재령 이씨 충효당 소장. 한국학중앙연구원 장서각 한국고문

서자료관 홈페이지 원문 이미지 보기. 한국학중앙연구원 편(2008) 참고>

1848-10-00. **이조수 등 소지**(李肇秀等所志) 2, 이조수 등. <1장. 한자+이두. 조선 필사 이두 자료. 경북 칠곡 석전 광주 이씨 구장. 한국학중앙연구원 장서각 한국고문서자료관 홈페이지 원문 이미지 보기. 한국학중앙연구원 편(2009) 참고>

1848-10-00. **이조수 등 소지**(李肇秀等所志) 3, 이조수 등. <1장. 한자+이두. 조선 필사 이두 자료. 경북 칠곡 석전 광주 이씨 구장. 한국학중앙연구원 장서각 한국고문서자료관 홈페이지 원문 이미지 보기. 한국학중앙연구원 편(2009) 참고>

1848-10-00. **임지순 등 상서**(林之恂等上書), 임지순 등. <1장. 한자+이두. 조선 필사 이두 자료. 경남 거창 갈계 은진 임씨 소장. 한국학중앙연구원 장서각 한국고문서자료관 홈페이지 원문 이미지 보기. 한국학중앙연구원 편(2005) 참고>

1848-10-00. **황원 소지**(黃援所志), 황원. <1장. 한자+이두. 조선 필사 이두 자료. 전북 남원시 대곡 장수 황씨 문중 소장. 호남권 한국학자료센터 홈페이지 원문 이미지와 텍스트 보기. 박병호(1974ㄱ), 최승희(1989), 전북향토문화연구회 편(1993), 정구복 외(1999) 참고>

1848-11-02~1851-윤8-29(戊申~辛亥). 「도광 29년 정월 일 영좌병영계록(道光二十九年正月 日嶺左兵營啓錄)」, 비변사(備邊司) 편(編). <1책(1/2). 58장. 필사본. 표제는 '慶尙左兵營啓錄'. 한자+이두. 조선 필사 이두 자료. 서울대학교 규장각 한국학연구원 홈페이지 원문 이미지 보기> <영인본: 「각사등록」 11(경상도편 1)(국사편찬위원회 편, 1984)> <1861-01-20~1865-07-19(2/2)>

1848-11-17. **사간원 사통**(司諫院私通), 사간원. <1장. 한자+이두. 조선 필사 이두 자료. 제천 한수 연안 이씨 소장. 한국학중앙연구원 장서각 한국고문서자료관 홈페이지 원문 이미지 보기. 한국정신문화연구원 편(2001) 참고>

1848-11-21. **동계 토지매매명문**(洞禊土地賣買明文), 답주 동봉 전매영(畓主童蒙全賣永). <1장. 한자+이두. 조선 필사 이두 자료. 전남 영암 밀양 김씨 김상회 소장. 호남권 한국학자료센터 홈페이지 원문 이미지와 텍스트 보기. 최승희(1989) 참고>

1848-11-00. **안규 소지**(安樛所志) 1, 안규. <1장. 한자+이두. 조선 필사 이두 자료. 전남 보성군 택촌 죽산 안씨 은봉 종가 소장. 호남권 한국학자료센터 홈페이지

원문 이미지와 텍스트 보기. 이수건 외(2004) 참고>

1848-11-00. **안규 소지**(安櫷所志) 2, 안규. <1장. 한자+이두. 조선 필사 이두 자료. 전남 보성군 택촌 죽산 안씨 은봉 종가 소장. 호남권 한국학자료센터 홈페이지 원문 이미지와 텍스트 보기. 이수건 외(2004) 참고>

1848-11-00. **이기원 등 상서**(李基遠等上書), 이기원 등. <1장. 한자+이두. 조선 필사 이두 자료. 부여 은산 함양 박씨 소장. 한국학중앙연구원 장서각 한국고문서자료관 홈페이지 원문 이미지 보기. 한국정신문화연구원 편(2000) 참고>

1848-11-00~1850-06-00(戊申~庚戌). 「상산수록(象山隨錄)」, 곡산군(谷山郡) 편(編). <1책. 54장. 필사본. 한자+이두. 조선 필사 이두 자료. 서울대학교 규장각 한국학연구원 홈페이지 원문 이미지 보기> <영인본:「각사등록」55(황해도 보유편)(국사편찬위원회 편, 1991)>

1848-12-04. **박씨 종중 토지매매명문**(朴氏宗中土地賣買明文), 전주 유학 이기광(田主幼學李基廣). <1장. 한자+이두. 조선 필사 이두 자료. 경남 밀양 신호 밀성 박씨·덕남서원 소장. 한국학중앙연구원 장서각 한국고문서자료관 홈페이지 원문 이미지 보기. 한국정신문화연구원 편(2004) 참고>

1848-12-04. **용산서원 완문**(龍山書院完文), 병영(兵營). <1장. 한자+이두. 조선 필사 이두 자료. 경북 경주시 내남면 이조리 경주 최씨·용산서원 소장. 한국학중앙연구원 장서각 한국고문서자료관 홈페이지 원문 이미지 보기. 한국정신문화연구원 편(2000) 참고>

1848-12-04. **토지매매명문**(土地賣買明文),[534] 답주 유학 정세회(畓主幼學鄭世化). <1장. 한자+이두. 조선 필사 이두 자료. 전북 임실군 지사 협계태 씨가 소장. 호남권 한국학자료센터 홈페이지 원문 이미지와 텍스트 보기. 김재문(1986), 이재수(2003), 채현경(2011) 참고>

1848-12-08. **토지매매명문**(土地賣買明文),[535] 답주 문원구(畓主文元九). <1장. 한자+

---

[534] 호남권 한국학자료센터 홈페이지에서는 '1848년 정세회(鄭世化) 방매(放賣) 토지매매명문(土地賣買明文)'으로 표시하였다.

[535] 호남권 한국학자료센터 홈페이지에서는 '1848년 문원구(文元九) 방매(放賣) 토지매매명문(土地賣買明文)'으로 표시하였다.

이두. 조선 필사 이두 자료. 전남 나주시 남내 밀양 박씨 청재 종가 소장. 호남권 한국학자료센터 홈페이지 원문 이미지와 텍스트 보기>

1848-12-13. **토지매매명문**(土地賣買明文),[536] 답주 나윤구(畓主羅潤龜). <1장. 한자+이두. 조선 필사 이두 자료. 전남 나주시 남내 밀양 박씨 청재 종가 소장. 호남권 한국학자료센터 홈페이지 원문 이미지와 텍스트 보기. 최승희(1989), 오인택(1996) 참고>

1848-12-15. **사계 유사 김세환 토지매매명문**(私稧有司金世瑍土地賣買明文), 답주 유학 단천인 김윤서(畓主幼學端川人金允瑞). <1장. 한자+이두. 조선 필사 이두 자료. 영암 미암 창녕 조씨 태호 후손가 소장. 호남권 한국학자료센터 홈페이지 원문 이미지 보기. 최승희(1989) 참고>

1848-12-18. **과부 신 씨 토지매매명문**(寡婦申氏土地賣買明文), 답주 유학 정학성(畓主幼學鄭學成). <1장. 한자+이두. 조선 필사 이두 자료. 전남 보성군 박실 제주 양씨가 구장. 원광대학교 박물관 소장. 호남권 한국학자료센터 홈페이지 원문 이미지와 텍스트 보기. 박병호(1974ㄱ), 이재수(2003) 참고>

1848-12-26. **이 생원 노 복만 토지매매명문**(李生員奴卜萬土地賣買明文), 답주 이여옥(畓主李汝玉). <1장. 한자+이두. 조선 필사 이두 자료. 전남 보성군 박실 제주 양씨가 구장. 원광대학교 박물관 소장. 호남권 한국학자료센터 홈페이지 원문 이미지와 텍스트 보기. 박병호(1974ㄱ), 이재수(2003) 참고>

1848-12-00. **고유한 등 소지**(高有漢等所志), 고유한 등. <1장. 한자+이두. 조선 필사 이두 자료. 전북 군산시 임피면 갈운 제주 고씨가 구장. 군산근대역사박물관 소장. 호남권 한국학자료센터 홈페이지 원문 이미지와 텍스트 보기. 박병호(1974ㄱ), 최승희(1989), 전경목(1997), 정구복(2002), 김경숙(2012) 참고>

1848-12-00. **김조연 소지**(金肇演所志), 김조연. <1장. 한자+이두. 조선 필사 이두 자료. 대전·청양 안동 김씨 삼당 후손가 소장. 한국학중앙연구원 장서각 한국고문서자료관 홈페이지 원문 이미지 보기. 한국정신문화연구원 편(2003) 참고>

---

[536] 호남권 한국학자료센터 홈페이지에서는 '1848년 나윤구(羅潤龜) 방매(放賣) 토지매매명문(土地賣買明文)'으로 표시하였다.

1848-12-00. **김조연 의송**(金肇演議送), 김조연. <1장. 한자+이두. 조선 필사 이두 자료. 대전·청양 안동 김씨 삼당 후손가 소장. 한국학중앙연구원 장서각 한국고문서자료관 홈페이지 원문 이미지 보기. 한국정신문화연구원 편(2003) 참고>

1848-12-00. **안규 소지**(安槻所志) 3, 안규. <1장. 한자+이두. 조선 필사 이두 자료. 전남 보성군 택촌 죽산 안씨 은봉 종가 소장. 호남권 한국학자료센터 홈페이지 원문 이미지와 텍스트 보기. 이수건 외(2004) 참고>

1848-12-00. **이만근 등 상서**(李萬瑾等上書), 이만근 등. <1장. 한자+이두. 조선 필사 이두 자료. 경북 성주 명곡 벽진 이씨 완석정 종택 소장. 한국학중앙연구원 장서각 한국고문서자료관 홈페이지 원문 이미지 보기. 한국학중앙연구원 편(2009) 참고>

1848-12-00. **재종제 토지매매명문**(再從弟土地賣買明文),[537] 답주 자필 재종형 경환(畓主自筆再從兄慶煥). <1장. 한자+이두. 조선 필사 이두 자료. 전북 임실군 지사 협계태 씨가 소장. 호남권 한국학자료센터 홈페이지 원문 이미지와 텍스트 보기. 박병호(1974ㄱ), 최승희(1989), 이재수(2003) 참고>

1848-00-00.「**감인청의궤**(監印廳儀軌)」,[538] 국조보감찬집청(國朝寶鑑撰集廳) 편(編). <1책. 163장. 필사본. 목록제는 '國朝寶鑑監印廳儀軌目錄'. 권수제는 '監印廳儀軌'. 한자+이두. 조선 필사 이두 자료. 한국학중앙연구원 디지털장서각 홈페이지 'K2-3687' 원문 이미지와 텍스트 보기>

1848-00-00.「**감인청의궤(鑑監印廳儀軌)**」,[539] 감인청 편. <1책. 161장. 필사본. 표제는 '道光二十八年戊申十月 日 校書館上)國朝寶鑑監印廳儀軌'. 권수제는 '監印廳儀軌' 한자+이두. 조선 필사 이두 자료. 서울대학교 규장각 한국학연구원 의궤 종합정보 홈페이지 '奎14193' 원문 이미지 보기>

---

[537] 호남권 한국학자료센터 홈페이지에서는 '1848년 경환(慶煥) 방매(放賣) 토지매매명문(土地賣買明文)'으로 표시하였다.

[538] 한국학중앙연구원 디지털장서각 홈페이지에서는 서명을 '국조보감감인청의궤(國朝寶鑑監印廳儀軌)'로 적었다.

[539] 서울대학교 규장각 한국학연구원 의궤 종합정보 홈페이지에서는 서명을 '국조보감감인청의궤(國朝寶鑑監印廳儀軌)'로 적었다.

1848-00-00. 「상호도감의궤(上 號都監儀軌)」[540] 상·하, 존호도감(尊號都監) 편(編). <2책. 158장+114장. 필사본. 하권의 표제는 '道光二十八年戊申三月 日 憲宗十四年)上 號都監儀軌 下'. 권수제는 '上 號都監儀軌'. 한자+이두. 조선 필사 이두 자료. 한국학중앙연구원 디지털장서각 홈페이지 'K2-2816' 원문 이미지와 텍스트 보기>

1848-00-00. 「상호도감의궤(上 號都監儀軌)」[541] 상·하, 상호도감 편. <2책. 157장+113장. 필사본. 상권의 표제는 '(道光二十八年戊申三月 日 五臺山史庫上)上 號都監儀軌上'. 권수제는 '上 號都監儀軌'. 한자+이두. 조선 필사 이두 자료. 서울대학교 규장각 한국학연구원 의궤 종합정보 홈페이지 '奎13348' 원문 이미지 보기>

1848-00-00. 「선원보략수정의궤(璿源譜略修正儀軌)」, 종부시(宗簿寺) 편(編). <1책. 23장. 필사본. 표제는 '(戊申 上尊號 憲宗朝)璿源譜略修正儀軌'. 권수제는 '(道光二十八年戊申十一月 日)璿源譜略修正儀軌'. 한자+이두. 조선 필사 이두 자료. 서울대학교 규장각 한국학연구원 의궤 종합정보 홈페이지 '奎14109' 원문 이미지 보기>

1848-00-00. 「진찬의궤(進饌儀軌)」,[542] 진연도감(進宴都監) 편(編). <4책. 본문은 정리자 혼입 목활자본. 도판은 목판본. 권1의 표제는 '戊申進饌儀軌 一'. 권수제는 '進饌儀軌'. 한자+이두. 조선 필사 이두 자료. 한국학중앙연구원 디지털장서각 홈페이지 'K2-2874' 원문 이미지와 텍스트 보기>

1848-00-00. 「진찬의궤(進饌儀軌)」, 의궤감인청(儀軌監印廳) 편. <4책. 정리자 혼입 목활자본. 한자+이두. 조선 인쇄 이두 자료. 서울대학교 규장각 한국학연구원 의궤 종합정보 홈페이지 '奎14372' 원문 이미지 보기>

1848-00-00. 「태상감응편(太上感應篇)」 <1책. 38장. 자경당 장판본(資敬堂藏板本)의 필사본. 본문 오른쪽 소자 구결 기입, 조선 필사 구결 자료. 한국학중앙연구원 장서각 소장. 한국학중앙연구원 한국학 디지털 아카이브 홈페이지 원문 이미지

---

540 한국학중앙연구원 디지털장서각 홈페이지에서는 서명을 '상호도감의궤(上號都監儀軌)'로 붙여 썼다.
541 서울대학교 규장각 한국학연구원 의궤 종합정보 홈페이지에서는 서명을 표제나 권수제와는 달리 '순조순원왕후익종신정왕후상호도감의궤(純祖純元王后翼宗神貞王后上號都監儀軌)'로 적었다.
542 한국학중앙연구원 디지털장서각 홈페이지에서는 서명을 '[무신]진찬의궤([戊申]進饌儀軌)'로 적었다.

보기>

1849년

<기유(己酉), 헌종 15년, 도광 29년>

1849-01-01~1849-12-25(己酉). 「전객사일기(典客司日記)」 91, 예조(禮曹) 전객사(典客司) 편(編). <1책(91/99). 84장. 필사본. 한자+이두. 조선 필사 이두 자료. 서울대학교 규장각 한국학연구원 홈페이지 원문 이미지 보기> <1640-01-22~1641-12-23(1)>

1849-01-01~1849-12-28. 「결속색등록(結束色謄錄)」, 병조(兵曹) 편(編). <1책(63). 145장. 필사본. 한자+이두. 조선 필사 이두 자료. 서울대학교 규장각 한국학연구원 홈페이지 1787년~1891년 낙질본 107책(1792년(건륭 57년), 1811년(가경 16년) 하, 1816년(가경 21년), 1817년(가경 22년), 1824년(도광 4년), 1831년(도광 11년), 1871년(동치 10년), 1885년(광서 11년) 없음) 원문 이미지 보기>

1849-01-04. 승 재헌 토지매매명문(僧在憲土地賣買明文), 전주 임삭부리(田主林朔夫里). <1장. 한자+이두. 조선 필사 이두 자료. 경북 안동시 주촌 진성 이씨 경류정 소장. 한국학중앙연구원 장서각 한국고문서자료관 홈페이지 원문 이미지와 텍스트 보기. 한국정신문화연구원 편(1999) 참고>

1849-01-10~1850-01-25(己酉~庚戌). 「평안감영계록(平安監營啓錄)」, 비변사(備邊司) 편(編). <1책(19/37). 156장. 필사본. 표제는 '平安監營啓錄'. 한자+이두. 조선 필사 이두 자료. 서울대학교 규장각 한국학연구원 홈페이지 원문 이미지 보기> <영인본:「각사등록」 31(평안도편 3)(국사편찬위원회 편, 1988)> <1830-08-12~1830-12-30(1/37)>

1849-01-15. 내남면 내전리 완문(內南面柰前里完文), 용산서원(龍山書院). <1장. 한자+이두. 조선 필사 이두 자료. 경북 경주시 내남면 이조리 경주 최씨·용산서원 소장. 한국학중앙연구원 장서각 한국고문서자료관 홈페이지 원문 이미지 보기. 한국정신문화연구원 편(2000) 참고>

1849-01-19. **노 순득 토지매매명문**(奴順得土地賣買明文), 전주 성 생원 댁 노비(出主成生員宅奴婢). <1장. 한자+이두. 조선 필사 이두 자료. 예산 한곡 한산 이씨 수당 고택 소장. 한국학중앙연구원 장서각 한국고문서자료관 홈페이지 원문 이미지 보기. 한국정신문화연구원 편(2002) 참고>

1849-01-21. **김유광 토지매매명문**(金有光土地賣買明文), 답주 김순만(畓主金舜萬). <1장. 한자+이두. 조선 필사 이두 자료. 경북 영덕 인량 재령 이씨 갈암 종택 구장. 한국국학진흥원 소장. 한국학자료센터 영남권역센터 홈페이지 원문 이미지와 텍스트 보기>

1849-01-21. **이 노 원상 노비매매명문**(李奴元尚奴婢賣買明文) 1, 비주 자필 최 노 순금(婢主自筆崔奴順金). <1장. 한자+이두. 조선 필사 이두 자료. 경북 영덕 인량 재령 이씨 갈암 종택 구장. 한국국학진흥원 소장. 한국학자료센터 영남권역센터 홈페이지 원문 이미지와 텍스트 보기>

1849-01-23. **토지매매명문**(土地賣買明文),[543] 답주 문장 유학 이일원 등(畓主門長幼學李一源等). <1장. 한자+이두. 조선 필사 이두 자료. 전북대학교 박물관 소장. 호남권 한국학자료센터 홈페이지 원문 이미지와 텍스트 보기. 박병호(1974ㄱ), 이재수(2003) 참고>

1849-01-24. **신기 종가 토지매매명문**(新基宗家土地賣買明文), 전주 다원댁(出主茶院宅). <1장. 한자+이두. 조선 필사 이두 자료. 경남 밀양 신호 밀성 박씨·덕남서원 소장. 한국학중앙연구원 장서각 한국고문서자료관 홈페이지 원문 이미지 보기. 한국정신문화연구원 편(2004) 참고>

1849-01-25. **보종계 토지매매명문**(補宗稧土地賣買明文), 답주 유사 박한탁(畓主有司朴漢琢). <1장. 한자+이두. 조선 필사 이두 자료. 경남 밀양 신호 밀성 박씨·덕남서원 소장. 한국학중앙연구원 장서각 한국고문서자료관 홈페이지 원문 이미지 보기. 한국정신문화연구원 편(2004) 참고>

1849-01-25. **보종계 토지매매명문**(補宗稧土地賣買明文), 답주 자필 유학 박세탁(畓主

---

[543] 호남권 한국학자료센터 홈페이지에서는 '1849년 이일원(李一源) 방매 토지매매명문(土地賣買明文)'으로 표시하였다.

自筆幼學朴世琢). <1장. 한자+이두. 조선 필사 이두 자료. 경남 밀양 신호 밀성 박씨·덕남서원 소장. 한국학중앙연구원 장서각 한국고문서자료관 홈페이지 원문 이미지 보기. 한국정신문화연구원 편(2004) 참고>

1849-01-28. **강정화 토지매매명문**(姜靖和土地賣買明文), 답주 자필 안 생원 단사댁(畓主自筆安生員丹砂宅). <1장. 한자+이두. 조선 필사 이두 자료. 경북 안동시 오천 광산 김씨 후조당 소장. 한국학중앙연구원 장서각 한국고문서자료관 홈페이지 원문 이미지와 텍스트 보기. 박병호(1974ㄱ), 한국정신문화연구원 편(1982), 최승희(1989) 참고>

1849-01-00. **국양오 소지**(鞠養吾所志) 1, 국양오.. <1장. 한자+이두. 조선 필사 이두 자료. 전북 고창 석호 담양 국씨가 구장. 전북대학교 박물관 소장. 호남권 한국학자료센터 홈페이지 원문 이미지와 텍스트 보기. 박병호(1974ㄱ), 최승희(1989), 정구복 외(1999) 참고>

1849-01-00. **박계림 노 백담 소지**(朴啓林奴伯淡所志), 백담. <1장. 한자+이두. 조선 필사 이두 자료. 전북 임실군 청웅 밀양 박씨가 소장. 호남권 한국학자료센터 홈페이지 원문 이미지와 텍스트 보기. 최승희(1989), 김경숙(2002), 심재우(2013) 참고>

1849-01-00. **박휘주 등 소지**(朴彙周等所志), 박휘주 등. <1장. 한자+이두. 조선 필사 이두 자료. 영해 도곡 무안 박씨 무의공 종택 소장. 한국학중앙연구원 장서각 한국고문서자료관 홈페이지 원문 이미지 보기. 한국학중앙연구원 편(2008) 참고>

1849-01-00. **영양향교 첩정**(英陽鄕校牒呈), 영양향교. <1장. 한자+이두. 조선 필사 이두 자료. 경북 영양군 일월면 도계리 영양향교 소장. 한국학자료센터 영남권역센터 홈페이지 원문 이미지와 텍스트 보기. 영남대학교 민족문화연구소 편(1992) 참고>

1849-01-00. **충청도 은진 충렬사 상서**(忠淸道恩津忠烈祠上書), 충렬사. <1장. 한자+이두. 조선 필사 이두 자료. 전북 완주군 비봉 반곡서원 소장. 호남권 한국학자료센터 홈페이지 원문 이미지와 텍스트 보기. 박병호(1974ㄱ), 최승희(1989) 참고>

1849-01-00. **화민 박계림 소지**(化民朴啓林所志), 박계림. <1장. 한자+이두. 조선 필사

이두 자료. 전북 임실군 청웅 밀양 박씨가 소장. 호남권 한국학자료센터 홈페이지 원문 이미지와 텍스트 보기. 최승희(1989), 김선경(1993), 김경숙(2002) 참고>

1849-02-01. **용산서원 별고 토지매매명문**(龍山書院別庫土地賣買明文), 답주 노 막내(畓主奴莫乃). <1장. 한자+이두. 조선 필사 이두 자료. 경북 경주시 내남면 이조리 경주 최씨·용산서원 소장. 한국학중앙연구원 장서각 한국고문서자료관 홈페이지 원문 이미지 보기. 한국정신문화연구원 편(2000) 참고>

1849-02-07. **영건소 고직 장복 토지매매명문**(營建所庫直張福土地賣買明文), 답주 화상 부철(畓主和尙扶哲). <1장. 한자+이두. 조선 필사 이두 자료. 안동 천전 의성 김씨 지촌 종택 소장. 한국학중앙연구원 장서각 한국고문서자료관 홈페이지 원문 이미지와 텍스트 보기. 한국정신문화연구원 편(1990) 참고>

1849-02-17. **이 생원 댁 노 원산 노비매매명문**(李生員宅奴元山奴婢賣買明文), 비주 최 노 순금(婢主崔奴順金). <1장. 한자+이두. 조선 필사 이두 자료. 경북 영덕 인량 재령 이씨 갈암 종택 구장. 한국국학진흥원 소장. 한국학자료센터 영남권역 센터 홈페이지 원문 이미지와 텍스트 보기>

1849-02-19. **강영노 처 김 씨 별급문기**(姜永老妻金氏別給文記) 1, 재주 종조부 강재관(財主從祖父姜在寬). <1장. 한자+이두. 조선 필사 이두 자료. 제주 어도내산 진주 강씨가 구장. 제주 한림 강우석 소장. 호남권 한국학자료센터 홈페이지 원문 이미지와 텍스트 보기. 최승희(1989), 고창석(2002) 참고>

1849-02-19. **강영노 처 김 씨 별급문기**(姜永老妻金氏別給文記) 2, 재주 재종조부 강재환(財主再從祖父姜在懽). <1장. 한자+이두. 조선 필사 이두 자료. 제주 어도내산 진주 강씨가 구장. 제주 한림 강우석 소장. 호남권 한국학자료센터 홈페이지 원문 이미지와 텍스트 보기. 최승희(1989), 고창석(2002) 참고>

1849-02-27. **영건소 고직 토지매매명문**(營建所庫直土地賣買明文),[544] 답주 노 시손(畓主奴是孫). <1장. 한자+이두. 조선 필사 이두 자료. 안동 천전 의성 김씨 지촌 종택 소장. 한국학중앙연구원 장서각 한국고문서자료관 홈페이지 원문 이미지와

---

[544] 한국학중앙연구원 장서각 한국고문서자료관 홈페이지에서는 '1849년 장복(張福) 토지매매명문(土地賣買明文)'으로 표시하였다.

텍스트 보기. 한국정신문화연구원 편(1990) 참고>

1849-02-27. **이 노 원상 노비매매명문**(李奴元尙奴婢賣買明文) 2, 비주 자필 최 노 순금(婢主自筆崔奴順金). <1장. 한자+이두. 조선 필사 이두 자료. 경북 영덕 인량 재령 이씨 갈암 종택 구장. 한국국학진흥원 소장. 한국학자료센터 영남권역센터 홈페이지 원문 이미지와 텍스트 보기>

1849-02-28. **나황윤 토지매매명문**(羅璜潤土地賣買明文), 답주 자필 안만서(畓主自筆安萬瑞). <1장. 한자+이두. 조선 필사 이두 자료. 전남 나주시 남내 밀양 박씨 청재 종가 소장. 호남권 한국학자료센터 홈페이지 원문 이미지와 텍스트 보기. 이수건 외(2004) 참고>

1849-02-00. **고수신 등 등장**(高守信等等狀), 고수신 등. <1장. 한자+이두. 조선 필사 이두 자료. 전북 군산시 임피면 갈은 제주 고씨가 구장. 군산근대역사박물관 소장. 호남권 한국학자료센터 홈페이지 원문 이미지와 텍스트 보기. 박병호(1974ㄱ), 최승희(1989), 전경목(1997), 정구복(2002), 김경숙(2012) 참고>

1849-02-00. **고유한 등 등장**(高有漢等等狀) 1, 고유한 등. <1장. 한자+이두. 조선 필사 이두 자료. 전북 군산시 임피면 갈은 제주 고씨가 구장. 군산근대역사박물관 소장. 호남권 한국학자료센터 홈페이지 원문 이미지와 텍스트 보기. 박병호(1974ㄱ), 최승희(1989), 전경목(1997), 정구복(2002), 김경숙(2012) 참고>

1849-02-00. **국양오 소지**(鞠養吾所志) 2, 국양오. <1장. 한자+이두. 조선 필사 이두 자료. 전북 고창 석호 담양 국씨가 구장. 전북대학교 박물관 소장. 호남권 한국학자료센터 홈페이지 원문 이미지와 텍스트 보기. 박병호(1974ㄱ), 최승희(1989), 정구복 외(1999) 참고>

1849-02-00. **김진화 정사**(金鎭華呈辭), 김진화. <1장. 한자+이두. 조선 필사 이두 자료. 안동 금계 의성 김씨 학봉 종가 소장. 한국학중앙연구원 장서각 한국고문서자료관 홈페이지 원문 이미지와 텍스트 보기. 한국정신문화연구원 편(1989) 참고>

1849-02-00. **숭선군방 노 충삼 소지**(崇善君房奴忠三所志), 충삼. <1장. 한자+이두. 조선 필사 이두 자료. 충남 공주시 전주 이씨 숭선군파 종가 소장. 한국학중앙연구원 장서각 한국고문서자료관 홈페이지 원문 이미지 보기>

1849-02-00. **숭선군방 노 충삼 의송**(崇善君房奴忠三議送), 충삼. <1장. 한자+이두. 조선 필사 이두 자료. 충남 공주시 전주 이씨 숭선군파 종가 소장. 장서각 한국고문서자료관 홈페이지 원문 이미지 보기>

1849-03-06. **정정문 토지매매명문**(鄭正文土地賣買明文), 답주 오진철(畓主吳進哲). <1장. 한자+이두. 조선 필사 이두 자료. 전남 보성군 박실 제주 양씨가 구장. 원광대학교 박물관 소장. 호남권 한국학자료센터 홈페이지 원문 이미지와 텍스트 보기. 박병호(1974ㄱ), 최승희(1989), 이재수(2003) 참고>

1849-03-07. **세원 토지매매명문**(世元土地賣買明文), 전답주 손흥록(出畓主孫興祿). <1장. 한자+이두. 조선 필사 이두 자료. 안동 천전 의성 김씨 지촌 종택 소장. 한국학중앙연구원 장서각 한국고문서자료관 홈페이지 원문 이미지와 텍스트 보기. 한국정신문화연구원 편(1990) 참고>

1849-03-12~1849-07-27(도광 29년).「전라감사 남병철 계록(**全羅監司南秉哲 啓錄**)」 제1권, 비변사(備邊司) 편(編). <1책. 제4/7. 65장. 필사본. 표제는 '全羅監營啓錄'. 한자+이두. 이두 자료. 서울대학교 규장각 한국학연구원 홈페이지 원문 이미지 보기> <영인본:「각사등록」 18(전라도편 1)(국사편찬위원회 편, 1985)> <1829-08-10~1829-11-21(제1/7)>

1849-03-27. **영건소 유사 토지매매명문**(營建所有司土地賣買明文), 전답주 산승 세원(出畓主山僧世元). <1장. 한자+이두. 조선 필사 이두 자료. 안동 천전 의성 김씨 지촌 종택 소장. 한국학중앙연구원 장서각 한국고문서자료관 홈페이지 원문 이미지와 텍스트 보기. 한국정신문화연구원 편(1990) 참고>

1849-03-00. **고득열 등 소지**(高得悅等所志) 1, 고득열 등. <1장. 한자+이두. 조선 필사 이두 자료. 전북 군산시 임피면 갈운 제주 고씨가 구장. 군산근대역사박물관 소장. 호남권 한국학자료센터 홈페이지 원문 이미지와 텍스트 보기. 박병호(1974ㄱ), 최승희(1989), 전경목(1997), 정구복(2002), 김경숙(2012) 참고>

1849-03-00. **고득열 등 소지**(高得悅等所志) 2, 고득열 등. <1장. 한자+이두. 조선 필사 이두 자료. 전북 군산시 임피면 갈운 제주 고씨가 구장. 군산근대역사박물관 소장. 호남권 한국학자료센터 홈페이지 원문 이미지와 텍스트 보기. 박병호(1974ㄱ), 최승희(1989), 전경목(1997), 정구복(2002), 김경숙(2012) 참고>

1849-03-00. **고유한 등 상서**(高有漢等上書), 고유한 등. <1장. 한자+이두. 조선 필사 이두 자료. 전북 군산시 임피면 갈운 제주 고씨가 구장. 군산근대역사박물관 소장. 호남권 한국학자료센터 홈페이지 원문 이미지와 텍스트 보기. 박병호(1974ㄱ), 최승희(1989), 전경목(1997), 정구복(2002), 김경숙(2012) 참고>

1849-03-00. **민주석 등 상서**(閔周錫等上書), 민주석 등. <1장. 한자+이두. 조선 필사 이두 자료. 전북 부안군 우반 부안 김씨 세덕각 소장. 한국학중앙연구원 장서각 한국고문서자료관 홈페이지 & 호남권 한국학자료센터 홈페이지 원문 이미지와 텍스트 보기. 박병호(1974ㄱ), 한국정신문화연구원 편(1983, 1998), 최승희(1989), 김현영(1999), 전경목(2001), 정구복(2002), 한국학중앙연구원 편(2017) 참고>

1849-03-00. **전라도관찰사 해유 이관**(全羅道觀察使解由移關), 전라도 관찰사. <1장. 한자+이두. 조선 필사 이두 자료. 안동 금계 의성 김씨 학봉 종가 소장. 한국학중앙연구원 장서각 한국고문서자료관 홈페이지 원문 이미지와 텍스트 보기. 한국정신문화연구원 편(1989) 참고>

1849-03-00~1853-00-00(己酉~癸丑). 「용동궁등록(龍洞宮謄錄)」 천(天), 편자 미상. <1책(1/4. 낙질본). 50장. 한자+이두. 조선 필사 이두 자료. 서울대학교 규장각 한국학연구원 홈페이지 원문 이미지 보기> <1857-09-00~1861-12-23(2/4. 낙질본), 1864-11-27~1868-12-20(3/4. 낙질본), 1884-01-11~1892-09-23(4/4. 낙질본)>

1849-04-05. **토지매매명문**(土地賣買明文),[545] 답주 자필 이기규(畓主自筆李基圭). <1장. 한자+이두. 조선 필사 이두 자료. 전남 보성군 박실 제주 양씨가 구장. 원광대학교 박물관 소장. 호남권 한국학자료센터 홈페이지 원문 이미지와 텍스트 보기. 박병호(1974ㄱ), 최승희(1989), 이재수(2003) 참고>

1849-04-07. **상인 임석영 토지매매명문**(喪人任錫英土地賣買明文), 전주 유학 임한조(田主幼學任漢祚). <1장. 한자+이두. 조선 필사 이두 자료. 전북대학교 박물관 소장. 호남권 한국학자료센터 홈페이지 원문 이미지와 텍스트 보기. 박병호(1974ㄱ), 이재수(2003) 참고>

---

545 호남권 한국학자료센터 홈페이지에서는 '1849년 이기규(李基圭) 방매(放賣) 토지매매명문(土地賣買明文)'으로 표시하였다.

1849-04-13. **남귀선 토지매매명문**(南貴先土地賣買明文) 1, 답주 자필 권재형(畓主自筆權在衡). <1장. 한자+이두. 조선 필사 이두 자료. 경북 안동시 오천 광산 김씨 후조당 소장. 한국학중앙연구원 장서각 한국고문서자료관 홈페이지 원문 이미지와 텍스트 보기. 박병호(1974ㄱ), 한국정신문화연구원 편(1982), 최승희(1989) 참고>

1849-04-13. **남귀선 토지매매명문**(南貴先土地賣買明文) 2, 답주 자필 권재형(畓主自筆權在衡). <1장. 한자+이두. 조선 필사 이두 자료. 경북 안동시 오천 광산 김씨 후조당 소장. 한국학중앙연구원 장서각 한국고문서자료관 홈페이지 원문 이미지와 텍스트 보기. 박병호(1974ㄱ), 한국정신문화연구원 편(1982), 최승희(1989) 참고>

1849-04-18. **족노 득복 토지매매명문**(族奴得福土地賣買明文),[546] 답주 족노 득녀(畓主族奴得女) <1장. 한자+이두. 조선 필사 이두 자료. 경북 영양군 영양읍 삼지리 한양 조씨 하담 고택 구장. 한국국학진흥원 소장. 한국학자료센터 영남권역센터 홈페이지 원문 이미지와 텍스트 보기. 박병호(1974ㄱ), 최승희(1989), 이재수(2003) 참고>

1849-04-27. **유 판서댁 노 손이 토지매매명문**(柳判書宅奴孫伊土地賣買明文), 산주 오적 최중금(山主烏赤崔仲金). <1장. 한자+이두. 조선 필사 이두 자료. 경북 안동시 하회 풍산 류씨 충효당 소장. 한국학중앙연구원 장서각 한국고문서자료관 홈페이지 원문 이미지와 텍스트 보기. 한국정신문화연구원 편(1994) 참고>

1849-04-00. **김성교 등 상서**(金性教等上書), 김성교 등. <1장. 한자+이두. 조선 필사 이두 자료. 경북 안동시 오천 광산 김씨 후조당 소장. 한국학중앙연구원 장서각 한국고문서자료관 홈페이지 원문 이미지와 텍스트 보기. 한국정신문화연구원 편(1982) 참고>

1849-04-00. **김장유 등 상서**(金章儒等上書), 김장유 등. <1장. 한자+이두. 조선 필사 이두 자료. 경북 안동시 오천 광산 김씨 후조당 소장. 한국학중앙연구원 장서각

---

[546] 한국학자료센터 영남권역센터 홈페이지에서는 '1849년 득녀(得女) 토지매매명문(土地賣買明文)'으로 표시하였다.

한국고문서자료관 홈페이지 원문 이미지와 텍스트 보기. 한국정신문화연구원 편(1982) 참고>

1849-04-00. **안영환 등 소지**(安永煥等所志), 안영환 등. <1장. 한자+이두. 조선 필사 이두 자료. 전남 보성군 택촌 죽산 안씨 은봉 종가 소장. 호남권 한국학자료센터 홈페이지 원문 이미지와 텍스트 보기>

1849-04-00. **태학 수복청 사통**(太學守僕廳私通), 수복청. <1장. 한자+이두. 조선 필사 이두 자료. 전북 완주군 비봉 반곡서원 소장. 호남권 한국학자료센터 홈페이지 원문 이미지와 텍스트 보기. 박병호(1974ㄱ), 최승희(1989) 참고>

1849-05-09~1853-02-20(도광 29년~함풍 3년 癸丑). 「함경북병영계록(**咸鏡北兵營啓錄**)」, 비변사(備邊司) 편(編). <1책(3/7). 59장. 필사본. 표제는 '鏡營啓錄'. 한자+이두. 이두 자료. 서울대학교 규장각 한국학연구원 홈페이지 원문 이미지 보기> <영인본:「각사등록」 43(함경도편 2)(국사편찬위원회 편, 1990)> <1844-03-29~1846-02-00(1/7)>

1849-05-29. **행주 기씨 문중 토지매매명문**(幸州奇氏門中土地賣買明文), 답주 유학 기명연(畓主幼學奇命衍). <1장. 한자+이두. 조선 필사 이두 자료. 전남 장성군 행주 기씨 금강 종가 소장. 호남권 한국학자료센터 홈페이지 원문 이미지와 텍스트 보기. 김재문(1986), 이재수(2003) 참고>

1849-05-00. **고유한 등 등장**(高有漢等等狀) 2, 고유한 등. <1장. 한자+이두. 조선 필사 이두 자료. 전북 군산시 임피면 갈운 제주 고씨가 구장. 군산근대역사박물관 소장. 호남권 한국학자료센터 홈페이지 원문 이미지와 텍스트 보기. 박병호(1974ㄱ), 최승희(1989), 전경목(1997), 정구복(2002), 김경숙(2012) 참고>

1849-06-03. **김달문 토지매매명문**(金達文土地賣買明文), 답주 집필 정학성(畓主自筆鄭學成). <1장. 한자+이두. 조선 필사 이두 자료. 전남 보성군 박실 제주 양씨가 구장. 원광대학교 박물관 소장. 호남권 한국학자료센터 홈페이지 원문 이미지와 텍스트 보기. 박병호(1974ㄱ), 최승희(1989), 이재수(2003) 참고>

1849-06-06~1850-04-18(도광 29년~도광 30년). 「경상도 동래부사 송주헌장록(**慶尙道東萊府使宋柱獻狀錄**)」, 비변사(備邊司) 편(編). <1책(1/9). 63장. 필사본. 표제는 '東萊府啓錄'. 한자+이두. 조선 필사 이두 자료. 서울대학교 규장각 한국학연구원

홈페이지 원문 이미지 보기> <영인본:「각사등록」12(경상도편 2)(국사편찬위원회, 1984)> <1860-06-06~1861-04-18(2/9), 1862-04-02~1863-03-28(3/9), 1863-04-03~1865-01-09(4/9), 1867-01-21~1867-09-22(5/9), 1869-01-01~1871-04-28(6/9), 1870-08-27~1872-07-16(7/9), 1871-05-05~1874-02-01(8/9), 1883-07-15~1889-08-01(9/9)>

1849-06-06~1885-11-25.「경상도 동래부사 송주헌장록(慶尙道東萊府使宋柱獻狀錄)」,[547] 이왕직실록편찬회 편(編). <불분권 10책. 필사본. 표제는 '東萊府啓錄'. 권수제는 '慶尙道東萊府使宋柱獻狀錄'. 한자+이두. 한국학중앙연구원 디지털장서각 홈페이지 'K2-3642' 원문 이미지와 텍스트 보기>

1849-06-20. **모창규 소지**(牟昌圭所志), 모창규. <1장. 한자+이두. 조선 필사 이두 자료. 전북 남원시 대곡 장수 황씨 문중 소장. 호남권 한국학자료센터 홈페이지 원문 이미지와 텍스트 보기. 박병호(1974ㄱ), 최승희(1989), 전북향토문화연구회 편(1993) 참고>

1849-06-00. **부안현 완문**(扶安縣完文), 부안현감(扶安縣監). <1장. 한자+이두. 조선 필사 이두 자료. 전북 부안군 취성재 소장. 호남권 한국학자료센터 홈페이지 원문 이미지와 텍스트 보기. 최승희(1989), 정구복 외(1999), 전경목 외(2006) 참고>

1849-08-00. **상주 옥동서원 품목**(尙州玉洞書院稟目), 옥동서원. <1장. 한자+이두. 조선 필사 이두 자료. 경북 상주시 모동면 수봉리 옥동서원 소장. 한국학자료센터 영남권역센터 홈페이지 원문 이미지와 텍스트 보기. 이수환(2001) 참고>

1849-09-01. **김기윤 등 소지**(金基潤等所志), 김기윤 등. <1장. 한자+이두. 조선 필사 이두 자료. 전북 부안군 취성재 소장. 호남권 한국학자료센터 홈페이지 원문 이미지와 텍스트 보기. 최승희(1989), 전경목(1997), 김현영(1999), 이수건 외(2004) 참고>

1849-09-13 이후.「동국세시기(東國歲時記)」, 홍석모(洪錫謨) 편. <1책. 필사본. 조선 필사 이두 자료. 풍속지. 홍승경(洪承敬) 구장본. 서울대학교 규장각 한국학연구원 홈페이지 조선광문회(1911) 연활자본 원문 이미지 보기>

---

[547] 한국학중앙연구원 디지털장서각 홈페이지에서는 서명을 '동래부계록(東萊府啓錄)'으로 적었다.

1849-09-25. **신 씨 토지매매명문**(申氏土地賣買明文), 답주 강정화(畓主姜靖和). <1장. 한자+이두. 조선 필사 이두 자료. 경북 안동시 오천 광산 김씨 후조당 소장. 한국학중앙연구원 장서각 한국고문서자료관 홈페이지 원문 이미지와 텍스트 보기. 박병호(1974ㄱ), 한국정신문화연구원 편(1982), 최승희(1989) 참고>

1849-09-28. **황 노 쇠돌 토지매매명문**(黃奴金乭土地賣買明文), 답주 고광욱(畓主高光旭). <1장. 한자+이두. 조선 필사 이두 자료. 춘천 김현식 소장. 한국학자료센터 강원권역센터 홈페이지 원문 이미지 보기. 최승희(1989), 전경목(2010), 김성갑(2013), 박준호(2016) 참고>

1849-09-00. **유진명 등 등장**(柳震明等等狀), 유진명 등. <1장. 한자+이두. 조선 필사 이두 자료. 전북 순창 청계 문화 유씨가 소장. 호남권 한국학자료센터 홈페이지 원문 이미지와 텍스트 보기. 최승희(1989), 김경숙(2002), 심재우(2013) 참고>

1849-09-00~1852-05-00(己酉~壬子). 「옥산문첩(玉山文牒)」, 강희영(姜羲永) 편(編). <1책. 114장. 필사본. 한자+이두. 조선 필사 이두 자료. 서울대학교 규장각 한국학연구원 홈페이지 원문 이미지 보기> <영인본: 「각사등록」 51(경상도 보유편 3)(국사편찬위원회 편, 1991)>

1849-10-19. **유학 임석기 토지매매명문**(幼學林錫璣土地賣買明文), 답주 오반배(畓主吳半杯). <1장. 한자+이두+한글. 조선 필사 이두 자료. 전남 보성군 박실 제주 양씨가 구장. 원광대학교 박물관 소장. 호남권 한국학자료센터 홈페이지 원문 이미지와 텍스트 보기. 박병호(1974ㄱ), 최승희(1989), 채현경(2011) 참고>

1849-10-24. **이정룡 토지매매명문**(李正龍土地賣買明文), 답주 정영묵(畓主鄭英默). <1장. 한자+이두+한글. 조선 필사 이두 자료. 전남 보성군 박실 제주 양씨가 구장. 원광대학교 박물관 소장. 호남권 한국학자료센터 홈페이지 원문 이미지와 텍스트 보기. 박병호(1974ㄱ), 최승희(1989), 이재수(2003) 참고>

1849-10-25. **유학 김성윤 토지매매명문**(幼學金聖允土地賣買明文), 답주 상인 정학규(畓主喪人鄭學奎). <1장. 한자+이두. 조선 필사 이두 자료. 전남 보성군 박실 제주 양씨가 구장. 원광대학교 박물관 소장. 호남권 한국학자료센터 홈페이지 원문 이미지와 텍스트 보기. 박병호(1974ㄱ), 이재수(2003) 참고>

1849-10-00. **양재절 등 첩정**(楊在節等牒呈), 양재절 등. <1장. 한자+이두. 조선 필사

이두 자료. 전북 순창 청계 문화 유씨가 소장. 호남권 한국학자료센터 홈페이지 원문 이미지와 텍스트 보기. 박병호(1974ㄱ), 최승희(1989), 정구복 외(1999) 참고>

1849-10-00. **유진방 등 등장**(柳震芳等等狀), 유진방 등. <1장. 한자+이두. 조선 필사 이두 자료. 전북 순창 청계 문화 유씨가 소장. 호남권 한국학자료센터 홈페이지 원문 이미지와 텍스트 보기. 최승희(1989), 김경숙(2002), 심재우(2013) 참고>

1849-10-00. **화민 신굉규 등 소지**(化民辛宏珪等所志), 신굉규 등. <1장. 한자+이두. 조선 필사 이두 자료. 전남 영광군 입석 영월 신씨 소장. 한국학중앙연구원 장서각 한국고문서자료관 홈페이지 원문 이미지와 텍스트 보기. 한국정신문화연구원 편(1996) 참고>

1849-11-24. **이천금 토지매매명문**(李千金土地賣買明文),⁵⁴⁸ 답주 김재특(畓主金在特). <1장. 한자+이두. 조선 필사 이두 자료. 경북 영양군 영양읍 삼지리 한양 조씨 하담 고택 구장. 한국국학진흥원 소장. 한국학자료센터 영남권역센터 홈페이지 원문 이미지와 텍스트 보기. 박병호(1974ㄱ), 최승희(1989), 이재수(2003), 이수건 외(2004) 참고>

1849-11-27. **행주 기씨 종가 토지매매명문**(幸州奇氏宗家土地賣買明文), 답주 한량 이달록(畓主閑良李達錄). <1장. 한자+이두. 조선 필사 이두 자료. 전남 장성군 행주 기씨 금강 종가 소장. 호남권 한국학자료센터 홈페이지 원문 이미지와 텍스트 보기. 김재문(1986), 이재수(2003) 참고>

1849-11-29. **삼종손 김흥락 노비매매명문**(三從孫金興洛奴婢賣買明文), 노비주 삼종조 김주수(奴婢主三從祖金冑壽). <1장. 한자+이두. 조선 필사 이두 자료. 안동 금계 의성 김씨 학봉 종가 소장. 한국학중앙연구원 장서각 한국고문서자료관 홈페이지 원문 이미지와 텍스트 보기. 한국정신문화연구원 편(1990) 참고>

1849-11-00. **박종석 소지**(朴宗錫所志), 박종석. <1장. 한자+이두. 조선 필사 이두 자료. 부여 은산 함양 박씨 소장. 한국학중앙연구원 장서각 한국고문서자료관 홈페이지 원문 이미지 보기. 한국정신문화연구원 편(2000) 참고>

---

548 한국학자료센터 영남권역센터 홈페이지에서는 '1849년 김재특(金在特) 토지매매명문(土地賣買明文)'으로 표시하였다.

1849-11-00. **오경리 차첩**(吳慶履差帖), 이조(吏曹). <1장. 한자+이두. 조선 필사 이두 자료. 영암 아산사 구장. 광주 해주 오씨 오철환 소장. 호남권 한국학자료센터 홈페이지 원문 이미지 보기. 최승희(1989) 참고>

1849-12-03. **보종소 토지매매명문**(補宗所土地賣買明文), 전주 자필 김우운(田主自筆 金祐運). <1장. 한자+이두. 조선 필사 이두 자료. 안동 천전 의성 김씨 지촌 종택 소장. 한국학중앙연구원 장서각 한국고문서자료관 홈페이지 원문 이미지와 텍스트 보기. 한국정신문화연구원 편(1990) 참고>

1849-12-03. **유학 지한구 가사매매명문**(幼學池漢求家舍賣買明文), 가대주 유학 박환일(家垈主幼學朴煥一). <1장. 한자+이두. 조선 필사 이두 자료. 전남 여수 좌수영 박물관 소장. 호남권 한국학자료센터 홈페이지 원문 이미지와 텍스트 보기. 최승희(1989), 국립민속박물관 편(1991) 참고>

1849-12-03. **토지매매명문**(土地賣買明文),[549] 답주 산인 장홍(畓主山人丈溆). <1장. 한자+이두. 조선 필사 이두 자료. 전남 나주시 남내 밀양 박씨 청재 종가 소장. 호남권 한국학자료센터 홈페이지 원문 이미지와 텍스트 보기. 김태영(1983), 김소은(2004) 참고>

1849-12-08. **족숙 윤인 토지매매명문**(族叔允仁土地賣買明文), 답주 자필 족질 일갑(畓主自筆族侄日甲). <1장. 한자+이두. 조선 필사 이두 자료. 경북 안동시 주촌 진성 이씨 경류정 소장. 한국학중앙연구원 장서각 한국고문서자료관 홈페이지 원문 이미지와 텍스트 보기. 한국정신문화연구원 편(1999) 참고>

1849-12-13. **토지매매명문**(土地賣買明文),[550] 답주 자필 오희연(畓主自筆吳姬然). <1장. 한자+이두. 조선 필사 이두 자료. 전남 나주시 남내 밀양 박씨 청재 종가 소장. 호남권 한국학자료센터 홈페이지 원문 이미지와 텍스트 보기. 박화진(1998), 손환일(2004ㄱ) 참고>

1849-12-18. **정화보 토지매매명문**(鄭化甫土地賣買明文), 답주 유학 정학규(畓主幼學

---

[549] 호남권 한국학자료센터 홈페이지에서는 '1849년 장홍(丈溆) 방매(放賣) 토지매매명문(土地賣買明文)'으로 표시하였다.

[550] 호남권 한국학자료센터 홈페이지에서는 '1849년 오희연(吳姬然) 방매(放賣) 토지매매명문(土地賣買明文)'으로 표시하였다.

鄭學奎). <1장. 한자+이두. 조선 필사 이두 자료. 전남 보성군 박실 제주 양씨가 구장. 원광대학교 박물관 소장. 호남권 한국학자료센터 홈페이지 원문 이미지와 텍스트 보기>

1849-12-19. **고 생원 댁 노 정축 토지매매명문**(高生員宅奴丁丑土地賣買明文), 답주 이 진사 노 임득(畓主李 進士奴壬得). <1장. 한자+이두. 조선 필사 이두 자료. 강원도 양양군 제주 고씨 소장. 한국학자료센터 강원권역센터 홈페이지 원문 이미지와 텍스트 보기. 최승희(1989), 채현경(2011), 김세민(2013) 참고>

1849-12-23. **가대 명문**(家垈明文), 가대주 최세기(家垈主崔世器). <1장. 한자+이두. 조선 필사 이두 자료. 경북 경주시 내남면 이조리 경주 최씨·용산서원 소장. 한국학중앙연구원 장서각 한국고문서자료관 홈페이지 원문 이미지 보기. 한국정신문화연구원 편(2000) 참고>

1849-12-26. **사양서원 통문**(泗陽書院通文), 사양서원. <1장. 한자+이두. 조선 필사 이두 자료. 경북 경주시 내남면 이조리 경주 최씨·용산서원 소장. 한국학중앙연구원 장서각 한국고문서자료관 홈페이지 원문 이미지 보기. 한국정신문화연구원 편(2000) 참고>

1849-12-28. **사종제 김한상 토지매매명문**(四從弟金漢相土地賣買明文), 전주 자필 김두상(田主自筆金斗相). <1장. 한자+이두. 조선 필사 이두 자료. 경북 안동시 오천 광산 김씨 후조당 소장. 한국학중앙연구원 장서각 한국고문서자료관 홈페이지 원문 이미지와 텍스트 보기. 박병호(1974ㄱ), 한국정신문화연구원 편(1982), 최승희(1989) 참고>

1849-12-29. **이 생원 댁 재사 토지매매명문**(李生員宅齋舍土地賣買明文), 답주 남세귀(畓主南世龜). <1장. 한자+이두. 조선 필사 이두 자료. 경북 안동시 주촌 진성 이씨 경류정 소장. 한국학중앙연구원 장서각 한국고문서자료관 홈페이지 원문 이미지와 텍스트 보기. 한국정신문화연구원 편(1999) 참고>

1849-12-30. **토지매매명문**(土地賣買明文),[551] 답주 자필 유학 안택일(畓主自筆幼學安

---

[551] 호남권 한국학자료센터 홈페이지에서는 '1849년 안택일(安宅逸) 방매(放賣) 토지매매명문(土地賣買明文)'으로 표시하였다.

宅逸). <1장. 한자+이두. 조선 필사 이두 자료. 전남 나주시 남내 밀양 박씨 청재 종가 소장. 호남권 한국학자료센터 홈페이지 원문 이미지와 텍스트 보기. 안승준 (1988) 참고>

1849-12-00. **을유년 영양향교 첩정**(乙酉年英陽鄕校牒呈), 영양향교 집강 김(執綱金). <1장. 한자+이두. 조선 필사 이두 자료. 경북 영양군 일월면 도계리 영양향교 소장. 한국학자료센터 영남권역센터 홈페이지 원문 이미지와 텍스트 보기. 영남대학교 민족문화연구소 편(1992) 참고>

1849-■■-■■. **남운백 토지매매명문**(南雲百土地賣買明文), 전주 김학준(出主金學俊). <1장. 한자+이두. 조선 필사 이두 자료. 경북 안동시 박실 전주 류씨 수정재 고택 구장. 한국국학진흥원 소장. 한국학자료센터 영남권역센터 홈페이지 원문 이미지와 텍스트 보기>

1849-00-29. **박동혁 토지매매명문**(朴東赫土地賣買明文), 답주 박민신(畓主朴民新). <1장. 한자+이두. 조선 필사 이두 자료. 경남 합천 용연서원 소장. 한국학중앙연구원 장서각 한국고문서자료관 홈페이지 원문 이미지 보기. 한국정신문화연구원 편(1996) 참고>

1849-00-00. 「경릉산릉도감의궤(**景陵山陵都監儀軌**)」[552] 상·하, 산릉도감 편. <2책. 226장+233장. 필사본. 표제는 '憲宗大王景陵山陵都監儀軌上'. 목록제는 '景陵山陵都監儀軌目錄'. 한자+이두. 조선 필사 이두 자료. 국립중앙박물관 외규장각 의궤 홈페이지 '외규288~289' 원문 이미지와 텍스트 보기>

1849-00-00. 「경릉산릉도감의궤(**景陵山陵都監儀軌**)」[553] 상·하, 산릉도감 편. <2책. 225장+234장. 필사본. 상권의 표제는 '(道光二十九年己酉六月日五臺山史庫上)憲宗大王景陵山陵都監儀軌上'. 권수제는 '景陵山陵都監儀軌上'. 한자+이두. 조선 필사 이두 자료. 서울대학교 규장각 한국학연구원 의궤 종합정보 홈페이지 원문 이미지 보기>

---

[552] 국립중앙박물관 외규장각 의궤 홈페이지에서는 서명을 표제나 권수제와는 달리 '헌종경릉산릉도감의궤(憲宗景陵山陵都監儀軌)'로 적었다.

[553] 서울대학교 규장각 한국학연구원 의궤 종합정보 홈페이지에서는 서명을 '헌종경릉산릉도감의궤(憲宗景陵山陵都監儀軌)'로 적었다.

1849-00-00. **고진오 등 등장**(高鎭五等等狀), 고진오 등. <1장. 한자+이두. 조선 필사 이두 자료. 전북 부안 청호 제주 고씨 문중 구장. 전북 부안 청호 효충사 소장. 호남권 한국학자료센터 홈페이지 원문 이미지와 텍스트 보기. 최승희(1989), 김경숙(2002), 심재우(2013) 참고>

1849-00-00. 「등록(謄錄)」 <1책. 53장. 필사본. 한자+이두. 조선 필사 이두 자료. 한국학중앙연구원 장서각 한국학자료센터 홈페이지 원문 이미지 보기>

1849-00-00. 「등록(謄錄)」 <1책. 101장. 필사본. 한자+이두. 조선 필사 이두 자료. 한국학중앙연구원 장서각 한국학자료센터 홈페이지 원문 이미지 보기>

1849-00-00. 「재궁일부합목등록(梓宮一部合木謄錄)」, 예조(禮曹) 편(編). <1책. 8장. 필사본. 한자+이두. 조선 필사 이두 자료. 한국학중앙연구원 장서각 소장. 한국학중앙연구원 한국학 디지털 아카이브 홈페이지 원문 이미지와 텍스트 보기>

1849-00-00. 「진찬의궤(進饌儀軌)」, 진연도감(進宴都監). <1책. 39장. 필사본. 한자+이두. 조선 필사 이두 자료. 일본 동경대학 오구라문고 소장. 고려대학교 해외한국학자료센터 홈페이지 참고>

1849-00-00. 「헌종대왕국장도감의궤(憲宗大王國葬都監儀軌)」[554] 1-4, 국장도감 편. <4책. 필사본. 권1의 표제는 '(道光二十九年己酉六月 日 五臺山上)憲宗大王 國葬都監儀軌一'. 권수제는 '憲宗大王國葬都監儀軌卷首'. 한자+이두. 조선 필사 이두 자료. 서울대학교 규장각 한국학연구원 의궤 종합정보 홈페이지 '奎13784' 원문 이미지 보기>

1849-00-00. 「헌종대왕국휼등록(憲宗大王國恤謄錄)」 1-4, 예조(禮曹) 편. <4책. 필사본. 한자+이두. 조선 필사 이두 자료. 한국학중앙연구원 장서각 소장. 한국학중앙연구원 한국학 디지털 아카이브 홈페이지 원문 이미지 보기>

1849-00-00. 「헌종대왕빈전혼전도감의궤(憲宗大王殯殿魂殿都監儀軌)」[555] 상·중·하, 빈전혼전도감 편. <3책. 필사본. 상권의 표제는 '(道光二十九年六月 日 春秋館上)憲宗大

---

[554] 서울대학교 규장각 한국학연구원 의궤 종합정보 홈페이지에서는 서명을 '헌종국장도감의궤(憲宗國葬都監儀軌)'로 적었다.

[555] 서울대학교 규장각 한국학연구원 의궤 종합정보 홈페이지에서는 서명을 '헌종빈전혼전도감의궤(憲宗殯殿魂殿都監儀軌)'로 적었다.

王 殯殿魂殿都監儀軌 上'. 목록제는 '憲宗大王殯殿魂殿都監儀軌目錄'. 한자+이두. 조선 필사 이두 자료. 서울대학교 규장각 한국학연구원 의궤 종합정보 홈페이지 '奎13789' 원문 이미지 보기>

1849-00-00. 「헌종대왕빈전혼전도감의궤(**憲宗大王殯殿魂殿都監儀軌**)」[556] 상·중·하, 빈전혼전도감 편. <3책. 134장+170장+220장. 필사본. 표제는 '憲宗大王殯殿魂殿都監儀軌'. 목록제는 '憲宗大王殯殿魂殿都監儀軌目錄'. 한자+이두. 조선 필사 이두 자료. 국립중앙박물관 외규장각 의궤 홈페이지 '외규290~292' 원문 이미지와 텍스트 보기>

1849-00-00~1850-00-00. 「장생전황장등록(**長生殿黃腸謄錄**), 예조(禮曹). <1책. 32장. 필사본. 한자+이두. 조선 필사 이두 자료. 한국학중앙연구원 장서각 소장. 한국학중앙연구원 한국학 디지털 아카이브 홈페이지 원문 이미지 보기>

1849-00-00~1863-00-00. 「일성록(**日省錄**)」, 규장각(奎章閣) 편(編). <220책. 필사본. 3책 낙질본. 한자+이두. 조선 필사 이두 자료. 국보 제153호. 서울대학교 규장각 한국학연구원 홈페이지 '奎12815' 원문 이미지와 텍스트 보기> <① 1760-00-00~1800-00-00(676책. '奎12811') ② 1792-00-00~1800-00-00(2책. 별책. '奎12812') ③1800-00-00~1834-00-00(637책. '奎12813') ④ 1834-00-00~1849-00-00(199책. '奎12814') ⑤ 1849-00-00~1863-00-00(220책. '奎12815') ⑥ 1863-00-00~1907-00-00(562책. '奎12816')>

1850년

<경술(庚戌), 철종(哲宗) 1년, 도광 30년>

1850-01-01~1850-12-23(庚戌). 「전객사일기(**典客司日記**)」 92, 예조(禮曹) 전객사(典客司) 편(編). <1책(92/99). 90장. 필사본. 한자+이두. 조선 필사 이두 자료. 서울대

---

[556] 국립중앙박물관 외규장각 의궤 홈페이지에서는 서명을 표제나 권수제와는 달리 '헌종빈전혼전도감의궤(憲宗殯殿魂殿都監儀軌)'로 적었다.

학교 규장각 한국학연구원 홈페이지 원문 이미지 보기> <1640-01-22~1641-12-23(1)>

1850-01-01~1850-12-30. 「결속색등록(結束色謄錄)」, 병조(兵曹) 편(編). <1책(64). 174장. 필사본. 한자+이두. 조선 필사 이두 자료. 서울대학교 규장각 한국학연구원 홈페이지 1787년~1891년 낙질본 107책(1792년(건륭 57년), 1811년(가경 16년) 하, 1816년(가경 21년), 1817년(가경 22년), 1824년(도광 4년), 1831(도광 11년), 1871(동치 10년), 1885년(광서 11년) 없음) 원문 이미지 보기>

1850-01-03~1851-01-24(庚戌~辛亥). 「황해감사서등장계등록(黃海監司徐等狀啓謄錄)」, 비변사(備邊司) 편(編). <1책(9/22). 234장. 필사본. 표제는 '黃海監營啓錄'. 한자+이두. 조선 필사 이두 자료. 서울대학교 규장각 한국학연구원 홈페이지 원문 이미지 보기> <영인본: 「각사등록」 22(황해도편 1)(국사편찬위원회 편, 1985)> <1832-07-02~1832-12-30(1/22)>

1850-01-06. **토지매매명문**(土地賣買明文),[557] 답주 김인규(畓主金仁奎). <1장. 한자+이두. 조선 필사 이두 자료. 전남 영광군 염소면 원주 이씨가 구장. 광주광역시 이정옥 소장. 호남권 한국학자료센터 홈페이지 원문 이미지와 텍스트 보기. 최승희(1989), 정구복 외(1999) 참고>

1850-01-22. **강원도 관문 초**(江原道關文草), 강원도. <1장. 한자+이두. 조선 필사 이두 자료. 안동 금계 의성 김씨 학봉 종가 소장. 한국학중앙연구원 장서각 한국고문서자료관 홈페이지 원문 이미지와 텍스트 보기. 한국정신문화연구원 편(1989) 참고>

1850-01-22. **강원도 관**(江原道關), 강원도. <1장. 한자+이두. 조선 필사 이두 자료. 안동 금계 의성 김씨 학봉 종가 소장. 한국학중앙연구원 장서각 한국고문서자료관 홈페이지 원문 이미지와 텍스트 보기. 한국정신문화연구원 편(1989) 참고>

1850-01-26. **칠촌 숙 조사진 토지매매명문**(七寸叔曺士振土地賣買明文), 답주 유학 조석린(畓主幼學曺錫麟). <1장. 한자+이두. 조선 필사 이두 자료. 경북 안동시 박실

---

557 호남권 한국학자료센터 홈페이지에서는 '1850년 김인규(金仁奎) 방매(放賣) 토지매매명문(土地賣買明文)'으로 표시하였다.

전주 류씨 수정재 고택 구장. 한국국학진흥원 소장. 한국학자료센터 영남권역센터 홈페이지 원문 이미지와 텍스트 보기. 최승희(1989), 정구복 외(1999), 채현경(2011) 참고>

1850-01-00. **유함진 소지**(柳咸鎭所志), 유함진. <2장. 점련문서. 한자+이두. 조선 필사 이두 자료. 경북 안동시 수곡면 전주 류씨 삼산 종가 구장. 한국국학진흥원 소장. 한국학자료센터 영남권역센터 홈페이지 원문 이미지와 텍스트 보기. 김선경(1993), 김경숙(2002, 2008) 참고>

1850-01-00. **최우빈·최우문 등 발괄**(崔遇贇崔遇汶等白活) 1, 최우빈·최우문 등. <1장. 한자+이두. 조선 필사 이두 자료. 남원·구례 삭녕 최씨 구장. 한국학중앙연구원 장서각 한국고문서자료관 홈페이지 원문 이미지 보기. 한국정신문화연구원 편(2004) 참고>

1850-01-00. **최우빈·최우문 등 발괄**(崔遇贇崔遇汶等白活) 2, 최우빈·최우문 등. <1장. 한자+이두. 조선 필사 이두 자료. 남원·구례 삭녕 최씨 구장. 한국학중앙연구원 장서각 한국고문서자료관 홈페이지 원문 이미지 보기. 한국정신문화연구원 편(2004) 참고>

1850-01-00~1852-03-00. 「왕비가례등록(王妃嘉禮謄錄)」,[558] 예조(禮曹) 편(編). <1책. 87장. 필사본. 표제는 '(辛亥 哲仁王后)王妃嘉禮謄錄'. 권수제는 '(咸豊元年辛亥九月二十六日)王妃嘉禮謄錄. 한자+이두. 한국학중앙연구원 디지털장서각 홈페이지 'K2-2671' 원문 이미지와 텍스트 보기>

1850-02-03. **■■■ 토지매매명문**(■■■土地賣買明文),[559] 답주 전정세·전언오(畓主全丁世全彦吾). <1장. 한자+이두. 조선 필사 이두 자료. 전남 나주시 남내 밀양 박씨 청재 종가 소장. 호남권 한국학자료센터 홈페이지 원문 이미지와 텍스트 보기. 오인택(1994, 1996) 참고>

1850-02-04. **계정 이씨 문중 가사매매명문**(溪亭李氏門中家舍賣買明文), 가대주 월성

---

[558] 한국학중앙연구원 디지털장서각 홈페이지에서는 서명을 '[철인왕후]왕비가례등록[哲仁王后]王妃嘉禮謄錄]'으로 적었다.

[559] 호남권 한국학자료센터 홈페이지에서는 '1850년 전정세(全丁世) 등 방매(放賣) 토지매매명문(土地賣買明文)'으로 표시하였다.

김씨(家垈主月城金氏). <1장. 한자+이두. 조선 필사 이두 자료. 경북 경주시 안강읍 옥산리 여주 이씨 독락당 소장. 한국학중앙연구원 장서각 한국고문서자료관 홈페이지 원문 이미지 보기. 한국정신문화연구원 편(2003) 참고>

1850-02-04. **유학 이장찬 가대명문**(幼學李章燦家垈明文), 가대주 유학 최세기(家垈主幼學崔世器). <1장. 한자+이두. 조선 필사 이두 자료. 경북 경주시 내남면 이조리 경주 최씨·용산서원 소장. 한국학중앙연구원 장서각 한국고문서자료관 홈페이지 원문 이미지 보기. 한국정신문화연구원 편(2000) 참고>

1850-02-07. **경상도 첩정**(慶尙道牒呈), 경상도. <1장. 한자+이두. 조선 필사 이두 자료. 안동 금계 의성 김씨 학봉 종가 소장. 한국학중앙연구원 장서각 한국고문서자료관 홈페이지 원문 이미지와 텍스트 보기. 한국정신문화연구원 편(1989) 참고>

1850-02-08. **유학 조권진 토지매매명문**(幼學曺權鎭土地賣買明文), 답주 유학 김세환(畓主幼學金世煥). <1장. 한자+이두. 조선 필사 이두 자료. 영암 미암 창녕 조씨 태호 후손가 소장. 호남권 한국학자료센터 홈페이지 원문 이미지 보기. 최승희(1989) 참고>

1850-02-12~1860-07-22(도광 30년~庚申).「전라좌수영계록(**全羅左水營啓錄**)」1, 비변사(備邊司) 편(編). <1책(1/5). 98장. 필사본. 표제는 '各道啓錄'. 권수제는 '(咸豊元年二月 日)湖左水營 啓錄'. 한자+이두. 조선 필사 이두 자료. 서울대학교 규장각 한국학연구원 홈페이지 원문 이미지 보기> <영인본:「각사등록」20(전라도편 3)(국사편찬위원회 편, 1986)> <1860-11-30~1864-05-02(2/5), 1865-09-28~1875-06-01(3/5), 1881-윤7-24~1886-04-25(4/5), 1890-07-13~1892-09-21(5/5)>

1850-02-13. **박 노 선봉·월삼 산지매매명문**(朴奴先奉月三山地賣買明文), 산주 권 노 여심(山主權奴女心). <1장. 한자+이두. 조선 필사 이두 자료. 경북 영주시 문수면 수도리 반남 박씨 오헌 고택 구장. 한국국학진흥원 소장. 한국학자료센터 영남권역센터 홈페이지 원문 이미지와 텍스트 보기. 김성갑(2013) 참고>

1850-02-15. **토지매매명문**(土地賣買明文),[560] 답주 유학 김대유(畓主幼學金大有). <1

---

560 호남권 한국학자료센터 홈페이지에서는 '1850년 김대유(金大有) 방매 토지매매명문(土地賣買明

장. 한자+이두. 조선 필사 이두 자료. 전북대학교 박물관 소장. 호남권 한국학자료센터 홈페이지 원문 이미지와 텍스트 보기>

1850-02-20. **김응수 토지매매명문**(金應壽土地賣買明文), 답주 박준근(畓主朴俊根). <1장. 한자+이두. 조선 필사 이두 자료. 경북 안동시 수곡면 전주 류씨 삼산 종가 구장. 한국국학진흥원 소장. 한국학자료센터 영남권역센터 홈페이지 원문 이미지와 텍스트 보기. 최승희(1989), 이재수(2003), 전경목(2010), 정수환(2012) 참고>

1850-02-25. **유학 토지매매명문**(幼學土地賣買明文),[561] 자필 답주 유학 장효(自筆畓主 幼學張涍). <1장. 한자+이두. 조선 필사 이두 자료. 전남 순천 월등 목천 장씨가 구장. 전북대학교 박물관 소장. 호남권 한국학자료센터 홈페이지 원문 이미지와 텍스트 보기. 최승희(1989), 정구복 외(1999), 이재수(2003) 참고>

1850-02-29~1850-08-12(庚戌). 「영덕현 치사인 김태봉 옥사추안(**盈德縣致死人金太 奉獄事推案**)」, 영덕현(盈德縣) 편(編). <1책. 75장. 필사본. 표제는 '盈德縣邑內面東 上里致死人金太奉初覆檢文案'. 권수제는 '(道光三十年三月 日)盈德縣致死人金太奉 獄事推案'. 한자+이두. 조선 필사 이두 자료. 서울대학교 규장각 한국학연구원 홈페이지 원문 이미지 보기>

1850-02-00. **권선지 등 소지**(權善之等所志), 권선지 등. <1장. 한자+이두. 조선 필사 이두 자료. 남원·구례 삭녕 최씨 구장. 한국학중앙연구원 장서각 한국고문서자료 관 홈페이지 원문 이미지 보기. 한국정신문화연구원 편(2004) 참고>

1850-02-00. **유치각 등 소지**(柳致覺等所志), 유치각 등. <1장. 한자+이두. 조선 필사 이두 자료. 경북 안동시 수곡면 전주 류씨 삼산 종가 구장. 한국국학진흥원 소장. 한국학자료센터 영남권역센터 홈페이지 원문 이미지와 텍스트 보기. 김선경 (1993), 김경숙(2002, 2008) 참고>

1850-02-00. **유치각 등 연명 상서**(柳致覺等連名上書) 1, 유치각 등. <2장. 점련문서.

文)'으로 표시하였다.

[561] 호남권 한국학자료센터 홈페이지에서는 '1850년 장효(張涍) 방매(放賣) 토지매매명문(土地賣買明 文)'으로 표시하였다.

한자+이두. 조선 필사 이두 자료. 경북 안동시 수곡면 전주 류씨 삼산 종가 구장. 한국국학진흥원 소장. 한국학자료센터 영남권역센터 홈페이지 원문 이미지와 텍스트 보기. 김선경(1993), 김경숙(2002, 2008) 참고>

1850-02-00. **유치각 등 연명 상서**(柳致覺等連名上書) 2, 유치각 등. <1장. 한자+이두. 조선 필사 이두 자료. 경북 안동시 수곡면 전주 류씨 삼산 종가 구장. 한국국학진흥원 소장. 한국학자료센터 영남권역센터 홈페이지 원문 이미지와 텍스트 보기. 김선경(1993), 김경숙(2002, 2008) 참고>

1850-02-00. **최처효·최우윤 등 소지**(崔處孝崔遇贇等所志) 1, 최처효·최우윤 등. <1장. 한자+이두. 조선 필사 이두 자료. 남원·구례 삭녕 최씨 구장. 한국학중앙연구원 장서각 한국고문서자료관 홈페이지 원문 이미지 보기. 한국정신문화연구원 편(2004) 참고>

1850-02-00. **최철효·최윤효 등 소지**(崔喆孝崔允孝等所志), 최철효·최윤효 등. <1장. 한자+이두. 조선 필사 이두 자료. 남원·구례 삭녕 최씨 구장. 한국학중앙연구원 장서각 한국고문서자료관 홈페이지 원문 이미지 보기. 한국정신문화연구원 편(2004) 참고>

1850-03-03. **조장남 토지매매명문**(曺璋南土地賣買明文), 자필 답주 유학 김한순(自筆畓主幼學金漢淳). <1장. 한자+이두. 조선 필사 이두 자료. 전북대학교 박물관 소장. 호남권 한국학자료센터 홈페이지 원문 이미지와 텍스트 보기. 최승희(1989), 정구복 외(1999), 이재수(2003) 참고>

1850-03-17. **별고 고자 토지매매명문**(別庫庫子土地賣買明文), 답주 최 노 대철(畓主崔奴大哲). <1장. 한자+이두. 조선 필사 이두 자료. 경북 경주시 내남면 이조리 경주 최씨·용산서원 소장. 한국학중앙연구원 장서각 한국고문서자료관 홈페이지 원문 이미지 보기. 한국정신문화연구원 편(2000) 참고>

1850-03-17. **장흥고 공상지 공인권 매매명문**(長興庫供上紙貢人權賣買明文),[562] 재주 최택전(財主崔宅銓). <1장. 한자+이두. 조선 필사 이두 자료. 일본 경도대학 가와

---

[562] 고려대학교 해외한국학자료센터 홈페이지에서는 '1850년 **최천(崔銓)** 방매 장흥고(長興庫) 공상지(供上紙) 공인권(貢人權) 매매명문(賣買明文)'으로 잘못 표시하였다.

이문고 소장. 고려대학교 해외한국학자료센터 홈페이지 원문 이미지 보기>

1850-03-00. **고기환 등 상서**(高基煥等上書), 고기환 등. <1장. 한자+이두. 조선 필사 이두 자료. 전북 부안군 우반 부안 김씨 세덕각 소장. 한국학중앙연구원 장서각 한국고문서자료관 홈페이지 & 호남권 한국학자료센터 홈페이지 원문 이미지와 텍스트 보기. 박병호(1974ㄱ), 한국정신문화연구원 편(1983, 1998), 최승희(1989), 김현영(1999), 전경목(2001), 정구복(2002), 한국학중앙연구원 편(2017) 참고>

1850-03-00. **김시연 등 소지**(金始演等所志), 김시연 등. <1장. 한자+이두. 조선 필사 이두 자료. 대전·청양 안동 김씨 삼당 후손가 소장. 한국학중앙연구원 장서각 한국고문서자료관 홈페이지 원문 이미지 보기. 한국정신문화연구원 편(2003) 참고>

1850-03-00. **김조연 소지**(金肇演所志) 1, 김조연. <1장. 한자+이두. 조선 필사 이두 자료. 대전·청양 안동 김씨 삼당 후손가 소장. 한국학중앙연구원 장서각 한국고문서자료관 홈페이지 원문 이미지 보기. 한국정신문화연구원 편(2003) 참고>

1850-03-00. **최처효·최우윤 등 소지**(崔處孝崔遇贇等所志) 2, 최처효·최우윤 등. <1장. 한자+이두. 조선 필사 이두 자료. 남원·구례 삭녕 최씨 구장. 한국학중앙연구원 장서각 한국고문서자료관 홈페이지 원문 이미지 보기. 한국정신문화연구원 편(2004) 참고>

1850-04-03. **형조 계목**(刑曹啓目) 1, 형조. <1장. 한자+이두. 조선 필사 이두 자료. 충남 공주시 전주 이씨 숭선군파 종가 소장. 한국학중앙연구원 장서각 한국고문서자료관 홈페이지 원문 이미지 보기>

1850-04-26. **강지환 토지매매명문**(姜至煥土地賣買明文), 전주 자필집 김재신(田主自筆執金在信). <1장. 한자+이두. 조선 필사 이두 자료. 제주 장전리 진주 강씨 강태복가 소장. 호남권 한국학자료센터 홈페이지 원문 이미지와 텍스트 보기. 최승희(1989), 고창석(2002) 참고>

1850-04-00. **김시연 등 의송**(金始演等議送), 김시연 등. <1장. 한자+이두. 조선 필사 이두 자료. 대전·청양 안동 김씨 삼당 후손가 소장. 한국학중앙연구원 장서각 한국고문서자료관 홈페이지 원문 이미지 보기. 한국정신문화연구원 편(2003) 참고>

1850-04-00. **김조연 소지**(金肇演所志) 2, 김조연. <1장. 한자+이두. 조선 필사 이두 자료. 대전·청양 안동 김씨 삼당 후손가 소장. 한국학중앙연구원 장서각 한국고문 서자료관 홈페이지 원문 이미지 보기. 한국정신문화연구원 편(2003) 참고>

1850-04-00. **김조연 소지**(金肇演所志) 3, 김조연. <1장. 한자+이두. 조선 필사 이두 자료. 대전·청양 안동 김씨 삼당 후손가 소장. 한국학중앙연구원 장서각 한국고문 서자료관 홈페이지 원문 이미지 보기. 한국정신문화연구원 편(2003) 참고>

1850-04-00. **김조연 소지**(金肇演所志) 4, 김조연. <1장. 한자+이두. 조선 필사 이두 자료. 대전·청양 안동 김씨 삼당 후손가 소장. 한국학중앙연구원 장서각 한국고문 서자료관 홈페이지 원문 이미지 보기. 한국정신문화연구원 편(2003) 참고>

1850-04-00. **화민 최제헌 등 소지**(化民崔濟憲等所志) 1, 최제헌 등. <1장. 한자+이두. 조선 필사 이두 자료. 경북 경주시 내남면 이조리 경주 최씨·용산서원 소장. 한국학중앙연구원 장서각 한국고문서자료관 홈페이지 원문 이미지 보기. 한국정신문 화연구원 편(2000) 참고>

1850-05-04. **문중 토지매매명문**(門中土地賣買明文), 답주 유학 신광섭(畓主幼學辛光燮). <1장. 한자+이두. 조선 필사 이두 자료. 전남 영광군 입석 영월 신씨 소장. 한국학중앙연구원 장서각 한국고문서자료관 홈페이지 원문 이미지와 텍스트 보기. 한국정신문화연구원 편(1996) 참고>

1850-05-00. **김조연 소지**(金肇演所志) 5, 김조연. <1장. 한자+이두. 조선 필사 이두 자료. 대전·청양 안동 김씨 삼당 후손가 소장. 한국학중앙연구원 장서각 한국고문 서자료관 홈페이지 원문 이미지 보기. 한국정신문화연구원 편(2003) 참고>

1850-05-00. **김조연 의송**(金肇演議送) 1, 김조연. <1장. 한자+이두. 조선 필사 이두 자료. 대전·청양 안동 김씨 삼당 후손가 소장. 한국학중앙연구원 장서각 한국고문 서자료관 홈페이지 원문 이미지 보기. 한국정신문화연구원 편(2003) 참고>

1850-05-00. **김조연 의송**(金肇演議送) 2, 김조연. <1장. 한자+이두. 조선 필사 이두 자료. 대전·청양 안동 김씨 삼당 후손가 소장. 한국학중앙연구원 장서각 한국고문 서자료관 홈페이지 원문 이미지 보기. 한국정신문화연구원 편(2003) 참고>

1850-05-00. **김조연 의송**(金肇演議送) 3, 김조연. <1장. 한자+이두. 조선 필사 이두 자료. 대전·청양 안동 김씨 삼당 후손가 소장. 한국학중앙연구원 장서각 한국고문

서자료관 홈페이지 원문 이미지 보기. 한국정신문화연구원 편(2003) 참고>

1850-05-00. **김조연 의송**(金肇演議送) 4, 김조연. <1장. 한자+이두. 조선 필사 이두 자료. 대전·청양 안동 김씨 삼당 후손가 소장. 한국학중앙연구원 장서각 한국고문서자료관 홈페이지 원문 이미지 보기. 한국정신문화연구원 편(2003) 참고>

1850-05-00. **박창욱 첩문**(朴昌郁帖文), 면주전 대방(綿紬廛大房). <1장. 한자+이두. 조선 필사 이두 자료. 일본 경도대학 가와이문고 소장. 고려대학교 해외한국학자료센터 홈페이지 원문 이미지 보기>

1850-05-00. **안필순·안이순·안상식 등 소지**(安必淳安彝淳安相植等所志), 안필순·안이순·안상식 등. <1장. 한자+이두. 조선 필사 이두 자료. 함안 두릉 순흥 안씨 소장. 한국학중앙연구원 장서각 한국고문서자료관 홈페이지 원문 이미지 보기. 한국학중앙연구원 편(2006) 참고>

1850-05-00~1850-07-29(庚戌). 「평안감영계록(平安監營啓錄)」, 비변사(備邊司) 편(編). <1책(20/37). 123장. 필사본. 표제는 '平安監營啓錄'. 한자+이두. 조선 필사 이두 자료. 서울대학교 규장각 한국학연구원 홈페이지 원문 이미지 보기> <영인본: 「각사등록」 31(평안도편 3)(국사편찬위원회 편, 1988)>

1850-06-03. **유진교 다짐**(柳鎭喬侤音), 유진교. <1장. 한자+이두. 조선 필사 이두 자료. 대전·청양 안동 김씨 삼당 후손가 소장. 한국학중앙연구원 장서각 한국고문서자료관 홈페이지 원문 이미지 보기. 한국정신문화연구원 편(2003) 참고>

1850-06-00. **김조연 소지**(金肇演所志) 6, 김조연. <1장. 한자+이두. 조선 필사 이두 자료. 대전·청양 안동 김씨 삼당 후손가 소장. 한국학중앙연구원 장서각 한국고문서자료관 홈페이지 원문 이미지 보기. 한국정신문화연구원 편(2003) 참고>

1850-06-00. **황환 소지**(黃桓所志), 황환. <1장. 한자+이두. 조선 필사 이두 자료. 전북 남원시 대곡 장수 황씨 문중 소장. 호남권 한국학자료센터 홈페이지 원문 이미지와 텍스트 보기. 박병호(1974ㄱ), 최승희(1989), 전북향토문화연구회 편(1993), 정구복 외(1999) 참고>

1850-07-28. **오경리 차첩**(吳慶履差帖), 이조(吏曹). <1장. 한자+이두. 조선 필사 이두 자료. 영암 아산사 구장. 광주 해주 오씨 오철환 소장. 호남권 한국학자료센터 홈페이지 원문 이미지 보기. 최승희(1989) 참고>

1850-07-00. **남유석 등 소지**(南有奭等所志), 남유석 등. <1장. 한자+이두. 조선 필사 이두 자료. 영해 도곡 무안 박씨 무의공 종택 소장. 한국학중앙연구원 장서각 한국고문서자료관 홈페이지 원문 이미지 보기. 한국학중앙연구원 편(2008) 참고>

1850-08-03. **유학 김성우 토지매매명문**(幼學金成祐土地賣買明文), 답주 유학 김도화(畓主幼學金道華). <1장. 한자+이두. 조선 필사 이두 자료. 경북 안동시 박실 전주 류씨 수정재 고택 구장. 한국국학진흥원 소장. 한국학자료센터 영남권역센터 홈페이지 원문 이미지와 텍스트 보기>

1850-08-12~1850-12-29(庚戌). 「평안감영계록(平安監營啓錄)」, 비변사(備邊司) 편(編). <1책(21/37). 118장. 필사본. 표제는 '平安監營啓錄'. 한자+이두. 조선 필사 이두 자료. 서울대학교 규장각 한국학연구원 홈페이지 원문 이미지 보기> <영인본: 「각사등록」 31(평안도편 3)(국사편찬위원회 편, 1988)> <1830-08-12~1830-12-30(1/37)>

1850-08-00. **김시연·김조연 소지**(金始演金肇演所志) 1, 김시연·김조연. <1장. 한자+이두. 조선 필사 이두 자료. 대전·청양 안동 김씨 삼당 후손가 소장. 한국학중앙연구원 장서각 한국고문서자료관 홈페이지 원문 이미지 보기. 한국정신문화연구원 편(2003) 참고>

1850-08-00. **김시연·김조연 의송**(金始演金肇演議送), 김시연·김조연. <1장. 한자+이두. 조선 필사 이두 자료. 대전·청양 안동 김씨 삼당 후손가 소장. 한국학중앙연구원 장서각 한국고문서자료관 홈페이지 원문 이미지 보기. 한국정신문화연구원 편(2003) 참고>

1850-08-00. 「김제군 김양서 옥사 복검문안(金提郡金良西獄事覆檢文案)」,[563] 김제군(金提郡) 편(編). <1책. 20장. 필사본. 한자+이두. 조선 필사 이두 자료. 서울대학교 규장각 한국학연구원 홈페이지 낙질본 원문 이미지 보기>

---

[563] 표제는 '金提郡李仁海獄覆檢案'이다. 권수제는 '庚戌八月 日金提介吐面舊平皐里金良西獄事覆檢文案'이다. 서울대학교 규장각 한국학연구원 홈페이지에서는 책명을 '金提介吐面舊平皐里金良西獄事覆檢文案 김제개토면구평고리김양서옥사복검문안'으로 표시하였다.

1850-08-00. **이내영 등 소지**(李來榮等所志), 이내영 등. <1장. 한자+이두. 조선 필사 이두 자료. 경북 영해 인량 재령 이씨 충효당 소장. 한국학중앙연구원 장서각 한국고문서자료관 홈페이지 원문 이미지 보기. 한국학중앙연구원 편(2008) 참고>

1850-09-05. **형조 계목**(刑曹啓目) 2, 형조. <1장. 한자+이두. 조선 필사 이두 자료. 충남 공주시 전주 이씨 숭선군파 종가 소장. 한국학중앙연구원 장서각 한국고문서자료관 홈페이지 원문 이미지 보기>

1850-09-00. **고진호 소지**(高鎭嘷所志) 1, 고진호. <1장. 한자+이두. 조선 필사 이두 자료. 전북 부안 청호 제주 고씨 문중 구장. 전북 부안 청호 효충사 소장. 호남권 한국학자료센터 홈페이지 원문 이미지와 텍스트 보기. 최승희(1989), 김경숙(2002), 심재우(2013) 참고>

1850-09-00. **김찬순 소지**(金燦淳所志), 김찬순. <1장. 한자+이두. 조선 필사 이두 자료. 광주광역시 광산구 김해 김씨 소장. 호남권 한국학자료센터 홈페이지 원문 이미지와 텍스트 보기. 김선경(1993) 참고>

1850-09-00. **정충사 재임 품목**(旌忠祠齋任稟目), 정충사 재임. <1장. 한자+이두. 조선 필사 이두 자료. 전북 남원시 대곡 장수 황씨 문중 소장. 호남권 한국학자료센터 홈페이지 원문 이미지와 텍스트 보기. 최승희(1989), 김경숙(2002), 심재우(2013) 참고>

1850-09-00. **황원 등 소지**(黃楥等所志), 황원 등. <1장. 한자+이두. 조선 필사 이두 자료. 전북 남원시 대곡 장수 황씨 문중 소장. 호남권 한국학자료센터 홈페이지 원문 이미지와 텍스트 보기. 박병호(1974ㄱ), 최승희(1989), 전북향토문화연구회 편(1993), 정구복 외(1999) 참고>

1850-10-04. **상인 신광규 토지매매명문**(喪人辛㠀珪土地賣買明文), 산지주 이봉채(山地主李鳳彩). <1장. 한자+이두. 조선 필사 이두 자료. 전남 영광군 입석 영월 신씨 소장. 한국학중앙연구원 장서각 한국고문서자료관 홈페이지 원문 이미지와 텍스트 보기. 한국정신문화연구원 편(1996) 참고>

1850-10-29 추정. **독락당 완문**(獨樂堂完文), 진영(鎭營). <1장. 한자+이두. 조선 필사 이두 자료. 경북 경주시 안강읍 옥산리 여주 이씨 독락당 소장. 한국학중앙연구원

장서각 한국고문서자료관 홈페이지 원문 이미지 보기. 한국정신문화연구원 편(2003) 참고>

1850-10-00. **김시연·김조연 소지**(金始演金肇演所志) 2, 김시연·김조연. <1장. 한자+이두. 조선 필사 이두 자료. 대전·청양 안동 김씨 삼당 후손가 소장. 한국학중앙연구원 장서각 한국고문서자료관 홈페이지 원문 이미지 보기. 한국정신문화연구원 편(2003) 참고>

1850-10-00. **임치기 등 소지**(林致麒等所志), 임치기 등. <1장. 한자+이두. 조선 필사 이두 자료. 경남 거창 강동 초계 정씨 동계 종가 구장. 한국학중앙연구원 장서각 한국고문서자료관 홈페이지 & 한국학중앙연구원 장서각 한국학자료센터 홈페이지 원문 이미지와 텍스트 보기. 한국정신문화연구원 편(1995), 박병련·김학수(2001), 한국학중앙연구원 편(2005), 김성갑(2006) 참고>

1850-10-00. **현내 선교 ■임 송판옥·박천득 등 소지**(縣內船橋■任宋判玉朴千得等所志), 송판옥·박천득 등. <1장. 한자+이두. 조선 필사 이두 자료. 아산 선교 장흥 임씨 구장. 한국학중앙연구원 장서각 한국고문서자료관 홈페이지 원문 이미지 보기. 한국학중앙연구원 편(2008) 참고>

1850-10-00. **화민 최제헌 등 소지**(化民崔濟憲等所志) 2, 최제헌 등. <1장. 한자+이두. 조선 필사 이두 자료. 경북 경주시 내남면 이조리 경주 최씨·용산서원 소장. 한국학중앙연구원 장서각 한국고문서자료관 홈페이지 원문 이미지 보기. 한국정신문화연구원 편(2000) 참고>

1850-11-01. **부안현 우산내면 면임 서목**(扶安縣右山內面面任書目), 부안현. <1장. 한자+이두. 조선 필사 이두 자료. 전북 부안 청호 제주 고씨 문중 구장. 전북 부안 청호 효충사 소장. 호남권 한국학자료센터 홈페이지 원문 이미지와 텍스트 보기. 박병호(1974ㄱ), 최승희(1989) 참고>

1850-11-04. **이천금 토지매매명문**(李千金土地賣買明文), 답주 백학득(畓主白學得). <1장. 한자+이두. 조선 필사 이두 자료. 경북 영양군 영양읍 삼지리 한양 조씨 하담 고택 구장. 한국국학진흥원 소장. 한국학자료센터 영남권역센터 홈페이지 원문 이미지와 텍스트 보기. 박병호(1974ㄱ), 최승희(1989), 이재수(2003) 참고>

1850-11-06. **김흥대 수기**(金興大手記), 김흥대. <1장. 한자+이두. 조선 필사 이두

자료. 전북 부안 청호 제주 고씨 문중 구장. 전북 부안 청호 효충사 소장. 호남권 한국학자료센터 홈페이지 원문 이미지와 텍스트 보기. 박병호(1974ㄱ), 최승희(1989), 정구복 외(1999) 참고>

1850-11-10. **입석촌 계중 토지매매명문**(立石村稧中土地賣買明文), 답주 유학 신광섭(畓主幼學辛光燮). <1장. 한자+이두. 조선 필사 이두 자료. 전남 영광군 입석 영월 신씨 소장. 한국학중앙연구원 장서각 한국고문서자료관 홈페이지 원문 이미지와 텍스트 보기. 한국정신문화연구원 편(1996) 참고>

1850-11-18 추정. **권치섭 수표**(權致燮手標), 권치섭. <1장. 한자+이두. 조선 필사 이두 자료. 경북 경주시 안강읍 옥산리 여주 이씨 독락당 소장. 한국학중앙연구원 장서각 한국고문서자료관 홈페이지 원문 이미지 보기. 한국정신문화연구원 편(2003) 참고>

1850-11-26. **기 진사 댁 노 ■■ 토지매매명문**(奇進士宅奴■■土地賣買明文),[564] 답주 한량 이영손(畓主閑良李令孫). <1장. 한자+이두. 조선 필사 이두 자료. 전남 장성군 행주 기씨 금강 종가 소장. 호남권 한국학자료센터 홈페이지 원문 이미지와 텍스트 보기. 김재문(1986), 이재수(2003) 참고>

1850-11-29. **유학 유의영 등 치총 입지**(幼學劉義永置塚立旨), 풍기군(豊基郡). <1장. 한자+이두. 조선 필사 이두 자료. 경북 예천군 감천면 강릉 유씨 벌방 종가 구장. 한국국학진흥원 소장. 한국학자료센터 영남권역센터 홈페이지 원문 이미지와 텍스트 보기. 최연숙(2005) 참고>

1850-11-00. **고진호 소지**(高鎭皡所志) 2, 고진호. <1장. 한자+이두. 조선 필사 이두 자료. 전북 부안 청호 제주 고씨 문중 구장. 전북 부안 청호 효충사 소장. 호남권 한국학자료센터 홈페이지 원문 이미지와 텍스트 보기. 최승희(1989), 김경숙(2002), 심재우(2013) 참고>

1850-11-00. **이질 등 상서**(李耊等上書), 이질 등. <1장. 한자+이두. 조선 필사 이두 자료. 경북 경주시 안강읍 옥산리 여주 이씨 독락당 소장. 한국학중앙연구원 장서

---

[564] 호남권 한국학자료센터 홈페이지에서는 '1850년 행주기씨(幸州奇氏) 문중(門中) 토지매매명문(土地賣買明文)'으로 표시하였다.

각 한국고문서자료관 홈페이지 원문 이미지 보기. 한국정신문화연구원 편(2003) 참고>

1850-11-00. **임만근 차첩**(林晩根差帖), 수군절도사(水軍節度使). <1장. 한자+이두. 조선 필사 이두 자료. 전남 여수 좌수영박물관 소장. 호남권 한국학자료센터 홈페이지 원문 이미지와 텍스트 보기. 최승희(1989) 참고>

1850-11-00. **최철효 등 소지**(崔喆孝等所志), 최철효 등. <1장. 한자+이두. 조선 필사 이두 자료. 남원·구례 삭녕 최씨 구장. 한국학중앙연구원 장서각 한국고문서자료관 홈페이지 원문 이미지 보기. 한국정신문화연구원 편(2004) 참고>

1850-12-02. **계중 토지매매명문**(稧中土地賣買明文),[565] 답주 이천금(畓主李千金). <1장. 한자+이두. 조선 필사 이두 자료. 경북 영양군 영양읍 삼지리 한양 조씨 하담 고택 구장. 한국국학진흥원 소장. 한국학자료센터 영남권역센터 홈페이지 원문 이미지와 텍스트 보기. 박병호(1974ㄱ), 최승희(1989), 이재수(2003) 참고>

1850-12-03. **최치문 토지매매명문**(崔致文土地賣買明文), 전주 박이천(田主朴二千). <1장. 한자+이두. 조선 필사 이두 자료. 전북 부안군 취성재 소장. 호남권 한국학자료센터 홈페이지 원문 이미지와 텍스트 보기. 최승희(1989), 정구복 외(1999), 전경목(2001), 이재수(2003) 참고>

1850-12-06. **시장문기**(柴場文記),[566] 시장 전주 유학 이 생원 노 어남(柴場田主幼學李生員奴於南). <1장. 한자+이두. 조선 필사 이두 자료. 전남 영광군 입석 영월 신씨 소장. 한국학중앙연구원 장서각 한국고문서자료관 홈페이지 원문 이미지와 텍스트 보기. 한국정신문화연구원 편(1996) 참고>

1850-12-08. **시장문기**(柴場文記), 시장주 신광섭(柴場主辛光燮). <1장. 한자+이두. 조선 필사 이두 자료. 전남 영광군 입석 영월 신씨 소장. 한국학중앙연구원 장서각 한국고문서자료관 홈페이지 원문 이미지와 텍스트 보기. 한국정신문화연구원 편(1996) 참고>

---

[565] 한국학자료센터 영남권역센터 홈페이지에서는 '1850년 이천금(李千金) 토지매매명문(土地賣買明文)'으로 표시하였다.

[566] 한국학중앙연구원 장서각 한국고문서자료관 홈페이지에서는 '1850년 유(幼)**李生員**) 이생원 노(奴) 시장문기(柴場文記)'로 잘못 표시하였다.

1850-12-08. **족친 김위경 토지매매명문**(族親金謂敬土地賣買明文), 자필 김(自筆金). <1장. 한자+이두. 조선 필사 이두 자료. 경북 안동시 오천 광산 김씨 후조당 소장. 한국학중앙연구원 장서각 한국고문서자료관 홈페이지 원문 이미지와 텍스트 보기. 박병호(1974ㄱ), 한국정신문화연구원 편(1982), 최승희(1989) 참고>

1850-12-16. **한금용 토지매매명문**(韓今用土地賣買明文), 염장주 한성백(壓場主韓晟伯). <1장. 한자+이두. 조선 필사 이두 자료. 전남 보성군 박실 제주 양씨가 구장. 원광대학교 박물관 소장. 호남권 한국학자료센터 홈페이지 원문 이미지와 텍스트 보기. 최승희(1989), 정구복 외(1999), 이재수(2003) 참고>

1850-12-17. **선봉 토지매매명문**(先奉土地賣買明文), 답주 자필(畓主自筆). <1장. 한자+이두. 조선 필사 이두 자료. 경북 안동시 도산면 의촌리 은졸재 고택 구장. 한국국학진흥원 소장. 한국학자료센터 영남권역센터 홈페이지 원문 이미지와 텍스트 보기>

1850-12-20~1850-12-00(庚戌). 「좌포청등록(**左捕廳謄錄**)」 7, 포도청(捕盜廳) 편(編). <1책(7/18). 1장. 필사본. 한자+이두. 조선 필사 이두 자료. 서울대학교 규장각 한국학연구원 홈페이지 낙질본 원문 이미지 보기> <1775-06-14~1775-윤10-29 (1/18)>

1850-12-00. **가류댁 토지매매명문**(佳流宅土地賣買明文), 답주 이원록(畓主李元彔). <1장. 한자+이두. 조선 필사 이두 자료. 경북 안동시 오천 광산 김씨 후조당 소장. 한국학중앙연구원 장서각 한국고문서자료관 홈페이지 원문 이미지와 텍스트 보기. 박병호(1974ㄱ), 한국정신문화연구원 편(1982), 최승희(1989) 참고>

1850-12-00. **기윤진 소지**(奇允鎭所志), 기윤진. <1장. 한자+이두. 조선 필사 이두 자료. 전남 장성군 행주 기씨 금강 종가 소장. 호남권 한국학자료센터 홈페이지 원문 이미지와 텍스트 보기>

1850-00-00. 「선원보략수정의궤(**璿源譜略修正儀軌**)」, 종부시(宗簿寺) 편(編). <1책. 19장. 필사본. 표제는 '(己未正月 日)璿源譜略修正儀軌'. 권수제는 '(咸豐九年己未正月 日)璿源譜略修正儀軌'. 한자+이두. 조선 필사 이두 자료. 서울대학교 규장각 한국학연구원 의궤 종합정보 홈페이지 '奎14117' 원문 이미지 보기>

1850-00-00. 「선원보략수정의궤(**璿源譜略修正儀軌**)」, 종부시(宗簿寺) 편(編). <1책.

22장. 필사본. 표제는 '(己酉庚戌 哲宗朝)璿源譜略修正儀軌'. 권수제는 '(道光三十年庚戌 三月 日)璿源譜略修正儀軌'. 한자+이두. 조선 필사 이두 자료. 서울대학교 규장각 한국학연구원 의궤 종합정보 홈페이지 '奎14110' 원문 이미지 보기>

1850-00-00. 「실록청의궤(實錄廳儀軌), 실록청. <1책. 119장. 필사본. 한자+이두. 조선 필사 이두 자료. 한국학중앙연구원 장서각 소장. 한국학중앙연구원 한국학디지털 아카이브 홈페이지 원문 이미지와 텍스트 보기>

1850-00-00. **종형수 김 씨 토지매매명문**(從兄嫂金氏土地賣買明文), 전주 자필 종시숙 기선(出主自筆從總叔基善). <1장. 한자+이두. 조선 필사 이두 자료. 경북 안동시 주촌 진성 이씨 경류정 소장. 한국학중앙연구원 장서각 한국고문서자료관 홈페이지 원문 이미지와 텍스트 보기. 한국정신문화연구원 편(1999) 참고>

·1850-00-00. 「헌종대왕국장도감의궤(**憲宗大王國葬都監儀軌**)」[567] 1, 3, 4, 국장도감 편. <3책. 낙질본. 필사본. 표제는 '憲宗大王國葬悼歌儀軌'. 권1의 권수제는 '憲宗大王國葬悼歌儀軌卷首'. 한자+이두. 조선 필사 이두 자료. 국립중앙박물관 외규장각 의궤 홈페이지 '외규293~295' 원문 이미지와 텍스트 보기>

---

[567] 국립중앙박물관 외규장각 의궤 홈페이지에서는 서명을 표제나 권수제와는 달리 '헌종국장도감의궤(憲宗國葬都監儀軌)'로 적었다.

한국어의 한자 및 한문 표기 자료의 목록과 서지 4
-19세기 전반(1801년~1850년)-

초판 1쇄 인쇄 2025년 12월 1일
초판 1쇄 발행 2025년 12월 8일

지은이 박형익

펴낸이 이대현

편집 이태곤 권분옥 임애정 강윤경

디자인 안혜진 최선주 김다윤 | 마케팅 박태훈

펴낸곳 도서출판 역락 | 등록 1999년 4월 19일 제303-2002-000014호
주소 서울시 서초구 동광로46길 6-6 문창빌딩 2층(우06589)
전화 02-3409-2060(편집부), 2058(영업부) | 팩스 02-3409-2059
전자우편 youkrack@hanmail.net | 홈페이지 www.youkrackbooks.com

ISBN 979-11-7396-202-8 94710
    979-11-7396-206-6 (세트)

정가는 뒤표지에 있습니다.
파본은 구입처에서 교환해 드립니다.